BOSS

4 Verwandlungen – Kreatives Schreiben zu Bildern und Texten

5 Ein Blick in Kopf und Herz – Umgang mit Gefühlsbegriffen

6 Öffentlicher Sprachgebrauch – Texte in Medien und Umwelt

INHALTSVERZEICHNIS

7

„Können wir den Text so veröffentlichen?" – Richtig schreiben

8

Dann eben mit Gewalt ...

UMGANG MIT TEXTEN

9

„Erklär mir, Liebe!" – Liebe als literarisches Motiv

UMGANG MIT TEXTEN

10 Max Frischs Theaterstück „Andorra“ – Eine Gesellschaft auf dem Prüfstand

11 Schuld und Vergeltung – Eine Kriminalerzählung im Kontext des 19. Jahrhunderts

12 Die Macht der Medien – Zum Umgang mit dem Fernsehen

Bei den mit [R] gekennzeichneten Texten haben die Rechteinhaber einer Anpassung an die reformierte Rechtschreibung widersprochen.

Das „Deutschbuch“ auf einen Blick

LERNBEREICHE

Sprechen und Schreiben	Nachdenken über Sprache / Rechtschreibung	Umgang mit Texten

Kapitelaufbau im Dreischritt
(Beispiel: 9 „Erklär mir, Liebe!“ – Liebe als literarisches Motiv)

- Hauptlernbereich
  (9.1 Lauter Liebesgedichte)
- Verknüpfung mit einem weiteren Lernbereich
  (9.2 „Ich versuche dir klarzumachen, was ich empfinde!“ – Über Liebe sprechen)
- Anwenden und Üben des Gelernten
  (9.3 Wir schreiben eine Gedichtinterpretation)

Der dritte Lernbereich wird situativ durch einzelne Aufgabenstellungen integriert.

Extras

- Spannende Literaturgeschichte (Kap. 11)
- Projekt (Kap. 12)
- Orientierungswissen (Anhang)

1 Jugendkultur

1.1 Jugend heute – Hauptsache Freizeit?

1 a) Schaut euch die Bilder an. In welchen findet ihr euch wieder?
b) Welche Bildthemen fehlen eurer Meinung nach, die kennzeichnend für die Lebensweise heutiger Jugendlicher sein könnten?

2 *„Jugend heute – Hauptsache Freizeit und Vergnügen!"*
a) Erstellt ein erstes Meinungsbild zu dieser **These,** indem ihr **Argumente** und **Beispiele** sammelt.
b) Haltet anschließend die wichtigsten Äußerungen **pro** und **kontra** auf zwei Wandzeitungen fest.
c) Diskutiert das Meinungsbild am Ende der Unterrichtsreihe und ergänzt mögliche Veränderungen auf den Wandzeitungen.

3 Schaut in einem Lexikon unter dem Stichwort „Kultur" nach. Beschreibt anschließend mit wenigen Sätzen, was der Begriff „Jugendkultur" aussagen könnte.

„Vergesst alle Systeme“: Die Jugend zerfällt

Hannover im Ausnahmezustand: Punks in Springerstiefeln und zerfetzten Jeans schleudern Pflastersteine und Molotow-Cocktails, errichten brennende Barrikaden. Ein Supermarkt wird geplündert, Straßenschlachten mit der Polizei enden mit 400 Verletzten auf beiden Seiten und ohne Sieger. „Wir wollen nur feiern, die Bullen machen den Terror, dann bricht bei uns eben die Tollwut aus“, sagt einer der Punker.
Berlin im Techno-Rausch: Über 200 000 halb nackte euphorische Raver zelebrieren zu schnellen, lauten Computerrhythmen auf dem Ku'damm die Love-Parade – und vor allem sich selbst. Die tanzwütigen Kids schießen mit Wasserpistolen, werfen Kusshändchen, schreien „Peace“ und „Unity“. Eine nass geschwitzte 20-Jährige brüllt: „Ich will Spaß, Spaß, Spaß!“
Hamburg, evangelischer Kirchentag: Zehntausende junger Christen, mit Rucksäcken und Gesundheitssandalen unterwegs, beten, meditieren und feiern Bibelstunden. Sie diskutieren mit dem Bundespräsidenten, streiten um Gentechnologie, debattieren über den Balkankrieg. „Ich war so 'n Kind und wollte nur Fernsehen und Computerdaddeln. Jetzt treffe ich in der Kirche meine Freunde“, sagt Nils, 17.
Die drei Großereignisse dieses Sommers beleuchten schlaglichtartig die deutsche Jugendszene. Diskutiert in Fernsehnachrichten, Zeitungskommentaren und an Stammtischen, begleitet von Empörung, Unverständnis oder Wohlwollen. […]
Eine der Antworten auf die Frage, warum die Generation der 13- bis 25-Jährigen auf fast alle Älteren so fern und mysteriös wirkt: Die *eine* Jugend gibt es nicht. […]
„Tribalisierung“ nennen Sozialwissenschaftler den Zerfall einer Generation. Die rund 15 Millionen Heranwachsenden in der Bundesrepublik teilen sich in ungezählte Stämme und Unterstämme auf. Mit eigenen Kleiderordnungen, Verhaltensnormen, Zeichen- und Sprachkodes sind sie auf den ersten Blick so unübersichtlich wie ein Ameisenhaufen.
„Vergesst“, rät der Kölner Philosophiestudent Paul, 22, den Erwachsenen, „alle Systeme.“

1 Welche zentrale These vertritt der Verfasser des Textes und wie begründet er sie?

2 a) Erklärt den Begriff „Tribalisierung“.
b) Findet ihr Anzeichen für eine „Tribalisierung“ auch in eurer Schule oder in eurem Freundeskreis?

Ulrike Winkelmann

Pfadis, Lajus und Sozial-Hip-Hopper

Aus Bussen und Taxen werden Schlafsäcke und Isomatten hervorgeknäuelt. Toiletten, Telefonzellen und Würstchenbuden sind umlagert. Die einen suchen nach Getränken, die anderen nach Freunden und alle vereinen sich in Sprechchören. Die Szenerie zu Beginn des Deutschen Landjugendtages in Braunschweig gleicht einer kondensierten Mischung aus Fußball-Fankurve, Jahrmarkt und Touristenstrand – allerdings mit einer Einschränkung: Das lärmende Chaos wirkt ausgesprochen brav und gesittet. 1100 Lajus, Landjugendliche, haben sich angemeldet. Sie werden an diesem Sommerwochenende mit Politikern über Ausbildungsplätze diskutieren, einem selbst gebastelten Theaterstück folgen, an Graffiti-Workshops, Fabrikbesichtigungen und Stadtrundgängen teilnehmen – und auf jeden Fall viel, viel Bier vertilgen. Die Landjugend ist die Nachwuchsorganisation des Bauernverbandes, doch nur noch jedes fünfte Mitglied ist Jungbauer. Der Verband, geschätzte 100 000 Mitglieder, versorgt die Teenager mit drei wirksamen Mitteln gegen Langeweile: Freunden, Zeltlagern und Bildung. Diese schlichte, aber unschlagbare Mixtur wird von allen Jugendverbänden angewendet, von den Pfadfindern, der evangelischen, katholischen und Feuerwehrjugend, den Falken und den mindestens 250 anderen großen und kleinen Jugendorganisationen in Deutschland. Damit leisten Jugendverbände, wozu Familie und Schule nicht in der

Lage sind: Sie sorgen für Integration jenseits kommerzieller Freizeitindustrie. Sie geben Jugendlichen eine Chance, die sie im Familienmief, in schulischen Lern- und Konkurrenzbetrieben und dem anschließenden Kampf um Ausbildung und Arbeit selten bekommen: freiwillig Interessen zu entwickeln, auch Interesse an anderen. Jugendverbände bilden ein wenig vom „sozialen Kitt", der überall vermisst wird. Sie geben dem Gespenst „Jugend", das sich nach herrschender Meinung vor allem durch Egoismus und Kritiklosigkeit sowie Drogenmissbrauch und Kriminalität auszeichnet, ein sympathisches Gesicht. Doch wo über Lebensgewohnheiten und Probleme der 12- bis 22-Jährigen spekuliert wird, tauchen Jugendverbände allenfalls am Rande auf: Sie sind zu normal – so normal, dass noch niemand ihre Mitglieder gezählt hat. – Die Pfadfinderbünde sind neben der Sportjugend und der Jugendfeuerwehr die einzigen Jugendverbände, die noch wachsen. Schätzungsweise 230 000 Pfadfinder sind in 60 Bünden organisiert. Die „Pfadis" haben ein Erfolgsrezept: Kein Kommerz, wenig Technik und alles gemeinsam. Klampfe statt Walkman, Wanderschuhe statt Brikettsohlen, Weißkohl statt McDonald's. An ihrer besonderen Tracht, dem Pfadfinderhemd, haben sie die Abzeichen der Zugehörigkeit angebracht. Sogar das Geschlecht der Hemdträger wird auf der linken Schulter markiert: ein Kleeblatt für die Mädchen, eine Lilie für die Jungs.

Von freiwilligem Verzicht ist häufig die Rede, wenn Pfadfinder erklären, warum sie nicht mit Mama, Papa und der TUI in die Ferien fliegen. Da ist schon alles fertig. „Erst wenn man sich die Dusche selber baut, wenn man ständig improvisieren muss, hat man nachher auch etwas zu erzählen", sagt Marvin, mit vierzehn Jahren der jüngste Betreuer eines Ferienlagers am Ratzeburger See. „Man lernt, was man alles nicht braucht", ergänzt Carolin, „diesen Luxus, den jeder hat." Da übernachtet die resolute Sechzehnjährige doch lieber in Koten und Jurten.

Auch Menschen mit Sozialgeist, die sich nicht alles bezahlen lassen, kosten Geld. Ferien- und Wochenendfreizeiten von Jugendverbänden werden meist kommunal, manchmal auch aus Landes-, Bundes- oder EU-Mitteln gefördert. Doch im Wettbewerb mit den öffentlichen Anbietern von Mädchen-Selbstverteidigungskursen, deutsch-polnischen Jugendlagern und Wochenendseminaren zum sozialen Europa schneiden die Jugendverbände als „freie" Anbieter finanziell schlecht ab. „Die Jugendverbände machen gewaltige Arbeit und kriegen nur Peanuts", urteilt Martin Nörber vom Hessischen Jugendring. Hinter diesen Klagen steht ein Dilemma, das die Verbände in ihrem Kampf gegen schwindende Popularität selber heraufbeschworen haben: Um mehr Mitglieder zu gewinnen, braucht man mehr Ehrenamtliche, und für mehr Ehrenamtliche braucht man eine Aufwertung des Ehrenamts, argumentieren die Vereine.

Das ununterbrochene Diskutieren über das soziale Ehrenamt passt dem Paderborner Sozialwissenschaftler Arno Klönne gar nicht. Das Problem der Verbände liege ganz woanders: „Die haben den Anschluss verpasst." Die Jugendverbandsszene, so Klönne, habe die Bindung an die „spontanen Jugendkulturen" verloren. Deshalb unterschieden sich das Lay-out und der Tonfall der meisten Jugendverbandszeitschriften kaum von denen eines Taubenzüchterblattes.

Die Musik- und Subkulturen, in deren Riten und Gebräuche Jugendliche Kraft und Zeit investieren, sind nicht nur zeitgeistige Marotte und vergängliche Kommerzmode, sondern bieten den Jugendlichen ebenso ein Zuhause, nicht anders als die Verbände. Aber bleiben Jugendliche ihrem Lieblingsklub und ihrer Lieblingsband länger treu als ihrer DLRG-Ortsgruppe? Das Versprechen von Wahrhaftigkeit und Zugehörigkeit finden Teenager zwar weniger in den Aufsätzen der Verbandsfunktionäre und den Aktenordnern des Landesjugendrings als vielmehr in ihrer Musikszene, sei sie bunthaarig oder schwarz gekleidet, bauchfrei oder ziegenbärtig. Eingelöst wird es aber immer noch in der vertrauten Gruppe – und hier müssen sich Musikkult und Pfadfinderromantik überhaupt nicht ausschließen.

1 Klärt unbekannte Begriffe des Textes im Klassengespräch.

2 Berichtet von eigenen Erfahrungen bei einer Jugendgruppe oder einem Jugendverband und vergleicht sie mit den Aussagen im Text von Ulrike Winkelmann (S. 10/11).

3 a) Untersucht den Artikel genauer, indem ihr euch Notizen zu folgenden **Leitfragen** macht:
- Welche Ziele verfolgen die im Text genannten Jugendverbände?
- Welche Angebote machen diese Verbände den Jugendlichen?
- Worin liegen die Gründe für das schwindende Interesse an Jugendorganisationen?

b) Welche unterschiedlichen Informationsquellen hat die Autorin verwendet? Wie hat sie die Informationen in ihren Artikel eingebaut?

4 Verfasst selbst einen Bericht zu einem Bereich der Jugendkultur, in dem ihr eigene Erfahrungen gewonnen habt. Überlegt euch zuerst gemeinsam in der Klasse Themen. Hier einige Vorschläge:

- *Was zieht Jugendliche an Rock-, Techno- und Pop-Konzerten an?*
- *Wie sprechen Radiosender Jugendliche an? (Untersuchung entsprechender Programme)*
- *Auf Tournee mit dem Jugendmusikorchester*
- *Ein Abend im Probenraum unserer Band*
- ...

„Die Jugend von heute ist ..."
„Die Erwachsenen sind ..."

Ein Test zum Auftakt

Langes Nachdenken und Überlegen verboten! Führt spontan aus, was im Folgenden vorgeschlagen wird! Nehmt einen Stift zur Hand! Lest jetzt weiter und vervollständigt den Ausspruch eines Erwachsenen über die heutige Jugend!

„Die Jugend von heute ist

a) ______ ..."

b) ______ ..."

c) ______ ..."

Sammelt und ordnet die von der Klasse genannten Merkmale an der Tafel! Welches Bild von der Jugend – durch die Brille der Erwachsenen betrachtet – entsteht? Ist es überwiegend positiv oder negativ?
Ihr könnt einen solchen Test, bei dem es um spontane Antworten geht, auch in abgeänderter Form in anderen Klassen durchführen!
a) Der Satz „Die Jugend von heute ist ..." stammt dann aus dem Mund eines Jugendlichen.
b) Jugendliche äußern sich über Erwachsene: „Die Erwachsenen sind ..."

Solche spontanen Gedankensammlungen beschreiben natürlich nicht die Wirklichkeit, zumal jeder Jugendliche und Erwachsene Originalität, Einmaligkeit, Unverwechselbarkeit beanspruchen kann. Aber sie können ein Hinweis sein auf Stimmungen, Grundeinstellungen, ja auch auf Vorurteile, Vorurteile über Jugendliche und Vorurteile über Erwachsene.

Ein altes Lied: Der Generationenkonflikt

„Nein, diese Jugend ..." ist ein Stoßseufzer, der die Geschichte der Menschheit schon seit der Zeit begleitet, die uns schriftlich überliefert ist. Irgendwie war die Jugend den Erwachsenen nie so ganz geheuer. Und diese vergaßen dabei oft ihre eigenen jungen Jahre.

Aus welcher Zeit könnte die folgende Aussage stammen?
„Die Jugend liebt heute den Luxus, sie hat schlechte Manieren, verachtet die Autorität, hat keinen Respekt mehr vor älteren Leuten und schwätzt, wo sie arbeiten sollte. Die Jugend steht nicht mehr auf, wenn Ältere das Zimmer betreten. Sie verschlingen bei Tisch die Speisen und legen die Beine übereinander. Sie widersprechen ihren Eltern und tyrannisieren die Lehrer."

Das wird dem griechischen Philosophen Sokrates zugeschrieben, der ca. 400 v. Christus diesen Ausspruch getan hat. Fast für jedes Jahrhundert lassen sich vergleichbare Aussagen finden.

Ziel der Reifezeit (Pubertät, Adoleszenz) ist es, die eigene Persönlichkeit zu entwickeln, die nicht nur einfache Vorstellungen übernimmt, sondern nach kritischem Hinterfragen zu eigenständigen Urteilen kommt. Auseinandersetzungen mit anderen Meinungen und Einstellungen müssen allerdings geübt werden.

Diese Fähigkeit ist uns nicht angeboren. Oft steht der Freiheitsdrang der Jugendlichen, der Wunsch, etwas selbst erfahren, erleben, beurteilen zu können, der Sorge der Erwachsenen gegenüber, die das als verfrüht betrachten und sich über die Auswirkungen auf die Zukunft Gedanken machen. Die Erwachsenen möchten noch gerne bestimmen und die Jugendlichen wollen nicht mehr geführt werden. Und schon ist er da, der Generationenkonflikt.
20 bis 30 Jahre später taucht der Konflikt schon wieder auf, nur dass die Jugendlichen von heute dann die Rolle der Erwachsenen einnehmen.

1 *„Der Generationenkonflikt – unvermeidlicher, unergiebiger Streit oder Chance, schneller erwachsen und unabhängig zu werden?"* – Bereitet eine **Podiumsdiskussion** zu diesem Thema vor:
- Ihr sammelt in Kleingruppen Diskussionsstoff und legt Stichwortzettel an. Denkt daran, welche Probleme heute um das Themenfeld „Generationenkonflikt" kreisen.
- Zwei Schüler/innen bilden ein **Moderatoren-Team,** erarbeiten einen Diskussionsleitfaden und besprechen, auf was sie bei dem Gespräch achten sollen: Redezeit, Ermahnungen bei zu weiten Abschweifungen usw.
- Jeweils ein Gruppenmitglied vertritt die Meinung der Kleingruppe während des Podiumsgesprächs.
- Die Zuschauer/innen erhalten Beobachtungsaufgaben zum Verlauf der Diskussion.
- Diskutiert anschließend in der Klasse, ob das Gespräch zu einer Klärung der Frage beigetragen hat oder zumindest interessante Gesichtspunkte aufzeigen konnte.

2 Ihr könnt auch zwei oder drei kurze **Rollenspiele** zum Thema entwerfen und sie zur Einstimmung vor Beginn der Podiumsdiskussion aufführen. Die Moderatoren haben dann die Aufgabe, in ihrer Einführung eine Brücke zu schlagen zwischen den Themen der Rollenspiele und der anschließenden Diskussion.

So oder so? – Zwei Lehrerinnen im Streitgespräch über Jugendliche

Person A

- Jugendliche sind heute aggressiver, gewalttätiger, sie haben sich weniger unter Kontrolle.
- Jugendliche sind in der Schule viel unkonzentrierter, viele können noch nicht einmal eine Unterrichtsstunde lang ruhig sitzen und aufmerksam sein.
- Jugendliche leben aus der „Glotze“ und mit dem Computer und machen wenig eigene Erfahrungen.
- Jugendliche sind „politikverdrossen“ und denken nur an Freizeit und Jobben.

Person B

- Jugendliche sind nicht so gehemmt wie früher, sie sind spontaner und kritischer.
- Jugendliche lernen heute anders als früher, viel selbstständiger, das geht nicht immer in Ruhe; man kann sie nicht mehr 45 Minuten „festschnallen“.
- Jugendliche wissen heute viel mehr als früher, nicht zuletzt auch dank Fernsehen und Computer, und durch die frühere Selbstständigkeit lernen sie die Alltagswelt auch mit eigenen Augen sehen.
- Jugendliche interessieren sich stärker als früher – und als viele Erwachsenen heute – für Umweltprobleme und soziale Tätigkeiten.

1 Welche der genannten Urteile treffen nach eurer Auffassung zu? Begründet eure Meinungen.

2 a) Führt in der Klasse eine Abstimmung über die einzelnen Thesen durch. Neben „stimme zu/stimme nicht zu“ sollte es als dritte Abstimmungsmöglichkeit „stimme beiden Thesen zu“ geben.
b) Diskutiert das Ergebnis.

3 Befragt die Lehrerinnen und Lehrer eurer Schule, welchen der Thesen sie zustimmen. Ihr könnt auch eure Eltern und Verwandten ansprechen oder eine Straßenbefragung durchführen.

4 Was können und sollten Jugendliche nach eurer Auffassung tun, um Vorurteile zwischen Jüngeren und Älteren zu verringern? Stützt eure Ideen mit Beispielen.

Neues von der Erlebnisgesellschaft

Freizeit ist nicht gleich „freie Zeit“. Gerade für junge Menschen gilt dies immer mehr, denn sie empfinden ihre Freizeit streckenweise als Stress. Es herrscht ein Überangebot an Möglichkeiten, wie man seine Interessen verwirklichen kann. Das Freizeitverhalten der 15- bis 20-Jährigen hat sich in den vergangenen Jahren stark verändert, stellten nun aktuell mehrere Forschungsinstitute fest.

Während das Leben der Eltern noch wesentlich durch ihre Arbeit bestimmt wurde, können junge Menschen heute viel stärker auswählen, was sie tun möchten. Ordnungen und Verpflichtungen scheinen weniger wichtig im Leben. „Doch wer

Hitliste *in der Freizeit* (14–20 Jahre)

1. Sport treiben
2. Ins Kino gehen
3. Musik hören/Lesen
4. In Diskos gehen
5. Einfach nur rumhängen
6. Sportveranstaltungen besuchen
7. In Kneipen gehen
8. Theater/Konzerte

mehr Auswahl hat, der muss auch auf mehr Dinge aus diesem Angebot verzichten. Das ist das neue Problem", sagt Freizeitforscher Horst W. Opaschowski vom BAT-Institut in Hamburg.
Um möglichst vielen Interessen nachgehen zu können, springt der junge Mensch aufs Unterhaltungs-Karussell und setzt sich einem „Freizeitstress" aus. Der Bamberger Soziologe Gerhard Schulze spricht von „Erlebnisgesellschaft". Keiner könne sich mehr entziehen: „Erlebe dein Leben", heißt der bittersüße Zwang in der Gesellschaft. Wer dabei nicht mitmache und keine besonderen Hobbys entwickle, der gelte bei den anderen weniger, ergänzt Opaschowski.

In der Clique oder ganz *allein*

Um überhaupt noch aufzufallen, sucht eine größer werdende Zahl von Jugendlichen und jungen Erwachsenen nach ausgefallenen Hobbys: Sieben Prozent haben „Wände besprayen" und „private Autorennen" hinter sich. Fast jeder Dritte findet Extrem-Sportarten besonders aufregend und 44 Prozent sehen Bungee-Springen oder durchtanzte Techno-Nächte als den letzten Kick an.
Traditionelle Sportarten sind noch die Nummer eins in der Freizeit. Sie werden aber seltener als früher in Vereinen betrieben, sollen vor allem Spaß machen und in keinen Leistungsdruck ausarten. Modisch zu sein und angesagte Kleidung zu tragen, ist außerdem „wichtig" (71 Prozent). Konsum wird „nicht als negativ" angesehen: Während noch vor zehn Jahren viele Jugendliche kritisch gegenüber manchen Freizeit-Produkten waren, kaufen heute 54 Prozent gerne „schöne Dinge, die neu auf dem Markt sind".

Die Nummer eins: Sport (14–19 Jahre)

(Lesebeispiel: 20 % der befragten Jugendlichen gaben Tennis als Lieblingssportart an.)

Schwimmen/Baden	31		
Fußball	27	Basketball	14
Tennis	20	Jogging	13
Rad/Mountainbiking	18	Leichtathletik	11
Volleyball	16	Bodybuilding	9

„In-sein" und einen „Trend erkennen" wollen 68 Prozent. Im Gegensatz zur Mehrheit der älteren Menschen sehen junge Leute „neue Medien" und Multimedia eher „positiv" und erhoffen sich davon neue Impulse für Freizeit und Beruf.
Ein weiterer Unterschied zu den Eltern: Immer weniger Zeit wird in der Familie verbracht, die Freunde sind wichtiger. Neben den gemeinsamen Erlebnissen in der Clique wird fast die Hälfte der Freizeit alleine oder mit dem Freund bzw. der Freundin verbracht: Man braucht seine Ruhe, zieht sich zurück, um nicht gestört zu werden.
Immer weniger Platz im Leben nimmt soziales Engagement in Vereinen, Parteien, Gewerkschaften oder Bürgerinitiativen ein. Zwar interessiert sich die Mehrheit für bestimmte politische (z. B. Umweltschutz) oder soziale Fragen, doch eine Institution wird als „zu verpflichtend" gesehen. Vom Staat und von der Politik der etablierten Parteien ist man enttäuscht: Weniger das Bildungsangebot wird kritisiert als vielmehr der Mangel an geeigneten Freizeiteinrichtungen. Horst Opaschowski fasst zusammen: Viele junge Leute haben das Gefühl, für die Politik nur als „Arbeitnehmer" und für die Wirtschaft nur als „Konsument" interessant zu sein. *(ok)*

1 Spiegelt der Text auch eure Erfahrungen wider?

2 Erstellt eine Hitliste zum Thema „Freizeit" in eurer Klasse und vergleicht das Ergebnis mit den Ranglisten im Text.

3 a) Der Text enthält eine Fülle von Thesen. Listet sie schriftlich auf und ordnet sie nach geeigneten Gesichtspunkten.
b) Untersucht, wodurch die einzelnen Thesen untermauert werden, sodass sie glaubwürdiger erscheinen.

4 Verfasst einen **Leserbrief,** in dem ihr auf eigene Erfahrungen zurückgreift. Er kann Zustimmung wie Kritik enthalten.

Tipp
Euer Leserbrief wird umso wirkungsvoller sein, je überzeugender ihr eure Meinung begründet, d. h. eure Thesen mit **Argumenten** unterstützt und mit **Beispielen** oder **Belegen/Zitaten** veranschaulicht.
Stellt zur Vorbereitung eures Leserbriefs passende Beispiele zusammen.

Jugend – Markt

Wie Werber versuchen, Jugendliche mit spezieller Werbung anzusprechen

Ende der Achtzigerjahre erwacht die Werbung aus ihrem Dornröschenschlaf und blickt verstärkt auf eine ganz bestimmte Zielgruppe: Sie hat die Jugendlichen bis 20 Jahre als Konsumenten entdeckt. „Trendy Werbung" ist gefragt. Doch auf der anderen Seite steht eine Jugend, die mit Reklame aufgewachsen ist – und ihr teilweise sehr kritisch gegenüber eingestellt ist.

Die junge Frau hüpft mit einem Zahnpasta-Lächeln von der Mauer, springt einem Gummiball gleich auf den hübschen Mann zu, der sich aus unerfindlichen Gründen wie ein Honigkuchenpferd freut.

Schnitt: Eine noch hübschere junge Frau schmettert auf einem Tennisplatz den Ball gekonnt ins Feld. Der ebenso hübsche männliche Gegner freut sich, klopft ihr auf die Schulter, bevor – Schnitt – die beiden sich dann mit 20 anderen hübschen jungen Menschen auf einem grünen Rasen gemeinsam freuen dürfen. Dabei kauen sie alle einen Kaugummi, der garantiert, dass man ebenso hübsch wird und Spaß hat.

„O Gott", stöhnt Michael Simperl, „so etwas glaubt doch kein Mensch mehr." Der 25-Jährige ist Geschäftsführer der Münchener Agentur „Youngcom", die Unternehmen über „junge Zielgruppen" berät, wie es im Branchenjargon heißt. Gemeint sind Konsumenten zwischen 14 und 29 Jahren. Allein die Jugendlichen unter 20 Jahren verfügen in Deutschland über mehr als 15 Milliarden Euro jährlich – Geld, das viele Unternehmen gerne in ihren Produkten angelegt sähen.

„Werbung muss heute vor allem authentisch sein. Junge Leute merken gleich, wenn ihnen jemand etwas andrehen will", sagt Michael Simperl.

Er und seine Kollegen versuchen mit bekannten Szene-Gängern – Trendscouts – und Trend-Untersuchungen den Finger am Puls der Zeit zu haben. Die Kunden wollen von der Agentur wissen, wie sie ihre Werbemittel gestalten müssen, damit sie eben nicht bei der Zielgruppe lächerlich erscheinen. Das Produkt soll wirken, als ob es „von Insidern für Insider" gemacht wurde. Es muss das Lebensgefühl ansprechen.

Bei allen Meinungsunterschieden über die richtige Methode sind sich alle Werber einig: Die Musikkanäle, wie „MTV" und „Viva", haben die Sehgewohnheiten verändert, schnelle Schnitte sind für junge Leute völlig normal, schrille bunte Bilder genauso – die Werbeästhetik hat sich verändert. Außerdem: Wer etwa Fritten verkaufen will, der lässt neben den Hörfunk-, Kino- und Fernsehspots manchmal noch junge hübsche, aber vor allem schlanke Menschen durch die Szenen tingeln und auch vor Ort für das Produkt werben.

Letztlich dient es nur einem Zweck – aus den Fritten etwas Tolles zu machen, ein Image: „Wenn man so will, ist und war Werbung immer eine Art Pseudowissenschaft", sagt Carsten Greiner. Ein offenes Wort ganz fettfrei.

1 a) „Junge Leute merken gleich, wenn ihnen jemand etwas andrehen will" (Z. 36/37). Teilt ihr diese Auffassung?
b) Pommes frites soll ein „Image" gegeben werden (Z. 54–61). Was verdeutlicht dieses Beispiel?

2 a) Zu Beginn des Textes wird ein Werbespot geschildert. Sucht einen Werbespot für Jugendliche aus und beschreibt ihn in der gleichen Weise, d. h. mit Anmerkungen zur Filmtechnik wie Schnittstellen, Perspektive, Nahaufnahme oder Totale usw. (s. S. 204).
b) Wie spiegelt sich die heutige Jugendkultur in der Werbung? Untersucht entsprechende Beispiele aus den Printmedien (Zeitungen/Zeitschriften), der Radio- oder Fernsehwerbung.

3 Woran sollten sich Agenturen halten, wenn sie Werbung für Jugendliche entwickeln? Erstellt gemeinsam in der Klasse „10 Gebote".

1.2 Jugendliche im Spiegel der Gegenwartsliteratur

Ludwig Fels

Studie eines Mopedfahrers

Er ist noch jung. Die Haare wachsen ihm gerade bis zur Nasenwurzel. Bisher sah ich ihn nur ein einziges Mal laufen. Ansonsten fährt ihn ein Moped mit Gesundheitslenker. Da sitzt er drauf und fährt die ganze Zeit herum, mit Vollgas, damit das Moped nicht stehn bleibt. Er knattert durchs Dorf und meint vielleicht zu brausen. Sieben Häuser weit die Dorfstraße entlang zum Sportgelände hinaus, vom Dorf zur Kirche, zurück zum Dorf und dann zum Friedhof, von dort zum Rathaus und zur Tankstelle und wieder das Berglein zum Elternhaus hoch, noch eine Ehrenrunde, zurück zum Anfang und bis spätnachts am Gemischtwarenladen vorbei aus jeder Richtung. Der Wind ist schneller, schleudert ihm die Frisur um die Ohren. Es passiert einfach nichts, und was geschieht, das findet schon seit Jahren so statt. Von klein auf durchstreift er das Altbekannte, Längstvertraute. Er nimmt nichts mehr wahr, nur die Bewegung der Räder. Er lockert eine Schraube, fährt, dreht eine andere fester an, fährt, verstellt den Sattel, fährt, poliert seinen einzigen Stolz, fährt, steht auf den Pedalen und fährt, legt sich auf den Lenker und fährt, fährt, auf den Auspuff horchend, fährt, aufs Getriebe lauschend, fährt dauernd die gleichen Strecken ab, aber immer so, als sei er nur auf der Durchreise. Er isst auf seinem Moped. Er trinkt keinen Tropfen, dem Führerschein zuliebe. Er schaut weder links noch rechts und sieht vor sich für sich kein Ende ab. Er zieht seine Bahnen, ein scheppernder Satellit zwischen Traktoren und Autos aus der weiteren Umgebung.

1 Beschreibt die Bedeutung, die das Moped für den Jugendlichen hat.

2 Was hatte der Autor wohl für ein Interesse daran, eine solche „ereignislose Geschichte“ zu schreiben?

3 Eine **„Studie“** erstellen bedeutet bei Malern, Fotografen und Schriftstellern, einen Ausschnitt aus der Wirklichkeit ganz genau zu beobachten und zu erfassen. Häufig sind solche Studien etwas Vorläufiges, Vorarbeiten für größere Arbeiten. Überprüft am Text, ob in diesem Sinne die Überschrift zu Recht gewählt ist.

4 Verfasst eine ähnliche Studie, in der ein Jugendlicher oder eine Jugendliche eine enge Beziehung zu einem Sachgegenstand entwickelt hat. Denkt z. B. an einen einsamen Skateboard-Fahrer.

Botho Strauß

Mädchen mit Zierkamm

Es ist Mittag, und sie sonnt sich in der kleinen Anlage vor der U-Bahn-Station. Sie bückt sich nach einem Teil, einem Haarschmuck, etwas, das verloren neben der Bank am Boden liegt. Sie selbst trägt ein stakig kurzes Punkhaar, steife Strähnen, wie in einer Alb-Nacht gezaust und zu Berge stehen geblieben. Vanilleton mit schneeweißen Streifen. Dazu ein violetter Pulli mit schlappem Schalkragen, ein sehr knapper Lederrock, schwarze Strumpfhose, schwarze abgelaufene Stiefeletten, auch die Augen in schwarz ausgemalten Höhlen. Sehr kleines Gesicht, dünne, mondbleiche Haut, sodass an der

Schläfe die Ader blau hervorschimmert. Zierliche, glatte Nase, bleigrün gestrichene Lippen, ein etwas zu breiter Mund, abfallendes Kinn.
Was also anfangen mit der kleinen Schildpattharke? Sie betrachtet sie, sie wendet sie, kratzt mit dem Daumennagel am Lack. Echt oder nicht? Sie lehnt sich zurück, nimmt das hübsche Fundstück zwischen die spuchtigen Finger, spielt damit, als riefe es irgendeine Erinnerung herauf, an eine Freundin, eine Schwester vielleicht oder auch an die eigene Frisur, wie sie vor Jahren war ... Dann werden die Ellbogen hochgezogen und auf die Banklehne gestützt, die Beine über Kreuz, der rechte Fuß wippt angeregt. Die lasch herabhängende Hand schaukelt das Ding, zwischen Zeige- und Ringfinger geklemmt, immer noch schielt sie hin mit leicht geneigtem Kopf, hält es anhänglich im Blick. Ein denkwürdiges, ein willkommenes Ding, eine kleine Freude offenbar.
Das Ding ist keine Spange. Wie heißt es? Haarklemme. Wie sagt man genauer? Steckkamm. Die einfachsten Dinger, die man immer vergisst, verliert.
Das Mädchen ist bisher schlecht und recht mit den Menschen ausgekommen. Ihrer Meinung nach haben sie alle zu viel von ihr verlangt. Sie hat sich immer in der Lage befunden, irgendjemand anblaffen zu müssen. Sie hat ein loses Mundwerk, sagte man früher. Aber das ist es nicht. Ihr Mund hat sich zu einer kleinen schnellfeuernden Schallwaffe entwickelt. Sie lässt sich nichts gefallen, aber ihr gefällt auch von vornherein nie etwas. Alle wollen irgendwas von ihr, das sie absolut nicht will. Weil einfach nichts von ihr gewollt werden soll. Was sie aber will, versteht sowieso keiner.
Meistens ist sie allein am Vormittag. Aber irgendwer findet sich im Lauf des Tages, in der Spielhalle, im Café oder in den Anlagen. Irgendwer, bei dem sie dann haltlos zu quasseln beginnt. Wie eine verrückte Alte. „Ansichtssache", ihr Tickwort; es schiebt sich wie das Leerklicken im Magazin zwischen die Salven gepfefferter Ansichten. Sie besitzt jede Menge Munition von diesem aufsässigen Unsinn. Zuerst muss sie sich Luft verschaffen und mit dem Mund wild in der Gegend herumballern. Aber damit ist es noch nicht vorbei. Jetzt zieht sie scharf und beginnt

das gezielte Anblaffen. Die Flappe, der vorgestreckte Hals, die ausgefahrenen Lippen richten sich auf einen zufällig quer stehenden Mitmenschen. So überhaupt nur, im Angriff, nimmt sie ihn wahr. Irgendetwas wird er schon gesagt haben, irgendetwas Missverständliches, das sie in Wut versetzt. Und wenn nicht, der Wechsel von Ballern zu scharfem Schnauzen vollzieht sich von selbst, braucht keinen äußeren Anlass.
„Unheimlich aggressiv" nennt sich das. Tatsächlich kann man wenig dagegen tun. Man beruhigt sie mit nichts, man kann nicht auf sie einreden. Das Beste ist, man sucht schnell das Weite. Dann tut sie nichts, sie springt einem nicht in den Rücken. Wenn man außer Sicht ist, beruhigt sie sich. Früher schwer, jetzt zu gar nichts mehr erziehbar. Weiß alles, weiß auch, warum. Wer kümmert sich außerdem um eine Zwanzigjährige, die ihre beste Zeit hinter sich hat, herumhängt und mit niemandem zurechtkommt?
Vor vier, fünf Jahren, da waren noch eine Menge Leute wie sie. Oder sahen wenigstens so aus. Auf der Straße war noch viel los, und die Menschen waren überhaupt viel ansprechbarer. Aber es stellte sich heraus, das war auch bloß Getue, nur Modezirkus. Von denen ist keiner übrig geblieben. Kaum einer.
Schildpattkamm, Ansichtssache.
Es gäbe die Möglichkeit, wirklich die Frisur zu wechseln. Die Haare wachsen lassen, einfach ein anderer Typ sein. Sie beugt sich vor, hebt die Hand, sieht sich das Stück von nahem an. Schildkrötenpanzer.

Braungelb geflecktes Horn. Drecksding. Schildkrötenmörder. Sie stellt sich vor: wenn die Schildkröten hierzulande heilige Tiere wären wie die Kühe in Indien ... Eine Schildkröte sein in ihrem uralten Panzer und ganz langsam die Fahrbahn überqueren, bis der sinnlose Verkehr zusammenbricht.

Sie stellt sich vor: ihre Mutter hätte so ein Ding im Haar getragen. Warum eigentlich nicht? Schön war sie ja. Es fällt ihr dauernd aus der Frisur, wenn sie im Kiosk bedient, und ich muss es dann aufheben. „Tritt nicht drauf!", brüllt sie. Hej, es gibt auch welche aus Plastik, die sind bedeutend billiger, du!

Das Mädchen blinzelt durch die Kammzähne in die Sonne. Es träumt nicht. Es weiß Bescheid. Die Lage kann sich stündlich verbessern. Es hängt immer alles von irgendeinem entscheidenden Knackpunkt ab. Die Welt an sich macht alles mit. Es kommt bloß darauf an, wie du dich selber fühlst. An sich: jede Menge Erleichterungen. Man kann sich nicht beklagen.

Die Möglichkeiten sind immer ihr Schönstes gewesen. Sobald jemand da ist, gibt's keine Möglichkeiten mehr. Gibt's meistens Krach.

Menschenfreundlichkeit hängt stark vom Wetter ab. Ob man draußen allein auf einer Bank sitzen kann und von allen in Ruhe gelassen wird – dann sind die Leute Möglichkeiten, mit denen man umgehen kann. Der Mund hängt halb geöffnet, schussbereit. Herumreden ist genauso schädlich wie Rauschgift, Suff und Tabletten. Aber eben: man kann's nur schwer lassen. Schöne Haare, große Mähne. Da braucht man nicht mehr viel sagen, das wirkt von selbst. Die Leute halten Abstand. Obwohl es wahrscheinlich zu mir nicht besonders passen würde. Da muss man schon den ganzen Typ verändern.

Reden ist Suff.

Hübsche Knie. Hübsche Ohren. Was noch? Vielleicht ganz hübsches Oberteil. Jedenfalls müssten die Ohren frei bleiben. Man kann sich ja auch mit dem Ding die Haare bloß an der Seite hochstecken. Aber ich habe ein viel zu kleines Gesicht für lange Haare.

Früher ja. Aber im Sommer ist es die Hölle.

Das Mädchen nimmt, was es zuerst eine Haarklemme, dann einen Steckkamm genannt hat, zwischen die Ballen der rechten und der linken Hand. Sie spreizt die Ellbogen und drückt zu. Das Horn zerbricht, sie lässt die beiden Teile zwischen ihren Beinen zu Boden fallen. Sie lehnt sich zurück, steckt den Mittelfinger in die Nase, kramt, lutscht die Kuppe ab, reibt den Finger kreuzweise auf der Strumpfhose über dem Knie, blickt sich um.

Was kommt jetzt? Dies wäre der geeignete Moment für etwas Neues.

Alles nur kurz. Und das immer wieder.

Immer dasselbe, aber nur kurz.

Es wird Frühjahr. Die ersten warmen Tage. Die Leute fangen an, sich draußen auf die Bänke zu pflanzen.

Die Schmunzelkontakte breiten sich aus. Höchste Zeit, sich anderswo umzusehen. Das Mädchen zieht den Saum seines Minirocks vor – weit entfernt, damit die Knie zu bedecken. Uralter, zweckloser Anstandsreflex. Man sieht ohnehin der Strumpfhose bis in den Zwickel. Das Mädchen steht auf. Es schlurft in den knautschigen Stiefeletten über den gepflasterten Anlagenweg. Dürre, nach innen verdrehte Beine. Kein Tag ohne Erleichterungen.

1 Wie würdet ihr reagieren, wenn euch das Mädchen ansprechen würde?

2 Geschichten werden aus einer bestimmten **Erzählperspektive** verfasst.

a) An welchen Textmerkmalen erkennt ihr, aus welcher Perspektive das Mädchen geschildert wird?

b) Beschreibt in eigenen Worten, welche Rolle der Erzähler in dem vorliegenden Text spielt.

3 Untersucht, mit welchen sprachlichen Mitteln das Mädchen charakterisiert wird.

4 Charakterisiert eine selbst gewählte Person. Nutzt dazu einige der erzählerischen Mittel, die ihr in Strauß' Text kennen gelernt habt.

Jürgen Theobaldy

Sonntags Kino

In seinem Roman „Sonntags Kino" schildert Jürgen Theobaldy das Alltagsleben einer Gruppe junger Arbeiter in einer deutschen Kleinstadt Ende der 50er-Jahre, einer Zeit, in der es weder Diskos noch Spielhallen, weder Fitness-Center noch Pop-Konzerte gab. Die Eisdiele, eine altmodische Tanzschule oder ein verrauchter Jazz-Klub waren die wenigen Orte, die Jugendliche ansprechen konnten. Der folgende Auszug stammt aus dem 1. Kapitel des Romans.

Wie hätte es weitergehen sollen?, sagte Riko. Dieter gab keine Antwort. Er nahm einen Kamm aus der Tasche und zog ihn durch seine langen blonden Haare, die vom Haaröl schwer und fest waren. Mit der flachen Hand drückte er sie nach vorn, bis sie sich über der Stirn zu einer Welle türmten, alle machten das so, auch Muff suchte nach einem Kamm, nahm schließlich den von Riko, Riko gab ihm seinen Taschenspiegel. Dunkel war es geworden, und kalt war es auch schon, um diese Jahreszeit, einem späten Herbst. Drüben in der Bäckerei flammte das Neonlicht in der Auslage auf und ließ die Brötchen wieder leuchten, goldgelb, wie auf der Reklame. Bei der Apotheke war schon länger Licht, auch bei der Sparkasse im Neubau. Und die Frauen mit ihren Kindern, die den Nachmittag über rund um die Sandgrube gesessen waren, sie hatten Schaufel, Rechen und Eimer, Sandkuchenformen aus Blech und Plastik, das ganze Spielzeug zusammengesucht. Sie waren gegangen und schauten nicht mehr misstrauisch her. Hier im Kalten war ihnen der Tag zusammengeschrumpft auf das Abendessen, die Kinder im Bett, der Mann am Tisch, Radio an, so kannte das Riko von früher.

Die eingeschalteten Lichter in den Läden um den Platz, die Lichter aus den Häusern, warme, honigfarbene Lichter, gaben der Umgebung etwas Vertrautes, aber auch Trostloses; Schatten waren plötzlich da, still und doch verletzend nahe, niemand konnte sie vertreiben, sie lauerten, von einer fremden Macht geführt, wie hier den Platz ausleuchten?, heute würde es nicht mehr heller werden. Paul, bist du das?, fragte Riko und fröstelte, nein, war er nicht, so ungeborgen standen sie hier herum, trauten sich auch nicht ins Roxy in der Innenstadt, wo Dieter sein blaues Auge geholt hatte. Die Großen gingen dorthin, Gunter und die anderen, das wäre auch etwas für sie, aber die Großen ließen sie da nicht hinein, die brauchten immer welche, von denen sie sich unterscheiden und gegen die sie aufbegehren konnten, und sie suchten auch solche, zu denen sie wohlwollend sein und die sie doch zurückstoßen konnten, wann sie wollten, die Großen in ihren echten Lederjacken.

So standen sie hier herum, der Feierabend begann zu zerfallen, ein Frösteln im Herbst, ihre Körper waren noch den Sommer gewohnt, Kühle schob sich klamm zwischen sie und ihre Kleider, sie zogen das Genick ein, drückten die Schulterblätter zusammen, die Straßenlampen strahlten sirrend aus dem Dunkel herab. Sie setzten sich auf das hölzerne Geländer, es war braun gebeizt, fast schwarz, nur weiter drüben schimmerten zwei hellere Pfosten, die erst ein paar Wochen alt waren. Hier hatten sie Teile des Geländers einfach abgeräumt, ein Querbalken war gebrochen gewesen, Dieter hatte nachgefasst und den nächsten Balken geknickt, und das Ganze wurde immer systematischer und sinnloser, aber es befriedigte auch, so sehr, dass keiner abhaute, nachdem sie fünf Meter Zaun zu Kleinholz gemacht hatten. Plötzlich war ein Streifenwagen an den Bürgersteig herangefahren, und es war ein merkwürdiges Gefühl gewesen, dort einzusteigen, unter den Augen der Leute, die stehen geblieben waren und zuschauten, Riko und die anderen waren auf einmal aus den Schwarzweißfotos der Illustrierten in die Wirklichkeit getreten, weißt du noch, Al Capone im weißen Hemd, wie er grinsend in den Polizeiwagen stieg, oder war es Babyface Nelson? Wo blieb ihre Zigarre, wer schob die Daumen hinter die Hosenträger, bevor er sich bückte, um auf dem hinteren Sitz zu verschwinden? Sie gewöhnten sich sehr schnell an die neue Situation, mussten sie auch, sie konnten ja nur stolz einsteigen und sich nicht verkriechen auf dem Rücksitz, gerade weil die Leute hineinguckten mit Gesichtern, als sähen sie hier die zukünftigen Gangster, die in ein paar Jahren den Stadtteil

Jugendliche 1956

terrorisierten, wenn man sie nicht rechtzeitig die Härte des Gesetzes spüren ließ.
Doch sie waren junge Burschen, schnell beleidigt, und sie ließen sich nichts gefallen, ihre jungen Gesichter vom Trotz wie aufgedunsen, die Augen schmal, mürrische Mundwinkel, aber vor allem jung, so jung, dass es prima war, einfach an den Straßenecken herumzustehen, am Eingang von Kneipen oder hier auf dem Platz, ohne etwas Besonderes zu tun und nichts weiter zu zeigen als den Widerwillen davor, sich nützlich zu machen, sich einzusetzen für irgendetwas, das schon vor ihnen da gewesen war; sie wollten niemandem zu Hilfe kommen, sie waren der Meinung, dass auch ihnen niemand half, vor allem wollten sie gar keine Hilfe für sich, eher wollten sie Kippenstechen[1] gehen oder erschossen werden, in einer Seitenstraße, im Türrahmen eines umstellten Hauses oder mitten auf einem belebten Boulevard während der Hauptverkehrszeit. […]
Doch jetzt war es kalt geworden, zu kalt, sie überquerten den Platz, der allmählich ins Dunkel sank, sie schlenderten unter dem grau gestrichenen Gestänge der Schaukel hindurch. Im Sommer hingen zwei Schaukeln an der Querstange herab, mit rot und grün lackierten Sitzbrettern, aber diese Woche hatte sie ein Mensch im blauen Overall abgeschraubt, die Stadtverwaltung würde sie erst im Frühjahr wieder anbringen lassen; weil im Winter niemand schaukelte, durfte auch niemand schaukeln, so etwas Ähnliches mussten sich die Hengste von der Stadtverwaltung gedacht haben. Und darüber würde es Winter und wieder Frühling werden, und in einem Jahr war die Lehrzeit auch vorbei und was weiter?

1 **Kippenstechen:** Aufsammeln weggeworfener Zigarettenstummel von der Straße

1 Beschreibt die Stimmung der Jugendlichen, die in dem Romanauszug geschildert wird, mit eigenen Worten. Belegt eure Aussagen mit Hilfe passender Textstellen.

2 Die Jugendlichen in „Sonntags Kino" zieht es auf den Platz. „Eckenstehen" war in den 50er-Jahren eine beliebte Freizeitbeschäftigung, besonders für die männliche Jugend.
a) Worin besteht eigentlich der Reiz dieses „Herumlungerns" – so bezeichneten jedenfalls die Erwachsenen diese Tätigkeit?
b) Habt ihr auch bestimmte Lieblingsplätze? Berichtet von euren Erfahrungen.

3 Das so genannte „Kofferradio“ wurde in den 50er-Jahren schnell zu einem unentbehrlichen Teil der Jugendkultur.

a) Welche Bedeutung haben seine Nachfolger heute für euch?

b) Für Riko und seine Freunde wäre ein Kofferradio ein kostbarer Besitz gewesen. Verfasst einen zusätzlichen Erzählabschnitt im Stil des Romans „Sonntags Kino“ (S. 20/21), bei dem ein Kofferradio eine Rolle spielt.

Ulrich Plenzdorf

Die neuen Leiden des jungen W.

Der folgende Textauszug stammt aus dem Roman „Die neuen Leiden des jungen W.“, der 1973 in der DDR erschien und bei Jugendlichen in beiden Teilen des zu jener Zeit noch geteilten Deutschlands auf große Begeisterung stieß. Geschildert wird das kurze Leben des jungen Handwerkers Edgar Wibeau, der sich den Anforderungen des ihn umgebenden starren Gesellschaftssystems nicht beugen will und mit allerlei Ideen versucht, einen eigenen Weg zu gehen. Als ihn seine Freundin verlässt, bricht für ihn eine Welt zusammen. Bei einem Betriebsunfall kommt er schließlich ums Leben. Drei Hinweise sind für das Verständnis der folgenden Stelle wichtig:

- *Jeans, als westliche Modeware, waren in der DDR lange Zeit verpönt und in Geschäften nicht zu kaufen.*
- *Edgar lebt eine Zeit lang ohne festen Wohnsitz in einer Laube eines Schrebergartens. Als Toilettenpapier stehen alte Zeitungen und Bücher zur Verfügung. Eines Tages stößt er zufällig auf ein zerfleddertes Reclam-Heftchen mit Goethes Roman „Die Leiden des jungen Werthers“ von 1774. Obwohl er mit dem alten Sprachstil Schwierigkeiten hat, liest er sich darin fest, da er Bezüge zu seiner eigenen Situation findet.*
- *Eines von Edgars Lieblingsbüchern ist „Der Fänger im Roggen“ (1951) des amerikanischen Autors J. D. Salinger.*

Natürlich Jeans! Oder kann sich einer ein Leben ohne Jeans vorstellen? Jeans sind die edelsten Hosen der Welt. Dafür verzichte ich doch auf die ganzen synthetischen Lappen aus der Jumo[1], die ewig tiffig aussehen. Für Jeans konnte ich überhaupt auf alles verzichten, außer der *schönsten Sache* vielleicht. Und außer Musik. Ich meine jetzt nicht irgendeinen Händelsohn Bacholdy[2], sondern echte Musik, Leute. Ich hatte nichts gegen Bacholdy oder einen, aber sie rissen mich nicht gerade vom Hocker. Ich meine natürlich echte Jeans. Es gibt ja auch einen Haufen Plunder, der bloß so tut wie echte Jeans. Dafür lieber gar keine Hosen. Echte Jeans dürfen zum Beispiel keinen Reißverschluss haben vorn. Es gibt ja überhaupt nur eine Sorte echte Jeans. Wer echter Jeansträger ist, weiß, welche ich meine. Was nicht heißt, dass jeder, der echte Jeans trägt, auch echter Jeansträger ist. Die meisten wissen gar nicht, was sie da auf dem Leib haben. Es tötete mich immer fast gar nicht, wenn ich so einen fünfundzwanzigjährigen Knacker mit Jeans sah, die er sich über seine verfetteten Hüften ge-

1 **Jumo:** „Jugendmode“; Name der in der DDR produzierten Kleidung für Jugendliche

2 Anspielung auf die Komponisten **Johann Sebastian Bach** (1685–1750), **Georg Friedrich Händel** (1685 bis 1759) und **Felix Mendelssohn-Bartholdy** (1809–1847)

zwängt hatte und in der Taille zugeschnürt. Dabei sind Jeans Hüfthosen, das heißt Hosen, die einem von der Hüfte rutschen, wenn sie nicht eng genug sind und einfach durch Reibungswiderstand oben bleiben. Dazu darf man natürlich keine fetten Hüften haben und einen fetten Arsch schon gar nicht, weil sie sonst nicht zugehen im Bund. Das kapiert einer mit fünfundzwanzig schon nicht mehr. Das ist, wie wenn einer dem Abzeichen nach Kommunist ist und zu Hause seine Frau prügelt. Ich meine, Jeans sind eine Einstellung und keine Hosen. Ich hab überhaupt manchmal gedacht, man dürfte nicht älter werden als siebzehn, achtzehn. Danach fängt es mit dem Beruf an oder mit irgendeinem Studium oder mit der Armee, und dann ist mit keinem mehr zu reden. Ich hab jedenfalls keinen gekannt. Vielleicht versteht mich keiner. Dann zieht man eben Jeans an, die einem nicht mehr zustehen. Edel ist wieder, wenn einer auf Rente ist und trägt dann Jeans, mit Bauch und Hosenträger. Das ist wieder edel. [...]

Ich analysierte mich kurz und stellte fest, dass ich eigentlich lesen wollte, und zwar wenigstens bis gegen Morgen. Dann wollte ich bis Mittag pennen und dann sehen, wie der Hase läuft in Berlin. Überhaupt wollte ich es so machen: bis Mittag schlafen und dann bis Mitternacht leben. Ich wurde sowieso im Leben nie vor Mittag wirklich munter. Mein Problem war bloß: Ich hatte keinen Stoff. – Ich hoffe, es denkt jetzt keiner, ich meine Hasch und das Opium. Ich hatte nichts gegen Hasch. Ich kannte zwar keinen. Aber ich glaube, ich Idiot wäre so idiotisch gewesen, welchen zu nehmen, wenn ich irgendwo hätte welchen aufreißen können. Aus purer Neugierde. Old Willi und ich hatten seinerzeit ein halbes Jahr Bananenschalen gesammelt und sie getrocknet. Das soll etwa so gut wie Hasch sein. Ich hab nicht die Bohne was gemerkt, außer dass mir die Spucke den ganzen Hals zuklebte. Wir legten uns auf den Teppich, ließen den Rekorder laufen und rauchten diese Schalen. Als nichts passierte, fing ich an, die Augen zu verdrehen und verzückt zu lächeln und ungeheuer rumzuspinnen, als wenn ich sonstwie high wäre. Als Old Willi das sah, fing er auch an, aber ich bin überzeugt, bei ihm spielte sich genauso wenig ab wie bei mir. Ich bin übrigens nie wieder auf den Bananenstoff und solchen Mist zurückgekommen, überhaupt auf keinen Stoff. Was ich also meine, ist: ich hatte keinen Lesestoff. Oder denkt einer, ich hätte vielleicht Bücher mitgeschleppt? Nicht mal meine Lieblingsbücher. Ich dachte, ich wollte nicht Sachen von früher mit rumschleppen. Außerdem kannte ich die zwei Bücher so gut wie auswendig. Meine Meinung zu Büchern war: Alle Bücher kann kein Mensch lesen, nicht mal alle sehr guten. Folglich konzentrierte ich mich auf zwei. Sowieso sind meiner Meinung nach in jedem Buch fast *alle* Bücher. Ich weiß nicht, ob mich einer versteht. Ich meine, um ein Buch zu schreiben, muss einer ein paar tausend Stück andere gelesen haben. Ich kann's mir jedenfalls nicht anders vorstellen. Sagen wir: dreitausend. Und jedes davon hat einer verfasst, der selber dreitausend gelesen hat. Kein Mensch weiß, wie viel Bücher es gibt. Aber bei dieser einfachen Rechnung kommen schon ...zig Milliarden und das mal zwei raus. Ich fand, das reicht. Meine zwei Lieblingsbücher waren: Robinson Crusoe. Jetzt wird vielleicht einer grinsen. Ich hätte das nie im Leben zugegeben. Das andere war von diesem Salinger. Ich hatte es durch puren Zufall in die Klauen gekriegt. Kein Mensch kannte das. Ich meine: kein Mensch hatte es mir empfohlen oder so. Bloß gut. Ich hätte es dann nie angefasst. Meine Erfahrungen mit empfohlenen Büchern waren hervorragend mies. Ich Idiot war so verrückt, dass ich ein empfohlenes Buch mies fand, selbst wenn es gut war. Trotzdem werde ich jetzt noch blass, wenn ich denke, ich hätte dieses Buch vielleicht nie in die Finger gekriegt. Dieser Salinger ist ein edler Kerl. Wie er da in diesem nassen New York rumkraucht und nicht nach Hause kann, weil er von dieser Schule abgehauen ist, wo sie ihn sowieso exen wollten, das ging mir immer ungeheuer an die Nieren. Wenn ich seine Adresse gewusst hätte, hätte ich ihm geschrieben, er soll zu uns rüberkommen. Er muss genau in meinem Alter gewesen sein. Mittenberg war natürlich ein Nest gegen New York, aber erholt hätte er sich hervorragend bei uns. Vor allem hätten wir seine blöden sexuellen Probleme beseitigt. Das ist vielleicht das Einzige, was ich an Salinger nie verstanden habe. [...]

Der Kerl in dem Buch, dieser Werther, wie er hieß, macht am Schluss Selbstmord. Gibt einfach den Löffel ab. Schießt sich ein Loch in seine olle Birne, weil er die Frau nicht kriegen kann, die er haben will, und tut sich ungeheuer Leid dabei. Wenn er nicht völlig verblödet war, musste er doch sehen, dass sie nur darauf wartete, dass er was *machte*, diese Charlotte. Ich meine, wenn ich mit einer Frau allein im Zimmer bin und wenn ich weiß, vor einer halben Stunde oder so kommt keiner da rein, Leute, dann versuch ich doch *alles*. Kann sein, ich handle mir ein paar Schellen ein, na und? Immer noch besser als eine verpasste Gelegenheit. Außerdem gibt es höchstens in zwei von zehn Fällen Schellen. Das ist Tatsache. Und dieser Werther war ...zigmal mit ihr allein. Schon in diesem Park. Und was macht er? Er sieht ruhig zu, wie sie heiratet. Und dann murkst er sich ab. Dem war nicht zu helfen.
Wirklich Leid tat mir bloß die Frau. Jetzt saß sie mit ihrem Mann da, diesem Kissenpuper. Wenigstens daran hätte Werther denken müssen. Und dann: Nehmen wir mal an, an die Frau wäre wirklich kein Rankommen gewesen. Das war noch lange kein Grund, sich zu durchlöchern. Er hatte doch ein Pferd! Da wär ich doch wie nichts in die Wälder. Davon gab's doch damals noch genug. Und Kumpels hätte er eins zu tausend massenweise gefunden. Zum Beispiel Thomas Müntzer[3] oder wen. Das war nichts Reelles. Reiner Mist. Außerdem dieser Stil. Das wimmelte nur so von Herz und Seele und Glück und Tränen. Ich kann mir nicht vorstellen, dass welche so geredet haben sollen, auch nicht vor drei Jahrhunderten. Der ganze Apparat bestand aus lauter Briefen, von diesem unmöglichen Werther an seinen Kumpel zu Hause. Das sollte wahrscheinlich ungeheuer originell wirken oder unausgedacht. Der das geschrieben hat, soll sich mal meinen Salinger durchlesen. *Das* ist echt, Leute!

3 **Thomas Müntzer:** kämpfte für die Rechte der Bauern, wurde 1525 hingerichtet

1 a) Charakterisiert den Ich-Erzähler Edgar Wibeau.
b) Der Erzähler spricht die Leser/innen mehrfach direkt an. Beschreibt die Wirkung dieses Stilmittels.

2 a) Für Edgar sind seine Jeans mehr als ein Kleidungsstück. Warum liebt er sie so?
b) Gibt es heute Kleidungsstücke, denen ihr eine ähnliche Bedeutung und Wirkung zuschreiben würdet?

3 Vergleicht Edgars Umgang mit Büchern mit eurem Leseverhalten.

4 Edgar erscheint Goethes Sprachstil ungewohnt. Ähnlich ungewohnt klingen heute so manche Sprüche und Wörter, die Edgar verwendet.
a) Listet die Ausdrücke auf, die euch unbekannt oder überholt vorkommen.
b) Klärt im Klassengespräch ihre Bedeutung und ersetzt sie durch euch geläufige Ausdrücke. Achtet darauf, dass der Ton der Jugendsprache erhalten bleibt.

Schau mir in die Augen, Kleiner

Und hier ist er, der abgeschlossene Roman, DIE Kennenlern-Geschichte des Jahres: Herz, Schmerz, Leidenschaft – wie aus dem Leben gegriffen. Oder jedenfalls fast!

Das war vielleicht ein Tag! Jungs!!! Und wenn ich hundert Jahre alt werde, was in denen vorgeht, werde ich nie verstehen. Na ja, es heißt ja nicht umsonst: Der Mann – das unbekannte Wesen.
Es fing damit an, dass ich ein Date ausmachen wollte. Da ist man als Mädchen übel dran, weil frau muss immer den ersten Schritt machen. Aber irgendwann muss frau ja mal anfangen,

sich mit Jungs zu verabreden. Deshalb hatte ich mir auch Moritz ausgesucht. Bei dem war das Risiko einer Abfuhr nicht so groß. Außerdem war ich mir sicher, dass er auf mich steht. Ich bin also so cool wie möglich zu ihm hingegangen und hab gesagt: „Hi, wie geht's denn so? Hast du Lust, am Samstag mit ins Freibad zu gehen?“ Erst mal hat er so getan, als ob er laaaaange überlegen muss. Also, da bin ich jedes Mal wieder platt. Jungs haben da so eine Art, einen zappeln zu lassen, das werde ich nie lernen. „Okay“, sagte er dann langsam. „Holst du mich ab?“ Auch das noch! Ich nickte. Schließlich hat meine Mutter mir beigebracht, einen Jungen keinesfalls allein nach Hause oder auch nur zur Bushaltestelle gehen zu lassen. Vom frühen Nachmittag war dabei allerdings nie die Rede gewesen.

Als ich am Samstag bei ihm klingelte, dauerte es eine Weile, dann erschien sein Vater. „Hallo, der Moritz ist gleich fertig. Er föhnt sich nur noch schnell die Haare.“ Haare föhnen? Wie, Haare föhnen? Wir wollten doch zum Schwimmen?! Als Moritz endlich kam, hätte ich mir schon denken können, dass er unter dem Wort „Freibad“ wohl etwas völlig anderes verstand als ich. Aufgebrezelt bis über beide Ohren stand er vor mir.

Auf dem Weg zum See unterhielten wir uns über dies und das. Ich meine, ich bin vielleicht nicht der Welt größte Entertainerin, aber dass er vor jedem Schaufenster stehen blieb und hineinsah, machte die Sache bestimmt nicht leichter. Als ich ihm gerade genau erklärte, wie mein Traum-Motorrad einmal aussehen muss, unterbrach er mich und rief: „Du, guck mal, der Pulli da. Ist der nicht einfach süß?“, und zeigte auf so einen rosa Lappen im Schaufenster. Tja, also da war ich echt überfragt. Überhaupt war die Frage unfair. Schließlich reden Jungen stundenlang über Klamotten und Frisuren, ich kenn mich da gar nicht aus.

Als ich noch mit der Antwort kämpfte, kamen wir am See an. Wie ich befürchtet hatte: Da standen sie schon alle, die Mädels aus meiner Klasse, und grinsten. „He, wer kommt denn da?“ – „Kann ich mir den mal ausleihen?“ Voll peinlich! Also, wenn Mädchen auf einem Haufen zusammen sind, ist echt alles aus. Diese ewige Anmache, dann ist wirklich jede die Größte. Moritz fand das wohl auch; er rollte jedenfalls genervt die Augen und fragte: „Sind das etwa deine Freundinnen?“ – „Na ja, wir hängen halt manchmal zusammen rum“, antwortete ich. Blöd gelaufen, jetzt hielt er mich am Ende auch für so eine, die einfach jeden Typ anmacht.

Das musste ich irgendwie grade biegen. Ich suchte also einen Platz, möglichst weit weg von den Mädels, breitete die Decke aus und bot Moritz an, ihm den Rücken einzucremen. „Nee du, lass mal“, antwortete er gelangweilt und stülpte sich die Kopfhörer seines Walkmans über die Ohren. Komische Verabredung war das! Als ich fragte, ob er mit ins Wasser gehen wollte, schüttelte er nur den Kopf.

Also zog ich alleine los. Der Typ sollte sich nur ja nicht einbilden, er hätte mich um den Finger gewickelt. Jetzt war Coolness angesagt – dann hatte dieses zickige Getue schnell ein Ende.

Ich schwamm also ein paar Runden und stieg dann auf den 5-Meter-Turm. Das hatte noch immer gewirkt. Ob Moritz zu mir hinsah, konnte ich leider nicht sehen. Irgendwie fand ich ihn in dem Gewühl nicht. Als ich wieder zu unserem Platz zurückkam, war die Decke leer, nur meine Turnschuhe standen einsam rum.

Wie, was war das denn? Wo war Moritz? Vielleicht war er nach Hause gegangen, weil er sich schämte, dass er so grantig zu mir gewesen war. Oder er stand in der Schlange vor dem Kiosk, um mir ein Eis zu kaufen – als Wiedergutmachung sozusagen. Ja, das musste es sein. Nach einer Weile sah ich mich um. So lange konnte das doch nicht dauern, ein Eis zu kaufen.

Und dann sah ich ihn – umringt von einer Horde Girls hockte er auf einer Decke und flirtete wie wild. Und diese Schnepfen führten sich auf, als säße Brad Pitt persönlich auf ihrem Handtuch. Also, das war doch wohl die Höhe! Da tut man alles, um nicht eine von diesen Balzhennen zu sein, weil Jungs das angeblich nicht mögen, und dann so was.

Nach langem Nachdenken kam ich zu dem Schluss, dass Jungen eben einfach merkwürdige Geschöpfe sind. Sie sagen, sie wünschen sich ein Mädchen, das nicht immer die große Beschützerin spielt, keine coole Masche abzieht

und auch mal Gefühle zeigen kann. Und die Mädchen, die ich kenne, sagen genau das Gleiche, also von Jungs, meine ich. Trotzdem klappt's irgendwie nicht. Schon komisch.
Jedenfalls war das hier nicht mein Ding. Ich packte meine Sachen zusammen und ging. Vielleicht waren die Mädels aus der Clique in der Eisdiele oder beim Billard. Aber von dieser Schlappe würde ich ihnen nichts erzählen, das stand fest.

1 Im Vorspann zu der Geschichte heißt es: „ – wie aus dem Leben gegriffen. Oder jedenfalls fast!" Was meint ihr dazu?

2 Verfasst selbst Geschichten, in denen ihr typische Verhaltensweisen von Mädchen und Jungen aufs Korn nehmt.

Jobst-Ulrich Brand

Alles Gelaber oder was?

Egal, ob Hip-Hopper, Punk, Müsli oder Normalo: Wer zu einer der unzähligen Jugendgruppen gehören will, muss so reden wie die anderen. Nicht nur an ihrer Kleidung und Musik erkennen sich die Gleichgesinnten, sondern auch vor allem an ihren Jargons.
Damit wollen sich die Jugendlichen in erster Linie vom „guten Deutsch" der Eltern und Lehrer abgrenzen: „Sie distanzieren sich von der Erwachsenenwelt, indem sie gegen deren Sprachnormen verstoßen", sagt die Düsseldorfer Sprachwissenschaftlerin Eva Neuland.
Dabei entwickeln die Kids bemerkenswerte Kreativität: Sie erfinden neue Begriffe [???], übernehmen Wörter aus dem Englischen [???] und setzen deutsche Wörter zu neuartigen Wendungen zusammen [???]. Angesichts der Wortspielereien ihrer Kinder warnen viele Eltern schnell vor „schlechtem Deutsch" und „Sprachverfall". Sie vergessen dabei, dass die Sprache nicht festgemauert in der Erde steht, unveränderlich bis ans Ende aller Tage, sondern sich weiterentwickeln muss, um einer sich immer schneller verändernden Welt gerecht zu werden. Für Sprachwissenschaftler ist die Jugendsprache ein wichtiger Motor dieses Sprachwandels. „Mit Twenty-fluid no future für Pickel und Keime."
Vor allem die Werbung übernimmt gern die Sprachspiele der Kids – und hat dabei den Marktfaktor Jugend fest im Blick. Wie Pickelkeime verbreiten sich die Trend-Wörter über die Medien und landen schließlich in den Lexika der Standardsprache. Wörter wie „abgefuckt", „affengeil" oder „ätzend" stehen zum Beispiel längst im Duden.
Für die Jugendlichen sind sie damit „out", zur Provokation der Alten untauglich, weil sie jetzt selbst ein Teil des „Erwachsenen-Gelabers" sind.

1 An drei Stellen des Textes finden sich Fragezeichen in Klammern:
a) Sucht dafür jeweils passende Beispiele.
b) Erläutert Entstehung und Bedeutung der Ausdrücke.

2 Nennt mindestens fünf Gründe, warum Jugendliche und Jugendszenen sich häufig eine „eigene Sprache" zulegen.

3 Am Beispiel der von Edgar Wibeau verwendeten Wörter und Begriffe (S. 22–24) habt ihr gesehen, wie schnelllebig viele Ausdrücke aus der Jugendszene sind. Könnt ihr dafür eine Erklärung finden?

1.3 Wandervögel und Teenager – Jugend im 20. Jahrhundert

1 a) Vergleicht die Fotos. Zwei von euch halten die Unterschiede und die Gemeinsamkeiten, die ihr ermittelt, auf Folien fest.
b) Ordnet eure Ergebnisse nach äußeren Merkmalen und inneren Bedürfnissen, die auf den Fotos zum Ausdruck kommen.
c) Diskutiert eure Resultate.

2 Gestaltet eine Collage, die besondere Merkmale der heutigen Jugendkultur zum Ausdruck bringt.

Der Großstadt den Rücken kehren: Der Wandervogel

Hede Riegger-Leder

Lebenserinnerungen

Als erste deutsche Jugendbewegung gilt der „Wandervogel", der, 1901 in Berlin gegründet, eine schnelle Verbreitung fand. Sicherlich gab es schon von Beginn der menschlichen Zivilisation an, und nicht nur im biologischen Sinne, eine Jugendzeit mit einer besonderen Lebensweise. Das zeigen zum Beispiel die Quellen aus der griechischen und römischen Antike. So beklagten sich die Einwohner der römischen Städte, dass die Jugendlichen ständig allerlei Sprüche und Zeichnungen in die Häuserwände ritzen würden – antike Graffiti-Probleme also. Aber von einer eigenständigen Jugendkultur kann man bis Anfang des 20. Jahrhunderts nicht sprechen; hierzu bedurfte es der neuen Reise-, Kommunikations- und Freizeitmöglichkeiten, die erst die moderne Großstadtgesellschaft bietet. Vorher lebte die große Mehrheit der Jugendlichen von aller Welt abgeschlossen in ihren dörflichen Gemeinschaften, von Kindheit an eingebunden in die schwere Landarbeit und die Lebensweise des Dorfes oder der Kleinstadt.

Damals war ich noch ein Backfisch[1] in der Oberklasse der Heidelberger Mädchenschule. Es war langweilig, und wir Schwestern sangen in schmerzvoller Übereinstimmung:

„Wir armen kleinen Mädchen
sind gar so übel dran,
Ich wollt, ich wär kein Mädchen,
ich wollt, ich wär ein Mann!"

Wir fühlten uns eingeengt und bockten. An allen Fronten, offen oder mit List und Tücke. Meine Schwester zum Beispiel hätte gern Sternguckerin werden wollen, ich Matrose. Aber wir waren ja nur Mädchen! In der Familie meiner Mutter gab es ein Stipendium zum Studium – natürlich nur für Männer, denn es war aus grauer Vorzeit. Von der Literaturstunde her sympathisierten wir mehr mit „Sturm und Drang" und natürlich den außerordentlichen Frauen aller Epochen – bei unseren engen Verhältnissen ein schier hoffnungsloser Fall! Wir waren eben nur Erziehungsobjekte, was von unseren ziemlich fortschrittlich gesinnten Eltern her noch nicht mal so schlimm war, aber dafür von der gan-

1 **Backfisch,** veraltet für: Jugendliche

zen übrigen Erwachsenen-Umwelt her umso schlimmer – es war zum Auswachsen.

Alles, was wir gern wollten, war für uns Mädchen nicht „Sitte“, also tabu. Es ist bezeichnend, dass wir zwei damals die Schule als einzige interessante Angelegenheit empfanden: denn gleichaltrige ähnlich denkende Mädchen waren dort und, was die Hauptsache war: Dort durfte und sollte man sich an allem beteiligen! Immer wieder bekenne ich heute, wie gern ich in die Schule ging! Sozusagen der ganze dargebotene Lehrstoff interessierte uns, und wir „schimpften“ nur über Lehrer, die es nicht verstanden, dem „Stoff“ seine schönsten Seiten abzugewinnen; denn schön war er, das merkten wir. Es ging so weit, dass wir uns in den Ferien oft langweilten, denn was war uns Mädchen denn überhaupt erlaubt? Schwimmen – ja, gerade noch, einmal am Tag 15 Minuten in der geschlossenen Frauenbadeanstalt am Neckar, angetan mit den berühmten knallroten, ellenlangen, schlotternd weiten Flanellhemdhosen mit weiß gerändertem Gürtel. Wenn sie nass waren, konnte man sich wenigstens zu einem unförmigen Frosch aufblasen und damit auf dem Wasser treiben, bis die Luft raus war und der zeternde Bademeister einen aus dem Bassin heraustrieb.

Sport? Für Mädchen gab es diese Vokabel nicht. Soweit wir es bezahlen konnten, also ganz selten, paddelten wir im „Grönländer“ von der neuen zur alten Neckarbrücke, auch wohl mal durch den „Hackteufel“ bis zur Höhe der Herrenmühle – das war aber auch alles. In der Schulturnstunde kommandierte der Rechenlehrer, W^2 genannt: Kreuzwirbel, Wiegeschritt, Wiegeschritt – in den nächsten 20 Minuten Krafthangeln an den Ringen oder Barrenschwingen, angetan mit sämtlichen Schulkleidern, darunter zwei weiße Unterröcke. Höchstes Lob des Turnlehrers: „Wie die Knaben in O III.“

Bücher? Ich vergesse nie, wie unsere wegen ihres lustigen Pfälzer Mundwerks eigentlich sehr beliebte Tante Schillers „Kabale und Liebe“ für unanständige Lektüre erklärte. Junge Mädchen dürften die Klassiker eben nur in besonderen Schulausgaben kennen lernen. […]

Sanne flüsterte nur, wenn sie von dem „streng geheimen“ Plan einer Gründung des „Mädchen-Wandervogels“ erzählte. Schließlich „keilte“ sie uns Schwestern zur Teilnahme. Wir sollten „mittippeln“ bei einer Fahrt ins Neckartal.

Was sollte das Wort „Wandervogel“ eigentlich bedeuten?

Sanne erklärte es ungefähr so: „‚Wandervogel‘ ist eine Gemeinschaft, bis jetzt nur von Jungens, die in kleinen Gruppen wandern. Hauptsache ist, dass kein Erwachsener dabei ist. Kosten darf eine ‚Tagesfahrt‘ höchstens 20 Pfennig, sonst darf doch niemand mit. Schlechtes Wetter macht gar nichts, das ist sogar besser als Sonne; denn dann sind wir allein im Wald. Man braucht feste Schuhe, einen Rucksack und ein Regencape, ja keine Sonntagskleider! Auf die Kleider wollen wir ja nicht aufpassen. Brot wird mitgenommen, zum Mittagessen wird ein ‚Schlamm‘ gekocht, und zwar auf offener Feuerstelle. Einen großen ‚Pott‘ nehmen wir mit, gegen Mittag kaufen wir Milch beim Bauern, Grieß lassen wir uns von daheim mitgeben. Der Kochtopf ist Eigentum der ‚Horde‘. Außen ist er schwarz vom Holzfeuer, darum muss man einen passenden Überzug dazu nähen. Das können wir Mädchen doch auch alles? Wir wollen für die Mädchengruppe nur solche ‚keilen‘, die was aushalten, die sich nichts einbilden, auch

keine ‚Affen' sind, unterwegs keinesfalls Bier oder Wein trinken, keine Klatschereien machen und sich nicht wichtig tun.
Eine von der Horde wird als Führerin gewählt, dann sind wir aber auch verpflichtet, ihr freiwillig zu folgen. Man trifft sich morgens zur bestimmten Zeit, es sind immer ganz neue Wege mit unbekannten Zielen."
Wir mussten natürlich zu Hause fragen. Unsere Mutter ließ uns mitgehen! Sie fand es sogar verständlich, dass wir ohne Erwachsene gehen wollten, und weil wir in Gruppen von 9 bis 12 Mädchen gingen, hatte sie auch keine Angst um uns. Insgeheim bewunderten wir unsere Mutter, weil sie doch genau wusste, wie außergewöhnlich solche Fahrten anderen Mitmenschen erscheinen mussten. Mädchen aus höheren Schulen sonntags allein in den Wäldern herumstreichen lassen, war bisher noch nie da gewesen; als Mädchen durfte man doch nie auffallen, das war doch oberstes Gesetz!
Jede Fahrt war unvergesslich schön. Wenn es regnete, fanden wir irgendwo einen Unterschlupf, wenn wir durchnässt waren, wurden wir durch die Bewegung wieder trocken; darum gab es auch keine Erkältung. Tief in den Wäldern versteckt hatten wir unsere Lieblingsspielplätze, eine verlassene Burg oder ein Jägerhäuschen mit einem wackeligen schrägen Dach, von dessen First wir stundenlang auf alten Säcken ins weiche Gras rutschten. Wir setzten in großen Sprüngen durch das Unterholz und über den Waldbach, es gab stecken gebliebene Schuhe voll Schlamm und Wasser und erfindungsreiche Trockenlegungen. Stauwerke wurden gebaut und Burgverliese entdeckt. Wir haben gezeichnet, fotografiert, Kränze gewunden, gesungen und getanzt. [...]
Das erste Abkochen an einem stillen Waldbach, ein vorbildlicher Herdbau aus herbeigeschleppten Steinen, das Holzkommando, das Milchholen in benachbarten Häusern der Bauern, das Unterkunftsuchen für die Nacht, alles war ja Neuland für die Mädchen und musste erst gelernt werden. Unvergleichlich schön steht diese Zeit in unserer Erinnerung. Was für ungewohnte Erlebnisse, Gespräche, Gefahren, aufeinander prallende Meinungen!
Wir tippelten immer ohne die Jungens, aber anscheinend wurden bei Rieglers unsere Mädchenfahrten geplant, sodass die Jungengruppe „zufällig" auftauchen konnte.
[...]
Auf der berühmt gewordenen Neckartalfahrt suchten wir unter dem vorspringenden Dach eines violett getünchten Bauernhauses Schutz vor dem strömenden Regen. Dabei lehnten wir uns mit dem nassen Umhang an die Hauswand, sodass wir alle beim Abziehen einen violetten Buckel hatten. Es erwies sich als unmöglich, die nasse Schmiere zu entfernen, sodass wir durch die Hauptstraße von Heilbronn marschierten, eskortiert von Schutzleuten, die Schaulustige zerstreuen mussten. Doch dieses Spießrutenlaufen war selbst uns zu viel, wir machten, dass wir weiterkamen. Trotzdem war es eine pfundige Fahrt! Abends landeten wir in Wimpfen und hörten dort, dass die Bubengruppe ein Quartier in der Scheune der Kaiserpfalz für uns besorgt hatte. In der Dunkelheit tauchten einige der Jungen auf, an einzelne kann ich mich nicht mehr erinnern. Unermüdlich hatten sie für jede von uns ein glattes Lager zurechtgemacht, die Rucksäcke, nassen Schuhe und Umhänge an den Balken aufgehängt und anschließend uns alle mit genügend Heu zugedeckt. Unten wurde mit den Bauern das Scheunenlicht ordentlich versorgt, dann verschwanden sie in ihr eigenes Quartier. Wir Mädchen flüsterten und lachten natürlich noch lange; denn wir waren unerhört aufgedreht durch das Außergewöhnliche! Und jetzt war es warm und gemütlich – und passieren konnte uns gar nichts mehr. Am anderen Morgen gab es trotzdem eine große Aufregung: Der Rock meiner Schwester war „verschütt gange". Irgendwohin ins Heu hatte er sich verkrümelt und blieb unauffindbar. Die Bäuerin lieh ihr für den Rest der Fahrt einen alten aus ihrem Schrank, was ihr vollends das Aussehen einer Vogelscheuche gab, sodass wir aus dem Lachen nicht mehr herauskamen.
Aber am folgenden Schul-Montag lachten wir nicht mehr. Schon um 8 Uhr wurden Sanne und meine Schwester in das Konferenzzimmer zitiert. Irgendein Lehrer hatte beim Einmarsch in die Scheune von Wimpfen zugeguckt, ein Mädchen erkannt, das vorschriftsmäßige Ärgernis genommen und Anzeige bei der Direk-

tion der Schule erstattet. Einige Schülerinnen hätten in Wimpfen in männlicher Begleitung im Heu geschlafen. Kommentar überflüssig! Wer war dabei? Natürlich meldeten wir uns alle. Unser gefürchteter Rechenlehrer rückte mir sogleich auf die Pelle: „*Sie* waren also auch dabei, na ja, Sie werden alle aus dem Seminar fliegen.“ Alle Mitschülerinnen rückten von uns ab, es war eine mehr als unmögliche Situation. Wie „Sünder“ waren wir vor den Kopf geschlagen. Was in aller Welt hatten wir denn getan, dass man uns für so verworfen hielt?

Im Direktorzimmer sah es schon anders aus. Dort hinein wurden wir Aussätzigen schließlich alle beordert. Ich fühle noch heute die Hände unseres Rex, der hinter mir stand, auf meinen Schultern liegen. Auf einmal hatte ich keine Angst mehr. Sanne und Anni hatten in dem ersten peinlichen Verhör, das sie allein zu bestehen hatten, versichert, dass die Jungen nicht in der gleichen Scheune geschlafen hatten. Sie hatten allerdings auch keinen Zweifel darüber gelassen, dass nach ihrer Ansicht gar nichts dabei gewesen wäre, wenn die Jungen auf der anderen Seite der Scheune die Nacht über geblieben wären. Wir alle verstanden überhaupt nicht, was die andern von uns dachten.

Als wir alle versammelt waren, Lehrer und Sünder, hielt der gute Rex eine Ansprache. Er redete von der guten Sitte, die wir verletzt hätten. Über Anstand und gute Sitten müssten wir als „höhere Töchter“ und angehende Lehrerinnen Bescheid wissen. Das Kollegium wäre aber nach reiflicher Überlegung der Meinung, dass er als Direktor von einer ernstlichen Bestrafung absehen könne, wenn wir ihm in die Hand ein Gelöbnis ablegen. Angesichts der Gefahr, die unsere Art zu wandern ohne Aufsicht von Erwachsenen mit sich bringt, sollten wir den „Wandervogel“ meiden. Heulend ging eine nach der anderen zu ihm hin und gab ihm die Hand. Dieses Versprechen empfanden wir alle sofort als das Begräbnis unserer Jugendfreude.

1 Mit welchen Vorurteilen und Erwartungen mussten sich die Mädchen zu Beginn des 20. Jahrhunderts auseinander setzen?

2 a) Beschreibt die Ideale und die Lebensweise des „Wandervogels“.
b) Warum fühlten sich die Mädchen damals vom „Wandervogel“ so angezogen?
c) Wie beurteilt ihr heute den „Wandervogel“?

Tipp Den „Wandervogel“ gibt es als Jugendorganisation heute noch. Er präsentiert sich sogar zeitgemäß im Internet. Sucht unter dem Stichwort „Wandervogel“, druckt die Info-Seiten aus und stellt sie in der Klasse vor.

„Teenager" und „Halbstarke": Die 50er- und 60er-Jahre

Das Teenager-Krönungsfest

Sieghild Sawallich

Lieber Teenager! Mit dem Eintritt in einen neuen Lebensabschnitt werden dir 10 Gebote auferlegt, deren strengste Einhaltung gefordert wird. Höre:

☞ 1. Gebot:
Ab heute sollst du keine Babyröcke mehr tragen! Deine Röcke reichen in die Kniekehle, nicht drunter, nicht drüber.

☞ 2. Gebot:
Achte gut auf die Schönheit deiner Beine! Es darf keine verrutschten Strumpfnähte mehr geben! Ab heute darfst du zu den Festlichkeiten Nylonstrümpfe tragen.

☞ 3. Gebot:
Achte auf deine Taille! Sie werde vorerst nicht stärker als 56 cm. Treibe ab und zu Gymnastik!

☞ 4. Gebot:
Ab heute dürfen die Absätze deiner Schuhe 3–4 cm betragen! Hohe Stöckelschuhe meide!

☞ 5. Gebot:
Pflege deine Hände! Ein schönes, kurzes Rund gebührt deinen Nägeln! (Bekommt ein kleines Nagelnessessär geschenkt.)

☞ 6. Gebot:
Bewege dich richtig! Gehe aufrecht. Übe täglich mit einem Buch auf dem Kopf Treppen zu steigen, dann wirst du nicht nur eine stolze Haltung erreichen, sondern dein Oberkörper wird besser geformt. Du wirst später froh sein.

☞ 7. Gebot:
Wirf dich nicht in einen Stuhl. Ein Teenager muss sich langsam und mit Grazie niedersetzen. Erst Rock glätten, dann Beine zusammennehmen. Ein Übereinanderschlagen schickt sich nicht.

☞ 8. Gebot:
Pflege dein Haar! Bürste es täglich. Bist du blond, wasche ab heute mit Eigelb und spüle mit dem Sud echter römischer Kamille und Zitrone. Etwas Bier beigesetzt stärkt das Haar, etwas Kognak beigegeben macht es leuchtend. Wascht es wöchentlich!

☞ 9. Gebot:
Lass Lippenstift den älteren Teenagern! Verschmähe Puder, Schminke und Stift. Bürste täglich deine Lippen mit der Zahnbürste, damit sie rosig bleiben. Pflege dein Gesicht. Hüte es vor zu viel Sonneneinwirkung. Wasche es täglich mit kaltem Wasser und guter Babyseife – oder reinige es mit Creme. Zweimal wöchentlich darfst du nachts eine nur gute biologische Creme dünn auftragen.

☞ 10. Gebot:
Ein Teenager brüllt nicht, grölt nicht, kichert nicht! Hell, froh, frei, aber beherrscht sei dein Lachen. Zurückhaltung in allen Dingen ist ab heute ein wichtiges Gebot für dich. Vergiss nie, es zu beachten!

Bei allen Geboten spielen die Mädchen mit!

Mit Maßstäben werden Rocklänge, Taillenweite, Absatzhöhe gemessen. Und jedes Gebot, wie Lachen, Gehen, Hinsetzen, Lippenrot usw., wird von der Sprecherin kontrolliert. Es werden die Minuspunkte oder Pluspunkte aus den Messungen zusammengezählt.

So geht die Party weiter …

Etwa 20 Minuten vor Ende des Festes öffnet sich plötzlich die Tür, und von Bruder oder Mutter zusammengetrommelte Jungen betreten den Raum. Nun heißt es: Unterhaltet euch! Werdet nicht betreten, nicht kopflos! Denn schon ein neugeborener Teenager soll lernen, wie er sich dem anderen Geschlecht gegenüber verhalten soll. Glaubt nur ja nicht, den Jungen fiele es so leicht, die Glückwünsche anzubringen. Seid höflich, heiter und zeigt euch von der besten Seite. Ihr könnt es ganz bestimmt.

1 Auf heutige Leser wirken diese 10 Gebote unfreiwillig komisch. Woran liegt das?

2 Stellt 10 Gebote für heutige Teenager, Mädchen und Jungen, auf.

Gabriele Huster

„Ich habe Mick gesehen"

Ob einer Beatles- oder Stonesfan war, das sagte damals alles. Für mich keine Frage – mein Idol: Mick Jagger – wild, verkommen, sexy! Die geschockten Erzeuger waren ratlos.

Meine „wilden Jahre": von 1963 bis 1967 Internat, ein „Mädchenstift" auf dem Land. Die Eltern hatten Höhere-Tochter-Ambitionen und erhofften sich optimale Kontrolle. Dass ich nicht lache! Hier fing alles an: Aus der angepassten Zehnjährigen mit schicker Innenrolle und Pepitakleidchen[1] wurde binnen kurzer Zeit der ausgefranste abgewetzte Beatnik[2]. Runter mit den Haaren, rein in Parka und Jeans (natürlich „die Echten" von Levis), die dic älteren Schülerinnen ausrangiert hatten. „Nietenhosen" wurden die damals noch genannt. „Und so was findet ihr schön? Das sind doch Arbeiterhosen!" Sieben Griffe auf der Gitarre – für „Eve of destruction", „Universal soldiers" und „House of the rising sun" hat's gelangt. Die „Bravo" (streng verboten) horteten wir unter den Matratzen. Mittwochnachmittags die „Bravo-Hitparade" und jeden Abend „Hallo Twen" mit Manfred Sexauer. Geschwoft wurde jede freie Minute. Wir waren voll drauf. An Sommerabenden ging's – Arm in Arm mit der Freundin, Penatencreme auf den Lippen, Kofferradio untergeklemmt – ins Dorf: den Boys auflauern. Jedes Mal die gleiche nervenaufreibende Ungewissheit, ob Bübi, Heinzi oder Pedder aufkreuzen würden, sowie die Angst, von der Stiftsdomina[3] entdeckt zu werden. Auf diese Boys stand Rausschmiss! Die waren echt „asozial"! Halbstarke! Verknallt war ich in Heinzi. Der konnte noch nicht mal „mir" und „mich" auseinander halten.

1 **Pepita:** karierter Stoff
2 **Beatnik:** jemand, der sich durch unkonventionelles Verhalten gegen die bürgerliche Norm wendet
3 **Domina:** Leiterin eines Stifts

1 Vergleicht das Verhalten des Mädchens aus dem „Wandervogel" (S. 28–31) und des Mädchens aus dem Stift. Untersucht dabei Beweggründe und Ausdrucksformen.

2 Welche Popgruppen und -songs, Kleidungsstücke, Zeitschriften, Fernsehsendungen spielen heute eine ähnliche Rolle wie die im Text erwähnten?

1 Entwickelt für die auf dem Foto dargestellten Personen Denk- oder Sprechblasen, die die Gefühle bzw. Gedanken der vier Abgebildeten ausdrücken.

2 Mutter oder Vater (oder beide) stoßen sich am „Outfit“ (Kleidung, Frisur, Schminke usw.) ihrer Tochter/ihres Sohnes. Überlegt euch ein ernstes Gespräch zwischen den Beteiligten. Schreibt diese Dialoge auf und lest sie mit verteilten Rollen vor. Achtet darauf, dass eure Dialoge sich nicht in Angriff – Verteidigung erschöpfen, sondern möglichst zu einem befriedigenden Ergebnis führen.

1967 erregte der Minirock noch einiges Aufsehen

PROJEKTBOX: Als unsere Eltern jung waren

- Befragt Eltern oder ältere Geschwister nach ihren Erinnerungen an frühere Jugendkulturen und erstellt eine **Dokumentation** für die Klasse oder eine kleine **Ausstellung** in der Schule. Inzwischen finden sich auch viele Bücher zu diesem Thema in den Stadtbibliotheken.
- Erarbeitet vorab in der Klasse einen übersichtlichen **Fragenkatalog,** der möglichst folgende Bereiche abdecken sollte:
  - damalige Freizeitmöglichkeiten,
  - das Verhältnis zwischen Jungen und Mädchen,
  - Verhaltenserwartungen von Seiten der Eltern, Schule und Gesellschaft,
  - Erinnerungen an bestimmte Jugendkulturen,
  - deren Einfluss auf das eigene Leben,
  - die damalige Mode,
  - die Musik-Hörgewohnheiten,
  - die Lebensvorstellungen usw.

  Unterscheidet bei der Frage nach den Jugendkulturen zwischen offizieller Verbandsjugend (dazu gehören z. B. auch die Jugendorganisationen der Parteien, Kirchen und Gewerkschaften) und unabhängigen Jugendbewegungen.
- Lohnend ist es auch, die Dokumentation mit **Ton- und Bilddokumenten** zu ergänzen. Viele eurer Eltern haben sicherlich noch typische Schallplatten und Fotos aus ihrer Jugendzeit.
- Lasst euch von euren Eltern typische Erlebnisse oder Konfliktsituationen aus ihrer Jugendzeit schildern. Notiert sie in Stichworten, entwerft in Gruppenarbeit entsprechende Dialoge mit szenischen Anweisungen und führt sie als **Rollenspiele** vor.
- Ihr könnt euch auch für ein bestimmtes Jahrzehnt entscheiden und eine **Party** im Stil der 50er-, 60er- oder 70er-Jahre gestalten; dazu gehören dann neben passender Musik auch entsprechende Kleidungsstücke und Accessoires (wie zeittypische Brillen, Schmuck, Frisuren, Schminke usw.).

2 Probleme und Konflikte des Alltags – Argumentieren und Erörtern

2.1 „Wer ‚in' sein will, muss leiden." – Einen Standpunkt vertreten

Wenn ich Klamotten sehe, die mir gefallen, muss ich sie sofort haben. Fünfhundert Mark gebe ich schon mal im Monat aus.

Mode ist doch nur was für Mädchen!

Mir ist dieser ganze Konsumterror total egal.

1 Welche Einstellung habt ihr zum Thema „Mode"? Haltet eure Äußerungen schriftlich fest.

2 a) Ordnet eure Meinungsäußerungen mit Hilfe von **Schlüsselbegriffen** wie z. B. „Konsumterror".
b) Erläutert die von euch gewählten Begriffe in kurzen **Definitionen,** z. B.:
Unter Mode versteht man ...

3 Entwickelt aus euren Äußerungen präzise Problemstellungen, indem ihr Fragen formuliert, z. B.:
Inwiefern spielt die Mode im Leben eines Jugendlichen eine Rolle?

4 Wählt eine Fragestellung oder einen Aspekt aus und stellt dazu **Thesen** in Form von Behauptungen, Urteilen, Empfehlungen oder Bewertungen auf. Diese Thesen müssen nicht eurer eigenen Meinung entsprechen. Bezieht eigene Erfahrungen mit ein und benutzt Informationen aus den folgenden Artikeln (S. 36/37). Beispiel:
These (Behauptung):
Mode spielt als äußeres Zeichen der Zugehörigkeit zu einer bestimmten Clique eine bedeutende Rolle.

Wenn Mädchen wie Jungen angezogen sind und Jungen wie Mädchen, wenn man sie von hinten nicht mehr unterscheiden kann, sagt das nicht nur etwas über die Launen der Mode und die Überspanntheit der Jungen aus. Es zeigt auch, dass Männer und Frauen, Jungen und Mädchen gemerkt haben, dass sie nicht ganz so verschieden voneinander sind. Gewiss, Unisex kann eine vorübergehende Masche sein. Aber wenn Männer anfangen, „weibliche" Farben und Stoffe zu tragen, und Mädchen in Hosen gehen und beide sich dabei wohl fühlen, so beweist das doch: „Männliche" und „weibliche" Eigenschaften sind, wie Kleider, vom menschlichen Geist ersonnen und je nach Epoche und Modetrend zurechtgeschneidert.

(Hedi Wyss: Das rosarote Mädchenbuch)

tatauieren [polynes., frz.], populär auch *tätowieren,* den Körper mit Bildern u. Mustern ausschmücken, die durch Einführen von Farbstoff mittels Dorn, Nadel, Messer, Tatauierkamm oder Faden (*Nahttatauierung:* Sibirien, Eskimo) unter die Haut dauerhaft angebracht werden; eine Weiterentwicklung der Körperbemalung; als *Stichtatauierung* (häufiger bei hellhäutigen Völkern) von der → Narbentatauierung (Ziernarben) unterschieden. Das T. hat ursprüngl. magische Zwecke (Abwehrzauber, Kräftigungszauber), hängt z. T. mit dem Totemismus zusammen (das Totemzeichen wird auftatauiert) u. wird vielfach in Verbindung mit den Reifeweihen ausgeführt. Klassische Gebiete der Tatauierung sind Polynesien (bes. Marquesasinseln, Maori), Neuguinea, Japan (u. a. Ainu-Frauen), Indonesien, das Amurgebiet, die Indianergebiete, entlegene Stellen der Balkanhalbinsel; einst war T. im ägäischen Kulturkreis bei Schwarzmeer- u. Donau-Völkern verbreitet. – Im europ. Kulturkreis ist Tatauierung bes. bei Seeleuten beliebt (Bez. nur: *tätowieren*). Die Entfernung einer Tatauierung ist schwierig; sie geschieht durch Abschleifen oder durch Laserstrahlen.

(Großes Lexikon in 12 Bänden)

Mode [frz.], die der kurzfristigen Veränderlichkeit unterworfene, auf Nachahmungstrieb, Wunsch nach Abwechslung u. Zeitgeschmack beruhende, auf dem Boden einer Gesellschaftsschicht gewachsene Form der inneren u. äußeren Lebenshaltung, bes. die jeweils vorherrschende Art der Kleidung, Bart- u. Haartracht, Geselligkeit, Wohnkultur u. sozialen Repräsentation; aber auch eine als aktuell empfundene kurzlebige Strömung in Kunst, Philosophie, Sprache, Literatur u. a., die den allg. Zeitinteressen entgegenkommt u. diese zum Ausdruck bringt.

Seit dem 18. Jh. wird M. in erster Linie als die sich mit den Schönheitsidealen wandelnde Form der Kleidung, bes. der weiblichen, verstanden.

Bei den Naturvölkern ist M. im Sinne kurzlebiger Abwechslung weitgehend unbekannt. Nachweisbar ist sie seit den oriental. Hochkulturen. Im Verlauf der letzten Jahrhunderte haben die M.strömungen in immer kürzerer Folge gewechselt. Während bis ins 18. Jh. die europ. Fürstenhöfe modisch tonangebend waren, spielte seit dem 19. Jh. das wohlhabende Bürgertum eine bestimmende Rolle bei der M.entwicklung u. -verbreitung.

Die perfekten Kommunikationsmöglichkeiten des 20. Jh.s brachten es mit sich, dass M. heute universal ist u. regionale u. nationale Besonderheiten der Kleidung (Tracht) weitgehend zurückdrängt. Weltweit tonangebende M.zentren unserer Zeit sind – nachdem jahrzehntelang Paris allein die modische Szenerie beherrschte – Paris, Mailand, Rom u. New York. In der BR Dtschld. haben sich Berlin u. München zu wichtigen M.zentren entwickelt. Exklusive M., wie sie jahrzehntelang vor allem in den Häusern der Pariser Haute Couture kreiert wurde, hat heute gegenüber der Konfektion an Bedeutung für die allgemeine M.entwicklung verloren. Die volkswirtschaftl. Bedeutung der M. beruht bes. auf dem ständig neuen Bedarf an Konsumgütern (z. B. Kleider, Schmuck, Lederwaren). Die an der M. interessierten Kreise fördern meist durch publizist. Mittel neue M.strömungen.

(Großes Lexikon in 12 Bänden)

Mehr Mode-Schein als sportliches Sein

Streetwear: Der Trendsport erobert die Modebranche

Überall im Stadtbild sind sie präsent: Kids mit superweiten Schlabberhosen, die nur schick sind, wenn der Saum schön ausgefranst über den Boden schleift. Die nur hip sind, wenn der Schritt in der Kniekehle hängt. „Baggys" nennt man diese ultracoolen Beinkleider, abgeleitet vom englischen „bag" (Tasche), denn diese Hosen haben augenscheinlich ein großes Fassungsvermögen.

Doch wie kommt es dann, dass ganze Schulklassen plötzlich in hautengen Trikots oder T-Shirts in XXL-Größe herumlaufen? Michalsky: „Independent-Sportarten wie Skaten und Basketball geben den Ton in der Szene an."

So kam die Trainingshose auf die Straße – lässig, sportlich, bequem, das tut dem Image gut. Auch dann, wenn man im Innersten eigentlich fest davon überzeugt ist, dass Sport Mord ist. Ein Wertewandel, ähnlich dem bei der guten alten Nietenhose in der zweiten Hälfte dieses Jahrhunderts: Paradox, dass die Malocherkluft erst vom anschwellenden Heer freizeitliebender Büroangestellter gesellschaftsfähig gemacht wurde, die selbst nie eine Fabrikhalle von innen gesehen hatten. Ähnlich liegt heutzutage im Trend, wer sich z. B. für Basketballmode entscheidet, ohne jemals zuvor auf den Korb gezielt zu haben. Allein in der Altersgruppe zwischen 13 und 19 Jahren bilden sechs Millionen Jugendliche einen boomenden Markt. 90 Euro für ein Sweatshirt, 50 Euro für ein T-Shirt – nichts ist zu teuer, um dabei zu sein. Michalsky: „Die Grenze zwischen Sport und sportlichem Look verwischt immer mehr."

Nicht nur die großen Bekleidungsfirmen machen damit Milliardenumsätze.

(E. Barfurth/U. Stutenbäumer, in: Prisma)

‚Mode ist Kommunikation'

MAÏDA: In letzter Zeit beobachten wir in der Mode einen Wechsel. Plötzlich wollen sich die Leute wieder schick machen, plötzlich interessieren sie sich wieder für Mode. Ist das ein neuer Trend?

VAN BEIRENDONCK: Ich hoffe, aber ich weiß es nicht. Kleidung drückt immer einen Teil deiner Persönlichkeit aus, und unser Leben rast derart an uns vorbei, dass man diese Möglichkeit nicht ungenutzt lassen sollte. Ich liebe es, auf die Straße zu gehen und zu sehen, was die Leute anhaben, und zu spüren, welcher Geist dort herrscht. Früher habe ich immer zu der einen oder anderen Gruppe gehört, und die Kleidung war ein entscheidender Faktor. Nicht so sehr die Abgrenzung durch Klamotten stand im Vordergrund, sondern eher das Teilen gleicher Ideen mit anderen. Menschen, die draußen angeben müssen, um von ihren Problemen abzulenken, haben mich noch nie interessiert. Aber zu sehen, was die Leute aus sich machen, das macht mir Spaß. […]

Aber bei Mode geht es nicht nur um Kleidung. Es ist eine Kombination aller Faktoren – von der Kleidung bis hin zu den Gefühlen – praktisch allem, was in der Luft liegt. Mode ist Kommunikation. […]

Ich fände es generell toll, wenn sich die Leute mit mehr Spaß anziehen und öfter schick machen würden. Nicht um anzugeben, sondern um richtig zu leben. Es sollte ganz spontan sein, nicht gezwungen. Aber manchmal haben die Leute einfach Angst vor Schönheit.

(aus einem Gespräch zwischen der Stylistin Maïda und dem belgischen Modedesigner Walter van Beirendonck)

Argumentieren – eine These begründen

Wer heute „in" sein will, der darf nicht nur auf die Kleidung achten, denn Piercing, Tattoos, ausgefallene Frisuren gehören zum Outfit dazu.

Michael hat sich die Haare grün gefärbt, deshalb bekommt er eine Fünf in Kunst.

Piercing ist so ungesund, dass ich davon tatsächlich eine Allergie bekommen habe.

Wenn alle eine Schuluniform tragen würden, dann gäbe es bestimmt keine Konkurrenz wegen der Klamotten.

Man muss sich gut überlegen, ob man sich tätowieren lässt. Es hält nämlich ein Leben lang und lässt sich – wenn überhaupt – nur schwer wieder entfernen.

Ich an deiner Stelle würde mich nicht tätowieren lassen, denn Tattoos sind wirklich nur etwas für Matrosen – oder was willst du mit einem Segelschiff auf dem Arm?

1 a) Welche der Äußerungen haltet ihr für **Argumente?**

b) Erklärt, an welchen sprachlichen Signalen ihr Argumente erkennen könnt.

Die **Begründung** einer These nennt man Argument.

Thesen:
- Behauptungen
- Empfehlungen
- Bewertungen
- Urteile

Argumente (Begründungen)

Fakten	Grundsätze/Normen	Expertenmeinungen
Beispiele	Belege	Zitate
„Wie etwa … gezeigt hat." „Wofür man z.B. … nennen könnte."	„Es sind sich doch alle darüber einig, dass …" „Nach unseren Gesetzen hat jeder das Recht …"	„Ein Untersuchungsergebnis von Professor Schick lautet: ‚…'" „Karl Lagerfeld meint dazu: ‚…'"

2 Formuliert selbst Argumente, mit denen ihr eure Thesen zum Thema „Mode" (S. 35) begründet. Überlegt vorher, **wem gegenüber** und **mit welcher Absicht** ihr euren Standpunkt vertreten wollt, z. B.
- der Freundin gegenüber, die sich tätowieren lassen will; ihr wollt sie davon abhalten, oder aber in ihrem Vorhaben bestärken;
- den Eltern gegenüber, von denen ihr z. B. für eure Kleidung mehr Taschengeld haben wollt;
- einer Journalistin einer Mode-/Jugendzeitschrift gegenüber, die die Frage stellt: Sind Jugendliche heute nur noch mit ihrem Äußeren beschäftigt?
- ...

Je nachdem, welche Blickrichtung ein Sprecher/Schreiber einnimmt, kann er Begründungszusammenhänge in Satzgefügen durch **Kausalsätze** mit den Konjunktionen *weil, da* (Ursache/Grund) oder durch **Konsekutivsätze** mit den Konjunktionen *sodass/so ..., dass* (Folge) ausdrücken. In **Satzreihen** werden oft die Konjunktionen und Adverbien *denn, nämlich* (Ursache/Grund), *daher, darum, deshalb* (Folge) verwendet.
Mit Adverbien wie *tatsächlich, wirklich* kann der Sprecher sein Argument bekräftigen.

3 a) Untersucht die **sprachlichen Mittel,** die ihr in euren Argumenten (Aufgabe 2) verwendet habt.
b) Prüft, ob ihr euren Kommunikationspartner/eure Kommunikationspartnerin hinreichend beachtet habt und die Absicht eurer Argumentation deutlich wird.

Ein Argument muss partnerbezogen sein. Dabei sollte es nicht nur in Bezug auf eine bestimmte Situation überzeugen, sondern über den Einzelfall hinaus zutreffend sein.
Die Eignung und die Überzeugungskraft eines Arguments kann man prüfen, wenn man sich fragt: Was spricht dagegen? Wenn man zu seinem Argument direkt ein **mögliches Gegenargument** überlegt, kann man dem Diskussionspartner „den Wind aus den Segeln" nehmen:

Tattoos sind beliebt, weil man aus seinem eigenen Körper ein Kunstwerk machen kann. Zwar gibt es immer noch die Auffassung, dass nur Seeleute tätowiert sind, aber die Akzeptanz wächst, weil sich immer mehr Personen des öffentlichen Lebens tätowieren lassen, z. B. Schauspieler und Sportler – Männer wie Frauen.

4 In dieser Aussage gibt es eine argumentativ belegte These, ein vorweggenommenes Gegenargument und ein weiteres Argument. Schreibt sie heraus und bestimmt, in welchem Verhältnis sie zueinander stehen.

These: ...
Argument: ...
Gegenargument: ...
Argument: ...

5 Überarbeitet eure Argumente aus Aufgabe 2 (S. 39).

a) Verknüpft sie mit möglichen Gegenargumenten. Verwendet dafür Adverbien und Konjunktionen wie „allerdings", „obwohl", „andererseits", „dagegen", „doch".

b) Achtet darauf, dass ihr sprachlich klar zwischen Begründungen und Folgerungen unterscheidet.

Argumente sind weniger wirksam, wenn sie unverbunden aufgeführt werden. Man sollte sie deshalb in eine **sinnvolle Reihenfolge** bringen und **logisch verknüpfen.**
Beachte: Beim Vortragen wird meist dem ersten und dem letzten Argument besondere Aufmerksamkeit geschenkt.
Verknüpfungswörter können z. B. sein: *auch, außerdem, zusätzlich, ferner, dann, weiterhin, schließlich …*
Ausdrücke, die eine Reihenfolge verdeutlichen, sind z. B. *zunächst … des Weiteren, aber besonders, umso wichtiger ist, ausschlaggebend ist, noch überzeugender ist …*

6 Startet einen **Argumentationswettbewerb:**
Jede/r trägt die für sie/ihn zentrale These zum Thema „Mode" vor *(Ich behaupte …; meine These ist …; ich fordere …)* und fügt die entsprechenden Begründungen hinzu.
Die Zuhörer/innen überprüfen,
- ob die Argumente geeignet sind, die These zu stützen;
- ob die Argumente miteinander verknüpft werden;
- ob Gegenargumente aufgegriffen und entkräftet werden.

Für jedes Argument, das diese Kriterien erfüllt, erhält der/die Vortragende 1 Punkt. Wer die meisten Punkte erzielt, hat den Wettbewerb gewonnen.

Hans Magnus Enzensberger

Ein Nekrolog[1] auf die Mode

Ein Nachruf zu Lebzeiten

Ich erinnere mich nicht ungern an die Diktatur der Mode. Mit gespannter Aufmerksamkeit wurden damals, beim Friseur oder im Café, die maßgebenden Hefte studiert, die Verlautbarungen der Pariser „Schöpfer" oder „Päpste" respektvoll entgegengenommen und, mit gebührendem Abstand, pünktlich befolgt: Taille oder keine Taille, Säume rauf oder runter, und dann, immer wieder, „die neue Linie". […]
Was heute als Mode grassiert[2], klebt zäh wie Kaugummi an einem Publikum, das sich damit abgefunden hat, daß der fälschlich so genannte Trend ein Fluch ist, den loszuwerden ein Menschenleben kaum ausreicht. Nur verwegene Optimisten können sich der Hoffnung hingeben, daß das ewige Lederjäckchen, die ewige Jeanshose je wieder verschwände. Die Dienstvorschriften haben lebenslängliche Geltung erreicht. „Angesagt" sind, seit die Mode ihren letzten Atemzug getan hat, nicht mehr Schuhe, sondern Treter, breit, klobig, schmuddelig und vor allem häßlich wie die Neonnacht. Der stampfende Gang ist ihren Benutzern zur zweiten Natur geworden. Wer von Kindesbeinen an stumpfsinnig wie ein Rockkonzert durchs Leben gestolpert ist, nie wird er wieder zu gehen lernen. Auch der olivgrüne Parka, das khakifarbene Buschhemd, der Tarnanzug und die Springerstiefel, feldmarschmäßige Ausrüstung aller Pazifisten[3], dienen nicht nur der äußerlichen Uniformierung; sie sind zur psychischen Notwendigkeit geworden.
Andererseits darf es in einer freien Wirtschaft nicht an Wahlmöglichkeiten fehlen. Dafür ist gesorgt. Da es nämlich nichts gibt, was aus den Schaufenstern verschwände, sind der Phantasie – innerhalb des fixen, unveränderlichen Repertoires[4] – keine Grenzen gesetzt. Glücklicherwei-

1 **Nekrolog:** Nachruf auf eine/n Verstorbene/n
2 **grassieren:** sich ausbreiten (von Krankheiten)
3 **Pazifist:** jemand, der jede Art von Krieg ablehnt
4 **Repertoire:** Vorrat, Angebot

se läßt sich das Unpassende mit dem Unpassenden stets mühelos kombinieren.

Dementsprechend sonderbar fällt der Anblick aus, der sich einem bietet, wenn man, besonders in Deutschland, in Skandinavien oder in den Vereinigten Staaten, aber auch in anderen Gegenden der Welt, die Straße betritt – von den Ländern des geschmolzenen Ostblocks ganz zu schweigen. Der normale Passant hat sich dort nämlich als Hochseefischer, Fallschirmjäger, Zirkusclown, Hochleistungssportler, Bürgerkriegssöldner, Lumpenproletarier, Hanswurst, Zuhälter oder Bomberpilot verkleidet, ohne Ansehen des Geschlechts, der Klassenzugehörigkeit und des Berufes. Bei dieser Maskerade[5] scheinen die folgenden Absichten den Ausschlag zu geben:

1. Der Körper soll möglichst amorph[6] dargestellt werden als Riesenwurst, Fesselballon oder Kartoffelsack. Die angestrebte Massigkeit erscheint jedoch eigentümlich aufgepumpt, wobei unentschieden bleiben muß, ob die Füllung aus Luft besteht oder aus hormongeblähtem Fleisch.

2. Das, was man ist, muß auf das entschiedenste dementiert werden. Der Steuerbeamte sieht sich am liebsten als Automatenknacker, die Abiturientin als Rambo, und der Analphabet trägt ein T-Shirt zur Schau, auf dem zu lesen ist: University of South California. Millionärssöhne geben sich als arbeitslose Penner aus, und schwer schuftende Sachbearbeiter laufen in einem Outfit herum, das verkündet, wie wehrlos sie einer immerwährenden Freizeit ausgeliefert sind.

3. Insofern die Benutzer der mit Recht so genannten Klamotten Kunden sind, werden sie nicht mehr umworben; sie haben sich vielmehr in den Dienst der Werbung gestellt. Man hat es mit umherirrenden Plakatsäulen zu tun. Kaum jemand, der sich nicht mit Etiketten und Logos bekleckert hat, die für irgend etwas Reklame machen, sei es ein Rockmusiker, eine Zigarettenmarke oder eine Weltanschauung.

4. Besonderer Gunst erfreuen sich Farben, die an einen Kindergarten erinnern. Bekanntlich erreicht der Mensch mit etwa fünf Jahren den Höhepunkt der ästhetischen[7] Vollnarkose. An diesem Ideal, am Grellen, Bonbonfarbenen, scheußlich ins Auge Fallenden halten die Abnehmer der Konfektion[8] heute bis ins hohe Rentenalter fest: je infantiler[9], desto besser.

In diesem Zirkus wirkt der Bankangestellte, der sich wie ein Bankangestellter anzieht, nachgerade, als wäre er es, der sich verkleidet hat. Mit seinem dezenten Anzug, seinem weißen Hemd, seiner gestreiften Krawatte kommt er mir vor wie ein extremer Außenseiter. Sein stiller Protest erfreut das Herz. Jeder, der an einer Garderobe festhält, die mit seiner realen Existenz übereinstimmt, mag er Kellner oder Minister, Bäcker oder Generalmajor sein, macht auf dem öden Kostümball unserer Fußgängerzonen den wohltuenden Eindruck, als hätte er noch alle seine fünf Sinne beisammen. Zum wahren Rebellen ist, was eine äußere Erscheinung angeht, der tausendfach als Konformist[10] beschimpfte Spießer geworden. […]

5 **Maskerade:** Verkleidung
6 **amorph:** unförmig
7 **ästhetisch:** die Sinneswahrnehmung und den Geschmack betreffend
8 **Konfektion:** in Fabriken hergestellte Kleidung
9 **infantil:** kindisch
10 **Konformist:** jemand, der sich dem vorherrschenden Geschmack anpasst

7 Manchmal werden Thesen in Texten nicht eindeutig ausgewiesen, sondern man muss sie als Leser/in erschließen.
a) Welche **zentrale These** enthält der Text Enzensbergers? Formuliert sie in einem Satz.
b) **Begründet** der Autor seine These?
c) Zu welcher **Schlussfolgerung** gelangt er?

8 Diskutiert die von Enzensberger angeführten **Beispiele.** Um eure eigene Ansicht deutlich von der Enzensbergers abzugrenzen, müsst ihr dessen Position im Konjunktiv wiedergeben.

Ein Problem schriftlich erörtern – Modetrends

Ach du dickes Ei!

Haustier aus Plastik: Das „Tamagotchi" fesselt Kinder – und ärgert Psychologen

Von unserem Redakteur Stefan Sauer

Es hat die Form einer platt getretenen Mandarine, macht „chiep, chiep", und wenn es nicht gefüttert wird, entschwindet es in die unendlichen Weiten des Universums. Was ist das? Keine Ahnung? Noch mal: Es nennt sich „kleines Ei", kommt aus Japan und kostet 14,99 Euro. Alles klar? Des Rätsels Lösung heißt „Tamagotchi", ist derzeit der Renner auf dem Spielwarenmarkt und bereitet Psychologen, Erziehern und Jugendarbeitern nicht geringe Sorgen.

Das Plastikteil – nach Angaben des japanischen Spielzeugherstellers Bandai „das erste virtuelle Haustier" der Welt – sucht seit einigen Wochen deutsche Kinderzimmer heim wie einst die Heuschreckenschwärme das biblische Ägypten. Auf Schulhöfen und Spielplätzen, in Klassenräumen und Kindergärten fiepen „Tamagotchis" um die Wette und verlangen ihren Besitzern ständige Aufmerksamkeit ab.

Denn ist das „kleine Ei" – so die deutsche Übersetzung von „Tamagotchi" – erst einmal aktiviert, entfaltet es ein künstliches, gleichwohl reges Eigenleben: Nach dem „Schlüpfen" will es ernährt, gestreichelt und gereinigt werden, was es mit besagten Chiep-Tönen und entsprechenden Symbolen auf einem Sichtfenster unmissverständlich anzeigt. Das Tamagotchi will spielen oder schlafen, ist lieb oder ungezogen, wird krank und gesundet wieder.

Die Hege des Zwerges erfolgt per Knopfdruck. Ist sie unzureichend, wird das Kunst-Küken hinfällig oder entwickelt sich zu einem nervenden Fiesling. Bei allzu arger Vernachlässigung gibt der Digital-Gnom den Geist auf – und entschwindet laut Gebrauchsanleitung „auf seinen Heimatplaneten". Bandai sei Dank lässt ein Druck auf den Reset-Button ein neues Tamagotchi schlüpfen.

So aberwitzig all das klingt: Nur sechs Wochen nach der Markteinführung in Deutschland sind die „kleinen Eier" bundesweit ausverkauft. Nachlieferungen sind binnen Stunden vergriffen. Zuspätgekommene seien vereinzelt in Tränen ausgebrochen, berichten Verkäuferinnen. Ein Sprecher der Spielwarenkette „Toys »R« Us" spricht nicht von ungefähr von einer „verbreiteten Tamagotchi-Hysterie".

Dass der Mann Recht hat, beweist ein Ausflug ins Internet: Da gibt es „Ärzte" für „kranke" Tamagotchis, in virtuellen „Cafés" treffen sich Frauchen und Herrchen zum Informationsaustausch über die Eigenheiten ihrer Kunstprodukte, „Weltranglisten" geben Auskunft über die bisher erreichte Höchstlebensdauer eines Tamagotchis (30 Tage), und es existieren sogar „Friedhöfe" für dahingeschiedene Digital-Küken. […]

Welche Folgen der Tamagotchi-Wahn – vermutlich auch bald in Deutschland – hat, zeigt ein Blick nach Fernost: Eine Firma in Singapur entließ fünf ihrer Mitarbeiter, da diese wegen allzu aufopfernder Tamagotchi-Pflege sich zu weiterer Mitarbeit außer Stande zeigten. In Japan, der Heimat des Tamagotchis, störten die Eier den Unterricht derart massiv, dass sie an zahlreichen Schulen schlicht verboten wurden. Rigoroser noch wollen die Schulbehörden in Thailand, den USA, Taiwan und Hongkong vorgehen und ein generelles Tamagotchi-Verbot im Klassenzimmer durchsetzen, um „der Verblödung des Nachwuchses" Einhalt zu gebieten.

Andererseits wäre damit – wegen Vernachlässigung – der „Tod" zehntausender Tamagotchis programmiert, was nach Auffassung von Psychologen verheerende seelische Auswirkungen auf die Kids hätte. In Taiwan wird deshalb erwogen, psychologische Betreuungsstationen für die „Eltern" verblichener Kunst-Küken einzurichten.

Deutsche Psychologen treiben indessen ganz andere Sorgen um. Das elektronische Spielzeug führe zu einem „viel zu frühen Abschied von Hoffnungen, Träumen, Mythen und Sagen, die durch den Einsatz kalter Technik abgelöst werden", erklärte jüngst der Bundesverband Deutscher Psychologen in Bonn. Der Umgang mit dem Plastik-Zwerg könne nie wirkliche Erfahrungen mit einem Lebewesen ersetzen.

Erziehungswissenschaftlern und Psychologen stößt vor allem das Grundmuster der Viecher vom Fließband auf: Mit dem Appell „Kümmere dich um mich, sonst sterbe ich" gaukeln sie Leben vor und zielen auf Ur-Instinkte des Menschen. Das Tamagotchi – eine Fürsorge-Prothese aus der schönen neuen Computerwelt. In der Tat sind es nach Angaben der für „Toys »R« Us" tätigen PR-Agentur „Print" vor allem Mädchen und Frauen zwischen 10 und 35 Jahren, die das Tamagotchi kaufen. Print-Sprecher Michael Eichel gibt unumwunden zu: „Klar, das ist auch ein Baby-Ersatz."

Nach Auffassung des Kölner Kinderpsychologen Ulrich Schmitz „entwickeln die Kinder eine tiefe emotionale Beziehung zu den künstlichen Tieren. Der Hegeinstinkt, das Bemuttern wird da angesprochen". Es entstehe eine „völlig neue emotionale Bindungswelt zu virtuellen Produkten", so Schmitz weiter. Das Tamagotchi suggeriere seinem Besitzer, dass es für ihn einzigartig sei – obwohl die „kleinen Eier" einander gleichen wie eben ein Ei dem anderen. Daher lasse das Digital-Küken kein wirklich fantasievolles Spiel zu, wie etwa mit Teddybären. Schmitz: „Ich warne vor Verharmlosung, das ist der Einstieg in eine ganz neue Qualität. Ich warte nur darauf, dass künstliche Kampfhunde oder menschliche Digital-Babys auf den Markt kommen."

Demgegenüber betonen Handel und Hersteller Bandai – kaum überraschend – die vermeintlichen Vorzüge des Produktes. „Besonders Menschen, denen Zeitmangel oder Mietvertrag die Anschaffung eines echten Haustieres verbieten, haben nun eine erstklassige Alternative", lässt „Toys »R« Us" per Agentur verbreiten. Jürgen Zacherl, Sprecher von Bandai Deutschland, hat gar mannigfaltigen pädagogischen Nutzen des Tamagotchis geortet: „Die Kinder lernen den Umgang mit einem Tier, lernen Verantwortung zu tragen. Das Tamagotchi kann eine gute Vorbereitung auf die Anschaffung eines echten Haustieres sein."

Eine ziemlich hanebüchene Argumentation, findet Heidrun Betz, Pressereferentin des Deutschen Tierschutzbundes in Bonn. „Durch die begrenzte Lebenszeit des Tamagotchis lernen Kinder im Gegenteil, dass es folgenloses Sterben gibt, weil man das Kunst-Tier ja immer wieder neu schlüpfen lassen kann." Eine Übertragung dieser Erfahrung auf lebendige Tiere könne fatale Folgen haben.

Wie wahr. Zumal japanische Kids eine ganz neue Tamagotchi-Spielart ersonnen haben: In Tokio „spielt" man mit dem Kunst-Küken jetzt um die Wette. Sieger ist, wer dem Digital-Zwerg am schnellsten den Garaus macht.

1 Untersucht den **Aufbau** des Zeitungsartikels.

2 *Virtuelle Haustiere – die Haustiere der Zukunft?*

a) Tragt die Pro- und Kontra-Argumente, die ihr zu dieser Frage in dem Artikel finden könnt, in einer Tabelle zusammen.

b) Ergänzt die Tabelle mit eigenen Argumenten.

Die schriftliche Form einer Argumentation, in der ihr die Gründe für eine These und deren Gegengründe abwägt und euch so eine selbstständige Meinung zu bestimmten Problemen bildet, nennt man **Erörterung.** Durch schlüssiges Argumentieren solltet ihr euer Urteil überzeugend begründen.
Beim Erörtern gilt grundsätzlich das grobe Gliederungsschema, das ihr bereits von anderen Aufsatzformen her kennt: Einleitung – Hauptteil – Schluss. Der Hauptteil enthält den Argumentationsgang.

3 a) Überlegt auf der Grundlage eurer bisherigen Erfahrungen mit Argumentationen, was Einleitung und Schluss innerhalb einer Erörterung leisten sollten.
b) Formuliert eine passende **Einleitung** für die Erörterung der in Aufgabe 2 (S. 43) gestellten Frage.

Den Hauptteil einer Erörterung kann man z. B. so anlegen, dass man das Für und Wider, die Vor- und Nachteile eines Sachverhaltes einander gegenüberstellt. Das heißt, die These und ihre Begründungen werden mit der Gegenthese und deren Begründungen kontrastiert. Dabei muss man sich überlegen, welche Argumente gewichtig und welche weniger gewichtig sind. Die gewichtigen platziert man am Anfang oder am Ende der Argumentationskette. Außerdem sollte man versuchen, eine geeignete Überleitung von den Pro- zu den Kontra-Argumenten (oder umgekehrt) zu finden.

4 a) Entwerft den **Hauptteil** eurer Erörterung zu Aufgabe 2 nach diesem Schema. Benutzt hierfür die aufgelisteten Pro- und Kontra-Argumente. Überlegt, in welcher Reihenfolge ihr sie anordnen wollt. Auch die Überleitung muss bedacht werden.
b) Vergleicht eure Texte und überarbeitet sie so, dass ihr schließlich überzeugende Argumentationen erhaltet.
c) Formuliert abschließend eure eigene Entscheidung, indem ihr eine Abwägung der beiden Standpunkte vornehmt.

1) Einleitung:
Aktualität/Bedeutsamkeit der Problemstellung

2) Hauptteil

These

Argument 1
(z. B. Stützung durch Tatsachen mit Beispielen)

Argument 2
(z. B. Stützung durch Grundsätze/Normen mit Belegen)

Argument 3
(z. B. Stützung durch Expertenmeinung mit Zitaten)

…

Überleitung

Gegenthese

Argument 1
Argument 2
Argument 3
…
} Stützung ebenfalls durch Fakten, Grundsätze oder Expertenurteile

3) Schluss:
Abwägung und eigene Entscheidung

Selbstbestimmungsrecht der Jugend oder nicht?“

Bürochef Backer kratzte sich den Kopf und stand auf.

„Aber solltest du dich nicht lieber ausruhen, ehe du ein neues Schuljahr anfängst?“

„So, das sagst du *jetzt?* Erinnerst du dich nicht mehr, was du mir alles über Faulheit gepredigt hast?“

„Ich meine nur, du müsstest ordentlich ausgeruht sein für den Anfang in der neuen Klasse.“

Sie erhob sich und stellte sich vor ihn hin.

„Nun sieh mich doch einmal an, Vater. Mache ich wirklich den Eindruck, als hätte ich Ruhe nötig?“

Sie schwang den Tennisschläger hoch über den Kopf und machte einen Schritt auf ihn zu. Der Vater wich zurück.

„Nein, wahrhaftig nicht.“

„Ich will dir eins sagen, Vater: Hindere mich lieber nicht daran, meine Kräfte auszunutzen! Ich bin nämlich genau wie Mutter, will ich dir nur sagen, und bin genauso stark wie sie.“

Das stimmte den Vater etwas bedenklich, obwohl er an und für sich gewiss nichts gegen die Ähnlichkeit zwischen Mutter und Tochter hatte; aber alles hatte doch seine Grenzen. Für einen einzelnen Menschen besaß Frau Backer viel zu viel Kräfte. Bitten[1] meinte immer, eigentlich müsste sie Abgeordnete im Parlament oder Hauptmann der Feuerwehr sein. All ihre Kräfte konzentrierte sie jetzt auf ihren Mann und die zwei Kinder.

Der Vater sah Hanne Sofie an.

„Genauso viel Kraft wie Mutter, sagst du? Soso. Jaja. Nun, dann gebrauche sie um des lieben Friedens willen.“

„O danke, Vater!“ Sie umarmte ihn so heftig, dass er aufstöhnte. „Ich wusste doch, dass du vernünftig bist!“

Zwei Hindernisse hatte sie mit Glanz überwunden, doch das größte stand ihr noch bevor. Es hatte keinen Sinn, ihrer Mutter mit *Kraft* zu kommen – so viel wusste sie: Ihre Mutter würde keinen Augenblick zögern, sie voll auszunutzen.

Aber ich bitte dich, Hanne Sofie, würde sie sagen. Du kannst gleich beginnen, die Rübenbeete zu jäten. Hinterher kannst du die Erde um die Obstbäume herum umgraben, und dann räumen wir den Dachboden auf. Aber eine Büroarbeit mitten in der Sommerhitze! Nie im Leben!

O nein, so würde sie niemals durchkommen.

Frau Backer war im Garten, mähte den Rasen und war nicht gerade freundlich gestimmt, als sie Hanne Sofie erblickte. Sie hatte ihre Töchter gebeten, es zu tun, es war Samstag – der Rasenmähtag. Am Tag vorher hätten sie die Whiskygläser von der Gesellschaft abwaschen sollen, und auch das hatten sie vergessen. Hanne Sofie war einfach in die Stadt gefahren, um sich von Unn zu verabschieden, Bitten hatte eine Segeltour unternommen.

Der Rasenmäher war groß und schwer. Hanne Sofie und Bitten schoben ihn sonst immer gemeinsam. Frau Backer musste sich heftig abmühen. Hanne Sofie hielt es für das Beste, sofort selbst zum Angriff überzugehen, ehe die Mutter in Gang kam. Mit ein paar raschen Schritten war sie neben ihr und half ihr beim Schieben.

„Aber Mutter! Du darfst doch den Rasen nicht allein mähen! Das ist viel zu schwer für dich! Du kannst dir ja eine Darmverschlingung oder einen Bruch oder einen Herzfehler davon holen. Hat man je solch einen unvernünftigen Menschen wie dich gesehen?“

„Was bleibt mir anderes übrig? Der Rasen mäht sich nicht von allein. Oder soll der Garten morgen, am Sonntag, vielleicht nicht hübsch aussehen?“

Hanne Sofie machte ein reuevolles Gesicht und schob den Rasenmäher aus Leibeskräften. Eine Weile lang gingen sie Seite an Seite, ohne zu sprechen, während Gras und Löwenzahn vor ihnen unter den Messern fielen.

„Wo ist Bitten?“, fragte die Mutter.

„Das weiß ich nicht. Sie badet vielleicht. Hat wohl die Zeit vergessen, genau wie ich.“

„Hm. Ich fürchte fast, dass meine Töchter weniger Verantwortungsgefühl haben als andere. Als ob sie fauler wären. Als ob man sich weniger auf sie verlassen könnte. Ich weiß nicht, woran das liegt.“

„Stimmt“, nickte Hanne Sofie. „Wir haben eben keinen Mumm in den Knochen.“

„Endlich merkst du es selbst!“

1 **Bitten:** Hanne Sofies Schwester

„Ja, ich habe angefangen, etwas darüber nachzudenken."
„Es ist genauso, als brauchtet ihr alle Kraft nur für eure Zankereien. Und in den Ferien ist es am schlimmsten, Hanne Sofie. Die Ferien sind kaum zu ertragen."
„Wir haben eben zu wenig zu tun", warf Hanne Sofie rasch ein, um so schnell wie möglich das gefährliche Thema hinter sich zu haben. „Aber wenn ich dir nun bewiese, dass ich energisch sein *kann,* wenn ich es wirklich will, was würdest du dazu sagen?"
„Ach, du willst im Garten arbeiten? Das ist eine großartige Idee. Du könntest mit den Obstbäumen beginnen, der Rasen ist schon bis an die Stämme herangewachsen. Und das Rübenbeet muss auch sauber gemacht werden …"
„Einen Moment! Findest du nicht, dass wir diese Methode lange Jahre ohne Erfolg angewandt haben? Mein ganzes Leben lang habe ich Rüben und Kohl jäten müssen, aber ich kann nicht behaupten, dass ich davon energisch geworden wäre. Darf ich einmal meine eigene Methode ausprobieren, Mutter?"
„Natürlich. Es ist mir ganz einerlei, welche Methode du anwenden willst, wenn du dir nur ein Ziel setzt und es nicht aus den Augen verlierst."
„Ist das dein Ernst?"
„Ja, natürlich. Wenn es nur zum Ziel führt."
„Darf ich dann eine Zeit lang eine Stellung annehmen? Eine Urlaubsvertretung, anstatt mich mit Bitten herumzuzanken? Ach, erlaube es mir doch! Vater ist schon einverstanden."
„Wie denkst du dir das denn eigentlich? Du findest doch keine Stellung – du bist doch noch ein Schulmädchen."
„Aber würdest du es mir erlauben?"
„Ja, besorg dir nur erst eine Stellung", meinte die Mutter unbekümmert.
„Oh, vielen Dank, Mutter, du bist die Beste! Die Allerbeste! Also fange ich Montag bei der Lebensversicherung an."

1 Untersucht, wie Hanne Sofie in den Gesprächen mit ihren Eltern vorgeht, um ihren Wunsch durchzusetzen.

2 Versetzt euch in die Rolle der Eltern: Wären die Gespräche anders verlaufen, wenn sie die Taktik ihrer Tochter durchschaut hätten? Verfasst entsprechende Dialoge.

Michelle Magorian

Altes Land, neue Welt

Fünf Jahre lang war das Mädchen Rusty in den USA evakuiert. Als der Zweite Weltkrieg zu Ende ist, kehrt sie nach England zurück. Dort ist ihr alles fremd geworden. Im Internat stößt sie auf Ablehnung – ihre amerikanische Sprechweise und ihre bisherige Schulbildung stempeln sie zur Außenseiterin. Auch ihre Mutter hat sich im Krieg verändert, ist selbstständiger geworden. Der Vater und die Großmutter verstehen die Welt nicht mehr.

Am letzten Freitag der Ferien, als Charlie schon im Bett war, zog sich Rusty ins Badezimmer zurück und tauchte mehrere Stücke Karton in eine Lösung aus Leinöl und Terpentin, damit sie haltbarer würden. Sie legte die Badewanne mit Zeitungen aus und befestigte den Karton mit Wäscheklammern an einer Schnur, die sie über der Wanne angebracht hatte. Als sie gerade gehen wollte und die Tür aufmachte, hörte sie plötzlich die Stimme ihres Vaters, die laut im Wohnzimmer ertönte.
„So etwas Absurdes habe ich noch nie gehört!", schrie er. „Ein Studium? Wie kommst du denn darauf?"
„O Mann", dachte Rusty, „mein Vater ist ja auf meiner Seite." Er wollte auch nicht, dass sie die Universität besuchte. Vielleicht konnte sie jetzt doch eine Ausbildung an einer Kunstakademie machen. Was ihre Mutter sagte, konnte sie nicht so recht verstehen, nur einzelne Wörter wie „unabhängig", „mehr Sicherheit" und „Frauen heutzutage" drangen bis zu ihr herauf.
„Diese ganze Lateinlernerei ist doch völlig unsinnig!"
„Aber sie braucht Latein, wenn sie studieren will."

„Eben. Wenn sie das Fach abgibt, brauchen wir uns über ein Studium keine Gedanken mehr zu machen. Damit ist das Thema ein für alle Mal erledigt."

„Das wird ja immer besser", dachte Rusty.

Sie schlich auf den Flur hinaus.

„Lass sie wenigstens die nächsten beiden Trimester in ihrer Klasse bleiben. Es wäre grausam, sie jetzt in eine B-Klasse versetzen zu lassen."

Eine B-Klasse? Rusty musste schlucken.

„Du bist doch sonst so besorgt darum, dass sie sich einlebt", fuhr ihre Mutter fort.

Als Rusty leise die Treppe hinunterschlich, hörte sie wieder ihren Vater.

„Und nach der Schule besucht sie einen ordentlichen Kochkurs und mit etwas Glück macht sie eine gute Partie."

Rusty war wie vor den Kopf gestoßen. Ein Kochkurs entsprach genauso wenig ihren Wünschen wie ein Studium.

„Also, ich möchte, dass sie einen Beruf erlernt", sagte ihre Mutter.

„Margaret!", sagte Rustys Großmutter. „Was hast du nur für Vorstellungen?"

„Du bist doch auch ohne Beruf gut durchs Leben gekommen", sagte ihr Vater.

„Aber es hat mir Freude gemacht, mein eigenes Geld zu verdienen."

Eine kurze Pause trat ein.

„Wann hättest du denn schon mal Geld verdient?"

„In Devon. Als Automechanikerin."

„Aber ich dachte, das wäre ein freiwilliger Hilfsdienst gewesen."

„Die Arbeit für den W.V.S.[1] schon, aber für private Autoreparaturen bin ich bezahlt worden."

„Nun ja", sagte Rustys Vater schließlich, „das ist wohl kaum etwas zum Prahlen."

„Und überhaupt, meine Liebe", sagte Mrs Dickinson senior, „der Krieg ist vorbei. Wir alle mussten sonderbare Dinge tun, aber jetzt beginnt wieder das normale Leben."

1 **W.V.S.:** Women's Voluntary Service (Freiwilliger Hilfsdienst der Frauen)

1 a) Beschreibt die Art und Weise, in der Rustys Vater diskutiert.
b) Überlegt, mit welchen Argumenten man ihn überzeugen könnte.
c) Kennt ihr ähnliche Alltagsgespräche?

2 Beobachtet Diskussionen in eurem Alltag:
a) Wodurch kommen sie manchmal rasch zu einem Ende, was zieht sie in die Länge?
b) Bei welchen Diskussionsverläufen gibt es befriedigende Ergebnisse, bei welchen nicht?

Hedi Wyss

Das rosarote Mädchenbuch

*In einem Sachbuch, das 1973 erschienen ist und sich gezielt an Mädchen und Frauen als Leserinnen richtet, wird folgende **These** aufgestellt: „Mädchen treten in der Öffentlichkeit häufig weniger selbstbewusst auf als Jungen."*

Kleine Jungen pflegen, wenn sie so ungefähr neun oder zehn Jahre alt sind, besonders „smarte" Sätze im Mund zu führen wie: „Mädchen stinken" oder: „Es stinkt nach Mädchen." Ich kann mich noch gut erinnern, wie zu meiner Schulzeit Klassenkameraden, wenn sie an den Mädchenbänken vorbei nach vorne gehen mussten, sich demonstrativ die Nase zuhielten. Die anderen Jungen lachten dann und kicherten. Es herrschte klassenweites männliches Einvernehmen darüber, dass Mädchen etwas seien, wovon man sich möglichst fern halten sollte. Es war eines Jungen nicht würdig, neben einem Mädchen zu sitzen oder gar mit einem Mädchen zu spielen. Und es war sozusagen Ehrensache, dass man den Vertreterinnen des anderen Geschlechts ein Bein stellte, wenn sie einmal durch die Bubenreihe hindurch nach vorne gehen mussten. Bei Eltern und Lehrern rief solch jungenhafte Mädchenverachtung höchstens ein Schmunzeln hervor. Sie galt als ganz „natürlich" und „gesund". Da zeigte sich doch auf recht amüsante Weise, wie sich „männliches Selbstbewusstsein" und „männlicher Stolz" zu formen begannen. Selten dachte einer daran, was wohl in den Mädchen vorgehen musste.

In solchen Augenblicken ahnen kleine Mädchen, dass sie für die andern irgendwie verachtenswert sind und dass dies mit ihrem Geschlecht zusammenhängt. Einige von ihnen beginnen da vielleicht schon, sich selbst zu verachten und das Schicksal zu verwünschen, das sie zum Mädchen gemacht hat. Andere aber fangen an, sich um jeden Preis bei den Jungen beliebt zu machen, damit die Verachtung, die so wehtut, sich doch noch in Wohlwollen verwandelt.

Das Spiel, das so alt ist wie unsere Kultur, kann beginnen. Buben und Mädchen haben begriffen, was die Erwachsenen ihnen vormachen: Sie übernehmen das Bild, das man sich vom „typischen Mann" und von der „typischen Frau" und ihren Eigenarten macht, und sie unterwerfen sich den Spielregeln, die für die Beziehungen zwischen den Geschlechtern gelten. Diese Spielregeln sind den meisten Menschen, die mitspielen, gar nicht bewusst. […]

Angst vor dem Erfolg

Es ist ganz klar, dass man sich nicht unbedingt sehr anstrengt für etwas, von dem man weiß, dass es nicht nur positive Folgen haben kann. Mädchen und Frauen haben deshalb eine seelische Barriere, sie haben „Angst vor dem Erfolg". Oder besser, für sie gibt es zwei verschiedene Arten von Erfolg im Leben: den im Beruf und den in der Liebe. Beide scheinen sich zu widersprechen und sich gegenseitig auszuschließen. „Typisch weibliche" Eigenschaften – Nachgiebigkeit, Bescheidenheit, Mangel an Fähigkeit zu logischem Denken, Mangel an Ehrgeiz, Naivität – sind nicht von Nutzen, wenn man Erfolg im Beruf anstrebt. Eine Frau, die Karriere macht, wird daher auch immer verdächtigt, sie sei hart, aggressiv, also „unweiblich" und deshalb nicht liebenswert.

Die meisten Mädchen glauben wirklich, sie müssten wählen, und diese Wahl ist unmenschlich: Beruf oder Liebe, Karriere oder Familie, etwas erfinden, ein Werk erschaffen oder Kinder haben. Aber kann man da wählen? Kann nicht beides, je nach Begabung und Veranlagung eines Menschen, für sein Lebensglück unentbehrlich sein?

Die „Angst vor dem Erfolg", so haben Psychologen entdeckt, wirkt sich auch bei Mädchen und Frauen aus, von denen man wirklich glauben müsste, sie hätten sie auf dem Weg zum beruflichen Erfolg überwunden. Studentinnen eines amerikanischen Colleges, in das nur die begabtesten Schüler aufgenommen werden, wurden getestet. Sie mussten in einem Aufsatz etwas über ein Mädchen mit dem Namen „Anne" erzählen, von dem die Tester ihnen sagten, es hätte das beste Examen seines Semesters gemacht, besser als alle männlichen Studenten. Mehr als die Hälfte der Studentinnen gab zu verstehen, dass sie Anne nicht unbedingt bewunderten, sondern eher ein wenig bedauerten. Viele zweifelten daran, dass Anne hübsch sei, Erfolg bei Männern und einen festen Freund, der sie liebte, haben könnte. Andere sagten gleich voraus, dass Anne doch ihren Beruf zu Gunsten ihres Freundes oder ihres Mannes aufgeben würde, und einige meinten einfach, Anne oder die Examinatoren hätten sich getäuscht, Anne sei in Wirklichkeit gar nicht die Beste.

Bei männlichen Studenten machte man den gleichen Test mit dem erfundenen Studenten „John". Hier waren fast alle Darstellungen positiv. Man beschrieb, wie John sich freut, wie er bald ein nettes Mädchen findet und heiratet, wie er Zukunftspläne macht und weitere Erfolge einheimsen möchte. Der Unterschied zwischen den Antworten der Mädchen und der Jungen war sehr groß. Bei den Mädchen hatte die „Angst vor dem Erfolg" sehr viele Antworten geprägt.

1 a) Untersucht, welche Argumente Hedi Wyss anführt, um ihre These zu stützen.
b) Diskutiert, ob das, was die Autorin beschreibt, auch heute noch zutrifft.

Überzeugende Argumente stützen sich auf Fakten (z. B. Zahlen, Statistiken), allgemein akzeptierte Wertmaßstäbe (Grundsätze, Normen) oder Erfahrungen (Expertenmeinungen, eigene und fremde Erlebnisse).
Wenn zu wenige oder keine überzeugenden Argumente zur Verfügung stehen, werden allerdings häufig auch andere Mittel der sprachlichen Beeinflussung gewählt, z. B. schmeicheln, drohen, andere herabsetzen, vom Thema ablenken usw.

2 a) Ordnet einige typische Beispiele aus den Jugendbuchauszügen (S. 46–50) in die folgende Tabelle ein:

auf Fakten beruhende Argumente (z. B. Zahlen, Statistiken)	auf anerkannten Wertmaßstäben basierende Argumente (Grundsätze, Verhaltensregeln)	erfahrungsgestützte Argumente (eigene Erlebnisse, Erfahrungen anderer)	andere Mittel der sprachlichen Beeinflussung (vom Thema ablenken, andere manipulieren)
– Studentinnen eines amerikanischen Colleges ... wurden getestet ... (S. 50, Z. 77–102) – ...	– „Ich, deine Tochter, besitze Privatinitiative." (S. 46, Z. 37/38) – ...	– „Aber es hat mir Freude gemacht, mein eigenes Geld zu verdienen." (S. 49, Z. 53/54) – ...	– „Ich will dir eins sagen, Vater: Hindere mich lieber nicht daran, meine Kräfte auszunutzen!" (Drohung, S. 47, Z. 69/70) – ...

b) Vergleicht eure Tabellen und diskutiert über unterschiedliche Zuordnungen.

3 a) Entwerft eine Situation, in der entweder Mutter und Tochter oder Vater und Sohn über ein Thema diskutieren, bei dem es darum geht, welches Verhalten man von Mädchen oder Jungen erwarten kann, z. B.: *Freunde mitbringen, bei Freunden übernachten, Hobbys ausüben, Berufswünsche formulieren ...*

b) Schreibt einen Dialog, in dem jede Seite verschiedene Arten von Argumenten, aber auch andere Arten der sprachlichen Beeinflussung verwendet:

Julia: Die anderen Mädchen dürfen alle ...
Die Mutter: Ich durfte früher auch nicht ...
...

c) Tragt eure Dialoge vor. Die Zuhörer/innen notieren sich Stichpunkte, welche Arten von Argumenten und anderen Beeinflussungen sie erkannt haben.

2.3 Koedukation ja oder nein? – Eine Podiumsdiskussion

Koedukation, die schulische und außerschulische Gemeinschaftserziehung von Jungen und Mädchen. Die K. wurde zuerst um 1880 in Skandinavien, um 1910 in England, in den Niederlanden und in dt. Landerziehungsheimen vollzogen, in der ehem. DDR nach 1945 ebenfalls. Dagegen setzte sie sich in der Bundesrepublik Deutschland allg. erst in den 1960er-Jahren durch.
(aus einem Lexikon)

Marianne Horstkemper

„Warum nicht gleich eine Schule für Blauäugige und eine für Braunäugige?"
Die Koedukationsdebatte ist doch noch aktuell

Seit fast hundert Jahren wird nun um die Vor- und Nachteile der Koedukation gestritten. Zwischenzeitlich war es lange still darum geworden. […] Für die weitaus meisten Kinder und Jugendlichen ist sie die einzige Form des Lernens, die sie kennen – eine andere ist für sie auch kaum vorstellbar.
In der Koedukationskritik der 80er-Jahre wurden dennoch deutliche Zweifel laut, ob es sich bei der vorfindlichen Variante gemeinsamer Erziehung von Mädchen und Jungen in unseren Schulen wirklich um die beste aller denkbaren Lösungen handle. Dieser Streit ist noch in vollem Gange. Dabei geht es allerdings nicht mehr so sehr um die grundsätzliche Frage, ob Schülerinnen und Schüler überhaupt gemeinsam eine Schule besuchen sollten. Es geht um die bewusste Gestaltung gemeinsamer Lernprozesse von Mädchen und Jungen. […] *(aus einer Fachzeitschrift)*

Macker und Miezen

Mit Macho-Gehabe unterdrücken Schüler ihre Mitschülerinnen, verleiden ihnen den Spaß an Zukunftsfächern wie Informatik und Physik. Jetzt wollen Politiker den gemeinsamen Unterricht von Jungen und Mädchen einschränken. Die reine Koedukation, einst als Reform zu mehr Chancengleichheit gefeiert, gilt als gescheitert.

[…] Was Ende der 60er-Jahre als große Reform gefeiert wurde – der gemeinsame Unterricht von Jungen und Mädchen in allen Fächern –, hat sich als Fehlschlag erwiesen. Damals glaubten Lehrer, Politiker und Wissenschaftler, gemeinsame Klassen führten automatisch zu mehr Gleichberechtigung.
Die Idee der Reformer, so zeigt sich immer deutlicher, war einer der größten pädagogischen Irrtümer der letzten Jahrzehnte. Statt dass Schülerinnen bessere Chancen beim Lernen bekommen, werden sie wie früher benachteiligt, leben die Rollenklischees fort, als habe es die Emanzipationsdebatte nie gegeben.
Im gemeinsamen Unterricht werden sie nur allzu oft von ihren männlichen Altersgenossen untergebuttert. Sie verlieren den Spaß, die Noten werden schlechter, frustriert reden sie sich ein: „Dieses Schulfach ist nichts für mich." […]
Hannelore Faulstich-Wieland, 47, Professorin an der Universität Münster, hat über 1000 Schulaufsätze zum Thema Koedukation ausgewertet. 70 Prozent der Mädchen und Jungen plädieren darin für gemischtes Lernen. „Wieso eröffnen Sie nicht gleich eine Schule für Braunäugige und eine für Blauäugige. Das wäre meiner Meinung nach genauso sinnvoll wie geschlechtergetrennte Schulen", schreibt eine Gymnasiastin. […]

(aus einer Wochenzeitschrift)

1 Klärt Begriffe wie „Chancengleichheit", „Rollenklischee", „Emanzipation".

2 Notiert auf Karteikarten eure spontanen Reaktionen zu dem Thema *„Koedukation ja oder nein?“* und hängt sie in der Klasse auf.

3 Erstellt ein erstes Plakat mit Pro- und Kontra-Argumenten. Später könnt ihr eure Arbeitsergebnisse mit diesen ersten Stellungnahmen vergleichen.

Projekt: Podiumsdiskussion

Das strittige Thema „Koedukation ja oder nein?“ eignet sich sehr gut für eine **Podiumsdiskussion.** Ihr könnt Schüler/innen, Lehrer/innen, Erziehungswissenschaftler/innen, Politiker/innen und Eltern auftreten lassen.

Damit ihr unterschiedliche Rollen einnehmen und entsprechend argumentieren könnt, benötigt ihr vielfältige Informationen, die ihr durch die Auswertung verschiedener Materialien (S. 53–56, Aufgaben 1–2), aber auch durch das Erstellen eigener Meinungsbilder (Aufgaben 3–6, S. 56) gewinnen könnt.

Marianne Horstkemper

„Warum nicht gleich eine Schule für Blauäugige und eine für Braunäugige?“
Die Koedukationsdebatte ist doch noch aktuell

Wie stehen Mädchen und Jungen zur Koedukation?

[…] Die deutlichsten Befürworter der Koedukation sind die Jungen aus den koedukativen Schulen: Fast drei Viertel möchten ihren Zustand auf jeden Fall unverändert lassen. Bei ihren Mitschülerinnen ist die Zustimmung ebenfalls sehr hoch, gut zwei Drittel sehen das ebenso. Der Unterschied zu den Heranwachsenden, die jeweils reine Mädchen- bzw. Jungenschulen besuchen, ist eklatant. Man kann aber keinesfalls sagen, dass in den geschlechtshomogenen[1] Schulen für die Aufrechterhaltung des dortigen Status quo[2] plädiert wird. Zwar findet eine große Gruppe von Mädchen eine Trennung mindestens zeitweise oder in bestimmten Fächern sinnvoll, aber eine gleich große Gruppe äußert sich ambivalent[3]. Auch bei den Jungenschülern ist ein Drittel unentschieden, nur gut ein Viertel möchte an der Trennung festhalten.

Zusammengenommen ergibt das ein ganz deutliches Stimmungsbild zu Gunsten gemeinsamen Lernens von Mädchen und Jungen. Insbesondere die Jungen betonen stark, wie wichtig die Mädchen für ein gutes Klima seien. Wenn sie unter sich bleiben, fürchten die Jungen Disziplinlosigkeit und Gewalt. Sie setzen großes Vertrauen in die Fähigkeiten ihrer Mitschülerinnen, die sozialen Beziehungen positiv zu gestalten. Umgekehrt schätzen die Mädchen an den Jungen deren hohen Unterhaltungswert, wenn sie sich in der Schule durch „Radau“ und „Fetziges“ oder auch als „Klassen-Clown“ hervortun. Selbst trauen sie sich dies nicht zu. Nur unter Mädchen, das „würde die reine Pleite sein“ (Mädchen, 4. Klasse, 9 Jahre).

Gründe für den Wunsch nach Trennung

„Wahrscheinlich wäre ich (auf einer koedukativen Schule, M. H.) eine der Schlechtesten,

1 **homogen:** gleichartig, einheitlich
2 **Status quo:** gegenwärtiger Zustand
3 **ambivalent:** zwiespältig

Votum zur Koedukation in koedukativen und getrennten Schulen

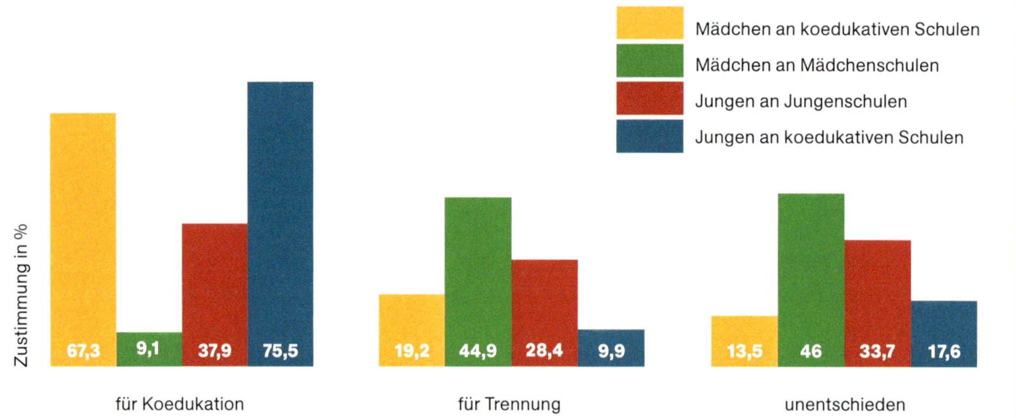

weil ich mich im Unterricht nie melden würde. Ich hätte einfach Angst, etwas Falsches zu sagen und dass dann alle über mich lachen würden …

Es ist bestimmt leichter für mich, auf einer Mädchenschule zu lernen.“ (Mädchen, 7. Klasse, 13 Jahre)

Mädchen unterstellen hier häufig einen Leistungsvorsprung der Jungen auf Gebieten wie Naturwissenschaften oder beim Umgang mit dem Computer. Ansonsten fallen ihre Urteile über Jungen wenig schmeichelhaft aus. Sie sind ihrer Meinung nach frech, albern, spielen sich auf, drängeln sich vor, behindern konzentrierte Arbeit, ärgern und unterdrücken die Mädchen. Insgesamt zeichnen die Mädchen, die für getrenntes Lernen votieren, ein stark negatives Fremdbild vom anderen Geschlecht. Das eigene wird im Kontrast dazu (vor allem bei jüngeren Mädchenschülerinnen) sehr positiv gesehen. Beide Sichtweisen wirken zuweilen wie Illustrationen stereotyper[4] Geschlechtsrollenzuschreibungen: auf der einen Seite die friedlichen, freundlichen, hilfsbereiten und fleißigen Mädchen, auf der anderen Seite die aggressiven, unsozialen, störenden und gewalttätigen Jungen.

Die Jungen selbst argumentieren aus einer klaren Überlegenheitsposition für die Trennung. Auch sie zeichnen ein sehr unterschiedliches Bild der Geschlechter und gehen vor allem davon aus, dass Interessen und Leistungsfähigkeit mehr oder weniger weit auseinander liegen. Für sich selbst reklamieren sie dabei in der Regel einen Vorsprung in Fächern wie Naturwissenschaften, Sport oder Werken. Dass ein Mädchen „mit Hammer und Bohrer arbeitet“, kann einer der Jungen sich ebenso wenig vorstellen wie „dass ein Junge Gedichte vorträgt“ (Junge, 7. Klasse, 12 Jahre). In den Fächern, die sie für ihre Domänen[5] halten, sehen sie auch kaum Voraussetzungen für gemeinsames Lernen gegeben: Allenfalls in den „Fleißfächern“ gestehen diese Jungen den Mädchen Erfolge zu, ansonsten ist ihr Negativbild vom anderen Geschlecht ähnlich ausgeprägt wie das der weiblichen Trennungsbefürworterinnen. Mädchen sind in ihren Augen „ungeheure Petzliesen“, Streberinnen, langweilig, pingelig, eingebildet, wollen alles besser wissen und können den Mund nicht halten, sondern erzählen brühwarm alles weiter. Sie kichern, nerven, ärgern die Jungen und weinen gleich, wenn man sie zurückärgert. Man kann nicht vernünftig mit ihnen reden, viele Dinge können sie nicht oder machen dabei nicht mit.

4 **stereotyp:** ständig wiederkehrend, abgedroschen

5 **Domäne:** Gebiet, auf dem jemand besonders gut Bescheid weiß

Macker und Miezen

Die Jungen bestimmen, was im Unterricht läuft

[...] Von der Koedukation profitieren hauptsächlich die männlichen Schüler, die Mädchen sind die Verlierer. Kritiker fordern deshalb einen anderen Unterricht nach dem Motto: Was für die Mädchen gut ist, ist auch für Jungen gut – aber nicht umgekehrt.

Als in der Bundesrepublik vor drei Jahrzehnten der gemeinsame Unterricht eingeführt wurde, bauten die Schulen zwar zusätzliche Toiletten für das jeweils andere Geschlecht, am täglichen Unterricht, an den Schulbüchern und den Wissensgebieten änderten die Kultusminister jedoch wenig.

Die Hoffnung, auf diese Weise lasse sich mehr Gleichberechtigung schaffen, erwies sich als Trugschluss, wie neuere Studien aus dem In- und Ausland belegen. Die unbegrenzte Koedukation ist mitnichten gerecht, vielmehr herrscht diskrete[1] Diskriminierung[2].

- Jungen werden im Unterricht doppelt so häufig aufgerufen wie Mädchen;
- Jungen werden öfter gelobt oder getadelt, weil sie sich aggressiv in den Vordergrund drängen, erfahren dadurch mehr Beachtung;
- Mädchen werden häufiger unterbrochen, ihre Beiträge von den Jungen abgekanzelt;
- Jungen mit guten Noten werden von Lehrern für aufgeweckt und intelligent gehalten, entsprechende Schülerinnen für fleißig und ordentlich.

Viele Pädagogen missbrauchen ihre Schülerinnen als „sozialen Puffer“ oder „pädagogische Schmierseife“, wie es in Lehrerkreisen heißt: Sie setzen brave und fleißige Mädchen neben rüpelhafte Jungen, damit die kleinen Rambos ruhig gestellt werden. Um die meist männlichen Radau-Macher zu zähmen, fördern die Pädagogen sie besonders, integrieren sie verstärkt in den Unterricht. Die Mädchen und deren Interessen vernachlässigen sie nur allzu leicht. Den Kampf um die Herrschaft im Klassenzimmer gewinnen meist die Jungen, sie bestimmen, was im Unterricht läuft.

Nach Analysen der Schulforscherin Marianne Horstkemper, 47, von der Hochschule Vechta ist oft auch die Arbeitsteilung in der Klasse von einem heimlichen Lehrplan bestimmt: Die Mädchen schreiben das Protokoll, die Jungen liefern die Ideen; die Schülerinnen füttern die klasseneigenen Fische, wohingegen die jungen Männer den Dia-Projektor aufbauen. Und in vielen Schulbüchern treten weit mehr Astronauten, Bankdirektoren oder Zirkusclowns auf als Krankenschwestern, Mütter oder Sekretärinnen. „Die coolen Jobs haben immer die Männer“, klagt eine Schülerin.

Wie eine Untersuchung des Berliner Max-Planck-Instituts für Bildungsforschung belegt, verlieren die jungen Frauen vor allem in Fächern wie Physik und Mathematik schnell die Lust am Lernen und den Glauben an das eigene Können. [...] In Nordrhein-Westfalen nehmen an Physik-Leistungskursen gerade mal 12 Prozent, in Chemie nur 35 Prozent Mädchen teil, in den Fächern Kunst und Deutsch liegt der Anteil hingegen bei 71 und 69 Prozent. [...] „Dass Mädchen kein Mathe können, ist eine Self-fulfilling prophecy[3]“, so Schulleiterin Dietlinde Stücklen, 60. Als die Mädchen noch unter sich waren, hatten genauso viele Schülerinnen Mathe als Abiturfach gewählt wie Jungen an koedukativen Gymnasien – bis zu 40 Prozent. In den Physik-Leistungskurs wagt sich heute nur noch jedes zehnte Mädchen. [...]

Die Aufteilung in Jungen- und Mädchenfächer benachteiligt die Frauen für den Rest des Lebens. Schon an den Hochschulen zeigt sich die Ungleichheit: Beispielsweise in

1 **diskret:** unauffällig
2 **Diskriminierung:** (durch unterschiedliche Behandlung) benachteiligen
3 **Self-fulfilling prophecy:** sich selbst erfüllende Voraussage

Anglistik, Sozialpädagogik, Germanistik und Psychologie überwiegen die Frauen; in Physik, Chemie, Elektrotechnik oder Maschinenbau dominieren die Männer.
[...] Von den Studenten der Elektrotechnik sind gerade mal vier Prozent Frauen, bei den Männern ist es das drittbeliebteste Fach überhaupt, nach Betriebswirtschaft und Maschinenbau. Und in den Ingenieurberufen liegt der Frauenanteil in den alten Bundesländern gerade mal bei rund sieben Prozent.
[...] Die überwiegende Mehrheit der naturwissenschaftlichen Lehrer besteht aus Männern. Professorinnen sind in der Bundesrepublik äußerst selten, gerade mal drei Prozent der C4-Stellen, die Krönung einer deutschen Wissenschaftslaufbahn, sind mit Frauen besetzt.

1 a) Haltet alle Argumente für und gegen die Koedukation, die ihr den beiden Zeitschriftenartikeln entnehmen könnt, auf Karteikarten fest. Wählt am besten Karteikarten in zwei verschiedenen Farben für die Pro- und die Kontra-Argumente.
b) Sortiert die Karteikarten nach der Überzeugungskraft der Argumente.

2 Sucht in Bibliotheken nach **weiteren Materialien** zur Koedukation und wertet sie ebenfalls mit Hilfe von Karteikarten aus.

3 Überprüft die These, dass Jungen oft den Unterrichtsverlauf bestimmen, indem ihr in eurem eigenen **Unterricht** beobachtet, wie oft Jungen und wie oft Mädchen aufgerufen werden.

4 Untersucht eure **Schulbücher** darauf hin, wie Jungen und wie Mädchen dargestellt werden.

5 a) Befragt Schülerinnen und Schüler der Jahrgangsstufe 11, welche Leistungskurse sie wählen wollen und warum. Unter Umständen könnt ihr auch Statistiken von den Jahrgangsstufenleitern der Oberstufe bekommen.
b) Führt mit der Schulleitung ein **Interview** zur Leistungskurswahl der Jungen und Mädchen in der Oberstufe. Erörtert dabei auch das Problem der Self-fulfilling prophecy.

6 Macht **Umfragen** zum Thema: „Koedukation ja oder nein?"
a) Überlegt, ob ihr einen Fragebogen entwickeln wollt oder lieber kurze Interviews führt, die ihr dann auswertet.
b) Befragt Schüler/innen und Lehrer/innen an eurer Schule, aber auch Eltern und Großeltern. Vielleicht liegt in eurer Nähe auch eine Schule, die das jeweils andere Unterrichtsmodell repräsentiert. In Absprache mit der Schulleitung könnt ihr dort Vergleichsdaten sammeln.
c) Erstellt zur Auswertung eurer Befragungen Schaubilder, z. B. Torten- oder Säulendiagramme (s. S. 54).

Tipps für die Podiumsdiskussion

- Ihr solltet eure Podiumsdiskussion protokollieren, damit ihr die Ergebnisse verwerten könnt (siehe S. 57/58).
- Wählt für das Podium nicht mehr als acht Teilnehmer/innen aus. Die Anzahl der jeweiligen Pro- und Kontra-Vertreter/innen sollte gleich sein. Außerdem braucht ihr eine/n Diskussionsleiter/in.

Ein Beispiel für die Besetzung des Podiums:

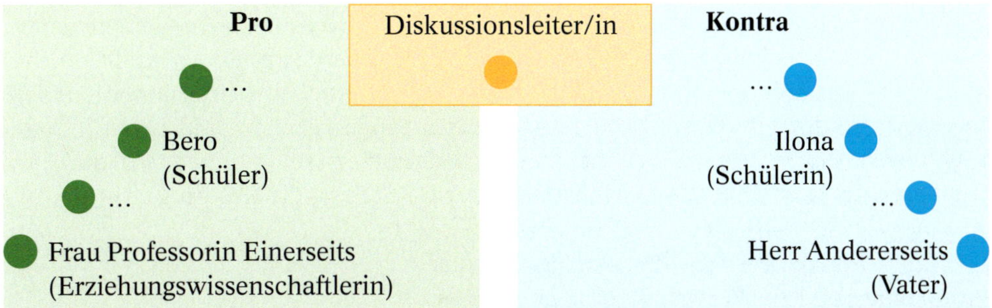

- Jeder gibt zunächst aus seiner Perspektive ein Statement (These, Begründung, Beispiel) ab, das nicht länger als zwei Minuten dauert. Dies muss vorher vorbereitet werden. Ihr könnt auch Materialien als Belege benutzen, z. B. ein auf Folie kopiertes Schaubild.
- Anschließend treten die Podiumsteilnehmer/innen in eine Diskussion miteinander. Hierfür seid ihr am besten präpariert, wenn ihr schon vorher Argumente und Gegenargumente gesammelt und sie auf Karteikarten festgehalten habt. Sie dienen euch in der Diskussion als Stütze.
  Der/die Diskussionsleiter/in hat dabei die Aufgabe, darauf zu achten, dass nacheinander gesprochen wird und niemand zu kurz kommt. Als Hilfe kann eine Rednerliste geführt werden.
- Schließlich wird das „Publikum" mit einbezogen.
  Auch hier könntet ihr vorher schon die Rollen festlegen, z. B.:
  „Ich bin eine Mutter von Zwillingen – einem Mädchen und einem Jungen.
  Ich möchte Herrn Andererseits fragen: Soll ich meine Kinder demnächst auf verschiedene Gymnasien schicken? Sie sind nämlich unzertrennlich."

Ein Protokoll führen

Die Ergebnisse eures Projekts „Koedukation ja oder nein?" eignen sich unter anderem zum Abdruck in der **Schülerzeitung.** Im Nachhinein ist es aber oft schwierig, sich an einzelne Argumente, an unterschiedliche Positionen, deren Vertreter oder den Ablauf einer Veranstaltung zu erinnern. Deshalb solltet ihr eure Podiumsdiskussion schriftlich dokumentieren. Eine solche Form des Berichtens nennt man **protokollieren.**

1 Überlegt, in welchen Fällen es sinnvoll ist, über den genauen Verlauf einer Diskussion (eventuell bis hin zur Wiedergabe des genauen Wortlauts) zu berichten **(Verlaufsprotokoll).**

2 Zu welchem Zweck sollte sich der Protokollant/die Protokollantin nur auf die Ergebnisse einer Diskussion konzentrieren **(Ergebnisprotokoll)?**

3 Grundlage des Protokolls sind **Notizen,** die ihr euch während der Diskussion macht. Besprecht, wie viel und in welcher Form ihr am besten mitschreibt, sodass ihr die Mitschriften später gut verarbeiten könnt.

Das Ergebnisprotokoll eurer Podiumsdiskussion könnte so aufgebaut sein:

Protokoll zur Podiumsdiskussion am 14. 2. 1999

Beginn: 18:00 Uhr
Ende: 20:30 Uhr
Ort: Nelly-Sachs-Schule, Wuppertal, Raum 32
Anwesende: Schülerinnen und Schüler der Klasse 9 a,
Frau Dr. E. Piel (Klassenlehrerin)
Protokollanten: Niko Bärlach, Katharina Schiffer
Thema: Koedukation an der Schule der Zukunft?

Tagesordnung:
1. Begrüßung
2. Statements der Podiumsteilnehmer/innen
3. …
4. …

TOP 1:
Anna (in der Rolle der Diskussionsleiterin) begrüßt die Teilnehmer/innen und informiert über den geplanten Ablauf der Diskussion.

TOP 2:
Martin (in der Rolle des Vaters) befürwortet, Jungen und Mädchen in den naturwissenschaftlichen Fächern getrennt zu unterrichten. Dabei beruft er sich auf persönliche Erfahrungen in seiner Familie. Er erklärt, es vergehe kein Tag, an dem seine Töchter nicht über eine Benachteiligung im Physikunterricht klagten.
Melanie (in der Rolle der Erziehungswissenschaftlerin) stellt Untersuchungen vor, aus denen sich folgern lasse, dass …

TOP 3: …

TOP 4: …

Wuppertal, 16. 2. 1999

Niko Bärlach, Katharina Schiffer
Protokollanten

4 Fertigt ein Ergebnisprotokoll eurer Podiumsdiskussion nach diesem Vorbild an. Beachtet die äußere Form: Protokollkopf, Gliederung des Hauptteils in Tagungsordnungspunkte (TOPs), Datum und Unterschrift. Tempus des Protokolls ist das **Präsens.** Wenn ihr Beiträge einzelner Teilnehmer/innen wiedergebt, verwendet ihr die indirekte Rede. Achtet dabei auf den Gebrauch des **Konjunktivs.**

5 Diese Form könnt ihr auch nutzen, um **Stundenprotokolle** anzufertigen. Für die Vorbereitung von Klassenarbeiten oder für Schüler/innen, die gefehlt haben, sind Stundenprotokolle eine wichtige Grundlage.

3 Wir erkunden Berufe

3.1 Was willst du werden? – Informationen sammeln und präsentieren

Welche Berufe kennt ihr?

Die Goldschmiedin/der Goldschmied
entwirft und fertigt Schmuckstücke.

Die Journalistin/der Journalist
verarbeitet Nachrichten und Informationen.

Die Architektin/der Architekt
plant Gebäude und Anlagen und leitet deren Erstellung.

Die Datenverarbeitungskauffrau/der Datenverarbeitungskaufmann
analysiert kaufmännische Problemstellungen und entwirft Lösungen mit Hilfe des Computers.

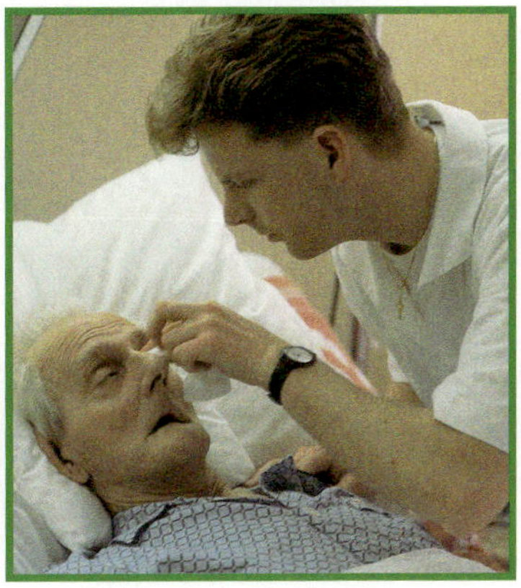

Die Krankenpflegerin/der Krankenpfleger
hilft Patienten, pflegt sie und unterstützt den Arzt/die Ärztin.

Die Kfz-Mechanikerin/der Kfz-Mechaniker
führt Wartungsarbeiten an Fahrzeugen durch, analysiert Fehler und behebt sie.

1 Könnt ihr euch vorstellen, in einem der abgebildeten Berufe zu arbeiten? Begründet im Gespräch eure Zustimmung oder Ablehnung.

Berufe lassen sich unterschiedlich ordnen, zum Beispiel danach, mit welchen Materialien oder Produkten gearbeitet wird bzw. in welchen Wissensgebieten sie angesiedelt sind. Man spricht hier von **Berufsfeldern.** So gehören zum Berufsfeld der Medizin sowohl der Krankenpfleger als auch die Ärztin oder die medizinisch-technische Assistentin.

Berufsfelder

- Agrar- und Forstwirtschaft, Biologie
- Werkstoffverarbeitung, Bergbau, Hüttenwesen
- Chemie, Kunststoffe
- Textilien, Leder, Modegestaltung
- Apparate- und Maschinenbau, Metalltechnik
- Medizin
- Ernährung, Hauswirtschaft
- Recht und öffentliche Verwaltung
- Kunst, Design
- Bau-, Vermessungswesen, Holzbearbeitung
- Mathematik, Physik, Informatik, Geowissenschaften
- Medien
- Farb- und Raumgestaltung
- Tourismus, Hotel- und Gaststättengewerbe
- Elektrotechnik
- Pädagogik, Soziales
- Handel, Banken, Versicherungen
- Kultur und Sprache
- Kunsthandwerk

2 Ordnet die auf S. 59 abgebildeten Berufe jeweils einem der aufgelisteten Berufsfelder zu.

3 a) Sucht Berufe zu drei weiteren Berufsfeldern, in denen ihr gerne arbeiten würdet, und zu drei Feldern, die nicht euren Interessen entsprechen.
b) Erläutert, warum ihr diese Berufe interessant oder uninteressant findet.

4 Es gibt mehrere hundert Berufe. Sie lassen sich natürlich auch anders als in Berufsfeldern ordnen, z.B. nach der benötigten Ausbildung, nach notwendigen Fähigkeiten (Sprachbeherrschung, Hand- und Fingergeschick, rechnerisches Denken ...) usw. Sucht drei Ordnungsmöglichkeiten, beschreibt die Kriterien (Unterscheidungsmerkmale) und gebt jeweils drei Berufe an.

Jobsuche mit Köpfchen

In der neunten Klasse haben oft nur wenige Schülerinnen und Schüler eine klare Vorstellung von einem Beruf, den sie später gerne ausüben möchten. Besonders im Gymnasium schieben viele eine solche Entscheidung vor sich her.

1 Sammelt in eurer Klasse Argumente für und gegen eine frühe Entscheidung für einen Beruf oder ein Berufsfeld.

Arbeitsämter und -ministerien bieten zur Berufswahl viele Entscheidungshilfen an. In einer Broschüre sind einige Tipps für eine erste Orientierung zusammengefasst:

Spaß oder Geld?

Ist dir vor allem der Verdienst wichtig? Die Arbeitszeit? Aufstiegs- und Karrieremöglichkeiten? Brauchst du viele Menschen um dich? Einen sicheren Arbeitsplatz?

Notiere, was dir das Wichtigste ist.

Abneigungen sammeln

Was willst du auf keinen Fall? „Schreibtisch-Hocker" sein? Dreckige Hände bekommen? Kunden zum Kaufen überreden?

Notiere deine Abneigungen.

„Alte Hasen" fragen

Kennst du jemanden, der in einem Beruf arbeitet, den du dir auch für dich vorstellen kannst? Oft kennt er oder sie die positiven und negativen Seiten besser, als es irgendeine Broschüre vermitteln kann.

Notiere Namen von Personen, die du ansprechen könntest.

Massenware oder Spezialanfertigung?

Hast du schon einen Berufswunsch? Oder kannst du dir bei deinen Interessen nur einen oder zwei Berufe vorstellen? Es gibt fast 400 Ausbildungsberufe, zusätzlich viele – auch weniger bekannte – Studienrichtungen. Die meisten Bewerber konzentrieren sich auf einige wenige Berufe. In vielen Schulen und Bibliotheken, auf jeden Fall bei der Berufsberatung des Arbeitsamtes gibt es die „Blätter zur Berufskunde" der Bundesanstalt für Arbeit oder das Taschenbuch „Beruf aktuell" bzw. die Zeitschrift „abi – Berufswahl-Magazin". Hier findest du viele unbekanntere Berufe wie z.B. landwirtschaftlich-technische/r Assistent/in oder Kommunikationselektroniker/in.

Suche in einer dieser Informationsbroschüren nach Alternativen für deine Berufswahl.

Wir stellen Berufe im Referat vor

Ob für ein Praktikum oder für die spätere Berufswahl: Präzises Wissen über Berufe ist nützlich. Wenn ihr in einem Referat einen Beruf vorstellt, liegt es natürlich nahe, den eigenen Berufswunsch als Thema zu wählen, es kann aber auch interessant sein, ein anderes, vielleicht recht unbekanntes Berufsbild zu präsentieren.

1 a) Notiert zwei bis drei Berufe, für die ihr euch interessiert, auf jeweils einem postkartengroßen Zettel.
b) Ordnet – zunächst in Kleingruppen, dann in der ganzen Klasse – eure Zettel nach Berufsfeldern und beschreibt das Ergebnis. Ist es ausgewogen? Haben einige Felder ein Übergewicht?
c) Sucht gemeinsam nach Erklärungen für das Ergebnis.

2 Jede/r von euch wählt einen Beruf aus, den sie/er im Referat vorstellen möchte.

Die Erstellung eines **Referates** teilt sich in eine Erarbeitungs- und eine Präsentationsphase.
Die **Erarbeitungsphase** gliedert sich in:
- Erstellen von Leitfragen, die sich nicht überschneiden,
- Informationssammlung und -auswertung,
- Gliederung der Informationen,
- Entwurf von Einleitung und Schluss,
- Niederschrift in sauberer, fehlerfreier Form.

Die **Präsentationsphase** gliedert sich in:
- Erstellen einer Vortragsvorlage (z. B. auf Karteikarten oder Plakaten),
- mündlicher Vortrag oder andere Präsentation (z. B. Aushang).

3 Stellt einzeln oder gemeinsam die **Leitfragen** zusammen, auf die eure Referate eine Antwort geben sollen. Bedenkt dabei, für wen ihr das Referat haltet und über welches Vorwissen die Zuhörer/innen verfügen.

Welche Fähigkeiten sollten Bewerber/innen haben?
Welche Tätigkeiten verlangt der Beruf?
...

Detaillierte **Informationen zu Berufen** finden sich vor allem in den Veröffentlichungen der Bundesanstalt für Arbeit (siehe die Tipps auf S. 61). Die folgenden Texte stellen einen Beispielberuf vor.

4 a) Tragt weitere Informationsquellen zusammen.
b) Befragt auch die Lehrerinnen und Lehrer anderer Fächer.

Landwirtschaftlich-technischer Assistent/ landwirtschaftlich-technische Assistentin
Sie unterstützen die Wissenschaftler in den Untersuchungs- und Forschungsanstalten der Land-, Forst- und Milchwirtschaft oder des Gartenbaus und in der Industrie. Ansatzmöglichkeiten bieten sich in folgenden Fachrichtungen: In der Agrikulturchemie werden vor allem Boden-, Düngemittel- und Futtermitteluntersuchungen durchgeführt. In den Bereichen Pflanzenbau und Pflanzenzüchtung sowie Pflanzenproduktion sind Fragen der Pflanzenernährung, des Anbaus und der Züchtung von Pflanzen zu lösen, Feldversuche sowie Saatenanerkennungs- und Saatgutprüfungen vorzunehmen. Die Richtungen Tierproduktion und Tierhaltung befassen sich mit der Tierernährung einschließlich Futtermittelkunde, Tierzüchtung und Tierhaltung. In der Milchwirtschaft werden Milch und Milcherzeugnisse laufend überwacht und untersucht. Neben diesen Bereichen gibt es weitere, wie zum Beispiel Fleischwirtschaft, Getreide-, Kartoffel- und Backwarentechnologie, Pflanzenschutz sowie landwirtschaftliches Untersuchungswesen. Es sind jedoch nicht alle Fachrichtungen in allen Bundesländern vertreten.
Die Ausbildung dauert in der Regel 2 Jahre. Zugangsvoraussetzungen: Realschul- oder vergleichbarer Abschluss, in Einzelfällen auch Hauptschulabschluss mit einschlägiger Berufsausbildung.

(aus: Beruf aktuell)

ÖKOLOGIE

Versierte Techniker

Wer im Umweltschutz arbeitet, muss ein Tausendsassa sein

Klaus Schultheiß kam zur richtigen Zeit: Als 1993 der Startschuss fiel für das Grundig-Öko-Technologie-Zentrum in Nürnberg-Langwasser, leistete der studierte Feinwerktechniker Pionierarbeit in Sachen Kunststoffrecycling. Zwei Jahre später griff Schultheiß wieder rechtzeitig zu: Der Ausbildungsgang „Fachkraft für Produktverwertung" der IHK Nürnberg brachte ihm als einem von sieben Teilnehmern das notwendige Know-how zum Kunststoffrecycling von Fernsehgehäusen. Die sechsmonatige Ausbildung hat den 30-Jährigen „unheimlich fasziniert". Heute entwickelt er bei Grundig einschichtig lackierfähige und wärmefeste Kunststoffgehäuse aus wieder verwertbarem Material mit und ebnet so dem vorsorgenden Umweltschutz den Weg. Für Schultheiß steht fest: „Schrott und Müll gibt es nicht – nur Wertstoffe."

Ob Recyceln von Kunststoffen in der Industrie oder Rekultivierung von versäuerten Böden in der Landwirtschaft – wer im Umweltschutz seine Berufung sieht, dem eröffnen sich gute Perspektiven: Nach einer gemeinsamen Untersuchung von vier Wirtschaftsforschungsinstituten – DIW in Berlin, Ifo in München, IWH in Halle und RWI in Essen – im Auftrag des Berliner Umweltbundesamts waren 1994 rund eine Million Menschen direkt oder indirekt im Umweltschutz beschäftigt. Etwa 30 000 kommen jährlich hinzu.

Die Tübinger Helmut Kaiser Unternehmensberatung sieht den Umsatz für deutsche Umwelttechnologie auf dem Weltmarkt kurz nach der Jahrtausendwende die Billionengrenze überschreiten. Derzeit liegt Deutschland mit einem Anteil von 19 Prozent am weltweiten Exportmarkt etwa gleichauf mit den USA und Japan.

Die Umwelttechnologie boomt. Folglich ist auch die ingenieurwissenschaftliche und naturwissenschaftliche Ausbildung im technischen Umweltschutz von der Wirtschaft sehr gefragt. Der Trend gehe zur umweltbezogenen Zusatzausbildung, urteilt Tibor Adler, Leiter der Abteilung Naturwissenschaftliche Berufe und Umweltschutz beim Bundesinstitut für Berufsforschung (BIBB) in Berlin. Tausendsassas, die anpacken könnten und über technische Versiertheit verfügten, hätten gute Karten, einen Job im verlockenden Beziehungsdreieck Mensch – Natur – Technik zu finden.

Das Know-how erwerben solche Rundumtalente mit Spezialwissen in Sachen Umweltschutz hauptsächlich in Forschungseinrichtungen, Unternehmen oder Behörden. So bilden Max-Planck-Gesellschaft und pharmazeutische Industrie jährlich für den eigenen Bedarf zu biologisch- oder chemisch-technischen Assistenten aus. Eine klassische Ausbildung, die auch Katrin Balke einschlug.

Die 21-Jährige lernte zwei Jahre im Braunschweiger Institut für Biochemie und Pflanzenvirologie alles für den Abschluss als landwirtschaftlich-technische Assistentin mit Schwerpunkt Pflanzenschutz. Ein Schulpraktikum und gute mathematisch-naturwissenschaftliche Kenntnisse gaben den Ausschlag, dass sie eine von sechs Auszubildenden wurde. Heute ist Katrin Balke nicht nur Getreideschädlingen auf der Spur, sondern untersucht auch die Auswirkungen von Pflanzenschutzmitteln auf das Grundwasser.

Ganz praktisch geht es im Handwerk zu – bei Ver- und Entsorgern. Seit 1984 können Auszubildende den bisher einzigen anerkannten Ausbildungsberuf im technischen Umweltschutz erlernen. In einer dreijährigen Lehre werden in Wasserwerken, Kläranlagen und Mülldeponien handwerkliches Geschick und schnelles Reaktionsvermögen geschult. Neben der Meisterprüfung steht die Fortbildung zum Umweltschutztechniker zur Wahl.

Solche Jobs im grünen Sektor sind im Kommen. „Die Zukunft gehört dem vorsorgenden Umweltschutz", prophezeit Gabriele Poth, zuständig für Weiterbildung im Umweltschutz beim Handwerkszentrum Ruhr in Oberhausen. Sowohl die Förderung für Jungunternehmer als auch die Zahl der Stellen für Auszubildende rund um den integrierten Umweltschutz stockt das umwelttechnologische Gründerzentrum in Augsburg deshalb im Frühjahr 1998 auf.

(aus einer Wirtschaftszeitschrift)

Die Vielfalt der LTA-Tätigkeit

[...] Die LTA-Tätigkeit erfordert nicht nur gute allgemeine Kenntnisse im biologisch-naturwissenschaftlichen Bereich, sondern auch Verständnis für die **Anbautechnik** von Kulturpflanzen und die **Haltungsverfahren** von Nutztieren. Vielfach werden Arbeiten an Mikroorganismen bzw. an speziellen Versuchsobjekten notwendig sein, für die dann jeweils besondere Kultur- und Untersuchungsbedingungen (auch in Gewächshäusern bzw. Laboratorien) erforderlich werden.
Vielfältige und interessante Tätigkeiten finden sich in der **Züchtung.** Hier sind Kenntnisse in der Biologie von Pflanzen und Tieren, die der Anzucht bzw. Haltung dienen, anzuwenden. Insbesondere sind hier Arbeiten durchzuführen, mit denen Kreuzungen von Pflanzen oder Tieren hergestellt werden. Die experimentelle Arbeit kann mikroskopische Untersuchungen, Eingriffe zur Veränderung des Erbgutes und befruchtungsbiologische Arbeiten umfassen. Eine in der Züchtung wichtige Tätigkeit erstreckt sich auf die Selektion, d.h. die Auslese von Pflanzen oder Tieren mit gewünschten Leistungsmerkmalen.
Ein weiteres Arbeitsgebiet liegt in der **Untersuchung** von Produkten, die in der Landwirtschaft erzeugt werden. Hier sind überwiegend chemische Untersuchungen sowie mikrobielle Arbeiten an diesen Produkten, die meist als Nahrungsmittel verwendet werden, durchzuführen. Biochemische sowie allgemein-chemische Verfahren und Techniken können in der praktischen Arbeit der beruflichen Tätigkeit damit einen breiten Raum einnehmen. Die Untersuchungen und Experimente sind vielgestaltig wie auch die landwirtschaftliche Produktion selbst und die hierzu in Beziehung stehenden Verarbeitungsverfahren, bei denen spezielle biologische und technische Verfahren/Methoden angewendet werden. Meist sind Nahrungsprodukte wie Brot, Milch, Fleisch etc., nicht selten aber auch technische Produkte (z.B. Öl, Stärke, Eiweiße, Zellulose und Fasern sowie sonstige Inhaltsstoffe) zu untersuchen.
Chemische, z.T. auch mikrobielle Untersuchungen beziehen sich häufig auf die in der Produktionstechnik, im Bereich des Pflanzenbaus und der Tierhaltung verwendeten Dünger, Pflanzenbehandlungsmittel, Futtermischungen etc. Entsprechendes gilt auch für Böden, die z.B. auf Nährstoffe, Mikroorganismen und gegebenenfalls schädliche Bodenbestandteile zu untersuchen sind.
Die **experimentellen Arbeiten** umfassen grundsätzlich alle in der Biologie angewendeten Methoden und Verfahren, die in der pflanzenbaulichen, pflanzenzüchterischen und tierzüchterischen Forschung benötigt werden. Hierbei sind die notwendigen apparativen Einrichtungen zu bedienen. Es handelt sich z.B. um mikroskopische Arbeiten, chemische Analysen mit entsprechenden Einrichtungen (z.B. Spektralfotometer, Massenspektograf, Elektrophorese, Chromatografie). Auch Untersuchungen biologischer Prozesse, z.B. mit markierten Verbindungen, gehören zu den anfallenden Arbeiten. [...]

(aus: Blätter zur Berufskunde)

Die **Auswertung der Informationen** erfordert genaues Lesen, Exzerpieren (wörtliches Herausschreiben wichtiger Stellen) und Zusammenfassen der Texte.

5 a) Markiert auf einer Kopie der Texte (S. 62–64) die wichtigsten Informationen.
b) Notiert am Rand Stichwörter, sodass die Texte überblicksartig erfasst werden können.
c) Verseht unbekannte Wörter und Zusammenhänge mit einem Fragezeichen und klärt ihren Sinn. Schlagt z.B. Fremdwörter in einem Lexikon nach.

6 a) Ordnet die Informationen zum Beruf des landwirtschaftlich-technischen Assistenten/der landwirtschaftlich-technischen Assistentin nach sinnvollen Leitfragen (vgl. Aufgabe 3, S. 62).
b) Entwerft Folien für den Overhead-Projektor, auf denen die wichtigsten Aussagen in eigenen Worten zusammengefasst und übersichtlich dargestellt sind.

Referate dienen nicht dazu, Wissen einfach „abzuladen“. Sie sollen vielmehr die Zuhörer/innen auf einem klar verständlichen Weg führen. Dazu dient die sinnvolle **Gliederung** der gesammelten Informationen. Es ist z. B. nicht zweckmäßig, bei den Aufstiegschancen zu beginnen und erst dann die Tätigkeiten eines Berufs zu beschreiben.

7 Erstellt – ausgehend von euren Leitfragen – ein Gliederungsschema für ein Referat.

Ebenso wichtig wie die Reihenfolge der Informationen sind Einleitung und Schluss eines Referats. Die **Einleitung** soll das Interesse der Zuhörer/innen wecken, sie kann auf verschiedene Weise gestaltet sein:

- ein typischer Gegenstand für den Beruf
- eine statistische Aussage über das Berufsfeld
- eine persönliche Bemerkung der Referentin/des Referenten über ihre/seine Einstellung zu dem vorgestellten Beruf
- eine Bemerkung über vermutete Reaktionen der Zuschauer/innen
- ein Fachbegriff bekannter oder unbekannter Art aus dem Berufsfeld
- ...

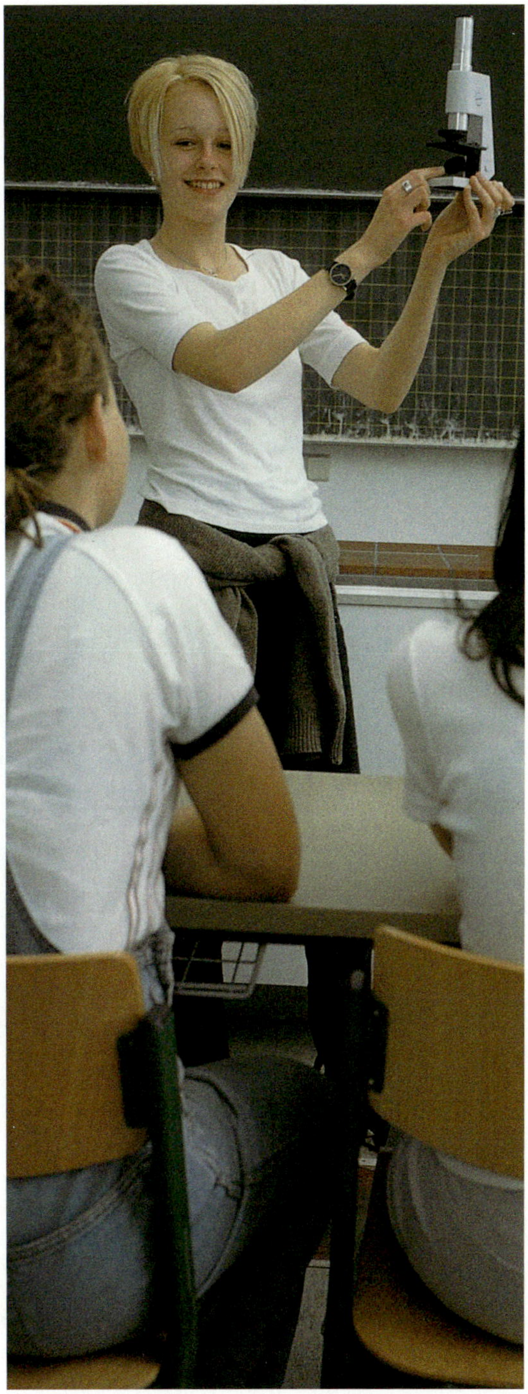

8 Schreibt zwei unterschiedliche Einleitungen für ein Referat über den landwirtschaftlich-technischen Assistenten/die landwirtschaftlich-technische Assistentin.

Unmittelbar anknüpfend an die Einleitung ist eine kurze Übersicht über den Hauptteil für die Hörer/innen hilfreich, der so genannte **rote Faden.** Es erleichtert die Aufnahme von Informationen wesentlich, wenn sie in einen Gesamtrahmen eingeordnet werden können. Daher sollten auch während des Referates neue Unterpunkte klar benannt werden.
Zur gedanklichen Verarbeitung wichtig ist die **Veranschaulichung der Aussagen:** Das kann durch Beispiele, Vergleiche mit ähnlichen Erscheinungen in anderen Berufen, Bilder, Gegenstände usw. geschehen.
Der **Schluss** beginnt mit einer Zusammenfassung der wesentlichen Aussagen, die zu einer abschließenden, möglichst an die Einleitung anknüpfenden Bemerkung überleitet.

9 Entwerft einen Referat-Schluss. Knüpft dabei an eure Einleitungen an.

Die **Präsentation** eines Referates sollte keinesfalls in einem bloßen Ablesen der schriftlichen Fassung bestehen. Beim Vortrag ist freies Sprechen und Kontakt zu den Zuhörern/Zuhörerinnen das A und O. Daher ist es sinnvoll, auf der Grundlage der schriftlichen Ausarbeitung eine Zusammenfassung auf **Karteikarten** für den mündlichen Vortrag zu erstellen. Die Karteikarten sollten die wichtigsten Informationen enthalten, klar gegliedert und groß beschriftet sein, damit ihr Inhalt auf einen Blick zu erkennen ist. Hilfreich sind hierbei auch farbige Markierungen für Kernwörter, für Zitate, für Präsentationsmaterial.

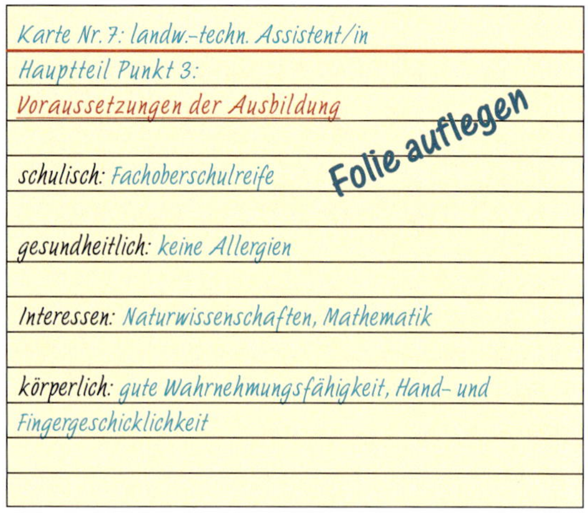

10 a) Erstellt drei Karteikarten für den mündlichen Vortrag. Geht dabei von eurer Gliederung und den Informationen zum landwirtschaftlich-technischen Assistenten aus.

b) Erprobt anhand einzelner Karteikarten den mündlichen Vortrag. Am besten übt ihr in Kleingruppen, wo ihr direkt die Reaktionen eurer Zuhörer/innen erfahrt. Ihr könnt das Vortragen aber auch mit Hilfe eines Spiegels oder eines Kassettenrekorders allein ausprobieren.

Die Wirkung eines Referats ist entscheidend davon abhängig, wie die Informationen **sicht- und hörbar** gemacht werden. Hierzu sollten unbedingt unterschiedliche **Medien** genutzt werden: Overhead-Projektor, Lernplakate, Schaubilder an der Tafel, Fotos, Dias, eventuell auch Filmausschnitte und Hörszenen (Interviews) usw.

11 Wählt und gestaltet geeignete Medien, um eure Informationen sichtbar zu präsentieren.

3.2 „Der Wettlauf ums Brot" – Die Arbeitswelt in literarischen Texten

Reiner Kunze

Clown, Maurer oder Dichter

Ich gebe zu, gesagt zu haben: Kuchenteller. Ich gebe ebenfalls zu, auf die Frage des Sohnes, ob er allen Kuchen auf den Teller legen solle, geantwortet zu haben: allen. Und ich stelle nicht in Abrede, daß der Kuchen drei Viertel der Fläche des Küchentischs einnahm.

Kann man denn aber von einem zehnjährigen Jungen nicht erwarten, daß er weiß, was gemeint ist, wenn man Kuchenteller sagt? Das Händewaschen hatte ich überwacht, und dann war ich hinausgegangen, um meine Freunde zu begrüßen, die ich zum Kartoffelkuchenessen eingeladen hatte. Frischer Kartoffelkuchen von unserem Bäcker ist eine Delikatesse.

Als ich in die Küche zurückkehrte, kniete der Sohn auf dem Tisch. Auf einem jener Kuchenteller, die nur wenig größer sind als eine Untertasse, hatte er einen Kartoffelkuchenturm errichtet, neben dem der Schiefe Turm zu Pisa senkrecht gewirkt hätte. Ich sparte nicht mit Stimme.

Ob er denn nicht sähe, daß der Teller zu klein sei. Er legte sich mit der Wange auf den Tisch, um den Teller unter diesem völlig neuen Gesichtspunkt zu betrachten. Er müsse doch sehen, daß der Kuchen nicht auf diesen Teller passe. Aber der Kuchen passe doch, entgegnete er. Das eine Blech lehnte am Tischbein, und auch das andere war fast leer.

Ich begann, mich laut zu fragen, was einmal aus einem Menschen werden solle, der einen Quadratmeter Kuchen auf eine Untertasse stapelt, ohne auch nur einen Augenblick daran zu zweifeln, daß sie groß genug sein könnte.

Da standen meine Freunde bereits in der Tür.

„Was aus dem Jungen werden soll?" fragte der erste, meine Worte aufnehmend: Er peilte den Turm an. „Der Junge offenbart ein erstaunliches Gefühl für Balance. Entweder er geht einmal zum Zirkus, oder er wird Maurer."

Der zweite ging kopfschüttelnd um den Turm herum. „Wo hast du nur deine Augen?" fragte er

mich. Erst jetzt entdeckte ich, daß die von mir geschnittenen Kuchenstücke gevierteilt waren, als wären wir zahnlose Greise. Mein Freund sah die größeren Zusammenhänge. „Siehst du denn nicht, daß in dem Jungen ein Künstler steckt?" sagte er. „Der Junge hat Mut zum Niegesehenen. Er verknüpft die Dinge so miteinander, daß wir staunen. Er hat schöpferische Ausdauer. Vielleicht wird aus ihm sogar ein Dichter, wer weiß."

„Eher ein richtiger oder ein genialer Soldat", sagte der dritte, den ich jedoch sogleich unterbrach. „Soldat? Wieso Soldat?" fragte ich auf die Gefahr hin, dem Sohn die Wörter wieder abgewöhnen zu müssen, die zu erwarten waren, sobald sich dieser Freund seiner Armeezeit erinnerte. Er antwortete: „Ein richtiger Soldat, weil er auch den idiotischsten Befehl ausführt. Und ein genialer Soldat, weil er ihn so ausführt, daß das Idiotische des Befehls augenfällig wird. Ein Mensch wie er kann zum Segen der Truppe werden."

Ich hoffte, der Sohn würde das meiste nicht verstanden haben. Am Abend hockte er sich jedoch zu Füßen seiner Schwester aufs Bett und fragte sie, was zu werden sie ihm rate: Clown, Maurer oder Dichter. Soldat zu werden, zog er nicht in Betracht, weil er es dann mit Vorgesetzten wie seinem Vater zu tun haben könnte.

Seitdem bedenke ich, wer bei uns zu Gast ist, bevor ich eines meiner Kinder kritisiere. R

1 Wie versteht ihr den Schluss des Textes von Reiner Kunze (S. 67)?

2 Besprecht, worum es dem Verfasser mit seiner Erzählung geht. Stützt eure Meinung durch Textstellen.

3 a) Erfindet ähnliche Situationen, in denen eine Aufforderung wörtlich verstanden wird und ein scheinbar sinnloses Tun ein besonderes Geschick offenbart. Ihr könnt dazu von verschiedenen Ansätzen ausgehen:
- von Fähigkeiten einer Person (exaktes Arbeiten, Gefühl für Schönheit, Sinn für Mathematik …)
- von Berufen (Chirurg, Bauer, Friseur …)
- von Tätigkeiten (Rasen mit Muster mähen, Hecke völlig schief schneiden, Einkauf von „falschen" Waren oder „falschen" Mengen …)

b) Schreibt auf der Grundlage der von euch entwickelten Situationen eine eigene Geschichte.

Heinrich Böll

Anekdote zur Senkung der Arbeitsmoral

In einem Hafen an der westlichen Küste Europas liegt ein ärmlich gekleideter Mann in seinem Fischerboot und döst. Ein schick angezogener Tourist legt eben einen neuen Farbfilm in seinen Fotoapparat, um das idyllische Bild zu fotografieren: blauer Himmel, grüne See mit friedlichen, schneeweißen Wellenkämmen, schwarzes Boot, rote Fischermütze. Klick. Noch einmal: klick, und da aller guten Dinge drei sind und sicher sicher ist, ein drittes Mal: klick. Das spröde, fast feindselige Geräusch weckt den dösenden Fischer, der sich schläfrig aufrichtet, schläfrig nach seiner Zigarettenschachtel angelt; aber bevor er das Gesuchte gefunden, hat ihm der eifrige Tourist schon eine Schachtel vor die Nase gehalten, ihm die Zigarette nicht gerade in den Mund gesteckt, aber in die Hand gelegt, und ein viertes Klick, das des Feuerzeuges, schließt die eilfertige Höflichkeit ab. Durch jenes kaum messbare, nie nachweisbare Zuviel an flinker Höflichkeit ist eine gereizte Verlegenheit entstanden, die der Tourist – der Landessprache mächtig – durch ein Gespräch zu überbrücken versucht.

„Sie werden heute einen guten Fang machen."

Kopfschütteln des Fischers.

„Aber man hat mir gesagt, dass das Wetter günstig ist."

Kopfnicken des Fischers.

„Sie werden also nicht ausfahren?"

Kopfschütteln des Fischers, steigende Nervosität des Touristen. Gewiss liegt ihm das Wohl des ärmlich gekleideten Menschen am Herzen, nagt an ihm die Trauer über die verpasste Gelegenheit.

„Oh, Sie fühlen sich nicht wohl?"

Endlich geht der Fischer von der Zeichensprache zum wahrhaft gesprochenen Wort über. „Ich fühle mich großartig", sagt er. „Ich habe mich nie besser gefühlt." Er steht auf, reckt sich, als wollte er demonstrieren, wie athletisch er gebaut ist. „Ich fühle mich fantastisch."

Der Gesichtsausdruck des Touristen wird immer unglücklicher, er kann die Frage nicht mehr unterdrücken, die ihm sozusagen das Herz zu sprengen droht: „Aber warum fahren Sie dann nicht aus?"

Die Antwort kommt prompt und knapp. „Weil ich heute morgen schon ausgefahren bin."

„War der Fang gut?"

„Er war so gut, dass ich nicht noch einmal auszufahren brauche, ich habe vier Hummer in meinen Körben gehabt, fast zwei Dutzend Makrelen gefangen …"

Der Fischer, endlich erwacht, taut jetzt auf und klopft dem Touristen beruhigend auf die Schultern. Dessen besorgter Gesichtsausdruck erscheint ihm als ein Ausdruck zwar unangebrachter, doch rührender Kümmernis.

„Ich habe sogar für morgen und übermorgen genug", sagt er, um des Fremden Seele zu erleichtern. „Rauchen Sie eine von meinen?"

„Ja, danke."

Zigaretten werden in Münder gesteckt, ein fünftes Klick, der Fremde setzt sich kopfschüttelnd auf den Bootsrand, legt die Kamera aus der Hand, denn er braucht jetzt beide Hände, um seiner Rede Nachdruck zu verleihen.

„Ich will mich ja nicht in Ihre persönlichen Angelegenheiten mischen“, sagt er, „aber stellen Sie sich mal vor, Sie führen heute ein zweites, ein drittes, vielleicht sogar ein viertes Mal aus und Sie würden drei, vier, fünf, vielleicht gar zehn Dutzend Makrelen fangen ... stellen Sie sich das mal vor.“

Der Fischer nickt.

„Sie würden“, fährt der Tourist fort, „nicht nur heute, sondern morgen, übermorgen, ja, an jedem günstigen Tag zwei-, dreimal, vielleicht viermal ausfahren – wissen Sie, was geschehen würde?“

Der Fischer schüttelt den Kopf.

„Sie würden sich in spätestens einem Jahr einen Motor kaufen können, in zwei Jahren ein zweites Boot, in drei oder vier Jahren könnten Sie vielleicht einen kleinen Kutter haben, mit zwei Booten oder dem Kutter würden Sie natürlich viel mehr fangen – eines Tages würden Sie zwei Kutter haben, Sie würden ...“, die Begeisterung verschlägt ihm für ein paar Augenblicke die Stimme, „Sie würden ein kleines Kühlhaus bauen, vielleicht eine Räucherei, später eine Marinadenfabrik, mit einem eigenen Hubschrauber rundfliegen, die Fischschwärme ausmachen und ihren Kuttern per Funk Anweisung geben, Sie könnten die Lachsrechte erwerben, ein Fischrestaurant eröffnen, den Hummer ohne Zwischenhändler direkt nach Paris exportieren – und dann ...“, wieder verschlägt die Begeisterung dem Fremden die Sprache. Kopfschüttelnd, im tiefsten Herzen betrübt, seiner Urlaubsfreude schon fast verlustig, blickt er auf die friedlich hereinrollende Flut, in der die ungefangenen Fische munter springen. „Und dann“, sagt er, aber wieder verschlägt ihm die Erregung die Sprache.

Der Fischer klopft ihm auf den Rücken, wie einem Kind, das sich verschluckt hat. „Was dann?“, fragt er leise.

„Dann“, sagt der Fremde mit stiller Begeisterung, „dann könnten Sie beruhigt hier im Hafen sitzen, in der Sonne dösen – und auf das herrliche Meer blicken.“

„Aber das tu ich ja schon jetzt“, sagt der Fischer, „ich sitze beruhigt am Hafen und döse, nur Ihr Klicken hat mich dabei gestört.“

Tatsächlich zog der solcherlei belehrte Tourist nachdenklich von dannen, denn früher hatte er auch einmal geglaubt, er arbeite, um eines Tages einmal nicht mehr arbeiten zu müssen, und es blieb keine Spur von Mitleid mit dem ärmlich gekleideten Fischer in ihm zurück, nur ein wenig Neid.

1 a) Formuliert die **Intention** (Absicht) des Textes mit eigenen Worten.
b) Untersucht, durch welche **sprachlichen Mittel** die Intention zum Ausdruck gebracht wird.

2 Verfasst selbst einen satirischen (spöttischen) Text, der sich gegen Missstände wie z. B. Karrieresucht oder Geldgier wendet.

E. Steffen

Der Wettlauf ums Brot

Die 20er-Jahre des 20. Jahrhunderts waren durch große wirtschaftliche Schwierigkeiten geprägt, die eine hohe Arbeitslosigkeit mit sich brachten. Aus dieser Zeit stammt der folgende Text.

Im Lohnverrechnungsbüro der großen Berliner Schokoladenfabrik S. bereiteten sich irgendwelche Ereignisse vor. Niemand konnte etwas Bestimmtes sagen, bloß aus den halben Andeutungen des Abteilungsleiters, den man das „Ekelpaket" nannte, war zu entnehmen, dass es sich um etwas handelte, was das Lohnbüro anging.

Die letzte halbe Arbeitsstunde war erreicht, immer öfter flogen die Blicke zur Uhr, denn draußen glühten lockend die letzten Lichtreflexe des Herbsttages. Da kam „hoher Besuch", der technische Direktor, hereinspaziert und steuerte schnurgerade auf die Ecke zu, wo, durch eine Glaswand getrennt, zehn Mädel saßen, deren Aufgabe darin bestand, die Lohntüten mit den verrechneten Summen zu füllen. Erwartungsvoll blickten ihn alle an.

Scheinbar fand er nicht gleich die richtigen Worte, aber das dauerte nur einen kaum wahrnehmbaren Augenblick.

„Uns wurde", sagte er, „eine Maschine angeboten, die automatisch die Lohnsumme zusammenstellt und in die Tüten füllt. Wir haben sie uns zur Probe vorführen lassen. Die Direktion will aber die Maschine in der Praxis und im Vergleich mit unserer bisherigen Methode erproben.

Deshalb sollt ihr morgen die Hälfte der Lohntüten fertig machen, die andere Hälfte soll gleichzeitig von der Maschine gefüllt werden. Obwohl unsere bisherige Einrichtung sich teurer stellt als die Maschine, will die Fabrikleitung von der Entlassung der Abteilung absehen, wenn – ihr früher fertig seid als die Maschine."

Ehe jemand die Tragweite der Ankündigung erfassen konnte, war der Direktor verschwunden. Ein Durcheinander von Fragen, Vermutungen mischte sich mit dem Feierabendglockenzeichen. Ganz langsam leerte sich der Saal, als müsste man bleiben und den Arbeitsplatz verteidigen. Am anderen Morgen, viel früher als sonst, stand jedes der zehn Mädel an seinem Platz. Zwei fremde Dinge waren im Raum. Ein junger blasser Mann und eine Maschine.

Fast zierlich zu nennen, stand sie auf einem Tisch. Sicherlich hatte man sie schon am Abend des Vortages hier aufgestellt, und heute sollte sie beweisen, dass sie, ohne müde zu werden und fehlerfrei, schneller als zwanzig Mädchenhände arbeiten kann. Sie wirkte gar nicht ernsthaft, eher wie ein hübsches Spielzeug, mit Knöpfen, Hebeln und einem blanken Lackpanzer mit Nickelbeschlägen geziert.

Um acht Uhr brachten die Bürodiener die Lohntüten, auf denen in Mark und Pfennig angegeben war, was hinein sollte. Dann kamen die Kontrollbeamten und brachten das Geld, in großen Bündeln die Scheine und in Säcken Silberstücke – bis zur kleinen Kupfermünze.

Kurz darauf erschien die technische Kommission.

An tausend Lohntüten kamen zu den Mädchen, die gleiche Anzahl wurde bei der Maschine niedergelegt. Das Nachzählen des Geldes, die Unterbringung in Zählkästen folgte.

Die Maschine verschluckte durch eine Klappe in einigen Sekunden die ganze Summe, als sei es ihre tägliche Kost.

Eine ungeheure Spannung war im Raum, nur in Flüsterlauten wurde gesprochen. Längst saßen die Mädel auf ihren Plätzen, nervös glitten die Finger über die Tischkanten.

Es war keine Erklärung mehr notwendig. Die Angst vor der Arbeitslosigkeit, das Grauen vor dem Hunger stand in allen Gesichtern geschrieben. Tausend Geschichten fielen ihnen ein. Mit einem Male erinnerten sie sich, wie drüben in den Fabriksälen durch immer neue Wunder der Technik Hunderte von Arbeiterinnen arbeitslos gemacht wurden. Oft wurden hier zum letzten Mal die Lohntüten gefüllt, ohne dass jemand daran dachte, was dann käme – Verkauf der Leiber auf der Straße, Landwehrkanal oder langsam zerbrochene Hoffnung auf neuer Arbeitssuche.

Der Kampf begann. Von Hand zu Hand flogen die Tüten. Scheine raschelten. Das Silber gab einen leichten Ton, und hart wie Kieselsteine

fielen die anderen Münzen zusammen. Mit den Augen und dem Instinkt wurde das Ganze kontrolliert. Aber etwas Neues, Ungewohntes lag auf allen, was das Atmen schwerer machte und an den Nerven riss.
Es war das Vibrieren der neuen Maschine, das Knacken der Knöpfe und ein summender Ton wie bei einer Feder, die unaufhaltsam ausgelöst und wieder angespannt wird.
20 zu 20, schwang eine Stimme durch den Raum. Ah, eine gemeine Qual, die man ersonnen hatte, der ganze Wettlauf sollte auf Minute und Stückzahl festgehalten werden.
Jedes Zeitmaß ging den Mädchen verloren. Nur immer schneller, schneller, um einen Vorsprung zu bekommen. Wie aus weiter Ferne hörten sie 100 zu 106. Wer hatte sechs Vorsprung, die zwanzig Hände oder die Teufelsmaschine? 150 Maschine zu 160, hörte man irgendjemanden sagen. Zehn Tüten voraus. Schreien möchte man und kann nicht, denn Mund und Lippen sind ausgedörrt.
Schrill schwingt ein Ton durch den Raum. – Pause. – Zehn Minuten Pause. Kein Bissen schmeckt, und nirgends fällt ein erlösendes Wort. Unheimlich still ist es. Keiner sieht den anderen an. Hass liegt hinter den Stirnen, die Bindungen der Freundschaft sind zerrissen, jeder glaubt den anderen schuldig, weil es nicht schneller geht. Der Arbeiter sitzt vor seiner Maschine. Niemand kann sein Gesicht sehen. Er weiß, dass er siegen muss – muss, denn wochenlang läuft er schon von Fabrik zu Fabrik, ohne bisher einen Verkauf getätigt zu haben. Die ganze Erbärmlichkeit eines Proletendaseins hat er schon durchkostet. Tag für Tag hat er die Maschine vorgeführt, Zehntausende Mark hat sie geschluckt und wieder gehorsam ausgespien, aber nie blieb für ihn eine Mark Verdienst. Er ist am Ende seiner Kraft, nur jetzt nicht versagen. Heute, heute muss er im Wettlauf ums Brot siegen.
Weiter geht das Rennen. Die Maschine entfaltet ihre volle Leistung. Schon hat sie den Vorsprung der zwanzig Hände eingeholt … dann 10 … 20 … 30 … 50 mehr. Mit zusammengepressten Lippen kämpfen die Mädel um jeden Sekundenvorsprung. Nur nicht schwach werden, schneller fliegen die Tüten. Hände und Augen sind längst zur Einheit geworden.
Plötzlich mischt sich in den Rhythmus eine Dissonanz, eine Tüte entfällt einer Hand – Geldstücke rollen in weitem Bogen über den Tisch. Eine tiefe Mutlosigkeit weicht der impulsiven Empörung über das Ungeschick.
Die Knöpfe der Maschine haben ein höhnisches Grinsen, sie ahnen, das ist der Zusammenbruch, jetzt sind sie Sieger.
Rrrrrrr machen die Federn – scharf fallen die Hebel, wie Messer in lebendes Fleisch.
Tief befriedigt brummt der Motor über die sich mit minutiöser Exaktheit füllenden Tüten.
Ganz unmittelbar ereignet sich etwas, das man als blöde Banalität bezeichnen könnte, wenn es sich um eine erdachte Geschichte handeln würde.
Die Maschine spie einfach kein Geld mehr in die Tüten.
Der Arbeiter brüllte einen fürchterlichen Fluch, der niemandem zum Bewusstsein kam.
Erst als der Motor stand, merkten die anderen, dass etwas Besonderes passiert war. Hier bot ihnen irgendeine Schraube oder Feder, die sich gelockert hatte, eine Chance. Vorbei war die Tendenz, den Kampf aufzugeben, und während der Arbeiter mit den Händen in das Eingeweide der Maschine griff, flogen die gefüllten Lohnbeutel immer schneller auf die Zahlbretter.
Glockenzeichen. Mittagspause.
Zum Teufel damit, wer hatte Zeit, ans Essen zu denken, wo jede Minute eine Rettung sein kann? Die Differenz war schon ausgeglichen. Die Stoppuhren der Kommission gaben das Tempo an. Hundert Tüten Vorsprung, immer

noch lief die Maschine nicht – hoffentlich für immer – nein, zehn Minuten würden genügen. Mitten in den Hoffnungswunsch sprang der Motor an, Knöpfe und Hebel klirrten in verbissenem Ernst, der Endkampf hatte begonnen. Niemand hörte mehr die Zahlenangaben der Kontrolle. An beiden Plätzen lag nur noch ein kleiner Teil leerer Beutel.
Ruckzuck flogen die Hände, tackklapp machte die Maschine. Jetzt ein Aufschrei. Die letzte Tüte war durch zwanzig Hände geflogen, das Rennen um das Brot war zu Ende.
Zehn Augenpaare, die stundenlang nur auf Tüten, Zahlen, Geld geblickt hatten, starrten auf die Maschine. Eine Ewigkeit lang schauten sie so, aber es waren in Wirklichkeit nur Sekunden – acht kurze Sekunden, um die der Automat später fertig war. Aus ganz weiter Ferne hörten sie jemanden sagen: „Kommen Sie in einigen Wochen wieder, wenn die Maschine defektlos funktioniert, dann werden wir sie kaufen."
Ein hysterisch schriller Schrei und noch einer sprang durch den Saal. Die Spannung – der Sieg um acht Sekunden – brachte die Auslösung. Ein paar andere fingen an zu weinen. Langsam ging der Arbeiter aus dem Saal. Seine Hoffnung auf Brot, seine leisen Wünsche, ein paar Tage Geld in der Tasche zu haben, sind zerschlagen. Mit hasserfüllten Augen schauen die Mädchen auf die Maschine, die jetzt still in der Ecke steht. Ein Gedanke bohrt sich in alle Köpfe. Wenn man den Automaten zerschlagen würde, dann könnte man der Gefahr entgehen, in ein paar Wochen entlassen zu werden. Sie stehen dicht vor der Maschine. Im gebogenen Lackpanzer spiegeln sich verzerrt die Gesichter. Hände heben sich, Fäuste stoßen zwischen die Hebel und Knöpfe und prallen wirkungslos zurück.
Beschämt schaut eine die andere an. Sie fühlen, das ist nicht die richtige Methode, den Feind zu schlagen. Etwas anderes muss es sein, wo sie nicht allein, sondern mit allen andern in Fabrik und Büro, im gewaltigen Rhythmus vereinter Kraft die Maschinen hier und überall nicht gegen, sondern für die Arbeiter in Bewegung setzen.

1 Diskutiert, ob der Titel „Der Wettlauf ums Brot" zu der Erzählung passt.

2 a) Sucht Textstellen, die die Einstellung und Perspektive des Erzählers erkennen lassen.
b) Welche Funktion haben die Tempuswechsel?

3 Ein Journalist/eine Journalistin der 30er-Jahre interviewt den Apparate-Vertreter. Bereitet die beiden Rollen vor und führt das Interview durch.

4 Schreibt eine Reportage über die soziale Lage der Mädchen im Lohnbüro.

Bertolt Brecht

Der Arbeitsplatz oder Im Schweiße deines Angesichts sollst du kein Brot essen

Auch Brechts Erzählung stammt aus der Zeit der Wirtschaftskrise zwischen dem Ersten und Zweiten Weltkrieg.

In den Jahrzehnten nach dem Weltkrieg wurde die allgemeine Arbeitslosigkeit und die Bedrückung der unteren Schichten immer größer. Ein Vorfall, der sich in der Stadt Mainz zutrug, zeigt besser als alle Friedensverträge, Geschichtsbücher und Statistiken den barbarischen Zustand, in welchen die Unfähigkeit, ihre Wirtschaft anders als durch Gewalt und Ausbeutung in Gang zu halten, die großen europäischen Länder geworfen hatte. Eines Tages im Jahre 1927 erhielt die Familie Hausmann in Breslau, bestehend aus Mann, Frau und zwei kleinen Kindern, in dürftigsten Verhältnissen, den Brief eines früheren Arbeitskollegen des Hausmann, in dem er seinen Arbeitsplatz anbot, einen Vertrauensposten, den er wegen einer kleinen Erbschaft in Brooklyn aufgeben wollte. Der Brief versetzte die Familie, die durch dreijährige Arbeitslosigkeit an den Rand der Verzweiflung gebracht war, in fieberhafte Aufregung. Der Mann erhob sich sofort von seinem Krankenlager – er lag an einer Rippenfellentzündung –, hieß die Frau das Nötigste in einen alten Koffer und mehrere Schachteln packen, nahm die Kinder an die Hand, bestimmte die Art, wie die Frau den jämmerlichen Haushalt auflösen sollte, und begab sich trotz seines geschwächten Zustands auf den Bahnhof. (Er hoffte, durch das Mitbringen der Kinder für den Kollegen auf alle Fälle gleich eine vollendete Tatsache zu schaffen.) Mit hohem Fieber völlig apathisch im Bahnabteil hockend, war er froh, daß eine junge Mitreisende, entlassene Hausangestellte, auf der Fahrt nach Berlin, die ihn für einen Witwer hielt, sich seiner Kinder annahm, ihnen auch Kleinigkeiten kaufte, die sie sogar aus eigener Tasche bezahlte. In Berlin wurde seine Verfassung so übel, daß er, nahezu bewußtlos, in ein Krankenhaus geschafft werden mußte. Dort starb er fünf Stunden später. Die Hausangestellte, eine gewisse Leidner, hatte, diesen Umstand nicht voraussehend, die Kinder nicht weggegeben, sondern sie mit zu sich in ein billiges Absteigequartier genommen. Sie hatte für sie und den Gestorbenen allerhand Auslagen gehabt, auch dauerten sie die hilflosen Würmer, und so fuhr sie, ein wenig kopflos, denn es wäre zweifellos besser gewesen, die zurückgebliebene Frau Hausmann zu benachrichtigen und herkommen zu lassen, noch am selben Abend mit den Kindern zurück nach Breslau. Die Hausmann nahm die Nachricht mit jener schrecklichen Stumpfheit auf, welche dem jedes normalen Ganges seiner Verhältnisse Entwöhnten manchmal aneignet. Einen Tag lang, den nächsten, beschäftigten sich die beiden Frauen mit dem Ankauf einiger billiger Trauerartikel auf Abzahlung. Gleichzeitig betrieben sie die Auflösung des Haushaltes weiter, welche jetzt doch jeden Sinn verloren hatte. In leeren Zimmern stehend, mit Schachteln und Koffern beladen, verfiel die Frau knapp vor der Abreise auf einen ungeheuerlichen Gedanken. Der Arbeitsplatz, den sie zusammen mit dem Mann verloren hatte, war keine Minute aus ihrem armen Kopf verschwunden. Es kam alles darauf an, ihn, koste es, was es wolle, zu retten: solch ein Angebot des Schicksals war nicht ein zweites Mal zu erwarten. Der Plan, auf den sie im letzten Moment zur Rettung dieses Arbeitsplatzes verfiel, war nicht abenteuerlicher, als ihre Lage verzweifelt war: sie wollte anstelle ihres Mannes und als Mann den Wächterposten in der Fabrik, um den es sich handelte, einnehmen. Noch kaum mit sich einig, riß sie sich die schwarzen Fetzen vom Leibe, holte vor den Augen der Kinder aus einem der mit Bindfaden umschnürten Koffer den Sonntagsanzug ihres Mannes und zog ihn sich ungeschickt an, wobei ihr ihre neu gewonnene Freundin, die beinahe augenblicklich alles verstanden hatte, schon half. So fuhr in dem Zug nach Mainz, ein erneuter Vorstoß in der Richtung des verheißenen Arbeitsplatzes, eine neue Familie, aus nicht mehr Köpfen wie bisher bestehend. So treten in die Lücken durch feindliches Feuer gelichteter Bataillone frische Rekruten.

Der Termin, zu dem der jetzige Besitzer des Arbeitsplatzes sein Schiff in Hamburg erreichen muß, gestattet es den Frauen nicht, in Berlin auszusteigen und an der Beerdigung des Hausmann teilzunehmen. Während er ohne Geleite

aus dem Krankenhaus geschafft wird, um in die Grube gelegt zu werden, macht seine Frau in seinen Kleidern, seine Papiere in der Tasche, an der Seite seines einstmaligen Kollegen, mit dem eine rasche Verständigung erfolgt ist, den Gang in die Fabrik. Sie hat einen weiteren Tag in der Wohnung des Kollegen damit verbracht, unermüdlich vor diesem und ihrer Freundin – all dies geschah übrigens nach wie vor unter den Augen der Kinder – Gang, Sitzen und Essen sowie die Sprechweise eines Mannes einzuüben. Wenig Zeit liegt zwischen dem Augenblick, in dem Hausmann die Grube empfängt, und dem Augenblick, wo der ihm verheißene Arbeitsplatz besetzt wird.

Durch eine Verkettung von Verhängnis und Glück wieder in das Leben, das heißt die Produktion, zurückgebracht, führten die beiden Frauen als Herr und Frau Hausmann zusammen mit den Kindern ihr neues Leben in der umsichtigsten und ordentlichsten Weise. Der Beruf des Wächters einer großen Fabrik stellte nicht unerhebliche Anforderungen. Die nächtlichen Rundgänge durch die Fabrikhöfe, Maschinenhallen und Lagerräume verlangten Zuverlässigkeit und Mut, Eigenschaften, die seit jeher *männliche* genannt werden. Daß die Hausmann diesen Anforderungen gerecht wurde – sie erhielt sogar einmal, als sie einen Dieb ergriffen und unschädlich gemacht hatte (einen armen Teufel, der hatte Holz stehlen wollen), eine öffentliche Anerkennung der Fabrikdirektion –, beweist, daß Mut, Körperkraft, Besonnenheit schlechthin von jedem, Mann oder Weib, geliefert werden können, der auf den betreffenden Erwerb angewiesen ist. In wenigen Tagen wurde die Frau zum Mann, wie der Mann im Laufe der Jahrtausende zum Manne wurde: durch den Produktionsprozeß.

Es vergingen vier Jahre, während derer die allgemeine Arbeitslosigkeit ringsum zunahm, verhältnismäßig sicher für die kleine Familie, deren Kinder heranwuchsen. Das häusliche Leben der Hausmanns erweckte so lange keinerlei Argwohn der Nachbarschaft. Dann mußte aber ein Zwischenfall in Ordnung gebracht werden. Bei den Hausmanns saß gegen Abend oft der Portier des Mietshauses. Es wurde zu dritt Karten gespielt. „Der Wächter" saß dabei breit, in Hemdsärmeln, den Bierkrug vor sich (ein Bild, das nachmals von den illustrierten Zeitungen in großer Aufmachung gebracht wurde). Dann ging der Wächter zum Dienst, und der Portier blieb bei der jungen Frau sitzen. Vertraulichkeiten konnten nicht ausbleiben. Sei es nun, daß die Leidner bei einer solchen Gelegenheit aus der Schule schwatzte, sei es, daß der Portier den Wächter beim Umziehen durch eine offen gelassene Türspalte sah, jedenfalls hatten die Hausmanns mit ihm von einem bestimmten Zeitpunkt an einige Schwierigkeiten, indem sie dem Trinker, dem sein Amt außer der Wohnung wenig einbrachte, finanzielle Zuwendungen machen mußten. Besonders schwierig wurde die Lage, als die Nachbarn auf die Besuche des Haase – so hieß der Mann – in der Hausmannschen Wohnung aufmerksam wurden und auch der Umstand, daß die „Frau Hausmann" öfter Speisereste und Flaschenbier in die Portierloge brachte, in der Nachbarschaft diskutiert wurde. Das Gerücht von der Gleichgültigkeit des Wächters ehrenrührigen Vorgängen in seiner Wohnung gegenüber drang sogar bis in die Fabrik und erschütterte dort zeitweilig das Vertrauen in ihn. Die drei waren gezwungen, nach außen hin einen Bruch ihrer Freundschaft vorzutäuschen. Jedoch dauerte die Ausbeutung der zwei Frauen durch den Portier natürlich nicht nur fort, sondern nahm sogar immer größere Ausmaße an. Ein Unglücksfall in der Fabrik machte dem Ganzen ein Ende und brachte die ungeheuerliche Begebenheit ans Tageslicht.

Bei einer nächtlichen Kesselexplosion wurde der Wächter verletzt, nicht schwer, aber doch so, daß er ohnmächtig vom Platz getragen wurde. Als die Hausmann wieder erwachte, fand sie sich in der Frauenklinik. Nichts könnte ihr Entsetzen beschreiben. An Bein und Rücken verwundet und bandagiert, von Übelkeit geschüttelt, aber tödlicheren Schrecken als nur den über eine nicht übersehbare Verwundung in den Knochen, schleppte sie sich durch den Saal noch schlafender kranker Weiber und ins Zimmer der Oberin. Bevor diese zu Wort kommen konnte – sie war noch beim Anziehen, und der falsche Wächter mußte groteskerweise erst eine angewöhnte Scheu überwinden, zu einer halb bekleideten Frau ins Zimmer zu treten, was doch nur der Geschlechtsgenossin erlaubt ist –, überschüttete die Hausmann sie mit Beschwörungen, doch ja nicht der Direktion über den fatalen Tatbestand Mitteilung zukommen zu lassen. Nicht ohne Mitleid gestand die Oberin der Verzweifelten, die zweimal in Ohnmacht fiel, aber auf der Fortführung der Aussprache bestand, daß die Papiere bereits an die Fabrik gegangen seien. Sie verschwieg ihr, wie die unglaubliche Geschichte lauffeuerartig durch die Stadt sich verbreitet hatte.

Das Krankenhaus verließ die Hausmann in Männerkleidern. Sie kam vormittags nach Haus, und von mittags an sammelte sich auf dem Flur des Hauses und auf dem Pflaster dem Haus gegenüber das ganze Viertel und wartete auf den falschen Mann. Abends holte die Polizei die Unglückliche ins Polizeigewahrsam, um dem Ärgernis ein Ende zu machen. Sie stieg immer noch in Männerkleidern in das Auto. Sie hatte keine andern mehr. Um ihren Arbeitsplatz kämpfte sie noch vom Polizeigewahrsam aus, natürlich ohne Erfolg. Er wurde an einen der Ungezählten vergeben, die auf Lücken warten und zwischen den Beinen jenes Organ tragen, das auf ihrem Geburtsschein angezeigt ist. Die Hausmann, die sich nicht vorwerfen mußte, irgend etwas unversucht gelassen zu haben, soll noch einige Zeit als Kellnerin in einem Vorstadtlokal zwischen Fotos, die sie in Hemdsärmeln, Karten spielend und Bier trinkend, als Wächter zeigten und zum Teil erst *nach* der Entlarvung gestellt worden waren, den Kegelspielern als Monstrum gegolten haben. Dann verschwand sie wohl endgültig wieder in der Millionenarmee derer, die eines bescheidenen Broterwerbs wegen gezwungen sind, sich ganz oder stückweise oder gegenseitig zum Kauf anzubieten, Jahrhunderte alte Gewohnheiten, die schon beinahe wie ewige ausgesehen haben, innerhalb weniger Tage aufzugeben und, wie man sieht, sogar ihr Geschlecht zu wechseln, übrigens größtenteils ohne Erfolg, kurz, die verloren sind, und zwar, wenn man der herrschenden Meinung glauben will, endgültig. R

1 Gliedert die Geschichte in Sinnabschnitte und stellt das Geschehen chronologisch geordnet dar:

1924–1927 Arbeitslosigkeit der Familie
1927 Brief des Kollegen
...

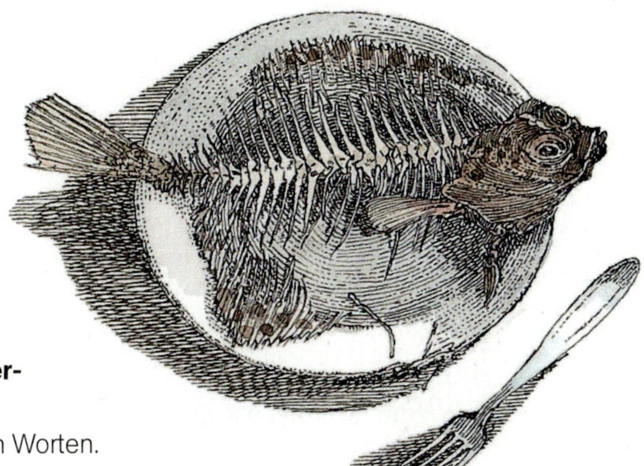

2 a) Sucht Textstellen, an denen die Einstellung des Erzählers zum Geschehen deutlich wird **(Erzählerkommentare).**
b) Beschreibt die Haltung des Erzählers mit eigenen Worten.

3 Vergleicht die Geschichte mit der von E. Steffen „Der Wettlauf ums Brot“ (S. 70–72).

4 Entwerft in Gruppen Rollenspiele zu Gesprächen, die der Erzähler nur erwähnt, aber nicht genauer darstellt:
- das Gespräch zwischen Frau Hausmann und der Leidner, in dem der Plan der beiden Frauen reift
- das Gespräch zwischen dem „Besitzer des Arbeitsplatzes“ und den Frauen in Mainz
- ein Gespräch zwischen dem Portier und den Frauen
- das Gespräch zwischen der Oberin und Frau Hausmann in der Frauenklinik
- ...

3.3 Jetzt wird's ernst – Bewerbung und Lebenslauf schreiben

Was ist wichtig bei einer Bewerbung? – Auskünfte aus Personalabteilungen

H. Krantz-TKT, Berg. Gladbach

Hersteller technischer Gebäudeausrüstung: Energie-, Luft-, Umwelttechnik; über 1 000 Mitarbeiter

WOLFGANG ECKES, Aus- und Weiterbildungsleiter:

Berufe:
Zentralheizungs- und Lüftungsbauer/in (ZLB),
Technische/r Zeichner/in (TZ),
Industriekauffrau/mann (IK)

1. Blick:
Befriedigende Schulnoten in berufsbezogenen Fächern, keine 5 in Deutsch. Technische Berufe: Befriedigend in Mathe/Physik; Lebenslauf handschriftlich. Lichtbild vom Fotografen.

Das Bewerbungsschreiben:
Im Anschreiben Berufswunsch erklären.

Der Test:
Es wird nur Schulwissen abgefragt. Gibt es schlechte Ergebnisse, weil der Schulstoff weit zurückliegt, fragen wir nach.
Aufsatz: **IK** sollten wenig Rechtschreibfehler machen. Bei **ZLB** ist das nicht ganz so wichtig. **ZLB**: Kleine Übung, die den Umgang mit Werkzeugen zeigt. Um festzustellen, ob jemand zwei linke Hände hat. **TZ:** Übung zum räumlichen Vorstellungsvermögen. Ein Objekt soll aus der Erinnerung gezeichnet werden.

DKV
Deutsche Krankenversicherung, Köln

Private Krankenversicherung; 6 545 Mitarbeiter; Voll- und Zusatzversicherungen

SONJA KÖNEMANN-RALSER, zuständig für die Einstellung von Azubis:

Beruf:
Versicherungskaufleute **(VK)** für Bewerber mit Fachober-, Fachhochschulreife, Abitur; gerne nehmen wir Bewerbungen von Haupt- und Realschülern entgegen.

1. Blick:
Ist die Bewerbung aussagefähig, vollständig? Die Noten in Deutsch und Mathematik sind wichtig. Wir sehen uns verschiedene Zeugnisse des Bewerbers an.
Denn: Es läuft nicht immer alles glatt.
Aber es sollte erklärt werden können.

Der Test:
Wichtig hier: Rechtschreibkenntnisse, sprachliches Ausdrucksvermögen und Konzentrationsfähigkeit. Nach dem Test informieren wir über die DKV und den Beruf, damit der Bewerber noch einmal überlegen kann, ob der Beruf das Richtige für ihn ist.

Das Gespräch:
30 bis 45 Minuten. Anwesend sind der Ausbilder und ein Mitarbeiter der Personalabteilung. Der Bewerber sollte erklären können, warum er diesen Beruf und dieses

Das Gespräch:
Ca. 20 Minuten. Entscheidend ist, ob der Bewerber zu uns passt und ob der Beruf im Bereich der Möglichkeiten des Bewerbers liegt. **IK** sollte Interesse an wirtschaftlichen Themen zeigen. Wir sprechen einen Arbeitsgang durch, um zu sehen, wie flexibel der Bewerber ist. Hat er eigene Ideen?

+
Vorstellungen vom Berufsbild.

–
Etwas auswendig lernen und nicht erklären können. Übertreibungen.
Wir kommen dem sehr schnell auf die Schliche.

Der Auftritt:
So kleiden, wie man gewöhnlich herumläuft. Verkleidung fällt in allen Extremen auf. Wir merken das.

Plus-Punkte:
Echtheit. Wir dürfen nicht das Gefühl haben, betrogen zu werden.

Minus-Punkte:
Provokante Kleidung. Aber Mädchen mit grünen Haaren, das ist kein Problem, solange das Gesamtbild stimmt.

Tipp:
Zu Hause in Ruhe überlegen, was wichtig ist. Fragen aufschreiben, damit in der Aufgeregtheit nichts vergessen wird.

Unternehmen gewählt hat, warum er welche Schule besucht hat.

+
Wenn der Bewerber Flexibilität erkennen lässt, etwas bewegen will. Oder wenn er schon Aufgaben für andere übernommen hat – als Klassensprecher oder im Verein. Das zeigt Leistungsbereitschaft.

–
Wenn die Unterlagen nicht mit dem übereinstimmen, was man sagt.

Der Auftritt:
Korrekte Kleidung. Das macht jeder anders. Einer kommt im Anzug, der andere in Jeans. Solange er ordentlich und sauber ist, ist das kein Problem.

Plus-Punkte:
Wenn im Gespräch Initiative gezeigt wird, der Bewerber eigene Fragen hat und gut informiert ist.

Minus-Punkte:
Wenn der Bewerber sehr unsicher wirkt, keinen Blickkontakt hält. Es gibt kaum Berufe, wo man sich in eine Ecke zurückziehen kann.

Tipp:
Eigeninitiative zeigen. Man sollte jede Möglichkeit nutzen, sich zu informieren. Bewerber sollten sich so früh wie möglich melden. Wir verschicken Info-Material.

1 a) Tauscht eure Einschätzungen dieser Auskünfte aus. Habt ihr Ähnliches erwartet, habt ihr anderes gehört?
b) Erkundigt euch, was in anderen Branchen verlangt wird.

2 Skizziert für einen der angesprochenen oder von euch erkundeten Berufe den „Idealbewerber"/die „Idealbewerberin". Fertigt hierzu in Gruppen Schaubilder an, in denen ihr eure Informationen geordnet darstellt.

Das Bewerbungsschreiben

Ob für einen Ausbildungs- oder einen Praktikumsplatz, das Bewerbungsschreiben ist immer so etwas wie eure Visitenkarte. Es bestimmt den ersten Eindruck, den man von euch gewinnt.
Daher muss es mit großer Sorgfalt und Sauberkeit erstellt werden und darf keine Fehler enthalten.
Das Anschreiben wird aufgebaut wie ein Geschäftsbrief:

Angelika Koch
Roncallistraße 55
53842 Rungsheim
Tel. (0 22 41) 1 23 45

Rungsheim, den 12.1.2003

Sulzbacher GmbH
Personalabteilung
z. Hd. Frau Müller
Weststraße 17–23

52344 Salzstetten

> Vollständige Anschrift des Betriebes, möglichst Ansprechpartner und Abteilung angeben.

Bewerbung um einen Ausbildungsplatz als Bürokauffrau

> Warum schreibst du diesen Brief?

Sehr geehrte Frau Müller,

beim Arbeitsamt in Köln habe ich erfahren, dass Ihre Firma auch in diesem Jahr Auszubildende einstellt. Ich möchte mich deshalb bei Ihnen um einen Ausbildungsplatz als Bürokauffrau bewerben.

> Um welchen Ausbildungsplatz bewirbst du dich? Korrekte Bezeichnung.

Zurzeit besuche ich die Heinrich-Böll-Schule in Rungsheim, die ich voraussichtlich im Juni 2003 mit der Fachoberschulreife verlassen werde.

> Der Arbeitgeber möchte wissen: Was machst du zurzeit? Wann verlässt du die Schule? Welchen Abschluss strebst du an?

Ich interessiere mich für einen kaufmännischen Beruf und arbeite deshalb auch ab und zu im Büro des Schlossereibetriebs meiner Eltern mit. Im Informationszentrum des Arbeitsamtes und bei einer Betriebserkundung mit den 10. Klassen unserer Schule konnte ich weitere Einblicke in die Aufgaben des von mir angestrebten Berufes erhalten.

> Hier müssen einige stichhaltige Gründe für deinen Ausbildungswunsch angegeben werden.

Ich würde mich freuen, wenn Sie mich zu einem Vorstellungsgespräch einladen würden.

Meinen Lebenslauf, eine Fotokopie des letzten Zeugnisses und ein Passfoto lege ich diesem Schreiben bei.

Mit freundlichen Grüßen

Angelika Koch

3 Anlagen

> Was fügst du diesem Brief bei?

1 Schreibt ein ähnliches Bewerbungsschreiben für einen Praktikumsplatz.

2 Überarbeitet eure Schreiben gegenseitig. Achtet auf Aussagekraft und korrekte äußere Form (siehe Checkliste auf S. 80).

3 Stellt eure Entwürfe vor. Begründet, welche Bewerbungsschreiben euch besonders angemessen erscheinen.

Der Lebenslauf

Ein Lebenslauf muss fehlerfrei und sorgfältig erstellt werden. In der Regel wird er in einer tabellarischen Form und maschinenschriftlich erwartet. Nur noch selten wird die handschriftliche Form ausdrücklich verlangt.

Lichtbild vom Fotografen, Name und Anschrift auf die Rückseite, leicht ankleben.

Lebenslauf

Persönliche Daten:	
Name:	Angelika Koch
Anschrift:	Roncallistraße 55 53842 Rungsheim
Geburtsdatum:	12.5.1987
Geburtsort:	Düsseldorf
Eltern:	Wilhelm Koch, Schlossermeister Ingeborg Koch, geb. Wenzel, kaufmännische Angestellte
Geschwister:	eine jüngere Schwester
Schulischer Werdegang:	
1993 bis 1997:	Grundschule Wolperather Straße, Wahldorf
1997 bis 2003:	Heinrich-Böll-Gymnasium, Rungsheim angestrebter Abschluss: Fachoberschulreife
Berufserfahrung:	
2002:	dreiwöchiges Schulpraktikum in der kaufmännischen Abteilung der Firma Meier, Köln
seit 2001:	Mitarbeit im Büro des elterlichen Betriebes
Sprachkenntnisse:	Englisch (Schulkenntnisse und Sommersprachkurs in London 2002) Französisch (Grundkenntnisse)
Weitere Qualifikationen:	
2002:	Schreibmaschine (Grundkurs der IHK)
seit 2001:	Jugendarbeit im Sportverein
Persönliche Interessen:	Volleyball, Computer, Lesen

Rungsheim, den 12.1.2003

Angelika Koch

Wie sind deine persönlichen Verhältnisse beschaffen?

Welche Schulen hast du besucht? Welche Abschlüsse hast du erreicht, welche strebst du an?

Besitzt du Erfahrungen in dem angestrebten Berufsfeld?

Über welche besonderen Kenntnisse verfügst du? Sprachkenntnisse? Soziales Engagement?

Welche persönlichen Interessen und Hobbys hast du?

Wichtig: Ort, Datum, Unterschrift.

1 Erstellt einen erfundenen und den eigenen Lebenslauf für einen bestimmten Ausbildungs- oder Praktikumsplatz.

2 Kontrolliert eure Entwürfe gegenseitig. Benutzt dazu die Checkliste auf S. 80.

Checkliste für Bewerbungsschreiben und Lebenslauf

Äußeres

- ☐ Weißes Papier, einseitig beschrieben, DIN A 4
- ☐ Ränder links und rechts (3 cm)
- ☐ Sauberkeit, keine Flecken usw.
- ☐ Zeugnisse und Nachweise neu und gut lesbar kopiert
- ☐ Alle Unterlagen in einem Klemmordner oder Schnellhefter in der Reihenfolge: Bewerbungsschreiben, Lebenslauf, Zeugniskopien
- ☐ Bewerbungsfoto (am besten vom Fotografen!)
- ☐ Großer Umschlag, ausreichend frankiert

Aufbau und Inhalt des Bewerbungsschreibens

- ☐ Anschreiben: Name, Adresse, Ort und Datum, Empfängeranschrift
- ☐ Bezugszeile: „Bewerbung zum …“ / „Ihr Angebot vom …“
- ☐ Anrede (wenn bekannt: zuständige Person in der Personalabteilung, sonst „Sehr geehrte Damen und Herren, …“)
- ☐ Text mit der Begründung, warum man für diese Stelle geeignet ist und warum man sich bei diesem Unternehmen bewirbt
- ☐ Übersichtliche Gliederung in Absätze
- ☐ Bitte um ein Vorstellungsgespräch
- ☐ Grußformel („Mit freundlichen Grüßen“)
- ☐ Unterschrift
- ☐ Anlagen

Sprachlicher Ausdruck

- ☐ Satzbau klar und abwechslungsreich
- ☐ Präzise und angemessene Formulierungen
- ☐ Unnötige Wiederholungen und Füllwörter vermieden

Vollständigkeit des Lebenslaufs

- ☐ Lückenloser Lebenslauf, in der Regel tabellarisch: persönliche Daten, Schulbildung, eventuell Praktika, Ferienjobs, Aushilfstätigkeiten
- ☐ Besondere Kenntnisse (Computer, außerschulische Kurse, Sprachkenntnisse, eventuell Hobbys)
- ☐ Ort, Datum, Unterschrift
- ☐ Foto rechts oben leicht angeklebt, Name und Adresse auf der Rückseite

Rechtschreibung

- ☐ Anredepronomen 3. Person Plural in allen Fällen großgeschrieben („Sie“/„Ihr“/„Ihnen“ …)
- ☐ Nomen und Nominalisierungen großgeschrieben
- ☐ Zusammen- und Getrenntschreibung im Wörterbuch (z. B. Duden) überprüft
- ☐ Fremdwörter im Wörterbuch oder Fremdwörterlexikon überprüft

Zeichensetzung

- ☐ Alle Sätze/Satzgefüge mit Punkt beendet
- ☐ Kommagrundregel 1 beachtet: Im Satzgefüge trennt das Komma Haupt- und Nebensätze.
- ☐ Kommagrundregel 2 beachtet: Bei einer Aufzählung trennt das Komma die einzelnen Glieder (Wörter, Wortgruppen, Sätze) voneinander, wenn sie nicht durch „und“ bzw. „oder“ verbunden sind.
- ☐ Kommagrundregel 3 beachtet: Das Komma trennt im Satz alles ab, was den normalen grammatischen Ablauf unterbricht (Einschübe, Voranstellungen, Nachträge).

Training: Einstellungstest

Anhand deiner Bewerbungsunterlagen kann sich der Ausbildungsbetrieb schon ein erstes Bild von deinen Fähigkeiten und Interessen bilden. Dennoch werden dich viele Firmen erst nach einem Test zu einem Vorstellungsgespräch einladen. Wenn du dich gründlich auf diesen Test vorbereitest, wirst du deine Chancen erheblich verbessern.
Zu fast allen Tests gehören neben Überprüfungen der Intelligenz und berufsbezogener Fähigkeiten auch solche, in denen Sprachbeherrschung und logisches Denken im Mittelpunkt stehen. Es empfiehlt sich, für Tests zu trainieren, damit man von der Art der Aufgabenstellung nicht zu sehr überrascht ist. Testtrainingsbücher kann man leihen oder kaufen, auch Banken, Sparkassen und Versicherungen bieten hierzu oft kostenloses Informationsmaterial. So erhaltet ihr eine Übersicht über die vielfältigen Testarten in allen Bereichen.
Einige Beispiele für Testaufgaben im sprachlichen Bereich zeigt die folgende Zusammenstellung.

1. Sechs Wörter sind vorgegeben.
Finde die beiden heraus, die einen gemeinsamen Oberbegriff haben.
a) *Ente Fliege Insekt Kuckuck Elefant Krokodil*
b) *Zeitung Kriminalität Inflation Bildungswesen Sachsen Rundfunk*
c) *Eis Ei Mehl Grieß Kuchen Sieb*
d) *Genuss Dose Luft Kiste Geld Himmel*

2. Jeweils nur eine Antwort ist richtig. Welche?

Wissen kann man ...
a) *fühlen*
b) *sich aneignen*
c) *versprechen*
d) *vermeiden*
e) *denken*

Verurteilt wird man, ...
a) *weil es Gesetze gibt*
b) *mit Paragraphen*
c) *aus Rache*
d) *wegen eines Vergehens*
e) *aus Vorsorge*

Verantwortung übernehmen bedeutet, ...
a) *von anderen kontrolliert zu werden*
b) *mit Geld umgehen zu können*
c) *die Konsequenzen für eigenes Handeln zu tragen*
d) *Notleidenden zu helfen*
e) *Konflikten aus dem Weg zu gehen*

3. Wörter ergänzen
Ein Beispiel: „Stuhl" verhält sich zu „Sessel" wie „Bank" zu „Couch".
a) *„Öl" verhält sich zu „Benzin" wie „Erz" zu (Stollen/Stahl/Koks/Abraum).*
b) *„Minister" verhält sich zu „Regierung" wie „Abgeordneter" zu (Partei/Bundespräsident/Koalition/Parlament).*
c) *„Delphine" verhält sich zu „Säugetiere" wie „Ameisen" zu (Vögel/Tiere/Insekten/Reptilien).*
d) *„Silbe" verhält sich zu „Wort" wie „Wort" zu (Absatz/Satz/Zeile/Punkt).*

4. Rechtschreibverwirrung – Schreibung schwieriger Wörter
Die folgenden Wörter sind teilweise richtig, teilweise aber falsch geschrieben.
Markiere die falschen (jeweils 30 Sekunden Zeit für eine Aufgabe).
Höherer Schwierigkeitsgrad: Korrigiere die falschen (gleiche Zeitvorgabe).
a) *Rhetorik – Gallerie – Methusahlem – Karikatur – Wiederstand – Präferenz – Etape – Aerodynamik – Hallogenlampe – Matratze*
b) *Mobs – Sequenz – Fanthasie – Latenzperiode – Matriarchiat – Apathie – Dezimalwaage – Rhythmus – Hyroglyphen – Skitze*

Diese Testaufgaben werden öfter auch in der Form von Wortpaaren gestellt, bei denen das richtig geschriebene Wort zu unterstreichen ist:

abspuhlen – abspulen
Krawatte – Kravatte
Autopsie – Autobsie
achzig – achtzig
Barock – Barok
aprubt – abrupt
Zenit – Zenith
appellieren – apelieren
krotesk – grotesk
Polyklinik – Poliklinik

5. Groß- und Kleinschreibung – Welche Schreibweise ist korrekt? (2 Minuten Zeit)

a) *Der Vertrag wurde für null und nichtig erklärt.*
b) *Der Vertrag wurde für Null und nichtig erklärt.*
c) *Der Vertrag wurde für Null-und-Nichtig erklärt.*
d) *Der Vertrag wurde für null und Nichtig erklärt.*

a) *Das Hotel bleibt auch Samstag und Sonntags geöffnet.*
b) *Das Hotel bleibt auch samstag und sonntags geöffnet.*
c) *Das Hotel bleibt auch Samstag und sonntags geöffnet.*
d) *Das Hotel bleibt auch samstag und Sonntags geöffnet.*

a) *kleine sorgen machen viele Worte, große sind stumm.*
b) *Kleine Sorgen machen viele Worte, Große sind stumm.*
c) *Kleine sorgen machen viele Worte, große sind stumm.*
d) *Kleine Sorgen machen viele Worte, große sind stumm.*

6. Zeichensetzung

Hier werden Sätze vorgelegt, in die an markierten Stellen ein Komma eingesetzt werden kann. Wenn deiner Meinung nach kein Komma an diese Stelle gehört, ist eine 0 einzutragen.
Beispiel: *Ich meine ( ) dass wir uns ( ) gut verstehen werden.*
Lösung: *Ich meine (,) dass wir uns (0) gut verstehen werden.*

a) *Für eine schnelle Abwicklung ( ) wäre ich Ihnen sehr dankbar.*
b) *Daher ist Beerenobst hervorragend für Mixgetränke ( ) Marmeladen und Fruchtnektare geeignet.*
c) *Tante Paula hatte ( ) wie sie stets versicherte ( ) noch mit 90 kein graues Haar.*
d) *Von Seiten der Geschäftsführung ( ) war niemand ( ) noch nicht einmal der Direktor ( ) dazu in der Lage ( ) das Fehlen ( ) der Papiere zu erklären.*
e) *Er redete ( ) und redete.*
f) *Sie stiegen in ihren Wagen ( ) und fuhren los.*

7. Buchstabensalat –
Welche Wörter kann man aus den folgenden Buchstabenkombinationen bilden?

a) *SHAU*
b) *RUAF*
c) *ANEKN*
d) *FEFA*

1 a) Führt die Tests auf einer Kopie durch.
b) Vergleicht eure Ergebnisse und nutzt in Zweifelsfällen Nachschlagewerke (Lexika, Wörterbücher). Hinweise zu Rechtschreibung und Zeichensetzung findet ihr auch im Orientierungswissen (S. 317–320).

2 Erstellt selbst nach diesem Muster Testaufgaben und löst sie gegenseitig.

3 Besorgt euch in Bibliotheken oder direkt bei großen Unternehmen weiteres Testmaterial.

Das Bewerbungsgespräch

Bewerbungsgespräche dienen dazu, in die engere Wahl gekommene Bewerberinnen und Bewerber persönlich kennen zu lernen. Der hier gewonnene Eindruck ist oft entscheidend für eine Zusage. Jedes Gespräch verläuft anders, dennoch gibt es bestimmte Leitlinien. Man sollte

- sich vorher über die Firma umfassend informieren,
- pünktlich und ausgeruht ankommen,
- Kopien der Bewerbungsunterlagen mitnehmen,
- Kleidung tragen, in der man sich wohl fühlt und ansprechend aussieht,
- freundlich sein,
- einen ruhigen und entspannten Eindruck machen (gerade Haltung, ruhige Hände usw.),
- nachfragen, wenn man etwas nicht verstanden hat,
- eigene, vorbereitete Fragen stellen, Initiative zeigen,
- vorbereitet sein auf Fragen aus den Bereichen:
  - Persönlichkeit und Selbsteinschätzung,
  - Schule (Lieblingsfächer, Leistungsschwächen),
  - berufliche Ziele,
  - Freizeitbereich,
  - persönliche und familiäre Situation.

Die Bewerber/innen sollten vermitteln, dass sie von sich und ihren Fähigkeiten eine realistische Einschätzung haben.
Sie sollten auch ihre „wunden Punkte" kennen und erläutern können.
Sie sollten begründen können, warum sie sich auf diese Stelle bei dieser Firma bewerben.
Sie sollten in der Lage sein, selbstsicher und überzeugend ein Gespräch mit zu gestalten, und nicht nur einsilbige Antworten geben.

1 Trainiert die Situation des Bewerbungsgesprächs im **Rollenspiel:**

a) Entwerft anhand von Zeitungsanzeigen konkrete Bewerbungssituationen.
b) Entwickelt in Gruppen für ein fünfminütiges Gespräch Fragen, die ihr als Personalchef/in Bewerbern und Bewerberinnen stellen würdet.
c) Spielt in Kleingruppen das Gespräch durch, wobei jeweils eine/r als Bewerber/in und als Personalchef/in auftritt. Die Übrigen beobachten, inwieweit der Bewerber/die Bewerberin einen positiven Eindruck gemacht hat.
d) Tauscht eure Eindrücke über das Rollenspiel aus und wechselt die Rollen mehrfach.

2 Haltet nach Möglichkeit die Rollenspiele auf Video fest, damit die Spielenden ihr Verhalten selbst überprüfen können.

Der Praktikumsbericht

In vielen Schulen findet in den Klassen 9 oder 10 ein Berufspraktikum statt. In der Regel sollen die Erfahrungen, die Schülerinnen und Schüler dort machen, in Form einer Praktikumsmappe vorgestellt werden. Wie ein solcher Bericht aufgebaut sein kann, zeigt dieses Beispiel:

1 Mein Weg zum Betrieb

2 Allgemeines zum Betrieb
2.1 Name
2.2 Größe
2.3 Arbeitsbereich (Produktion, Dienstleistung, Versorgung)
2.4 Zusammenhänge mit anderen Betrieben (Zulieferer, Importe, Exporte ...)

3 Organisation und Weisungsordnung im Betrieb
3.1 Zusammensetzung der Mitarbeiter (weiblich/männlich, Angestellte/Arbeiter ...)
3.2 Auflistung aller im Betrieb vertretenen Berufe
3.3 Abteilungen des Betriebes
3.4 Weisungsordnung (eventuell nur des Bereiches, in dem dein Praktikum stattfand; Beispiel: Direktor – Betriebsleiter – Abteilungsleiter – Meister – Facharbeiter – angelernte Kräfte)
3.5 Möglichkeiten der Fort- und Weiterbildung im Betrieb

4 Allgemeines zur Arbeit im Betrieb, soziale Leistungen, Mitbestimmung
4.1 Arbeitszeiten
4.2 Unfallschutzmaßnahmen
4.3 Besondere soziale Leistungen

5 Mein Arbeitsplatz
5.1 Art des Arbeitsplatzes
5.2 Ausgeführte Tätigkeiten
5.2.1 Selbstständig ausgeführt
5.2.2 Unter Anleitung ausgeführt
5.3 Anforderungen des Arbeitsplatzes
5.4 Verlangter Bildungsabschluss
5.5 Dauer und Art der Ausbildung
5.6 Arbeitsplatzsituation
5.7 Möglichkeiten der weiteren Qualifizierung

6 Tagesberichte
(ein bis zwei Beschreibungen aller an einem Tag verrichteten Arbeiten)

7 Freizeit während des Praktikums
7.1 Beschreibung des persönlichen Befindens am Ende eines Arbeitstages
7.2 Folgen der „Berufstätigkeit" für deine Freizeitaktivitäten

8 Kritische Zusammenfassung der Praktikumserfahrungen
8.1 Erwartungen und ihre Erfüllung bzw. Nichterfüllung
8.2 Beurteilung der Erfahrungen (sinnvoll oder nicht) mit Begründung
8.3 Verbesserungsvorschläge

1 a) Besorgt euch Praktikumsberichte älterer Schülerinnen und Schüler eurer Schule und vergleicht sie mit der vorgeschlagenen Gliederung.
b) Beschreibt, was euch auffällt, was ihr für gelungen oder weniger gelungen haltet.

2 a) Befragt ältere Schülerinnen und Schüler nach ihren Erfahrungen
- mit der Suche einer Praktikumsstelle,
- mit dem Praktikum,
- mit dem Praktikumsbericht.
b) Berichtet von euren Ergebnissen und diskutiert, wie ihr diese Erfahrungen nutzen könnt.

3 a) Vergleicht die folgenden beiden Auszüge aus Tagesberichten im Hinblick auf Inhalt, Stil (Wortwahl, Satzbau) und Wirkung.
b) Bewertet die beiden Berichte und begründet eure Beurteilungskriterien.

1. Tagesbericht
Dienstag, 19. 1. 1999

Wie an jedem Praktikumstag begann meine Arbeitszeit um 6 Uhr. Nachdem ich an den ersten Tagen mit der Herstellung von Brötchen vertraut gemacht worden war, konnte ich heute schon Tätigkeiten, die zur Herstellung beitragen, ausführen.
Folgendermaßen könnte man den Arbeitsablauf beschreiben:
Der aus den Zutaten Weizenmehl, Malzmehl, Trinkwasser, Hefe und Salz bereitete Teig wurde von mir aus dem Kneter geworfen. Nun begann ich den Teig in Ballen abzuwiegen, die später rundgestoßen wurden. Nachdem der Teig einige Zeit geruht hatte – denn er braucht eine Reifezeit (Entwicklungsphase der Hefe und vieles andere mehr) –, wurde die Arbeit fortgesetzt.
Die abgewogenen und rundgestoßenen Teigballen wurden maschinell zu je 30 Teigstücken gepresst. Dieselbe Maschine formte in einem zweiten Arbeitsgang die gepressten Teigstücke zu runden Wirklingen. Diese wurden nun vom Pressteller auf Lochbleche gesetzt, die wiederum in Stikken gestapelt wurden.
Je nach Art der Brötchen wurden sie geschnitten, gestüpfelt oder mit Ölsaaten wie Sesam, Mohn und Leinsamen bestreut. Jetzt wurden die Stikken in den Gärverzögerer geschoben, weil diese Teiglinge erst am nächsten Tag gebacken werden sollten. Die Gärverzögerung erfolgt durch Abkühlen der Teiglinge auf unter 7 Grad Celsius. Denn bei diesen niedrigeren Temperaturen stellen die Hefepilze ihre Lebenstätigkeit ein, was aber nicht gleichbedeutend mit „Absterben" ist. Dieser eben beschriebene Vorgang der Brötchenherstellung wiederholte sich mit verschiedenen Teigarten.
Nach der Pause von 8 Uhr bis 8.30 Uhr half ich bei einer anderen Tätigkeit.
Der gesamte eben beschriebene Arbeitsablauf lässt sich ebenso mit einer Maschine durchführen. Die Maschine setzt die fertig gestellten Teiglinge auf große Dielen. Da aber ein großer Teil dieser Teiglinge erst in den Filialen gebacken wird, wurden sie von großen auf kleine Dielen gesetzt …

1. Tagesbericht

Ich glaube nicht, dass es auffiele, wenn ich einen dieser fingierten Tagesberichte schriebe, dessen zu beschreibende Tage angeblich angefüllt sind mit einer solchen Menge von anregenden und abwechslungsreichen Aufgaben, dass der Praktikant am Abend müde, aber befriedigt und voll gestilltem Enthusiasmus in sein Bett sinken kann, nach der angeblichen Erledigung von Aufgaben, die in Wirklichkeit die Tätigkeiten von zwei Wochen beinhalten.

Es tut mir wirklich Leid, nicht alle meine Tätigkeiten in diesen Berichten unterbringen zu können, andererseits bin ich froh, nicht einen jener Tage wählen zu müssen, an denen ich den ganzen Nachmittag gelesen habe, denn auch das kam vor. Also habe ich mich für den siebten Tag meines Praktikums entschieden …

Die Vertreter der Verlage besuchen einmal im Monat die Buchhandlungen, um neu erschienene Bücher vorzustellen und Bestellungen anzunehmen. Seltsamerweise kam gerade dieser Vertreter dem mir vor Augen stehenden Bild sehr nahe: Halbbrille, intelligentes Gesicht und ein eigentlich recht schäbiges Aktenköfferchen mit sich führend. Während Frau F. die nötigen Unterlagen holte, hatte ich einige Minuten Zeit, mich mit ihm zu unterhalten …

Obwohl manche Verlage den Buchhandlungen vor dem Besuch ihrer Vertreter eine Vorabausgabe schicken, gibt der Vertreter zu jedem Buch doch noch einmal den Inhalt mündlich wieder. Ein guter Vertreter muss versuchen, die ganze Atmosphäre des von ihm beschriebenen Buches in diesen kurzen Erzählabschnitt einzubringen und dem vor ihm liegenden Pappdeckel Leben zu verleihen. Er muss mit seiner Stimme spielen können, sollte sie bei einer Liebesgeschichte sanft, einem Thriller leise und vibrierend und bei einem Kinderbuch fröhlich klingen lassen. Er sollte mit seiner Stimme bei der Sortimentsleiterin dieselbe Wirkung erzielen, die das Buch am Ende auch beim Leser erwecken möchte – denn schließlich ist sein oberstes Ziel – und auch das des Verlages –, dieses Buch zu verkaufen, und zwar in so vielen Exemplaren wie möglich …

4 Verwandlungen – Kreatives Schreiben zu Bildern und Texten

4.1 Bilder werden lebendig

Salvador Dalí: „Sklavenmarkt mit unsichtbarer Büste Voltaires“ (1940, Öl auf Leinwand, 46,5 x 65,5 cm)

Salvador Dalí (geb. 1904 in Figueras bei Barcelona, gest. ebd. 1989): spanischer Maler, Grafiker und Filmemacher des Surrealismus. Dalí malte oft Motive, die uns in Träumen begegnen, und so genannte Vexierbilder, in denen eine bildliche Darstellung bei genauem Betrachten in eine andere kippt. Solche fantastischen Bilder nennt man „surrealistisch“ (überwirklich). Voltaire (1694–1778) war ein französischer Schriftsteller und Philosoph der Aufklärung.

1 a) Seht euch das Bild genau an: Welche Personen und Gegenstände fallen euch auf?
b) Beschreibt die Personen im Bild: Beachtet zunächst ihre Größe und ihre Stellung im Raum zueinander, dann ihre Kleidung, zuletzt ihre Gesten und Blickrichtungen.
c) Tauscht eure Beobachtungen aus.
d) Welche Schwierigkeiten gibt es bei dem Versuch, das Bild zu beschreiben?

Die Frau im linken Vordergrund sieht zwei seltsam gekleidete Frauen aus der Ruine auf sich zukommen, sie denkt: ... Plötzlich aber verwandeln sich die beiden Figuren in eine Porträtbüste, die vor ihr auf dem Tisch steht und sie in ein Gespräch verwickelt: ... Mitten in der Unterhaltung melden sich die beiden Frauen wieder zu Wort: ... Das lässt sich das Gesicht nicht lange gefallen, unvermittelt mischt es sich wieder ein: ...

2 Füllt die Lücken aus und setzt die merkwürdige Unterhaltung der Bildfiguren (S. 87) fort, indem ihr deren Gefühle und Vorhaben äußert und ihre Beziehung zueinander erklärt.

Text-Bild-Collagen: Ungewöhnliche Kombinationen malen und schreiben

Text und Bild – schreiben und malen: Deutsch und Kunst sind zwei Fächer, in denen eure Fantasien und Ideen in unterschiedlicher Weise Ausdruck finden können. Vielleicht kann euer kreatives Schreiben vom Kunstunterricht begleitet werden.

Milan Kunc: „Unter der Weide"
(1985, Öl auf Leinwand, 120 x 110 cm)

Milan Kunc: „Welch ein Zufall!"
(1985, Öl auf Leinwand, 150 x 120 cm)

Milan Kunc (geb. 1944 in Prag, lebt und arbeitet in Köln und New York) ist Mitglied der Künstlervereinigung „Gruppe Normal", die in Art und Weise der so genannten naiven Malerei humorvolle, kritisch-satirische Bilder malt.

1 a) Gestalte die Kopie eines Porträtfotos von dir (bei Passbildern mindestens vierfache Vergrößerung) durch Übermalen in eine Landschaft um. Teile deines Gesichts sollen dabei noch erkennbar bleiben. Du kannst deine Vorlage dazu umdrehen oder auf die Seite kippen. Vielleicht wird aus einem Auge ein See, aus Haaren ein Wald ... Lasse dich von den Bildern Milan Kuncs zu eigenen Ideen anregen.

b) Schreibe deine Gedanken als Landschaftsmensch auf: *Als ich mich in eine Landschaft verwandelte ...* Schildere die Stimmung so genau, als beobachtetest du mit allen Sinnen, was um dich herum geschieht: Was siehst du, was hörst du, was riechst und fühlst du?

c) Sind deine Empfindungen so formuliert, dass deine Zuhörer eindringlich nachempfinden können, was dich ganz persönlich beeindruckt? Tauscht eure Texte aus und notiert Vorschläge für eine Überarbeitung: Welche Adjektive, Vergleiche, Verben lassen sich gegen treffendere austauschen?
d) Füge dein Bild und den verbesserten Text zu einer Text-Bild-Collage zusammen. Vielleicht kannst du deine Schrift der Wirkung des Bildes anpassen (in sanften Wellen, stürmisch gezackt ...).

2 a) Notiert eure ersten Eindrücke zu Magrittes Bild in einer **Mind-Map:** Schreibt, ohne lange nachzudenken, auf ein großes Blatt, was euch zu dem Bild einfällt. Verbindet eure Einfälle, die inhaltlich etwas miteinander zu tun haben, mit Linien, sodass ein Netz entsteht. Ein solches Ideennetz hilft euch, alle wichtigen Einfälle zum Bild ins Bewusstsein zu holen und so Gefühle, Wünsche, Vorstellungen, Erinnerungen für das kreative Schreiben verfügbar zu machen.
b) Unterstreicht die wichtigsten Wörter in der Mind-Map.

3 Arbeitet abwechselnd an folgenden Aufgaben, damit ihr beim Malen Ideen für das Schreiben entwickeln könnt und umgekehrt:
a) Ergänzt Magrittes Figur malerisch. Dazu könnt ihr eine Fotokopie des Bildes auf ein Blatt Zeichenpapier kleben und es so in eure eigene Bildgestaltung integrieren.
b) Gebt eurer Figur einen Namen. Schreibt nun eine Geschichte zu eurem Bild, in der ihr eine Episode aus dem Leben der Figur erzählt. Die unterstrichenen Wörter aus der Mind-Map sollen in der Geschichte vorkommen.

René Magritte: „Die unendliche Bewegung“ (Ausschnitt, 1934, Öl auf Leinwand, 54 x 73 cm)

René Magritte (geb. 1898 in Lessines, gest. 1967 in Brüssel): belgischer Maler des Surrealismus. Magritte verrätselt in seinen Bildern Alltägliches durch unerwartete Kombinationen. Vertraute Dinge werden in Beziehungen zueinander gesetzt, die in der Wirklichkeit nicht vorkommen, oder verwandeln ihre Oberfläche in ein fremdes Material. Die Bildtitel unterstreichen die absurde Wirkung.

Tipps für den Erzählaufbau und die Überarbeitung

- Überlegt die **Reihenfolge** der notierten Ideen (z. B. Spannungsaufbau: Komplikation, Verdichtung der Handlung auf dem Höhepunkt, Auflösung).
- Achtet auf die Abwechslung von **erzählenden** Passagen (z. B. spannende Erlebnisse) und **beschreibenden** Teilen (Gedanken und Gefühle, äußere Umstände).
- Wählt eine **Erzählperspektive,** die den Lesern/Leserinnen das Erzählte nahe rückt: Erzählt z. B. in der Ich-Perspektive Ereignisse aus dem Vorleben der Person.
- Schildert **anschaulich,** um eine eindringliche Atmosphäre zu schaffen: Wählt treffende Verben, Adjektive und Vergleiche.
- Nutzt die Wirkung von **Schlüsselwörtern** und **Leitmotiven** durch Wiederholungen.

Tauscht eure Texte zur gegenseitigen Überarbeitung aus und besprecht in zwei Schritten:

- **Inhalt** und **Struktur** der Erzählung: Ist die thematische Entfaltung der Geschichte nachvollziehbar? Sind fantastische Elemente spannend eingesetzt?
- **Sprachliche Feinheiten:** Ist der Erzählstil durchgängig? Gibt es wirkungsvollere Alternativen zu den Kernwörtern?

Den Alltag verlassen: Automatisches Schreiben

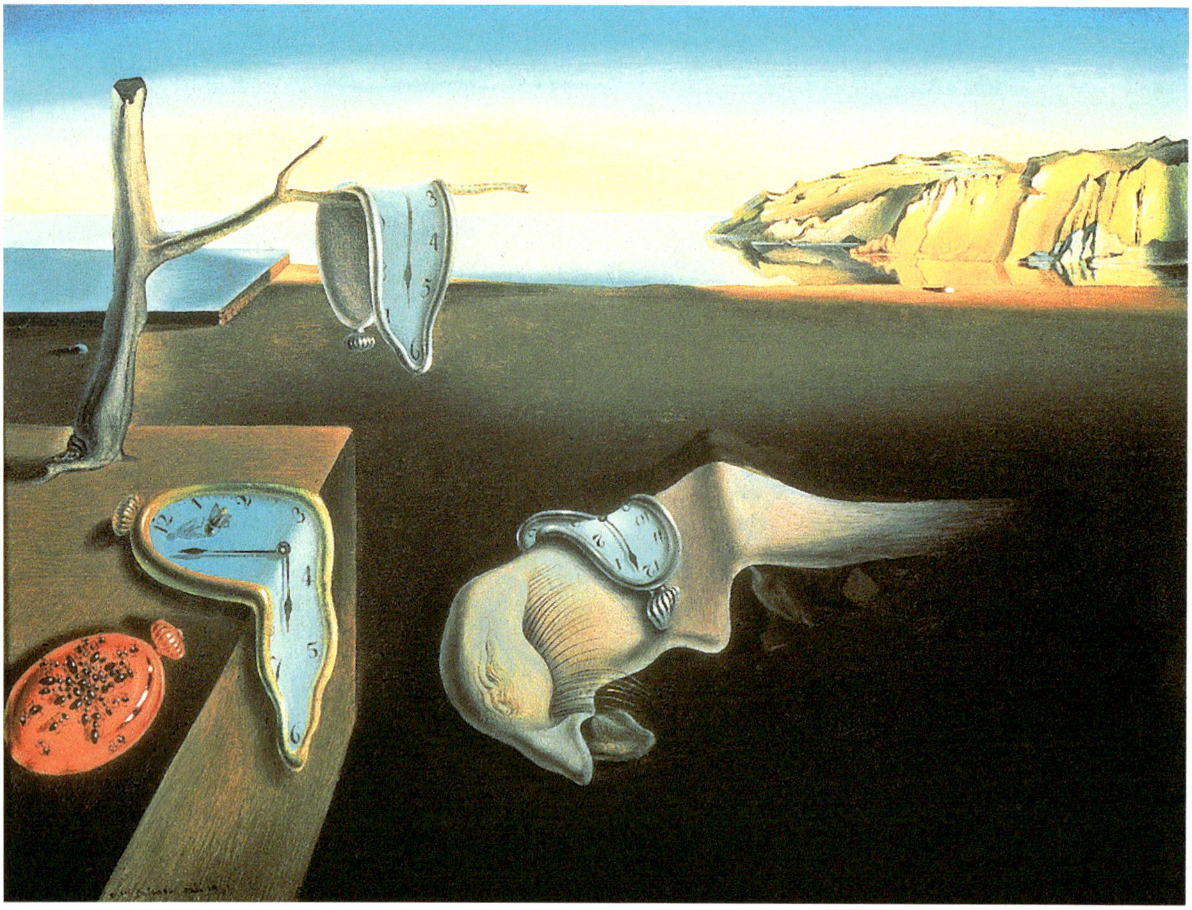

Salvador Dalí: „Die Beständigkeit der Erinnerung oder Die zerrinnende Zeit“ (1931, Öl auf Leinwand, 24 x 33 cm)

1 Suche dir einen ruhigen Ort und setze dich bequem hin. Lege dir ein Blatt Papier und einen Stift bereit. Nun sieh dir das Bild an und versuche, alles um dich herum zu vergessen.
Stell dir vor, du könntest den Bildraum betreten. Gehe eine Weile in der Landschaft auf und ab. Sieh dir dabei alle Dinge genau an. Setze dich schließlich an eine Stelle im Bild auf den Boden und beginne, deine Gedanken aufzuschreiben.
Versuche, ohne den Stift abzusetzen und ohne über das Geschriebene nachzudenken, zehn Minuten durchzuschreiben. Du kannst dabei ruhig sprunghaft Wörter aneinander reihen, ohne auf den Satzbau zu achten – Punkt und Komma können fehlen. Lass aber viel Platz am Rand und zwischen den Zeilen.
Wenn dir nichts mehr einfällt, die Gedanken nicht mehr fließen, setze die Schreibbewegung fort, indem du Kringel auf das Papier zeichnest. Sehr schnell werden aus den Kringeln wieder Wörter …

2 Tauscht euch über eure Erfahrungen beim Schreiben aus. Vergleicht diese Art zu schreiben mit euren bisherigen Schreiberfahrungen in Schule und Freizeit.

3 Lest eure Texte noch einmal durch. Wer möchte, kann seinen Text oder einen Teil daraus vortragen.

4 Sprecht darüber, was euch an dem Bild am meisten beeindruckt und zum Schreiben angeregt hat.

Das Verfahren, ohne Unterbrechung Gedanken aufzuschreiben, nennt man **automatisches Schreiben.** Künstler wie Dalí, die Surrealisten, haben diese Methode genutzt, um Ideen für ihre Bilder zu sammeln. Sie begeisterten sich für den Traum, das Unbewusste, das Rätselhafte, das Zufällige und die Verwandlung. Sie versuchen, den Einfluss der eigenen Vernunft, die das Formulieren von Gedanken beim Schreiben kontrolliert, auszuschalten, um an Unbewusstes zu gelangen. Ihr Ziel war, nicht nur das Denken ins Fantastische zu steigern, sondern auch den Blick auf die Dinge zu erweitern. „Schön wie die Begegnung eines Regenschirms und einer Nähmaschine auf dem Seziertisch" (so der französische Dichter Lautréamont) sollten ihre Bilder sein.

5 a) Sucht ähnlich absurde Kombinationen in euren Texten.
b) Seht euch noch einmal gemeinsam Dalís Bild an: Durch welche ungewöhnlichen Bildmotive erzeugt er die traumartige Atmosphäre?

6 Sicherlich ist nicht jeder mit seinem Text oder mit Passagen daraus zufrieden. Andererseits gibt es aber auch Stellen mit ungewöhnlichen Ideen und gelungenen Formulierungen. Du kannst deinen Text als Rohmaterial für eine verbesserte Fassung verwenden. Nutze dabei die folgenden Tipps und lass dich von den Schülerbeispielen auf S. 92/93 anregen.

Tipps zur Überarbeitung kreativer Texte

- Unterstreiche zunächst Wörter oder Wortgruppen, die dir wichtig sind.
- Streiche Unwesentliches oder Entbehrliches, damit sich deine Gedanken verdichten.
- Arbeite nun nach Möglichkeit am Computer oder auf neuem Papier: Schreibe zu deinen Schlüsselwörtern zusätzliche Sätze oder stelle Satzteile um; füge einzelne neue Wörter ein (alternative Wörter kannst du z. B. im Synonymlexikon finden oder indem du Wortfelder bildest).
- Setze Absätze, wenn ein neuer Gedanke folgt.
- Experimentiere mit der Reihenfolge der Abschnitte. Dazu kannst du dein Blatt zerschneiden und neu sortieren. Formuliere Verbindungssätze für die Übergänge.
- Wesentliche Passagen kannst du durch die Form der Schrift und die Anordnung der Textblöcke zum Ausdruck bringen. Schlüsselwörter lassen sich z. B. durch eine andere Farbe hervorheben oder am Computer durch Fettdruck.
- Finde eine Überschrift.
- Die Rechtschreibung solltest du am Schluss korrigieren.

Beim Überarbeiten ist die Distanz zum Text so notwendig wie das Abstandnehmen beim Malen. Schwächen sind oft erst aus der Leserperspektive erkennbar. Deshalb solltet ihr Kleingruppen bilden, in denen ihr gemeinsam eure Textüberarbeitung fortsetzt:

- Jede/r markiert durch Kreise und Ziffern im fremden Text, wozu sie/er etwas bemerken möchte.
- Am Rand oder auf einem anderen Blatt werden nun zur entsprechenden Stelle unter den Ziffern Fragen, Ergänzungen, Kommentare geschrieben.
- Anschließend erhält jede/r die Notizen der anderen zum eigenen Text und kann auswählen, welche Vorschläge sie/er bei der Überarbeitung berücksichtigt.
- Nach der Überarbeitung könnt ihr Texte auswählen und sie der Klasse vortragen.
- Ein Tipp: Sammelt die besten Texte für ein gemeinsames Buchprojekt!

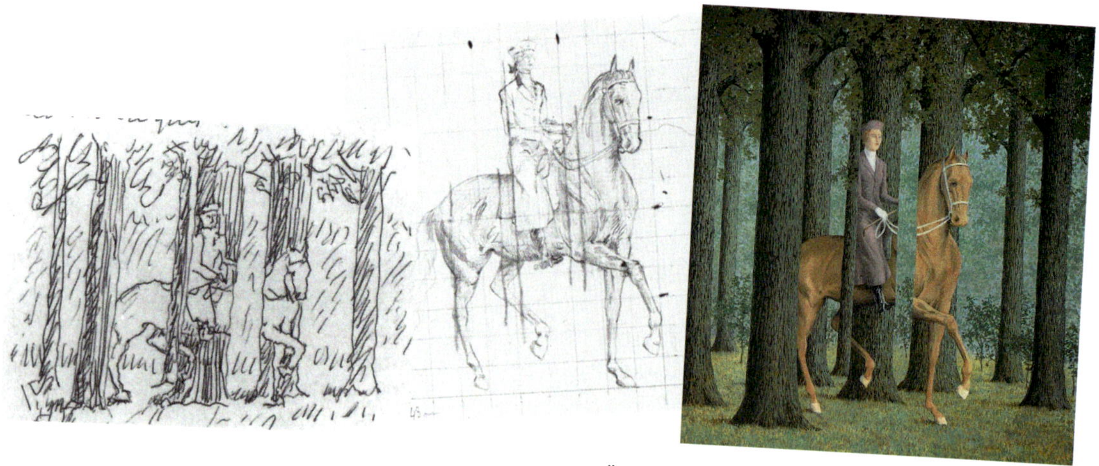

Auch Bilder entwickeln sich in mehreren Überarbeitungsprozessen:
René Magritte: Ideenskizze, Vorzeichnung und ausgeführtes Ölgemälde „Die Blanko-Vollmacht“ (1965)

Beispiel für einen Überarbeitungsprozess: In einem ihrer automatisch geschriebenen Texte zu Dalís Bild haben Schüler/innen gemeinsam Stellen gekennzeichnet, die überarbeitet werden könnten. Danach hat die Autorin die Endfassung erstellt.

(1) Ich habe ja kaum noch Fantasie llllll ich weiß nicht was ich schreiben soll
llll (2) tic tac tic tac llll diese Welt der Zeit unendlich llll geht immer weiter alles
ist zeitlos uferlos lllllll Wüste. Nur ein kahler Baum. Gebirge in der Ferne.
(3) Gelbe Hitze flimmert. llllll Die Zeit fließt. (4) Die Zeit zieht sich hin, als ob auch
sie in der Hitze zerfließt. (4) Sie steht still. (5) Da liegt etwas, was ist es?? Ich kann es nicht
erkennen sieht aus wie ein Auge mit Wimpern darauf auch eine Uhr, zerflossen.
(6) Symbolisieren die Uhren Zeit? Ich glaube es, so viel Zeit. Viel zu viel Zeit und sie zieht
sich hin, zieht sich bis in die Ferne. Dort ins Blau llll tic tac tic tac llll (7) Ist das da
vor dem Gebirge ein See? oder Luftspiegelung? orientierungslos lllll (8) Man bekommt
Durst in der Hitze, zerfließt fast wie die Uhren, blaue Uhren – (9) blaue Zeit. Hin zum
Wasser! Hitze flimmert. Hoffentlich ist es auch Wasser? Oh nein, es ist nur eine Täuschung.!
(10) lllll Was mache ich jetzt? Die vielen Uhren irritieren mich. Sie ticken und schreien.
(11) Die Uhren schreien: Deine Zeit läuft ab ab ab ab, ich stolpere, ich falle, bleibe liegen.
(12) Bleibe ich auch stehen wie die Uhren? llllllllllllllllllllllll Tic tac tic tac Eine stehen
gebliebene Uhr könnte von einem gestorbenen Menschen sein. Eine, die neu anfängt zu
laufen, könnte von einem gerade geborenen Menschen sein. Ich überlege die ganze Zeit,

(1) streichen
(2) gut! hervorheben!
(3) schöne Metapher!
(4) Widerspruch?
(5) streichen
(6) streichen
(7) (8) streichen
(9) schöne Metapher!
(10) streichen
(11) streichen
(12) wichtig!? hervorheben!

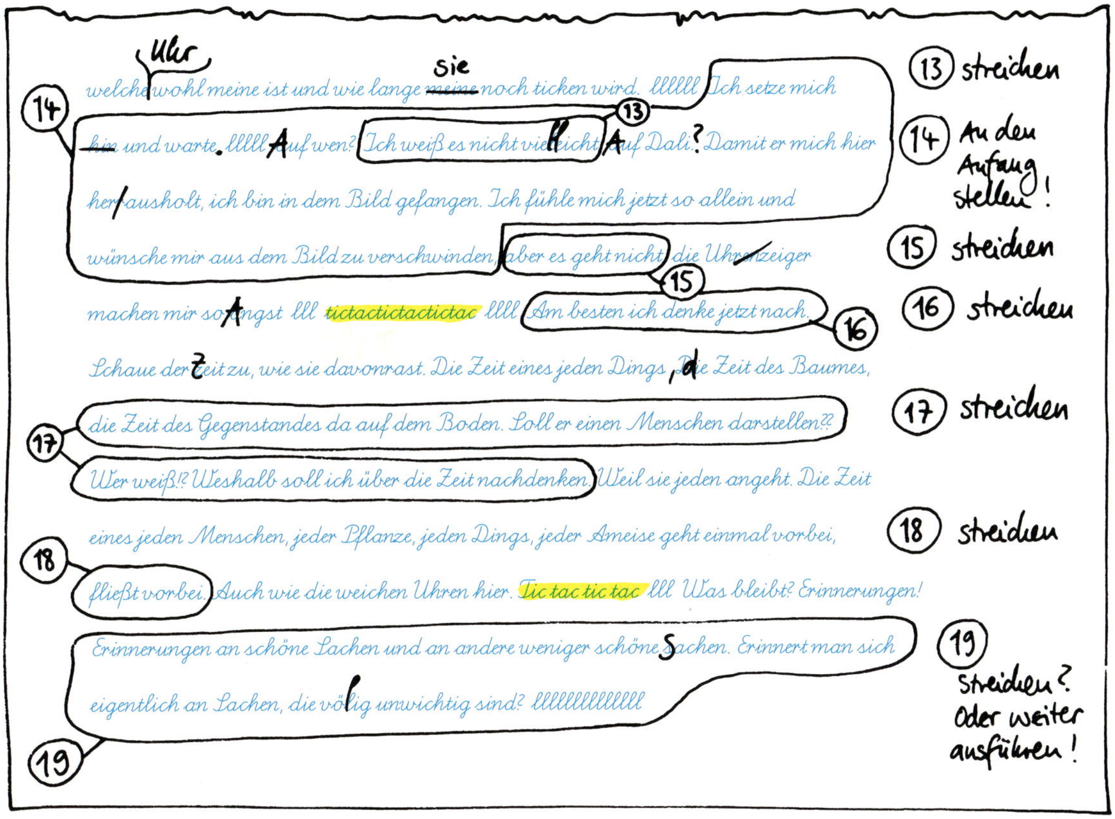
Uhr
welche wohl meine ist und wie lange ~~meine~~ sie noch ticken wird. llllll Ich setze mich ~~hin~~ und warte. lllll Auf wen? Ich weiß es nicht vielleicht Auf Dali.? Damit er mich hier herausholt, ich bin in dem Bild gefangen. Ich fühle mich jetzt so allein und wünsche mir aus dem Bild zu verschwinden aber es geht nicht die Uhrenzeiger machen mir so Angst lll tictactictactictac llll Am besten ich denke jetzt nach. Schaue der Zeit zu, wie sie davonrast. Die Zeit eines jeden Dings, die Zeit des Baumes, die Zeit des Gegenstandes da auf dem Boden. Soll er einen Menschen darstellen?? Wer weiß!? Weshalb soll ich über die Zeit nachdenken Weil sie jeden angeht. Die Zeit eines jeden Menschen, jeder Pflanze, jeden Dings, jeder Ameise geht einmal vorbei, fließt vorbei. Auch wie die weichen Uhren hier. Tic tac tic tac lll Was bleibt? Erinnerungen! Erinnerungen an schöne Sachen und an andere weniger schöne Sachen. Erinnert man sich eigentlich an Sachen, die völig unwichtig sind? llllllllllll

(13) streichen
(14) An den Anfang stellen!
(15) streichen
(16) streichen
(17) streichen
(18) streichen
(19) streichen? Oder weiter ausführen!

Blaue Zeit

Tick tack. Tick tack.
Diese Welt der Zeit ist unendlich, ihre Wüste dehnt sich uferlos. Gelbe Hitze flimmert im fernen Gebirge. Ein kahler Baum, allein. Ich setze mich und warte. Auf wen? Auf Dalí? Damit er mich hier herausholt? Ich bin in seinem Bild gefangen. Allein. Ich wünsche mir, aus dem Bild zu verschwinden.
Hitze flimmert. Durst. Ich zerschmelze fast wie die blauen Uhren, wie die Zeit. Die blaue Zeit. Wasser! Luftspiegelung? Wasser? Täuschung!
Orientierungslos, endlos, zeitlos. Die Zeit fließt. Sie zieht sich hin, als ob auch sie in der Hitze zergeht. Dann steht sie still. So viel Zeit. Viel zu viel Zeit. Blaue Zeit, die sich hinzieht ins Blau der Ferne.
Tick tack. Tick tack.
Die Uhren ticken und schreien.
Tick tack! Tick tack!
Deine Zeit läuft ab ab ab ab! Ich stolpere, ich falle, bleibe liegen, bleibe stehen?
Eine stehen gebliebene Uhr: ein verstorbener Mensch. Eine Uhr, die neu anfängt: ein gerade geborener Mensch. Welche Uhr ist wohl meine, und wie lange wird sie noch ticken?
Die rasenden Uhrzeiger machen mir Angst.
Ticktackticktackticktack.
Ich hetze der Zeit nach. Sie rast davon! Die Zeit eines Dings, die Zeit eines Baumes, die Zeit einer Ameise, die Zeit eines Menschen.
Die Zeit geht jeden an: Die Uhr eines jeden Menschen, jeder Ameise, eines jeden Baumes, eines jeden Dings läuft einmal ab.
Tick tack. Tick tack.
Was bleibt?
Erinnerungen!

Befremdender Alltag: Vorgeschichten erfinden und Dialoge entwerfen

Dorothea Tanning: „Familienporträt" (1954, Öl auf Leinwand, 100 x 79 cm)
Dorothea Tanning (geb. 1910 in Galesburg, USA): amerikanische Malerin des Surrealismus. Tanning vermischt in ihren Bildern Alltagserfahrungen und Fantasien zu manchmal beklemmenden Traumvisionen.

1 a) Gebt jeder Bildfigur einen Namen und notiert, was sie denkt.
b) Lasst die Figuren in ein Gespräch miteinander treten.
c) Erzählt die Vorgeschichte, die zu dieser Situation geführt haben könnte.
d) Überarbeitet eure Texte mit Hilfe der Tipps auf Seite 91.

2 Vergleicht eure Geschichten mit dem Bild von Dorothea Tanning: Welche künstlerischen Ideen der Malerin erscheinen euch besonders bedeutungsvoll für die Wirkung der dargestellten Situation?

Überraschende Ereignisse: Gewohnte Strukturen verändern

René Magritte: „Der tollkühne Schläfer“ (1927, Öl auf Leinwand, 74 x 98 cm)

1 Lest euch in das Bild von Magritte hinein. Nehmt euch Zeit, alle Einzelheiten genau zu erfassen.

2 a) Legt einen Bogen Transparentpapier so über das Bild (S. 95), dass er nicht verrutschen kann. Bezeichnet nun alle Elemente des Bildes an der Stelle, an der sie durchscheinen, mit einem Kommentar: Schreibt für jeden Gegenstand in Stichworten mögliche zurückliegende oder noch bevorstehende Ereignisse auf, die sie in eine Verbindung mit der Figur bringen.
b) Betrachtet euer Wortmaterial unabhängig vom Bild und entwickelt mindestens fünf Sätze zu jedem Ereignisbereich.
c) Denkt euch eine Verknüpfung der Ereignisse aus, mit der ihr diese zu einer Handlung verbindet.
d) Experimentiert mit überraschenden Abfolgen der Ereignisse, indem ihr die Reihenfolge ändert.

3 Erzählt nun zum Bild eure Geschichte: *„Der Traum des Tollkühnen“.*

4 Überarbeitet eure Texte mit Hilfe der Tipps auf Seite 91.

Übungen für absurde Erzählhandlungen

Verkehrter Alltag
Gerade bei fantastischen Geschichten sind Erzählabsicht und -wirkung wichtiger als der gewohnte Handlungsaufbau. Welche Wirkung entsteht z. B., wenn ihr die Abfolge eines Vorgangs verkehrt und eine Beschreibung vom Ende her beginnt?
Versucht es mit einer einfachen Alltagshandlung wie dem Frühstück:
Nachdem ich das Haus verlassen habe, räume ich meinen Teller in die Spülmaschine. Dann sammle ich die letzten Krümel vom Teller auf. Anschließend beiße ich herzhaft in mein Brötchen hinein ...

Schock im Alltag
Notiert euch Stichworte zu einer kurzen Alltagshandlung (z. B. Busfahrt zur Schule). Ersetzt nun eines der Grundelemente „Personen“, „Ort“, „Zeit“, „Handlung“ unvermittelt durch ein fantastisches Element:
Letzten Montag, als ich zur Schule fuhr, öffnete der Bus an der vorletzten Haltestelle wie üblich seine Tür und Massen von Schülern strömten in sein Inneres. Wie jeden Morgen stoppte der Bus auch an der nächsten Straßenkreuzung und die Fahrgäste öffneten ihre Münder. In die aufgesperrten Mäuler strömten die Busse, um dort hin und her zu fahren ...

Geschichten mit absurd-logischer Ursache-Wirkung-Folge
Jede/r schreibt drei voneinander unabhängige Handlungselemente auf einzelne Karten, z. B.: *In der Handtasche wurden Obstschalen entdeckt. / T. vergaß am Morgen, die Fenster zu schließen. / Auf der Baustelle stürzte ein Baukran um.*
Anschließend werden die Karten gemischt und jede/r erhält drei neue. Diese sollen zunächst verdeckt untereinander gelegt werden. Nach dem Aufdecken müssen die Ereignisse in ihrer zufälligen Reihenfolge als eine Kettenreaktion in einen Zusammenhang gebracht werden:
Weil T. am Morgen vergaß, die Fenster zu schließen, stürzte der Baukran ...

Ungewöhnliche Wortkombinationen
Betrachtet gemeinsam ein ausgewähltes Bild. Jeder erhält drei grüne und drei rote Karten. Auf die grünen wird je ein Adjektiv zum Bild notiert und auf die roten je ein Nomen. Alle Karten werden eingesammelt, gemischt und verdeckt wieder ausgeteilt. Noch verdeckt legt nun jeder links drei grüne und rechts drei rote Karten untereinander. In dieser Zufallslage werden die Karten aufgedeckt. So entstehen ungewöhnliche Wortpaare, die in einen kurzen Text über das Bild eingebaut werden sollen.

Texte verdichten: Zeilen umbrechen

Maurits Cornelis Escher: „Metamorphose III" (Ausschnitt, 1967/68, Holzschnitt, insgesamt 192 x 680 cm)

M. C. Escher (geb. 1898 in Leeuwarden, gest. 1972 in Hilversum): niederländischer Grafiker, der in vexierbildhaften Landschaften durch fließende Übergänge eine Realität in die andere wandelt.

1 Betrachtet das Bild und verfolgt genau den Weg, den die schwarzen Vögel vom linken Bildrand an nehmen. Stellt euch vor, ihr habt euch in einen der Vögel verwandelt und fliegt in einem dichten Schwarm über eine Landschaft auf das Meer zu. Plötzlich kommen euch andere Vögel entgegen …

2 Schreibt auf, wie ihr – euch verwandelnd – das Bild von links nach rechts durchlauft. Schildert euren jeweiligen Zustand und formuliert vor jeder Verwandlung euren Wunsch nach Veränderung.

3 Tauscht eure Texte untereinander aus und unterstreicht die Stellen im fremden Text, die für euch die stärkste Aussagekraft besitzen.

4 a) Streicht nun in euren eigenen Texten alle entbehrlichen Füllwörter (nicht die unterstrichenen Stellen!). Von dem ursprünglichen Text soll nur wenig Wortmaterial übrig bleiben.
b) Schreibt nun die erste Zeile auf ein neues Blatt. Sie sollte nur aus einigen Wörtern bestehen und ein Schlüsselwort enthalten. Nun folgt darunter die nächste Zeile …
c) Nachdem ihr euren Text in Zeilen umbrochen habt, könnt ihr mit weiteren sprachlichen Umstellungen experimentieren (Weglassen, Umstellen, Ergänzen von Wörtern).

Ähnlichkeiten entdecken: Dinge vermenschlichen

Konrad Klapheck: „Der Spaßvogel"
(1974, Öl auf Leinwand, 110 x 85 cm)

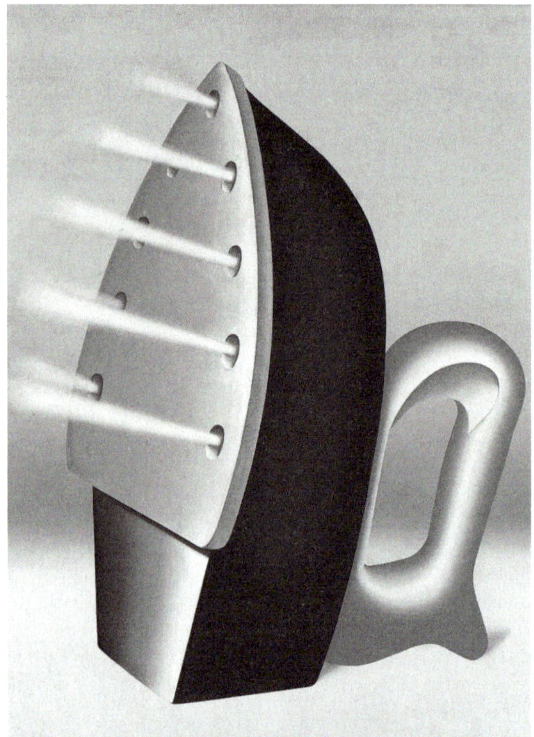

Konrad Klapheck: „Die Schwiegermutter"
(1967, Öl auf Leinwand, 100 x 85 cm)

Konrad Klapheck (geb. 1935 in Düsseldorf): deutscher Maler des so genannten Magischen Realismus. Klapheck verfremdet in seinen Bildern uns allen vertraute technische Geräte. Indem er sie aus ihrer gewohnten Umgebung isoliert und mit einem Titel versieht, gewinnen die Dinge menschliche Züge.

1 a) Stellt eine Verbindung zwischen den dargestellten Gegenständen und den Titeln her: Welches typische menschliche Verhalten zeigt Klapheck in den Bildern?
b) Was ist passiert, dass eine „Schwiegermutter" zu einem Bügeleisen wurde, und wie konnte sich ein „Spaßvogel" in einen Ventilator verwandeln? Schreibt komische Geschichten.

2 a) Sucht euch zwei möglichst einfache alltägliche Gegenstände, denen man menschliches Verhalten zuschreiben könnte (z. B. Lichtschalter, Tube, Korkenzieher).
b) Lasst sie in einen Dialog miteinander treten, in dem sie sich einander vorstellen.
c) Bringt die Gegenstände mit, wenn ihr eure Texte vortragt. Eventuell lässt sich mit ihnen eine kleine Aufführung auf dem Tisch gestalten.

3 a) Fragt in kleinen Gruppen reihum: „Was wäre ich z. B. als … Musikinstrument, Tier, Haushaltsgerät …?" Notiert alle Ideen, die sich die anderen zu euch ausdenken, und wählt anschießend eine aus.
b) Verfasst eine kurze Geschichte: *Ich als …*
Nutzt folgende Anregungen: *Mein Anblick löst bei anderen folgendes Gefühl aus: …*
Ich habe diese Farbe: …
Ich habe täglich mit diesen Personen zu tun: …
Am liebsten verbringe ich den Tag mit …
Morgen werde ich …

Konrad Klapheck: „Schicksale“ (1973, Öl auf Leinwand, 100 x 70 cm)

4 a) Stellt eine Verbindung zwischen Bild und Titel her: Von welchen Schicksalen erzählt das Bild?
b) Seht euch das Bild genau an: Wie gelingt es dem Künstler, das „Schicksal“ der einzelnen Schlüssel sichtbar werden zu lassen?
c) Verfasst kurze Geschichten, in denen ihr euren Alltag als ein besonderer Schlüssel schildert: *Ich als Safe-/Schubladen-/Auto-/Schulschlüssel ...*

Bernhard J. Blume: „Der Eigenwille in der Natur" (Polaroids)

Bernhard Johannes Blume (geb. 1937 in Dortmund, lebt und arbeitet mit seiner Frau Anna Blume in Köln): In witzigen Fotoserien, die wie Schnappschüsse wirken, werden die Tücken des Alltags dargestellt. Häufig machen sich in kleinbürgerlichem Haushalt Alltagsgegenstände selbstständig und stellen die „heile Welt" in Frage.

5 Erzählt eine spannende Geschichte, die durch Bernhard Blumes Fotoserie illustriert werden könnte.

6 Überarbeitet eure Texte zu vermenschlichten Gegenständen mit Hilfe der Tipps auf Seite 91.

4.2 Verwandlungen – literarisch gestaltet

Auch unsre eigenen Leiber verwandeln sich stets ohne jeden
Stillstand: Morgen werden wir nicht mehr sein, was wir heute
Sind und gestern gewesen. (*Ovid: „Metamorphosen"*)

Ovid

Metamorphosen

In den Jahren um Christi Geburt schrieb der römische Dichter Ovid (Publius Ovidius Naso, 43 v. Chr. – ca. 17 n. Chr.) die „Metamorphosen" (Verwandlungen). In diesen Verwandlungssagen aus der griechischen und römischen Mythologie ist die Natur beseelt. Zwischen den einzelnen Erscheinungen bestehen keine festen Grenzen; Verwandlungen von einer Gestalt in die andere sind möglich. Vor allem die Götter vermögen es, aus eigener Kraft ihr Wesen zu ändern und sich z. B. in Pflanzen oder Tiere zu verwandeln.
Ovid berichtet in den „Metamorphosen" von den Göttern Deucalion und Pyrrha, die als Einzige eine alles vernichtende Flut überlebt haben. Durch Steinwürfe lösen sie die Entstehung neuer Menschen aus:

Und sie gehn, verhüllen das Haupt, entgürten die Kleider,
Alsdann entsenden sie hinter sich Steine, wie ihnen befohlen.
Siehe – wer sollte es glauben, wenn nicht das Alter der Sage
Es verbürgte? – die Steine verlieren die Härte und Starrheit,
Langsam werden sie weich und nehmen allmählich Gestalt an.
Bald wie sie wachsen, wie ihnen ganz sacht ein milderes Wesen
Wird verliehen, da kann man noch unscharf, aber doch sichtlich
Menschengestalten erblicken: Sie gleichen den rohen Gebilden,
Welche, aus Marmor begonnen, noch ohne Vollendung geblieben.
Was an den Steinen zuvor durch irgend verborgene Säfte
Feucht und erdig gewesen, geht über in fleischige Teile;
Aber was hart ist und nicht zu biegen, erscheint nun als Knochen;
Was soeben noch Ader gewesen, bleibt fürderhin Ader.
Und so wurden in kürzester Frist nach dem Willen der Götter
Die von den Händen des Mannes geworfenen Steine zu Männern,
Und aus den Würfen des Weibes erwuchsen wiederum Weiber.
Darum sind wir ein hartes Geschlecht, das der Mühen gewohnt ist,
Und wir bekunden noch deutlich den Stoff, aus dem wir entstanden.

Richard Long: „Touchstones – Schutz vor dem Sturm" (Island, 1982)

Richard Long (geb. 1945 in Bristol, England): Vertreter der so genannten Land Art. Long ordnet Materialien, die er in der Natur vorfindet, zu abstrakten Formen (Kreise, Linien). Diese Zeichen in der Landschaft sind zwar künstlerisch angelegt, sie unterliegen aber auch den Kräften der Natur, die sie durch Witterung zu verändern vermag.

Christoph Ransmayr

Die letzte Welt

Christoph Ransmayr (geb. 1954) hat den Roman „Die letzte Welt" (1991) über den aus Rom verbannten Dichter Ovid geschrieben. In dem Roman berichtet das Mädchen Echo von Ovids Erzählungen. Auch dort erleben Deucalion und Pyrrha die Verwandlung von Steinen in Menschen:

Deucalion, der sich seiner Erschöpfung überlassen hatte und eingeschlafen war, schreckte erst nach hundert oder mehr Steinwürfen hoch und war mit einem Schlag hellwach, als er in einer trüben Lache einen eben geworfenen Kiesel in den Schlamm gebettet sah, einen faustgroßen Brocken, der aber nicht tot und reglos blieb, sondern, zur Hälfte aus dem Wasser ragend, von einer unsichtbaren Kraft gestoßen, über den weichen Grund rollte, sich wälzte, *bewegte* und auf seiner verschlungenen Bahn an Umfang zunahm wie die Schneekugel auf einem Abhang; aus seiner Schlammkruste, einer Schwarte, trieben Borsten hervor, Beulen, Tentakel[1], die zu zappelnden Beinchen wurden, Armen, Händen, die ins Leere griffen – und wuchsen.
Pyrrha, die Deucalions Grauen bemerkt hatte und seinem Blick gefolgt war, starrte nun auch auf das Schauspiel im Tümpel und erstickte mit ihrer schlammigen Hand einen Schrei, als sie erkannte, daß der Stein nach und nach die Gestalt eines Menschen annahm, einer zusammengekauerten Frau, die sich nun langsam aufrichtete. Als wollte sie diese Erscheinung mit Steinwürfen unter den Wasserspiegel zurücktreiben, verscheuchen oder zerschlagen, griff Pyrrha in ihrem Entsetzen mit beiden Händen in den Schlamm und warf Kiesel, groben Sand und Schotter nach der aufwachsenden Frau, und Deucalion, von der gleichen Panik erfaßt wie seine Geliebte, tat es ihr nach. Die Tümpel schäumten von niederprasselnden Geschossen. Das Gespenst aber wich nicht zurück, zersprang nicht und löste sich nicht auf, sondern wuchs, bis es an Größe den beiden letzten Menschen gleich war. Und dann nahm der Schrecken zu. Denn die Händevoll Kiesel und Steine, die in flachem Bogen ins Wasser fielen oder vom nackten Körper dieser Frau abglitten und versanken, verloren nun allesamt ihre Leblosigkeit und Starre und rollten und wälzten sich allesamt durch den Schlamm und wuchsen unter Mänteln aus Schlick und Lehm, die schließlich aufsprangen wie die Schalen eines Geleges.
Und Menschen erhoben sich aus dem Morast; aus jedem Tümpel eine Schar. Die von Pyrrha geschleuderten Kiesel wurden zu Frauen, und Männer aus dem Schotter Deucalions. Schwankend und wortlos erstand ein unüberschaubares Heer nackter Gestalten und blickte auf die letzten von Menschen geborenen Menschen nieder, die wimmernd auf ihr Floß zurückgesunken waren und die Hände vors Gesicht schlugen, um diese leeren Augen nicht ertragen zu müssen. Und immer noch brodelte das Wasser, warf Blasen, wurden die Reihen dichter …
Aus einem Steinhagel, schrie Echo, werde nach der kommenden, allesvernichtenden Flut die neue Menschheit hervorgehen – diese Zukunft habe ihr Naso[2] an einem Wintertag aus dem Feuer gelesen, aus jedem Kiesel ein Ungeheuer!, schrie Echo, Menschen aus Stein habe der Verbannte[2] seiner Welt prophezeit. Was aber aus dem Schlick eines an seiner wölfischen Gier, seiner Blödheit und Herrschsucht zugrundegegangenen Geschlechts hervorkriechen werde, das habe Naso die eigentliche und wahre Menschheit genannt, eine Brut von mineralischer Härte, das Herz aus Basalt, die Augen aus Serpentin[3], ohne Gefühle, ohne eine Sprache der Liebe, aber auch ohne jede Regung des Hasses, des Mitgefühls oder der Trauer, so unnachgiebig, so taub und dauerhaft wie die Felsen dieser Küste. R

1 **Tentakel:** Fangarme bei niederen Tieren und Fleisch fressenden Pflanzen

2 **Naso, der Verbannte:** der Dichter Ovid

3 **Serpentin:** Mineral, wird als Schmuckstein verwendet

1 a) Vergleicht die Texte von Ovid (S. 101) und Ransmayr.
b) Durch welche sprachlichen Mittel erzielt Ransmayr die eindringliche Wirkung?

2 Wählt eine Textstelle bei Ransmayr aus und gestaltet die Szene durch eine anschauliche Detailschilderung noch genauer.

3 Welchen Moment der Verwandlung bei Ransmayr könnte man in Richard Longs Arbeit (S. 101) beobachten?

René Magritte: „Der Gesang des Veilchens" (1951, Öl auf Leinwand, 100 x 81 cm)

4 a) Beschreibt die Vorstellung vom Menschen, die sich in Magrittes Bild ausdrückt.
b) Kommt Magritte den Darstellungen vom Menschen bei Ovid und Ransmayr nahe? Begründet eure Ansicht.

Joseph von Eichendorff

Das Marmorbild

Die Vorstellung, dass Steine lebendig werden und ihr Unwesen treiben, reizt viele Autoren. Joseph von Eichendorff schildert in seiner Erzählung „Das Marmorbild" (1819) eine Vision des jungen Florio, in der eine Marmorstatue der Göttin Venus lebendig wird:

Ein langer Blitz erleuchtete soeben das dämmernde Gemach. Da fuhr Florio plötzlich einige Schritte zurück, denn es war ihm, als stünde die Dame starr mit geschlossenen Augen und ganz weißem Antlitz und Armen vor ihm. – Mit dem flüchtigen Blitzesscheine jedoch verschwand auch das schreckliche Gesicht wieder, wie es entstanden. Die alte Dämmerung füllte wieder das Gemach, die Dame sah ihn wieder lächelnd an wie vorhin, aber stillschweigend und wehmütig, wie mit schwer verhaltenen Tränen. Florio hatte indes, im Schreck zurücktaumelnd, eines von den steinernen Bildern, die an der Wand herumstanden, angestoßen. In demselben Augenblicke begann dasselbe sich zu rühren, die Regung teilte sich schnell den andern mit, und bald erhoben sich alle die Bilder mit furchtbarem Schweigen von ihrem Gestelle. Florio zog seinen Degen und warf einen ungewissen Blick auf die Dame. Als er aber bemerkte, dass dieselbe, bei den indes immer gewaltiger werdenden Tönen des Gesanges im Garten, immer bleicher und bleicher wurde, gleich einer versinkenden Abendröte, worin endlich auch die lieblich spielenden Augensterne unterzugehen schienen, da erfasste ihn ein tödliches Grauen. Denn auch die hohen Blumen in den Gefäßen fingen an, sich wie bunt gefleckte bäumende Schlangen grässlich durcheinander zu winden, alle Ritter auf den Wandtapeten sahen auf einmal aus wie er und lachten ihn hämisch an; die beiden Arme, welche die Kerzen hielten, rangen und reckten sich immer länger, als wolle ein ungeheurer Mann aus der Wand sich hervorarbeiten, der Saal füllte sich mehr und mehr, die Flammen des Blitzes warfen grässliche Scheine zwischen die Gestalten, durch deren Gewimmel Florio die steinernen Bilder mit solcher Gewalt auf sich losdringen sah, dass ihm die Haare zu Berge standen. Das Grausen überwältigte alle seine Sinne, er stürzte verworren aus dem Zimmer durch die öden, widerhallenden Gemächer und Säulengänge hinab.

5 a) Setzt den Text von Eichendorff als fantastische Erzählung fort. Versucht dabei möglichst den vorgegebenen Stil beizubehalten.
b) Experimentiert mit folgenden möglichen Verwandlungen eurer Texte:
- Schreibt einzelne Episoden aus Sicht der steinernen Wesen auf die verängstigten Menschen.
- Schreibt den Text in eine andere Textsorte um (z. B. Zeitungsbericht, Gedicht).
- Verändert schlagartig ein Handlungsmerkmal, sodass die Geschichte komisch endet.

6 Betrachtet das Foto von Blossfeldt. Welche Verwandlung könnte hier stattgefunden haben?

7 Schildert anschaulich, wie ihr euch in eine Pflanze verwandelt. Beachtet besonders die Sinneswahrnehmungen bei der Verwandlung: Nicht nur, was ihr seht, ist bedeutsam; was hört ihr, was spürt ihr auf der Haut, welche Gerüche nehmt ihr wahr, was schmeckt ihr? Beginnt z. B. mit:
Langsam verfärbt sich die Haut zwischen meinen Fingern …

8 a) Vielleicht habt ihr auch schon versucht, in Pflanzen oder Felsen Figuren zu erkennen. Nehmt einen ausgesuchten Stein in die Hand und erzählt, welches Vorleben als Lebewesen er gehabt haben könnte.
b) Lassen sich anderen Naturdingen wie z. B. Wolken und Wasser auch menschliche Empfindungen zusprechen? Welche Eigenschaften dieser Dinge könnt ihr auf Menschliches übertragen?

Karl Blossfeldt: „Aesculus parviflora“ (Kleinblütige amerikanische Rosskastanie. Zweigspitzen in 12-facher Vergrößerung)

Karl Blossfeldt (geb. 1865 in Schielo, Harz, gest. 1932 in Berlin): Der Fotograf Blossfeldt zeigt in seinen Detailvergrößerungen wilder Pflanzen deren Ähnlichkeit mit künstlichen Gebilden wie Ornament und Technik oder mit Lebewesen. Durch die extreme Nähe erscheinen die Pflanzen verfremdet.

4.3 Verwandlungskünste

Textvariationen

Ein Ereignis, das beschrieben wird, ist nicht an einen bestimmten Stil gebunden. Durch Variation der Sprache kann ein Erlebnis in unterschiedlicher Form dargestellt werden: z. B. sachlich, fantastisch, gefühlvoll, in Umgangssprache, im Zeitungsstil, als Krimi usw.
Je nach beabsichtigter Wirkung bestimmen wir z. B. durch Erzählperspektive, Wortwahl, Satzbau und Tempusgebrauch den Stil eines Textes.

Raymond Queneau

Stilübungen

Raymond Queneau hat in seinen „Stilübungen“ mit Sprache und ihrer Wirkung experimentiert. In 98 sprachlichen Varianten führt er uns eine immer gleiche, einfache Alltagssituation vor. Hier eine Auswahl:

Angaben

Im Autobus der Linie S, zur Hauptverkehrszeit. Ein Kerl von etwa sechsundzwanzig Jahren, weicher Hut mit Kordel an Stelle des Bandes, zu langer Hals, als hätte man daran gezogen. Leute steigen aus. Der in Frage stehende Kerl ist über seinen Nachbarn erbost. Er wirft ihm vor, ihn jedes Mal, wenn jemand vorbeikommt, anzurempeln. Weinerlicher Ton, der bösartig klingen soll. Als er einen leeren Platz sieht, stürzt er sich drauf. Zwei Stunden später sehe ich ihn an der Cour de Rome, vor der Gare Saint-Lazare, wieder. Er ist mit einem Kameraden zusammen, der zu ihm sagt: „Du solltest dir noch einen Knopf an deinen Überzieher nähen lassen.“ Er zeigt ihm, wo (am Ausschnitt) und warum.

Schwülstig

Zur Stunde, in der sich die Rosenfinger der Morgenröte zu spreizen beginnen, stieg ich, ein schneller Pfeil, in einen Autobus mit dem mächtigen Wuchs und den Kuhaugen der Linie S auf gewundener Strecke. Mit der Genauigkeit und Schärfe des Indianers auf dem Kriegspfade bemerkte ich die Gegenwart eines jungen Mannes, dessen Hals länger als der der leichtfüßigen Giraffe und dessen weicher, gekerbter Filzhut mit einer Kordel geschmückt war gleich dem Helden einer Stilübung. Die unheilvolle Göttin der Zwietracht mit rußigen Brüsten kam aus seinem von einem Nichts an Zahnpasta verpesteten Munde, die Zwietracht, sage ich, kam, ihren bösartigen Virus zwischen diesen jungen Mann mit Giraffenhals und Kordel um den Hut und einen Fahrgast mit unentschlossener und fader Miene zu hauchen. Jener wandte sich mit folgenden Worten an diesen: „Sagen Sie mal, Sie böser Mann, man möchte meinen, dass Sie mir absichtlich auf die Füße treten.“ Nachdem er diese Worte gesagt hatte, ging der junge Mann mit Giraffenhals und Kordel um den Hut und setzte sich rasch.
Später, in der Cour de Rome mit ihren majestätischen Ausmaßen, bemerkte ich den jungen Mann mit Giraffenhals und Kordel um den Hut von neuem in Begleitung eines Gefährten, Schiedsrichter in Fragen der Eleganz, der diese Kritik, die ich mit meinem gewandten Ohre vernehmen konnte, gelassen aussprach, eine Kritik, an das äußere Kleidungsstück des jungen Mannes mit Giraffenhals und Kordel um den Hut gerichtet: „Du solltest durch Hinzufügen oder Erhöhen eines Knopfes an der kreisförmigen Peripherie den Mantelausschnitt verkleinern.“

Wortkomposition

Ich autobusplattformte mit-mengenähnlicherweise in einem lutecio-meridionalen Zeitraum und nachbarlichte mit einem langhalslichen, rotznasigen Kordelumdenhutgetüm. Selbiges sagte zu einem Irgendanonym: „Sie anrempelscheinen mich." Dies ausgestoßen, freiplatzte er sich gierig. In einer späteren Raum-Zeitlichkeit sah ich es wieder, wie es mit einem X saint-lazarierte, der zu ihm sagte: „Du solltest deinen Überzieher knopfvervollständigen." Und er warumerklärte ihm die Sache.

Konsonantenversetzung

Eines Mages tegen Gittag plah ich auf der sinteren Hattform eines Mautobusses einen Ann mit lehr hangem Sals und einem mit gekochtener Hordel umflandeten Rut. Rötzlich pledete dieser Nerl einen Kachbarn an, der ihm auf die Trüße fat. Lann dief er zu einem pleien Fratz.
Spei Zwunden stäter wah ich ihn vor der Sare Laint-Gazare sieder, als ihm ein Gandy Datschläge rab.

Verdoppelung

Gegen Mitte des Tages und am Mittag befand ich mich und stieg ich auf die Plattform und die hintere Terrasse eines überfüllten und fast besetzten Autobusses und öffentlichen Verkehrsmittels der Linie S und der von der Contrescarpe nach Champerret fährt. Ich sah und bemerkte einen jungen Mann und alten Jüngling, ziemlich lächerlich und ganz schön grotesk: magerer Hals und fleischloser Schlund, Schnur und Kordel um Hut und Kopfbedeckung. Nach einem Gedränge und Durcheinander sagt und verkündet er mit tränenvoller und weinerlicher Stimme und Aussprache, dass sein Nachbar und Mitreisender ihn jedes Mal, wenn jemand geht und aussteigt, bewusst und absichtlich anstößt und belästigt. Nachdem er dies erklärt und den Mund aufgemacht hat, stürzt und stolpert er auf einen leeren und freien Platz und Sitz.
Zwei Stunden danach und hundertundzwanzig Minuten später treffe und sehe ich ihn wieder auf der Cour de Rome und vor der Gare Saint-Lazare. Er ist und befindet sich in Begleitung eines Freundes und Kumpels, der ihm rät und ihn anregt, einen Knopf und ein Corozorund an seinen Überzieher und Mantel hinzuzufügen und anzunähen.

1 a) Diskutiert die Wirkung der einzelnen Texte.
b) Welche sprachlichen Mittel setzt Queneau jeweils ein? Wann sind sie mehr, wann weniger gelungen?

2 a) Setzt Queneaus Textvariationen unter der Überschrift „Zögern" fort:

Ich weiß nicht genau, wo sich das abspielte – in einer Kirche, einer Mülltonne, einem Beinhaus? Einem Autobus vielleicht? ...

b) Vergleicht eure Texte: Wodurch könnt ihr die Unsicherheiten eines Erzählers verdeutlichen?

3 a) Verteilt die folgenden Überschriften, die Queneau für weitere Textvarianten gewählt hat, auf einzelne Gruppen und verfasst kurze Texte zum Vorgang im Autobus:

- *Animismus* (einen Gegenstand personifizieren, z. B.: *Ein Hut fuhr im Autobus ...*)
- *Verhör*
- *Rückwärts* (das Geschehen vom Ende her entwickeln)
- *Telegrafisch*
- *Lautmalereien*
- *Komödie* (in drei kurzen Akten)
- *Amtlicher Brief*
- *Freie Verse*

b) Experimentiert mit weiteren sprachlichen Variationen.

Eine Szene abwandeln

1 a) Stellt euch eine einfache Szene vor: z.B. ein Erlebnis als Zuschauer einer Sportveranstaltung oder als Kunde an der Kasse eines Supermarktes.

b) Versucht, durch **experimentellen Umgang mit Sprache** die verschiedensten Wirkungen dieses Vorgangs zu erzielen. Geht dabei folgendermaßen vor:

- Beginnt mit der Beschreibung einer einfachen Alltagssituation in sachlichem Stil.
- Klärt, wer die Szene in welchem Stil umschreiben will.
- Überarbeitet die Texte in Gruppen: Achtet z.B. auf die Durchgängigkeit der gewählten Textsorte/des gewählten Stils und auf Abwechslung und Angemessenheit von Wortwahl und Satzbau.
- Wählt die gelungensten Textvarianten für einen Vortrag aus.
- Übt die Präsentation eurer Texte (Betonung, Lautstärke …).
- Vielleicht eignen sich einzelne Texte auch zur Umsetzung in ein szenisches Spiel.

2 Ihr könnt eure Szene auch **künstlerisch** in unterschiedlichen Stilen darstellen: realistisch (etwa Foto), abstrakt (in geometrischen Formen), farbig ausdrucksstark (deckende Wasserfarben), sachlich schwarz-weiß (Bleistift oder Filzstift), aus verschiedenen Perspektiven (aus dem Blickwinkel jedes einzelnen Beteiligten), in Detailvergrößerungen (einen Gegenstand der Szene isoliert und stark vergrößert hervorheben), als Comic (Szenenfolge), Collage (aus Zeitschriftenfotos zusammenkleben) …

Der Kunstabend – ein Projekt

Eure kreativen Arbeiten, die Texte und Bilder, sollten zumindest einer kleinen Öffentlichkeit in der Schule präsentiert werden. Plant einen amüsanten **Kleinkunstabend,** zu dem ihr Freunde, Eltern oder die Mitschülerinnen und Mitschüler anderer Klassen sowie Lehrerinnen und Lehrer einladet. Dort könnt ihr selbst verfasste oder leicht veränderte Texte anderer Autoren vortragen und Bilder oder Bild-Text-Collagen ausstellen.
Gestaltet den Abend abwechslungsreich: Durch Theaterszenen, Sketsche, Pantomime und musikalische Einlagen könnt ihr zwischen den Lesungen weitere Unterhaltung bieten (siehe S. 108).

Tipps

für euren Kunstabend

Verteilt bei der Vorbereitung die Aufgaben auf verschiedene Gruppen:

- Was wird präsentiert? Texte auswählen und nach thematischen oder stilistischen Gesichtspunkten ordnen. Denkt an Abwechslung!
- Was muss noch einmal überarbeitet werden? Bildet Schreibkonferenzen.
- Wie können Bilder und Texte kombiniert werden? (Zum Beispiel den Text auf ein helles Bild oder auf ein Transparentpapier schreiben, welches über das Bild geklebt wird …)
- Fertigt für die Ausstellung Fotos zur Dokumentation eures Arbeitsprozesses an.

- Wo soll die Präsentation stattfinden? (Klassenraum, Aula, Pausenhalle …)
- Wie werden die Kunstwerke präsentiert? (Stellwände, Bilderrahmen …)

- Welche technischen Geräte werden benötigt? (Overhead-/Diaprojektor, Musikanlage, Beleuchtung …)
- Gibt es etwas zu essen und/oder zu trinken?
- Vervielfältigt eure Texte und Bilder für den Verkauf.

- Wie lange soll die Veranstaltung dauern? (Nach drei Vorträgen Pause planen, nicht länger als ca. 10 Minuten am Stück vorlesen.)
- Wer wird eingeladen?
- Wer gestaltet Plakate, Einladungskarten und Programmblatt? Nutzt die Möglichkeiten der Gestaltung am Computer.
- Schreibt jemand einen Artikel über den Abend für die Schülerzeitung?

- Bestimmt für den Abend zwei Moderatoren, die durch das Programm führen.

5 Ein Blick in Kopf und Herz – Umgang mit Gefühls-Begriffen

5.1 Von der Körpersprache zur Begriffssprache

Zeig, was du fühlst, sag, was du denkst

1 a) Betrachtet die Fotos und schreibt auf, was ihr seht.
b) Überlegt, welche Gefühle eurer Meinung nach in den Bildern zum Ausdruck kommen.
c) Benennt diese Gefühle oder Stimmungen mit Begriffen und gebt an, welche Gesten, welche Mimik, welche Körperhaltung euch als „Indiz" für eure Begriffe gedient haben.

2 Diskutiert eure (möglicherweise unterschiedlichen) Zuordnungen von **Körpersprache** und **Begriffssprache.** Stellt fest, ob es Grenzfälle gibt, in denen nicht eindeutig festgestellt werden kann, welche Beobachtung zu welchem Begriff führt.

3 Sucht in euren Beschreibungen zu den Fotos nach Ausdrücken, die dem Begriff „Sympathie" entsprechen, ohne ihn zu benutzen. Zum Beispiel: *Das sind zwei Personen, die einander Aufmerksamkeit schenken.*

Auch Maler geben ihren Bildern „Atmosphäre“, indem sie Empfindungen, Stimmungen, Gefühle von Personen in deren Körpersprache übersetzen. Beim Betrachten der Bilder verstehen wir diese Sprache, indem wir das, was wir wahrnehmen, begrifflich benennen, indem wir Vergleiche suchen und/oder indem wir uns Szenen vorstellen, in die das Bild passen könnte.

Pablo Picasso: Harlekin und Gefährtin (1901)

Pablo Picasso: Das kärgliche Mahl (1904)

4 Betrachtet aufmerksam die beiden Bilder von Pablo Picasso. Wählt eins der Bilder aus und erfindet eine kurze Geschichte, der es als Illustration dienen könnte.

5 Schaut euch die Bilder noch einmal an. Achtet auf alle körpersprachlichen Details (Haltung, Mimik, Gestik) und sucht passende Begriffe, die die Unterschiede benennen. Haltet eure Ergebnisse in einer Tabelle fest:

Beschreibung der Personen	Umgebung/Situation	Deutung/Kommentare
– voneinander abgewandte Körper – Nägelkauen des Clowns – …	– Kneipentisch, Weinglas – …	– Ratlosigkeit – …

6 Stellt Picassos Gemälde als „Standbilder“ nach und berichtet über die Empfindungen und Gedanken, die euch dabei durch den Kopf gehen. Lest dazu die Anregungen auf S. 194.

Körpersprache ist nicht eindeutig in **Begriffssprache** zu „übersetzen“. Körperhaltung, Gesten und Mimik sind Anzeichen von oder Hinweise auf Gefühle, Empfindungen. Um sie begrifflich zu benennen, müssen die körpersprachlichen Signale gedeutet werden. Dabei benutzen wir unser allgemeines Wissen über die Beziehung zwischen Körper und Seele bzw. über den körperlichen „Ausdruck“ von positiven (Freude, Glück) und negativen (Trauer, Angst) Emotionen. – In verschiedenen Kulturkreisen unterscheidet sich oft auch die Körpersprache, eine fremde Körpersprache ist aber meist besser verständlich als eine fremde Begriffssprache.

7 Tragt alle Wendungen und Begriffe, mit denen ihr die Wirkung der beiden Bilder benannt habt, zusammen. Ordnet sie in einer Tabelle. Welche sind einander ähnlich? Wo seht ihr Unterschiede oder Gegensätze?

Begriffe	*Beziehung der Begriffe*
Einsamkeit (verschiedene Blickrichtungen) ↔ Gemeinschaft (Zusammensitzen)	*Gegensätze*
Ausweglosigkeit, Ratlosigkeit, Hilflosigkeit	*Ähnlichkeit*
…	

Das richtige Wort finden: Begriffe klären

Wenn wir uns über Gefühle unterhalten, haben wir oft zwei Schwierigkeiten: Einmal suchen wir nach dem richtigen Wort für etwas, was wir beobachten und was wir dabei spüren. Wir müssen das Passende aus einem breiteren Angebot von Wörtern heraussuchen, die Ähnliches bedeuten.
Das andere Mal haben wir Probleme mit dem richtigen Verstehen von Wörtern, die ein anderer gebraucht, d. h. mit der sicheren Zuordnung von Bedeutungen zu den Begriffen.

Man muss also

zum einen
die Beziehungen
der Begriffe
untereinander klären

und

zum anderen
die Begriffe richtig
dem von ihnen
Bezeichneten zuordnen.

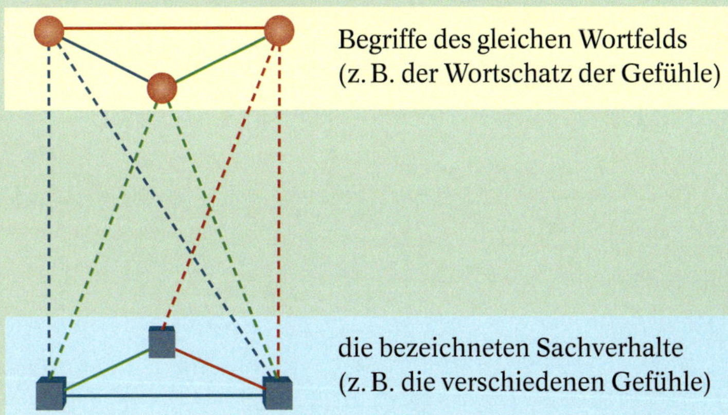

Vergleicht man inhaltsähnliche Begriffe **(Synonyme),** stößt man auf gemeinsame Bedeutungsmerkmale. Die Begriffe „Sympathie“, „Zuneigung“ und „Mitempfinden“ zum Beispiel haben das gemeinsame Merkmal „gefühlsmäßige Nähe“.
Wird dieses Merkmal ins Gegenteil verkehrt („gefühlsmäßige Fremdheit“), so entstehen die entsprechenden Gegenbegriffe **(Antonyme).** Die Gegenbegriffe zu Sympathie, Zuneigung, Mitempfinden sind „Antipathie“, „Abneigung“, „Gefühlskälte“.

1 a) Verfasst einen Brief an einen engen Freund/eine enge Freundin, in dem ihr anhand eines selbst gewählten Fotos eure Einstellung zu ihm/ihr erklärt.
b) Wählt aus Zeitschriften ein Bild aus, das für euch Gefühle der Antipathie zum Ausdruck bringt. Erklärt anhand des Bilds, welche Empfindungen ihr seht und worin sie sich ausdrücken.

2 a) Sucht zu den positiven Gefühlsbegriffen der folgenden Tabelle möglichst unterschiedliche Gegenbegriffe (Antonyme).
b) Erklärt die Begriffe und Gegenbegriffe mit eigenen Worten.

Gefühlsbegriffe		Gegenbegriffe (Antonyme)
– Glück	↔	Unglück, Pech, Misslingen/Unheil, Katastrophe/ Verhängnis, Schicksalsschlag/Unfall ...
– Freude	↔	Trauer/Schmerz/Leid ...
– Zufriedenheit	↔	...
– Ausgeglichenheit	↔	
– Erleichterung	↔	
– Glückseligkeit	↔	
– Stolz	↔	
– Begeisterung	↔	
– ...	↔	

(Synonyme)

3 Überlegt, wie ihr die Synonyme aus der Reihe der positiven Gefühlsbegriffe auseinander halten könnt:
- durch das Erzählen von typischen Situationen;
- durch das Erfinden von „Fällen", in denen der eine Begriff zutrifft, der andere aber falsch wäre;
- ...

4 Erstellt ein Schaubild, in dem ihr einige der Gefühlsbegriffe durch ihre **Bedeutungsmerkmale** voneinander unterscheidet, z. B.:

Begriff	Merkmal		Merkmal	Gegenbegriff
Sympathie Zuneigung Mitempfinden	gefühlte Nähe	↔	Fremdheitsgefühl	Antipathie Abneigung Gefühlskälte
	Identifikation	↔	Distanz	

5 Begriffe lassen sich durch **Begriffsoppositionen** genauer bestimmen. Man kann aber auch Begriffsreihen aufstellen, in denen ähnliche Begriffe aufgelistet sind. Wenn man einen Begriff dabei als Attribut verwendet, gelangt man leichter zu seinen unterschiedlichen Gegenbegriffen.
Setzt die folgende Liste mit weiteren Gefühlsbegriffen fort:

GLÜCK	ein glücklicher Mensch	ein unglücklicher Mensch	UNGLÜCK
	ein glücklicher Zufall	ein dummer Zufall	PECH
	ein glückliches Gelingen	ungünstige Umstände	MISSLINGEN
	ein glückliches Kind	ein missmutiges Kind	UNZUFRIEDENHEIT
	ein glückliches Paar	ein zerstrittenes Paar	STREIT
FREUDE	ein freudiges Ereignis	ein trauriges Ereignis	TRAUER
	eine frohe Erinnerung	eine schmerzliche Erinnerung	SCHMERZ
...	...	...	

In der Alltagssprache von Jugendlichen finden wir häufig keine klar definierten Begriffe, sondern **Paraphrasen** (Umschreibungen). Auf Gefühle wird z. B. oft durch die entsprechende körperliche Befindlichkeit aufmerksam gemacht: „gut drauf sein“; „es zieht einem die Beine weg“; „das kickt extrem“.

Paraphrasen erlauben es, sich über die Bedeutung von Begriffen in konkreten Verwendungssituationen zu verständigen.

6 a) Entwickelt eigene Paraphrasen für die Begriffe „Glück“ und „Freude“.

b) Erfindet kleine Szenen, in denen ein positives Gefühl (z. B. Freude) sich in sein Gegenteil (Trauer, Schmerz, Enttäuschung) verkehrt. Verwendet möglichst originelle Paraphrasen.

7 Stellt in das Zentrum eines Bedeutungsfeldes positiver Gefühle einen Begriff, der besonders typisch ist („Glück“, „Freiheit“, „Liebe“). Überlegt dann, welche ähnlichen Begriffe und Paraphrasen ihr in größerer Nähe oder Entfernung um ihn herum anordnen könntet, sodass man auf einen Blick die Verwandtschaft der Bedeutungen zueinander erkennt. Ein Beispiel:

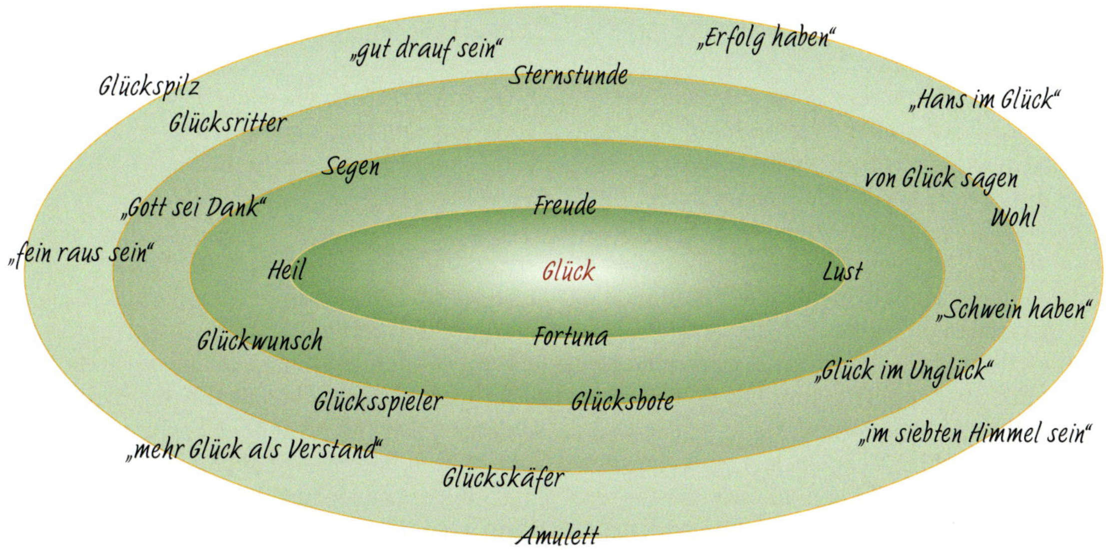

Begriffe mit ähnlicher Bedeutung können zu **Bedeutungsfeldern** geordnet werden. Ausgehend von einem Kernbegriff (Knoten) werden die Beziehungen (Relationen) zu den Synonymen markiert. Es entsteht ein **Begriffsnetz.**

8 Entwickelt ein Begriffsnetz zum Kernbegriff „Sympathie“:

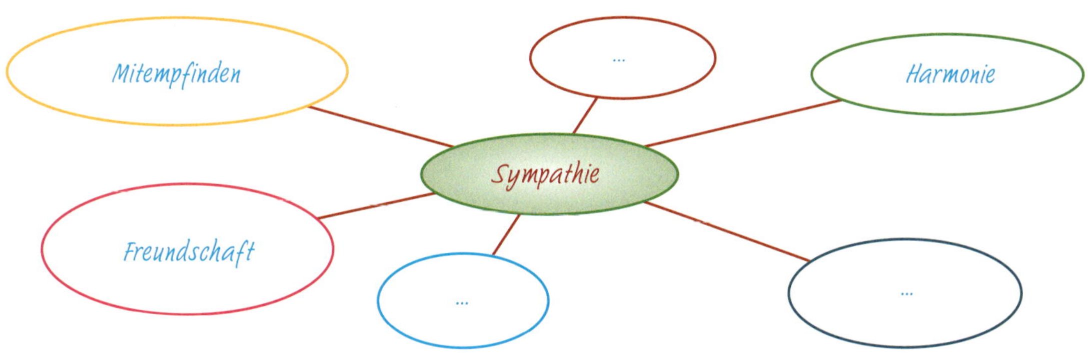

Gemüt und Gemütlichkeit – Wörter und ihre Geschichte

Texte verwenden Gefühlsbegriffe nach den Normen und Regeln der jeweiligen **Textart.** In einem Interview mit heutigen Jugendlichen werden sie anders erscheinen als in einer romantischen Erzählung. Um ihre genaue Bedeutung festzustellen, muss man im Text selbst nach Ausdrücken Ausschau halten, die Ähnliches meinen, und sie zu einem Bedeutungsfeld zusammenstellen.
In den folgenden beiden Texten geht es um das Bedeutungsfeld des als typisch deutsch geltenden Begriffs „Gemüt“. Sie stammen von Heinrich Heine (1797–1856), der sich als den „letzten Romantiker“ bezeichnet.

Heinrich Heine

Prinzessin Ilse (1824)

Es ist unbeschreibbar, mit welcher Fröhlichkeit, Naivetät und Anmut die Ilse[1] sich hinunterstürzt über die abenteuerlich gebildeten Felsstücke, die sie in ihrem Laufe findet, sodass das Wasser hier wild emporzischt oder schäumend überläuft, dort aus allerlei Steinspalten, wie aus tollen Gießkannen, in reinen Bögen sich ergießt und unten wieder über die kleinen Steine hintrippelt, wie ein munteres Mädchen. Ja, die Sage ist wahr, die Ilse ist eine Prinzessin, die lachend und blühend den Berg hinabläuft. Wie blinkt im Sonnenschein ihr weißes Schaumgewand! Wie flattern im Winde ihre silbernen Busenbänder! Wie funkeln und blitzen ihre Diamanten! Die hohen Buchen stehen dabei gleich ernsten Vätern, die verstohlen lächelnd dem Mutwillen des lieblichen Kindes zusehen; die weißen Birken bewegen sich tantenhaft vergnügt und doch zugleich ängstlich über die gewagten Sprünge; der stolze Eichbaum schaut drein wie ein verdrießlicher Oheim, der das schöne Wetter bezahlen soll; die Vögelein in den Lüften jubeln ihren Beifall, die Blumen am Ufer flüstern zärtlich: Oh, nimm uns mit, nimm uns mit, lieb Schwesterchen! – aber das lustige Mädchen springt unaufhaltsam weiter, und plötzlich ergreift sie den träumenden Dichter, und es strömt auf mich herab ein Blumenregen von klingenden Strahlen und strahlenden Klängen, und die Sinne vergehen mir vor lauter Herrlichkeit, und ich höre nur noch die flötensüße Stimme:

Ich bin die Prinzessin Ilse,
Und wohne im Ilsenstein;
Komm mit nach meinem Schlosse,
Wir wollen selig sein. […]

Unendlich selig ist das Gefühl, wenn die Erscheinungswelt mit unserer Gemütswelt zusammenrinnt und grüne Bäume, Gedanken, Vögelgesang, Wehmut, Himmelsbläue, Erinnerung und Kräuterduft sich in süßen Arabesken[2] verschlingen. Die Frauen kennen am besten dieses Gefühl, und darum mag auch ein so holdselig ungläubiges Lächeln um ihre Lippen schweben, wenn wir mit Schulstolz unsere logischen Taten rühmen, wie wir alles so hübsch eingeteilt in objektiv und subjektiv, wie wir unsere Köpfe apothekenartig mit tausend Schubladen versehen, wo in der einen Vernunft, in der andern Verstand, in der dritten Witz, in der vierten schlechter Witz und in der fünften gar nichts, nämlich die Idee, enthalten ist.

1 **Ilse:** Fluss im Harz

2 **Arabeske:** rankenförmige Verzierung

1 Untersucht, wie in dem Textauszug „Erscheinungswelt und Gemütswelt zusammenrinnen“ (Z. 36–38). Schreibt dazu alle Begriffe heraus, die sich auf die äußere Natur (das kleine Flüsschen „Ilse“) beziehen, und ordnet ihnen die Begriffe zu, die sich auf Menschliches (Gefühle, die die „Prinzessin“ betreffen) beziehen.

2 Erklärt, was der Autor dieser Schilderung unter „Gemütswelt“ versteht und was er mit „Schulstolz unserer logischen Taten“ (Z. 44) meint.

3 Nehmt Stellung zu Heines Urteil, die Frauen könnten mit ihrem Gefühl eher die Fülle der Natur erfassen und erleben als die Männer mit ihrem zergliedernden Verstand.

Heinrich Heine

Geständnisse (1854)

Dreißig Jahre später verfasste Heinrich Heine seine Lebensbeschreibung („Geständnisse"), in der er sich als einen „romantique défroqué" (einen entlaufenen Romantiker) bezeichnet. Seine Erfahrungen mit den gefühlvollen Deutschen und den rationalen Franzosen lassen ihn den Begriff „Gemüt" nun deutlich kritisch verwenden.

Charakteristisch ist es, dass unsern deutschen Schelmen[1] immer eine gewisse Sentimentalität anklebt. Sie sind keine kalten Verstandesspitzbuben, sondern Schufte von Gefühl. Sie haben Gemüt, sie nehmen den wärmsten Anteil an dem Schicksal derer, die sie bestohlen, und man kann sie nicht los werden. Sogar unsre vornehmen Industrieritter[2] sind nicht bloße Egoisten, die nur für sich stehlen, sondern sie wollen den schnöden Mammon erwerben, um Gutes zu tun; in den Freistunden, wo sie nicht von ihren Berufsgeschäften, z. B. von der Direktion einer Gasbeleuchtung der böhmischen Wälder, in Anspruch genommen werden, beschützen sie Pianisten und Journalisten, und unter der bunt gestickten, in allen Farben der Iris schillernden Weste trägt mancher auch ein Herz und in dem Herzen den nagenden Bandwurm des Weltschmerzes. Der Industrielle, der mein oben erwähntes Opus[3] in so genannter Übersetzung als Broschüre herausgegeben, begleitete dieselbe mit einer Notiz über meine Person, worin er wehmütig meinen traurigen Gesundheitszustand bejammert und durch eine Zusammenstellung von allerlei Zeitungsartikeln über mein jetziges klägliches Aussehen die rührendsten Nachrichten mitteilt, sodass ich hier von Kopf bis zu Fuß beschrieben bin und ein witziger Freund bei dieser Lektüre lachend ausrufen konnte: Wir leben wirklich in einer verkehrten Welt, und es ist jetzt der Dieb, welcher den Steckbrief des ehrlichen Mannes, den er bestohlen hat, zur öffentlichen Kunde bringt. –

1 **Schelm** (veraltet): Betrüger, Verbrecher. Gemeint ist hier ein deutscher Verleger, der Heines „Geständnisse" noch vor dem Erstdruck aus der (vorab veröffentlichten) französischen Fassung hatte übersetzen und verbreiten lassen. Heine war so um das Autorenhonorar geprellt worden.
2 **Industrieritter,** satirisch für: Unternehmer
3 **Opus:** Werk

4 Was sind eurer Meinung nach „Verstandesspitzbuben" und was „Schufte von Gefühl"?

5 Klärt die Verwendung des Begriffs „Gemüt" in diesem Text Heines. Nutzt dabei die Informationen der folgenden Lexikon-Artikel.

Gemüt, das: **1.** ‹*psychisch bedingte Art des Empfindens*› Herz · Innerlichkeit; ↗ *auch* Seele (1) – **2.** mit G.: ↗ gefühlvoll (1); G. haben: ↗ gefühlvoll (2); kein G. haben ↗ gefühlskalt (3); ins G. reden: ↗ ermahnen (1); sich zu Gemüte führen: **a)** ↗ aneignen, sich (1) – **b)** ↗ essen (1); sich einen zu Gemüte führen: ↗ trinken (1, b)
gemütlich: anheimelnd · behaglich · heimelig · heimlich · intim · traulich · wohlig · lauschig · bequem · angenehm · geruhig · harmonisch + häuslich · wohnlich · idyllisch ◆ *umg:* urgemütlich
Gemütlichkeit, die: **1.** ‹*gemütl. Atmosphäre*› Behaglichkeit · Trautheit – **2.** in aller G.: ↗ ruhig (1)
gemütsarm: 1. ↗ gefühllos (1) – **2.** ↗ nüchtern (2)
Gemütsart, die: ↗ Wesensart
Gemütsbewegung, die: ↗ Gefühlsregung
gemütskrank: ↗ geisteskrank (1)
Gemütslage, die: ↗ Stimmung (1)
gemütslos: ↗ gefühllos (1)
gemütsreich: ↗ gefühlvoll (1)
Gemütsrichtung, die: ↗ Wesensart
Gemütsruhe, die: in aller G.: ↗ ruhig (1)
Gemütsstimmung, die: ↗ Stimmung (1)
Gemütsverfassung, die: ↗ Stimmung (1)
Gemütszustand, der: ↗ Stimmung (1)
gemütvoll: ↗ gefühlvoll (1)

(aus einem Synonymenwörterbuch)

Gemüt, Gemütlichkeit

Die Bedeutungsgeschichte der Wörter Gemüt und Gemütlichkeit stellt jedenfalls ein Stück deutscher Geistesgeschichte dar. Gemüt (althochdeutsch gimuati, mittelhochdeutsch gemüete und gemuot, mittelniederdeutsch gemode) bedeutet ursprünglich schlechthin *Seele* – im Gegensatz zu Leib. […]

Neben diesem allgemeinen Sinn Gemüt = Seele im Gegensatz zum Leibe kehrte das Wort im Laufe der Entwicklung immer mehr Sonderbedeutungen hervor. Es bekam u. a. den Sinn *Charakter;* z. B. ein redliches Gemüt, ein männliches Gemüt, ein niedriges Gemüt; ein Sprichwort lautet: „Der Fuchs verkehrt seine Haut, aber nicht sein Gemüt." […]

Anfangs des 19. Jahrhunderts bemächtigten sich aber – und dagegen kam auch ein Goethe nicht auf – die Romantik und die damals so genannte Deutschtümelei des Begriffes Gemüt, er wurde als spezifisch *deutsch* erklärt und in Gegensatz zum Geist gebracht. Ganz neu war die Verlötung der Begriffe Deutschtum und Gemüt damals allerdings nicht, aber erst anfangs des 19. Jahrhunderts wurde das deutsche Gemüt zum dauernden Belang. […] Gemüt hatte nun im Gegensatz zu dem der äußeren Erfahrung orientierten Intellekt das „innere Leben" zu bezeichnen. […] Gemüt, tiefes Gemüt, treues Gemüt galt als gleichbedeutend mit deutschem Wesen. Die deutsche Innerlichkeit wurde dem französischen Esprit gegenübergestellt, und Arndt[1] hält den Franzosen vor, dass ihnen „die schwärmerische, nordische Tiefe des Gemüts" fehle. […]

Der Mutterbegriff Gemüt bleibt nach wie vor als deutsches Allgemeingut unantastbar und unverletzbar. Es fällt daher anderen Sprachen auch ziemlich schwer, Gemüt und Gemütlichkeit aus dem Deutschen zu übersetzen. Der Engländer z. B. muss für Gemüt je nach dem Zusammenhang feeling, soul, heart, mind, disposition, nature, kind setzen. Gemütlich muss in fremden Sprache mit Synonymen wie bequem, anheimelnd, behaglich, angenehm, freundlich, heiter, gutmütig, häuslich, vertraulich, zugänglich, leutselig, unförmlich, sentimental wiedergegeben werden. Die Redensart „Es geht nichts über die Gemütlichkeit" z. B. übersetzt das englische Wörterbuch von Muret-Sanders: nothing like ease and comfort. […]

(aus einem Handbuch zur Wortgeschichte)

1 **Ernst Moritz Arndt** (1769–1860): Dichter der „Freiheitskriege" gegen Napoleon

6 Stellt in Form von Thesen übersichtlich zusammen, was ihr aus dem Handbuch-Artikel über die Bedeutung sowie über die Entwicklung des Begriffes „Gemüt" erfahrt.

7 Schlagt den Begriff „Gemüt" nach in einem **Bedeutungswörterbuch** (z. B. Duden 10); in einem **Lexikon sinnverwandter Wörter** (z. B. Duden 8); in einem **Sachlexikon** (z. B. Brockhaus, Herder, Meyer).

8 Verfasst selbst einen Lexikon-Artikel zum Stichwort „Gemüt", in dem ihr die allgemeinen Regeln der Textsorte beachtet. Bezieht dabei die Erkenntnisse mit ein, die ihr bei der Untersuchung der beiden Heine-Texte (S. 114/115) gewonnen habt.

Tipps für das Verfassen eines Lexikon-Artikels

- Lexikon-Artikel geben zunächst die grammatischen Daten (Wortart, Pluralendung …) eines Begriffs an.
- Sie erklären dann die Bedeutung(en) in drei Richtungen. Zuerst über das Verhältnis **Unterbegriff – Oberbegriff,** dann über **Merkmale,** schließlich über **Beispiele** die Geschichte des Gebrauchs.
- Danach sind zumeist sinnverwandte Wörter **(Synonyme)** aufgeführt und **Wortzusammensetzungen.** Bei den Synonymen finden sich oft auch nähere Angaben zum Gebrauch (z. B. Stilhöhe: ugs. = umgangssprachlich).

5.2 Gefühle in literarischer Darstellung

Marie Luise Kaschnitz

Lange Schatten (1)

Marie Luise Kaschnitz wurde 1901 in Karlsruhe geboren. Sie war gelernte Buchhändlerin, lebte später hauptsächlich in Frankfurt/Main und zeitweise in Rom, wo sie 1974 starb. Zunächst wurde sie durch ihre Lyrik bekannt, in der sie sich mit den zum Teil bedrohlichen Entwicklungen der modernen Welt auseinander setzt. Eines ihrer Gedichte findet ihr auf S. 218. – Mit der 1960 erschienenen Sammlung von Erzählungen „Lange Schatten", deren Titelgeschichte im Folgenden abgedruckt ist, machte sich Marie Luise Kaschnitz auch als Prosaautorin einen Namen.

Langweilig, alles langweilig, die Hotelhalle, der Speisesaal, der Strand, wo die Eltern in der Sonne liegen, einschlafen, den Mund offen stehen lassen, aufwachen, gähnen, ins Wasser gehen, eine Viertelstunde vormittags, eine Viertelstunde nachmittags, immer zusammen. Man sieht sie von hinten, Vater hat zu dünne Beine, Mutter zu dicke, mit Krampfadern, im Wasser werden sie dann munter und spritzen kindisch herum. Rosie geht niemals zusammen mit den Eltern schwimmen, sie muss währenddessen auf die Schwestern Acht geben, die noch klein sind, aber nicht mehr süß, sondern alberne Gänse, die einem das Buch voll Sand schütten oder eine Qualle auf den nackten Rücken legen. Eine Familie zu haben ist entsetzlich, auch andere Leute leiden unter ihren Familien, Rosie sieht das ganz deutlich, zum Beispiel der braune Mann mit dem Goldkettchen, den sie den Schah nennt, statt bei den Seinen unterm Sonnenschirm hockt er an der Bar oder fährt mit dem Motorboot, wilde Schwünge, rasend schnell und immer allein. Eine Familie ist eine Plage, warum kann man nicht erwachsen auf die Welt kommen und gleich seiner Wege gehen. Ich gehe meiner Wege, sagt Rosie eines Tages nach dem Mittagessen und setzt vorsichtshalber hinzu, in den Ort, Postkarten kaufen, Ansichtskarten, die an die Schulfreundinnen geschrieben werden sollen, als ob sie daran dächte, diesen dummen Gören aus ihrer Klasse Kärtchen zu schicken, Gruß vom blauen Mittelmeer, wie geht es dir, mir geht es gut. Wir kommen mit, schreien die kleinen Schwestern, aber gottlob nein, sie dürfen nicht, sie müssen zum Nachmittagsschlafen ins Bett. Also nur die Fahrstraße hinauf bis zum Marktplatz und gleich wieder zurück, sagt der Vater, und mit niemandem sprechen, und geht der Mutter und den kleinen Schwestern nach mit seinem armen, krummen Bürorücken, er war heute mit dem Boot auf dem Wasser, aber ein Seefahrer wird er nie. Nur die Fahrstraße hinauf, oben sieht man, mit Mauern und Türmen an den Berg geklebt, den Ort liegen, aber die Eltern waren noch nie dort, der Weg war ihnen zu lang, zu heiß, was er auch ist, kein Schatten weit und breit. Rosie braucht keinen Schatten, wozu auch, ihr ist überall wohl, wohl in ihrer sonnenölglänzenden Haut, vorausgesetzt, dass niemand an ihr herumerzieht und niemand sie etwas fragt. […]

1 Für Rosie ist die Familie „eine Plage" (Z. 23). Schreibt auf, was sie an den einzelnen Familienmitgliedern auszusetzen hat.

2 Sucht Begriffe, die Rosies Stimmung beschreiben, und entwickelt daraus ein **Begriffsnetz:**

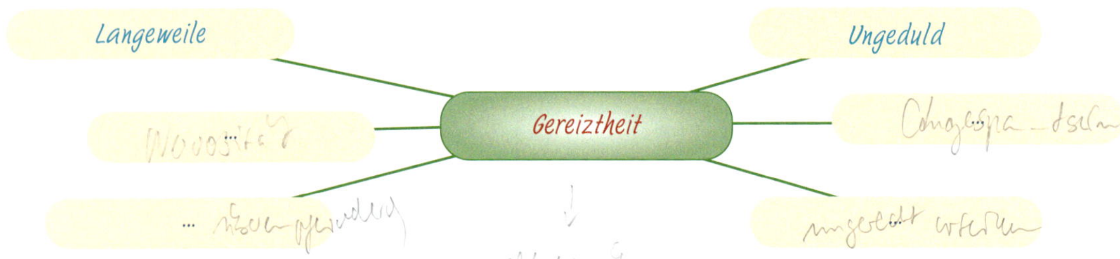

Marie Luise Kaschnitz

Lange Schatten (2)

[…] Wenn man allein ist, wird alles groß und merkwürdig und beginnt einem alles zu gehören, meine Straße, meine schwarze räudige Katze, mein toter Vogel, eklig, von Ameisen zerfressen, aber unbedingt in die Hand zu nehmen, mein. Meine langen Beine in verschossenen Leinenhosen, meine weißen Sandalen, ein Fuß vor den andern, niemand ist auf der Straße, die Sonne brennt. Dort, wo die Straße den Hügel erreicht, fängt sie an, eine Schlangenlinie zu beschreiben, blaue Schlange im goldenen Reblaub, und in den Feldern zirpen die Grillen wie toll. Rosie benützt den Abkürzungsweg durch die Gärten, eine alte Frau kommt ihr entgegen, eine Mumie, um Gottes willen, was da noch so herumläuft und gehört doch längst ins Grab. Ein junger Mann überholt Rosie und bleibt stehen, und Rosie macht ein strenges Gesicht. Die jungen Männer hier sind zudringliche Taugenichtse, dazu braucht man keine Eltern, um das zu wissen, wozu überhaupt braucht man Eltern, der Teufel, den sie an die Wand malen, hat schon längst ein ganz anderes Gesicht. Nein, danke, sagt Rosie höflich, ich brauche keine Begleitung, und geht an dem jungen Mann vorbei, wie sie es den Mädchen hier abgeguckt hat, steiles Rückgrat, Wirbel über Wirbel, das Kinn angezogen, die Augen finster niedergeschlagen, und er murmelt nur noch einiges Schmeichelhafte, das in Rosies Ohren grenzenlos albern klingt. Weingärten, Kaskaden von rosa Geranienblüten, Nussbäume, Akazien, Gemüsebeete, weiße Häuser, rosa Häuser, Schweiß in den Handflächen, Schweiß auf dem Gesicht. Endlich ist die Höhe erreicht, die Stadt auch, das Schiff Rosie bekommt Wind unter die Leinwand und segelt glücklich durch Schattenstraßen, an Obstständen und flachen Blechkästen voll farbiger, glitzernder, rundäugiger Fische hin. Mein Markt, meine Stadt, mein Laden mit Herden von Gummitieren und einem Firmament von Strohhüten, auch mit Ständern voll Ansichtskarten, von denen Rosie, der Form halber, drei schreiend blaue Meeresausblicke wählt. Weiter auf den Platz, keine Ah- und Oh-Gedanken angesichts des Kastells und der Kirchenfassaden, aber interessierte Blicke auf die bescheidenen Auslagen, auch in die Schlafzimmer zu ebener Erde, wo über gusseisernen, vielfach verschnörkelten Ehebettstellen süßliche Madonnenbilder hängen. Auf der Straße ist zu dieser frühen Nachmittagsstunde fast niemand mehr, ein struppiger kleiner Hund von unbestimmbarer Rasse kläfft zu einem Fenster hinauf, wo ein Junge steht und ihm Grimassen schneidet. Rosie findet in ihrer Hosentasche ein halbes Brötchen vom zweiten Frühstück. Fang, Scherenschleifer, sagt sie und hält es dem Hund hin, und der Hund tanzt lustig wie ein dressiertes Äffchen um sie herum. Rosie wirft ihm das Brötchen zu und jagt es ihm gleich wieder ab, das hässliche, auf zwei Beinen hüpfende Geschöpf macht sie lachen, am Ende hockt sie im Rinnstein und krault ihm den schmutzig-weißen Bauch. Ehi, ruft der Junge vom Fenster herunter, und Rosie ruft Ehi zurück, ihre Stimmen hallen, einen Augenblick lang ist es, als seien sie beide die einzigen, die wach sind in der heißen, dösenden Stadt. Dass der Hund ihr, als sie weitergeht, nachläuft, gefällt dem Mädchen, nichts gefragt werden, aber Gesellschaft haben, sprechen können, komm, mein Hündchen, jetzt gehen wir zum Tore hinaus. […]

3 Der Erzähler notiert genauestens, was Rosie alles durch den Kopf geht. Legt eine Tabelle an, in der ihr diesen „Gedankenstrom" eintragt:

Gedanken	*Beobachtungen*	*Verhalten*
		…

4 Der Erzähler „übersetzt" manchmal das innere Geschehen (Rosies Gedanken und Gefühle) in **Metaphern** und **Vergleiche.** Ihr müsst sie als Leser/innen in Begriffe „zurückübersetzen" (deuten):

Sprachliche Bilder im Text	*Mögliche Bedeutung*
„das Schiff Rosie bekommt Wind unter die Leinwand" (Z. 86/87)	…
…	…

5 Sucht eigene Metaphern oder Vergleiche für Rosies Empfindungen.

Marie Luise Kaschnitz

Lange Schatten (3)

[…] Das Tor ist ein anderes als das, durch welches Rosie in die Stadt gekommen ist, und die Straße führt keinesfalls zum Strand hinunter, sondern bergauf, durchquert einen Steineichenwald und zieht dann, mit vollem Blick auf das Meer, hoch oben den fruchtbaren Hang entlang. Hier hinauf und weiter zum Leuchtturm haben die Eltern einen gemeinsamen Spaziergang geplant; dass sie jetzt hinter der Bergnase in ihrem verdunkelten Zimmer auf den Betten liegen, ist beruhigend, Rosie ist in einem andern Land, mein Ölwald, mein Orangenbaum, mein Meer, mein Hündchen, bring mir den Stein zurück. Der Hund apportiert und bellt auf dem dunkelblauen, schmelzenden Asphaltband, jetzt läuft er ein Stück stadtwärts, da kommt jemand um die Felsenecke, ein Junge, der Junge, der am Fenster gestanden und Grimassen geschnitten hat, ein stämmiges, braun verbranntes Kind. Dein Hund?, fragt Rosie, und der Junge nickt, kommt näher und fängt an, ihr die Gegend zu erklären. Rosie, die von einem Aufenthalt im Tessin her ein wenig Italienisch versteht, ist zuerst erfreut, dann enttäuscht, da sie sich schon hat denken können, dass das Meer das Meer, der Berg der Berg und die Inseln die Inseln sind. Sie geht schneller, aber der vierschrötige Junge bleibt ihr auf den Fersen und redet weiter auf sie ein, alles, auf das er mit seinen kurzen braunen Fingern zeigt, verliert seinen Zauber, was übrig bleibt, ist eine Ansichtskarte wie die von Rosie erstandenen, knallblau und giftgrün. Er soll nach Hause gehen, denkt sie, mitsamt seinem Hund, auch an dem hat sie plötzlich keine Freude mehr. Als sie in einiger Entfernung zur Linken einen Pfad von der Straße abzweigen und zwischen Felsen und Macchia[1] steil bergab führen sieht, bleibt sie stehen, holt aus ihrer Tasche die paar Münzen, die von ihrem Einkauf übrig geblieben sind, bedankt sich und schickt den Jungen zurück, vergisst ihn auch sogleich und genießt das Abenteuer, den Felsenpfad, der sich bald im Dickicht verliert. Die Eltern und Geschwister hat Rosie erst recht vergessen, auch sich selbst als Person, mit Namen und Alter, die Schülerin Rosie Walter, Obersekunda[2], könnte mehr leisten; nichts mehr davon, eine schweifende Seele, auf trotzige Art verliebt in die Sonne, die Salzluft, das Tun-und-lassen-Können, ein erwachsener Mensch wie der Schah, der leider nie spazieren geht, sonst könnte man ihm hier begegnen und mit ihm zusam-

1 **Macchia:** Gebüsch
2 **Obersekunda:** 11. Klasse

Pan als pfeifender Steinzwerg in einem italienischen Garten bei Verona

men, ohne dummes Gegacker, nach fern vorüberziehenden Dampfern Ausschau halten. Der Pfad wird zur Treppe, die sich um den Felsen windet, auf eine Stufe setzt sich Rosie, befühlt den rissigen Stein mit allen zehn Fingern, riecht an der Minze, die sie mit den Handflächen zerreibt. Die Sonne glüht, das Meer blitzt und blendet. Pan[3] sitzt auf dem Ginsterhügel, aber Rosies Schulbildung ist lückenhaft, von dem weiß sie nichts. Pan schleicht der Nymphe[4] nach, aber Rosie sieht nur den Jungen, den zwölfjährigen, da ist er weiß Gott schon wieder, sie ärgert sich sehr. Die Felsentreppe herunter kommt er lautlos auf staubgrauen Füßen, jetzt ohne sein Hündchen, gesprungen.

Was willst du, sagt Rosie, geh heim, und will ihren Weg fortsetzen, der gerade jetzt ein Stück weit ganz ohne Geländer an der Felswand hinführt, drunten liegt der Abgrund und das Meer. Der Junge fängt gar nicht wieder an mit seinem Ecco il mare, ecco l'isola[5], aber er lässt sich auch nicht nach Hause schicken, er folgt ihr und gibt jetzt einen seltsamen, fast flehenden Laut von sich, der etwas Unmenschliches hat und der Rosie erschreckt. Was hat er, was will er, denkt sie, sie ist nicht von gestern, aber das kann doch wohl nicht sein, er ist höchstens zwölf Jahre alt, ein Kind. [...]

Er ist noch immer der Peppino, die Rotznase, dem seine Mutter eins hinter die Ohren gibt, wenn er aus dem Marmeladeneimer nascht. Er kann nicht wie die Großen herrisch auftreten, lustig winken und schreien, ah, bella, jetzt wo er bei dem Mädchen, dem ersten, das ihm zugelächelt und seinen Hund an sich gelockt hat, sein Glück machen will. Sein Glück, er weiß nicht, was das ist, ein Gerede und Geraune der Großen, oder weiß er es doch plötzlich, als Rosie vor ihm zurückweicht, seine Hand wegstößt und sich, ganz weiß im Gesicht, an die Felswand drückt? Er weiß es, und weil er nicht fordern kann, fängt er an zu bitten und zu betteln, in der den Fremden verständlichen Sprache, die nur aus Nennformen besteht. Zu mir kommen, bitte, mich umarmen, bitte, küssen bitte, lieben bitte, alles ganz rasch hervorgestoßen mit zitternder Stimme und Lippen, über die der Speichel rinnt. Als Rosie zuerst noch, aber schon ängstlich, lacht und sagt, Unsinn, was fällt dir ein, wie alt bist du denn überhaupt, weicht er zurück, fährt aber gleich sozusagen vor ihren Augen aus seiner Kinderhaut, bekommt zornige Stirnfalten und einen wilden, gierigen Blick. Er soll mich nicht anrühren, er soll mir nichts tun, denkt Rosie und sieht sich, aber vergebens, nach Hilfe um, die Straße liegt hoch oben, hinter den Felsen, auf dem Zickzackpfad ihr zu Füßen ist kein Mensch zu sehen, und drunten am Meer erstickt das Geräusch der Brandung gewiss jeden Schrei. Drunten am Meer, da nehmen die Eltern jetzt ihr zweites Bad, wo nur Rosie bleibt, sie wollte doch nur Ansichtskarten für ihre Schulfreundinnen kaufen. Ach, das Klassenzimmer, so gemütlich dunkel im November, das hast du

3 **Pan:** griechischer Gott der Hirten und Jäger, halb tierisch dargestellt mit Bockshörnern und -beinen. In der sommerlichen Stille des Mittags verbreitete er durch sein plötzliches Auftauchen den „panischen Schrecken".

4 **Nymphe:** griechische Naturgottheit, Spenderin der Fruchtbarkeit. Auf der Flucht vor Pan verwandelte sich eine Nymphe in ein Schilfrohr, Pan stellte daraus seine Hirtenflöte (Panflöte) her.

5 **Ecco ...:** Schau, das Meer, schau, die Insel.

Pablo Picasso: Musizierender Faun (= Pan, 1948)

hübsch gemalt, Rosie, diesen Eichelhäherflügel, der kommt in den Wechselrahmen, wir stellen ihn aus. Rosie Walter und dahinter ein Kreuz, eure liebe Mitschülerin, gestorben am blauen Mittelmeer, man sagt besser nicht, wie. Unsinn, denkt Rosie und versucht noch einmal mit unbeholfenen Worten, dem Jungen gut zuzureden, es hätten aber auch beholfenere in diesem Augenblick nichts mehr vermocht. Der kleine Pan, flehend, stammelnd, glühend, will seine Nymphe haben, er reißt sich das Hemd ab, auch die Hose, er steht plötzlich nackt in der grellheißen Steinmulde vor dem gelben Strauch und schweigt erschrocken, und ganz still ist es mit einem Mal, und von drunten hört man das geschwätzige, gefühllose Meer.

Rosie starrt den nackten Jungen an und vergisst ihre Angst, so schön erscheint er ihr plötzlich mit seinen braunen Gliedern, seinem Badehosengürtel von weißer Haut, seiner Blütenkrone um das schweißnasse schwarze Haar. Nur dass er jetzt aus seinem goldenen Heiligenschein tritt und auf sie zukommt und die langen, weißen Zähne fletscht, da ist er der Wolf aus dem Märchen, ein wildes Tier. Gegen Tiere kann man sich wehren, Rosies eigener schmalbrüstiger Vater hat das einmal getan, aber Rosie war noch klein damals, sie hat es vergessen, aber jetzt fällt es ihr wieder ein. Nein, Kind, keinen Stein, Hunden muss man nur ganz fest in die Augen sehen, so, lass ihn herankommen, ganz starr ins Auge, siehst du, er zittert, er drückt sich an den Boden, er läuft fort. Der Junge ist ein streunender Hund, er stinkt, er hat Aas gefressen, vielleicht hat er die Tollwut, ganz still jetzt, Vater, ich kann es auch. Rosie, die zusammengesunken wie ein Häufchen Unglück an der Felswand kauert, richtet sich auf, wächst, wächst aus ihren Kinderschultern und sieht dem Jungen zornig und starr in die Augen, viele Sekunden lang, ohne ein einziges Mal zu blinzeln und ohne ein Glied zu bewegen. Es ist noch immer furchtbar still und riecht nun plötzlich betäubend aus Millionen von unscheinbaren, honigsüßen, kräuterbitteren Macchiastauden, und in der Stille und dem Duft fällt doch der Junge wirklich in sich zusammen, wie eine Puppe, aus der das Sägemehl rinnt. Man begreift es nicht, man denkt nur, entsetzlich muss Rosies Blick gewesen sein, etwas von einer Urkraft muss in ihm gelegen haben, Urkraft der Abwehr, so wie in dem Flehen und Stammeln und in der letzten wilden Geste des Knaben die Urkraft des Begehrens lag. Alles neu, alles erst erwacht an diesem heißen, strahlenden Nachmittag, lauter neue Erfahrungen, Lebensliebe, Begehren und Scham, diese Kinder, Frühlingserwachen, aber ohne Liebe, nur Sehnsucht und Angst. Beschämt zieht sich der Junge unter Rosies Basiliskenblick[6] zurück, Schritt für Schritt, wimmernd wie ein kranker Säugling, und auch Rosie schämt sich, eben der Wirkung dieses Blickes, den etwa vor einem Spiegel später zu wiederholen sie nie den Mut finden wird. Am Ende sitzt der Junge, der sich, seine Kleider in der Hand, rasch umgedreht hat und die Felsenstiege lautlos hinaufgelaufen ist, nur das Hündchen ist plötzlich wieder da und bellt unbekümmert und frech, der Junge sitzt auf dem Mäuerchen, knöpft sich das Hemd zu und murmelt vor sich hin, zornig und tränenblind. Rosie läuft den Zickzackweg hinab und will erleichtert sein, noch einmal davongekommen, nein, diese Väter, was man von den Vätern doch lernen kann, und ist im Grunde doch nichts als traurig, stolpert zwischen Wolfsmilchstauden

6 **Basilisk:** Fabelwesen mit tödlichem Blick

und weißen Dornenbüschen, tränenblind. Eure Mitschülerin Rosie, ich höre, du warst sogar in Italien, ja danke, es war sehr schön. Schön und entsetzlich war es, und, am Ufer angekommen, wäscht sich Rosie das Gesicht und den Hals mit Meerwasser, denkt, erzählen, auf keinen Fall, kein Wort, und schlendert dann, während oben auf der Straße der Junge langsam nach Hause trottet, am Saum der Wellen zum Badestrand, zu den Eltern hin. Und so viel Zeit ist über all dem vergangen, dass die Sonne bereits schräg über dem Berge steht und dass sowohl Rosie wie der Junge im Gehen lange Schatten werfen, lange, weit voneinander entfernte Schatten, über die Kronen der jungen Pinien am Abhang, über das schon blassere Meer.

Pablo Picasso: Françoise (1946)

6 a) Wie überwindet Rosie ihre Angst?
b) Diskutiert, ob das Erzählte glaubhaft ist.

7 Der Erzähler verwendet für Rosies Blick den Begriff „Urkraft“ (Z. 290). Beschreibt selbst die Situation mit anderen Begriffen, aber auch Vergleichen oder Metaphern, die dasselbe bezeichnen könnten.

8 Tragt Textstellen zusammen, die etwas über Rosies Empfindungen während der Begegnung mit dem Jungen aussagen, und sucht jeweils einen passenden Begriff für Rosies Gefühle:

Z. 188/189:	„da ist er weiß Gott schon wieder, sie ärgert sich sehr“	↔	Störung, Belästigung
Z. 192:	„Was willst du, sagt Rosie, geh heim“	↔	...
Z. ...:	...	↔	...

9 Beschreibt eure Empfindungen beim Lesen der Erzählung. Erklärt die Ausdrücke, die ihr verwendet.

10 Sammelt in allen Teilen der Erzählung (S. 117–122) Textstellen, die Rosie charakterisieren, und verfasst eine zusammenhängende Darstellung ihrer Person.

Ilse Aichinger

Der Hauslehrer (1953)

Ilse Aichinger, 1921 in Wien geborene Halbjüdin, unterlag in der Nazizeit im „angeschlossenen“ Österreich den Rassegesetzen, durfte z. B. nicht studieren. Nach dem Zweiten Weltkrieg begann sie zu schreiben. Ihre Gedichte, Hörspiele und Erzählungen gelten als „verschlüsselte Erzählkunst“, weil sie die erfahrbare Wirklichkeit durch Bilder, Metaphern, Vergleiche als hintergründig und doppelbödig erscheinen lässt. Ihr erster Roman, „Die größere Hoffnung“ (1948), behandelt das Schicksal jüdischer Kinder, die durch die Hoffnung, nach Amerika ausreisen zu können, in ihrem Überlebenswillen gestärkt werden.

Vater und Mutter waren gegangen. Der Kleine hing über das Stiegengeländer und schaute ihnen nach. Er sah den hellen Hut seiner Mutter und den dunklen seines Vaters tief unten und noch tiefer – zuletzt sah er nichts mehr. Der Flur war grün wie die See. Man konnte denken, Vater und Mutter wären gesunken. Ihre Ermahnungen waren so eindringlich gewesen, als ließen sie ihn nicht nur für eine Stunde allein. Dem Kleinen schwirrte der Kopf: Die Kette vorlegen und niemandem öffnen, nur wenn der Hauslehrer kam – – – Er war lange krank gewesen, und da er noch schwach war, blieb er zu Hause und erhielt Unterricht. Sein Hauslehrer war ein Student, ein stiller, junger Mann, der ihn für gewöhnlich langweilte.

Der Kleine ging durch die leere Wohnung. Sie war still wie eine Muschel, die man ans Ohr hielt. Er öffnete die Tür zur Vorratskammer. Alle diese gefüllten Körbe und Gläser gehörten jetzt ihm: die Fracht eines fremden Schiffes – die weite Welt. Er nahm einen Apfel aus dem Korb, aber in diesem Augenblick läutete es. Er schlich hinaus. Vor der Tür hielt er den Atem an und zögerte. Dann legte er die Kette vor und öffnete die Tür um einen Spalt. Draußen stand der alte Bettler, den er schon kannte. „Ich habe nichts!“, sagte das Kind verlegen und gab ihm den Apfel, den es in der Hand hielt. Der Bettler nahm ihn, ohne zu danken. „Auf Wiedersehen!“, sagte der Kleine, aber er erhielt keine Antwort.

Er schloss die Tür und ging auf den Fußspitzen in sein Zimmer. Dort setzte er sich an den Tisch und saß ganz still. Er hatte sich darauf gefreut, allein zu sein, aber jetzt empfand er Furcht. Furcht vor dem Bettler und Furcht vor den leeren Räumen. Es erleichterte ihn, als er den Hauslehrer läuten hörte. Er lief hinaus und öffnete.

„Du solltest durch das Guckloch schauen!“, sagte der Hauslehrer.

„Ich erreiche es nicht!“, erwiderte das Kind.

Es sah an dem jungen Mann hinauf, der sich vor dem Spiegel über das Haar strich und einen Augenblick innehielt, als lauschte er.

Sie rückten den Tisch ans Fenster und begannen zu lesen.

„Es – ist – Herbst –“, las der Kleine stockend, „die Vögel fliegen nach dem Süden.“ Er hob den Kopf und sah hinaus.

„Wo fliegen sie?“, fragte er.

„Lies weiter!“, sagte der Hauslehrer ungeduldig. Und dann, als hätte er sich besser besonnen: „Sie sind schon über dem Meer!“

Der Kleine las weiter. Von Blättern, die fielen, und von Früchten, die in großen Gärten geerntet wurden. Von dem bunten Weinlaub und von der Sonne, die früher unterging.

„Wo?“, fragte er. „Wo geht sie unter?“

„Drüben!“, sagte der Hauslehrer unbestimmt.

Sie lasen jetzt vom Himmel und von den weißen Wolken, die der Wind darüber treibt.

„Wo?“, rief der Kleine wieder. Aber er bekam keine Antwort. Er hob den Kopf und sah, dass der Hauslehrer still saß und auf seine Knie schaute. „Wo treibt der Wind die Wolken?“, rief er dringender. Der Himmel vor dem offenen Fenster war wolkenlos und fast durchscheinend. Es war kurz vor Einbruch der Dämmerung.

„Hörst du etwas?“, fragte der Hauslehrer, ohne den Kopf zu heben.

„Hören?“, sagte der Kleine. „Nein, ich höre nichts!“

„Still!“, sagte der Hauslehrer. „Wenn du ganz still bist, hörst du sie!“

„Wen?“, fragte das Kind.

„Horch!“, rief der Hauslehrer.

„Wen soll ich hören?“, fragte der Kleine noch einmal.

„Diese Stimme“, sagte der junge Mann, „diese Stimme!“

Der Kleine ließ das Blättern. Er senkte den Kopf und legte die Hände hinter die Ohren, aber er hörte nichts als das leichte Brausen, das von tief unten kam und die ganze Wohnung in eine Muschel verzaubert hatte.

„Rauschen?“, sagte das Kind.

„Nein“, antwortete der Hauslehrer. „Schreien!“

Der Kleine begann zu lachen. Er sprang auf und klatschte in die Hände.

„Ist es ein Spiel?“, rief er.

„Lies weiter!“, sagte der Hauslehrer.

Aber kaum hatten sie von den Nebeln und von den langen Schatten zu lesen begonnen, als er aufsprang und die Tür ins Nebenzimmer aufriss, als wollte er jemanden überraschen. Er ging von da durch den Salon in das Schlafzimmer der Eltern, durchquerte das Vorzimmer und kam wieder zurück. Der Kleine sah ihm erstaunt entgegen.

„Es ist jemand in der Wohnung!“, sagte der Hauslehrer. Er erkundigte sich, ob vor ihm schon jemand hier gewesen sei.

„Ja“, antwortete das Kind, „ein Bettler.“

„Hast du die Kette vorgelegt?“

„Ja!“

Der Hauslehrer fiel in Schweigen.

„Soll ich weiterlesen?“

„Horch!“

„Spielen wir?“, lächelte der Kleine unsicher.

Der junge Mann sah ihm nachdenklich ins Gesicht.

„Ja!“, sagte er nach einer Weile. „Spielen wir, es wäre jemand in der Wohnung!“

„Und wer?“, rief der Kleine freudig.

„Einer“, sagte der Hauslehrer, „den wir fürchten.“

„Der Bettler?“

„Ja, der Bettler! Wir wollen ihn suchen gehen.“

Als der Hauslehrer die Hand in die seine legte, fühlte der Kleine, dass sie kalt und feucht von Schweiß war. Sie gingen auf den Fußspitzen, öffneten leise die Türen und sahen in alle Ecken. Das Licht draußen ließ nach, und in den Zimmern begann es schon zu dunkeln. Nur noch die Rahmen der Bilder glänzten von den Wänden. Im Salon hielt der junge Mann inne, ließ die Hand des Kleinen fallen und legte den Finger an den Mund.

„Wo ist er?“, rief der Kleine. Seine Wangen glühten vor Eifer.

„Hörst du ihn nicht?“, flüsterte der Hauslehrer.

„Wo?“

„Nebenan!“

„Was sagt er?“

„Er droht!“

Der Kleine stürzte hinaus, riss den Mantel seines Vaters vom Kleiderständer und schrie: „Ich habe ihn, ich habe ihn!“ Dann schlüpfte er in den Mantel und schleifte ihn hinter sich her.

Der Hauslehrer kam aus dem Salon. Er kam ganz langsam mit kleinen, furchtsamen Schritten auf den Kleinen zu.

„Wir haben ihn!“, rief der noch einmal. „Wir haben ihn!“

„Ach“, sagte der Hauslehrer langsam, „du bist es!“

Sie standen vor dem großen Spiegel, und der Kleine sah, wie das Spiegelbild des anderen die Faust gegen ihn erhob. In dem fallenden Dunkel sah er diese geballte Faust und das blasse, verzerrte Gesicht. Er sprang und lachte laut. So lustig war der Hauslehrer noch nie gewesen! In diesem Augenblick hörte er die Schlüssel im Schloss gehen und erkannte die Gesichter seiner Eltern hinter sich. Und er hörte seine Mutter schreien.

Aber noch als der Hauslehrer, von drei Männern gebändigt, erschöpft, mit Schaum vor dem Mund, in den Rettungswagen geladen wurde, suchte der Kleine ihnen in die Arme zu fallen.

„Aber wir wollten doch nur spielen!“

Und sooft seine Eltern später sagten: „Wenn wir damals nicht rechtzeitig gekommen wären –“, fiel er ihnen zornig ins Wort: „Wir wollten doch nur spielen!“

Und er misstraute den Erwachsenen.

1 Wie versteht ihr den Schlusssatz der Erzählung?

2 Welche Bedeutung haben eurer Meinung nach die Anspielungen auf das Meer zu Beginn (Z. 5–7)?

3 a) Sucht Textstellen heraus, die das Gefühl der Angst andeuten, und ordnet sie:

Angst der Eltern	Angst des Jungen	Angst des Hauslehrers
Z. ...: ...	...	...

b) Ab wann habt ihr beim Lesen um den Jungen Angst bekommen? Nennt die Textstelle und begründet eure Entscheidung.

4 a) Wählt einen Abschnitt der Erzählung Aichingers aus und schreibt ihn zu einer Ich-Erzählung um. Ihr könnt die Perspektive des Jungen oder des Hauslehrers wählen.
b) Vergleicht eure Fassungen in Hinblick auf die Spannung.

Edvard Munch: Der Schrei (1893)

Charles Baudelaire

Spleen (1857)

Wenn tief und schwer der Himmel den Geist, den ächzend von Verdrossenheit geplagten, gleich einem Deckel drückt und ganz den Kreis des Horizonts umfassend uns einen schwarzen Tag herabgießt, trauriger als die Nächte;

Wenn die Erde in einen feuchten Kerker verwandelt ist, wo die Hoffnung, gleich einer Fledermaus, mit scheuem Flügel die Mauern entlangstreicht und mit dem Kopf an fauliges Gebälk stößt;

Wenn Regen in ungeheuren Streifen niederstürzt, den Gitterstäben an einem riesigen Gefängnis gleichend, und wenn ein stummes Volk verruchter Spinnen in unsern Hirnen seine Netze auszuspannen naht,

Dann plötzlich tanzen Glocken wütend auf und schleudern gen Himmel ein grässliches Geheul wie heimatlos verirrte Geister, die eigensinnig ein Gewimmer anstimmen ohne Ende.

– Und lange Leichenwagen, ohne Trommeln und Musik, ziehn in meiner Seele langsam vorbei: Die Hoffnung, die besiegte, weint, und grause Angst pflanzt herrisch auf meinem gesenkten Schädel ihre schwarze Fahne auf.

1 Erarbeitet einen Vortrag des Gedichts „Spleen“, der die dargestellten Gefühle einprägsam wiedergibt.

2 Mit welchen poetischen Mitteln gelingt es Baudelaire, bei den Leserinnen und Lesern intensive Gefühlsreaktionen auszulösen? Unterscheidet verschiedene Formen der Bildlichkeit und der Wortwahl.

3 Erklärt die Bedeutung des Worts „Spleen“. Informiert euch in verschiedenen Lexika über diesen Begriff.

4 a) Im Schlussbild des Gedichts von Baudelaire schwingt die Angst eine schwarze Fahne. Entwerft eine Illustration oder eine Collage zu dem Gedicht.
b) Notiert eure Gedanken zum Begriff „Angst“ in Form eines Clusters: Schreibt den Zentralbegriff in die Mitte und eure Einfälle dazu ringsherum. Umkreist dabei die einzelnen Stichwörter und verbindet sie durch Linien.

5 a) Beschreibt die Stimmung des Bildes von Edvard Munch.
b) Vergleicht das Bild mit dem Schluss des Gedichts.

5.3 Schulangst oder Lebensangst – Ratgeberliteratur

Angst als psychologischer Begriff

Angst Ein Gefühl von Unsicherheit, Erregung und Spannung, das manchmal – nicht immer – mit der Vorstellung einer bedrohlichen, möglicherweise Schmerzen verursachenden Situation verbunden ist, nennt man im allgemeinen Sprachgebrauch Angst. Die Angstreaktion ist ein sinnvolles Stück unserer biologischen Ausrüstung. Wer sich vor Gefahren nicht fürchtet und ihre Wiederholung nicht vermeidet, hat geringere Überlebenschancen. Von dieser begründbaren, an realistisch gesehene Gefahren geknüpften Angst (Realangst, objektive Angst) muss die irrationale, neurotische Angst unterschieden werden. Wer sich ungesichert dicht an einem Abgrund fürchtet hinabzustürzen, wird durch diese Angst in seinen Überlebenschancen gefördert (weil er auf Klettertouren sicher Wert darauf legt, sich rechtzeitig anzuseilen). Wer hingegen bereits auf einer von einem starken, hohen Geländer gesicherten Brücke vor Angst kaum mehr atmen und gehen kann, wird durch diese neurotische Angst ernstlich behindert. [...]
Eine Unterscheidungsmöglichkeit innerhalb der neurotischen Angstzustände ist die zwischen der in einer → Phobie „gebundenen“ und der „frei flottierenden“ Angst. Im ersten Fall werden bestimmte Situationen gefürchtet – allein auf die Straße zu gehen, Plätze zu überqueren, Spinnen, Schlangen, Katzen oder Hunden zu nahe zu kommen. Die frei flottierende Angst hingegen überfällt das Opfer jäh, ohne erlebbaren äußeren Anlass. Erst die psychoanalytische Aufklärung könnte hier möglicherweise einen unbewussten Anlass erschließen. Ein niedriger Grad von Angst kann die Leistungen in manchen Situationen verbessern (in Prüfungen, beim Theaterspielen), während heftige Angst die Leistungsfähigkeit blockiert. Wer Angst hat, neigt meist dazu, sich zu überfordern; er möchte die Angst mit einem großen Schritt loswerden, scheitert daran und klagt am Ende über noch stärkere Angst. [...]
Eine Taktik ist die schrittweise Überwindung, bei der die Angst nie so stark werden darf, dass sie die Leistungsfähigkeit blockiert. Wer Angst vor öffentlichem Reden hat, sollte nicht sofort von sich verlangen, frei zu sprechen, sondern erst einmal dadurch Selbstvertrauen gewinnen, dass er bereits vollständig ausgearbeitete Texte vorträgt. Wenn ihm das mehrmals gelungen ist, wird er sicher eines Tages auch frei sprechen können.

Angstentstehung Kinder fürchten sich oft vor denselben Situationen wie ihre Mütter (Spinnen, Gewitter, Höhe ...). Das neugierig-aktive Kind hat vor allen starken, unvertrauten Reizen zunächst Angst. Es kann diese Angst bewältigen, wenn ihm ein Erwachsener einfühlsam beisteht (das Kind auf dem Arm der Mutter getraut sich, einen Hund zu streicheln oder eine Planierraupe genauer zu betrachten, vor denen es zunächst angstvoll floh). [...]
Neurotische Angst entsteht vielfach dann, wenn die Bezugspersonen des Kindes kein Verständnis für seine Neugieraktivität hatten und – da diese Aktivität das Kind immer wieder in Angstsituationen brachte – es endlich dazu kam, dass die Neugieraktivität selbst von dem Betroffenen mit Angst erlebt wurde. Damit wird die Angst unabhängig von äußeren Reizen.
[...] Neurotische Angst ist also oft die schon dem Sprichwort bekannte „Angst vor der eigenen Courage“.

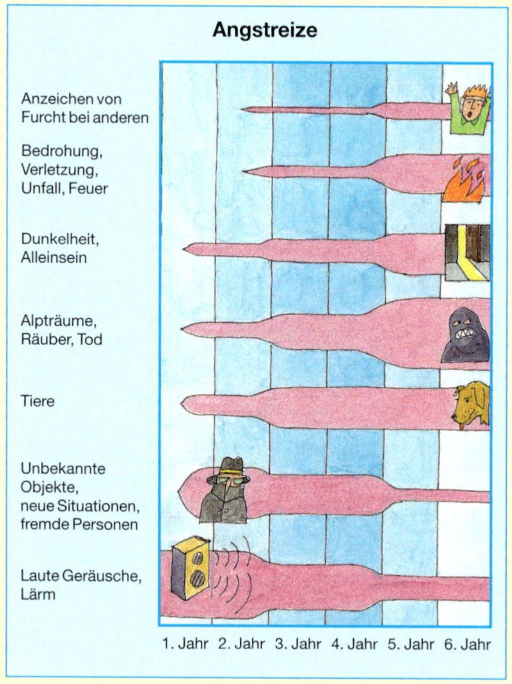

(aus einem Jugendlexikon zur Psychologie)

1 a) Erläutert mit eigenen Worten die Bedeutung des Begriffs „Angst“.
b) Erklärt den Vorgang der „Angstentstehung“:
Das neugierige Kind kann seine Angst bewältigen, wenn ...
Das neugierige Kind entwickelt neurotische Angst, wenn ...

2 Setzt die Informationen der Abbildung zum Entstehen von Angst im 1.–6. Lebensjahr (S. 126) in einen kurzen Lexikon-Artikel um.

3 a) Nehmt ein Din-A4-Blatt quer. Schreibt in die Mitte den Begriff „Angst" und ordnet möglichst viele Angaben der beiden Artikel übersichtlich um den Zentralbegriff herum.
b) Vergleicht eure Schaubilder in Kleingruppen und entwerft ein gemeinsames Ergebnisplakat in jeder Gruppe.

In der folgenden Tabelle findet ihr eine Reihe von Begriffen zum Grundwort „Angst".
Sie bezeichnen als **Unterbegriffe** besondere Formen der Angst:

Versagensangst	Angst, man könnte versagen
Verlustangst	Angst vor Verlust/um einen lieben Menschen
Todesangst	Angst vor dem Tod/um das Leben
Lebensangst	Angst vor dem Leben
Schulangst	Angst vor/in der Schule (vor Lehrern und Mitschülern)
Höhenangst	Angst vor großer Höhe

4 Welche anderen Erscheinungsweisen von „Angst" kennt ihr? Nennt und beschreibt sie mit typischen Beispielen.

5 Erfindet kleine Szenen, in denen der Allgemeinbegriff „Angst" durch den genaueren Unterbegriff ersetzt werden kann.

In der Psychologie werden verschiedene Erscheinungsweisen von „Angst" unterschieden:

Angst 1: ängstliches Wesen, Besorgtheit, allgemeine Unsicherheit (ein ängstlicher Mensch, der ständig befürchtet, dass sein Auto die Fahrt in den Urlaub nicht übersteht)

Angst 2: konkrete Furcht bei einem bestimmten Ereignis (Angst vor einem Einbrecher, den man im Hausflur überrascht)

Angst 3: allgemeines Lebensgefühl, Katastrophenstimmung (Angst vor der ökologischen Katastrophe, Angst vor AIDS und Krebs, Angst vor dem Atomtod)

Angst 4: Körpergefühl der Beklemmung, Lähmung, Zittern, Schweißausbruch, Panikgefühl, Desorientierung des Sehvermögens und des Gehörs (somatische Angst)

6 Sucht möglichst viele unterschiedliche Verwendungen des Begriffs „Angst" in verschiedenen Ratgebertexten eurer Wahl, z. B. in Zeitschriften. Schreibt die Textstellen als Zitate heraus (oder schneidet sie aus) und gestaltet ein Poster damit. Klebt dazwischen auch Bilder mit Menschen, deren Gesicht oder Körperbotschaft auf „Angst" schließen lassen.

7 Ordnet eure Textstellen den vier Typen von Angst zu. Von welchen Angstarten habt ihr viele, von welchen wenige (oder keine) Beispiele gefunden? Könnt ihr Gründe dafür angeben?

Fallbeispiele „Schulangst“

Will man jemandem seine Angst nehmen, so lässt man häufig eine schwerere Art der Angst in eine leichtere übergehen, gegen die man ein Mittel anbieten kann.
In der Ratgeberliteratur zur Psychologie der Angstbewältigung liest man Fallbeispiele, die Mut machen sollen:

Daniel Goleman

Angst vor der Klassenarbeit

Ein Erwachsener erzählt rückblickend:

„Ich war nur einmal in meinem Leben von Furcht gelähmt. Der Anlass war eine Mathematikarbeit, auf die ich mich aus irgendwelchen Gründen nicht vorbereitet hatte. Ich weiß noch, wie ich an diesem Frühlingsmorgen mit einem Gefühl des nahenden Verhängnisses im Herzen die Klasse betrat. […] Mein Blickfeld verengte sich auf das Stück Fußboden unmittelbar vor mir. Als ich den blauen Deckel des Heftes aufschlug, dröhnte der Herzschlag in meinen Ohren, und in der Magengrube spürte ich Angst. […] Eine Stunde lang starrte ich auf diese Seite, und in meinem Kopf überschlugen sich die Gedanken an die Folgen, die ich würde erdulden müssen. Ich saß reglos da, wie ein Tier, das mitten im Lauf durch Curare[1] gelähmt worden war. Was mir an diesem schrecklichen Moment am meisten auffällt, war, wie sich mein Denken verengte. […] Ich saß einfach da, fixiert auf meine Angst, und wartete, dass die Qual endlich vorüberginge.“

1 **Curare:** Pfeilgift, das die Atemorgane lähmt

Der Ratgeber kommentiert den Fall so:

- Diese Schilderung ist für mich ein überzeugender Beweis für die verheerende Wirkung der Angst auf die geistige Klarheit. Die Kraft der Gefühle (das emotionale Gehirn) überwältigt das denkende Gehirn.
- Starke negative Emotionen fesseln die Aufmerksamkeit und machen es schwer, sich auf etwas anderes zu konzentrieren.
- Besorgtheit – der Kern aller Angst – belastet einen Menschen so lange nicht, wie sie ihn zu konkreten Überlegungen anregt. Angst als Achtsamkeit auf eine mögliche Gefahr ist sogar hilfreich.
- Gefährlich wird es hingegen, wenn Besorgtheit zu einem Dauerzustand wird, die Sorgen sich endlos im Kreis drehen, einer positiven Lösung kein bisschen näher kommen. Die Besorgtheit läuft Amok.
- Die Angst kommt in zwei Formen vor, einer kognitiven, bei der man sich sorgenvolle Gedanken macht, und einer somatischen, bei der die körperlichen Symptome der Angst wie Schwitzen, Herzrasen oder Muskelspannung auftreten. Im Falle der Klassenarbeit ist ein Übergang von der kognitiven zur somatischen Angst zu beobachten.
- Kognitive Ängste kann man dadurch abbauen, dass man sich durch Entspannungsübungen von den aufdringlichen Gedanken löst. Man verlagert einfach die Aufmerksamkeit.
- Das ist dann unmöglich, wenn die Besorgtheit zu so etwas wie einer Sucht wird, die sich selbst verstärkt.

Der Erzähler des „Falls“ nennt einen konkreten Anlass (er hat nicht gelernt). Auch wenn er seine Angst körperlich spürt, wird sie mit der auslösenden Situation verschwinden.

- Wiederholen sich vor der nächsten Klassenarbeit aber ohne erkennbaren Grund die gleichen Angstzustände, so ist er in den Zirkel der sich selbst erzeugenden Angst eingetreten.
- Dann muss man über die tieferen Ursachen dieser Ängste nachdenken und versuchen, seine Denkgewohnheiten zu ändern.
- Dazu gibt es zwei Strategien.
  Die eine besteht darin, dass man lernt, die Gedanken, um die das Grübeln kreist, in Frage zu stellen, ihre Gültigkeit anzuzweifeln und an positive Alternativen zu denken.
  Die andere besteht darin, sich zielgerichtet angenehme, zerstreuende Erlebnisse vorzunehmen.

1 Welches Verhalten hat das subjektive Erlebnis in dem Fallbeispiel zur Folge?

2 Erklärt die Bedeutungsunterschiede der Begriffe „Furcht“, „Besorgtheit“ und „Angst“ im Ratgeber-Text.

3 Wie stellt der Autor sich die Bewältigung der Angst vor? Untersucht diese Frage genau, indem ihr prüft, von welcher Art von Angst er jeweils spricht.

4 Entwerft selbst eine „Erfolgsgeschichte“, in der eine der beiden vorgeschlagenen Strategien einem Angstpatienten geholfen hat.

Ärger mit der Lehrerin (1)

Mittags: Der Sohn (Klasse 11) kommt eben aus der Schule nach Hause und erscheint in der Küchentür. Er kocht vor Wut. Beide Hände in den Hosentaschen läuft er hin und her.

SOHN: Ich hab mich heute furchtbar über die Deutschlehrerin geärgert.

MUTTER: Wieso denn?

SOHN: Mitten im Unterricht. Wir sprechen gerade über so ein hochgeistiges Gedicht. „Grenzen der Menschheit“ oder so. Da hab ich gemeint, das wären doch eigentlich ziemlich banale Gedanken. Klar, dass ein Mensch seine Grenzen hat. Da hat sie mich vor der ganzen Klasse abgekanzelt. Ich könnte eben nicht denken. Diese arrogante Ziege. Blöd ist sie, wie ihr blöder Goethe.

MUTTER *(klopft das Schnitzel)*: Und was hast du gesagt?

SOHN *(ärgerlich)*: Gar nichts. Was soll ich denn schon sagen in so 'ner Situation? Soll ich mich vielleicht da rumstreiten?

MUTTER *(belehrend)*: Das ist eben dein Fehler. Du regst dich auf, aber du sagst nichts. Du musst eben sachlich, aber bestimmt sagen, was du denkst. Aber da müsstest du eben ein bisschen selbstbewusster sein und dich auf die Diskussion einlassen. Oder hast du vielleicht Angst, weil du ja nicht gerade gut bist in Deutsch?

SOHN *(wütend)*: *Du* hättest das natürlich richtig gemacht. Starke Frau Mutter, dass ich nicht lache. Hör bloß auf.

MUTTER *(beleidigt)*: Wenn dir an meinem Rat nichts liegt, brauche ich ja auch gar nichts zu sagen. Aber lass mich dann auch mit deinem Schulfrust in Ruhe. Du könntest dich vielleicht mal fragen, *warum* du dich so aufregst.

SOHN *(verlässt türenschlagend die Küche und schließt sich in seinem Zimmer ein)*.

Ärger mit der Lehrerin (2)

Am Abend: Der Sohn trifft im Bistro seine Freundin aus der Klasse 9. Sie reden über Freunde.

ER *(zuerst eher beiläufig, dann echt wütend)*: Da biste echt machtlos. Die blöde Kuh, die Deutschlehrerin. Mitten im Unterricht. Wir sprechen gerade über so ein hochgeistiges Gedicht. Sie kriegt sich nicht ein von wegen tiefer Philosophie. Da hab ich gemeint, das wäre doch eigentlich 'n ganz öder Gedanke. Klar, dass ein Mensch seine Grenzen hat. Da hat sie mich vor der ganzen Klasse runtergemacht. Ich könnte eben nicht denken. Die und „ich nicht denken"! Diese arrogante Ziege.

SIE *(ärgert sich auch)*: Mich hat sie auch schon mal so runtergemacht. Richtig Angst kann man vor der kriegen, wenn sie einen so abstempelt. Da wäre ich auch wütend. Und was hast 'n du gemacht?

ER *(eher etwas verlegen)*: Das ist es ja eben. Nichts hab ich gesagt. Da fällt einem einfach nichts ein. Jetzt würde ich ihr sagen, dass sie doch mal bitte erklären soll, wo da der Tiefsinn liegt, „Grenzen der Menschheit".

SIE *(eifrig)*: Cool. Man müsste sie zwingen, mal 'n bisschen präziser zu sein. Aber die schwafeln doch bloß im Deutschunterricht. *(Nach einer Pause, in der er einen Schluck Cola nimmt)*: Ich möchte mal wissen, was die sich davon verspricht, sich so zu verhalten ... Man müsste sie selbst mal blamieren!

ER *(nachdenkend)*: Wie kann man der nur beibringen, dass sie einen nicht so abmeiert?

SIE: Ach, lass es doch einfach so laufen. Sag einfach nichts mehr, dann kann sie ihren Unterricht allein machen.

ER: Vielleicht red ich aber doch mal mit ihr. Ich lass mich nicht einschüchtern. Sie quatscht sonst auch immer von „Metakommunikation" und so. Bei nächster Gelegenheit werde ich ihr sagen: Frau Doktor, jetzt machen wir mal konkret Konfliktmanagement. Und sprechen mal über Ihre Art, wie Sie Schülern Angst machen, überhaupt in Ihrem Unterricht was zu sagen.

SIE: Ja, mach das. Das wird heiß.

1. Spielt die Szenen nach: Welche Anzeichen für die Gefühle der Beteiligten könnt ihr an Mimik und Gestik „sehen"?

2. a) Welche Gefühle sind offen, welche versteckt bei dem Schüler, bei seiner Mutter und bei seiner Freundin im Spiel? Diskutiert über eure Eindrücke und beschreibt dann möglichst genau die Gefühlslage des jungen Mannes.
   b) Entscheidet auf Grund eurer Diskussion über die versteckten Gefühle, ob der junge Mann das Gespräch mit der Lehrerin tatsächlich führen wird.

3. Untersucht die beiden Gespräche im Vergleich und versucht zu klären, warum das erste in Streit, das zweite versöhnlich endete. Benutzt dazu die folgenden Gesichtspunkte:
   - **Gesprächseröffnung:** Wie beginnt jeder der Partner seine Gesprächsbeiträge?
   - **Inhaltsaspekt:** Worüber wird geredet?
   - **Beziehungsaspekte:** Wie gehen die Gesprächspartner miteinander um?
   - **Gesprächszentrum:** Was ist das zentrale Thema, worum geht es dem Sprecher in erster Linie?
   - **Dramatisierung:** Welche „Stationen" einer Gesprächsentwicklung kann man in den Gesprächen unterscheiden?
   - **Ich-Botschaft:** Was sagt der Sprecher über sich selbst, z. B. seine Gefühle, seine Bewertungen?
   - **Du-Botschaft:** Was sagt der Sprecher dem anderen, was er tun soll, was er von ihm erwartet?

4. Erfindet ein ähnliches Doppel-Gespräch, das im Schul-Alltag zwischen Schülerin/Schüler und Lehrerin/Lehrer stattfinden könnte.

6 Öffentlicher Sprachgebrauch – Texte in Medien und Umwelt

6.1 Lesarten einer Stadt

Sprache in der Stadt wahrnehmen – Zeichen, Wörter, Sätze, Texte

Friedrich Christian Delius

Adenauerplatz (1)

In dem Roman „Adenauerplatz" (1984) von F. C. Delius begegnen wir dem Deutsch-Chilenen Felipe Gerlach, der in einer bundesdeutschen Großstadt als politischer Flüchtling lebt. Er arbeitet dort rund um den Adenauerplatz als Nachtwächter unter dem Kodenamen „Leo acht". Ihm und seinen Freunden könnt ihr in diesem Kapitel durch die Stadt folgen.

Bin jetzt am Adenauer, meldete Leo acht der Zentrale und prüfte sein Revier. Mittelhohe Hochhäuser, in der Nachkriegszeit eilig hinzementiert, standen neben Neubauten der Siebzigerjahre, die mit metallischen Fassaden und abweisendem Glas prunkten. Auf den teuersten Verkaufsflächen zwischen Banken und Kaufhäusern spreizten sich die Läden der Optiker, Jeans-Großverkäufer, der Apotheker und Fernsehhändler. Pelzhaus, Modepalast, Einkaufsparadies, das war der Dreiklang der Glücksversprechen. Die großen Geschäftsbauten waren bis unters Dach belegt mit den Büros der Krankenkassen, Werbeagenturen und Handelskammern, mit Praxisräumen und Verwaltungsnebenstellen. Über allem prangten die Leuchtschriften der Versicherungsgesellschaften, die, nur durch einen typischen Schriftzug und eine bestimmte Farbe unterschieden, an allen Gebäuden die gleiche Sicherheit versprachen. Auch die Banken hatten für ihre Leuchtbuchstaben und Signets besondere Farben gepachtet und halfen mit, den Platz mit seiner grellen, vom Geldwahn inspirierten Architektur in die Schale bunten Neonlichts zu rücken. Der Adenauer, wie die Einheimischen sagten, bot kein Denkmal zum Anschauen und keine Bank zum Sitzen. Die Bäume waren längst aus der Erde gerissen, das Gesträuch in der Mitte des Verkehrsknotenpunkts weggehackt. Hier pflegten die städtischen Gärtner die Steine und die Blumenkübel am Anfang der Fußgängerstraßen. Der Platz war scheußlich, sonst nichts. Als einziges nicht käufliches und nicht zum Kauf aufforderndes Ding leuchtete die Normaluhr über einem der U-Bahn-Eingänge. Inmitten der zusammengedrängten Asphaltstraßen und der geschminkten Gebäude wirkten das schlichte Zifferblatt und der unbestechliche Takt der Zeiger beinah wie ein Stück Natur.

Aus mehreren Richtungen schossen die Autos heran, hielten in Doppelreihen lärmend vor den Ampeln und stürzten weiter um die Ecken zum nächsten Rotlicht. Hier trafen die U-Bahnen die Straßenbahnen und die Busse die Busse.

1 Welchen Bezug zu der Stadt hat Felipe gewonnen? Stellt verschiedene Eindrücke zusammen und zeigt seine Gefühle an unterschiedlichen Formulierungen.

2 Sammelt verschiedenartige Beobachtungen in dem Auszug aus „Adenauerplatz“ (S. 131):
a) Wo handelt es sich um konkrete Wahrnehmungen, die Felipe sehen kann (Dinge, Personen usw.)?
b) Wo handelt es sich um Beobachtungen, die nur durch sprachliche Information möglich sind: etwas, das Felipe nur durch Lesen wissen kann?

Was man konkret in der Stadt beobachten kann	Was man durch sprachliche Information weiß
Hochhäuser – Neubauten – metallische Fassaden – ...	Banken – ...

3 Zeichnet und schreibt Schilder, Hinweistafeln usw., die Felipe im Stadtbild gesehen haben muss, damit seine Beobachtungen so notiert werden konnten, wie sie im Text vorliegen.

4 a) Untersucht an den Bildern, welche sprachlichen Elemente uns in einer Stadt begegnen. Unterscheidet
- verschiedene Medien und Inhalte,
- einzelne Zeichen, Wörter und Sätze,
- verschiedene grammatische Mittel.

b) Formuliert jeweils in kurzen Texten aus, was die Zeichen und Wörter bedeuten.
c) Stellt fest, an welche Zielgruppen sich die sprachlichen Informationen richten.

Im folgenden Beispiel wurde aus einem Stadtbild (S. 133 oben) die lesbare sprachliche Information herausgezogen:

Markt im Bahnhof	LEBENSMITTEL	nimm's mit
	Einkaufen von früh bis spät 7 Tage in der Woche	Frisches Obst Belegte Baguettes Kalte Getränke Eis und Süßwaren

5 a) Erläutert, wer die sprachlichen Elemente im Straßenbild veranlasst hat („Sender") und an wen sie gerichtet sind („Empfänger").
b) Erstellt selbst eine Skizze, die die sprachlichen Elemente und ihre Anordnung auf den Fotos von S. 132 zeigt.

6 Geht mit eurem Nachbarn/eurer Nachbarin in Gedanken einen Weg entlang, den ihr beide kennt, und notiert und zeichnet aus der Erinnerung alles, was euch unterwegs an sprachlicher Information begegnet.

Sprache untersuchen: Sprachfunktionen

1 Untersucht Unterschiede zwischen verschiedenen sprachlichen Informationen in einer Stadt:
a) Mit welcher **Absicht** sind die Texte, die ihr auf den Fotos seht, öffentlich angebracht worden?
b) Welche Rolle spielen diese Texte für mögliche Leser/innen?
c) Worin bestehen die sprachlichen Unterschiede?

2 a) Untersucht die beiden Fotos: Wodurch unterschieden sich die darauf abgebildeten Texte?
b) Ordnet den Texten auf den Fotos die folgenden **Funktionen** zu:

Information
Gegenstände, Personen, Sachverhalte werden benannt; z. B. Hinweise auf Gegebenheiten, Darstellung von Fakten …

Aufforderung
Man wird zum Handeln, Denken, Mitmachen aufgefordert; z. B. in der Werbung, durch Vorschriften …

Ausdruck
Jemand drückt seine Gefühle, seine Meinung, seine Hoffnung usw. aus; z. B. durch Ich-Aussagen, Protest …

3 Nennt weitere Beispiele für Texte mit einer der drei Funktionen „Information“ – „Aufforderung – „Ausdruck“.

4 An welchen sprachlichen und grafischen Mitteln erkennt ihr die jeweilige Funktion?

Mit dem Begriff „Absicht“ wird die Sicht der Sprecher/innen oder Schreiber/innen auf ihre Texte und Adressaten bezeichnet. Mit dem Begriff „Funktion“ werden die Texte selbst in den Blick genommen. Sie können in Hinsicht auf die Hörer/innen oder Leser/innen eine bestimmte Rolle übernehmen: Ein Text kann informieren oder auffordern oder etwas ausdrücken; dabei hat er meist eine *vorherrschende* Funktion, auch wenn er noch andere Funktionen zugleich zeigt.

5 Erklärt am Beispiel „Ich liebe dich“ (Foto auf S. 133), dass dieser Text eine vorherrschende Funktion hat und zugleich noch andere Funktionen übernimmt.

Kommunikation im Modell

Kommunikationsmodell und Sprachfunktionen

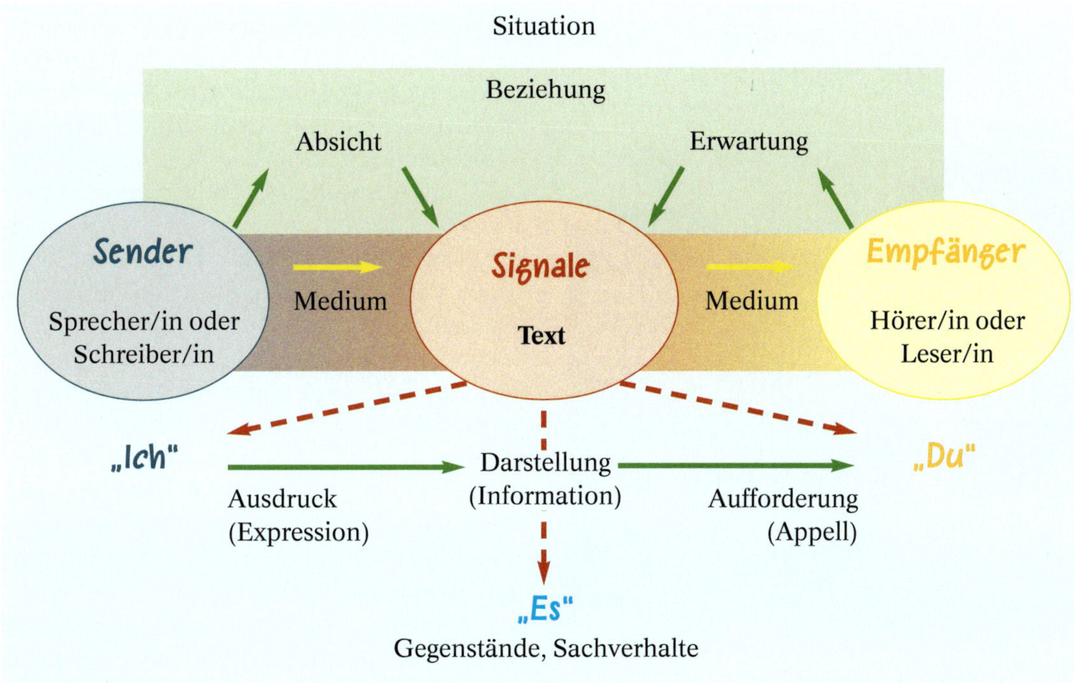

1 Das Modell soll zeigen, wie Kommunikation und Sprache funktionieren.
   a) Erklärt dieses Modell.
   b) Erklärt mit dem Modell, wie öffentliche Kommunikation funktioniert. Dabei könnt ihr euch auf die vorangegangenen Fotos (S. 132–134) beziehen.

2 Untersucht das Umfeld eurer Schule.
   a) Welche öffentlichen Texte findet ihr vor?
   b) Entwickelt skizzenhaft Inschriften, Hinweisschilder, Aushänge, Plakate, Informationstafeln, Wegangaben, Reklame usw., die man an der einen oder anderen Stelle anbringen könnte.
   c) Präsentiert Beispiele vor der Klasse und erläutert sie mit Hilfe des Modells.

Alfred Döblin

Eine Hand voll Menschen um den Alex

In dem Textausschnitt aus Alfred Döblins Roman „Berlin Alexanderplatz" (1929) folgen wir einer Person beim Gang um den Alexanderplatz.

Am Alexanderplatz reißen sie den Damm auf für die Untergrundbahn. Man geht auf Brettern. Die Elektrischen fahren über den Platz die Alexanderstraße herauf durch die Münzstraße zum Rosenthaler Tor. Rechts und links sind Straßen. In den Straßen steht Haus bei Haus. Die sind vom Keller bis zum Boden mit Menschen voll. Unten sind die Läden.

Destillen, Restaurationen, Obst- und Gemüsehandel, Kolonialwaren und Feinkost, Fuhrgeschäft, Dekorationsmalerei, Anfertigung von Damenkonfektion, Mehl und Mühlenfabrikate, Autogarage, Feuersozietät: Vorzug der Klein-

motorspritze ist einfache Konstruktion, leichte Bedienung, geringes Gewicht, geringer Umfang. – Deutsche Volksgenossen, nie ist ein Volk schmählicher getäuscht worden, nie wurde eine Nation schmählicher, ungerechter betrogen als das deutsche Volk. Wisst ihr noch, wie Scheidemann am 9. November 1918 von der Fensterbrüstung des Reichstags uns Frieden, Freiheit und Brot versprach? Und wie hat man das Versprechen gehalten! – Kanalisationsartikel, Fensterreinigungsgesellschaft, Schlaf ist Medizin, Steiners Paradiesbett. – Buchhandlung, die Bibliothek des modernen Menschen, unsere Gesamtausgaben führender Dichter und Denker setzen sich zusammen zur Bibliothek des modernen Menschen. Es sind die großen Repräsentanten des europäischen Geisteslebens. – Das Mieterschutzgesetz ist ein Fetzen Papier. Die Mieten steigen ständig. Der gewerbliche Mittelstand wird auf das Pflaster gesetzt und auf diese Weise erdrosselt, der Gerichtsvollzieher hält reiche Ernte. Wir verlangen öffentliche Kredite bis zu 15 000 Mark an das Kleingewerbe, sofortiges Verbot aller Pfändungen bei Kleingewerbetreibenden. – Der schweren Stunde wohlvorbereitet entgegenzusehen ist Wunsch und Pflicht jeder Frau. Alles Denken und Fühlen der werdenden Mutter kreist um das Ungeborene. Da ist die Auswahl des richtigen Getränks für die werdende Mutter von besonderer Wichtigkeit. Das echte Engelhardt-Karamellmalzbier besitzt wie kaum ein anderes Getränk die Eigenschaften des Wohlgeschmacks, der Nährkraft, Bekömmlichkeit, erfrischenden Wirkung. – Versorge dein Kind und deine Familie durch Abschluss einer Lebensversicherung einer schweizerischen Lebensversicherung, Rentenanstalt Zürich. – Ihr Herz lacht! Ihr Herz lacht vor Freude, wenn Sie ein mit den berühmten Höffner-Möbeln ausgestattetes Heim besitzen. Alles, was Sie sich an angenehmer Wohnlichkeit erträumten, wird von einer ungeahnten Wirklichkeit übertroffen. Wie auch die Jahre entschwinden, wohlgefällig bleibt dieser Anblick, und ihre Haltbarkeit und praktische Verwendbarkeit erfreuen immer von neuem. Die Schließgesellschaften beschützen alles, sie gehen herum, gehen durch, sehen hinein, stecken Uhren, Wachalarm, Wach- und Schutzdienst für Groß-Berlin und außerhalb, Wachbereitschaft Deutschland, Wachbereitschaft Groß-Berlin und ehemalige Wachabteilung der Wirtsgemeinschaft Berliner Grundbesitzer, vereinigter Betrieb, Wachzentrale des Westens, Wachgesellschaft, Sherlock-Gesellschaft, Sherlock Holmes' gesammelte Werke von Conan Doyle, Wachgesellschaft für Berlin und Nachbarorte, Wachsmann als Erzieher, Flachsmann als Erzieher, Waschanstalt, Wäscheverleih Apoll, Wäscherei Adler übernimmt sämtliche Hand- und Leibwäsche, Spezialität feine Herren- und Damenwäsche.

3 a) Klärt, wo die Person konkrete Sachverhalte und wo sie sprachliche Informationen wahrnimmt.
b) Bestimmt für die Textteile, in denen es um Sprachliches geht, welche vorherrschende Sprachfunktion (Ausdruck, Information, Aufforderung) jeweils zu erkennen ist.
c) Welchen Eindruck von der Stadt vermittelt diese Mischung aus konkreten und sprachlichen Wahrnehmungen?

6.2 Empfindungen ausdrücken – Informieren – Auffordern

Expressionen: Empfindungen und Meinungen in Graffiti ausdrücken

Friedrich Christian Delius

Adenauerplatz (2)

In dem Roman „Adenauerplatz" lernt der Wachmann Felipe Gerlach auch die sozialen Probleme in einer deutschen Stadt kennen. Bei einem Rundgang erlebt er Folgendes:

Lügt!, stand in großer, schwarzer Schrift auf der Backsteinwand. Die Buchstaben waren krumm und eilig hingesprüht, der Querstrich des t verrutscht, aber das Wort war auf den hellen Steinen neben dem Seiteneingang des Arbeitsamts gut lesbar. Die Aufforderung war nicht neu, sie galt auch nicht nur den Arbeitslosen, sie war an vielen Ecken der Stadt zu finden, auf Ampelschaltkästen und öden Wänden: Lügt! ... Schreit! Ich! Hier, vor den wilhelminischen Mauern des Amtsgebäudes, hatte der einsilbige Imperativ einen besonderen Überraschungseffekt. Oder war er eine Verhöhnung der Arbeitslosen? Nein. Die Weisheit der neuen Parole leuchtete Felipe jedes Mal wieder ein, ihm, der sich einmal für einen Wahrheitsfanatiker gehalten hatte. Er hatte es nicht nötig zu lügen, jetzt nicht. Er hatte zu arbeiten, das Arbeitsamt lag am Eckpunkt seines Reviers und forderte die ganze, die verlogene Aufmerksamkeit. Das Amt wurde erweitert, ein neuer Trakt, anderthalbmal so groß wie das alte Gebäude, wurde angebaut, und der Wachmann Gerlach hatte die Baustelle zu kontrollieren.

Er öffnete mit einem Schlüssel das Bautor, schloss hinter sich ab, nahm die Taschenlampe und stieg über Bohlen, an Steinschutt vorbei, in den Neubauteil hinein. Es war verboten, die Baustelle zu betreten, das übliche Verbot, das angeblich Penner und kleine Diebe anlockte. Er hatte noch keinen Menschen hier getroffen, allerdings war er erst seit zwei Wochen für dieses Objekt eingesetzt.

1 Erklärt die Funktion des Graffito „Lügt!".

2 Berichtet von Graffiti, die ihr kennt:
  a) Wo findet man sie besonders?
  b) Aus welchen Gründen werden sie angebracht?
  c) Welche Arten von Graffiti kann man unterscheiden?
  d) Zu welchen Problemen führt das Graffiti-Sprühen?

3 Untersucht die folgenden Graffiti (S. 138/139):
  a) Stellt Gruppen nach **Themen** zusammen und erläutert die Aussagen.
  b) Welche **grafischen Mittel** werden verwendet, z. B. „Tags" (Namenskürzel), Symbole, Bilder ...?
  c) Untersucht die **sprachlichen Mittel:** Wortwahl, Satzbau, Anspielungen ...
  d) Welche **Sprachfunktionen** (s. S. 134) könnt ihr erkennen?
  e) Unterscheidet Graffiti, die von den meisten Menschen akzeptiert, und solche, die von einer Mehrheit abgelehnt werden. Nennt Gründe für die Ablehnung von Graffiti.

1
Bild macht Blöd
in danke
lügt

2
POST
Johannisplatz
Kinder,
Küche,
Kaufen

3

4
KALTE Fassade
Kalte Gefühle

5
STRESS

6
MORGEN TINA

7

8
Scheiß
Sprüher

9

10

11

12

13

14

15

„Keinem Bundesbürger können die Signale an den Häuserwänden entgangen sein. Sie sind Hilferuf, Aufforderungen, Spott, Zurufe, Drohungen. Sie sind Schlusspunkt. Wer sein Ausdrucksbedürfnis an der Wand enden lassen muss, hat keinen Gesprächspartner oder will keinen. Graffiti sind die Überschriften einsamer Monologe."

Rheingold

Graffitis

Unter Straßenbrücken,
überall ist Platz,
an tristen Häuserwänden,
für 'nen klugen Satz.
Unsre Städte brauchen mehr Farbe am Bau,
wir sprühn umsonst buntes Leben ins Grau.

Refrain: Bunte Graffitis,
kreuz und quer durch die Citys,
viele bunte Graffitis.

Der Himmel ist blau,
und die Bäume sind grün.
Das ist Grund genug,
grauen Beton bunt zu sprühn.
Mal gold, mal gelb, mal grün, mal blau,
wir sprühn umsonst buntes Leben ins Grau.

Refrain.
Refrain
Zwischenspiel.
Refrain.

Graffiti (ital. >graffito< = gekratzt): das Graffito, ursprüngl. in Putz eingekratzte Inschriften und Zeichnungen, 1967 ins Englische und Amerikanische übernommen; das ital. Plural-i auch im Deutschen umgangssprachlich in der Singular-Endung. Sammelbezeichnung für subkulturelle In-Schriften und Auf-Schriften auf Außenmauern und Innenwänden – *Writer* und *Sprayer* „schreiben" die Graffiti; *Tags* sind die geschriebenen Namenszüge (Signaturen); *Pieces* sind die Kombination der Grundformen: Wörter in einer ornamentalen Schrift; Bilder und Symbole; die **Geschichte** lässt sich bis in prähistorische Wandzeichnungen zurückverfolgen; moderne Entstehungszentren sind die Großstädte und ihre sozialen Gettos (New York, München, Wien ...); die **Rechtsprechung** zu Graffiti und Sprühaktionen zeigt lokale Unterschiede: Im Konflikt stehen die Grundsätze der freien Meinungsäußerung und der Schutz des Eigentums vor Sachbeschädigung. Gefasste Sprüher müssen in jedem Fall mit der Übernahme der Kosten für die Beseitigung rechnen, hinzu kommen ggf. Geldbußen und höhere Strafen (vor allem bei Beschädigung von Kulturgütern und öffentlichen Einrichtungen); inzwischen werden häufig Flächen angeboten für das legitime Anbringen von Graffiti; Graffiti erlangten als **Kunstform** auch Zugang zu Museen und Galerien (z. B. Keith Haring) und wurden Gegenstand wissenschaftlicher Untersuchungen.

„Mit den Graffiti kehrt die sprachliche Fantasie wieder. Zu den auffälligen Merkmalen der Graffiti gehört ihr Witz. Das ist die Frechheit des einzelnen Ohnmächtigen, der zugibt, schwach zu sein, und sich trotzdem nicht scheut, das Maul aufzutun."

„Das Problem sind besonders die Tags. Überall schmiert jemand seine Namenszüge hin, nur um zu zeigen: Ich bin da! Oder: Ich war vor euch schon da! Oder: Ich gehöre auch zur Szene! – Kein Verkehrsschild, kein Bus, kein Fahrkartenautomat, kein Briefkasten, keine Häuserwand wird ausgelassen. Nicht einmal Glasscheiben sind vor eingekratzten Graffiti geschützt. Überall diese Zeichen von Vandalismus, und im Notfall kann man als Ortsfremder nicht einmal erkennen, wohin eine Straße führt, oder als Fahrgast seine Fahrkarte lösen. Da hört der Witz auf!“

Lusthansa

Traumspray

Abends zieht er wieder los,
er sprüht wirklich ganz famos,
er malt die Welt kunterbunt an,
da freut sich so manch einer dran.
Jede graue Mauer, jede Betonwand
kriegt erst ein bisschen Leben durch seine geniale Hand.

Mal schreibt er einen sarkastischen Spruch,
mal sprüht er ein ganzes Bild,
er malt auch Karikatur'n
auf so manches Verbotsschild.
Jede graue Mauer, jede Betonwand
kriegt erst ein bisschen Leben durch seine geniale Hand.

Refrain: Das ist die Geschichte
vom einsamen Träumer.
Er malt die Welt kunterbunt an,
weil man in ihr nicht mehr leben kann.

Jede Nacht ist er auf Tour,
die Polizei ist ihm längst auf der Spur.
Und trifft man ihn mit dem Spray in der Hand,
so sagt er nur: „Das ist mein Deodorant."
Neulich haben sie ihn doch erwischt,
jetzt steht er vor Gericht.
Doch Knast ändert nichts dran,
er sprüht weiter, wo er nur kann.
Jede graue Mauer, jede Knastwand
kriegt erst ein bisschen Leben durch seine famose Hand.

Sprayer muss nun amtlich sprühen

Darmstadt –Zur Strafe für Graffiti auf einer Straßenbahn muss ein 18-Jähriger das Kreisjugendamt in Darmstadt verschönern. Diese Arbeitsauflage hat das Amtsgericht Darmstadt verhängt. Für die Gestaltung eines Treppenaufgangs und einer Kinder-Warteecke veranschlagt das Amt etwa 30 Stunden. Die dazu notwendigen 90 Spraydosen in 30 Farben stellt der Kreis. Die Motive habe sich der 18-Jährige amtlich absegnen lassen müssen. (dpa)

4 Wertet die verschiedenen Texte und Statements zu Graffiti aus: Welche Vorzüge, welche Probleme werden angesprochen?

5 a) Nehmt selbst Stellung zum Graffiti-Schreiben anhand der Beispiele auf S. 138/139: Was haltet ihr von dieser Form der öffentlichen Äußerung?
b) Diskutiert eure Statements.

6 Entwerft eigene Graffiti mit bunter Kreide, Filz- oder Wachsstiften auf Tapetenrollen oder Ähnlichem. Erprobt verschiedene Schreibtechniken.

Informationen: Nachrichten und Kommentare in Zeitungen

Friedrich Christian Delius

Adenauerplatz (3)

In dem Roman „Adenauerplatz“ nimmt Anke, Felipe Gerlachs Freundin, an der feierlichen öffentlichen Vereidigung junger Bundeswehrsoldaten in einem Stadion teil, denn ihr Bruder ist unter ihnen. Mit der Veranstaltung will die Bundeswehr zeigen, dass sie ihren festen Platz in der Demokratie hat und den Bürgern dient. Bei dieser Gelegenheit versuchen aber Mitglieder der in den 80er-Jahren aktiven „Friedensbewegung“, die gegen Rüstung und gegenseitige Bedrohung der Weltmächte eintritt, zu stören. – Anke arbeitet als Archivarin und muss Zeitungsberichte über wichtige Ereignisse zusammenstellen.

Die Stehplätze im weiten Rund waren mit Soldaten gefüllt, die als Zuschauer abkommandiert waren. Auch wehrhaft begeisterte Bürger waren zugegen, die an diesem Abend etwas erleben wollten, ein erhebendes Schauspiel, eine Demonstration gegen die Friedensschwätzer, ein Wonnegefühl gemeinsamer Stärke. Vor der Tribüne und im Stadionrund waren Feldjäger auf dem Posten, Gesicht zum Publikum.
Das Stadion war zum militärischen Sicherheitsbezirk erklärt worden, da brauchten die Polizisten des Heeres mit den erwarteten Wehrdienstgegnern nicht lange zu fackeln. An den Eingängen neben mannshohen Stacheldrahtrollen konnte jeder Besucher lesen: Vorsicht, Schusswaffengebrauch! Trotz aller Absperrungen und Kontrollen waren Störer ins Stadion eingedrungen, leicht zu erkennen an disziplinlosem Gehabe und struppigen Kleidern zwischen den ordentlichen Zuschauern. Der Kompaniechef holte tief Luft, als stehe der Höhepunkt seiner Rede bevor. Diese Soldaten demonstrieren unsere Bereitschaft zum Frieden. Unruhe platzte auf nach diesem Satz, in der Kurve rechts sah Anke die Feldjäger einzelne, zappelnde Gestalten greifen und abführen. [...]
Sie hatte genug gesehen. Sie stand auf, um das Stadion zu verlassen, als die Rekruten im Chor der Bassstimmen den auswendig gelernten Text nachbeteten, dumpf und brummend gelobten, der Bundesrepublik treu zu dienen, als einige junge Leute über die Barriere flankten, über die Aschenbahn und quer über den Rasen stürmten und um die Soldaten herumkurvten, die mit Grabesstimme murmelten: so wahr mir Gott helfe. Der erste Läufer wurde schon auf der Aschenbahn hakenschlagend von den Feldjägern ergriffen, zwei drangen bis zur Fahnenabordnung vor und hätten fast die Bundesfahne zu Boden gezerrt, wenn die Polizeisoldaten, karategeschult, nicht im letzten Moment zugepackt hätten, ein vierter erreichte das Mikrofon und brüllte: Nie wieder Krieg!, und ließ sich dann, nach einer lässigen Drehung, festnehmen.
Alle Störer eingefangen, Arme auf den Rücken gedreht, im Polizeigriff harmlos und schwach. Die Zuschauer atmeten auf, der Skandal war beendet. Die vier wurden gefangen an der Tribüne vorbeigeführt, Beifall. [...] Was wird in der Zeitung stehen? Wie werden sie die wilden Szenen ordnen und für die Mehrheit der Leserschaft zurechtmachen? Einen dicken Strich werden sie durch alles ziehen, Gut und Böse säuberlich trennen. Ein Bericht über die Zeremonie positiv, ein Bericht über die Krawalle negativ. Vielleicht ein Kommentar, aber keine Zusammenhänge, wie immer. [...] Das Verrückte an diesem Geschehen ist nicht mehr rekonstruierbar, und wenn, kein Gedächtnis ist wie das andere, selbst Zeugen und Richter in den anstehenden Prozessen werden die Wahrheit nicht finden und die Journalisten erst recht nicht.
Sie war nicht gut auf die Zeitungen zu sprechen.

[…] Die Wirklichkeit wog so viel wie das Zeitungspapier zwischen den Fingern. Die Unfälle, die Feste, die Verbrechen und Debatten, was gestern noch Nachrichtenwert hatte, was heute die Gerüchte heizte und die Eitelkeit und das Wohlbefinden im längst Bekannten, all das wog schon nichts mehr oder fast nichts, wenn es in ihren Händen unter die Schere fiel. Die Ereignisse wiederholten sich, sie waren vorhersehbar.

1 In diesem Romanauszug wird die Vereidigung aus einer bestimmten, einseitigen **Perspektive** dargestellt. Erläutert, an welchen Textmerkmalen dies erkennbar ist.

2 Schreibt **Zeitungsartikel** über die in dem Romanauszug dargestellten Ereignisse:
a) mit einer Perspektive: aus der Sicht des Kompaniechefs oder aus der Sicht eines Demonstranten,
b) mit dem Bemühen um Objektivität: Ihr wollt den Tatsachen unvoreingenommen und unparteiisch gerecht werden.
- Denkt dazu an den **Nachrichtenstil:** Beschränkung auf Fakten und Vorgänge.
- Baut eure Meldungen nach den Prinzipien des **Lead-Stils** auf (lead, engl.: Spitzenstellung).

Lead-Stil

Schlagzeile

Skater Tim will eine bessere Welt

Untertitel

Jugendzentrum nahm an Videowettbewerb teil

Grundinformation

Bedburg – An einem bundesweiten Videowettbewerb des Gerling-Verlages zum Thema „Eine wünschenswerte Welt“ hat auch eine Gruppe des Kirdorfer Jugendzentrums „Capo“ teilgenommen. 60 jugendliche Filmproduzenten kamen in die Endausscheidung. Mit ihrem Film erreichten die Bedburger den vierten Platz.

Zusatzinformationen

Unter der Leitung von Christian Schneider hatten zwölf Jugendliche im Alter von 13 bis 18 Jahren ihren zehnminütigen Film „Skater Tim“ gedreht. Das notwendige Material wurde gestellt. Ein halbes Jahr hatten die Jugendlichen Zeit, um das Drehbuch zu schreiben, Szenen zu drehen und den Film zu schneiden.

Erzählt wird die Geschichte eines Jungen, der zu einer Skater-Gruppe gehören will. Fehlende Statussymbole, wie die richtige Kleidung und Musik, verhindern die Integration. Diese gelingt ihm erst, als er die Mitglieder der Gruppe beim illegalen Sprühen erwischt und an ihrer Stelle dafür bestraft wird. Seine Aufrichtigkeit wird am Ende belohnt.

„Wir haben diese Videogruppe nicht nur wegen des Wettbewerbs ins Leben gerufen. Zukünftig wollen wir die Bands im Jugendzentrum mit der Kamera begleiten und kleine Videoclips erstellen“, erläutert Leiter Christoph Eisenbarth. *(am)*

3 Untersucht die von euch verfassten Meldungen (Aufgabe 2, S. 143) und erklärt, woran es genau liegt, dass man völlig verschiedene Eindrücke von den Vorgängen erhält.

4 a) Worin sieht Anke in dem Romanauszug „Adenauerplatz (3)“ (S. 142/143) die Schwierigkeiten bei der Berichterstattung über die öffentliche Vereidigung? Führt die von ihr genannten Probleme auf.
b) Schreibt einen **Kommentar** zu den Vorgängen und den zwei vorigen Meldungen aus Ankes Perspektive. Denkt an den **Meinungsstil:** subjektive Sicht und Wertung der Fakten, Problematisierung der Vorgänge, Vermittlung von Hintergründen und Zusammenhängen.

Für die Zeitungsverlage ist die Zielgruppe der unter 30-Jährigen so sehr zur Problemgruppe geworden, dass im Jahrbuch des Bundesverbandes der Deutschen Zeitungsverleger (BDZV) von 1996 bereits eine „strukturelle Unverträglichkeit zwischen Jugend und Tageszeitung“ diagnostiziert wird. Nur 43 Prozent der unter 20-Jährigen lesen noch Tageszeitung, während es in derselben Altersgruppe 1974 noch 61 Prozent waren. Die durchschnittliche Nutzungszeit der Tageszeitung hat sich bei den unter 20-Jährigen in den letzten zehn Jahren von 25 Minuten auf 13 Minuten fast halbiert, das Stöbern in den Anzeigenseiten, die Nutzung der Veranstaltungshinweise und die Sichtung der Werbeanzeigen eingeschlossen. Dagegen schauen sie durchschnittlich rund 50 Minuten länger fern als ihre Altersgenossen im Jahre 1974. 36 Prozent der unter 29-Jährigen sind der Meinung, dass Fernsehen, Radio und Anzeigenblätter zur Information ausreichen, nicht einmal die Hälfte teilt die Auffassung, dass man regelmäßig eine Tageszeitung lesen sollte. Konsequenterweise haben dementsprechend bereits im Jahre 1990 rund zwei Drittel dieser Altersgruppe ihre politischen Informationen ausschließlich aus dem Hörfunk bezogen. Die Zeitungsflucht der jugendlichen Leser liegt zwar im Vergleich mit anderen Altersgruppen im Trend, allerdings sind sie die Trendsetter: Ihre Zeitungsverweigerung, ihr Zweifel an der Glaubwürdigkeit der Printmedien und ihre Abstinenz vom politischen Informationsangebot sind deutlich stärker ausgeprägt als in den anderen Altersgruppen.

5 Übersetzt die im Text angeführten Informationen in eine grafische Darstellung

6 a) Untersucht die folgenden Grafiken und übersetzt sie in informierende Texte: Thema und Gesamtaussage, auffällige Tendenzen, Unterschiede/Gemeinsamkeiten, Extremwerte, Sprünge …
b) Berichtet über die Ergebnisse in einem Text *„Jugendliche als Zeitungsleser“* und nehmt dabei zu einzelnen Befunden aus eurer eigenen Erfahrung kritisch Stellung.

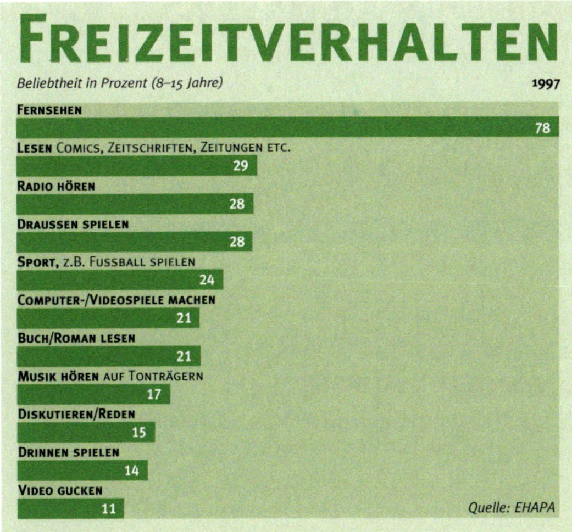

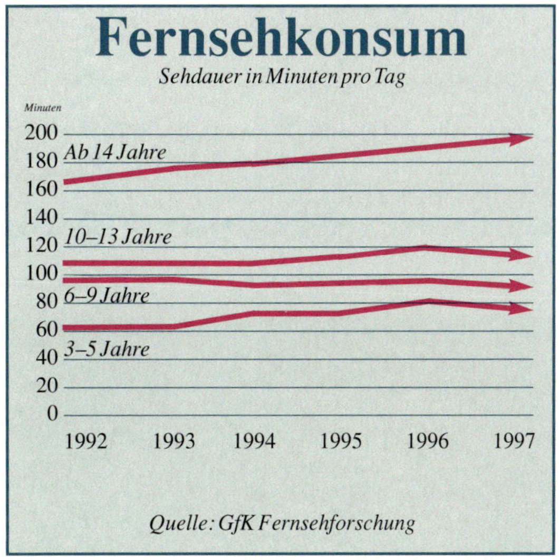

MEDIENNUTZUNG DER KIDS

1.	Fernsehen/Video	160 Min.
2.	Radio	109 Min.
3.	CD/Kassette/Walkman	40 Min.
4.	Bücher	23 Min.
5.	PC	20 Min.
6.	Zeitungen	14 Min.
7.	Zeitschriften	9 Min.

Zeitraum: täglich, Basis: 14- bis 19-Jährige, Stand: 1995

Quelle: Media Perspektiven 1996

WAS IN DER TAGESZEITUNG INTERESSIERT

Lokale Berichte hier aus dem Ort und der Umgebung	85 %
Politische Meldungen und Berichte aus Deutschland *(Innenpolitik)*	58 %
Anzeigen	52 %
Tatsachenberichte aus dem Alltag	45 %
Leitartikel	43 %
Sportberichte, Sportnachrichten	42 %
Leserbriefe	40 %
Politische Meldungen und Berichte aus dem Ausland *(Außenpolitik)*	40 %
Gerichtsberichte, Berichte über laufende Prozesse	36 %
Die Frauenseite *(Mode, Haushaltsfragen, Kindererziehung)*	33 %
Aus dem kulturellen Leben *(Film, Theater, Bücher, Musik, Malerei)*	31 %
Wirtschaftsteil, Wirtschaftsnachrichten	30 %
Aus Technik und Wissenschaft	25 %
Fortsetzungsroman	10 %

Quelle: IfD Allensbach 1996

7 Die Zeitungsmacher haben sich natürlich etwas einfallen lassen gegen die Zeitungsflucht. Untersucht die zwei folgenden Zeitungsseiten:

a) Erklärt an der Titelseite des „Kölner Stadt-Anzeigers" (S. 146), wie Leser/innen angezogen und wie sie auf den Innenteil der Zeitung aufmerksam gemacht werden sollen.

b) Erklärt an der „Düsseldorfer Stadtpost" (S. 147), einer Seite aus dem Regionalteil der „Rheinischen Post", wie die Aufmerksamkeit der Leser/innen geweckt und gelenkt werden soll.

c) Untersucht, welche Textsorten auf den Seiten jeweils zu erkennen sind.

d) Beschreibt, auf welches Leseverhalten die Gestaltung der beiden Zeitungsseiten ausgerichtet ist.

1 Zeitungskopf

Kölner Stadt-Anzeiger

KÖLNISCHE ZEITUNG

UNABHÄNGIG · SEIT 1802 · ÜBERPARTEILICH

Köln, Dienstag, 2. September 1997 *** G 4239 · Ausgabe BG · Nr. 203 · DM 1,30

2 Blickfang

Ein Blumenmeer umgab den Buckingham Palace, die Residenz der Königin in London. Tausende Trauernder und Neugieriger hatten sich im Gedenken an die „Prinzessin des Herzens" eingefunden. (Bild: dpa)

3 Aufmacher

Dianas Fahrer war betrunken

Inoffiziell 1,75 Promille – Tacho blieb auf 196 km/h stehen
Trauerfeier für die Prinzessin in der Westminster Abbey

Paris/London – Der Fahrer des Wagens, in dem Prinzessin Diana und ihr Begleiter Dodi al Fayed tödlich verunglückten, war betrunken. Das teilte die Pariser Staatsanwaltschaft am Montag mit.

Nach inoffiziellen Angaben aus der Ermittlungsbehörde fuhr er mit 1,75 Promille im Blut. Offiziell hieß es, die Blutprobe des bei dem Unfall ebenfalls getöteten Chauffeurs habe einen „strafbaren Alkoholgehalt" ergeben. In Frankreich gilt die 0,5-Promille-Grenze.

Weiteren Aufschluss über den Unfallhergang erhofft sich die Staatsanwaltschaft von dem Leibwächter der Prinzessin, der in der Nacht zu Sonntag als einziger der vier Wageninsassen schwer verletzt überlebte, als der Mercedes 600 gegen einen Betonpfeiler raste. Bei dem Chauffeur handelte es sich um den stellvertretenden Sicherheitschef des Hotels Ritz, wo das Paar zuvor diniert hatte. Er soll an von Mercedes organisierten Fahrkursen teilgenommen haben. Der Tacho des Unglückswagens blieb auf 196 km/h stehen.

Für Diana wird es am Samstag in Westminster Abbey, der Krönungskirche der britischen Monarchen in London, zwar kein Staatsbegräbnis, aber eine „königliche" Trauerfeier geben. „Es wird eine Beerdigung einmaliger Art für eine einmalige Persönlichkeit", erläuterte eine Sprecherin des britischen Königshauses am Montag. Die Zeremonie soll live vom ZDF übertragen werden. Die Prinzessin von Wales wird anschließend in der Familiengruft der Spencers in der mittelenglischen Grafschaft Northamptonshire zur letzten Ruhe gebettet werden. Bis zur Beisetzung werden die Flaggen auf allen öffentlichen Gebäuden Großbritanniens auf halbmast wehen.

In Paris setzte die Kriminalpolizei unterdessen die Verhöre der sieben Sensationsfotografen fort, die dem Auto Dianas gefolgt waren. Die Staatsanwaltschaft stellte in Aussicht, ein Ermittlungsverfahren zu eröffnen, möglicherweise wegen unterlassener Hilfeleistung. Frankreichs Innenminister Chèvenement forderte zu einer „sehr vorsichtigen" Beurteilung der Frage auf, wer für den Unfall verantwortlich sei. Die Fotoreporter seien auf Motorrädern etwa 100 Meter hinter Dianas Limousine gefahren, als diese mit sehr hoher Geschwindigkeit in den Seine-Tunnel gerast war, wo sie gegen einen Pfeiler prallte und sich mehrfach überschlug. Der Vater Dodis, Mohammed al Fayed, verlangte ein Ermittlungsverfahren wegen fahrlässiger Tötung gegen die Paparazzi.

Tausende von Briten und Touristen standen am Montag Schlange, um sich in vier Kondolenzbücher einzutragen, die im St.-James's-Palast auslagen, wohin Prinz Charles den Sarg mit seiner toten geschiedenen Frau hatte bringen lassen. Vor dem Buckingham-Palast und vor dem Kensington-Palast, der letzten Wohnung von Diana, wurde das Meer von Blumengrüßen immer größer.

Als Reaktion auf die Umstände des Todes von Diana begann in vielen Ländern eine öffentliche Diskussion über den Sensationsjournalismus und die Möglichkeiten der Verstärkung des Persönlichkeitsschutzes. Journalistenorganisationen und Politiker in Deutschland verlangten eine neue Debatte über die Selbstverantwortung der Medien. Presserat, Mediengewerkschaften und Verlegerverband warnten aber zugleich vor pauschalen Urteilen über Journalisten und lehnten schärfere Gesetze ab. (dpa, rtr)

7 Querverweise

Seite 2: Noblesse statt Etikette Kommentar)

Das Leben der Prinzessin erinnert an eine griechische Tragödie (Pressestimmen)

Seite 3: Kein Salut für Diana – England trauert, das Protokoll windet sich: Wie begräbt man eine moderne Heilige?

Symbol der Hoffnung: Das Königreich blickt auf Prinz William

Seite 4: Tod im Blitzgewitter
Zeugen berichten über unglaubliche Szenen am Unfallort

Freiheit ohne Grenzen? Die Diskussion um schärfere Pressegesetze

Prominente und ihr Recht aufs eigene Bild
Paparazzi: Immer auf der Jagd nach Sensationen
Die Sehnsucht nach den schönen Reichen

Kölner Lokalteil: „Wir lagen ihr am Herzen" – Beileidskarte der Kölner Aids-Hilfe

Kultur: Die Zeit ist reif für den Mythos

Fernsehen: Tranige TV-Sondersendungen

Jelzin: Beziehung zu Bonn vorrangig

Roman Herzog besucht Moskau als erster Präsident des vereinigten Deutschland

Moskau – Der russische Präsident Boris Jelzin und Bundespräsident Roman Herzog haben gestern die besondere deutsch-russische Partnerschaft hervorgehoben. Zu Beginn des ersten Staatsbesuchs eines Bundespräsidenten in Russland nach der deutschen Wiedervereinigung bezeichnete Jelzin die Beziehungen zu Bonn als die „vorrangigste unter den vorrangigen". Auch mit Hinweis auf den Streit um die „Beutekunst" aus dem Zweiten Weltkrieg sagte Jelzin, es gebe keine unlösbaren Probleme zwischen beiden Ländern.

Bei einem Staatsbankett im Georgssaal des Kreml sagte Jelzin: „Wir sind auf dem Weg zu einer endgültigen historischen Versöhnung." Kardinale Fragen in Europa könnten nicht ohne Russland oder gegen dessen Interessen gelöst werden. Herzog sagte, „Europa und besonders Deutschland brauchen Russland". Beide Völker sollten in Partnerschaft „im gemeinsamen europäischen Haus den Weg ins 21. Jahrhundert gehen."

Die Absicht des Abgeordnetenhauses (Duma), Herzog am Mittwoch für eine Rede nicht das Plenum, sondern lediglich einen Nebenraum zur Verfügung zu stellen, wurde von deutscher Seite nicht als Eklat gewertet. An der Entscheidung sei nichts Spektakuläres, sagte Außenminister Kinkel.

Die Kommunisten hatten sich einem Zeitungsbericht zufolge geweigert, Herzog wegen des Urteils gegen den letzten DDR-Staats- und Parteichef Egon Krenz vor der gesamten Duma sprechen zu lassen. Kommunisten-Chef Gennadi Sjuganow wies zwar am Montag noch einmal auf den Protest der Kommunisten gegen das Krenz-Urteil hin; er stellte aber keinen Zusammenhang zu dem Duma-Auftritt Herzogs her.

Jelzin und Herzog sprachen auch über die Ausreise der Russlanddeutschen. Beide Länder sind an ihrem Verbleib interessiert. Herzog sagte, er habe darauf verwiesen, dass die Religionsausübung bei Ausreise-Entscheidungen eine wichtige Rolle spiele. Dem neuen russischen Religionsgesetz zufolge sollten nur der russisch-orthodoxe, der jüdische, der islamische und der buddhistische Glauben unter den besonderen Schutz des Staates gestellt werden. Die katholische und die protestantische Religion, der sich viele Deutsche in Russland verbunden fühlen, gehörten nicht dazu. Auf Anordnung Jelzins wird diese Regelung derzeit überarbeitet. (rtr, dpa)

Bundespräsident Roman Herzog auf dem Balkon seines Hotels in Moskau, mit Blick auf die Kreml-Mauer. (Bild: dpa)

4 Spitzenmeldung („Eckenbrüller")

Skandal um Fleisch noch größer

NRW fordert Verbot des Exports auch aus Irland

Düsseldorf – Der neueste Fleischskandal wird immer größer: In NRW wurden am Montag weitere 40 Tonnen bereits zu Wurst verarbeitetes verdächtiges Rindfleisch sichergestellt. Zuvor waren bereits 60 Tonnen beschlagnahmt worden. NRW-Umweltministerin Bärbel Höhn (Grüne) forderte ein Exportverbot für britisches Rindfleisch auch aus der Republik Irland. Die Grenze zwischen Irland und dem zu Großbritannien gehörenden Nordirland werde vermutlich als Umweg benutzt, um das im Frühjahr 1996 von der EU verhängte Ausfuhrverbot wegen des Rinderwahnsinns BSE zu umgehen, hieß es. (dpa)

▷ Bericht auf Panorama

Kölner Messe ist zuversichtlich für die Zukunft

Köln – Das Kölner Messejahr 1996 „war geprägt von den Sorgen vor allem unserer deutschen Kunden über die anhaltende, sich sogar noch steigernde Zurückhaltung des privaten Verbrauchs", sagte Kölns Messechef Dieter Ebert. Erstmals ging die Zahl der Teilnehmer aus dem Inland zurück. Dennoch stieg der Umsatz gegenüber dem vom Programm her vergleichbaren Jahr 1994 um acht Prozent auf 350 Millionen Mark. 1997 sollen der Umsatz auf rund 400 Millionen und der Gewinn auf zehn bis zwölf (Vorjahr neun) Millionen Mark zulegen. (wif)

▷ Bericht im Wirtschaftsteil

5 Kurzmeldungen

Einigung über Ostförderung

Düsseldorf – Der Bund und die neuen Länder haben ihren Streit über die Fördermittel für Ostdeutschland beigelegt. Bundeswirtschaftsminister Günter Rexrodt (FDP) und seine Ost-Kollegen vereinbarten, dass die Länder 1997 und 1998 auf Bundesmittel von 200 Millionen Mark verzichten, der Bund wird noch fehlende Mittel von 509 Millionen Mark zeitlich gestreckt bis 2001 zahlen. Die SPD forderte unterdessen grundlegende Änderungen. (rtr)

▷ Bericht auf Seite 5

Spitzen von SPD und FDP billigen Lauschangriff

Kompromiss soll erfolgreicheren Kampf gegen organisierte Kriminalität ermöglichen

Bonn – Die Präsidien von SPD und FDP haben dem von einer Expertengruppe ausgehandelten Vorschlag für den „Großen Lauschangriff" zugestimmt. Der Kompromiss, so die SPD, ermögliche ein wirksameres Vorgehen zur Bekämpfung der organisierten Kriminalität. Der SPD-Delegation unter Führung des Abgeordneten Otto Schily sei es gelungen, verbesserte Maßnahmen zum Zugriff auf kriminell erworbenes Vermögen durchzusetzen. Diese Vorschriften müssten jetzt nach praktischen Erfahrungen weiterentwickelt werden bis hin zur Umkehr der Beweislast, das heißt, der Beschuldigte muss seine Unschuld beweisen. (gmw/my)

▷ Leitartikel auf Seite 2

„Da gibt es nichts, was es nicht gibt"

Ein rockendes Elvis-Telefon, imposante Laser-Projektionen und Music-Clips auf dem Laptop – ein Gang durch die Ifa erschließt zahlreiche mediale Neuheiten.

▷ Fernsehen

Dumm vor Gericht

Viehhändler „Dummse Tünn" bestreitet, in seinem Reitstall eine Zehnjährige missbraucht zu haben.

▷ Köln

Wir und unser Veedel

Der Drang zur Scholle

Vor allem junge Familien zieht's in den Kölner Süden, nicht immer eine Liebe auf den ersten Blick.

▷ Köln

Mit „Sturm" in die neue Theatersaison

Regisseurin Karin Beier und der Reiz des „Eurowelsch" in der Halle Kalk in Köln.

▷ Kultur

Wirren bei Borussia

Jüngster Höhepunkt der Wirren in Mönchengladbach: Präsident Drygalsky bietet Rücktritt an.

▷ Sport

Osten lockt Einkäufer

Handelskonzerne wollen ihre bisher mageren Einkäufe von Ost-Waren bis Ende 1998 verdoppeln.

▷ Wirtschaft

Großer Postraub in Zürich

Unbekannte erbeuteten gestern in einem Postamt in Zürich gut 63 Millionen Mark.

▷ Panorama

Politik. Olympia 2004 würde Südafrika helfen – Interview mit Präsident Nelson Mandela.

Köln. Ford-Mitarbeiter befürchten durch die Neuorganisation „Apo" weniger Selbstständigkeit.

Sport. „Wer zieht Neururer mal die Ohren lang?" Pressestimmen zum 1. FC Köln.

Panorama. Das Ruhrgebiet soll für Kurzurlauber und Städtereisende attraktiver werden.

Erftkreis. Freiwilliger Umweltschutz nach dem EG-Umwelt-Audit ist bei den Betrieben nicht angesagt: Nur zwei nehmen teil.

KOMMENTARE

Leitartikel. Mit dem Großen Lauschangriff wird mehr Sicherheit versprochen, als er bietet.

Kultur. Die Berliner Schaubühne setzt mit der Auflösung des Ensembles ein schlechtes Signal.

6 Inhaltsleiste mit Anreißermeldungen zu verschiedenen Sparten (Ressorts)

DÜSSELDORFER STADTPOST

RHEINISCHE POST

Samstag, 28. März 1992 – Nr. 75

Versteckte Kameras gegen Temposünder – Manche nehmen das nicht ernst

In vier Wochen haben die ersten vier automatisch arbeitenden Messstellen in Düsseldorf Premiere. In so genannten Starenkästen versteckt, werden bis zum Jahresende drei Kameras an 15 Standorten wechselweise in Stellung gebracht. Andere Straßenverkehrsämter melden im Kampf gegen Temposünder bereits Erfolge. Dagegen kommt Kritik aus den Reihen der Polizei. Sie setzt stärker auf die Kombination von Verkehrsüberwachung und Verkehrserziehung. Und dazu gehöre auch das direkte Gespräch mit dem Ertappten.

Ab Mai blitzt es aus Starenkästen

VON MATTHIAS ROSCHER

Erfolgsmeldungen aus Köln, aus Aachen und Borken. Hochstimmung auch in den Straßenverkehrsämtern in Mönchengladbach und Mettmann: Überall, wo den Temposündern aus Starenkästen heraus ins verdutzte Gesicht geblitzt wird, lenkten diese sofort ein. „Auf fast null" sei die Zahl der schweren Unfälle auf bisher berüchtigten Rennstrecken gesunken. Keine Frage: Auch in Düsseldorf kann die Stadtverwaltung kaum noch abwarten, dass die ersten vier Messstellen zu arbeiten beginnen. Anfang Mai soll es so weit sein, aber nur wenige werden wissen, in welchem Kasten die Kamera versteckt sein wird.

Kameras an Rennstrecken

Die Liste der 15 Standorte ist zugleich eine Aufstellung über die bei Rasern gern benutzten Strecken. Auch in der Unfallstatistik rangieren sie vorne: Auf dem Südring in Fahrtrichtung Innenstadt hat es 1989 und 1990 58-mal gekracht. 389 400 Mark Sachschaden wurden ausgewiesen, 22 Verletzte gezählt. Dann folgt der Rheinalleetunnel in beiden Richtungen und der Abschnitt Theodor-Heuss-Brücke/Nordfriedhof stadteinwärts.

„Es ist immer dasselbe", sagt Norbert Preiwuß, der Leiter der Verkehrsüberwachung beim Straßenverkehrsamt. „Wenn die Leute von der Autobahn oder von freien, gut ausgebauten Strecken kommen, verlieren sie das Gefühl für die erlaubte Geschwindigkeit." Stockt der Verkehrsfluss vor der ersten Ampel, hagelt es Auffahrunfälle. Amtschef Heinz Dörper verbindet die Antwort auf die Frage, warum es gerade diese 15 Messstellen sein müssen, mit dem Hinweis: „Von Willkür oder Beutelschneiderei kann keine Rede sein. Wir haben die Unfallprotokolle und die Niederschriften aus den Beratungen der Unfallkommission. Immer wieder tauchen die gleichen Punkte auf. Radareinsätze der Polizei, Schilder und bauliche Veränderungen haben nichts gebracht."

„Nicht verdienen"

Wenn die Physikalisch-Technische Bundesanstalt in Braunschweig die auf Düsseldorfer Verhältnisse getrimmte „stationäre Geschwindigkeits-Messeinrichtung mit automatischer Fotoregistrierung" der Marke Traffipax abgenommen hat, wird es ernst: Wer rast, wird geblitzt. Erscheint von vorne gut erkennbar auf dem Negativ. Wird, damit er sich nicht herausreden kann (und andere im Wagen zunächst einmal außen vor bleiben), hübsch herausvergrößert. Dann erhält er innerhalb weniger Tage Post mit Bild und vorgefertigtem Anhörungsbogen.

Die Stadt sagt, wie alle anderen auch, dass sie an der neuen Aufgabe nicht verdienen will. Durch die Bekanntgabe der Messstellen soll es vor allem „präventiv" (vorbeugend), nicht „repressiv" (unterdrückend) zugehen. Kalkulieren musste sie allerdings schon: Jede Messstelle kostet 30 000 Mark, 15 sind geplant. Der Preis für eine Kamera beträgt 50 000 Mark, drei werden angeschafft. Einschließlich der so genannten Infrastruktur, die auch zwei Auswerteplätze mit Filmentwicklung, Monitor und Vergrößerungsgeräten umfasst, hat der Kämmerer an Ausgaben für dieses Jahr 1,1 Millionen berücksichtigt. Was die Stadt einnimmt, hängt von der Einsicht ihrer Straßenbenutzer ab.

Geschwindigkeitsmessstellen in Düsseldorf

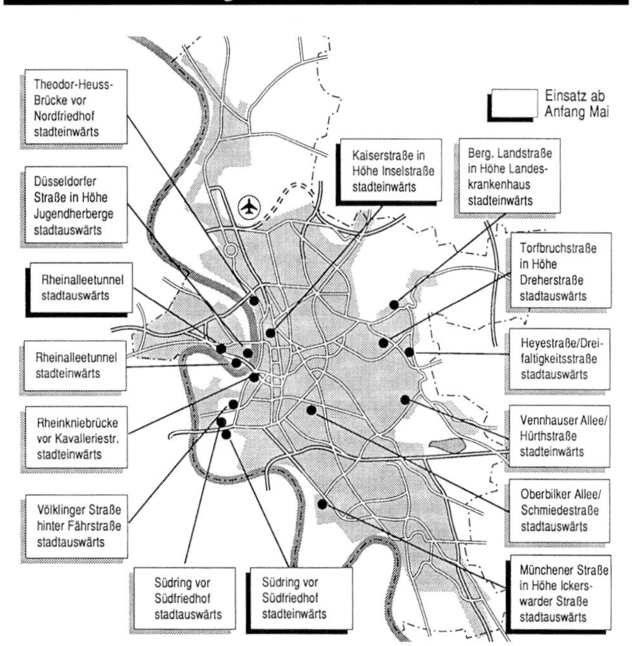

Die Polizei kommt in Verlegenheit

Polizeipräsident Dr. Hans Lisken: „Effektiv sind die Dinger ja."

Mitarbeiter der Stadt dürfen Temposünder nicht anhalten, um mit ihnen zu reden. Starenkästen sind auch nur kalte, repressiv ausgerichtete Automaten. Alles das stört Polizeibeamte, die sich ein Berufsleben lang in der Verkehrserziehung engagieren. „Effektiv und wirksam sind diese Dinger ja", räumt Polizeipräsident Dr. Hans Lisken ein. Und er will sich auch nicht mit seinem Innenminister anlegen, der die stationäre Geschwindigkeitsüberwachung in die Hände der Straßenverkehrsämter gegeben hat. Dennoch stellt der Jurist fest: „Der Erfolg an sich hat noch keinen Rechtswert." Lisken ist dagegen, dass die Polizei „aus dem Geschäft der Verkehrsüberwachung verabschiedet wird". Bürgernähe setze das Gespräch voraus. Ohnehin: „Wo wir Daseinsvorsorge durch Dienstleistung machen müssten, ist die öffentliche Hand auf dem Rückzug."

Unterstützung erhält Lisken aus der Polizeiführungsakademie in Hiltrup: Ein gestern zu Ende gegangenes internationales Seminar kam zu dem Ergebnis, dass Tempobeschränkungen in Europa einheitlich gestaltet werden müssten – mit dem Ziel, über die Verkehrsüberwachung die Durchschnittsgeschwindigkeit zu senken. Leitender Polizeidirektor Hans-Günter Hilse, Fachbereichsleiter für Verkehrslehre und bis 1986 Verkehrsdezernent beim Düsseldorfer Polizeipräsidenten: „Sinkt die Durchschnittsgeschwindigkeit in Düsseldorf um zehn km/h, steigt die Verkehrssicherheit um 30 Prozent." Hilse ist überzeugt, dass die neue, auf konkrete Messpunkte beschränkte Methode das nicht leisten kann. „Der Innenminister muss sehen, in welche Verlegenheit er die Polizei bei ihrem Bemühen um gesetzlich vorgeschriebene Ausgewogenheit bringt. Je mehr repressiv wirkende Automaten die Stadt aufstellt, desto schwieriger wird es für den Polizeipräsidenten, bei der Prävention mitzuhalten." ros-

Lachen, winken, drohen

Radarkontrollen bringen Verkehrsteilnehmer auf die verrücktesten Ideen. Und manchmal können sich auch die Film-Auswerter im Straßenverkehrsamt das Schmunzeln nicht verkneifen. Zum Beispiel, wenn der geblitzte Autofahrer ihnen fröhlich zuwinkt. Oder sich – was bei Starenkästen wohl auf der Hand liegt – grinsend mit dem Zeigefinger an die Stirn tippt.

Im Kreis Mettmann, wo die Messungen nach dem neuen Verfahren seit Mitte Januar mit einer Kamera an 15 Standorten laufen, musste das Straßenverkehrsamt indes auch Erfahrungen sammeln, bei denen der Spaß aufhört: Am Krummen Weg zwischen Ratingen und Kettwig prescht regelmäßig ein Trupp Motorradfahrer mit überhöhtem Tempo vorbei und schwingt drohend die Fäuste.

18 Schuss

In Hilden veranstaltete ein blindwütiger Mensch mit einem großkalibrigen Ballermann Zielübungen. Ein Geschoss durchschlug das 30 Millimeter dicke Stahlgehäuse glatt, 17 andere reicherten die Luft als Querschläger an. Ein anderes Mal – ebenfalls in Hilden – übergoss jemand den Batteriekasten der Anlage mit einer brennbaren Flüssigkeit. Und es gab auch schon Leute, die malträtierten den Eisenpfahl unter dem Kasten mit dem Rohrschneider, machten sich an den ins Betonfundament reichenden Verschraubungen zu schaffen oder bedrohten das inzwischen mit Funktelefon ausgerüstete Personal, wenn es die Filme wechselte.

Für die Kürze der Zeit kann der Chef des Straßenverkehrsamtes Kreis Mettmann eine Menge böser Dinge berichten, aber überwiegend gibt es Positives. Horst Becker ist zufrieden. Wo die Starenkästen gut erkennbar am Straßenrand stehen, verhalten sich Autofahrer disziplinierter. Und wo sie munter aufs Pedal treten, weil sie die Messstelle bereits hinter sich wähnen, können sie sich täuschen: Inzwischen leistet die anfangs eher skeptische Polizei gerne Amtshilfe – indem sie ein paar hundert Meter weiter mit ihrem Radarwagen Stellung bezieht. ros-

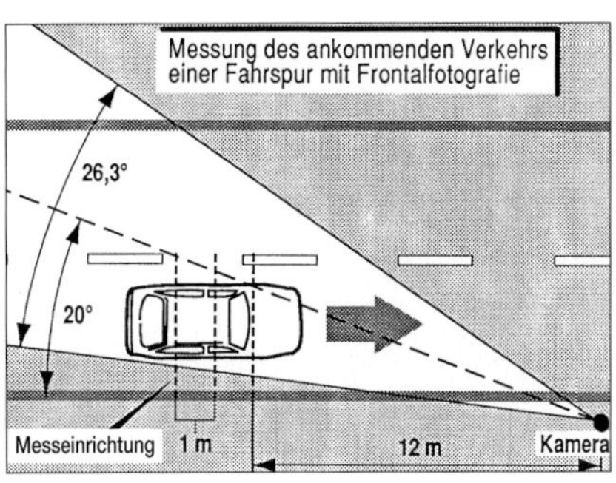

Alles geht rasend schnell

In der Straße sind im Abstand von jeweils einem Meter drei Induktionsschleifen quer zur Fahrbahn verlegt. Alles geht rasend schnell: Drei separate Messungen zwischen Kabel eins und zwei, zwei und drei sowie eins und drei garantieren Genauigkeit. Stimmen die Werte überein, gilt einer als verbindlich. Überschreitet dieser das zulässige Tempo-Limit, wird die entsprechend eingerichtete Kamera ausgelöst. Mit welchen Konsequenzen für den Fahrer, zeigt die nebenstehende Tabelle.

Die Folgen bei Geschwindigkeitsüberschreitungen

Geschwindigkeits-überschreitungen	Pkw und Krafträder					Alle übrigen wie z.B. Lkw und Omnibusse					
	geschlossener Ortschaft	innerhalb	innerhalb	außerhalb	außerhalb	innerhalb geschlossener Ortschaft			außerhalb geschlossener Ortschaft		
	○	●	Pkw-Symbol	●	Pkw-Symbol	○	●	Lkw-Symbol	○	●	Lkw-Symbol
bis 10 km	20	-	-	-	-	40	-	-	30	-	-
11 bis 15 km	40	-	-	-	-	60	-	-	50	-	-
16 bis 20 km	60	-	-	-	-	100	1	-	80	1	-
21 bis 25 km	80	1	-	1	-	120	1	-	100	1	-
26 bis 30 km	100	3	-	3	-	180	3	-	120	3	-
31 bis 40 km	150	3	-	3	-	250	3	1	200	3	-
41 bis 50 km	200	4	1	3	-	300	4	1	250	3	1
über 50 km	300	4	1	4	1	400	4	2	350	4	1
über 60 km	400	4	1	4	1						

○ Verwarnungs-/Bußgeld ● Punkte in Flensburg Pkw-/Lkw-Symbol: Fahrverbot in Monaten

„Schilder allein reichen nicht mehr"

„Ich muss einsehen, dass solche Anlagen notwendig sind", sagt Karl Rosewick von der Düsseldorfer Taxizentrale. Ihn stört allerdings, dass dies in städtischer Regie geschieht. „Ich hätte das im Sinne einer besseren Verkehrserziehung bei der Polizei gelassen. Mit den Autofahrern muss geredet werden." – „Verkehrsschilder allein haben keine Akzeptanz beim Autofahrer", hat der ADAC Nordrhein festgestellt. Manuela Huber: „Aufklärung ist wichtig, aber wo der Autofahrer sie nicht versteht, muss man zu solchen Mitteln greifen."

Die neuen Antworten der Zeitungsmacher auf die Leseunlust der an Fernseh-Zapping gewöhnten Leser/innen sind die **Leserführung** und das **Lese-Menü:**

1 **Anreißermeldungen** und **Inhaltsleisten** auf der Titelseite mit **Querverweisen** ins Innere geben erste Informationen und Themenhinweise für weiterführende Artikel auf den Folgeseiten und werben um die Leser/innen.

2 Die Information erfolgt **mehrkanalig:** Dokumentarische, veranschaulichende und dekorative Bilder sowie knapp erklärende Grafiken erhalten neben den Texten mehr Raum.

3 Die Zeitung wendet sich nicht mehr an Leser/innen, die eine Seite von oben bis unten durchlesen, sondern an solche, die in **selbstständiger Auswahl** kürzere Artikel anlesen und weiterspringen, um sich eventuell in einen anderen zu vertiefen.

4 Die Zeitung präsentiert statt langer, komplizierter Texte vermehrt einzelne Informationsbausteine **(Module)** zu einem Thema, die der Leser selbstständig verbinden kann und auch nicht alle nutzen muss.

5 Die Berichterstattung wandelt sich durch größeren Anteil an Kommentaren (Leitartikel), Diskussionen, Leserstimmen, Pro-und-Kontra-Debatten usw. vom Informations- zum **„Bedeutungsjournalismus“;** Hintergrundinformationen, klare Standpunkte und Stellungnahmen sind erwünscht, Meinungsvielfalt ist gefragt.

6 Die Informationsfunktion wird ergänzt durch die **Unterhaltungs- und Servicefunktion,** indem Glossen, witzige Bilder, Comics und Rubriken zum Schmunzeln oder aber Termine von Veranstaltungen, Telefonnummern für Nachfragen, Angebote von Diensten, Ergebnisse von Produktvergleichen, Hinweise der Verbraucherberatung usw. eingestreut werden.

8 a) Untersucht verschiedene Tageszeitungen daraufhin, wie diese Vermittlungstechniken jeweils umgesetzt werden.

b) Weist einige der aufgeführten Punkte an der folgenden Zeitungsseite nach. Achtet besonders auf die „modulare Gestaltung“ (verschiedene Informationsbausteine zum selben Thema).

Richterspruch zum Tanzbrunnen bringt Probleme für City-Feste – „Jeden Einzelfall prüfen“

Lärm-Urteil setzt neue Maßstäbe

Von Matthias Pesch

Das Urteil des Kölner Verwaltungsgerichts zum Lärmpegel am Tanzbrunnen hat Auswirkungen, die weit über die Veranstaltungen in der Anlage am Deutzer Rheinufer hinausgehen. Auch für künftige Großveranstaltungen in der Innenstadt setzt der Richterspruch die Maßstäbe in Sachen Lärm. Das Gericht, so Robert Kilp, Leiter des Bezirksamtes Innenstadt, habe die Bestimmungen der Sportanlagen-Lärmschutzverordnung auf den Tanzbrunnen und damit auch auf andere Freiluft-Veranstaltungen übertragen. „Damit haben die Richter uns klare Grenzwerte vorgegeben“, so Kilp.

Die Verordnung schreibt fest, dass einen halben Meter vor einem geöffneten Fenster 60 dB(A) nicht überschritten werden dürfen. Zwischen 6 und 8 Uhr sowie zwischen 20 und 22 Uhr liegt die Grenze bei 55 Dezibel, nach 22 Uhr bei 45. „Bisher galt für uns ausschließlich das Landesimmissionsschutzgesetz“, erklärte Kilp. Danach sind zwischen 22 Uhr und sechs Uhr „alle Tätigkeiten verboten, die geeignet sind, Lärmbelästigungen herbeizuführen“. Die Sache war also relativ einfach; vor allem tagsüber gab es so gut wie keine Probleme.

„Jetzt müssen wir uns Gedanken machen, ob wir bestimmte Veranstaltungen machen und, wenn ja, wie“, sagt der Behördenchef. Messungen der Verwaltung haben ergeben, dass „schon das allgemeine Stadtgeräusch nahe an der 60-dB-Grenze liegt“. Beim Ostermarkt auf dem Alten Markt wurden zwischen 60 und 70 dB gemessen – ohne dass dort Musik spielte. Klar, dass Bands diese Werte leicht und deutlich überschreiten.

Mit Ausnahmegenehmigungen muss Amtsleiter Robert Kilp arbeiten.

Friedhelm Wedde vom TÜV Rheinland gibt einige Anhaltspunkte, welche Geräusche welchen dB-Werten entsprechen: Schon bei leiser Unterhaltung würden schnell 55 Dezibel erreicht. Ein vorbeifahrender Pkw liege bei etwa 70 dB, ein Laster bei 80 bis 90. Ein Presslufthammer erreiche 100 dB oder mehr. „Selbst wenn man unter einem Baum steht und der Wind bläst durch die Blätter, sind das rasch 50 dB“, sagt Wedde. Verdoppele sich die Entfernung zur Lärmquelle, sinke der Wert um mindestens sechs dB.

Um Großveranstaltungen wie Ringfest, Medienbürgerfest oder Ostermarkt überhaupt noch durchführen zu können, muss die Stadt künftig auf Ausnahmegenehmigungen zurückgreifen. 18 davon, aufs Jahr gerechnet, lässt die Sportstätten-Verordnung für jeden Veranstaltungsplatz zu „Da müssen wir künftig jeden Einzelfall prüfen“, so Kilp. Maßstab sei immer ein „allgemeines öffentliches Interesse“. Aus Sicht der Stadt, betont der Amtschef, habe die Innenstadt „eine Zentralfunktion, die wir erhalten möchten, und dazu gehören auch attraktive Veranstaltungen“. Allerdings müsse auch „zwischen den unterschiedlichen Interessen vermittelt“ werden. Da sei es „schwierig, das richtige Rezept zu finden“.

Die Oster-Kirmes am Rheinufer ist nach Ansicht Kilps nicht mit Festen auf dem Alten Markt zu vergleichen. Die Veranstaltungsfläche liege tiefer, der Geräuschpegel sei diffuser, zwischen Kirmesplatz und Häusern liege noch eine Straße. „Daneben stört die Anwohner nach meinen Erfahrungen auch der mit der Kirmes verbundene Verkehr.“ Über dieses Thema müsse allerdings innerhalb der Verwaltung noch gesprochen werden.

Kilp hofft darauf, dass das letzte Wort über die Lärm-Grenzwerte noch nicht gesprochen ist. Stadt und Tanzbrunnen haben gegen das Urteil des Verwaltungsgerichts Widerspruch eingelegt. Sollte das Oberverwaltungsgericht zu der Überzeugung kommen, dass die Sportstätten-Verordnung nicht auf andere Veranstaltungen übertragen werden kann, ergäbe sich eine neue Situation. „Man muss abwarten, wie die Richter entscheiden“, so Kilp.

Für die Außengastronomie gilt im Übrigen weiter das Landesimmissionsschutzgesetz, und das bedeutet eigentlich: Kein Lärm mehr nach 22 Uhr. Für die Sommermonate hat die Verwaltung den Wirten allerdings eine Ausnahmegenehmigung bis 23 Uhr erteilt.

WAS VERURSACHT WIE VIEL LÄRM?

Die nachfolgende Tabelle zeigt die Lautstärke von Alltagsgeräuschen, wobei eine Zunahme von 10 dB einer Verdoppelung der Lautstärke gleichkommt.

30	40	50	60	70	80	90	100	110	120	130	140
Geflüster, ruhige Bibliothek	raschelnde Blätter	Regen, Kühlschrank	normale Unterhaltung, Klimaanlage	Stadtverkehr, Nähmaschine	Haartrockner, Wecker	Rasenmäher, Mofa	Müllauto, Motorrad	jemandem ins Ohr schreien, Disko, Formel-1-Rennen	Start eines Flugzeuges, voll aufgedrehtes Autoradio	Rockkonzert (Live), Pressluft-hammer	Feuerwerk, naher Kanonenschuss, Explosion, Strahltriebwerk

AB 85 dB WIRD ES GEFÄHRLICH

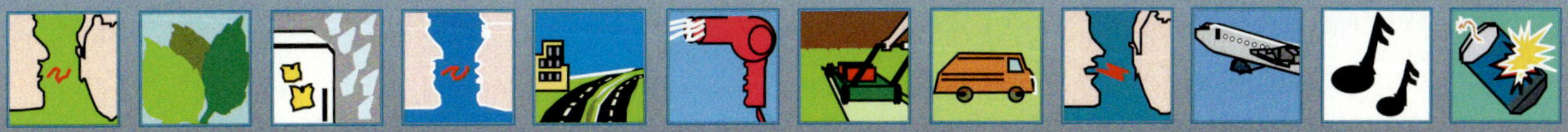

KRT/BULLS

VERANSTALTER

Maniac-Chef Pauly:

„Feste sind auch ein Stück Lebensqualität“

„Die Mehrheit der Bevölkerung freut sich über bestimmte Veranstaltungen, die einfach ein Stück Lebensqualität in unserer Stadt darstellen“, sagt Walter Pauly, Chef der Firma Maniac Media Service, die bei vielen Großveranstaltungen für die Technik sorgt. „Es ist ein Unding, wenn einzelne Leute sich immer querstellen.“ Wer in Ruhe wohnen wolle, dürfe eben nicht an den Alten Markt ziehen. Pauly weiß auch, dass es „immer Konflikte zwischen verschiedenen Interessen“ geben werde, „aber die müssen politisch gelöst werden“.

Die vorgeschriebenen Lärm-Grenzwerte einzuhalten, ist nach den Worten Paulys illusorisch. Die Firma Maniac, die unter anderem für die Technik bei Ringfest und Medienbürgerfest verantwortlich ist und im September das Fest „600 Jahre Verbundbrief“ beschallen wird, hat beim Mausfest auf dem Roncalliplatz und der DGB-Kundgebung am 1. Mai eigene Messungen vorgenommen: Allein durch den Geräuschpegel des Publikums, ohne jegliche Beschallung, wurden bereits 70 dB erreicht. „Die Rechtsprechung wird zur Folge haben, dass bestimmte Veranstaltungen nur noch mit Ausnahmegenehmigungen stattfinden können“, sagt Pauly. **map**

LESERREAKTION

Brief oder Fax

Ihre Meinung zum Lärm

Lärm bei Großveranstaltungen in der Innenstadt – ein umstrittenes und viel diskutiertes Thema. Wie soll die Stadt das Problem lösen, einerseits Kölner und Auswärtige mit einem attraktiven Veranstaltungsprogramm in die City zu locken und gleichzeitig die Wohnqualität der Anlieger nicht zu sehr zu schmälern?

Schreiben Sie uns Ihre Meinung zu diesem Thema: Kölnische Rundschau, Lokalredaktion, Stolkgasse 25-45, 50667 Köln, Fax 16 32-547. In den nächsten Tagen werden wir die eingegangenen Stellungnahmen veröffentlichen. **map**

ANLIEGER

Grenzwerte achten

„Die Altstadt ist doch auch ein Wohngebiet“

„Wir sind Veranstaltungen gegenüber immer tolerant“, sagt Irma Frey, Sprecherin der „Bürgerinitiative Alter Markt – Bürger gegen Lärmterror“. „Aber es werden immer mehr, und sie werden mit immer größeren technischen Mitteln ausgestattet.“ Die Initiative, die nach Angaben Freys rund 250 Mitglieder zählt, wendet sich vor allem gegen rein kommerzielle Veranstaltungen wie beispielsweise den von der Interessengemeinschaft Altstadt veranstalteten Ostermarkt. „Dieser Markt war konzeptions- und niveaulos und hatte überhaupt nichts mit Ostern zu tun“, kritisierte die Sprecherin.

Die Bürgerinitiative fordert, dass bei Veranstaltungen auf dem Alten Markt keine Bühne mit Musikprogramm aufgestellt werden darf. Die Verwaltungsvorschrift TA Lärm mit 60 dB Höchstgrenze müsse eingehalten werden, „das steht uns gesetzlich zu“. Immerhin sei die Altstadt auch Wohngebiet. Viele heutige Anwohner des Alten Markts seien vor zehn Jahren mit dem Angebot frisch renovierter Wohnungen gelockt worden, so Frey. „Da kann man jetzt nicht hingehen und sagen: April, April, wir haben uns vertan, der Alte Markt ist ein Rummel- und Veranstaltungsplatz.“ **map**

9 Wendet auf die verschiedenen Texte der Zeitungsseite zum Thema „Lärm“ (S. 149) einzelne der im Folgenden vorgestellten Verfahren an. Arbeitet, wenn möglich, am PC. Eure Texte könnt ihr für die auf S. 161 vorgeschlagenen Projekte nutzen.

Verfahren für die Arbeit an Sachtexten

- **Texte kürzen (Précis):** Schreibt den Bericht „Lärm-Urteil setzt neue Maßstäbe“ in einen Text von einem Drittel Länge um. Oder verfasst eine entsprechende Zeitungsmeldung.
- **Texte paraphrasieren:** Übersetzt einen schwierigen Text in eine verständlichere Sprache. Stellt euch vor, ihr müsstet den Sachverhalt jüngeren Lesern/Leserinnen vermitteln.
- **Texte erweitern:** Formuliert einen Text, in dem die Informationen sehr dicht gedrängt sind, weiter aus: Fügt notwendige Erklärungen, die ihr vielleicht in anderen Informationsbausteinen (Modulen) findet, ein; schreibt eure Ausführungen zunächst zwischen die Zeilen, als Randnotiz oder mit Anmerkungen; formuliert dann den gesamten Text neu aus.
- **Texte segmentieren:** Gliedert einen Text in Abschnitte; richtet euch dabei nach den erkennbaren Teilthemen; bildet Zwischentitel, die die jeweiligen Teilthemen angeben.
- **Informationen aus Texten herausschreiben (exzerpieren):** Notiert bei einem längeren Text zentrale Fakten oder den Standpunkt und die Hauptargumente übersichtlich auf einer Seite.
- **Grafiken in Text übersetzen – und umgekehrt:** Setzt statistische Informationen (Gesamtinformation, Tendenzen, Mittel- und Extremwerte, Details usw.) in einen beschreibenden und erklärenden Text um.
- **Textsorte und Sprachfunktionen erkennen:** Untersucht dazu die verschiedenen Texte auf einer Zeitungsseite. Wo handelt es sich um Information/Darstellung, wo um Ausdruck/Meinung, wo um Aufforderung/Appell?
- **Beziehungen zwischen den Informationsmodulen herstellen:** Stellt durch Bezugspfeile, Nummerierung oder Zeichen Verknüpfungen zwischen Informationsbausteinen (Texten, Bildern und Grafiken) her. Welcher Text und welche Grafik vertieft eine Stelle in einem anderen Text, reicht eine fehlende Erklärung nach, veranschaulicht einen Aspekt oder füllt eine Informationslücke? Erklärt die Verbindungen und schreibt einen erklärenden „Überblickstext“.
- **Resümee ziehen:** Schreibt das Ergebnis, das ihr nach der Lektüre mehrerer Texte gewonnen habt, in einem kurzen informierenden Text auf.
- **Stellung nehmen und werten:** Findet einen Ansatz zur Diskussion in den vorliegenden Materialien und verfasst aus eurer eigenen Perspektive und subjektiven Wertung eine Stellungnahme, in der ihr euren Standpunkt mit Argumenten und Fakten untermauert.

Appelle: Aufforderungen in der Werbung

Friedrich Christian Delius

Adenauerplatz (4)

Der Exilchilene und Wachmann Felipe Gerlach nimmt in Delius' Roman auf seinem Gang vom Adenauerplatz zur Fußgängerzone die deutsche Konsumwelt wahr:

Ein Platz zum Umsteigen, zum Weitergehen, zum Verschwinden in der Fußgänger-Unterführung, aber kein Platz zum Bleiben. Ein Bierausschank, eine Spielhalle, zwei Schnellgaststätten waren die einzigen Oasen am Adenauerplatz.

Leo acht nahm keine Einladung an, er lief durch das Herz seines Reviers, mit gleichgültigem Blick an den leuchtenden, sparsam gefüllten Schaufenstern vorbei. Glaswände überall, nicht nur die hoch versicherten Schaufensterscheiben, auch Banken und Kaufhäuser mit ihren türlosen Glastüren gaben den Anschein, als könnten sie mit zwei, drei Schritten betreten werden, als gebe es keine Hemmschwellen mehr. Durch das Glas schienen die Geschäftshäuser wie ausgehöhlt, die schmalen Betonsäulen und die Stahlträger angefressen von Flitter und Glanz und Leuchten, obwohl die Fassaden nicht baufällig wirkten. Nur das Glas, Felipe wurde die Frage nicht los, ob das Glas genügend haltbar war, dem mächtigen Druck der Warenberge hinter dem Dekorationsmaterial standzuhalten, es lag doch so viel vervielfacht gestapelt in diesen Speichern, dass es fraglich war, ob die dünne Glaswand hielt und wie lange, wie lange, bis das Glas knackt und bricht und Anzüge, Schuhe, Pelzmäntel, Jeans und Akten und Prospekte und alles ballenweise und durcheinander herausquillt und den Bürgersteig, die Fahrbahnen und den ganzen Platz überschwemmt. [...]

Die Stadt rühmte sich ihrer Einkaufsparadiese. Irgendjemand hatte die Länge aller Schaufenster zusammengerechnet und die Zahl der Kilometer verkündet, als sei das die größte und unwiderstehlichste Attraktion. Wenn Felipe aus dunkleren Straßen in die Schaufensterzone

kam, wenn er an hell beleuchteten Fenstern vorbeilief, dann schnurrte seine Aufmerksamkeit, seine Neugier auf die ausgestellten Herrlichkeiten zusammen. Die Auslagen, redete er sich ein, sind alle gleich. Die Waren zeigen wie immer nichts als ihre Neuheit und ihre Preise. Sie waren raffiniert ausgeleuchtet, jedes Stück eine Wertsache hinter Glas. Alles glitzerte auf so ähnliche Weise, dass Felipe im Vorüberlaufen kaum einen Unterschied wahrnahm zwischen Videorekordern und Ferngläsern, zwischen Werbetafeln für Medikamente und für Brillen. Die Hosen und Blusen und Jacken und Mäntel ein einziger Ramschhaufen. Felipe, ein schlechter Konsument. Schon eine Hose in diesen Textilhallen zu kaufen, kostete sieben Stufen der Überwindung. Was Schaufensterbummel hieß, ließ ihn kalt. Wo Einkaufsspaß, Sparpreise und Sonderangebote versprochen wurden, sah er lieber weg. Nur bei Fotogeschäften, bei Büchern und manchmal bei Büromaschinen und Schuhen erlaubte er sich einen näheren Blick. Aber was sonst gestapelt lag oder lässig pappegestützt schräg stand, geordnet nach den Lehrbüchern und Fantasien der Dekorateure, hinter täglich gesäuberten Frontscheiben und gesichert von Alarmanlagen, das übte keine Anziehungskraft auf ihn aus.

Sein Widerwille hätte nach Ladenschluss nachlassen können, aber Felipe lief so misstrauisch durch das autofreie Gehege, als werde er persönlich gezwungen, noch am späten Abend ein bestimmtes Quantum an Umsatz zu erbringen. Das geht mich nichts an, versuchte er sich einzureden, als fürchte er, dem Glanz der Dinge zu verfallen. In Landschaften von Sofas und Betten und Kissen zu tauchen, Stereoklänge ohne jede Verzerrung abzuschmecken, jeden Morgen in eine neue Hose zu steigen, durch Lampenstraßen zu wandeln und am Steuer eines Mercedes zu triumphieren, all das war ihm verdächtig, weil es zum Leben der Reichen gehörte. Wo fing es an, das Leben der Reichen? Fing es schon an mit den begehrlichen Blicken? Er wollte nicht reich sein, oder? Es war ihm, als hätte er immer noch mit den Resten der Angst zu kämpfen, von teuren Gegenständen umgeben, die Welt zu vergessen, ein anderer zu werden.

1 Was fällt Felipe besonders ins Auge?
  a) Zeichnet skizzenhaft Straßenansichten, wie er sie sieht.
  b) Wie reagiert Felipe auf die Eindrücke und wie kann man sich seine Reaktionen erklären?
  c) Formuliert seine Gedanken in einem inneren Monolog aus.

2 Felipe empfindet die Warenwelt des Kaufhauses als dauernde Aufforderung zum Konsum.
  a) Formuliert die entsprechenden Textstellen in grammatisch korrekte Aufforderungssätze um.
  b) Gestaltet diese Appelle in mögliche Werbetexte um.

3 Seht euch die folgenden Werbeanzeigen an (S. 152–154), sammelt weitere und hängt sie in der Klasse aus.

2

Jägermeister
Birkel
Wienerwald
IDUNA
AEG
MICHELIN
Quelle
Pfanni
Püree

3

Den
Armen
Gerechtig-
keit
Brot

4

„Wer's probiert, der ist verführt!“
Anrufen und gewinnen
069-720033
VIVA soft
DAS FRUCHTIG FRISCHE KAUBONBON
VIVA soft Kaubonbons
– mit dem vollen Tropfen Frucht.

5

Jetzt raus!
Reduziert!
Reduziert!
Reduziert!
SOMMER · SCHLUSS · VERKAUF vom 28. 7. - 9. 8. 97
Reduziert!
SOMMER · SCHLUSS · VERKAUF vom 28. 7. - 9. 8. 97
SOMMER · SCHLUSS · VERKAUF vom 28. 7. - 9. 8. 97

6

Außer Betrieb
mangels Liebe
Mehr Zeit für Kinder.
DB

10

Wir haben das Outfit, du hast den Kopf.

Ich bin zu jung für alte Möbel

Der Weg lohnt sich.

Tausche Teddy gegen Tanga.

Einfach Ich sein.

Style yourself

Die Milch macht's.

Der neue 7er. Die Kraft der Ideen.

Ein Buch ist ein Geschenk

Buch für die Birne

Ein Buch ist ein Geschenk

Ich mach was ich will und ich will es jetzt!

Jeans-Festival Total abgefahren!

4 Untersucht die vorgestellte Werbung.

a) Unterscheidet Werbesparten: Für was wird geworben, was ist der **Gegenstand** der Werbung?

b) Was ist die **Botschaft:** Was wird offen gesagt, welche versteckten Botschaften könnt ihr erkennen? Welches Bild von sich selbst wird den Adressaten vermittelt, z. B. durch Leitbilder?

c) Erläutert die **Wirkung:**

Werbung → *Aufmerksamkeit* → *Interesse* → *Besitzwunsch* → *Kauf*
oder
Interesse → *???* → *???*

d) Untersucht und beschreibt, welche verschiedenen **Mittel** die Werbeanzeigen einsetzen.

e) Prüft genauer die **Sprache** der Werbung:

Wortwahl und Satzbau

- *Imperative: Hol dir den Snicker!, ...*
- *Fragesätze: Wer will nicht?, ...*
- *Satzreihung (Parataxe): Heute bleibt die Küche kalt. Heute geht's zum Wiener Wald. ...*
- *Ellipsen (verkürzte Sätze): Super Geschmack. Super Preis. ...*
- *ungewöhnliche Interpunktion: Tolle Menü's!, ...*
- *Ich-Botschafen: Ich mach, was ich will ...*
- *Wir-Botschaften: ganz unser Geschmack, ...*
- *beschreibende Adjektive: verstellbar, ...*
- *wertende Adjektive: kraftvoll, ...*
- *Gradwörter: vielfach, äußerst, sehr, ...*
- *Superlative: ...*
- *Anglizismen: Born to be free, ...*
- *Wortschöpfungen: ...*
- *Fachbegriffe: ...*
- *Hochwertwörter: Genuss, ...*
- *Modewörter: Das macht euch an!, ...*
- *Reizwörter, Leerformeln: Freiheit, Zukunft ...*
- *...*

Rhetorische Figuren

- *Assonanzen (Gleichklang von Vokalen): Hönner für Kenner. ...*
- *Alliteration (Gleichklang von Konsonanten): Kaffee M, der Magen Milde Munter Macher. ...*
- *Reim: Der Helm nützt, der Helm schützt. ...*
- *Rhythmus: Kleine Kinder, große Kinder, alle sind Milupa-Kinder. ...*
- *Wiederholungen: Kaba, Kaba hält dich gesund!, ...*
- *Abwandlung von Sprichwörtern: Wer zuletzt lacht, lacht mit uns!, ...*
- *Parallelismus: Zeig Anstand, halt Abstand!, ...*
- *Kreuzstellung: Kaufen bei Spar – sparen beim Kauf. ...*
- *Zweierkopplungen: Kraft und Sicherheit auf Rädern. ...*
- *rhetorische Frage: Gibt's was Besseres als Hassler?, ...*
- *Scheinargumente: Weil wir wissen, was wir wollen. ...*
- *Aufwertung des Käufers: Ein Mann, ein Wort – Batavia. ...*
- *Übertreibung: Weiß – weißer – Suwa-weiß, ...*
- *Untertreibung: Man gönnt sich ja sonst nichts. ...*
- *Beschönigung (Euphemismus): Industriepark, ...*
- *Bilder: Der Harte mit der weichen Seele. (Alkohol), ...*
- *Wortspiele: Sie fahren mit Abstand am besten. ...*
- *Slogan: Alle reden vom Wetter – wir nicht. (DB), ...*
- *...*

5 Untersucht die Werbung mit Hilfe des Kommunikationsmodells (S. 135):

a) Welche **Zielgruppe** soll erreicht werden?

b) Welche **Absicht** gibt es bei den Werbemachern/-macherinnen?

c) Welche **Erwartungen** (Sehnsüchte und Wünsche oder Befürchtungen und Ängste) werden auf der Seite der Empfänger/innen vermutet?

6 Erörtert die folgenden Thesen:

- *Werbung ist überflüssig.*
- *Werbung macht die Menschen zu „Konsumidioten“.*
- *Ohne Werbung gibt es keine Kauflust.*
- *Werbung ist kreativ und macht Spaß.*
- *Die Werbung ist Schrittmacher für die moderne Kunst.*

7 Nehmt Stellung zur folgenden Anzeige eines Kaufhauses:

Die systemkritische These vom

„Konsumterror“

durch Werbung

ist falsch,

denn:

1 Nur der durch Werbung über Qualität, Nutzen und Preis informierte Verbraucher hat die Möglichkeit, eine von keinerlei äußeren Zwängen beeinflusste individuelle Kaufentscheidung unter vergleichbaren Produkten zu treffen.

2 Die in einer freien Wirtschaftsordnung selbstverständliche Vielfalt des Angebots fordert die Anbieter zu einer informativen, dem Grundsatz der Wahrheit verpflichteten Werbung heraus.

Diese Herausforderung an die Konkurrenz erzwingt einen Wettbewerb, der unbestritten dem **Vorteil der Verbraucher** dient.

6.3 Projekte: Graffiti – Wandzeitung – Werbung

Graffiti entwerfen oder verwerfen

Die alten Römer wandern ins Innere

Schmierereien setzen dem Sandstein zu – Abbau von zwei Inseln kostet 10 000 Euro

Das Römisch-Germanische Museum sieht sich gezwungen, einige der römischen Relikte – Grabsteine, Inschriften und Architekturteile –, die um das Museum herum seit 23 Jahren ausgestellt waren, doch wieder abzubauen, um sie zu retten.

„Die wertvollen Stücke sind durch Farbschmierereien so verunstaltet, dass wir es nicht mehr verantworten konnten, sie draußen zu lassen“, berichtet Friederike Naumann-Steckner, stellvertretende Leiterin des Römisch-Germanischen Museums, bedrückt. Besonders die beiden direkt am Roncalliplatz im Durchgang des Museums gelegenen Denkmal-Inseln mit je acht Relikten waren über und über bekritzelt worden.

„Die Farben enthalten Säuren, die den alten Sandstein stark angreifen. Außerdem ziehen sie in die Poren ein, sodass man sie nie wieder richtig herausziehen kann“, sagt Naumann-Steckner. Der Abbau allein dieser beiden Inseln kostet die Stadt rund 10 000 Euro.

Die vor dem Museum ausgestellten Originale gehörten schon bei der Einweihung des Museums 1974 zum Ausstellungskonzept, das als sehr fortschrittlich galt. Kritiker hatten jedoch schon davor gewarnt, dass die Originale Schaden nehmen könnten. „Damals hatten einige befürchtet, der saure Regen und die Luftverschmutzung könnten die Steine zersetzen“, so die Museumsexpertin. „Doch das ist nicht passiert. Erst die Schmierereien, die seit wenigen Jahren immer schlimmer werden, sind zum ernsthaften Problem geworden.“

Auf jeden Fall will man versuchen, die übrigen Denkmäler zu erhalten. „Wahrscheinlich weil wir sie vom Museum aus im Blick haben, sind sie bislang weniger betroffen. Wir hoffen, dass es auch so bleibt.“ (kps)

Weil sie von Schmierereien verunstaltet sind, werden einige der römischen Originale abgebaut und ins Museum geholt.

Schnelle Teams gegen Graffiti

Eine zentrale Rufnummer bei der Stadt, an die sich Kölner wegen Graffiti, wilder Müllkippen oder Vandalismus wenden können, fordert die SPD. Wer dort anrufe, müsse sicher sein, dass auch bald gehandelt werde, betonte Norbert Rüther, SPD-Fraktionsgeschäftsführer, und schlug ein Express-Team als Lösung vor. „Sicherheit setzt Ordnung auch im Kleinen voraus“, so sein Motto. Denn zur „Verwahrlosungstendenz“ gehöre inzwischen auch öffentliches Urinieren. Graffitisprayer sollten nicht zu Geldstrafen verurteilt werden, sondern zu praktischer Wiedergutmachung, zur Entfernung illegaler Sprühereien, appellierte Rüther an die Richter. Wichtig sei, „dass man die Jugendlichen ihre Sozialstunden nicht einfach absitzen“ lasse. (bce)

1 Bildet euch eine eigene Meinung zu den Problemen mit Graffiti und schreibt einen **Leserbrief** zu diesen Meldungen.

2 Führt eine **Gerichtsverhandlung** durch: Beschuldigt werden zwei der Sprayer, die vor dem Museum in Köln gefasst wurden.

a) Macht euch eine Übersicht zu den rechtlichen Bestimmungen, auf die man sich in dem Verfahren stützen könnte, indem ihr die folgenden Zitate des Münchner Juristen Christian Grimm auswertet:

„Im Falle der Wandparolen kollidieren das Individualrecht der freien Meinungsäußerung und das Postulat der freien öffentlichen Meinungsbildung auf der einen und das in Art. 14 GG (Grundgesetz) geschützte Eigentumsrecht auf der anderen Seite.“

„Das Anbringen von Wandparolen stellt in der Regel eine Meinungsäußerung und -verbreitung dar, sodass eine grundsätzliche Einbeziehung dieser Aktivitäten in den Schutzbereich des Art. 5 Abs. 1 GG denkbar erscheint.
Bedenken hiergegen könnten allerdings laut werden, wenn man die Frage aufwirft,
a) ob der Gesetzgeber auch dem *anonymen* Entäußerer von Meinungen Grundrechtsschutz angedeihen lassen wollte und
b) ob Art. 5 Abs. 1 Satz 1 GG auch offensichtlich *rechtswidrige* Meinungsäußerungen erfassen soll.“

„Betrachtet man … die Themen der Parolenschreiber, so fällt auf, dass sie sich überwiegend … mit Problemen befassen, die weite Teile der Bevölkerung als die Kernprobleme unserer Zeit empfinden. Der Bruch zwischen Parolenschreibern und der übrigen Gesellschaft ist – thematisch gesehen – also nicht so radikal, dass nicht noch … eine gemeinsame Diskussionsplattform vorhanden wäre, unabhängig davon, welche Position man dann im Einzelnen bezieht.“

b) Schlagt die angeführten Stellen im Grundgesetz sowie die §§ 303 und 304 im Strafgesetzbuch nach und formuliert die Bestimmungen in eigenen Worten als Paraphrase.

c) Beachtet, welche Form und welchen Inhalt die Graffiti haben, die man auf dem Foto (S. 157) erkennen kann.

d) Spielt den Fall durch.

Die Alternative: Lob- und Klagemauer

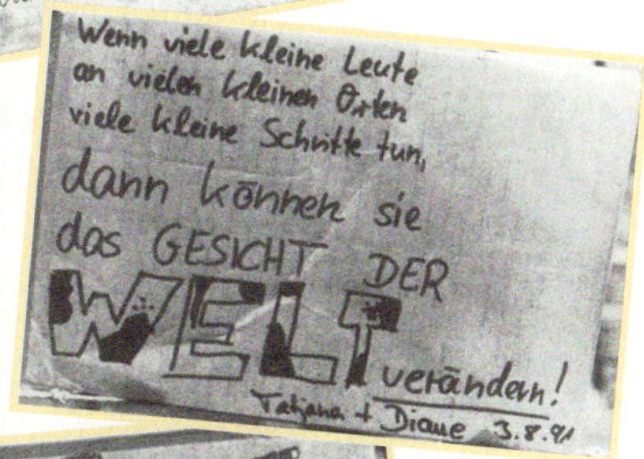

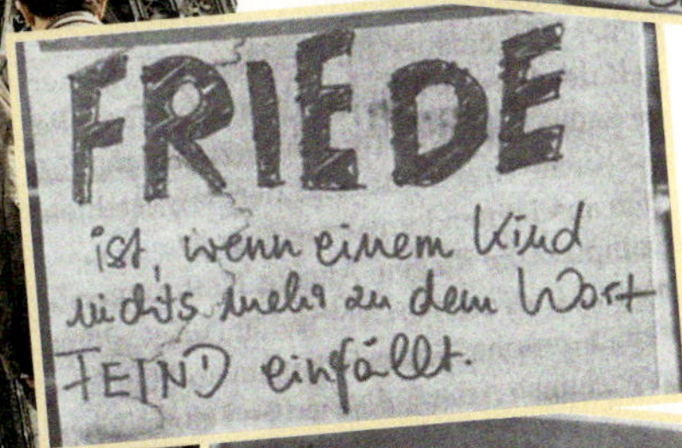

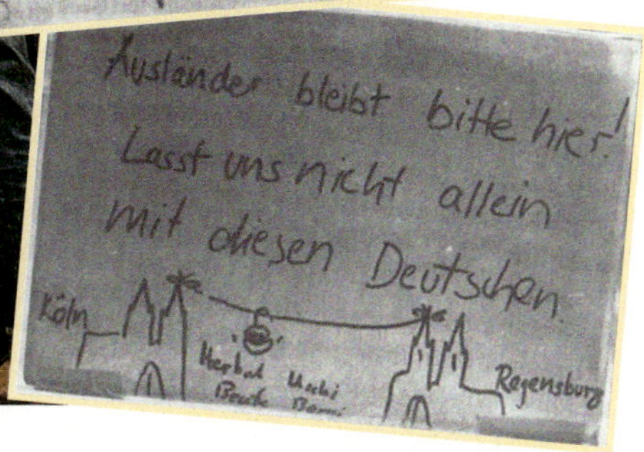

Seit 1989 hat sich der arbeitslose Lehrer Walter Herrmann mit einer Installation aus Latten, Bindfäden und Pappkarten in die Kölner Einkaufsmeile gestellt, um mit Sprüchen und Hinweisen auf öffentliche Probleme aufmerksam zu machen: Zunächst ging es um Obdachlosigkeit, Arbeitslosigkeit und Wohnungsnot, seit dem Golfkrieg 1991 kamen viele Meinungsäußerungen, nun auch von Passanten und Touristen, zu Themen wie Frieden, Krieg, Konsum, Umwelt usw. hinzu.

3 Herrmanns Klagemauer wurde zu einem städtischen und internationalen Ereignis, das viele bejahten und das sogar in Museen Einzug hielt. Manche Bürger fühlten sich aber gestört und schließlich wurde die Klagemauer verboten, weil sie vor dem Kölner Dom dauerhaft aufgestellt war. Diskutiert, was für und was gegen eine solche öffentliche Klagemauer spricht.

4 Entwickelt mit Latten, einer Wäscheleine, Bindfäden, Pappkarton (DIN A4 und größer) eine „Klagemauer“ und eine „Lobmauer“ und stellt sie auf. Schreibt auf die Karten in eurer Handschrift oder als Graffiti. Benutzt Kohlestifte, Kreide, bunte, breite Filzstifte usw. Denkt auch an effektvolle grafische Elemente.

a) Schreibt in kurzer Form zu Themen, die euch Probleme machen, eure „Klagen“.
b) Schreibt zu allem, was euch gefällt und Spaß macht oder was ihr unterstützen wollt, „Lobsprüche“.

Eine Wandzeitung herstellen und ausstellen

Der Woofer-Wahnsinn: Autos, gespickt mit Lautsprechern – Menschen, jeck auf Radau?

Robert Koch (1843–1910) hat nicht nur den Tuberkelbazillus beim Rindvieh gefunden. Er hat auch gesagt: „Eines Tages muss der Mensch den Lärm ebenso unerbittlich bekämpfen wie die Cholera und die Pest.“ Der Tag ist längst da, und die Konstrukteure unserer Automobile sind durchaus mit Erfolg um Desinfektionsmaßnahmen bemüht. Sie züchten Triebwerke, die immer leiser ansaugen, zünden und auspuffen. Verüben millionenteure Klimmzüge im Akustik-Labor, um Vibrationen und Resonanzen aus der Karosserie zu verbannen. Und auch die modernen Reifen profilieren sich mit stetig abnehmender Tendenz im Abrollgeräusch. Doch was ist dann? Dann kommen die Kollegen Marketing- und Ausstattungsfritzen Arm in Arm mit den Herstellern und Vertreibern von Hochleistungs-Hi-Fi-Anlagen herbeigeeilt, um eine Artillerie von Krawall-Kanonen schier grenzenlosen Kalibers in das Vehikel hineinzustopfen. Und peng, ist der ganze, mühsam errungene Ohrenfriede wieder im Eimer.
Manche Straßenkreuzung tönt dank fortgeschrittener Autoradiotechnik bereits wie eine Kirmes. Denn was sie bezahlt haben, wollen die Leute natürlich auch bis zum letzten Watt und Dezibel auskosten! Und so reißen sie ihrem Heifei-Apparatismus mit Kassettendeck und CD-Player, Super-Equalizer und Mega-Mehrkanal-Endstufe hemmungslos die Knöpfe auf, bis das Türblech rockt und die Kotflügel breakdancen.

Unnötiger Radau

Merken solche Konzert-Konsumenten am Steuer denn nicht, wie sie der restlichen Menschheit auf den Keks gehen? Vermutlich sind sie vom ständigen Bums an Bord schon so taub wie ein Diskjockey nach fünf Dienstjahren.
Nein, wir wollen deswegen nicht gleich in den Schrei nach der Polizei ausbrechen, aber wenigstens kurz mit dem Finger auf die StVO tippen. Laut Paragraf 30 ist es verboten, beim Betrieb eines Fahrzeugs unnötigen Radau zu erzeugen. Paragraf 23 verlangt außerdem, dass weder Sicht noch Gehör des Fahrers beeinträchtigt werden. Versteht sich ja eigentlich auch sowieso.
Aber da gondelt so ’n Freak mit offenen Fenstern, offenem Schiebedach oder im offenen Kabrio durch die frühsommerliche Stadt, hinter ihm auf der Hutablage stoßen die Woofer tonnenschwere Bässe aus, vor ihm krähen die Tweeter unter der Frontscheibe schrille Obertöne, und dazwischen brüllt irgendein anderer Kasten, der auch einen englischen Namen hat, ohrenbetäubende Mittelfrequenzen durchs Cockpit …

Macht aggressiv

Überlaute Musik im Auto, behaupten Verkehrsmediziner, macht nicht nur stressig und aggressiv, sondern kann auch regelrechte promille-ähnliche Rauschzustände bewirken. Und das gilt offenbar nicht allein für Darbietungen der Marke Pop und Rap, Techno und Hip-Hop. Kürzlich hatte ich eine romantisch auf Loreley frisierte blonde Dame im aufgeklappten Barchetta vor mir. Sie lauschte mit wiegendem Haupt dem Nocturne von Chopin, das mit der Loudness eines tief fliegenden Phantomjägers aus den Boxen quoll, und fuhr dabei Schlangenlinien. Ein im doppelten Sinne klassischer Fall von missbrauchter Potenz des Autoradios!
Heiliges Ohrläppchen, was hat unsere arme Welt für Sorgen!

Willi Mertens

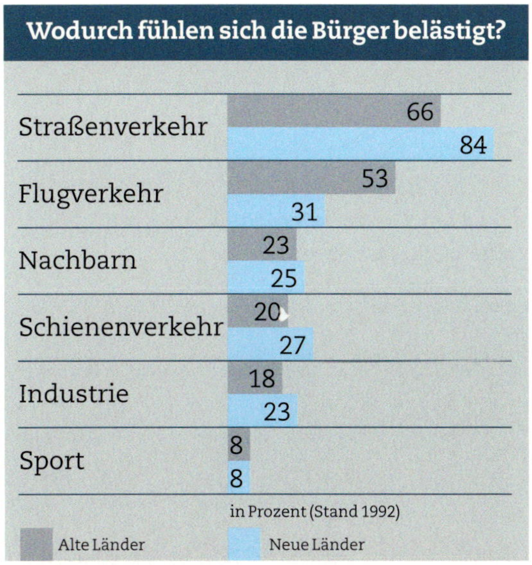

Lärm ist unerwünschter Schall, der belästigt, stört und bei großer Lautstärke auf Dauer sogar krank machen kann.

Lärmwirkungen

Alltagslärm

... Schlafstörungen ...

... Behinderung der Kommunikation ...

... Minderung der Konzentration ...

... Herabsetzung der Lern- und Leistungsfähigkeit ...

... Beeinträchtigung von Erholung und Entspannung ...

hoher Dauerlärm

... Belastung des Herz-Kreislauf-Systems ...

... Schwerhörigkeit ...

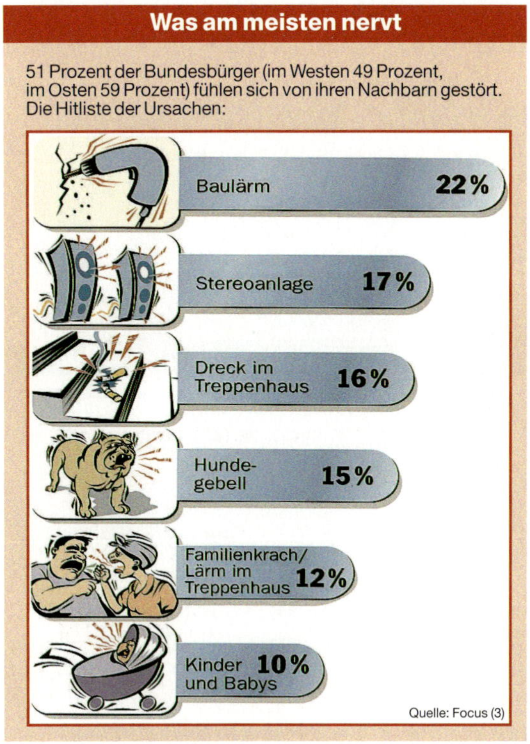

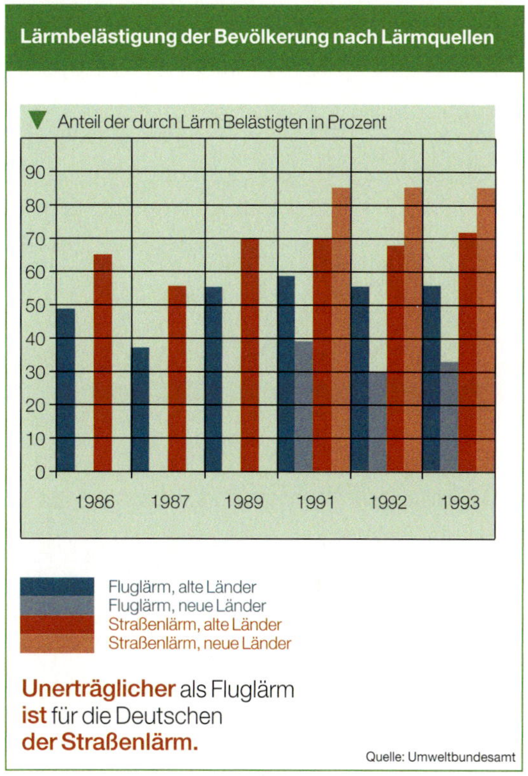

1 Stellt selbst eine **Zeitungsseite** zum Thema *Lärm mit und von Jugendlichen* her. Wendet dabei das modulare Prinzip der Informationsbausteine an (S. 148/149). Nehmt als Ausgangspunkt die Glosse von Willi Mertens, die Grafiken und bezieht eigene Informationen ein. Schreibt Leserbriefe, Kommentare und Berichte aus eigener Erfahrung.

2 Entwickelt eine **Wandzeitung** zum Thema *Lärm als Störfaktor in der Kommunikation*: Denkt z.B. an Gesprächsstörungen in der Schule, im Unterricht, zu Hause, beim TV- und Radioempfang.

Werben für oder gegen etwas

1 Entwickelt eine **Werbekampagne** für einen sozialen Zweck oder für ein Hilfsprojekt eurer Schule: Werbeplakate, Anzeigen, Slogans, Mitgliederwerbung.

2 Entwickelt eine **Gegen-Werbung,** eine öffentliche Kampagne, die auf folgendes Problem reagiert: In der Stadt B. steht unmittelbar neben einer Schule an einem Bürgersteig, den etwa 800 Schüler/innen täglich benutzen, eine Werbetafel, auf die immer wieder Plakate wie das folgende geklebt werden.

3 Entwickelt zum Spaß mit den verschiedensten grammatischen, rhetorischen und visuellen Mitteln eine **Anti-Werbung** für folgende Produkte:

die sofort ausleiernden Turnschuhe

der besonders kratzige Pullover

der geschmacklose Klebekaugummi

das Auto mit der geringen Sicherheit

die geruchsstarken Socken

das Schulbuch mit den überflüssigsten Informationen

7 „Können wir den Text so veröffentlichen?" – Richtig schreiben

7.1 Briefe und Berichte schreiben – das Rechtschreib-Wörterbuch nutzen

Johann Wolfgang Goethe

Meine liebe Freundin

Meine liebe Freundin, Ich dancke Ihnen für den Anteil, den Sie an meiner Gesundheit nehmen, und ich muss Ihnen zum Troste sagen, dass das letzte Gerücht von meiner Kranckheit, eben nicht so ganz gegründet war, ich befinde mich erträglich, freylich manchmal weniger als ich es wünschen mögte. Sie können Sich vorstellen dass es nichts als Indisposition war, warum ich Ihnen so lange nicht geschrieben habe, vielleicht werden bald andre Ursachen Sie abhalten mir zu schreiben. Es ist sonderbaar, heute vor einem Jahre sah ich Sie zum letztenmal, es ist ein närrisches Ding um Ein Jahr, was alles sein Gesicht in einem Jahre verändert; ich wette wenn ich Sie wiedersehen sollte, ich kennte Sie nicht mehr. Vor drey Jahren hätte ich geschworen es würde anders werden als es ist. Man soll für nichts schwören behaupt ich. Es war eine Zeit da ich nicht fertigwerden konnte mit Ihnen zu reden, und ietzt will all mein Witz nicht hinreichen, eine Seite an Sie zu schreiben. Denn ich kann mir nichts dencken, was Ihnen angenehm seyn könnte. Glauben Sie das? Horn lässt Sie grüssen, er ist unglücklicher als ich. Wie aber alles wunderlich ausgetheilt ist, so hilft ihm seine Narrheit sehr zur Cur von seiner Leidenschafft. Leben Sie wohl liebe Freundinn. Grüssen Sie mir die liebe Mutter und Peter. Ich bin heute unerträglich. Wenn ich in Leipzig wäre, dann sässe ich bey Ihnen und machte ein Gesicht, wie Sie sich dergleichen Specktackel noch erinnern können. Doch nein, wenn ich ietzt bey Ihnen wäre, wie vergnügt wollte ich leben. O könnte ich die dritthalb Jahre zurückrufen. Kätgen, ich schwöre es Ihnen liebes Käthgen ich wollte gescheuter seyn. – Ich gehorche Ihrem Befehl, hier hab ich die Fehler Ihres Briefes angemerckt; wenn Sie diese Kleinigkeiten vermeiden wollen; so werden Sie inskünftige die besten Briefe schreiben: erinnere mich daß *und nicht* erinnere mich das; gespielt – gespiehlt; es war – es wahr; Prophezeiung – Profezeiung; Gnade – Genade; Plätze – Blätze; fade – fate; Leidwesen – Leudwesen; reitzenden – reitzenten; Eindruck – Eintruck; geschickt – geschückt; freilig – freilich; schicken – schücken; man wird – man würd; übrig – übrich; bekommt – bekombt; Comödienzettel – Comoetigen Zettel; so bald – so balt; sagten – sagden.

J. W. v. G.

[1] Goethes Brief wirkt auf uns fremd, in der Sprache und in der Schreibung. Stellt gemeinsam in einer Liste zusammen, welche Schreibungen heute anders geregelt sind als zu Goethes Zeit.

2 Goethe gab seiner Freundin ganz persönliche „Nachhilfe“. Wir schlagen heute bei Rechtschreibunsicherheiten im **Wörterbuch** nach. Dabei enthalten der Duden und andere Wörterbücher viel mehr als nur Rechtschreibhilfen. Vergleicht die Inhaltsverzeichnisse eurer Wörterbücher.

3 a) Wörterbücher arbeiten häufig mit Zeichen oder **Abkürzungen.** Erst wenn ihr diese Hinweise versteht, könnt ihr die Fülle der Informationen, die in euren Wörterbüchern stecken, auch wirklich ausschöpfen. Lest die „Hinweise zur Benutzung“ in eurem Wörterbuch durch und erklärt mit allen Details:

Ge|brauch, der; -[e]s, *Plur.* (*für* Sitte, Verfahrensweise:) Gebräuche

Kọn|to, das; -s, *Plur.* ...ten, *auch* -s *u.* ...ti ‹ital.› (Rechnung, Aufstellung über Forderungen und Schulden); *vgl.* a conto

[1]**Bạlg,** der; -[e]s, Bälge (Tierhaut; Luftsack; ausgestopfter Körper einer Puppe; *auch für* Balgen);
[2]**Bạlg** der *od.* das; -[e]s, Bälger (*ugs. für* unartiges Kind)

Dẹnk‿an|satz, ...an|stoß, ...art, ...auf|ga|be; dẹnk|bar; die denkbar günstigsten Bedingungen; **dẹn|ken;** du dachtest; du dächtest; gedacht; denk[e]!; **Dẹn|ken,** das; -s; sein ganzes Denken; **Dẹn|ker, Dẹn|ke|rin; dẹn|ke|risch;** ...

b) Sucht weitere Beispiele aus dem Wörterverzeichnis eures Wörterbuchs heraus und erläutert sie euch gegenseitig.

4 a) Stellt in einer Liste zusammen, bei welchen Problemen euch das Rechtschreibwörterbuch in Klassenarbeiten nutzen kann:

– *Groß- und Kleinschreibung*
– *Silbentrennung*
– *Herkunft des Wortes*
– ...

b) Ergänzt die Liste bei Gelegenheit.

5 Fast alle Rechtschreibwörterbücher enthalten einen ausführlichen Teil mit **Regelungen zur Rechtschreibung, Zeichensetzung und Formenlehre.** Beim Durchblättern dieses Teils werdet ihr feststellen, dass ihr viele der dort aufgeführten Regelungen im Deutschunterricht bereits behandelt habt.
Macht euch mit dem Regelteil eures Wörterbuchs vertraut. Wie ist er gegliedert?

Die 9b möchte sich beim Förderverein der Heinrich-Böll-Schule für eine kräftige Aufstockung der Klassenkasse vor dem Schüleraustausch mit der englischen Partnerschule bedanken. Gemeinsam hocken die Jugendlichen vor dem PC.

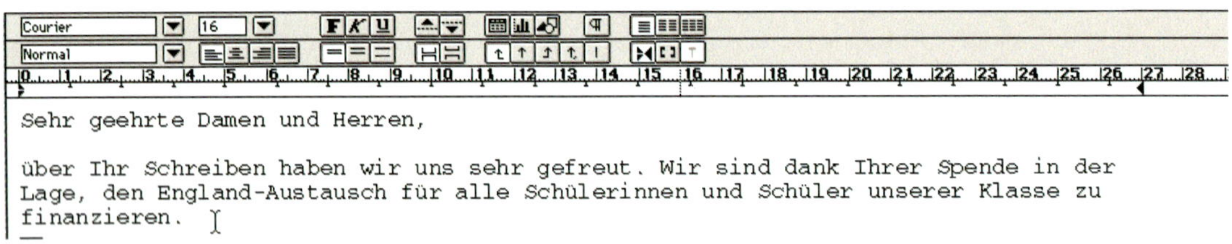

Sprachlich finden die Schülerinnen und Schüler den Briefanfang gelungen. Aber wird „DANK“ **groß-** oder **kleingeschrieben?** Ist es ein **Nomen** oder eine **Präposition?** Sie klicken die „Rechtschreibprüfung“ an.

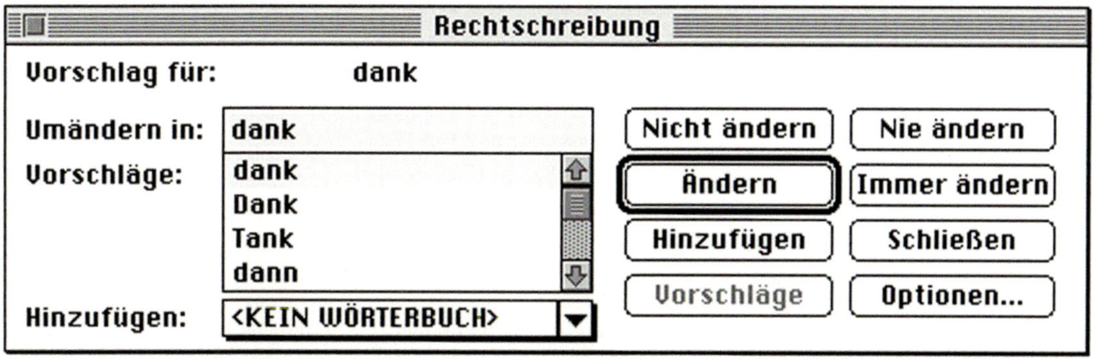

„Danke, das hilft uns auch nicht weiter“, stöhnt Anja, „jetzt muss doch einer das Rechtschreibwörterbuch aus der Bibliothek holen.“ – „So ein Aufwand für ein Wort! ‚Dank‘ ist Nomen, das weiß doch jeder, ‚*der* Dank‘. Und damit basta.“ Ulf ist offensichtlich nicht willens, eine Etage tiefer zu steigen. „Aber im Brief an den Förderverein können wir uns keine Fehler leisten“, beharrt Anja und denkt laut: „‚dank Ihrer Spende …‘, das klingt doch wie ‚durch Ihre Spende‘. Ich meine, ‚dank‘ muss hier kleingeschrieben werden.“ – „Bevor ihr noch lange diskutiert, geh ich eben“, erklärt Christoph und erscheint drei Minuten später mit dem Rechtschreib-Duden, den Finger zwischen die Seiten geklemmt: „Hier steht's“, verkündet er:

dank (↑R 46); *Präp. mit Gen. od. Dat., im Plur. meist mit Gen.:* dank meinem Fleiße; dank eures guten Willens; dank raffinierter Verfahren

„Das ist doch genau unser Fall! Also hat Anja Recht. Aber lasst uns mal in Regel 46 nachgucken, warum.“

R 46 Aus Substantiven [Nomen] entstandene Wörter anderer Wortarten werden kleingeschrieben ‹§ 56 (1, 3, 4 u. 5)›.

Adverbien:
kreuz und quer, anfangs, rings, teils, mitten, morgens, abends, sonntags, willens, rechtens

Präpositionen (Verhältniswörter) und Teile von präpositionalen Fügungen:
dank, kraft, laut, statt, trotz, angesichts, namens, seitens, um … willen

Unbestimmte Pronomen (Fürwörter) und Zahlwörter:
ein bisschen (= ein wenig)
ein paar (= einige),
aber: *ein Paar* (= zwei zusammengehörende) Schuhe

Bestimmte (mit „sein“, „bleiben“ oder „werden“ verbundene) Adjektive:
Mir ist angst. Aber: *Ich habe Angst.*
Uns wurde angst und bange. Aber: *Er hat keine Bange.*
Sie ist mir gram. Aber: *Ihr Gram war groß.*
Ich bin es leid. Aber: *Es tut mir Leid.*
Du bist schuld daran. Aber: *Sie gibt ihm die Schuld daran.*

Weitere Hinweise zur Schreibung von Substantiven [Nomen] in festen Verbindungen mit Verben: ↑Getrennt- und Zusammenschreibung (R 37 ff.)

6 Entwerft einen vollständigen Brief an den Förderverein eurer Schule, in dem ihr euch namens eurer Klasse für eine Spende bedankt. Verwendet dabei möglichst viele der Beispielwörter aus der Duden-Regel 46.

Wenn aus Nomen Wörter anderer Wortarten entstehen, nennt man diesen Vorgang **Denominalisierung.**

7

angst, bange, gram, leid, pleite, schuld

sein, bleiben, werden

„Meine Geldbörse ist weg!“ – Wie würdet ihr reagieren, wenn ihr am zweiten Tag des England-Aufenthaltes plötzlich euer Portmonee nicht mehr findet? Benutzt bei der Darstellung möglichst viele Denominalisierungen, vor allem Wortverbindungen aus den Wortblasen.

8 a) Tragt in eine Liste ein, welche der denominalisierten Wörter aus der Duden-Regel 46 (S. 165) ihr häufig benutzt, welche eher selten. Ordnet sie dabei nach Wortarten.

b) Versucht das Ergebnis zu erklären.

Ute und Roland aus der 9b haben sich bereit erklärt, für das Jahrbuch der Heinrich-Böll-Schule einen Bericht über den Besuch ihrer Klasse bei der englischen Partnerschule zu schreiben. Ein Thema der Berichterstattung soll der Empfang durch den Bürgermeister im Rathaus von Wickham sein. Sie sitzen am PC, vor ihnen liegen Fotos und Notizen aus ihrem Austausch-Tagebuch.

3. Tag –
Empfang durch den Mayor von Wickham in der Townhall

Bereits am abend vorher hatten wir von Frau Dr. Mühe den deutlichen Hinweis bekommen, uns für den Empfang beim Bürgermeister „ordentlich“ anzuziehen, hier lege man wert auf ein „gepflegtes Erscheinungsbild“. Die meisten von uns haben sich auch daran gehalten … oder nicht, Christoph? …
Pünktlich um 11.00 Uhr führte uns die Sekretärin des Bürgermeisters in den Sitzungssaal des Rathauses. Er wirkte sehr feierlich, mit großen Wandgemälden, Kronleuchtern und einem Rednerpult mit vielen Holzschnitzereien. Wir durften auf den Sitzen der Ratsmitglieder platz nehmen.
Der Bürgermeister, Mr Smith-Wyman, empfing uns freundlich und versprach als Erstes, langsam und deutlich zu artikulieren, damit wir ihn alle gut verstehen könnten. Dafür waren wir ihm, ehrlich gesagt, dankbar. Dann sprach er über die Geschichte „seiner“ Stadt und über die Bedeutung von Jugend-Begegnungen für das Zusammenwachsen von Europa. „Ihr seid als Botschafter Eures Landes die Vorreiter des europäischen Gedankens. Auf eurer Ebene verwirklicht Ihr jetzt schon ganz selbstverständlich, worum die Staatsmänner in einem langen und mühsamen Prozess immer noch ringen.“ – „Typisch Politiker – die müssen immer zu dick auftragen“, murmelte Andrea gar nicht so ganz leise, „mir macht es einfach Spaß, in einer netten englischen Familie zu wohnen und mein englisch auszuprobieren.“ Dann schloss Mr Smith-Wyman mit den Worten: „Ihr seid die Generation, die sich im ‚europäischen Haus‘ einrichtet und es schließlich bewohnen wird!“, und wir klopften alle ganz staatsmännisch beifall.
Frau Dr. Mühe antwortete mit ähnlich gewichtigen Worten, dass Lehrer und Schüler sich ihres Auftrags bewusst seien. Die Regelmäßigkeit, mit der der Austausch zwischen den Partnerschulen stattfinde, und der herzliche Empfang durch die Englischen Gastfamilien seien gute Belege dafür, dass sich die „Puzzlesteine Europas“ bereits zu Bildern ineinander fügten. …
Nach so viel Feierlichkeit waren wir froh, dass es anschließend Chips und Cola gab.

9 Roland und Ute sind mit dem Text eigentlich ganz zufrieden, nur bei der **Groß- oder Kleinschreibung** und bei der Platzierung der **Anführungszeichen** sind sie sich in manchen Fällen nicht einig.

a) Der Text enthält 8 falsche Groß- bzw. Kleinschreibungen. Korrigiert die betreffenden Stellen und begründet eure Veränderungen.

b) Überprüft die in dem Artikel gesetzten Anführungszeichen mit Hilfe der folgenden R 8 – R 12 aus dem Rechtschreib-Duden. – Ordnet den einzelnen Regeln Beispiele aus dem Text zu.

Anführungszeichen (Gänsefüßchen)

R 8 Anführungszeichen stehen vor und hinter einer **wörtlich wiedergegebenen Äußerung** (direkten Rede) ‹§ 89 (1)›.

Sokrates sagte: „Ich weiß, dass ich nichts weiß.“

Dies gilt auch für wörtlich wiedergegebene Gedanken und wörtlich angeführte Textstellen (Zitate) aus Büchern, Schriftstücken, Briefen u. a. ‹§ 89 (2)›.

„Wenn nur schon alles vorüber wäre“, dachte Petra. Sie schreibt in ihren Memoiren: „Nie werde ich den Tag vergessen, an dem der erste Zeppelin über der Stadt schwebte.“

Wird eine angeführte direkte Rede oder ein Zitat unterbrochen, so werden die einzelnen Teile in Anführungszeichen gesetzt.

„Wir sollten nach Hause gehen“, meinte er. „Hier ist jede Diskussion zwecklos.“

„Der Mensch“, so heißt es in diesem Buch, „ist ein Gemeinschaftswesen.“

R 9 Anführungszeichen stehen vor und hinter **zitierten Überschriften, Titeln von Büchern, Filmen, Gedichten, Namen von Zeitungen u. Ä.** ‹§ 94 (1)›.

„Der Biberpelz“ ist eine Komödie von Gerhart Hauptmann. Dieser Artikel stand in der Wochenzeitung „Die Zeit“.

- Der zu einem Titel gehörende Artikel kann mit in die Anführungszeichen gesetzt werden, wenn der volle Titel unverändert bleibt.

Wir mussten „Das Lied von der Glocke“ (oder: *das „Lied von der Glocke“*) *auswendig lernen.*

Ändert sich der Artikel durch die Deklination, dann bleibt er außerhalb der Anführungszeichen.

Es war ein Zitat aus dem „Lied von der Glocke“. Sie arbeitet in der Redaktion der „Zeit“.

Weglassen kann man die Anführungszeichen, wenn eindeutig erkennbar ist, dass ein Titel, eine Gedichtüberschrift o. Ä. vorliegt.

Goethes Faust wurde schon mehrfach verfilmt.

R 10 Anführungszeichen dienen zur **Hervorhebung** einzelner Wortteile, Wörter oder Textteile (z. B. Sprichwörter, Fachwörter) ‹§ 94 (2, 3)›.

Das Wort „fälisch“ ist in Anlehnung an West„falen“ gebildet. Viele verwenden den Begriff „Sozialethik“, ohne sich darunter etwas vorstellen zu können. Das Sprichwort „Geteiltes Leid ist halbes Leid“ tröstet nicht immer. Mit einem lauten „Mir reicht's“ verließ sie den Raum. Mit den Worten „Mehr sein als scheinen“ hat Schlieffen Moltke charakterisiert.

Gelegentlich stehen Anführungszeichen auch zur ironischen Hervorhebung ‹§ 94 (4)›.

Er hat „nur“ 2 Millionen auf dem Konto. Dieser „treue Freund“ verriet ihn als Erster.

R 11 Eine **Anführung innerhalb einer Anführung** wird durch halbe Anführungszeichen deutlich gemacht ‹§ 95›.

„Gehen wir doch ins Kino, heute läuft ‚Der Untergang des Römischen Reiches‘“, schlug sie vor. Er schreibt in seinem Brief: „Ich kann euch nur empfehlen, den ‚Fänger im Roggen‘ selbst einmal zu lesen.“

R 12 Treffen **Punkt, Frage- oder Ausrufezeichen mit Anführungszeichen** zusammen, so stehen sie *vor* dem Schlusszeichen, wenn sie zur wörtlich wiedergegebenen Äußerung oder angeführten Textstelle gehören ‹§ 90›.

Wenn nach der wörtlichen Rede oder nach der angeführten Textstelle der übergeordnete Satz folgt oder weitergeführt wird, setzt man ein Komma nach dem schließenden Anführungszeichen ‹§ 93›.

„Wie geht es dir?“, sprach er ihn an. Sie fragte: „Weshalb darf ich das nicht?“, und schaute mich wütend an. „Bleib sofort stehen!“, brüllte er. Als er mich fragte: „Weshalb darf ich das nicht?“, war ich sehr verlegen.

Beendet die wörtliche Rede oder die angeführte Textstelle den übergeordneten Satz, dann steht kein Punkt mehr nach dem Schlusszeichen 〈§ 92〉.
Er erwiderte: „Das muss jeder selbst entscheiden.“ Er schrie: „Pass auf!“ Sie fragte: „Bist du bereit?“

In allen anderen Fällen stehen Punkt, Frage- und Ausrufezeichen nach dem Schlusszeichen.
Ich habe erst die „Buddenbrooks“ gelesen und dann den „Zauberberg“. Wer kennt das Theaterstück „Der Stellvertreter“? Kennst du den Roman „Quo vadis?“? Ich brauche dringend den Text der Oper „Figaros Hochzeit“! Lass doch dieses ewige „Ich will nicht!“!

- Ein eingeschobener Satz wird in Kommas eingeschlossen 〈§ 93〉.
„Morgen früh“, versprach sie, „komme ich zurück.“

Vor dem Komma verliert der angeführte Satz seinen Schlusspunkt 〈§ 92〉.
„Das weiß ich nicht“, antwortete sie. „Wenn du erwachsen bist, wirst du das verstehen“, sagte Großvater.

Weitere Hinweise: ↑Groß- und Kleinschreibung (R 59), ↑Richtlinien für den Schriftsatz.

10 Der Bericht für das Jahrbuch (S. 166) enthält verschiedene Arten und Formen der **Redewiedergabe.** Schreibt die Textstellen heraus und bestimmt die unterschiedlichen Verfahren bei der Wiedergabe fremder Äußerungen. Achtet besonders auf die **Zeichensetzung.** Wenn ihr nicht sicher seid, könnt ihr auch im Orientierungswissen (S. 314/315, 318/319) nachschlagen.

Aus Anlass des Jubiläums „10 Jahre Schüleraustausch mit Wickham“ erscheint im Lokalteil der Tageszeitung ein Bericht über die Schulpartnerschaft zwischen der Heinrich-Böll-Schule und der englischen Schule. Zur Vorbereitung des Artikels hat sich die Reporterin zuerst beim Schulleiter informiert und war dann bei der Ankunft der heimkehrenden Schülerinnen und Schüler dabei.

11 a) Verfasst einen entsprechenden Zeitungsartikel und nutzt dabei verschiedene Formen der Redewiedergabe. Achtet auf die Zeichensetzung.
b) Überprüft eure Texte anhand der Checkliste auf S. 172/173.
c) Erörtert wirkungsvolle Überschriften und gestaltet ein ansprechendes Lay-out.

7.2 Eine Klassenarbeit verbessern – Texte überarbeiten

Nikos Kazantzakis
Die Blinden

Nikos Kazantzakis wurde 1883 auf der Insel Kreta geboren. Er bekleidete einige hohe Staatsämter in Griechenland, die er aber aufgab, um schriftstellerisch tätig sein zu können. Nach dem Zweiten Weltkrieg lebte er hauptsächlich in Frankreich, unternahm ausgedehnte Reisen und starb 1957 in Freiburg/Breisgau. Besonders seine Romane, darunter der auch verfilmte „Alexis Sorbas“, machten ihn weltbekannt, er schrieb aber ebenso Lyrik, Theaterstücke, philosophische Abhandlungen und vieles mehr, außerdem trat er als Übersetzer in Erscheinung.

Es war einmal, sagte er, ein kleines Dorf in der Wüste. Alle Einwohner dieses Dorfes waren blind. Eines Tages kam dort ein großer König mit seinem Heer vorbei. Er ritt auf einem gewaltigen Elefanten. Die Blinden hatten viel von Elefanten erzählen hören und wurden von einer heftigen Lust befallen, heranzutreten und den Elefanten des Königs berühren zu dürfen und ihn zu untersuchen, um eine Vorstellung davon zu bekommen, was das für ein Ding sei. Einige von ihnen – vielleicht waren es die Gemeindeältesten – traten vor und verneigten sich vor dem König und baten um die Erlaubnis, seinen Elefanten berühren zu dürfen. Der eine packte ihn beim Rüssel, der andere am Fuß, ein Dritter an der Seite, einer reckte sich hoch auf und packte das Ohr, und ein anderer wieder durfte einen Ritt auf dem Rücken des Elefanten tun. Entzückt kehrten alle ins Dorf zurück, und die Blinden umringten sie und fragten eifrig, was denn das ungeheuerliche Tier Elefant für ein Wesen sei. Der Erste sagte: „Er ist ein großer Schlauch, der sich hebt und senkt, und es ist ein Jammer um den, den er zu packen kriegt.“ Der Zweite sagte: „Es ist eine mit Haut und Haaren bekleidete Säule.“ Der Dritte sagte: „Es ist wie eine Festungsmauer und hat auch Haut und Haare.“ Der, der ihn am Ohr gepackt hatte, sagte: „Es ist keineswegs eine Mauer, es ist ein dicker, dicker Teppich, der sich bewegt, wenn man ihn anfasst.“ Und der Letzte sagte: „Was redet ihr für Unsinn? Es ist ein gewaltiger Berg, der sich bewegt!“

1 a) Ist den Streitenden zu helfen? Macht Vorschläge für konstruktive Fortsetzungen des Gesprächs und vergleicht eure Entwürfe.
b) Der Autor hat sich gegen ein harmonisches Ende entschieden. Wie erklärt ihr euch das?

2 Die Geschichte von Kazantzakis gehört zu den **Parabeln.** Eine Parabel ist eine gleichnishafte Erzählung mit übertragbarer Bedeutung.
a) Sprecht in der Klasse über mögliche Deutungen des Textes.
b) Verfasst eine schriftliche Interpretation der Parabel.

Der Text von Kazantzakis war Gegenstand einer Klassenarbeit. Im Folgenden findet ihr Auszüge aus Schülerarbeiten.

Die Parabel „die Blinden“ handelt von einem Dorf indem nur Blinde leben, die die Möglichkeit bekommen einen Elefanten so zu erleben, wie ihre Sinneswahrnehmungen es ihnen ermöglichen. Dieses Dorf welches in der Wüste liegt, wird eines Tages von einem König mit seinem Heer besucht. Der König kommt auf einem Elefanten geritten. Die Blinden wollten unbedingt erfahren was ein Elefant ist. ...

(Leonie)

... Also berührte einer den Elefanten am Ohr, ein Weiterer an den Beinen und die Anderen an der Seite, am Rüssel und auf dem Rücken. ... (Beatrix)

… Sie schildern den Dorfbewohnern ihre Wahrnehmungen und da die nicht übereinstimmt, will keiner von ihnen dem anderem seine Vorstellung eines Elefanten zugestehen, sondern stellt es gleich als falsch dar. … (Dennis)

… Als ein König, der auf einem Elefanten ritt, zu dem Dorf kam, baten die Dorfbewohner den König um Erlaubnis, den Elefanten berühren zu dürfen, um sich ein Bild von ihm zu machen. 5 Bewohner des Dorfes näherten sich dem Elefanten und berührten ihn an verschiedenen Stellen. Nachdem sie den Elefanten ausreichend abgetastet hatten, versuchten sie ihr Erlebnis zu interpretieren. Dabei stellte jeder von ihnen den kleinen Teil des Tieres, den er berührt hatte, als das gesamte Tier dar und versuchte Vergleiche mit Dingen zu finden, die sie kennen. Obwohl keiner von ihnen jemals einen Elefanten gesehen hatte, behauptete jeder, dass Tier genau zu kennen. …

(Oliver)

… Der erste sagte: „Er ist ein großer Schlauch“, der nächste behauptet: „Es ist eine Säule“. Und die anderen führen noch eine Mauer, einen Berg und einen dicken, dicken Teppich an. …

(Pia)

Die Blinden haben bisher nur Erzählungen von Elefanten gehört und behandeln ihn deshalb voller Ehrfurcht (vgl. Z. 23–24 „und es ist ein Jammer um den, den er zu packen kriegt.) (Kai)

… Der Autor will sagen, dass Teamarbeit zusammen mit Verstand zum gewünschten Ziel führen kann. …

(Sascha)

3 a) Markiert auf einer Kopie der Schülerarbeiten alle Stellen, an denen eurer Meinung nach eine Korrektur notwendig ist.

b) Welche Fehlerschwerpunkte könnt ihr in den Textauszügen beobachten?

4 a) Überarbeitet die Texte in Partnerarbeit. Zieht in Zweifelsfällen das Wörterverzeichnis und den Regelteil eures Rechtschreibwörterbuchs zu Rate.

b) Vergleicht eure Ergebnisse. Welche Fassungen sind überzeugend? Welche Version muss in Teilen noch einmal bearbeitet werden?

Richtiges **Zitieren** macht vielen aus der Klasse noch Schwierigkeiten. Darum hat die Deutschlehrerin auf einem Arbeitsblatt eine Reihe von fehlerhaften Beispielen aus den Klassenarbeiten zusammengestellt, damit alle bei der gemeinsamen Korrektur noch einmal üben können.

Sie wurden alle von einer heftigen Lust befallen, den Elefanten kennen zu lernen.
Alle fragten, was denn der „Elefant für ein ungeheuerliches Tier“ sei.
Der Erste berichtet, er habe „einen Schlauch“ berührt (Z. 22).
Der Zweite erzählt „von einer Säule“, die mit Haut und Haaren bekleidet ist.
Der Dritte meinte: „Es ist eine Festungsmauer mit Haut und Haaren.“ (Z. 26–27)

5 Bestimmt mit Hilfe der folgenden Regeln zum Zitieren, worin der Fehler in der Zitiertechnik jeweils liegt, und berichtigt den Satz.

Richtiges Zitieren

- Wenn man Teile eines Textes, den man untersucht, **wörtlich** übernimmt, stehen diese Zitate in **Anführungszeichen.** – Beispiel: Der Schauplatz von Kazantzakis' Parabel ist „ein kleines Dorf in der Wüste“ (Z. 1–2).
- Wird eine Textstelle **nur teilweise** übernommen, müssen die **Auslassungen** durch [...] kenntlich gemacht werden. – Beispiel: Das Besondere an diesem Dorf ist: „Alle Einwohner [...] waren blind“ (Z. 2–3).
- Nach den abschließenden Anführungszeichen gibt man in Klammern die **Zeile** an, in der das Zitat im Text zu finden ist. Der Schlusspunkt steht, wie in den beiden obigen Beispielen, erst nach der Zeilenangabe.

Ricarda hat bei Deutscharbeiten eigentlich selten Probleme, aber diesmal war sie mit ihrer Analyse schon beim Abgeben nicht zufrieden. Darum ist sie gleich damit einverstanden, dass die Deutschlehrerin ihren Text für die Besprechung und gemeinsame Überarbeitung ausgesucht hat.

Die Parabel von Nikos Kazantzakis handelt von einem Dorf, in dem alle Einwohner blind sind. Als ein König an diesem Dorf vorbeikommt, wollen die Blinden zum 1. mal in ihrem Leben einen Elefanten berühren. 5 Bewohner berühren den Elefanten an 5 unterschiedlichen Stellen und jeder berichtet anders über die Gestalt des Tieres. Sie geraten in eine Diskussion, in der jeder behauptet das Aussehen des Elefanten zu kennen.
Die Blinden hätten diese Diskussion vermeiden können, wenn sie sich mehr Zeit genommen hätten. Sie haben jeder für sich, recht mit ihren Beschreibungen, jedoch treffen diese nur für bestimmte Teile oder Eigenschaften des Elefanten zu, z.B. Vergleich: großer Schlauch – Rüssel. Übertragbar ist diese Parabel auf Teamwork.
Wenn einer stur auf seinem Standpunkt beharrt, kann er nicht so viel erreichen und entwickeln, wie ein Team, bestehend aus mehreren Personen. Wenn die Blinden ihre Erkenntnisse „zusammengesetzt“ hätten, würden sie zu einem einheitlichen Bild des Elefanten gelangen.

6 Diskutiert in Kleingruppen, wo Stärken und Schwächen dieser Arbeit liegen.

7 a) Verabredet, wie ihr bei der Überarbeitung des Textes von Ricarda (S. 171) vorgehen wollt. Nutzt dabei die folgenden „Tipps zur Textüberarbeitung“.
b) Entwickelt verbesserte Fassungen und beschreibt in einem kurzen Kommentar, wie ihr bei der Überarbeitung vorgegangen seid.
c) Tauscht eure Ergebnisse und Erfahrungen aus. Schätzt die jetzt vorliegenden Fassungen ein: Sind sie noch verbesserungsfähig?

Tipps zur Textüberarbeitung

Das Verfassen von Texten ist immer ein Prozess, der in mehreren Phasen abläuft: **Planung, Niederschrift** und **Überarbeitung** folgen aufeinander.
Die Überarbeitung erfolgt am besten in mehreren Schritten. Wenn man den Text mit Abstand liest oder ihn anderen zum Gegenlesen gibt, zeigt sich meistens, dass eine weitere Überarbeitung nötig ist, um das angestrebte Schreibziel zu erreichen.

Bei der Überarbeitung sind mehrere Bereiche zu berücksichtigen, in denen Fehler oder Schwächen eines Textes liegen können. Die wichtigsten sind im Folgenden aufgelistet. Die fett gedruckten Buchstaben in der rechten Spalte könnt ihr als Fehlerzeichen verwenden:

Sachliche Fehler, z. B. falsche oder nicht belegbare Aussagen	**sa**chlich falsch
Logische Fehler, z. B. Widersprüche in der Gedankenführung, Ungenauigkeit bei der Verknüpfung von Gedanken (falsch gewählte Pronomina oder Konjunktionen) oder	**D**enkfehler
Fehler im **Textaufbau** (z. B. Wiederholung von Gedanken, Gedankensprünge; zu ausführliche Einleitung, ein wichtiger Gedanke wird zu knapp oder ein unwichtiger zu ausführlich dargestellt)	**Aufbau f**alsch
Zitate, die ihre Funktion nicht erfüllen, z. B. zu häufiges, zu knappes oder zu ausführliches Zitieren von Textstellen; Aussage und Zitat passen nicht zusammen	**Zit**at **o**hne **Funkt**ion
Formfehler beim Zitieren, z. B. fehlende Markierung von Auslassungen oder Veränderungen in den Wortendungen	**Zit**attechnik falsch
Mängel in der **begrifflichen Präzision** oder Schwächen im **stilistischen Bereich**	**W**ort falsch gebraucht **A**usdrucksfehler **W**ortwie**d**er**h**olung

Fehler im **Satzbau**	**S**atz**b**aufehler
Fehler im **Modusgebrauch,** Unklarheiten bei der **Redewiedergabe** (kann zu sachlichen Fehlern führen)	**M**odus falsch
Verstöße gegen die **Sprachrichtigkeit**	**R**echtschreibfehler **Z**eichensetzungsfehler **Gr**ammatikfehler **T**empusfehler **Bez**iehungsfehler

Bei einem Text, der Schwächen im Aufbau und in der Genauigkeit der gedanklichen Verknüpfung aufweist, ist ein Vorgehen, bei dem die Fehler Zeile für Zeile bearbeitet werden, nicht sinnvoll. Denn oft muss man ganze Abschnitte umstellen, Passagen weglassen, Sätze neu formulieren, andere Begriffe wählen usw., sodass manche Einzelfehler aus der ursprünglichen Fassung „von selbst" wegfallen. Darum sollte man zunächst den Text ganz lesen und dann die **Textüberarbeitung planen.**

8 Kommentiert als „Experten" den folgenden Text, den Ricardas Mitschüler/innen nach gründlicher Überarbeitung der Klassenarbeit verfasst haben:

Interpretation zu Nikos Kazantzakis, Die Blinden

Die Parabel von Nikos Kazantzakis handelt von einem Dorf, in dem alle Einwohner blind sind. Als ein König auf einem Elefanten an diesem Dorf vorbeizieht, bekommen die Blinden zum ersten Mal die Möglichkeit, sich ein Bild von solch einem Tier zu machen. Die fünf ältesten Einwohner berühren den Elefanten an unterschiedlichen Stellen und berichten dann über die Gestalt des Tieres.
Um ihren Zuhörern eine anschauliche Vorstellung zu vermitteln, beziehen sie sich bei ihren Beschreibungen auf alltägliche Gegenstände. So erklärt sich z. B. der Vergleich des Rüssels mit einem „großen Schlauch, der sich hebt und senkt" (Z. 22–23). Weil aber jeder etwas anderes über den Elefanten behauptet, geraten die Dorfältesten bald in eine Diskussion. Die hätte vermieden werden können, wenn die Blinden sich klargemacht hätten, wie ihre unterschiedlichen Aussagen zu Stande kommen. Da jeder immer nur über ein einzelnes Körperteil spricht, passen ihre Erkenntnisse scheinbar nicht zusammen, obwohl jeder für sich mit seiner Darstellung im Recht ist. Wenn sie ihre Erkenntnisse untereinander ausgetauscht und kombiniert hätten, wären sie zu einem einheitlichen und wirklich angemessenen Bild vom Elefanten gelangt.
Die Blindheit der Einwohner steht für die Engstirnigkeit der Menschen. Die meisten bedenken nicht, dass man mit seiner Wahrnehmung immer nur einen Ausschnitt vom Ganzen erfasst. Wie die Blinden eigentlich ihre Behinderung kennen, müsste uns bewusst sein, dass jeder nur aus seinem Blickwinkel Erfahrungen sammelt und Urteile fällt. Das ergibt ein einseitiges Bild. Darum kann eine einzelne Person meist nicht so viel erreichen wie ein aus mehreren bestehendes Team.

7.3 Die Rechtschreibreform diskutieren – rechtschreiben oder recht schreiben?

Die **Getrennt- und Zusammenschreibung** ist der Bereich der Rechtschreibreform von 1996, der am stärksten ins Kreuzfeuer der Kritik geraten ist. Reformgegner fanden hier zahlreiche Beispiele für widersprüchlich erscheinende Festlegungen; Reformbefürworter betonten immer wieder, dass auch die vorher geltenden Grundsätze zu zahlreichen Ungereimtheiten führten.

Die nächste Aufführung dieses Stücks wird es erst im nächsten Jahr wieder geben.
Ich kann dir das Geld erst morgen wiedergeben.

Wenn wir wieder gewinnen wollen, müssen wir mehr trainieren.
Um seine Sicherheit wiederzugewinnen, blickte der Redner in sein Manuskript.

Dieser Tanzkurs ist abgeschlossen. Wer zum nächsten Kurs wieder kommen möchte, muss sich in die Liste eintragen.
Wenn du jetzt gehst, brauchst du nicht mehr wiederzukommen ...

1 Hier liegen nur scheinbar dieselben Wörter vor, tatsächlich wechselt die Wortbedeutung von **„wieder“** jeweils zwischen „noch einmal, erneut“ und „zurück“.

a) Lest die Sätze laut und ordnet die jeweilige Bedeutung zu. Sind Zusammenhänge zwischen der Wortbedeutung und der Schreibung erkennbar?

b) Welche Bedeutung hat die unterschiedliche Betonung für die Getrennt- und Zusammenschreibung?

c) Bildet weitere Beispielsätze für beide Fallgruppen. Schlagt zur Absicherung in euren Wörterbüchern unter dem Stichwort „wieder“ nach.

Peter Gallmann/Horst Sitta

Prinzipien – Regeln – Einzelfestlegungen

Wie das obige Beispiel zeigt, ist die Getrennt- und Zusammenschreibung ein besonders schwieriger Bereich der deutschen Rechtschreibung. Der folgende Text von Sprachwissenschaftlern kann euch helfen, den Stellenwert des Streitobjekts im System der Rechtschreibung angemessen zu bestimmen.

Unsere Rechtschreibung ist nicht – einem großen, durchdachten Konzept folgend – von oben her festgelegt worden; sie hat sich vielmehr, bestimmt von wechselnden Einflüssen, über die Jahrhunderte allmählich entwickelt. Das bedeutet aber nicht, dass ihr jegliche innere Logik abgeht.

Man muss es sich so vorstellen: Menschen folgen, wenn sie handeln, immer irgendwelchen Regel- und Gesetzmäßigkeiten. Das gilt unabhängig davon, ob diese Regel- und Gesetzmäßigkeiten ausformuliert sind oder nicht, ob man ihnen bewusst und mit Bedacht folgt oder nicht. Das Gleiche gilt im engeren Bereich der Rechtschreibung. Auch in den ersten Anfängen der Geschichte unserer Schreibung, als es noch keine ausformulierten *Regeln* gab, hat man nicht völlig willkürlich geschrieben – so wenig, wie das Lernende in ihren allerersten Versuchen tun. Man folgte vielmehr bestimmten Grundkonzepten oder leitenden Ideen; die Fachliteratur spricht von *„Prinzipien“*. So ist es ein Grundkonzept einer Alphabetschrift, wie wir sie haben, dass die Laute der gesprochenen Sprache und die Buchstaben der geschriebenen Sprache aufeinander beziehbar sein müssen, und zwar systematisch. Dieses Grundkonzept der Alphabetschrift bezeichnet man als *Lautprinzip*.

Auf der Grundlage eines so allgemeinen Konzepts, wie es das Lautprinzip darstellt, gelangt man allerdings nicht immer zu eindeutigen Lösungen. So sind denn auch mit der Zeit eigentliche *Regeln* entwickelt worden. Regeln legen fest, wie ein Prinzip – oder auch mehrere Prinzipien – anzuwenden ist. Eine Regel gilt grundsätzlich für alle Problemfälle ihres Bereichs und gibt für diese eine eindeutige Lösung an.

Es werden allerdings nicht alle Bereiche der Rechtschreibung lückenlos von Regeln abgedeckt. In solchen „regellosen“ Bereichen ist die Schreibung häufig Fall für Fall bestimmt worden. Man spricht hier von *Einzelfestlegungen.* Auch Einzelfestlegungen sind letztlich rückgebunden an Prinzipien.

Geschichtlich gesehen lässt sich danach sagen: Unsere Rechtschreibung hat sich über Prinzipien, Regeln und Einzelfestlegungen herausgebildet. Von der Gegenwart aus gesehen heißt das: Unsere Rechtschreibung lässt sich verstehen als ein System, als ein geordnetes Ganzes mit drei verschiedenen Ebenen.

2 Fertigt zu der Überschrift *„Prinzipien und Regeln der Rechtschreibung“* eine Wandzeitung an.

Wichtige **Prinzipien der Rechtschreibung** sind unter anderem:

- das **Lautprinzip:** „Schreibe, wie du sprichst!“
  Beispiele: *alt, kalt, Halt …; Nase, Hase, Blase; …*
- das **Stammprinzip:** „Schreibe Gleiches möglichst gleich!“
  Beispiele: *Hand – Hände; Rede – redlich; weise – weissagen; …*
- das **grammatische Prinzip:** „Mache den grammatischen Aufbau deines Textes deutlich!“
  Beispiele: *ein ungewöhnliches Ereignis – nichts Ungewöhnliches; langweilen – lange arbeiten; das Tee-Ei, die Rad-Artisten, die Blumentopf-Erde; …*

3 a) Stellt weitere Beispiele zu den einzelnen Prinzipien zusammen.
b) Erklärt anhand eurer Beispiele, warum sich die Getrennt- und Zusammenschreibung aus dem grammatischen Prinzip ergibt.

4 a) Ihr kennt bereits einige **Regeln** zur Getrennt- und Zusammenschreibung. Welche Regel gilt für die folgenden Sätze? Schlagt im Orientierungswissen auf S. 320 nach, wenn ihr unsicher seid.
Dieses Argument kannst du nicht widerlegen.
Er überraschte seine Freundin mit einer CD ihrer Lieblingsgruppe.
Der neue Bohrer lässt sich einfach handhaben.
b) Bildet weitere Beispiele mit den Verben *vollbringen, weissagen, umgarnen, hintergehen, schlussfolgern, schlafwandeln.*
c) Welche Regel gilt für die Verbindung mit dem Verb „sein“?

Wirst du dabei ■ sitzen, wenn wir die Betriebserkundung vorbereiten?
Du kannst gern dabei ■ sitzen, wenn dir das Lesen dann leichter fällt.

Sollen wir den schweren Korb zusammen ■ tragen?
Für das Lagerfeuer werden sie Holz zusammen ■ tragen.

Wenn ihr bei der Aufgabe fest ■ sitzt, könnt ihr mich anrufen.
Der Skischuh muss fest ■ sitzen.

Wie ihr wieder daher ■ kommt! Ihr seht ja schlimm aus!
Der Muskelkater wird daher ■ kommen, dass du deine Bauchmuskeln lange nicht trainiert hast.

Wenn du so leise sprichst, bist du kaum zu ■ hören.
Du musst besser zu ■ hören.

5 In jedem Satzpaar gilt einmal Getrennt- und einmal Zusammenschreibung. Entscheidet euch für eine Schreibung, nachdem ihr
a) die Sätze laut gesprochen und auf die unterschiedliche Betonung geachtet habt;
b) die Sätze so umformuliert habt, dass die Bedeutungsunterschiede klar werden.
c) Überprüft, inwiefern euch das Rechtschreibwörterbuch bei eurer Entscheidung weiterhilft.

6 a) Bieten die Prinzipien und Regeln der Rechtschreibung, die ihr kennen gelernt habt, nach eurer Einschätzung eine Möglichkeit, die Probleme bei der Getrennt- und Zusammenschreibung zu bewältigen?
b) Untersucht, welche der Prinzipien und Regeln in Rechtschreibwörterbüchern repräsentiert sind.

Harald Weinrich

Ein Vorschlag zur Güte

Grenzfalltoleranz üben:
Die bisherigen Regeln für die Groß- und Kleinschreibung sowie für die Getrennt- und Zusammenschreibung sind zwar wegen mancher Grenzfälle notorisch schwierige Beispiele: groß und klein/im Großen wie im Kleinen; wieder aufstehen/wiederaufrichten), haben jedoch in der öffentlichen Auseinandersetzung um die Rechtschreibreform der sprachwissenschaftlichen Kritik besser standgehalten als die vorgeschlagenen Neuregelungen. Es besteht somit kein Anlaß zu großflächigen Änderungen. Die Schwierigkeiten einzelner Schreibungen sind vielmehr mit Gelassenheit zu betrachten, da sie vom Leben der Sprache Zeugnis ablegen. Dementsprechend wird hier allen Hütern der Sprachnorm eine gewisse Grenzfalltoleranz empfohlen nach der Toleranzregel: Für Rechtschreibverstöße dieser Art nur ein Quentchen Strenge. [R]

(Harald Weinrich, Sprachwissenschaftler und Romanist, emeritierter Professor der Universität München, lehrt und forscht am Collège de France in Paris.)

7 a) Mit welchen Argumenten stützt der Autor seine Position?
b) Leuchtet euch die Argumentation ein?

8 Veranstaltet in der Klasse eine Pro-und-Kontra-Diskussion darüber, ob in der Rechtschreibung alle Fälle eindeutig geregelt sein müssen oder ob es „Grenzfälle" geben darf, bei denen verschiedene Schreibungen möglich sind.

8 Dann eben mit Gewalt …

8.1 Kurze Erzählungen von Tätern, Opfern und Zeugen

Herbert Friedmann

Mademoiselle Butterfly

„Typisch für Mutter, mir diesen Schrott anzudrehen …!“
Tanja hämmerte mit den Fäusten gegen das Gehäuse des tragbaren Fernsehers, den ihre Mutter beim letzten Besuch mitgebracht hatte. Kein Bild, kein Ton, ausgerechnet heute, Rauschen und Flimmern. In zehn Minuten startete eine neue Folge ihrer Lieblingsserie. Wie in Panik drehte sie die Antenne in alle Richtungen, bearbeitete die Tastatur und fühlte sich auf einmal angeschmiert: von ihrer Mutter, von … von allen. Sie warf sich bäuchlings aufs Bett, weinte Selbstmitleidstränen, kuschelte sich in die Decke und fand keine Ruhe. Auch nach einem halben Jahr hatte sie sich nicht an das Gefängnisleben gewöhnt. Tagsüber war es auszuhalten. Die Arbeit an der Nähmaschine machte Spaß. Und wenn alles klappte, konnte sie demnächst eine Lehre beginnen. Dafür reichte die Zeit im Knast, noch drei Jahre, dann war sie neunzehn und frei …
Sie schaltete den Fernseher aus, das Radio an, tanzte mit geschlossenen Augen durch die Zelle: acht Quadratmeter, schleuderte den Kopf nach links und nach rechts, nach vorn und nach hinten, wedelte wild mit den Armen, tanzte sich in die Turnhalle ihrer alten Schule.

„Mist, ich habe meine Sporttasche im Umkleideraum vergessen“, sagt Tanja.
„Na und, die klaut doch niemand“, gibt Sandra zurück.
„In der Tasche ist mein Geldbeutel.“
Sie trennt sich von ihrer Freundin, eilt in die Umkleidekabine. Ihre Gedanken sind bei Ünal, der im Café ROSE auf sie wartet. Ünal ist ihre erste große Liebe, seit einem halben Jahr, ein Türke aus der Parallelklasse.
Die Tasche steht unberührt unter der Bank. Tanja klemmt sie unter den Arm, will gerade die Tür hinter sich zuziehen, als sie in ein schräges Grinsen schaut. Ihr Herz schlägt hart. Schon wieder dieser Typ. Seit Wochen verfolgt er sie mit unflätigen Ausdrücken. Ein paarmal ist er schon handgreiflich geworden. „Du musst ihn einfach ignorieren“, hat Tanjas Mutter gemeint. Später hat sie ihr eine Dose Tränengasspray gekauft, für alle Fälle …
„Hast du es dir überlegt?“, fragt Olaf.
„Was soll ich mir überlegt haben?“, sagt Tanja mit einem Steingesicht.
Sie hebt den Kopf ein bisschen höher. Der Kerl soll nicht merken, dass sie Angst hat.

Tanja schlug die Stirn gegen die Eisentür. Sie wusste, es würde wieder eine schlaflose Nacht werden, eine der ungezählten. Wachträume, ein Horrorfilm in Schwarzweiß, eine Wiederholung nach der anderen. Sie versuchte sich in ihr Elternhaus zu träumen. Die Butzenscheibenwärme und die jägerzaungeschützte Sicherheit

hatte sie stets belächelt. Jetzt sehnte sie sich danach. Sie setzte sich an den Tisch, versuchte einen Brief zu schreiben. An wen? Der Vater lebte getrennt von der Mutter. Sie hatte nur eine verschwommene Erinnerung an ihn. Zweimal im Jahr schickte er einen Scheck, verbunden mit flüchtig hingeschriebenen Geburtstagswünschen oder Weihnachtsgrüßen. Die Karten zerriss sie sofort, das Geld sparte sie für den Führerschein. Vielleicht wusste ihr Vater gar nicht, dass seine Tochter im Knast hockte. Er brauchte es auch nicht zu wissen!
Und Ünal? Vor dem Prozess hatte sie ihn nicht sehen wollen, danach hatte er sich nicht mehr gerührt, kein Brief, keine Besuche. Sie atmete tief ein und aus. Der Film lief weiter.

Tanja hält die Tasche wie einen Schutzschild hoch, schiebt die rechte Hand in die Außentasche, tastet nach der Spraydose. Blitzschnell muss es gehen: rausziehen, abdrücken, direkt in die Augen, losflitzen …
„Bin ich vielleicht weniger wert als der Türke“, sagt Olaf.
Sie presst die Lippen zusammen. Olaf greift nach ihrem Handgelenk, sie weicht einen halben Schritt zurück.
„Hab dich nicht so.“
„Verschwinde!“
„So gut wie dein Türke bin ich schon lange“, sagt Olaf.
Er behält das schiefe Grinsen, holt eine Packung Zigaretten aus der Hosentasche, bietet ihr eine Zigarette an. Sie schüttelt den Kopf.

Tanja zerknüllt das Briefpapier. Niemand schien ihr wichtig, ihre Gedanken zu erfahren. Vielleicht der Schulleiter, dem ihre Mutter von Olaf und seinen Freunden erzählt hatte. „Kindereien“, hatte er geantwortet. Man solle das nicht hochspielen. Gewalt sei an seiner Schule kein Thema.
„Arschloch!“, sagte Tanja.
Sie versuchte noch einmal, den Fernseher zum Laufen zu bringen, vergebliche Mühe. Sie hatte keine andere Wahl, morgen musste sie einen Antrag stellen, dass ihre Mutter den Fernseher beim nächsten Besuch mitnehmen und reparieren lassen durfte. Die nächsten Wochen konnte sie nur die Zellenwand anglotzen.
Sie wünschte sich, rückwärts leben zu können. Wenigstens bis zum Tag in der Turnhalle.

„Verstehe, du rauchst lieber das Zeug, das dein Türke dir besorgt“, sagt Olaf.
„Blödmann.“
Auf einmal ist die Wut größer als die Angst. Sie will weg, will zu Ünal. „Verschwinde endlich!“, schreit sie. Olaf lacht. Es scheint ihm zu gefallen, dass er sie wütend gemacht hat. Er verschränkt die Arme, spreizt die Beine. Er ist groß und stark, und er zeigt Tanja, dass er groß ist und stark. Alle in der Schule haben Angst vor Olaf und seinen Freunden, die sich auf dem Schulhof mit dem Hitlergruß grüßen.
Tanja umklammert die Spraydose, wird unsicher. Wer weiß, ob das Tränengas bei Olaf wirkt. Die Hand berührt plötzlich den Griff eines Messers. Tanja zuckt zusammen. An das Butterfly-Messer hat sie gar nicht mehr gedacht. „Das ist besser als Tränengas“, hat Ünal gesagt.
„Ich hab nicht ewig Zeit“, sagt Olaf.
Er fasst sich mit beiden Händen an sein Geschlecht. Tanja umschließt den Griff des Messers. Sie schluckt heftig, atmet durch den Mund. Es wird Zeit, dem Schwein einen Denkzettel zu verpassen, schießt es ihr durch den Kopf.
Vor der Turnhalle fahren Mofas vor.
„Meine Freunde wollen auch ihren Spaß haben“, sagt Olaf. Er dreht Tanja den Rücken zu, macht ein paar stolpernde Schritte zur Tür …

Tanja fröstelte. Sie kroch unter die Decke, fühlte eine große Leere in sich, keine Schuld. Sie hätte zustechen müssen, als er vor ihr stand. Dann wäre es Notwehr gewesen. Ein Journalist hatte sie Mademoiselle Butterfly genannt. Das gefiel ihr heute noch. Sie grub das Gesicht ins Kopfkissen und wartete auf das Ende der Nacht.

1 a) Notiert nach dem ersten Lesen eure Eindrücke.
b) Vergleicht eure Notizen. Überlegt, von welchen Textelementen eure Eindrücke gesteuert worden sind.

2 Überlegt mit Hilfe der Übersicht auf S. 191:
a) Welche Aspekte des Textes wollt ihr genauer untersuchen?
b) Womit wollt ihr euch auseinander setzen? (Schuldfrage, kritische Bewertung der Personendarstellung …)

3 Wenn ihr euch mit der Schuldfrage befassen wollt, könnt ihr das auf folgende Weise tun:
a) Verfasst – je nach eurer Meinung – eine kurze Anklage- oder Verteidigungsrede zu Tanjas Tat.
b) Spielt eine Gerichtsverhandlung.
- Überlegt gemeinsam, welche Personen auftreten sollen.
- Bereitet in kleinen Gruppen vor, was die verschiedenen Personen zu sagen haben.

Renate Welsh

Was geht's dich an?

Die Straßenbahn war natürlich voll. Hemma und Doris standen neben der Tür, wurden an jeder Station zur Seite gedrängt, von fremden Ellbogen und fremden Knien gestoßen. Sooft es möglich war, lehnten sie sich gegen die Seitenwand, verlagerten das Gewicht von einem Bein auf das andere. Die Turnlehrerin hatte die Klasse zwei ganze Stunden lang von einer Bodenübung in die nächste gehetzt und gnadenlos mit spitzen Fingern auf jede gezeigt, die auch nur einen Moment lang ihre Bauchmuskeln zu schonen versuchte.

„Die Frau macht mich fertig", stöhnte Hemma.

Doris nickte. „Wenn das Bundesheer Frauen aufnimmt, wird sie Feldwebel."

„Feldwebelin", korrigierte Hemma automatisch. Seit einigen Wochen nahm sie es sehr genau mit männlichen und weiblichen Formen.

Die Fahrgäste werden gebeten, die Sitzplätze bei Bedarf älteren und behinderten Personen oder Personen mit Kleinkindern zu überlassen, tönte es aus dem Lautsprecher.

Die glücklich Sitzenden starrten ins Leere oder auf ihre eigenen Knie, um es nur ja nicht sehen zu müssen, wenn ein älterer oder behinderter Mensch oder eine *Person mit Kleinkindern* sich an die orangefarbenen Plastikschlingen klammerte.

„Hast du schon Physik gelernt?" Es klang eher, als hätte Hemma gesagt: „Du hast doch nicht etwa schon Physik gelernt?"

Doris verdrehte die Augen, seufzte. „Wofür hältst du mich?"

Sie versanken in trübes Brüten, jede betrachtete für sich die Aussicht auf einen wundervollen Abend mit dem Physikbuch und der Angst vor dem morgigen Test. Sonst verbrachten sie die Fahrt in der Straßenbahn oft damit, den anderen Fahrgästen Berufe, Lebensgeschichten zuzuschreiben. Wenn sie einen Gesprächsfetzen aufschnappten, der eine Annahme bestätigte, gab es drei Punkte. Sie hätten nicht mehr sagen können, warum ausgerechnet drei. Heute stierten sie nur vor sich hin.

Die Summe aller Tagesgerüche brodelte im Wagen. Wenn die Türen schmatzend aufgingen, kam so viel Luft von außen herein, dass die Mischung drinnen neu aufgewirbelt wurde. Sonst hätte man sich vielleicht an den Gestank gewöhnen können, so blieb er gleich belästigend.

Drei junge Frauen stiegen ein, braun gebrannt, frisch. Scheele Blicke musterten die Badetaschen in ihren Händen. Die drei standen auf der Drehscheibe zwischen den beiden Teilen des Wagens, lachten, wenn sie in einer Kurve aus dem Gleichgewicht kamen. Sie unterhielten sich sehr angeregt in einer Sprache mit vielen stimmhaften sch-Lauten.

Alle Köpfe wandten sich ihnen zu.

„Man könnte glauben, wir wären hier bei einem Begräbnis, wie die Leute starren, bloß weil sich ein paar Leute unterhalten", murmelte Doris.

„Man vielleicht, dass frau auch so dumm ist …", flüsterte Hemma.

Die drei schienen nicht zu bemerken, was ihnen an Ablehnung entgegenschlug, waren ganz in ihr Gespräch vertieft. Eine lachte auf. Lustig klang das nicht.

Eine Frau zwängte sich zwischen den dicht gedrängten Menschenleibern zum Ausstieg. Als

der Zug vor der nächsten Haltestelle die Geschwindigkeit verlangsamte, stand sie den drei Frauen direkt gegenüber.
„Ihr seid aus Bosnien. Schämt ihr euch nicht, mit roten Lippen und angemalten Augen herumzulaufen, während dort die Menschen sterben?“
Einen Moment lang sah es aus, als würde sie einer von den dreien mitten ins Gesicht spucken, dann wandte sie sich mit einer Geste endgültiger Verachtung ab. Die Türen gingen auf, die Frau stieg aus, schritt davon wie eine, die ihr Tagwerk vollbracht hat und weiß, dass es gut war.
Die Straßenbahn fuhr an, und als wäre das ein Signal gewesen, begannen die Fahrgäste zu reden.
„Ist ja wahr“, sagte ein älterer Mann. „Da berichten die immer von Gräueln – und wir sollen spenden und spenden … Wer hat denn für uns gespendet?“
„So, wie die sich anmalen, ist es kein Wunder, wenn der eine oder andere …“
„Hör auf, du siehst doch, es sind Kinder im Wagen …“
„Kinder! Von den heutigen Kindern könnten wir noch was lernen. Ich hab selbst in der Zeitung gelesen …“
„Also, ich finde es einfach geschmacklos, sich so anzumalen, während ihre eigenen Leute …“
„Für unser Geld liegen sie im Schwimmbad, ich sage Ihnen, die nächste Steuererhöhung kommt wie das Amen im Gebet …“
„Als ob es bei uns keine armen Leute gäbe …“
Die drei Frauen drängten sich immer enger aneinander, eine umklammerte den Unterarm ihrer Nachbarin. Sie verstanden vielleicht nicht, hoffentlich nicht, was die Leute sagten, aber die Blicke, den Tonfall, die Bedrohung verstanden sie offensichtlich nur zu gut. Ihre Augen zeigten es, aufgerissene Augen voll von allen Schrecken, die sie je hatten sehen müssen. Eine schlug die Zähne in ihre Unterlippe. Ihr linker Vorderzahn stand schief. Oder war es der rechte?
„Was wollen Sie, der Balkan ist eben der Balkan, da gelten andere Gesetze als bei uns, das war schon immer so …“
„Da gehört das praktisch zum Brauchtum …“
Schmutziges Lachen. Ein Eimer voll schmutzigem Lachen schwappte durch die Straßenbahn.
Jetzt müssten wir etwas sagen, dachte Doris.
Wer würde auf uns hören?
Trotzdem müssten wir etwas sagen.
Wir sind doch nicht auf den Mund gefallen. Und nicht auf den Kopf. Wir schaffen es ja sonst auch. Wir sind ein gut eingespieltes Team, Hemma und ich. Wir können uns wehren. Vor ein paar Tagen erst, als der alte Mann uns anfuhr, nur weil wir vorne im Waggon auf unseren Schultaschen saßen und lachten.
Ungezogene Fratzen, keifte er, kein Benehmen, wenn ihr meine wärt, den Arsch würde ich euch versohlen. Ich sagte zu Hemma, ihm sei wohl der Hintern zu oft versohlt worden und das habe sich auf sein Hirn geschlagen. Hemma setzte ihr empörtes Gesicht auf, bei dem ich immer aufpassen muss, um nicht loszulachen, und erklärte mit lauter Stimme, ich sollte mich nicht auf sein Niveau herunterbegeben, es würde unsere Eltern sehr kränken, wenn sie mich Hintern sagen hörten und womöglich noch Schlimmeres, ich solle doch daran denken, dass der arme Mann wahrscheinlich eine ganz schreckliche Kindheit gehabt habe und ganz sicher zu oft auf den Kopf geschlagen worden sei, insofern hätte ich Recht gehabt, aber das sei doch nur ein Grund für Mitleid mit dem armen Mann, der nicht den Vorteil einer guten Kinderstube genießen konnte. Der Mann lief immer röter an, aber da eine ganze Reihe anderer Fahrgäste nickend und lächelnd Zustimmung für Hemma signalisierte, blieb er sitzen und beschränkte sich darauf, die Fäuste zu ballen.
Doris stieß Hemma an. Sag doch was. Bitte, sag doch was. Ohne Ton, natürlich ohne Ton.
Hemma hob die Hände, ließ sie fallen.

Es war nicht möglich, dass Hemma resignierte. Nicht Hemma, sie doch nicht. Dann schon eher Doris selbst, sie war nicht besonders mutig, sie war überhaupt nicht mutig, blieb am liebsten im Hintergrund.
Die drei Frauen standen reglos, blickten starr in eine Ferne, in die Doris ihnen nicht folgen konnte, nicht folgen wollte. Dennoch hatte sie das Gefühl zu sehen, verschwommen zwar, aber gerade dadurch deutlicher, sie wusste, dass darin ein Widerspruch lag, es kümmerte sie nicht.
Wenn Hemma nichts sagt, muss ich den Mund aufmachen. Aber mein Mund ist ausgetrocknet und zugewachsen. Ehrlich. [...]

1 a) Haltet ihr die geschilderte Situation in der Straßenbahn für realistisch? Begründet eure Meinung.
b) Macht euch ein Bild von Doris und Hemma *vor* dem Auftreten der drei Bosnierinnen: Untersucht ihre Unterhaltung am Anfang der Erzählung und die Episode mit dem alten Mann (Z. 13–34 und 125–154).
c) Sucht Erklärungen dafür, dass Doris und Hemma auf das feindselige Verhalten der übrigen Fahrgäste gegenüber den Bosnierinnen nicht reagieren.

2 a) Stellt die Äußerungen zusammen, mit denen die Fahrgäste die Bosnierinnen direkt oder indirekt angreifen. Unterscheidet verschiedene Gesichtspunkte, z. B.:
- moralische Vorwürfe,
- Äußerungen, die auf egoistischen Interessen beruhen,
- gehässige Unterstellungen.

b) Wählt eine der Äußerungen aus und schreibt dazu eine mögliche Erwiderung aus der Sicht von Doris:
Doris denkt: „...“

3 a) Die Geschichte ist noch nicht zu Ende. Schreibt selbst eine **Fortsetzung.**
b) Vergleicht eure verschiedenen Fortsetzungen. Diskutiert darüber, für wie realistisch ihr sie haltet.

4 a) Untersucht, mit welchen sprachlichen Mitteln Welsh ihre Geschichte besonders anschaulich gestaltet.
b) Überarbeitet eure eigenen Texte unter dem Aspekt der anschaulichen Darstellung.

Peter Grosz

Unerlaubter Weitschuss

Sie sind da. Pille kann das sehen. Was draußen ist, sieht er sowieso besser als das, was hier drin geschieht. Auch wenn die Rollläden fast ganz heruntergelassen sind. Alles nur wegen dieser öden Dias. Wen juckt's, was vor mehr als fünfzig Jahren in einem Hinterhaus in der Prinsengracht in Amsterdam abgegangen ist, wenn draußen ein Auto vorfährt. Lass ihn die Dias zeigen; lass ihn reden, den Grönaz.
Grönaz heißt nicht Grönaz. Grönaz heißt Huber. Herr Huber. Aber wenn einer es nicht schafft, auszurasten und mit der Faust auf den Tisch zu schlagen, um sich durchzusetzen, braucht er sich nicht wundern.
Grönaz: Deutsch und Geschichte. Heute Deutsch.
In einer Geschichtestunde hatte er seinen Namen abgekriegt. Vom Führer hatte Huber gesprochen und etwas von Größenwahn gesagt. Von menschenverachtender Selbstherrlichkeit. Dann hatte er erzählt, dass einer den Führer als Gröfaz bezeichnet hätte, weil er sich selbst als größten Feldherrn aller Zeiten sah. Der hat wenigstens Mumm in den Knochen gehabt, hatte Ralph laut in den Saal hineingerufen. Und weil der Huber nicht reagiert hatte, hatte Ralph noch einen draufgesetzt: Nicht wie der Huber. Die größte Niete aller Zeiten!
Alle hatten gelacht. Und Herr Huber war nicht mehr der Huber gewesen. Der Huber war nur noch der Grönaz gewesen.
Da vorne steht der Grönaz, und draußen ist der Parkplatz. Der Parkplatz ist wichtiger. Der Parkplatz ist nämlich anders als sonst. Da ist ein Auto, das da nicht hingehört. Grönaz' Gesicht aber

wird sein wie immer, etwas verschwitzt und traurig, weil er merkt, dass wieder kaum einer zuhört.

Draußen ist ein Auto auf den Parkplatz gerollt, und der Grönaz redet und redet. Erzählt von seinem Besuch im Hinterhaus, das jetzt ein Museum ist. Oder so was Ähnliches. Dass ihm die Luft weggeblieben ist in den engen Zimmern. Dass er die Angst gespürt hat, die ihm die Kehle zuzuschnüren drohte, auch jetzt noch, wenn er sich vorstellt, versteckt in dieser ungemütlichen Kammer, auf die Schritte vor der getarnten Tür zu lauschen, die ihn entdecken könnten.

Das mit der zugeschnürten Kehle kann Pille verstehen. Kriegt ja auch keine Luft mehr. Wenn er da rausguckt. Sie sind einfach da. Nicht wie im Fernsehen. Keine quietschenden Reifen. Kein hektisches Türenaufreißen. Keine Pistolen im Anschlag. Noch nicht einmal eine Uniform. Einfach so sind sie da. Sie sind da, auf dem Parkplatz, wie die Lehrer da sind, wenn sie etwas zu spät kommen. Das sind aber keine Lehrer. Dafür sind sie zu jung, und junge Lehrer gibt es schon lange nicht mehr.

Außerdem sind sie zu zweit. Die Lehrer kommen immer allein an und schließen etwas hastig die Autotür ab, gucken gehetzt zum Gebäude hin, um zu sehen, ob der Boss hinter der Scheibe steht. Die hier lassen sich Zeit. Viel Zeit. Gucken jetzt erst herüber. Pille zuckt zurück, sinkt noch tiefer in den Stuhl. Ist noch kleiner und runder als sonst. Schwitzt. Und friert.

Könnt ihr euch vorstellen, wie das ist, sagt Grönaz, zu wissen, dass man nicht krank werden darf, weil ja kein Arzt geholt werden kann, ohne Gefahr zu laufen, das Versteck zu gefährden?

Pille wäre jetzt gerne krank. Nicht so richtig. Aber eine Grippe wäre schon ganz gut. Im Bett liegen, ein Tuch um den Hals, und die Mutter kommt herein mit einer Tasse in der Hand. Es riecht nach Zitronen. Die Mutter legt ihm die Hand auf die Stirn und sagt nach einer Weile: Du hast Fieber, Edgar, aber das geht bald vorbei, alles wird wieder gut.

Die Mutter streicht ihm übers verschwitzte Haar.

Trink deinen Tee, solange er heiß ist!

Und dann einschlafen. Mit dem heißen Tee im Bauch. Und mit der Hand der Mutter auf der Stirn.

So war es nie gewesen. Sosehr er es sich auch gewünscht hat. Nicht das mit dem Tee. Das schon. Aber das andere. Das mit der Hand. So richtig Zeit hat sie nie gehabt. Der Vater wankt ins Zimmer, und die Mutter verschwindet, als ob sie seiner Wut aus dem Weg gehen will. Was ziehst du hier wieder für 'ne Nummer ab, zischt er unverständlich, als hätte er Schwierigkeiten beim Sprechen. Mit glasigen Augen kommt er auf das Bett zu, zerrt Edgar unter der Decke hervor, schüttelt ihn. Du bist und bleibst ein Versager! Willst dich wieder nur vor irgendeiner Kontrollarbeit drücken, du Schwachkopp!

Klassenarbeit, das heißt Klassenarbeit, sagt Pille. Hat er eigentlich gar nicht sagen wollen, ist ihm nur so rausgerutscht. So automatisch eben. Verdammter Klugscheißer, brüllt der Vater.

Dann schlägt er zu. Schwer keuchend. Schwitzend. Blind. Wie auf einen Sack schlägt er ein. Und als würden ihn die schützenden Arme Edgars noch wütender machen, schlägt er noch kräftiger zu, bis er außer Atem ist, um dann fluchend aus dem Zimmer zu taumeln. Obwohl er weg ist, ist er immer noch da. Auf der brennenden, schmerzenden Haut. In der Luft, die säuerlich riecht, wie abgestandenes Bier.

Als Pille zum ersten Mal mit blauen Flecken im Gesicht zur Schule gekommen war, hatte Ralph gegrölt: Boah ey, kuck ma da, unser Pille is unter die Taucher gegangen! Hat sich ja 'ne affengeile Brille zugelegt.

In die Rippen hatte Ralph ihn geknufft, genau dahin, wo es so wehtat. Aber Pille hatte keine Miene verzogen.

Eishockey, hatte er nur ganz gelassen gesagt.

Wie er auf die Idee mit dem Eishockey gekommen war, weiß er heute noch nicht. Vielleicht, weil da grade so 'n Spiel im Fernseher gelaufen war. Das hatte er hören können, weil seine Mutter die Tür offen gelassen hatte, als sie mit dem Tee kam. In der Drittelpause hat dann sein Vater im Zimmer gestanden.

Wie Eishockey?, hatte Ralph gefragt.

Da hatte Pille das Lineal unter der Tafel hervorlugen sehen, hatte es aus der Halterung genommen und sich breitbeinig in Position gestellt. Na, Eishockey eben, beim Training, gestern, Bandencheck[1] und hoher Stock. Abgerafft?

Bandencheck?

Noch nie was von Bandencheck gehört? Eishockey is halt nur was für harte Typen! Rrrumms! Ihr müsstet mal sehen, wie der andere jetzt aussieht.

Sogar Ralph hatte es für einen Moment die Sprache verschlagen. Irgendwie hatte das gesessen, das hatte Pille gespürt.

Als Ralph sich gefangen und angesetzt hatte, ihn wieder in die Rippen zu boxen, da hatte Pille das Lineal angehoben und gezischt: Lass das!

Doch so schnell hatte Ralph nicht aufgeben wollen. Hey, Klops, wo willst'n du Eishockey gelernt haben?, hatte er dreckig grinsend gesagt.

Paps.

Wie Paps?

Von Paps eben!

Von deinem Alten? Der ist doch, hat mir doch mein Alter verklickert, der is doch arbeitslos.

Na und? Hat genug Geld, sich zur Ruhe zu setzen. War nämlich ein berühmter Eishockeytrainer.

Dein Alter?

Noch nie was gehört von ihm, du Schlaumeier? Drüben in der DDR, bevor die Mauer weg war, da hat er die Dynamo trainiert.

Eishockey. Damit hat es angefangen. Und jetzt sind sie da. Draußen. Kommen an den Hecken vorbei. Und der Grönaz merkt nicht, was da vor sich geht. Brummelt was vor sich hin, weil das nächste Dia klemmt. Sieht nichts, hört nichts. Jetzt abhauen. Aufstehen und rausgehen, als müsste man dringend. Doch wie aus dem Gebäude kommen? Gibt ja nur diesen einen Ausgang. Und da kommen die jetzt rein. Zu zweit. So wie die aussehen, können sie zupacken. Die stellen sich bestimmt nicht so an wie der Grönaz. Wie der mit seinem Projektor kämpft. Hilflos wie 'n Eishockeyspieler ohne Schläger macht er rum. So 'n Schläger, das wär's jetzt. Mit 'ner Papierkugel durch die Halle schlittern, auf den Ausgang zu, kurze Körpertäuschung, an den beiden vorbei. Die würden womöglich noch Platz machen. Sieht ja auch so professionell aus, so 'n Schläger. Wer käme da auf andere Gedanken.

Nur, einen Eishockeyschläger hat er nicht. Hat er nicht mehr. Hoher Stock – und wieder mal kein Schiedsrichter in der Nähe. Ist kaputt. Zertrümmert. Tut plötzlich wieder weh, sein Rücken, wenn er daran denkt.

Eine Woche lang war's gut gegangen. Jeden Tag war er mit seinem Eishockeyschläger zur Schule gekommen, und alle hatten Augen gemacht und in der Pause das Ding mal kurz haben wollen, um eine Coladose über den Hof zu jagen. Die blauen Flecken hatte er gar nicht mehr zu verbergen brauchen. Ein Sport für harte Typen halt. Doch dann war es rausgekommen.

In der Küche streiten sie sich. Das kann Pille hören. Ist laut genug. Ganz still sitzt er in seinem Zimmer. Ohne Licht. Obwohl ihn die Dunkelheit verrückt macht. Noch nicht einmal einschlafen kann er abends ohne Licht. Das Radio hat er auch abgestellt. Wenn sie ihn nicht hören, werden sie ihn vergessen, und keiner wird kommen und ihn fragen, wie die Klassenarbeit ausgefallen ist. Nach einem Streit fällt das immer noch schlimmer aus als sonst. Wenigstens das Geschirr hättest du spülen können, sagt die Mutter. Ihre Stimme klingt so, als würde sie gleich losheulen.

Jetzt geht das wieder los, schreit der Vater.

Zehn Stunden sitze ich an dieser blöden Kasse und tippe mir die Finger wund, sagt die Mutter.

Ich bin nicht freiwillig zu Hause, schreit der Vater.

Das weiß ich, sagt die Mutter traurig, aber wenn du schon mal da bist, könntest du ja wenigstens das bisschen Geschirr …

Wie tief soll ich noch sinken. Ich bin nicht so alt

1 **Bandencheck:** Ein Eishockeyspieler fährt mit voller Wucht in seinen Gegner hinein, sodass der gegen die Umrandung des Spielfelds prallt.

geworden, um mir jetzt 'ne Schürze umbinden zu lassen, schreit der Vater. Seine Stimme überschlägt sich. Lass mich bloß mit diesem Weiberkram in Ruhe! Eine Faust kracht auf den Tisch; eine Flasche stürzt um, rollt, stürzt zu Boden und zerschellt.

Die Mutter kann nicht mehr an sich halten, heult nun laut los.

Genau, schluchzt sie, Saufen, das ist Männerkram.

Jetzt dreht sie voll ab! Werd ja noch 'n Bier in diesem Haus trinken dürfen. Oder soll ich *dein* Geld lieber in die Kneipe tragen?!

Es ist bestimmt die Mutter, die jetzt die Scherben zusammenkehrt und sie in den Mülleimer kippt. Sie schnäuzt sich und sagt dann ganz ruhig: *Unser* Geld. Deshalb solltest du auch verantwortlicher mit umgehn.

Pille hat das Gefühl, dass ihm plötzlich jemand die Beine weggeschlagen hat. Noch schwebt er, aber gleich wird er hart auf dem Eis aufschlagen, und er weiß, dass es arg wehtun wird.

Lieber Gott, mach, dass sie das Wort nicht sagt! Aber sie sagt es. Zuckerdose, sagt sie. Und dass es mittlerweile wohl etwas viel wäre, was fehle, wofür auch immer.

Sie hat's tatsächlich gesagt. Gleich wird der Vater in der Tür stehen. Dass bereits die Tagesschau-Melodie aus dem Wohnzimmer zu hören ist, wird diesmal auch nichts retten. Dabei war das noch nicht einmal geplant gewesen. Das mit der Zuckerdose und dem Geld.

An irgendeinem Nachmittag war er in die Küche gekommen, Teufel weiß warum, während sein Vater gerade im Begriff war, die alte Zuckerdose ins obere Regal zu stellen. Wie ertappt hatte er reagiert und schnell den Zwanziger auf dem Tisch mit der Zeitung zugedeckt. Als Pille ein paar Tage später nachgesehen hatte, was die Zuckerdose so heimlich machte, war ihm die Idee gekommen. Nicht auf einmal, nein, das hatte er sich nicht getraut, aber immer mal einen Zehner und gelegentlich einen Zwanziger. Bis es gereicht hatte. Für den gebrauchten Hockeyschläger.

Der Grönaz hat es geschafft. Von der Wand herunter lächelt ein Mädchen.

Das ist Anne, sagt der Grönaz.

Sie sieht anders aus als die Mädchen in der Klasse. Sie hat auch keine Zahnspange, obwohl sie, wenn sie in dieser Klasse wäre, bestimmt eine tragen würde. Der rechte Schneidezahn ist nämlich etwas breiter und guckt ein bisschen vor. Aber das ist nicht schlimm, im Gegenteil. Das macht das Lächeln so, ja, irgendwie. Sieht so lebendig aus. Die Augen sind dunkel. Sie versuchen auch zu lachen, aber so recht will's nicht gelingen.

Da ist etwas drin, was wie Angst aussieht. Wenn jetzt das Licht angeht und die in der Tür stehen, ob man dann auch in seinen Augen sehen kann, was los ist?

Plötzlich steht der Grönaz vor ihm, sagt: Ist dir nicht gut, Edgar?

Doch doch, sagt Pille etwas verdattert und rutscht dabei auf dem Stuhl hin und her.

Wenn du mal kurz raus willst, kannst du das gerne tun, sagt Grönaz im Weggehen.

Das wäre eine Gelegenheit. Doch Pille fühlt seine Beine nicht mehr. Das Schweben will überhaupt nicht mehr aufhören.

Warum das diesmal so lange dauert, bis er aufschlägt! Warum die Tür nicht aufgeht!

Vielleicht lassen sie ihn ja auch nur herausrufen. Das wäre das Beste. Nur nicht vor allen in der Klasse!

Wahrscheinlich sind sie jetzt beim Schulleiter und erfahren auch noch das, was sie noch nicht wussten. Was können sie denn wissen?

Das mit der Büste bestimmt nicht. Das weiß sowieso keiner. Da war niemand in der Nähe gewesen. Das hatte er gesehen. Der Grönaz hatte da auch nichts mitgekriegt. Der hatte nur etwas fahrig erklärt, warum er denen, die die Hausaufgaben nicht gemacht hätten, eine Sechs geben muss, und nur abwesend genickt, als Pille ihn gebeten hatte, aufs Klo zu dürfen. Und dann war er an der Büste vorbeigekommen. Die war zwar nicht schuld gewesen, dass er wieder 'ne Sechs gebaut hatte, aber irgendwie doch. Die hatte immer schon da rumgestanden, so 'n Mädchenkopp, mit 'ner Texttafel, die ihn nie interessiert hatte. Bis dann der Grönaz aufschreiben ließ, was man denn so zu Anne Frank weiß.

Nach dem Unterricht hatte er vergessen, auf die Tafel zu gucken, und zu Hause gab's weder 'ne Büste noch 'ne Texttafel. Ein Buch, in dem man etwas über diese Anne hätte nachlesen können, auch nicht. Und in seinem Eishockeybuch musste er erst gar nicht nachsehen. Was da drinstand, konnte er ja schon auswendig. Dann hatten sie sich wieder ganz doll gestritten, so laut, dass er nicht einschlafen konnte. Natürlich war er etwas zu spät dran gewesen am Morgen, um noch mal was von der Tafel auf dem Sockel der Büste abschreiben zu können. Außerdem hatte er sowieso nicht mehr daran gedacht. Diese bescheuerte Büste. Nur er und sie. Ganz allein. Na ja, und im Vorbeigehen war's dann passiert. Wo hätte er auch hin sollen mit dem Tiger im Bauch? Es hatte ganz schön gescheppert. Aber dass er das war, hatte keiner mitgekriegt.

Und doch sind sie da. Irgendwo da draußen vor der Tür sind sie. Und sie haben nicht so ausgesehen, als würden sie schnell lockerlassen. Die nicht. Weshalb also waren sie gekommen? Vielleicht wegen denen aus der Fünften. Da hatte einer wahrscheinlich gepetzt. Zu Hause oder beim Schulleiter. Obwohl er ihnen gedroht hatte, sie alle zu machen, wenn einer die Klappe nicht hält. Vielleicht hatte er auch mal etwas zu fest zugeschlagen.

Wenn die das Geld nicht rausrücken wollten, damit er sie beschützt. Selber schuld. Aber was hätte er denn machen sollen, um an Geld zu kommen? Den Hockeyschläger verkaufen konnte er nicht mehr, der war im Eimer, und das Taschengeld hatten sie ihm gestrichen, bis er das aufholt, was aus der Zuckerdose fehlt. Da blieb ja nichts anderes übrig.

Er hatte beobachtet, wie Ralph das machte. Morgens schon. Vor dem Schultor. Und den hatte ja auch noch keiner erwischt. Der sitzt ganz ruhig da und stiert in irgend so 'n Heft, das er unter der Tischplatte hält. Wegen dem sind die also nicht da.

Der Grönaz sagt: Wir werden also Annes Tagebuch lesen, nachdem ihr nun die Umstände seines Entstehens kennen gelernt habt. Ich werde eine Sammelbestellung aufgeben, und wenn die Bücher da sind, bringt ihr das Geld mit.

Schon wieder Geld!

Wie du deinen Schulkram bezahlst, das ist dein Problem, hatte sein Vater gesagt.

Deswegen sind die jetzt da. *Das* ist es, was sie wissen können.

Der Grönaz macht das Licht an, und im gleichen Augenblick geht die Tür auf. Die Sekretärin redet auf Grönaz ein. Ziemlich ernst sehen beide aus, sodass sie noch nicht einmal das Klingelzeichen hören und auch nicht mitkriegen, dass alle rausstürmen.

Pille bleibt sitzen. Pille kann nichts sehen. Vor seinen Augen verschwimmt die Anzeigetafel. Da müssten doch noch 'n paar Sekunden sein! Er hat's versaut. Unerlaubter Weitschuss und ... Abpfiff. Das war's dann wohl. Er dreht noch eine lange Schleife auf dem Eis und hat die Müdigkeit in den Beinen. Das Spiel ist verloren, aber es tut nicht weh. Pille weiß, dass er nur noch eines will: runter von diesem Eis und hinaus in die Kabine, um sich endlich auszuruhen.

1 a) Verständigt euch im Klassengespräch über euren Gesamteindruck von Peter Grosz' Erzählung.
b) In der Erzählung werden verschiedene Handlungsstränge und Zeitebenen miteinander verwoben. Erstellt eine **Aufbauskizze,** die zeigt, wie die Handlungsebenen verknüpft sind:

Zeile	Inhalt/Handlungsebenen	Auslöser für die Rückblende
1–16	Aktuelle Erzählzeit: Edgar (Pille) sitzt im Klassenzimmer und sieht ein Auto vorfahren. Der Deutsch- und Geschichtslehrer zeigt Dias von Anne Frank.	„Grönaz heißt nicht Grönaz ..." (Z. 10–14)
16–31	Rückblende 1: Wie der Lehrer zu seinem Spitznamen gekommen ist.	
...	...	...

2 Untersucht weitere Aspekte der Erzählung mit Hilfe der Übersicht auf S. 191. Achtet besonders auf die **Perspektive,** aus der erzählt wird.

3 Fertigt eine Collage an, die Pilles **innere Situation** zum Ausdruck bringt. Verwendet Abbildungen und Textausschnitte.
- Die Textausschnitte können einen ganzen Abschnitt umfassen oder auch nur einen Satzfetzen.
- Ihr könnt auch passende Auszüge aus anderen Texten oder selbst verfasste Texte einfügen.
- Probiert verschiedene Schriftarten und Schriftgrößen aus. Experimentiert mit Farben und verschiedenen Möglichkeiten der Anordnung.

4 a) Informiert euch über Anne Frank.
b) Welche Rolle spielt der Name in der Geschichte?

Günther Weisenborn

Ein gleichgültiger Mittwoch

Trockener Sommertag, der Himmel dunstig, perlmuttern schimmernd, also das Ruhrgebiet, jene von Städten bewachsene Kohlelandschaft, in der nicht Kathedralen[1] wachsen, sondern Fördertürme. Die Terrasse des Cafés war von Menschen besetzt, die an den Tischen saßen und mit der harten, westfälischen Sprache ihre Liebesdialoge führten, von Geschäften oder von ihrem Leben berichteten, jeder sich selbst erklärend, wie es der Brauch ist unter den Menschen. Draußen rollten die Autos, hielten, fuhren an, Straßenbahnen bogen lärmend um die Ecke. Es war eine große, lebendige Stadt, in der wir am Kaffeetisch saßen.

Ein kleiner alter Mann schob sich durch die Gänge, spitznasiges Beamtengesicht. Er legte unauffällig auf jeden Tisch ein Blatt Papier, auch auf den Tisch, an dem ich allein saß. Es war ein Flugblatt gegen die atomare Aufrüstung. Ich las es. Eindrucksvolle Feststellungen waren darin abgedruckt. Als ich wieder aufsah, hatte sich die Umwelt in meinen Augen verändert.

Die hochblonde Dame auf der lichterstrahlenden Caféterrasse zeigte gerade mit einem Finger auf ein Stück Kuchen. Die Verkäuferin mit einem weißen Häubchen im Haar hob lächelnd den Kuchen mit der Zange. Da kam der Blitz: – Die Häuserfronten sanken weich und pflanzenhaft in die Erde. Auf der belebten Caféterrasse verdampften die noch lachenden Gäste an den fliegenden Tischen. Die Hand der hochblonden Dame verglühte. Vom Hotel drüben blieb nichts als ein siedender Sumpf. Die Autokolonnen schoben sich noch einige Meter als ein Kordon[2] von sich aufbäumenden Glühwürmchen dahin, ehe sie elegant zusammenschnurrten und vertropften. Die Dächer erhoben sich seufzend, segelten durch die Luft und zerfielen in unzählige herabregnende Ziegel. Die Abwässerkanäle kochten über, die Kirchen neigten sich devot[3] und knieten nieder. Der Funkturm faltete sich rasselnd zusammen, das Rathaus hüpfte in die Erde, und in wenigen Minuten hatte sich die hundert Meter hohe Metropole in ein katalaunisches Brachfeld[4] verwandelt. Dann

1 **Kathedrale:** Hauptkirche, Bischofssitz

2 **Kordon:** Band

3 **devot:** sehr ergeben, unterwürfig

4 **Katalaunische Felder:** Schlachtfeld, auf dem im Jahr 451 die Römer und die Westgoten über die Hunnen siegten. Die K. F. liegen in Frankreich in der Nähe der Stadt Troyes.

kam der kleine Orkan, ein Feuersturm mit einer Gewalt, die Ruinen, Parks und einige Kindergärten in Asche verwandelte. Man hörte noch ein Zwitschern wie von erschreckten Sperlingen, eh die Stimmchen verhauchten und die kleinen Leiber verkochten. Die U-Bahn-Schächte, die eingedrückt waren, füllten sich mit der Luft der Schreie und dem Gas des Sterbens. In den Kartoffelkellern wanden sich tausend gedunsene Hausfrauen, eh sie verröchelten. Die Wassermassen der Großstadt sprengten die Rohrsysteme, überfluteten die Fundamente und verzischten. Es gab keine Augen mehr, die den aufsteigenden Rauchpilz sehen konnten, sie waren geplatzt, oder wie winzig blaue oder goldbraune Ballons aus den Gesichtern gestiegen, verdorrt wie Rosinen weggeflogen. Die Millionenstadt hätte einen Güterzug mit geschmorten Augen füllen können. Zersprengte Gliedmaßen wirbelten hoch wie Schwärme ärgerlicher Vögel, die goldplattierte Ringe trugen. Wolken von Sperlingen wurden in der Luft ereilt und fielen träge wie ein Sonntagsregen. Geradezu freundlich wirkten die bläulichen Gasexplosionen, die hier und da aus dem Pflaster schossen. In eine geschützt stehende Telefonzelle hatten sich Passanten geflüchtet. Sie standen so dicht gedrängt wie Fische in der Dose und waren totgesotten worden, geschmorter Rosenkohl über den Hälsen, dort, wo sie ihr Leben lang Gesichter getragen hatten.

Eine Kolonne von Panzern schmolz fahrend wie heiß gewordene Schokolade, zog eine Weile noch Spuren und veraschte mit den entsetzt piependen Kriegsheroen darin. Die Generale schmorten, ebenso die Politiker, die ständig Stärke verlangt hatten. Hier war sie, die Stärke. Die letzten Atemzüge der Stadt zusammen hätten einen Sturmwind, einen Weltseufzer ergeben, so tausendfach platzten die Lungen.

Der Jüngste Tag war nie so vollendet von düsteren Dichterhirnen geträumt worden wie dieser

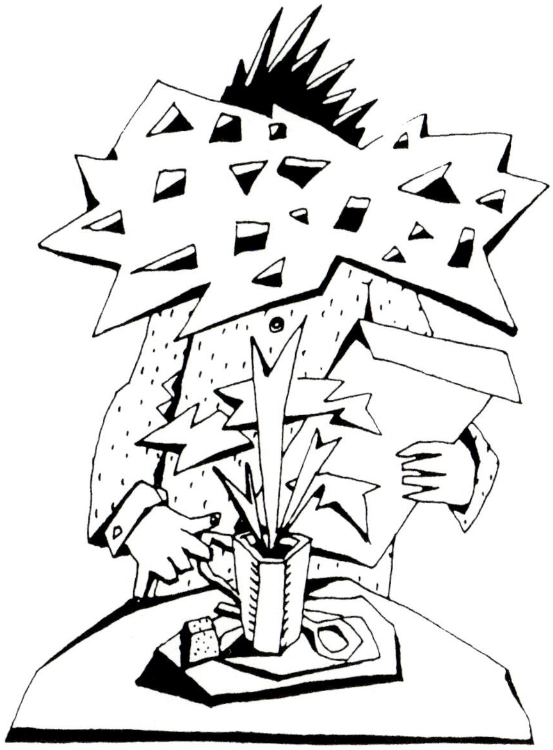

gleichgültige Mittwoch, denn hier explodierten nach allem Hass der Menschen, ihn technisch fortsetzend, endlich die listig gedrillten Atome. Hier kam er endlich, der Krieg, der nur Besiegte kannte, Schuldige und Unschuldige, jene, die in ihrer Torheit den Krieg vorbereitet, und jene, die mit ihrem Verstand der Bombe den Weg gebahnt hatten.

Unter dem Himmel stand ein Rauchpilz. Er war größer als die Stadt darunter. Er vergrößerte sich ständig. Er war nicht allein. Ein blühender Garten von Rauchpilzen erhob sich über ganz Europa, grau, rot getigert, leichenweiß und schwankend.

Wirklich schöne Rauchpilze standen darin, gepflegt, üppig genährt und hochstielig, eine prachtvolle Ernte. Es waren aber auch ausgezeichnete Gärtner gewesen, die die reiche Ernte vorbereitet hatten.

1 a) Schreibt nach dem ersten Lesen auf, wie die Geschichte auf euch wirkt.
b) Lest eure Texte einander vor und erklärt eure Eindrücke.

2 Seht euch den ersten Abschnitt des Textes noch einmal an. Was trägt er zur Wirkung bei? Könnte man ihn auch weglassen?

3 Analysiert die **sprachliche Gestaltung** des Textes.

a) Untersucht die Wirkung der **adverbialen Bestimmungen:**
- Legt eine Folie über den Text oder fertigt eine Kopie von ihm an.
- Unterstreicht auf der Folie oder der Kopie die adverbialen Bestimmungen.
- Stellt einander gegenüber:

	adverbiale Bestimmung	Vorgang, der dadurch charakterisiert wird
Z. 28/29	weich und pflanzenhaft	Einstürzen der Häuser
Z. …	…	…

- Schreibt drei Stellen um, indem ihr andere adverbiale Bestimmungen einsetzt. Lest die originalen Stellen und eure geänderte Version in der Klasse vor und vergleicht die Wirkung miteinander.

b) Untersucht die Wirkung der **Metaphern und Vergleiche:**
- Unterstreicht auf der Folie oder Kopie alle Metaphern und Vergleiche in einer anderen Farbe.
- Stellt einander gegenüber:

	Metaphern und Vergleiche	Gegenstand oder Vorgang, der dadurch charakterisiert wird
Z. 35	sich aufbäumende Glühwürmchen	verglühende Autos (mit Menschen darin)
Z. …	…	…

c) Untersucht die **Verben:** Welches Präfix kommt besonders häufig vor? Was drückt es aus?

Gerhard Zwerenz

Nicht alles gefallen lassen …

Wir wohnten im dritten Stock mitten in der Stadt und haben uns nie etwas zu Schulden kommen lassen, auch mit Dörfelts von gegenüber verband uns eine jahrelange Freundschaft, bis die Frau sich kurz vor dem Fest unsre Bratpfanne auslieh und nicht zurückbrachte.

Als meine Mutter dreimal vergeblich gemahnt hatte, riss ihr eines Tages die Geduld, und sie sagte auf der Treppe zu Frau Muschg, die im vierten Stock wohnt, Frau Dörfelt sei eine Schlampe.

Irgendwer muss das den Dörfelts hinterbracht haben, denn am nächsten Tag überfielen Klaus und Achim unsern Jüngsten, den Hans, und prügelten ihn windelweich. Ich stand grad im Hausflur, als Hans ankam und heulte. In diesem Moment trat Frau Dörfelt drüben aus der Haustür, ich lief über die Straße, packte ihre Einkaufstasche und stülpte sie ihr über den Kopf: Sie schrie aufgeregt um Hilfe, als sei sonst was los, dabei drückten sie nur die Glasscherben etwas auf den Kopf, weil sie ein paar Milchflaschen in der Tasche gehabt hatte.

Vielleicht wäre die Sache noch gut ausgegangen, aber es war just um die Mittagszeit, und da kam Herr Dörfelt mit dem Wagen angefahren.

Ich zog mich sofort zurück, doch Elli, meine

Schwester, die mittags zum Essen heimkommt, fiel Herrn Dörfelt in die Hände. Er schlug ihr ins Gesicht und zerriss dabei ihren Rock. Das Geschrei lockte unsre Mutter ans Fenster, und als sie sah, wie Herr Dörfelt mit Elli umging, warf unsre Mutter mit Blumentöpfen nach ihm. Von Stund an herrschte erbitterte Feindschaft zwischen den Familien.

Weil wir nun Dörfelts nicht über den Weg trauten, installierte Herbert, mein ältester Bruder, der bei einem Optiker in die Lehre geht, ein Scherenfernrohr am Küchenfenster.

Da konnte unsre Mutter, waren wir andern alle unterwegs, die Dörfelts beobachten.

Augenscheinlich verfügten diese über ein ähnliches Instrument, denn eines Tages schossen sie von drüben mit einem Luftgewehr herüber. Ich erledigte das feindliche Fernrohr dafür mit einer Kleinkaliberbüchse, an diesem Abend ging unser Volkswagen unten im Hof in die Luft.

Unser Vater, der als Oberkellner im hochrenommierten Café Imperial arbeitete, nicht schlecht verdiente und immer für den Ausgleich eintrat, meinte, wir sollten uns jetzt an die Polizei wenden.

Aber unserer Mutter passte das nicht, denn Frau Dörfelt verbreitete in der ganzen Straße, wir, das heißt unsre gesamte Familie, seien derart schmutzig, dass wir mindestens zweimal jede Woche badeten und für das hohe Wassergeld, das die Mieter zu gleichen Teilen zahlen müssen, verantwortlich wären.

Wir beschlossen also, den Kampf aus eigner Kraft in aller Härte aufzunehmen, auch konnten wir nicht mehr zurück, verfolgte doch die gesamte Nachbarschaft gebannt den Fortgang des Streites.

Am nächsten Morgen schon wurde die Straße durch ein mörderisches Geschrei geweckt.

Wir lachten uns halb tot, Herr Dörfelt, der früh als Erster das Haus verließ, war in eine tiefe Grube gefallen, die sich vor der Haustüre erstreckte. Er zappelte ganz schön in dem Stacheldraht, den wir gezogen hatten, nur mit dem linken Bein zappelte er nicht, das hielt er fein still, das hatte er sich gebrochen.

Bei alledem konnte der Mann noch von Glück sagen, denn für den Fall, dass er die Grube bemerkt und umgangen hätte, war der Zünder einer Plastikbombe mit dem Anlasser seines Wagens verbunden. Damit ging kurze Zeit später Klunker-Paul, ein Untermieter von Dörfelts, hoch, der den Arzt holen wollte.

Es ist bekannt, dass die Dörfelts leicht übel nehmen. So gegen zehn Uhr begannen sie unsre Hausfront mit einem Flakgeschütz[1] zu bestreichen. Sie mussten sich erst einschießen, und die Einschläge befanden sich nicht alle in der Nähe unserer Fenster.

Das konnte uns nur recht sein, denn jetzt fühlten sich auch die anderen Hausbewohner geärgert, und Herr Lehmann, der Hausbesitzer, begann um den Putz zu fürchten. Eine Weile sah er sich die Sache noch an, als aber zwei Granaten in seiner guten Stube krepierten, wurde er nervös und übergab uns den Schlüssel zum Boden.

Wir robbten sofort hinauf und rissen die Tarnung von der Atomkanone.

Es lief alles wie am Schnürchen, wir hatten den Einsatz oft genug geübt, die werden sich jetzt ganz schön wundern, triumphierte unsre Mutter und kniff als Richtkanonier das rechte Auge fachmännisch zusammen.

Als wir das Rohr genau auf Dörfelts Küche eingestellt hatten, sah ich drüben gegenüber im Bodenfenster ein gleiches Rohr blinzeln, das hatte freilich keine Chance mehr. Elli, unsre

1 **Flak:** Flugabwehrkanone

Schwester, die den Verlust ihres Rockes nicht verschmerzen konnte, hatte zornroten Gesichts das Kommando „Feuer!“ erteilt.
Mit einem unvergesslichen Fauchen verließ die Atomgranate das Rohr, zugleich fauchte es auch auf der Gegenseite. Die beiden Geschosse trafen sich genau in der Straßenmitte.
Natürlich sind wir nun alle tot, die Straße ist hin, und wo unsre Stadt früher stand, breitet sich jetzt ein graubrauner Fleck aus.
Aber eins muss man sagen, wir haben das Unsre getan, schließlich kann man sich nicht alles gefallen lassen. Die Nachbarn tanzen einem sonst auf der Nase herum.

1 Erklärt, woran ihr zuerst bemerkt habt, dass es sich nicht um eine realistische Erzählung handelt.

2 Untersucht den Text mit Hilfe der Übersicht auf S. 191. Legt dabei besonderes Augenmerk auf den **Aufbau.**

3 Zwerenz' Text ist eine **Satire.** Ihr könnt Satiren unter folgenden Gesichtspunkten untersuchen:
- Welches Verhalten kritisiert der Verfasser?
- Welches Verhalten hält er wohl stattdessen für wünschenswert?
- Welche sprachlichen Mittel verwendet der Verfasser, um sein Anliegen vorzubringen?

4 Verfasst nach dem Vorbild des Textes von Gerhard Zwerenz eine Satire, die in der Schule spielt.

Kurze Erzählungen interpretieren

1. Schritt: Formulierung eines ersten, vorläufigen Textverständnisses
Bereits das erste Lesen eines Textes hinterlässt bestimmte Vorstellungen und Eindrücke: Man hat eine Vorstellung von den Personen und ihren Beziehungen zueinander, von eventuellen Konflikten und ihren Ursachen, und man kann auch meistens ganz allgemein sagen, ob einem der Text gefallen hat oder nicht. Diese ersten Vorstellungen sind zunächst oft vage, und sie sind auch nur mehr oder weniger bewusst. Es ist aber sehr wichtig, sie sich bewusst zu *machen,* da sie das Textverständnis steuern. Daher ist es ratsam, die ersten Eindrücke stichwortartig zu notieren.

2. Schritt: Analyse und Interpretation
Im zweiten Schritt kann das vorläufige Verständnis bestätigt werden, es kann sich aber auch herausstellen, dass es korrigiert werden muss. In jedem Fall hat man am Ende des zweiten Schrittes ein fundierteres, d.h. durch bestimmte Verfahrensweisen gewonnenes und untermauertes Verständnis des Textes. Die Verfahrensweisen lassen sich zusammenfassen in den Begriffen „Analyse“ und „Interpretation“. Bei der **Analyse** (von griechisch „análysis“: Auflösung) untersucht man die verschiedenen Einzelheiten, die einen Text ausmachen (s. S. 191). Diese Untersuchung ist ein wesentlicher Bestandteil der **Interpretation** (lateinisch: Erklärung, Auslegung), in der es darum geht, die Einzelheiten, die man bei der Analyse herausgearbeitet hat, zu *deuten.* Ohne genaue Analyse ist keine vernünftige Interpretation möglich.

3. Schritt: Die schriftliche Ausarbeitung
Wenn man eine zusammenhängende schriftliche Interpretation verfasst, nenn man in der **Einleitung** Autor/in sowie Titel des untersuchten Textes und fasst dessen Inhalt knapp – möglichst in einem Satz – zusammen. Im **Hauptteil** werden die Ergebnisse der Analyse dargestellt, die man anhand von Textstellen belegt (s. die Hinweise zum richtigen Zitieren auf S. 171). Am **Schluss** formuliert man eine kurze Bewertung des Textes. In jedem Fall sollte die schriftliche Interpretation gründlich überarbeitet werden (s. S. 172/173).

Übersicht zur Interpretation kurzer Erzählungen

Zentrale Aspekte der Analyse:

- Wer ist der **Erzähler/die Erzählerin** der Geschichte? Handelt es sich um eine **Ich-Erzählung** oder um eine **Er-/Sie-Erzählung?**
- Welche **Personen** kommen vor? In welcher **Beziehung** stehen sie zueinander? Wie treten sie auf? (Wie reden sie? Was tun sie?) Was geht in ihnen vor?
- Was sind die entscheidenden **Handlungen** oder **Ereignisse?** Sind die Handlungen und Ereignisse außergewöhnlich oder alltäglich?
- Wie ist die Erzählung **aufgebaut?** Wie ist der Handlungs*ablauf?*
- In welcher **Zeit** findet das Geschehen statt? Vergangenheit, Gegenwart, Zukunft? Ist die Zeit durch Besonderheiten wie z. B. Krieg, Krisen oder Ähnliches geprägt?
- Wie ist die **Zeitstruktur?** Über welchen Zeitraum erstreckt sich das dargestellte Geschehen? Werden Ereignisse aus der Vergangenheit einbezogen („Rückblenden")? Gibt es Vorausdeutungen? Wie sind die verschiedenen Zeitebenen miteinander verbunden? (Assoziationen? „Schnitt" wie im Film?)
- Wie wird der **Raum** beschrieben, in dem etwas stattfindet? („Raum" ist hier im weitesten Sinne von Umgebung gemeint; dazu gehört also z. B. auch eine Landschaft.) Hat der Raum möglicherweise eine symbolische Bedeutung? (So kann z. B. ein dunkler Himmel die Gemütsverfassung von Personen widerspiegeln, ein kalter Raum kann mit „innerer" Kälte übereinstimmen usw.)
- Aus welcher **Perspektive** wird erzählt?
- Wie wird gesprochene Sprache und wie werden Gedanken einer Person wiedergegeben? (Indirekte Rede? Innerer Monolog?)
- Sind **Anfang** und **Ende** der Geschichte „offen", d. h., wird man am Anfang sozusagen ins Geschehen hineingeworfen und bleibt am Ende unklar, wie es weitergeht?
- Gibt es Besonderheiten in der **Sprache?** Zum Beispiel:
  - verschiedene Stilebenen (Hochsprache, Jugendsprache, Vulgärsprache ...),
  - Wiederholungen,
  - unvollständige Sätze,
  - Metaphern und Vergleiche,
  - ...

Interpretation der Sinnzusammenhänge:

- *Warum* verhält sich eine Person so, wie es im Text dargestellt ist? Wie wirkt sich das auf andere aus?
- *Warum* wird aus einer bestimmten Perspektive erzählt? Welche **Wirkung** soll damit möglicherweise erzielt werden?
- Was soll ein offener Anfang oder ein offenes Ende bewirken?
- ...

Bewertung:

- Was hat mir an der Erzählung gefallen, was nicht?
- Sind die Personen überzeugend dargestellt?
- Sind ihre Verhaltensweisen überzeugend begründet?
- Gibt es Klischeevorstellungen in dem Text?
- ...

8.2 Jan de Zangers Jugendroman „Dann eben mit Gewalt“

Jan de Zanger

Lex und Sandra (Romananfang)

Der niederländische Jugendbuchautor Jan de Zanger wurde 1932 in Schiedam geboren. Nach dem Studium arbeitete er eine Zeit lang als Lehrer; später war er an der Entwicklung von Lehrplänen beteiligt. Von 1989 an lebte er als freier Schriftsteller. Er schrieb mehrere Jugendromane, daneben Kurzgeschichten und Gedichte. Außerdem verfasste er Übersetzungen aus dem Dänischen, Schwedischen und Norwegischen. Sein Roman „Dann eben mit Gewalt“ ist in Deutschland für das Fernsehen verfilmt worden. 1991 ist Jan de Zanger gestorben.

So hatte er sie noch nie gesehen. Er glaubte sie langsam zu kennen, aber so, wie er sie nun durch den fast leeren Flur marschieren sah, so hatte er sie noch nie gesehen.
An der gewohnten Stelle, im Umkleideraum an der Treppe zum Fahrradkeller, hatte er bis zur letzten Minute gewartet. Seit Tagen versuchten beide, so früh wie möglich in der Schule zu sein, dann konnten sie sich noch eine Weile unterhalten. Aber heute war sie erst spät gekommen. Als der erste Andrang im Umkleideraum vorbei war und nur noch ab und zu jemand hereingestürmt kam, die Tasche auf den Boden warf und den Mantel aufhängte, hatte er plötzlich gesehen, dass das Hakenkreuz doch nicht ganz verschwunden war. Die Stelle an der Wand war vergangene Woche sofort überpinselt worden, aber die dicken schwarzen Balken waren unter der weißen Wandfarbe doch noch zu erkennen. Von den Wörtern, die darunter gestanden hatten, war nichts mehr zu sehen.
In dem Moment, da er auf seine Uhr schaute, hörte er das erste Klingeln. Jetzt musste er wirklich gehen. Johannssen konnte unangenehm werden. Sobald es zum zweiten Mal klingelte, machte er die Tür zu, und selbst wenn man sie nur eine Sekunde später wieder aufmachte und hineinwollte, schickte er einen wieder weg. Zu spät war zu spät. Briefchen beim Hausmeister holen, nach drei Briefchen zum Konrektor – und das war Johannssen selbst.
Er hatte sich durch das Gewimmel auf der Treppe nach oben gedrängelt. Am Anfang des Flures guckte er auf seine Uhr. Noch fast zwei Minuten. Johannssen stand mit der Hand auf der Türklinke vor dem letzten Klassenzimmer. Er konnte sich Zeit lassen.
Während er langsam weiterging, schaute er ab und zu über die Schulter. Er war schon dicht vor Johannssen, als er sie kommen sah. So hatte er sie noch nie gesehen.

Sie lief nicht etwa, um rechtzeitig in der Klasse zu sein, sie marschierte durch den Flur. Fest setzte sie die Absätze ihrer braunen Stiefel auf die Fliesen. Über ihren Jeans trug sie einen schwarzen Pullover. Den Kopf mit den glatten schwarzen Haaren hielt sie ein wenig schräg; sie schaute nicht nach links und nicht nach rechts. Er sah, dass Malsagen ihr lange nachschaute, bevor er die Tür des ersten Klassenzimmers auf dem Flur hinter sich zumachte.
Er fühlte eine Wärme in sich aufsteigen. Ja, so war sie, seine Sandra, stolz und schön. Sogar die Lehrer glotzten ihr nach.
„Kommst du rein, Lex“, hörte er Johannssen dicht hinter sich sagen.
Verdammter Buchhalter, dachte er. Immer genau auf Zeit, alles tipptopp, wie es sich gehört. Setze in eine Endsumme nicht zufällig einen Punkt, wenn da ein Komma stehen muss, der kreidet es dir als Fehler an, auch wenn der größte Dummkopf sehen kann, wie's gemeint ist. Er gab Sandra ein Zeichen, dass sie sich beeilen sollte, drehte sich um und ging in die Klasse. Er schlenderte zu seinem Platz am Fenster und legte seine Sachen auf den Tisch. [...]
Johannssen hatte die Hand auf der Klinke. Sobald die Klingel ertönte, würde er hereinkommen, und wenn Sandra nur fünf Meter entfernt wäre.
Sie huschte gerade noch vor Johannssen in die Klasse.
Er erschrak, als er sie jetzt aus der Nähe sah.
Es wurde still in der Klasse, aber nicht, weil Johannssen reingekommen war, sondern weil plötzlich alle Sandra anstarrten.
„Was ist passiert?“, fragte Saskia. „Bist du hingefallen?“
Sandra antwortete nicht, ging, die Tasche umgehängt, durch die Reihen zu ihrem Platz schräg hinter ihm. Fast ohne den Kopf dabei zu bewegen, sah sie ihn kurz an. „Hallo“, sagte sie leise. Sie hatte eine geschwollene Lippe und eine große Schürfwunde über dem linken Auge. Sie hielt den Kopf ein bisschen schräg.
„Was ist denn?“, fragte er nach hinten. „Gleich“, antwortete sie.
Johannssen ordnete noch einmal die Bücher auf seinem Tisch, nahm das Klassenbuch, schaute die Reihen entlang und zeichnete dann mit seinem Kürzel. Er fragte nie, ob jemand fehlte, er wusste genau, wer in welcher Klasse auf welchem Platz zu sitzen hatte. „Ihr habt für heute eine Bilanzrechnung gemacht“, sagte er.

1 Aus wessen **Perspektive** ist der Romananfang erzählt? Belegt eure Meinung mit zwei oder drei Stellen aus dem Text.

2 **Figurengestaltung: Lehrerrollen**

a) Erzählt den Romananfang aus der Sicht eines Lehrers. Probiert verschiedene Lehrertypen aus: besorgt, nur am Unterricht interessiert, unsicher …
Achtet auf die Beschreibung der Mimik und auf die Charakterisierung der Stimme. Überlegt, welche Adjektive und adverbialen Bestimmungen besonders treffend sind.
Überarbeitet eventuell euren Text noch einmal.

b) Welcher eurer Lehrertypen entspricht dem, der im Roman geschildert wird? Seht euch, um das zu überprüfen, noch einmal die Stellen im Text an, die etwas über Johannssen aussagen.

3 Stellt die Beziehungen zwischen den Figuren dieses Romananfangs (S. 192/193) in einem **„Standbild“** dar. Beachtet dabei die folgenden Tipps.

Das Standbild-Verfahren

Man kann die äußere und innere Haltung von Personen in einem so genannten Standbild darstellen. Dazu braucht man einen Bildregisseur/eine Bildregisseurin und eine oder mehrere Personen, mit denen er/sie eine bestimmte Szene „stellt“. Es wird also nicht gespielt, sondern nur eine bestimmte Situation festgehalten, wie auf einem Foto, das aus einem Handlungsablauf einen bestimmten Augenblick wiedergibt.
Der Vorteil gegenüber dem bloßen – mündlichen oder schriftlichen – Beschreiben besteht darin, dass Haltungen dabei *sichtbar* und für die unmittelbar Mitwirkenden geradezu *körperlich fühlbar* gemacht werden und damit intensiver nachempfunden werden können.

Geht folgendermaßen vor:

- Überlegt zunächst, mit welchen **Darstellungsmitteln** man die Einstellung von Personen und ihre Beziehung zueinander in einem Standbild zum Ausdruck bringen kann.
- Der Bildregisseur/die Bildregisseurin wählt nun nach Bedarf eine oder mehrere Personen aus, die seine/ihre Figuren sind. Diese Figuren sind passives „Bildmaterial“ in seinen/ihren Händen.
  Alles Folgende soll übrigens ohne Worte geschehen, nur durch Bewegen der Figuren:
- Der Regisseur/die Regisseurin stellt die Figuren auf, wobei der **Abstand** der Personen voneinander ebenso zu überlegen ist wie die Frage, wer wem **zugewandt** ist oder nicht.
  Dabei gibt es keine allgemeinen Vorgaben: Der Regisseur/die Regisseurin drückt damit seine/ihre persönliche Vorstellung von der Szene aus.
- Anschließend bringt der Regisseur/die Regisseurin **Arme, Hände** und eventuell den ganzen **Körper** der Figuren in die passende Stellung.
- Zuletzt kommt die **Mimik** an die Reihe. Hierbei muss der Regisseur/die Regisseurin den Figuren vormachen, wie es aussehen soll.
- Ist das Standbild fertig gestellt, kann der Regisseur/die Regisseurin die Maßnahmen erläutern; die Mitschülerinnen und Mitschüler können Änderungsvorschläge einbringen. Maßstab für die Beurteilung ist in jedem Fall der Text.
- Die Überprüfung am Text könnt ihr auf folgende Weise vornehmen:
  – Ihr charakterisiert die Haltung der Figuren in Stichworten, die ihr an der Tafel festhaltet;
  – ihr überprüft, ob die Charakterisierung mit dem Text übereinstimmt.
- Das Standbild wird nun zum Sprechen gebracht. Ein Beobachter/eine Beobachterin tritt jeweils an eine Standfigur heran und formuliert deren Empfindungen und Gedanken in der Ich-Form. Anschließend äußern sich die Figuren selbst.

Jan de Zanger

Angst und Gewalt: Wie soll man reagieren?

Auf dem Heimweg erzählt Sandra ihrem Freund Lex, dass sie am Vorabend von einer Gruppe vermummter Jugendlicher zusammengeschlagen worden ist, die sich „White Power“ nannten. Sandra selbst ist dunkelhäutig, da ihr Vater von den Molukken stammt, einer Inselgruppe im Malaiischen Archipel, die jahrhundertelang niederländischer Kolonialbesitz gewesen ist. – Das gleiche Schicksal wie Sandra widerfährt wenige Tage später Oktay, einem türkischen Mitschüler. Und eines Tages muss die Schule geschlossen bleiben, weil das ganze Gebäude im Innern mit ausländerfeindlichen Parolen beschmiert ist.
Vor der Schule kommt es zu folgendem Dialog zwischen Lex und Sandra:

Er fühlte sich so machtlos. Sandra legte ihre Hand in seine. Sie war blass, ihre Augen hatten sich geweitet.
„Du musst keine Angst haben“, sagte er ihr leise ins Ohr. „[…] Es kann nur eine sehr kleine Gruppe sein, und sie fühlen sich nicht stark genug, um offen aufzutreten. Sie können versuchen, uns Angst zu machen, und das ist ihnen ja auch gelungen. Sie haben Gewalt angewendet, gegen dich, sie haben Oktay krankenhausreif geschlagen. Wenn das ihre Art ist, ist das vielleicht auch die einzige Methode, mit denen man ihnen beikommen kann. Ich kriege raus, wer die sind, Sandra, ich werde es rauskriegen. Sie gehen zu weit, damit muss jetzt Schluss sein. Wenn nicht anders …, dann eben mit Gewalt.“
Sie schüttelte den Kopf.
„Nein. Wenn der andere Gewalt gebraucht, darf man sich verteidigen, aber man darf die falschen Methoden der anderen nicht übernehmen.“
Sie sprach so leise, dass er sie bei dem Lärm der anderen fast nicht verstand, und dann zog sie ihn plötzlich am Ärmel und wandte ihm das Gesicht zu. „Lex“, sagte sie, „bitte, sei vorsichtig. Sie sind gefährlich!“

1 a) Formuliert die unterschiedlichen Standpunkte von Lex und Sandra in zwei **Thesen** und stellt die Argumente heraus, die die beiden für ihre Meinung anführen.
b) Sammelt eigene Argumente für die Thesen und erstellt ein Meinungsbild in eurer Klasse.

2 In dem Roman erhärtet sich der Verdacht, dass die Täter von der eigenen Schule kommen.
a) Versetzt euch in die Lage der Mitschüler/innen und entwickelt in kleinen Gruppen eine Strategie, wie man vorgehen könnte, *ohne* Gewalt anzuwenden:
- Was kann man selbst unternehmen?
- Wen könnte oder sollte man einbeziehen – evtl. von außerhalb der Schule?
- Auf welche Weise könnte man sich an die inner- und außerschulische Öffentlichkeit wenden?

b) Entwerft als eine Möglichkeit des Vorgehens ein **Flugblatt,** mit dem ihr gegen die Angriffe auf ausländische Mitschülerinnen und Mitschüler Stellung bezieht. Macht euch die verschiedenen Gestaltungselemente eines Flugblattes bewusst:
- Textmenge
- Satzart und Satzbau (Aussage- oder Aufforderungssätze? Möglichst vollständige Sätze oder eher nicht?)
- Schriftgröße
- grafische Elemente
- Raumaufteilung

Jan de Zanger

Eine Diskussion in der Klasse

Auch im Roman wird eine lebhafte und zum Teil sehr kontroverse Klassendiskussion zum Thema Ausländer geführt. Hier ein Auszug daraus.

„Wir haben jetzt zwei Wochen lang die Programme der politischen Parteien miteinander verglichen. Wir haben herausgefunden, dass eine Partei die Ansicht vertritt, die Niederlande müssen so niederländisch wie möglich bleiben, die niederländische Kultur darf nicht verwässert werden. […] Vielleicht bin ich überempfindlich geworden", sagte Sandra. „aber Sie müssten mal mitmachen, wie viele Leute reagieren, wenn jemand mit dunkler Hautfarbe in den Bus steigt. Wenn sie allein auf einer Bank sitzen, kann man ihnen die Angst vom Gesicht ablesen, die Angst, man könnte sich neben sie setzen. Und Sie müssten mal hören, was für gemeine Witze über Türken erzählt werden."

„Das haben die Türken mit ihrem Benehmen doch selbst provoziert", sagte Jakob ruhig. „Die wollen sich doch nicht anpassen. Sie halten an ihrem Glauben fest, mit dem Schlachten von Schafen und so. Die Frauen laufen hier genauso rum wie in der Türkei, mit Kopftuch und den verrückten Hosen unter dem Rock, und sie träumen nur davon, zurück in die Türkei zu gehen. Na bitte, sollen sie's doch tun!"

„Und so ist es mit den Molukkern doch auch", rief Wim. „Die sitzen hier in Holland, aber sie wollen alle so dicht wie möglich beieinander wohnen, sie haben ihren eigenen Präsidenten, sie haben sogar ihre eigene kleine Armee. Das geht doch nicht!"

Plötzlich redeten alle durcheinander. Fischer stand vor der Klasse und versuchte, die Ruhe wiederherzustellen.

„Genau das hab ich gemeint", sagte Sandra ihm [Lex] ins Ohr. „Wenn ein Gespräch darüber erst einmal in Gang kommt, werden solche Dinge gesagt."

„Ruhe!", sagte Fischer mit lauter Stimme. „Wenn ihr nicht anständig diskutieren könnt, fahren wir fort mit dem Unterricht!"

„Na, ich glaube doch, dass wir hierbei mehr lernen als bei einem trocknen Unterrichtsstoff", meinte Anne.

Fischer reckte beschwörend die Hände in die Luft.

„Jakob und Wim sagen also eigentlich, dass Ausländer nicht hierher gehören, unter anderem, weil sie an ihren alten Gewohnheiten festhalten. Aber das haben in der Geschichte schon so viele Gruppen getan. Gläubige Juden essen auch nur, was nach den Regeln ihrer Religion zubereitet ist, und sie haben ihre Synagoge, so wie die Türken und andere Mohammedaner ihre Moschee haben …"

„Aber die Juden sind Niederländer geworden", warf Jakob ein. „Es gibt jüdische Minister und jüdische Bürgermeister, und was weiß ich, was für hohe Stellungen die sonst noch haben."

„Die sind auch schon viel länger hier", sagte Sandra ruhig. „Ich kenne heute auch Türken, die auf der Universität studieren. In ein paar Jahren gibt's hier auch türkische und marokkanische Ärzte und Lehrer und Rechtsanwälte …"

„Ja", unterbrach Jakob sie, „und dann haben sie auf unsere Kosten studiert, und sie haben unsere Plätze auf den Universitäten besetzt. Und wenn sie fertig sind, hauen sie ab in die Türkei, weil sie da gleich 'ne große Nummer sind. Sollen sie doch sofort Leine ziehen!"

Ein Seufzer ging durch die Klasse. Fischer blickte ein wenig hilflos von einem zum anderen. Ihm war die Sache total aus der Hand geglitten.

Lex spürte Sandras Finger immer kräftiger seinen Arm drücken.

„Das finde ich ganz schlimm", sagte sie, „dass jemand so etwas sagen kann."

Fischer begann, in seinen Papieren auf dem Tisch zu blättern, und schaute noch einmal auf die Armbanduhr.

„Darf ich etwas sagen?", fragte Lex. Fischer nickte.

„Habt ihr Sonntagabend Fernsehen gesehen? Da war ein Programm über Amerikaner niederländischer Abstammung. Meine Mutter wollte das gern sehen, weil wir da Verwandte haben. Die Leute, die Amerikaner, die träumen alle von Holland. Die heiraten am liebsten jemanden, der auch aus den Niederlanden stammt, sie nennen ihre Kinder Dirk oder Marie, sie feiern miteinander Sankt Nikolaus, sie treffen sich ein paarmal im Jahr in einem großen Saal und essen richtig holländisch, und sie singen niederländische Lieder, die ich überhaupt nicht mehr kenne. Wenn das ein Amerikaner sähe, sagte der sofort: Das sind Holländer! Sollen die dann auch Leine ziehen, weil sie an ihren niederländischen Gewohnheiten festhalten? Und so sieht es auch in Australien aus. Und in Südafrika und in allen möglichen Ländern in der ganzen Welt. Wenn die alle überall rausgejagt würden, was würden wir dann sagen?"

„Das ist etwas ganz anderes", sagte Wim. „Das sind Weiße in einem weißen Land und ..."

„In Südafrika bestimmt!", rief Anne.

„Und Amerika und Australien sind weiß gemacht worden", sagte Lex. „In Südafrika haben sie die Schwarzen nur nicht ausrotten können, wie sie das in Amerika mit den Indianern gemacht haben."

1 a) Formuliert die verschiedenen Standpunkte, die in dieser Diskussion vertreten werden, als **Thesen.**
b) Ordnet den Thesen die **Argumente** zu, die sie stützen sollen. Nummeriert diese Argumente durch, und zwar mit A1, A2 usw. Dann könnt ihr später die Gegenargumente leicht mit G1, G2 usw. zuordnen.

2 Untersucht die Argumente. Begründet, welche euch überzeugend erscheinen und welche nicht.

3 Ähnliche Thesen und Argumente wie in dem Roman sind immer wieder zu hören. Meist zeigt sich aber, dass sie einer Überprüfung nicht standhalten, weil sie von Fehlinformationen ausgehen.
a) Sichtet die folgenden Materialien und stellt in Stichworten die Informationen zusammen, die man braucht, um auf die ausländerfeindlichen Argumente der Klassenkameraden von Lex und Sandra sachlich fundiert antworten zu können.
b) Ordnet die Stichworte den durchnummerierten Argumenten zu, die in dem Romanauszug in der Klasse vertreten werden (Aufgabe 1), und nummeriert sie ebenfalls mit G1, G2 usw.
c) Mischt euch nun in die Diskussion der Klasse ein, indem ihr zu den ausländerfeindlichen Argumenten eine Antwort verfasst. Ihr könnt z. B. einen **Brief** an die Klasse schreiben, in dem ihr eure Meinung zum Ausdruck bringt.

Ohne die ausländischen Arbeiter gehen viele Lichter aus

In der Landeshauptstadt Düsseldorf leben 79600 Ausländer, 13,84 Prozent der Gesamtbevölkerung von 575600. Sie zahlen rund 120 Millionen Euro Lohn- und Einkommensteuer jährlich und führen etwa 110 Millionen Euro an die Rentenversicherungsträger ab. Die verbleibende Kaufkraft der Ausländer in Düsseldorf wird auf 375 Millionen Euro im Jahr geschätzt.

In einer Studie zur Fragestellung „Was wäre, wenn alle Ausländer über Nacht die Stadt verließen?" kommt Düsseldorfs Sozialdezernent Paul Saatkamp (SPD) zu dem Ergebnis: „In einigen Bereichen ginge das Licht aus." Nicht mit erhobenem Zeigefinger, sondern anhand statistischer Daten hat Saatkamp die Auswirkungen eines vollständigen Ausländerwegzugs für die Wirtschaft und das Dienstleistungsgewerbe der Landeshauptstadt aufgelistet.

Besonders schwerwiegende Folgen würden sich im Bereich der Kranken- und Altenpflege ergeben. Von den insgesamt 3836 Stellen bei den städtischen Krankenanstalten und Altenheimen sowie den Universitätskliniken sind 1048 von Ausländern besetzt (27,3 Prozent).

Auch im Gastgewerbe würden viele Bierhähne zubleiben: Mit 3548 Beschäftigten stellen die Ausländer hier einen Anteil von knapp 33 Prozent der 10851 Arbeitnehmer. Bei den

städtischen Verkehrsbetrieben, der Rheinbahn, stünde mancher Wagen still: 15,3 Prozent der Schaffner und elf Prozent der Bus- und Straßenbahnfahrer sind Ausländer. Insgesamt 59,4 Prozent der 594 ausländischen Arbeitnehmer sind direkt am Fahrdienst beteiligt.
Auch die Baustellen in der Landeshauptstadt würden in der von Saatkamp dargestellten „Stunde null" weitgehend verwaisen: 27,74 Prozent der Maurer, 28,46 Prozent der Bauhelfer und sogar 29,21 Prozent der Straßen- und Tiefbauer haben keinen deutschen Pass. […] Die Studie nimmt auch darauf Bezug, dass ein „einfacher Austausch Arbeitslose gegen Ausländer nicht möglich" sei.
Vielfach, wie zum Beispiel bei der Müllabfuhr und in den Reinigungsberufen, fehle es deutschen Beschäftigungslosen an der „entsprechenden Arbeitsbereitschaft". Auf Grund der Arbeitslosenstruktur in der Landeshauptstadt und der Beschäftigungsstruktur der Betriebe sei es ausgeschlossen, die Mehrzahl der Ausländer durch Deutsche zu ersetzen.
Die Vorstellung, wenn Türken, Jugoslawen und Marokkaner wieder nach Hause geschickt würden, könne der deutsche Arbeitsmarkt gesunden, nennt Saatkamp „irreal und unüberlegt". Die negativen Auswirkungen auf Wirtschaft und Infrastruktur wären in Düsseldorf so drastisch, dass allein dadurch die Parole „Ausländer raus" ad absurdum geführt werde. Darüber hinaus würde eine solche Massenrückwanderung aber auch zu einer „gesellschaftlichen und kulturellen Verarmung" führen.

Was ausländische Mitbürger zum wirtschaftlichen Erfolg beitragen

Eine große Zahl von Arbeitsplätzen/ Der türkische Solidaritätszuschlag für Ostdeutschland

hfe. FRANKFURT, 1. Dezember. Die Zunahme des Rechtsextremismus und rechtsradikaler Ausschreitungen gegen Ausländer und Asylbewerber wird häufig auf soziale und wirtschaftliche Schwierigkeiten zurückgeführt. So wird oft argumentiert, dass Ausländer Deutschen den Arbeitsplatz wegnähmen oder die Sozialhaushalte über Gebühr belasteten. Diese Argumentation stellt die Tatsachen auf den Kopf, denn ausländische Selbstständige und Unternehmer haben im Gegenteil in Deutschland eine große Zahl von Arbeitsplätzen geschaffen. Die etwa zwei Millionen ausländischen Mitbürger in der Bundesrepublik zahlen insgesamt 13 Milliarden Euro an Steuern und Sozialabgaben. Dies schätzt das Deutsche Institut für Wirtschaftsforschung in Berlin. Die etwa zwei Millionen ausländischen Mitarbeiter in den deutschen Unternehmen tragen darüber hinaus rund 8,5 Prozent des Aufkommens der Sozialversicherung.
Obwohl ihre durchschnittlichen Einkommen unter dem Gesamtdurchschnitt der Löhne und Gehälter in der Bundesrepublik liegen, tragen sie dennoch etwa sieben Prozent zum Lohnsteueraufkommen bei, das sind gut 8 Milliarden Euro.
[…] Der „türkische" Solidarzuschlag für den Aufbau der neuen Bundesländer beläuft sich auf rund 225 Millionen Euro.

Vorurteil:
Ausländer nehmen uns die Wohnungen weg

Lange Zeit haben Ausländer den Wohnraum genutzt, der für viele finanziell besser gestellte Deutsche nicht attraktiv war. Sie zogen in Altbauwohnungen ohne Komfort (ohne Bad, mit Ofenheizung und Außentoilette). Viele dieser Altbauten waren sanierungsbedürftig und wären vermutlich längst abgerissen worden, hätte man sie nicht an Ausländer vermieten können. Dies führte zu einer verstärkten Konzentration von Ausländern in Wohngebieten, die auf Grund ihrer Lage für Deutsche wenig attraktiv waren oder wo es einen hohen Bestand an Wohnungen mit geringem Komfort gibt. Auf dem allgemeinen Wohnungsmarkt werden Ausländer immer noch benachteiligt. Ausländische Familien mit Kindern haben oft noch weit größere Schwierigkeiten. [...] Nicht Ausländer oder Aussiedler haben die Probleme auf dem Wohnungsmarkt verursacht. Vielmehr gehen diese auf politische Versäumnisse und eine Fehleinschätzung des Wohnungsmarktes durch die Bundesregierung zurück.

Vorurteil:
Ausländer wollen sich nicht integrieren

Viele Ausländer, vor allem die zweite und dritte Generation, zeigen große Bereitschaft, sich in die deutsche Gesellschaft zu integrieren. Sie verfolgen kaum noch Rückkehrpläne, arbeiten verstärkt in deutschen Organisationen mit, streben bessere Wohnverhältnisse an und richten ihr Spar- und Konsumverhalten auf den Verbleib aus.
Integration bedeutet aber nicht eine einseitige Anpassung an deutsche Denk- und Verhaltensweisen. Ausländer fühlen sich in der Regel ihrer Heimat eng verbunden. Diese Bindung äußert sich unter anderem in der Pflege der kulturellen Traditionen (zum Beispiel Religion und religiöses Brauchtum) und der sozialen Lebensformen (zum Beispiel intensive Familienbindung und Nachbarschaftskontakte).
Die Bereitschaft zur Integration steht aber in Wechselwirkung zur Akzeptanz der Ausländer durch die deutsche Bevölkerung und deren Toleranz anderen Werten und Verhaltensweisen gegenüber. Ablehnung oder gar Feindschaft führt notgedrungen zum Rückzug in die eigene Gruppe und zum Festklammern an der eigenen kulturellen Tradition.
Integration erfordert also die Bereitschaft sowohl der ausländischen als auch der deutschen Bevölkerung, miteinander leben zu wollen. Von deutscher Seite muss sich dies in einer Ausländergesetzgebung ausdrücken, die den Ausländern hinreichend Rechtssicherheit gewährt, sie vor behördlicher Willkür schützt und letztlich den Respekt vor den Menschen sichert.

Vorurteil:
Ausländer „überfremden" uns

Begriffe wie „Ausländerflut", „Ausländerschwemme" oder „Überfremdung" sollen signalisieren, dass die Identität des deutschen Volkes bedroht sei. Mit solchen Begriffen werden Ängste geschürt und Abwehr gegen Ausländer hervorgerufen.
Dieses Vorurteil hat seine Wurzeln im völkischen und rassistischen Denken. Es ist, wie auch die deutsche Geschichte zeigt, dann zu finden, wenn in der Gesellschaft größere wirtschaftliche und soziale Probleme auftreten. Unterschwellig drückt es die Suche nach Sündenböcken aus: Die Ausländer werden für die wirtschaftlichen und sozialen Probleme in der Gesellschaft haftbar gemacht.
Die Bundesrepublik aber ist keineswegs ein Land mit einem besonders hohen Ausländeranteil. Ausländer machen zur Zeit sieben Prozent der deutschen Bevölkerung aus. Als Vergleich dazu: In Luxemburg leben 26 Prozent, in der Schweiz 15, in Belgien zehn und in Frankreich acht Prozent. Niemand hat uns „überflutet". Die deutsche Wirtschaft hat die Ausländer aus wirtschaftlichen Gründen ins Land geholt.
Fast 75 Prozent der Ausländer leben länger als zehn Jahre unter uns. Für zirka eine Million gilt die Freizügigkeit der EG-Bürger.
Die kulturelle Vielfalt stellt eine Bereicherung dar. Sie ist deshalb in unser aller Interesse. Allerdings setzt dies voraus, dass wir die Ausländer als gleichwertige Bürgerinnen und Bürger akzeptieren und vor allem sie nicht für Probleme haftbar machen, für die sie keine Verantwortung tragen.

Jan de Zanger

Annäherung im Schwimmbad

Der Roman „Dann eben mit Gewalt" erzählt nicht nur von Ausländerfeindlichkeit, sondern er erzählt – in vielen Rückblenden – auch die Geschichte von Lex und Sandra. Es ist die Geschichte einer Liebe, die durch die bisher geschilderten Ereignisse einer harten Belastung ausgesetzt wird. Der folgende Ausschnitt handelt davon, wie Lex und Sandra, die sich auf einer Klassenfete kennen gelernt haben, im Schwimmbad einander näher kommen. Lex hat dort in den Sommerferien öfter nach Sandra Ausschau gehalten, die ihm gesagt hatte, sie gehe oft schwimmen. Lange Zeit sucht er vergeblich. Bis sie dann doch auftaucht …

Am nächsten Tag saß sie dann plötzlich neben ihm. Er hatte schlecht geschlafen und sich immer wieder gesagt, er wäre total verrückt. Einmal hatte er das Mädchen bis vor die Haustür gebracht, weil sie beide zufällig die Einzigen ohne Fahrrad waren, und sofort hatte er sich hoffnungslos verliebt. Er kannte sie kaum, er wusste nicht einmal, ob sie dieses Schwimmbad gemeint hatte. Trotzdem war er wieder so früh wie möglich hier gewesen und hatte sich dauernd umgesehen. Nach einer Weile war er auf die Liegewiese gegangen, hatte sich auf den Rücken gelegt, den Kopf auf dem zusammengerollten Handtuch, die Arme ganz entspannt an den Seiten. Die Augen hatte er geschlossen, aber das grelle Sonnenlicht konnte er trotzdem auf den Lidern spüren. Als ein Schatten auf sein Gesicht fiel, blickte er ein wenig verärgert auf.

Neben ihm saß Sandra.

„Hast du schöne Ferien gehabt?", fragte sie.

In dem Moment, als er die Augen öffnete, sah er nur ihre Konturen. Er setzte sich und schaute sie an. Die Sonne war so grell, dass er kurz blinzeln musste. Dann konnte er sie allmählich klarer erkennen.

„Hast du geschlafen?", fragte sie.

„Nein", sagte er und schüttelte mit knapper Bewegung den Kopf, „aber da fehlte wohl nicht mehr viel, glaube ich."

„Wie waren deine Ferien?", fragte sie noch einmal.

„So lala. Ein bisschen langweilig. Ist es hier immer so voll gewesen?"

Sie nickte. „Ja. Guck dir das an." Sie drehte ihm die Schulter zu. „Ich hab hier fast jeden Tag in der Sonne gelegen."

Er betrachtete ihre Schultern, über die nur die dünnen, schwarzen Trägerbändchen ihres Badeanzugs liefen. Und er musterte ihre Beine, die sie ausgestreckt hatte. Sie hatte kleine Füße.

„Braun", sagte er. „Sehr braun, fast schwarz auf dem Rücken. Aber ich weiß natürlich nicht, wie braun du von Natur aus bist. Oder darf ich das nicht sagen?"

Sie blickte ihn kurz an.

„Manche Leute haben immer Angst, eine Bemerkung könnte diskriminierend aufgefasst werden", antwortete sie. „Meine Haut ist dunkler als deine, das hab ich meinem Vater zu verdanken. Das darf jeder wissen, das darf jeder sehen, deswegen brauche ich mich nicht zu schämen."

[…] An jenem warmen Julitag im Schwimmbad hatte er nur immerzu ihr Gesicht betrachtet, ihre Augen, ihren Mund, auch ihre Haare, die ihr nach dem Schwimmen glatt und schwarz am Kopf lagen und überraschend schnell wieder trocken wurden. Er war so schrecklich verliebt, dass er kaum ein Wort herausbrachte, als sie ihn fragte:

„Lex, ist was?"

Er saß da, die Arme um die Knie geschlungen – sie saß in der gleichen Stellung neben ihm – und sah sie unverwandt an. Er war froh, dass er zwei Tage in der prallen Sonne gesessen hatte. Jetzt fiel es vielleicht nicht so auf, dass er rot wurde.

Er nickte. Ja, natürlich war was ...

„Ich kannte dich eigentlich gar nicht", sagte er. „Wir haben ein ganzes Jahr in einer Klasse gesessen, und ich hab dich oft genug angesehen, aber mir kam es immer so vor, als wärest du ... na ja, als wärest du unnahbar. Ich hab mich eigentlich nie getraut, dich anzusprechen. Jetzt haben wir uns eine ganze Weile unterhalten, und das hat eigentlich alles noch schlimmer gemacht."

„Was?", fragte sie leise. Sie hatte die Stirn auf die Arme gelegt. Sie sah ihn nicht an.

„Du ... du scheinst so ...", stammelte er, „manchmal glaube ich, du ... wie alt bist du eigentlich?"

„Sechzehn", antwortete sie. [...]

Er hatte sich auf den Rücken gelegt. Die Hände unter dem Kopf gefaltet sah er sie an. Ihre blauschwarzen Haare, ihr schwarzer Badeanzug, ihre braunen, angezogenen Beine ... Er streckte die Hand aus und berührte ihre Hüfte.

„Sandra?", sagte er.

Sie blieb ganz still und hob nicht den Kopf.

„Sandra?", sagte er noch einmal. „Ich bin verliebt." Sie hob den Kopf und sah ihn an. Dann legte sie sich mit schnellen Bewegungen neben ihm auf die Seite. Ganz ernst starrte sie ihn mit ihren dunklen Augen an. Hatte er etwas Dummes gesagt?

Plötzlich legte sie eine Hand auf seinen Arm und kam noch näher zu ihm herangerückt. Den Mund ganz dicht an seinem Ohr sagte sie: „Sieh dich vor, gleich fress ich dich!"

Dann sprang sie auf, lief über die Wiese zum Wasser und sprang hinein, ohne sich umzuschauen. Er lief hinter ihr her. Er holte sie ein und zog sie am Knöchel zu sich heran, und sie legte ihm die Arme um den Nacken, zog ihn unter Wasser und küsste ihn auf den Mund.

1 Zwischen Lex und Sandra bleibt manches unausgesprochen. Verfasst Gedankenblasen, die verraten, was in den Köpfen der beiden vorgeht.

2 Lex und Sandra schreiben beide nach ihrer Begegnung im Schwimmbad einen **Tagebucheintrag.**
Wähle eine der beiden Personen aus und verfasse den Tagebuchtext.
Halte dich bei deinem Eintrag möglichst genau an den vorgegebenen Romanausschnitt.

Jan de Zanger

Die heiße Spur führt zum Einkaufszentrum

Lex hat im Fall der ausländerfeindlichen Machenschaften schließlich eine heiße Spur gefunden. Eines Nachts verfolgt er eine größere Gruppe Jugendlicher, die mit dem Fahrrad das Stadtzentrum ansteuert. Offensichtlich handelt es sich um „White Power". Begleitet wird Lex von Ines, die ihm schon seit einiger Zeit hilft und die sich in ihn verliebt hat – für Lex ein weiteres Problem, mit dem er fertig werden muss ... In der folgenden Szene fährt er mit ihrem Fahrrad, und sie sitzt auf dem Gepäckträger.

Er fuhr so schnell wie möglich. Er musste so dicht herankommen, dass er sie noch sehen konnte, aber er wurde das Gefühl nicht los, verfolgt zu werden. Er hörte nichts, er hatte sich schon ein paarmal flüchtig umgeschaut, in der stillen, nachtdunklen Straße nichts erkennen können, aber trotzdem ...

[...]

Er guckte stur geradeaus. Hin und wieder meinte er zwei Radfahrer ohne Licht erkennen zu können. Wenn er noch ein bisschen näher herankäme, könnte er genauer sehen, ob sie es tatsächlich waren. Wie es schien, fuhren sie auf dem kürzesten Weg zum Zentrum.

Ganz kurz dachte er daran, dass sie natürlich ebenso gut darauf achten konnten, ob ihnen jemand folgte. Sie konnten es sich sogar erlauben, denn sie wussten ja genau, wohin sie wollten. Und ob sie ein paar Minuten früher oder später ankämen ... Aber er musste es einfach riskieren.

[...]

In der Nähe des Zentrums wurde es heller und belebter. Plötzlich sah er die Rücklichter von zwei Fahrrädern vor sich aufleuchten. Natürlich, hier musste man jederzeit mit Polizei rechnen, und wenn die White-Power-Typen tatsächlich etwas im Schilde führten, durften sie nicht auffallen. […]

Er konnte gerade noch abbremsen und in eine Seitenstraße einbiegen. Die beiden Radfahrer vor ihnen waren plötzlich langsamer geworden und zum Fahrradständer vor dem neuen Einkaufszentrum gefahren. Da standen eine Menge Fahrräder. Das sind mehr als zwanzig, dachte Lex.

Er hielt an und stemmte den Fuß auf die Erde. Ines stieg ab, kam zu ihm und legte ihm den Arm um die Hüfte.

Verdammt, dachte er, ich hätte sie nicht küssen sollen. Zwei warme, weiche Lippen, zwei Mädchenhände am Körper, und das reicht schon, dass ich mitmache. Jetzt denkt sie sicher, ich wäre verliebt in sie. „Wir lassen dein Fahrrad hier stehen“, sagte er. „Sie sind beim neuen Einkaufszentrum abgestiegen. Da können wir nicht mit dem Rad hin.“

Ines legte die Schultasche, die sie die ganze Zeit auf dem Schoß gehalten hatte, auf den Gepäckträger, überlegte es sich dann aber anders und hängte sie sich über die Schulter. Sie schloss das Fahrrad ab und steckte den Schlüssel in die Hosentasche. Er nahm ihre Hand und zog sie weiter in die Seitenstraße hinein. Sie überquerten die Straße. Sich dicht an die Häuser haltend, begannen sie zu laufen. An der Ecke blieben sie stehen. Vorsichtig spähte er in die kurze, schmale Straße vor ihnen, die aber still und verlassen dalag.

Sie führte in die Fußgängerzone und direkt zum Haupteingang des neuen, überdachten Einkaufszentrums.

Auch in der Fußgängerzone war niemand zu sehen. Wo konnten sie geblieben sein? Er ließ seinen Blick suchend von links nach rechts durch die breite Straße wandern. Die Geschäfte hatten große Vordächer, manche Schaufenster waren noch erleuchtet, die meisten indirekt mit leichtem Schummerlicht. Mitten auf der Straße standen kleine, fast nur aus Glas gebaute Ladenpavillons, ein Zeitungskiosk, ein Schuhreparatur-Schnelldienst, ein Tabakwarenlädchen, eine Teestube. Alle waren dunkel. In unregelmäßigen Abständen standen links und rechts große sechseckige Pflanzenkübel. In den meisten wuchsen mehr als mannshohe Kiefern, dazwischen niedrige, blühende Pflanzen. Sie mussten versuchen, dichter an das Einkaufszentrum heranzukommen. Wenn die Typen ihre Fahrräder vor dem Zentrum abgestellt hatten, mussten sie hier irgendwo etwas vorhaben. Wo konnten sie sein? Die Straße war durch die modernen Laternen, große, weiße, in Metallringen hängende Kunststoffkugeln, ziemlich gut erleuchtet.

„Wir müssen in die Richtung“, flüsterte er. „Bleibst du hier? Das ist sicherer für dich.“

„Nein“, sagte Ines, „ich geh mit.“

„Dann komm“, sagte er und zog sie in schnellem Sprint zum Zeitungskiosk hinter sich her. „Guck du an der Seite, ob was zu sehen ist, ich hier“, sagte er.

Nirgends bewegte sich etwas.

Er ging zu Ines. „Hör zu“, sagte er leise, „bei der Beleuchtung sind wir ganz leicht zu sehen. Wenn sie hier in der Straße sind, müssen sie uns kommen sehen. Vielleicht verraten sie sich durch eine Bewegung. Ich renne, so schnell ich kann, zum nächsten Lädchen. Du bleibst hier stehen und hältst Ausschau, und wenn du was siehst, rufst du. Dann komm ich zurück, und wir hauen ab. Wir sind nur zu zweit. Es hat doch keinen Zweck, wenn wir uns von der ganzen Bande zusammenschlagen lassen. Beim Lädchen stell ich mich dann an die andere Ecke, von da aus kann ich die ganze Straße einsehen, und wenn die Luft rein ist, kommst du nach. Aber nicht eher. Verstanden?“

Sie nickte, und er sprintete zum nächsten Pavillon. Ines rief ihn nicht zurück, und als sie gleich darauf zu ihm kam, sah er immer noch nichts Verdächtiges. Also arbeiteten sie sich nach der gleichen Methode an das Tabakwarenlädchen heran. Er spähte erst links, dann rechts um die Ecke.

„Wenn wir uns hinter der Teestube verstecken, können wir nur von der einen Ecke aus etwas sehen“, sagte er. „Das reicht mir nicht. Ich geh zu dem Pflanzenkübel da links, von da aus muss ich mindestens den Eingang sehen können und

die Fahrradständer, und vielleicht sogar noch ein Stückchen weiter. Und du?“
„Ich komm nach“, flüsterte sie. Sie zitterte ein wenig.
Über die Betonplatten der Fußgängerzone lief er gebückt zum Pflanzenkübel, wo er sich zwischen die Pflanzen fallen ließ. Er kroch ein bisschen weiter, sodass er halb hinter einer Kiefer lag. Von hier aus hatte er tatsächlich einen guten Überblick, er sah den Eingang des Einkaufszentrums und daneben die Fahrradständer. Da standen mindestens dreißig Fahrräder. Gehörten die alle Leuten von White Power? Ines kam angekrochen. Er hatte sie nicht einmal kommen hören. Sie legte sich auf die Seite, schmiegte sich an ihn, legte ihm einen Arm um die Schulter und küsste seinen Nacken.
Die Schaufenster waren dunkel, aber irgendwo in der Mitte des großen Zentrums mit all den kleinen Läden am Mittelgang war so viel Licht, dass man von draußen sofort sehen konnte, wenn jemand sich drinnen zu schaffen machte. In den meisten Wohnungen über dem Haupteingang brannte kein Licht mehr. Hinter den großen Fenstern des Treppenhauses links und rechts vom Eingang konnte er die rosa Lämpchen der Lichtschalter erkennen. Die drei Etagen des Parkhauses hinter den Wohnungen waren stockdunkel.
Er schaute auf die Armbanduhr. Drei Minuten vor zwölf. Plötzlich fühlte er sich todmüde. [...] Irgendetwas ging da vor. Irgendetwas war verändert. Langsam drehte er den Kopf nach links und nach rechts, wobei er Ines sanft ein wenig von sich schob. Das Licht im Treppenhaus rechts vom Eingang war angegangen, aber er konnte niemanden hinter dem Glasgiebel sehen. Dann wurde in der sechsten Etage eine Tür geöffnet. Natürlich, es waren Galerien, die hier ins Treppenhaus mündeten.

1 Fertigt nach den Angaben im Text eine **Skizze** von der Straße vor dem Einkaufszentrum an und zeichnet den Weg ein, den Lex und Ines nehmen.

2 Der Roman ist 1993 für das Fernsehen verfilmt worden. Entwerft selbst eine **Filmsequenz** zu dem letzten Textausschnitt.
a) Gliedert den Text in einzelne **Szenen.** Haltet in Stichworten genau fest, was in den Szenen passiert.
b) Bildet kleine Gruppen. Jede Gruppe wählt zwei oder drei Szenen aus, die sie weiterbearbeitet. Vielleicht findet sich eine Spezialistengruppe, die sich um die Filmmusik und andere technische Aspekte kümmert.
c) Überlegt nun zu jeder Szene:
- was die Akteure tun (einschließlich Gestik und Mimik),
- was sie sagen,
- wie die Umgebung aussehen soll (dazu gehört auch die Beleuchtung),
- wie die Kameraeinstellung sein soll. (Die Abbildungen auf S. 204 können euch dabei helfen.)

Haltet eure Überlegungen in einem **Drehbuch** genau fest:

3 Versucht mit Videokameras eure Drehbücher zu realisieren. Falls es an eurer Schule eine Video-AG gibt, findet ihr dort sicher fachkundige Hilfe.

Übersicht: Einstellungsgrößen

	Detail	Groß	Nah	Américaine

	Detail	Groß	Nah	Américaine
umfasst:	nur Teile eines Gesichts	wie ein Ausweisfoto; der Kopf kann aber angeschnitten sein	Brustbild	Person bis zum Gürtel oder „bis zum Colt“
betont:	Blicke	Blicke / Mimik	Mimik	Gestik

	Halbnah	Halbtotale	Totale	Weit/Panorama

	Halbnah	Halbtotale	Totale	Weit/Panorama
	Person bildfüllend oder unten leicht angeschnitten	Person in geringer Raumtiefe	Person mit Großteil des Handlungsraums	Landschaft
betont:	Gestik			

Übersicht: Kamerabewegungen

Schwenk

Rollen

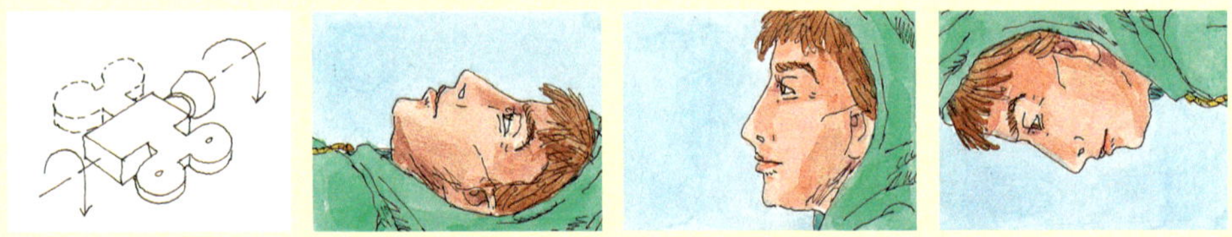

Neigen

Der Schwenk ist die üblichste dieser drei Grundbewegungen. Das Rollen kommt am seltensten vor, da es eher verwirrt als neue Informationen vermittelt. Durch das Neigen entstehen die **Vogelperspektive** (Überlegenheit), **Normalsicht** und **Froschperspektive** (Bedrohlichkeit).

4 Vielleicht könnt ihr euch den **Fernsehfilm** zu de Zangers Jugendroman besorgen und eure Szenen mit den entsprechenden des Films vergleichen. Achtet dabei weniger auf das Technische – da seid ihr zwangsläufig unterlegen – als vielmehr auf die Idee, die hinter der filmischen Umsetzung steht.
Hier einige Angaben zum Film: *Dann eben mit Gewalt.* Deutschland 1993. Drehbuch: Klaus Richter nach dem Roman von Jan de Zanger. Regie: Rainer Kaufmann. Produktion: Olga Film im Auftrag des ZDF in Zusammenarbeit mit ARTE. Ca. 85 Minuten

5 Mögliches **Referat:** Lest den ganzen Roman „Dann eben mit Gewalt" und stellt ihn der Klasse vor. Zeigt dabei, wie die Kriminalhandlung und die Liebesgeschichte miteinander verflochten sind.

8.3 Gewalt in unserem Alltag – ein Projekt

Drei Jugendliche schlugen Fahrgast

Drei Jugendliche haben einen 40-jährigen Fahrgast in der U-Bahn-Haltestelle Messe verprügelt und beraubt. Das Trio beschimpfte den Mann zunächst an der Treppe zum Barmer Platz. Als er eine Plastiktüte abstellte, trat ihm ein Täter gegen den Kopf. Das Opfer stürzte, die Täter nahmen die Tüte und verschwanden. Laut Zeugenaussage war ein Jugendlicher etwa 16 Jahre, die anderen beiden um die 13 Jahre alt. Hinweise nimmt die Polizei entgegen. *(xl)*

13-Jähriger gestand Mord an Achtjähriger

Als Motiv gab er Hänseleien an

NEURUPPIN – Der Tod der achtjährigen Schülerin Anne-Katrin aus Seebeck in Nordwestbrandenburg ist weitgehend aufgeklärt: Zehn Tage nach dem Fund der Leiche gestand ein 13-jähriger Schüler aus demselben Ort, das Mädchen erschlagen zu haben, sagte Oberstaatsanwalt Gerd Schnittcher am Donnerstag in Neuruppin. Als Motiv gab der Junge an, er habe sich für Hänseleien von Mitschülern rächen wollen.

Junge geschlagen und getreten

BRÜHL – Zwei Jugendliche haben am Montag gegen 19 Uhr in der Nähe des Karlsbades einen 14-Jährigen überfallen. Wie die Polizei jetzt mitteilte, war der Junge in Richtung Innenstadt unterwegs. Auf Höhe des Parkplatzes wurde er von den beiden angesprochen – sie forderten Bargeld. Als der 14-Jährige sagte, dass er kein Geld habe, schlug ihm einer mit der Faust ins Gesicht. Dann trat auch der zweite Täter auf ihn ein. Der 14-Jährige konnte Richtung Innenstadt flüchten.

Sieben Menschen bei Unfall verletzt

Sieben Verletzte hat ein schwerer Verkehrsunfall an der Oranjehofstraße gefordert. Eine Frau kam mit dem Schrecken davon. Ein 20-jähriger Autofahrer war mit seinem Opel am Samstag in die Seite eines Ford Mondeo gerast. Laut Polizei hatte der Ford-Fahrer offenbar die Vorfahrt nicht beachtet. Die verletzten Insassen wurden mit Brüchen und Schnittwunden ins Krankenhaus gebracht. *(xl)*

1 Welche verschiedenen Formen von Gewalt kommen in den Zeitungsmeldungen vor?

2 Führt ein Projekt durch zum Thema *„Gewalt in unserem Alltag"*. Nutzt dabei die Hinweise auf S. 206.

Was ist ein Projekt?

- Bei einem Unterrichtsprojekt arbeitet ihr in **arbeitsteiligen Gruppen** über einen **längeren Zeitraum** an einem wichtigen Thema.
- Die Gruppen planen ihre Arbeit möglichst **selbstständig** und sind für die Durchführung und das Ergebnis voll verantwortlich.
- Nach Möglichkeit solltet ihr **andere Fächer** mit einbeziehen.
- Die Projektarbeit läuft nicht nur im Klassenzimmer ab; vielmehr sollt ihr die **außerschulische Wirklichkeit** mit einbeziehen. Das kann auf verschiedene Weise geschehen: Entweder
  - ihr geht selbst „nach draußen", indem ihr z. B. **Umfragen** oder **Interviews** durchführt oder Einrichtungen besucht, die für euer Thema wichtig sind; oder
  - ihr holt **Experten** in die Klasse, also Leute, die in ihrem Beruf etwas mit einem Aspekt eures Themas zu tun haben.
- Das Ergebnis eurer Arbeit soll sich in einem Produkt niederschlagen, das veröffentlicht wird.
  - Das **Produkt** kann sein: ein Buch mit eigenen und fremden Texten und Bildern; ein Theaterstück, das ihr zu dem Thema verfasst habt; Poster und Plakate …
  - Auch die **Präsentation** kann ganz unterschiedliche Formen haben: Ihr könnt eure Texte auf einem Elternabend vorstellen oder bei einer Stufenfete euren Parallelklassen oder vielleicht sogar in der Stadtbücherei einem größeren Publikum; ihr könnt eine Theatervorführung machen oder eine Ausstellung organisieren …

3 Erstellt einen **Projektplan** zu eurem Thema und strukturiert ihn nach den drei Phasen „Planung", „Durchführung" und „Präsentation".

Tipps zur Planungsphase

- Sammelt, um einen ersten Überblick über das Thema zu gewinnen, über den Zeitraum von einer Woche selbst Meldungen aus der Tagespresse zum Thema „Gewalt".
- Sichtet das Material und ordnet es. Überlegt euch vorher, nach welchen Gesichtspunkten ihr es ordnen könnt (Täter, Opfer, Formen der Gewalt …).
- Überlegt, was ihr alles als Gewalt werten wollt. Gehört nur körperliche Gewalt dazu oder gibt es auch andere Formen? Welche anderen Möglichkeiten, Gewalt auszuüben, habt ihr vielleicht schon beobachtet oder könnt ihr euch denken?
- Kommen auch in eurer Schule oder auf dem Schulweg Formen von Gewalt vor? Erkundigt euch bei euren Mitschülerinnen und Mitschülern; macht euch Notizen.
- Ihr könntet auch eine Umfrage zu dem Thema „Gewalt in den Medien" (Fernsehen, Videos, Computerspiele) durchführen, um herauszufinden, in welchem Umfang Gewaltdarstellungen „konsumiert" werden – in eurer Klasse, in eurem Freundeskreis …

Vielleicht habt ihr jetzt schon genug Material, um in der Klasse zu überlegen, wie ihr das Thema insgesamt angehen wollt:

- welche Teilthemen für einzelne Gruppen es enthält;
- welches „Produkt" ihr anstrebt …

Und dann beginnt bereits die Gruppenarbeit …

9 „Erklär mir, Liebe!“ – Liebe als literarisches Motiv

9.1 Lauter Liebesgedichte

Liebes-Erklärungen

Vertrauen

Das ist das Wichtigste für mich, wenn ich an Liebe denke. Ich habe einen Freund, der hat mit zwölf seine Freundin kennen gelernt – sie war auch erst zwölf –, und die beiden sind seit drei Jahren zusammen und wollen auch heiraten. Das werden sie ganz bestimmt machen. Daran glaube ich. Das ist Liebe.

(Henning, 15 Jahre)

Romantisch

Also, ich habe mir Liebe immer nur „romantisch“ vorstellen können. Mit Kribbeln im Bauch und roten Ohren.

(Jasmin, 14 Jahre)

Neugier

Das ist das Erste, was mir einfällt, wenn ich an Liebe denke. Meine erste Liebe habe ich mit elf erlebt, und da war ich schon mindestens ebenso neugierig wie jetzt mit dreizehn. Ich muss dazu sagen, dass meine Eltern aus dem Iran kommen. Aber ich bin nicht religiös erzogen worden. Manchmal denke ich, dass ich sogar mehr Freiheiten habe als die deutschen Mädchen in meiner Klasse. Ich bin neugierig auf Liebe und will alles darüber wissen.

(Afsaneh, 13 Jahre)

1 Welche der Texte und Bilder entsprechen euren Vorstellungen von Liebe?

2 Schreibt selbst kurze Texte oder fertigt Collagen an, in denen ihr darstellt, was ihr unter Liebe versteht.

Erich Fried

Was es ist

Erich Fried, 1921 in Wien geboren, musste als Jude 1938 vor den Nationalsozialisten fliehen und lebte danach in London. Dort war er unter anderem als Rundfunkredakteur und Übersetzer tätig. Er schrieb hauptsächlich Gedichte, aber auch Erzählungen, Hörspiele, Essays sowie einen Roman. Viele seiner Texte enthalten eine scharfe Kritik an den politischen Umständen seiner Zeit, aber er verfasste auch Liebesgedichte und sprachspielerische Lyrik (siehe S. 219). Er starb 1988.

Es ist Unsinn
sagt die Vernunft
Es ist was es ist
sagt die Liebe

Es ist Unglück
sagt die Berechnung
Es ist nichts als Schmerz
sagt die Angst
Es ist aussichtslos
sagt die Einsicht
Es ist was es ist
sagt die Liebe

Es ist lächerlich
sagt der Stolz
Es ist leichtsinnig
sagt die Vorsicht
Es ist unmöglich
sagt die Erfahrung
Es ist was es ist
sagt die Liebe

1 Beschreibt den inhaltlichen und formalen Aufbau des Gedichts.

2 Erläutert die Aussage „Es ist was es ist".

3 Schreibt Fortsetzungen zu Erich Frieds Gedicht, indem ihr noch andere Gefühle und Verstandeskräfte zu Wort kommen lasst, wie zum Beispiel: *den Ehrgeiz, die Logik, das Gedächtnis …*

Eine 9. Klasse hat versucht, die Personifikationen des Gedichts von Fried in konkrete Personen umzusetzen und diese dann Gespräche führen zu lassen. Hier ein Beispiel:

Sandra (verliebt): Du, ich hab mich richtig verliebt in Peter. Mein Gott, bin ich glücklich, einfach irre.

Sandras Freundin (älter als Sandra): Wie schön für dich, aber sei bloß vorsichtig, Ich kann dich nur warnen. Du hast ja gesehen, was mir passiert ist. Voriges Jahr, genau um die Zeit, war ich auf Wolke sieben. Und nach ganzen 10 ½ Monaten war es aus.

Sandra: Ja, ja, ich weiß. Aber bei uns ist das anders. Wir gehören einfach zusammen, ich denke ständig an ihn ... Ich hätte nie gedacht, dass es so was gibt, echt.

Freundin: Du meine Güte! Als ob ich das nicht kennen würde. Das ist doch immer so. Und was passiert dann? Es schleift sich ab, ganz automatisch, früher oder später. Glaub mir, ich weiß Bescheid.

Sandra: Du kennst unser Verhältnis nicht. Du hast Pech gehabt und jetzt siehst du alle Beziehungen so.

Freundin: Schau dich doch mal um! Liebe ist ein schwankendes Gefühl, nichts Festes, über kurz oder lang trennen sich alle. Glaub mir, es kann nicht funktionieren. Jeder entwickelt sich in eine andere Richtung und man lebt sich auseinander. Du wirst es auch erleben. Also, cool bleiben.

Sandra: Und wenn! Was soll's? Ich kann jetzt nicht anders als ihn lieben.

4 a) Auf welchen Abschnitt des Gedichts bezieht sich der Dialog?
b) Schreibt weitere Alltagsszenen, die sich auf Aussagen und Gegenaussagen in dem Gedicht übertragen lassen.

Ingeborg Bachmann

Erklär mir, Liebe!

Ingeborg Bachmann, geboren 1926 in Klagenfurt (Österreich), wurde durch ihre Gedichte bekannt und erhielt 1953 den Preis der „Gruppe 47", der damals einflussreichsten Gruppierung von Schriftstellern und Kritikern. Zunächst arbeitete sie für Rundfunk und Fernsehen, später als Übersetzerin, Regisseurin und freie Schriftstellerin. Dabei verfasste sie außer Gedichten auch Erzählungen, Hörspiele, Romane sowie wissenschaftliche und journalistische Texte. Viele ihrer Werke befassen sich in einer sehr bilderreichen Sprache mit den Grundfragen der menschlichen Existenz, unter anderem mit der Liebe. Sie starb 1973 in Rom, wo sie die meiste Zeit gelebt hatte, an den Folgen eines Brandunfalls.

In Ingeborg Bachmanns Gedicht „Erklär mir, Liebe!" wird im Mittelteil eine Vielzahl von Eindrücken unverbunden aneinander gereiht. Es handelt sich um eine Kette lyrischer Bilder:

[...]

Erklär mir, Liebe!

Der Pfau, in feierlichem Staunen, schlägt sein Rad,
die Taube stellt den Federkragen hoch,
vom Gurren überfüllt, dehnt sich die Luft,
der Entrich schreit, vom wilden Honig nimmt
das ganze Land, auch im gesetzten Park
hat jedes Beet ein goldner Staub umsäumt.

Der Fisch errötet, überholt den Schwarm
und stürzt durch Grotten ins Korallenbett.
Zur Silbersandmusik tanzt scheu der Skorpion.
Der Käfer riecht die Herrlichste von weit,
hätt ich nur seinen Sinn, ich fühlte auch,
dass Flügel unter ihrem Panzer schimmern,
und nähm den Weg zum fernen Erdbeerstrauch!

Erklär mir, Liebe!

Wasser weiß zu reden,
die Welle nimmt die Welle an der Hand,
im Weinberg schwillt die Traube, springt und fällt.
So arglos tritt die Schnecke aus dem Haus!

Ein Stein weiß einen andern zu erweichen!

[...]

1 Untersucht die Verse: Könnt ihr hinsichtlich des Themas und des Bereichs, aus dem die sprachlichen Bilder stammen, Gemeinsamkeiten entdecken?

2 a) Setzt euch in kleinen Gruppen um einen Bogen Papier und schreibt „Liebes-Erklärungen" in Form von sprachlichen Bildern auf. Gebt dem Papier die Überschrift: „Liebe ist, wenn ..."

Liebe ist, wenn ...

der Schneemann lachend in der Sonne tanzt.
eine Sommerblume im Winter blüht.
das gefrorene Herz in den Hochofen fällt.
die Zeiger der Uhr sich um 12.00 nicht trennen wollen.
Wasser das Feuer zum Lodern bringt.
man sich im Regen sonnt.
Katze und Maus zusammen spielen.
der Fuchs mit dem Hahn spaziert.
die Krähe ihr liebliches Lied singt.
...

b) Hängt eure Arbeitsergebnisse in der Klasse aus. Jede/r schreibt dann die sprachlichen Bilder ab, die ihn/sie am stärksten ansprechen und die er/sie in einem Gedicht verwenden möchte.

c) Ordnet die Bilder, die ihr notiert habt, zu einem Gedicht. Dabei könnt ihr den Vorspann „Liebe ist, wenn …“ weglassen und den Satzbau in den einzelnen Bildern ändern, z.B.:
Lachend tanzt der Schneemann in der Sonne.
Ergänzt die von euch gesammelten Sprachbilder eventuell durch weitere, neu entwickelte.
Zum Schluss gebt ihr eurem Gedicht eine Überschrift.
Die folgenden Gedichte, die nach dem hier vorgeschlagenen Verfahren entstanden sind, können als Anregung dienen:

Du

Du kannst
Wasser zu Eis schmelzen
die Sonne auch nachts scheinen lassen
und Rosen im Winter zum Erblühen bringen
Wenn ich an dich denke
sehe ich
Eisbären auf Blumenwiesen liegen
Flüsse aufwärts fließen
und Astronauten durch Wüsten schwimmen
Kurz: Ich liebe dich

(Verena)

An diesem Tag

Ein Tag wie nie zuvor.
Mittags funkelten die Sterne.
Ich sonnte mich im Regen.

Ein besonderer Tag.
Die Zeitung flatterte mir entgegen,
ich las, dass Astronauten
durch die Wüste schwimmen
und sich auf Blumenwiesen
Eisbären treffen.

Ein Tag wie kein anderer.
Ich stürze mich bei Ebbe
in die Fluten.
Alles dreht sich.
Der Erdball wird
zur Murmel.

Tag aller Tage.
Ich habe sie gefunden.
Wen?
Die Stecknadel
im Heu.
Nichts ist wie zuvor.

(Alexandra)

Heinz Kahlau

Ich liebe dich

Ich liebe dich
heißt auch:
Komm,
schlaf mit mir.
Es kann auch heißen:
Lass uns Kinder haben.
Ich liebe dich.
Ich bin
sehr gern bei dir.
Lass uns zusammen sein
bis zum Begraben.

Ich liebe dich
heißt auch:
Sei zu mir gut,
mach mir das Leben leicht,
das ich nicht zwinge.
Wenn ich allein wär,
fehlte mir der Mut.
Ich liebe dich,
mach, dass es mir gelinge.

Ich liebe dich
heißt auch:
Es macht mich stolz,
dass du mich mehr
als andere begehrst.
Und dass du mir, nur mir
und keinem sonst,
in allem, was du bist,
allein gehörst.

Ich liebe dich
kann heißen:
Sei doch so,
wie ich den andren,
den ich suche, sehe.
Erfüll mir meine Träume,
mach mich froh,
dass ich bestätigt
durch mein Leben gehe.

Ich liebe dich
heißt auch:
Ich will so sein,
wie du mich brauchst –
Ich will dein Schatten werden.
So nützlich
ist dir keiner, ich allein
kann alles für dich tun
auf dieser Erden.

Ich liebe dich
heißt immer:
Ich will dich
für etwas haben,
das mir Glück verspricht.
Manchmal entsteht daraus:
Wir lieben uns.
Erst dieser Satz
hat wirkliches Gewicht.

Margarete Hannsmann

Liebe

Solang du sie machst
solang du in bist
solang du meinst
das ist's
weißt du die Hälfte

Erst wenn du out bist
den Mond anheulst
als Steppenwolf
durch die Straßen
schnürst

Weil du sie suchst
weil du sie nicht findest
weil du's nicht kriegst
besitzt du sie ganz
wirst du ganz von ihr besessen

Katrine von Hutten

Die Liebe liebt das Wandern

Sie taucht auf aus heiterem
oder bewölktem Himmel
sie lässt sich nicht beschreiben
sie lässt sich nicht fotografieren
sie ist jedenfalls wetterunabhängig.

Sie entwaffnet oder beflügelt
oder bewaffnet oder entflügelt uns
sie nistet sich ein. Sie baut sich
aus unseren zwei Herzen ein schönes Nest.

Und Freitag oder Samstag
nach einem Monat oder vielen Jahren
ist der Vogel weg, der uns die Ohren
voll gesungen hat mit süßen
und giftigen Liedern und wir stehn da
befreit, ja wirklich schrecklich frei.

1 Vergleicht die drei Gedichte, indem ihr beschreibt, was das **lyrische Ich** (der Sprecher/die Sprecherin in einem Gedicht) unter Liebe versteht.

2 a) Sucht euch ein Gedicht aus und tragt es laut vor.
b) Begründet eure Auswahl. Geht auf den Inhalt, die sprachliche Gestaltung und die lyrische Form ein.

„Und lieben, Götter, welch ein Glück!" – Liebesgedichte vom Mittelalter bis zur Gegenwart

Dû bist mîn, ich bin dîn:
des solt dû gewis sîn.
dû bist beslozzen
in mînem herzen:
verlorn ist daz slüzzelîn:
dû muost immer drinne sîn.

(12. Jahrhundert, Verfasser/in unbekannt)

Große Heidelberger Liederhandschrift (14. Jahrhundert)

René Magritte: Der Therapeut (1937)

Bernd Jaeger

Ehepaar (1980)

in seiner Brust
Käfig in dem sie liegt
in seiner Hand
der Schlüssel
in ihrer Brust
Glastresor in dem er steht
in seinem Kopf
der Code

1 a) Übt das laute Lesen des mittelhochdeutschen Gedichts „Dû bist mîn" ein. Achtet darauf, die mit einem Längenzeichen (^) versehenen Vokale lang zu sprechen, alle anderen aber kurz, also auch „verlorn" mit kurzem o. In dem Diphthong (Doppellaut) „uo", den es im Neuhochdeutschen nicht mehr gibt, werden beide Vokale nacheinander gesprochen, „zz" entspricht „ss".
b) Übersetzt das Gedicht ins Neuhochdeutsche unter Beibehaltung von Vers- und Reimform.

2 a) Vergleicht das mittelhochdeutsche und das moderne Gedicht. Was ist ihnen gemeinsam? Worin unterscheiden sie sich?
b) Beschreibt das Verständnis von Liebe in den beiden Gedichten.
c) Untersucht, wer die Rolle des Sprechers/der Sprecherin jeweils einnimmt.

Walther von der Vogelweide

Under der linden (um 1200)

Walther von der Vogelweide gilt als der bedeutendste deutschsprachige Dichter des Mittelalters. Er wurde um 1170 geboren, vermutlich in Österreich, und starb um 1230 bei Würzburg. Er trug seine Gedichte, wie es damals üblich war, zu selbst verfassten Melodien an den Fürstenhöfen vor, hatte dort einige feste Anstellungen, zog aber die meiste Zeit als fahrender Sänger durch die Lande. Berühmt ist Walthers Liebeslyrik, in der er die festen Regeln und Rollen, die der so genannte „Minnesang" seiner Zeit kannte, veränderte und variierte. Walther verfasste außerdem Gedichte mit religiösen, moralischen und politischen Themen.

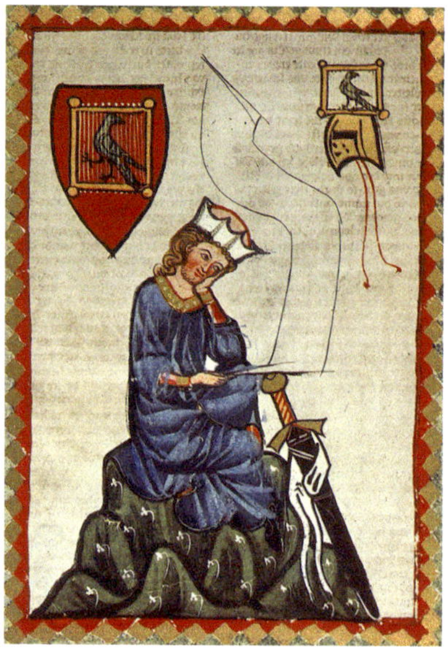

Große Heidelberger Liederhandschrift (14. Jh.)

Under der linden
an der heide,
dâ unser zweier bette was,
Dâ muget ir vinden
schône beide
gebrochen bluomen unde gras.
Vor dem walde in einem tal,
tandaradei,
schône sanc diu nahtegal.

Ich kam gegangen
zuo der ouwe:
dô was mîn friedel komen ê.
Dâ wart ich empfangen,
hêre frouwe,
daz ich bin saelic iemer mê.
Kuster mich? wol tûsentstunt:
tandaradei,
seht wie rôt mir ist der munt.

Dô het er gemachet
alsô rîche
von bluomen eine bettestat.
Des wirt noch gelachet
inneclîche,
kumt iemen an daz selbe pfat.
Bî den rôsen er wol mac,
tandaradei,
merken wâ mirz houbet lac.

Übersetzungshilfen

was: war
muget: könnt
beides schön
gebrochen: gepflückt, niedergedrückt

ouwe: Aue, Wiese
friedel: Geliebter; ê: vorher

heilige Jungfrau! (Ausruf)
saelic iemer mê: glücklich für immer
Kuster: küsste er; -stunt: -mal

so herrlich

Darüber wird noch gelacht
herzlich
iemen: jemand
er wol mac: kann er noch gut

erkennen, wo mein Kopf lag

Daz er bî mir laege,
wessez iemen
(nu enwelle got!), sô schamt ich mich,
Wes er mit mir pflaege,
niemer niemen
bevinde daz, wan er und ich.
Und ein kleinez vogellîn:
tandaradei,
daz mac wol getriuwe sîn.

wüsste das jemand
(das verhüte Gott!) …
Was er mit mir tat
niemals niemand
finde das heraus, außer …

getriuwe: verschwiegen

1 Übt das laute Lesen des Gedichts. Auch hier gilt: Nur Vokale mit Längenzeichen (^) werden lang gesprochen, alle anderen kurz, also auch „gras“ und „tal“ mit kurzem a.
Der Diphthong „ou“ wird als ein Laut gesprochen, etwas dunkler als unser „au“; der Diphthong „ie“ wird als zwei Vokale gesprochen, also „i–e“. Das „ae“ entspricht unserem „ä“, das „iu“ unserem „ü“.

2 a) Fertigt eine schriftliche Übersetzung ins Neuhochdeutsche an. Ziel sollte dabei sein, so nahe am Originaltext zu bleiben wie möglich, ohne dass der Sprachfluss in der heutigen Fassung verloren geht.
b) Es gibt verschiedene Übersetzungen des Gedichts. Besorgt euch eine davon in einer Bibliothek und vergleicht sie mit eurer Version.

3 a) Sprecht darüber, ob dies Gedicht die Darstellung eigenen Erlebens ist oder eher einen Wunschtraum formuliert. Achtet dabei besonders darauf, in welcher Beziehung die beiden Liebenden zueinander stehen und was sich über das Verhältnis von Autor und lyrischem Ich sagen lässt.
b) Informiert euch in einer Literaturgeschichte über die mittelalterliche Liebeslyrik, Stichwort: Minnesang.

Johann Wolfgang Goethe

Willkommen und Abschied (1789)

Es schlug mein Herz, geschwind zu Pferde:
Es war getan fast eh' gedacht.
Der Abend wiegte schon die Erde.
Und an den Bergen hing die Nacht:
Schon stand im Nebelkleid die Eiche,
Ein aufgetürmter Riese, da,
Wo Finsternis aus dem Gesträuche
Mit hundert schwarzen Augen sah.

Der Mond von einem Wolkenhügel
Sah kläglich aus dem Duft hervor,
Die Winde schwangen leise Flügel,
Umsausten schauerlich mein Ohr;
Die Nacht schuf tausend Ungeheuer,
Doch frisch und fröhlich war mein Mut:
In meinen Adern welches Feuer!
In meinem Herzen welche Glut!

Dich sah ich, und die milde Freude
Floss von dem süßen Blick auf mich;
Ganz war mein Herz an deiner Seite
Und jeder Atemzug für dich.
Ein rosenfarbnes Frühlingswetter
Umgab das liebliche Gesicht,
Und Zärtlichkeit für mich – ihr Götter!
Ich hofft' es, ich verdient' es nicht!

Doch ach, schon mit der Morgensonne
Verengt der Abschied mir das Herz:
In deinen Küssen welche Wonne!
In deinem Auge welcher Schmerz!
Ich ging, du standst und sahst zur Erden
Und sahst mir nach mit nassem Blick:
Und doch, welch Glück, geliebt zu werden!
Und lieben, Götter, welch ein Glück!

1 Untersucht Strophe für Strophe, welche Gefühle in Goethes Gedicht (S. 215) zum Ausdruck kommen und wie sie den Lesern/Leserinnen vermittelt werden.

2 a) Erzählt die Liebesbegegnung, um die es in dem Gedicht geht, in Form einer Geschichte aus der Sicht eines außen stehenden Erzählers.
b) Lest euch die Geschichten vor und beobachtet, was sich im Vergleich zu dem Gedichttext geändert hat.

3 a) Wie erscheint euch in Goethes Gedicht das Verhältnis von Autor und lyrischem Ich? Findet ihr hier Anzeichen dafür, dass eigenes Erleben gestaltet wurde?
b) Informiert euch in einer Goethe-Biografie über die Beziehung des Autors zu Friederike Brion in der Zeit um 1770, in der die erste Fassung des Gedichts entstand.

Conrad Ferdinand Meyer
Zwei Segel (1882)

Zwei Segel erhellend
Die tiefblaue Bucht!
Zwei Segel sich schwellend
Zu ruhiger Flucht!

Wie eins in den Winden
Sich wölbt und bewegt,
Wird auch das Empfinden
Des andern erregt.

Begehrt eins zu hasten,
Das andre geht schnell,
Verlangt eins zu rasten,
Ruht auch sein Gesell.

1 a) Erläutert, inwiefern der Text als Liebesgedicht verstanden werden kann.
b) Welche Bedeutung kommt dem Motiv der zwei Segel zu?

2 Wie drückt sich das Zusammenspiel der Segel in der Form des Gedichts aus?

3 Schreibt das Gedicht weiter unter der Vorgabe: Ein Sturm kommt auf. Überlegt dabei zunächst, wofür der Sturm stehen könnte. Die stürmische Bewegung, die das Zusammenspiel der Segel stört oder gar unterbricht, erfordert natürlich ein Abweichen von der fest gefügten Form der Vorlage.

Bertolt Brecht

Die Liebenden (1928/29)

Sieh jene Kraniche in großem Bogen!
Die Wolken, welche ihnen beigegeben
Zogen mit ihnen schon, als sie entflogen
Aus einem Leben in ein andres Leben
In gleicher Höhe und mit gleicher Eile
Scheinen sie alle beide nur daneben.
Daß so der Kranich mit der Wolke teile
Den schönen Himmel, den sie kurz befliegen
Daß also keines länger hier verweile
Und keines andres sehe als das Wiegen
Des andern in dem Wind, den beide spüren
Die jetzt im Fluge beieinander liegen
So mag der Wind sie in das Nichts entführen
Wenn sie nur nicht vergehen und sich bleiben
Solange kann sie beide nichts berühren
Solange kann man sie von jedem Ort vertreiben
Wo Regen drohen oder Schüsse schallen.
So unter Sonn und Monds wenig verschiedenen Scheiben
Fliegen sie hin, einander ganz verfallen.
Wohin ihr? – Nirgend hin. – Von wem davon? – Von allen.
Ihr fragt, wie lange sind sie schon beisammen?
Seit kurzem. – Und wann werden sie sich trennen? – Bald.
So scheint die Liebe Liebenden ein Halt. [R]

[1] Setzt euch in Kleingruppen zusammen und inszeniert einen Vortrag des Gedichts, indem ihr das Sprechen auf mehrere Rollen verteilt.

[2] a) Vergleicht Brechts Gedicht mit Conrad Ferdinand Meyers „Zwei Segel“: Listet Gemeinsamkeiten und Unterschiede in Inhalt, Sprache und lyrischer Form auf.
b) Welches Gedicht spricht euch stärker an? Begründet eure Auffassung.

Marie Luise Kaschnitz

Einer von zweien (1962)

In meinem Gedächtnis wohnst du
Mein Leib ist dein Haus
Mir aus den Augen siehst du den Frühling
Noch immer die rote Kastanie.

Auf dem Fluß jedes Tages
Kommst du geschwommen
Steigst mit jeder Sonne
Mir über den Hügel.
Hände hab ich
Zehn Finger und flinke Füße
Näher kommst du
Ich fasse dich nicht.

Ihr sollt in mir sehen
Einen von zweien
Und hinter meinen Worten
Unruhig horchen
Auf die andere Stimme.

Ihr sollt sehen wie meine Wunde
Zu glühen beginnt
Wenn die Welle kommt
Der Muschelgeruch der Häfen
Wenn im Buchenwald unsichtbar
Maisingen die Vögel. R

1 Untersucht, an wen sich das lyrische Ich in den einzelnen Strophen wendet, und erklärt danach den Aufbau des Gedichts.

2 Beschreibt die Liebesbeziehung, die in Kaschnitz' Gedicht zum Ausdruck kommt.

3 Setzt euch mit den letzten beiden Strophen des Gedichts auseinander, indem ihr ein eigenes Gedicht schreibt, dessen erste Zeile lautet: *Ihr sollt in mir sehen …*

Dagmar Scherf

Gedanken einer Vierzigjährigen in der S-Bahn (1979)

Wie die versunken sind
ineinander –

Den alten Mann dort am Fenster
sehen sie gar nicht.
Und mich? Ein kurzer, fragender Blick,
dann legt er
(achtzehn vielleicht, höchstens zwanzig)
den Arm noch fester um sie
(siebzehn? Älter kaum) –
Warum tut das so weh?

Wende den Blick nicht ab,
in zehn Minuten bist du zu Hause.
Er wird dich umarmen wie immer.

Wie immer?

Wie ist das mit fünfzig?
Sechzig?
Siebzig?

1 „Ein kurzer, fragender Blick" (Z. 5) – Was mögen die beiden Jugendlichen in diesem Moment gedacht haben? Schreibt ein Parallelgedicht, in dem die Gefühle und Gedanken deutlich werden, die der Anblick der älteren Frau bei ihnen auslöst.

Günter Kunert

Unterwegs mit M. (1970)

Im Auto gemeinsam unterwegs auf vergessenen Straßen geborstene Wespen am Glas platzender Regen Sonne und Dunkelheit und wieder Sonne Wechsel weniger Worte abwesendes Beieinandersein sorglos Glück

1 a) Kunerts Text ist ursprünglich ein Gedicht. Stellt wieder ein Gedicht her, indem ihr die Prosazeilen zu Versen umbrecht und – wo es euch sinnvoll erscheint – Satzzeichen einsetzt. Am Wortbestand darf dabei nichts geändert werden.
b) Vergleicht eure Gedichte unter der Fragestellung, ob und inwiefern sich durch unterschiedliche Versbrechungen andere Bedeutungen ergeben.
c) Besorgt euch die Originalfassung in einer Bibliothek und untersucht, um welche Aussage es Kunert mit seinem Zuschnitt der Verse geht.

Erich Fried

Leilied bei Ungewinster (1980)

Tschill tschill mein möhliges Krieb
Draußen schnirrt höhliges Stieb

Draußen schwirrt kreinige Trucht
Du aber bist meine Jucht

Du aber bist was mich tröhlt
Dir bin ich immer gefröhlt

Du bist mein einziges Schnülp
Du bist mein Holp und mein Hülp

Wenn ich allein lieg im Schnieb
denk ich an dich mein Krieb

1 Ersetzt die erfundenen Wörter durch solche aus dem allgemeinen Sprachgebrauch. Gelingt euch ein gereimtes Gedicht?

2 Wie versteht ihr Erich Frieds Sprachspiel?

3 Sucht euch ein gereimtes Liebesgedicht aus einer Zeitschrift, einer Gedichtsammlung, einem Lesebuch oder Ähnlichem und bearbeitet es im Stile des „Leilieds“.

9.2 „Ich versuche dir klar zu machen, was ich empfinde!" – Über Liebe sprechen

Ansprechen oder Anmachen

Andrea

Ruth ist meine beste Freundin. Mit ihr kann ich auch über Gefühle oder so etwas reden. Eigentlich wollte ich heute nach der Schule noch ein Eis mit ihr essen. Aber sie hatte keine Zeit für mich – es ist passiert, was ich schon oft befürchtet habe, sie hat anscheinend einen Freund. Vielleicht hat einer ihrer blöden Tricks geklappt. Ruth hat mir nämlich schon oft gesagt, ich wäre blöd, und um einen Jungen anzumachen, gäbe es ganz einfache Methoden. Den Jungen einfach auf der Straße grüßen oder kurz ansprechen, aber das ist ja selbstverständlich und nutzt bei mir nie etwas. Oder ihn in der Pause anrempeln und auf die Füße treten – das finde ich nun wieder nicht die vornehme Art. Auffällige Kleider tragen, eine neue Frisur, sich schminken – als ob es nur auf das Äußere ankäme. [...]
Ruth sagt immer, ich soll mich zusammenreißen, mit Jungen reden wäre doch ganz einfach und ich wäre immer so verkrampft und würde nur Blödsinn erzählen. Tue ich auch. Ich habe immer einen Kloß im Hals und weiß nicht, was ich sagen soll, damit die mich nur ja gut finden. Ich denke immer: Ein falsches Wort, und alles ist aus. Und deswegen sage ich meistens gar nichts.

1 Was haltet ihr von Ruths Ratschlägen?

2 a) Erklärt, was Ruth und Andrea mit „anmachen", „ansprechen" und „mit jemandem sprechen" meinen.
b) Verwendet ihr diese Ausdrücke in derselben Weise?

3 a) Erläutert, in welchen Situationen und warum Andrea plötzlich nicht mehr sprechen kann.
b) Findet ihr noch andere Erklärungen für Andreas Verstummen?

Olaf

Er wollte sie nicht beachten, aber es gelang ihm nicht. Sie saß neben ihm, brachte ihren reizvoll verschobenen Bikini in Ordnung, und von einem Augenblick auf den anderen hielt er sie für das begehrenswerteste Mädchen, das er je gesehen hatte. Ihre Finger fuhren an den Trägern des Oberteils entlang. Sie schüttelte ihr kastanienbraunes Haar. Ihre ein wenig aufgeworfenen Nasenflügel gaben ihr einen spöttischen Zug, aber ihre Augen schauten warm und freundlich. Mit ihr befreundet zu sein ... eine Welt öffnete sich ihm bei dieser Vorstellung. Aber wie sollte das geschehen? Noch ehe die Aussichtslosigkeit seines Wunsches ihn niederdrückte, kam ihm der Gedanke: Wenn er sie ansprach, wenn er einfach etwas zu ihr sagte ...

Ein Windstoß, von Büschen und Bäumen raschelnd angekündigt, überzog ihren Körper mit einer Gänsehaut. Olaf hatte den Kopf zu ihr gewandt. Auf einmal schaute sie hoch, und ihre Blicke trafen sich. Er wollte ausweichen, aber sie lächelte ihn unbefangen an.

„Es ist kühl geworden", hörte er sich sagen. Er erschrak; es klang gepresst, wie eingerostet. Jetzt gab es kein Zurück mehr: Würde sie antworten?

„Vorhin war es noch richtig warm", sagte sie zögernd und ahnte nicht, wie sie ihn damit erlöste. Sie war jünger, als er vermutet hatte, vielleicht noch Oberstufenschülerin.

„Ja, fünfundzwanzig Grad", sprudelte Olaf hervor.

„Da war es noch nicht so windig", sagte sie.

Er betrachtete sie gespannt und voller Wohlgefallen, aber wie durch einen Schleier. Etwas Warmes übertrug sich von ihr auf ihn, das dem Wind trotzte.

„Drüben auf der Caféterrasse fliegen gleich die Sonnenschirme weg", sagte er.

Sie lachte und wandte sich ihm noch mehr zu.

„Aber gestern war es glühend heiß", begann sie. „Ich war fast nur im Wasser."

„Bist du oft hier?"

Sie nickte: „Und du?"

Sibylle

„Also, das ging ultrageil los", sagte Sibylle, und ihre Wangen wurden mit jedem Satz röter. „Ich kam aus der Schule und wollte mein Fahrrad aufschließen. Da stand er wie aus heiterem Himmel neben mir und grinste und steckte mir einen kleinen Zettel zu, und bevor ich was sagen konnte, war er davon."

„Ehrlich?"

„Ehrlich! – Ruf mich heute Nachmittag um vier an, ich muss dir was verraten – stand auf dem Zettel."

„Echt?"

„Echt! Klar doch, dass ich ihn angerufen habe. Und dann hat er mich gefragt, ob ich mit ihm zum Rollerskate-Fahren geh."

„Und da hast du zugesagt?"

„Wieso nicht? War doch ganz harmlos", erwiderte Sibylle. „Danach hat er mich auch noch zu einem Eis eingeladen, und da hat es gefunkt."

Nele

In der ersten Pause stand ich im Kreis meiner Klassenkameraden auf dem Schulhof und guckte möglichst unauffällig, ob ich ihn irgendwo entdecken konnte. Er war nicht da. Irgendetwas in mir wurde sehr schwer, und die Schule war wieder so uninteressant wie immer. In mir waren plötzlich viele Zweifel und Fragen: Ich dachte, dass ich ihn wohl kaum wiedersehen würde, vielleicht besuchte er eine andere Schule. Ich hatte ihn ja hier zuvor noch nie gesehen.

In den folgenden Stunden wurde ich immer unaufmerksamer und nachdenklicher. In der letzten Pause vor Schulschluss saß ich wieder draußen auf dem Pausenhof und hatte das Suchen schon aufgegeben. Zwei Mädchen aus einer höheren Klasse, die ich vom Sehen her kannte, kamen auf mich zu und gaben mir ein Heft. Ich nahm es erstaunt, ohne viel zu fragen, und sonderte mich von meinen Mitschülern ab, um aufgeregt Seite um Seite zu lesen.

Es war eine Fabel, in krickliger Jungenschrift geschrieben, eine rührende Geschichte von zwei rosa Hunden, die sich nicht kannten. Der eine rosa Hund beobachtete den anderen schon lange und war nur zu schüchtern, um auf den anderen zuzugehen. Doch weil sie beide rosa waren, gehörten sie eigentlich zusammen. Unter dieser Fabel standen Name und Anschrift des Schreibers. Da war ich natürlich sehr gespannt, mein rosa Gegenstück kennen zu lernen.

Beim Mittagessen zu Hause bekam ich kaum einen Bissen herunter und fühlte mich sehr unruhig. Mein Bruder riet mir, einfach anzurufen, dann würde ich ja sehen.

Da saß ich dann im Flur am Telefontischchen und dachte, mein Bruder hat gut reden. Unsicher wählte ich die Nummer, die in dem Briefchen stand. Es meldete sich eine sehr angenehme Stimme. Ich ahnte, dass er es war. Mit trockenem Mund und nur zögernd erklärte ich ihm, warum ich anrief. Er war sehr erstaunt über meinen Anruf und sagte, er müsse sich erst mal setzen, fragte mich aber gleich, ob wir uns nicht treffen könnten, was mich sehr erleichterte. Wir verabredeten uns an einem nahe gelegenen See, wo wir spazieren gehen wollten.

Stefan

18. 6.
Heute im Bus habe ich mich einen Platz hinter Anemone gesetzt. Sie hat mich angeguckt, und mehr war nicht, und die Welt war unheimlich schön. Vielleicht hat sie ja gemerkt, dass ich sie mag, denn ich renne ja auch auf dem Schulhof immer in ihrer Nähe herum. Und morgen rede ich sie an.

20. 6.
Verflucht noch mal, ich bin zu blöd, ich schaffe es nicht: Aber heute ist sie mir gekommen, die rettende Idee, sie kam aus dem Radio. Im Wunschkonzert im Jugendprogramm werde ich Anemone einfach mit einem Lied grüßen. Mit meinem Lieblingslied, Marliese von Fischer Z. Und damit sie es bestimmt auch hört, nehme ich die Sendungen ab morgen auf Kassette auf und gebe sie ihr dann. Bestimmt wundert sie das. Wenn das nichts hilft …

1 a) Beschreibt die Situationen, die in den Texten über Olaf, Sibylle, Nele und Stefan dargestellt sind (S. 220–222), und die Art und Weise der Personen, Kontakt aufzunehmen.
b) Tauscht euch in der Klasse darüber aus, welche Strategien der Kontaktaufnahme euch am besten gefallen. Überlegt dabei, nach welchen Kriterien ihr urteilt.

2 a) Sucht euch einen der Texte aus und schreibt dazu eine Fortsetzung.
b) Lest euch eure Fortsetzungen vor und sprecht dann darüber, ob sie zu der Ausgangssituation und der dort dargestellten Form der Kontaktaufnahme passen.

3 Erfindet weitere Situationen mit anderen Möglichkeiten der Kontaktaufnahme.

Der erste Liebesbrief

Es ist der erste Liebesbrief, den ich schreibe. Okay, jedenfalls der erste echte. So was macht man ja nicht alle Tage, deshalb nehm ich mir zwei Nachmittage Zeit. Dadurch geht zwar die Lateinarbeit über den Ablativ in die Hosen, aber lebendige Liebe ist schließlich wichtiger als eine tote Sprache. Stefan[1] schnallt natürlich gleich, was läuft, und überhäuft mich mit seinen Expertenratschlägen. Weil ich meine Zimmertür abgesperrt habe, schiebt er als Muster einen seiner alten Liebesbriefe unter der Tür durch; er hat sie alle in Klarsichthüllen in einem Hefter, mit Bild und Zahl der Küsse. Ich werf den Brief in den Papierkorb.
Nachdem ich drei Stunden lang den blanken Bildschirm angestarrt hab und mir trotzdem nichts eingefallen ist, merk ich allmählich, dass mir auch mein Computer mit seinen 100 Megahertz nicht weiterhelfen kann. Also fisch ich schließlich doch Stefans Liebesbrief aus dem Papierkorb.
„*Liebe Tanja*", steht da, „*ich find dich echt cool. Hast du gemerkt, wie Mike auf Caroline abgefahren ist? Mir geht's bei dir so ähnlich wie dem Mike. Je t'aime (ich weiß, du machst Latein und kein Franz, aber das wirst du ja verstehen). Dein Stefan.*" Daneben klebt Tanjas Foto und in Stefans Schrift: „*Scharfe Tante. 14 Küsse. Treuegrad: null.*"
Den Brief find ich echt bescheuert, der passt natürlich bei mir nicht: Ich liebe Kreszentia so sehr, so was kann man nicht vergleichen. Also kau ich noch mal zwei Stunden an den Fingernägeln und starre den Bildschirm an. Dann endlich kommt mir ein großartiger Einfall.
„*Liebe Kreszentia*" (tipp ich los), „*ich find dich echt cool. Hast du gemerkt, wie Ludger auf Mona abgefahren ist? Mir geht's bei dir so ähnlich wie dem Ludger. Könnten wir uns nicht mal treffen, ohne dass Philomena dabei ist? Heute Mittag um drei, bei der alten Eiche am Rosenfels-Park? I love you. (Du siehst, der MacBäck[2] übertreibt, ich kann nämlich ganz gut Englisch). Dein Oliver*"

1 **Stefan:** der ältere Bruder des Verfassers

2 **MacBäck:** der Englischlehrer des Verfassers

1 a) Warum hat Oliver Schwierigkeiten, einen Liebesbrief zu schreiben?
b) Vergleicht eure Überlegungen mit den Erklärungen, die ihr für die Sprechhemmung von Andrea (S. 220) gefunden habt.

2 a) Was haltet ihr von Olivers Liebesbrief an Kreszentia?
b) Helft Oliver, indem ihr für ihn einen Liebesbrief verfasst.

Kontaktaufnahme – ein Spiel

- Ihr teilt eure Klasse in drei Gruppen auf: zwei Spielgruppen und eine Beobachtergruppe.
- Eine Spielgruppe verlässt den Raum, die im Raum verbliebene Spielgruppe überlegt sich eine Situation, die dann von allen Mitgliedern der Gruppe dargestellt wird, z. B. „im Café" oder „in der Eisdiele", „Einkaufsbummel", „Museumsbesuch in einer Touristengruppe". Die Personen können für sich allein bleiben, können aber auch Paare oder kleine Gruppen bilden, die sich unterhalten.
- Nachdem die Darstellung der Situation begonnen hat, wird die zweite Spielgruppe hereingeholt. Sie schaut sich kurz die Situation an, dann versuchen ihre Mitglieder mit den Spielern/Spielerinnen der darstellenden Gruppe Kontakt aufzunehmen.
- Die Beobachtergruppe verteilt sich am Rand des Geschehens, beobachtet die Spielenden und macht sich Notizen zu folgenden Fragen:
  - Welche Strategien der Kontaktaufnahme wurden gewählt?
  - Welche führten schnell, welche nur mühsam, welche gar nicht zum Erfolg?
  - Welche Personen blockten am stärksten eine Kontaktaufnahme ab?
- Nach dem Spiel berichten Beobachter und Spieler beider Gruppen über ihre Beobachtungen und Erfahrungen.
- Eine Variante des Spiels ist es, wenn eine Spielgruppe nur von Jungen, die andere nur von Mädchen gebildet wird. Die Beobachter müssen sich dann Gedanken darüber machen, ob es geschlechtsspezifische Unterschiede im Verhalten der Spielenden gibt bzw. was sie für geschlechtsspezifisch halten.

Gefühle ausdrücken

Ulrich Beer

Seinen Gefühlen Sprache verleihen

Ganz gleich, wie heftig die Sympathie füreinander sein mag – über kürzer oder länger wird sie vom Gespräch leben oder daran sterben. Jeder kennt das Bild der innig verschlungenen Liebespaare, die lange Waldwege durchwandern, ohne ein einziges Wort zu sprechen. Gewiss hat Liebe auch viele andere Sprachen, aber auf die Dauer kann sie auf das Wort nicht verzichten. Die Sprache ist es, die den Menschen eigentlich zum Menschen macht und ihn von allen Lebewesen unterscheidet. Wie könnte die höchste und glücklichste Verbindung von Menschen auf die menschlichste Fähigkeit, die Sprache, verzichten?

Nun gibt es viele Sprachen: Die alltägliche Verkehrssprache, in der wir uns das Nötige mitteilen und die dienlich und sachlich ist. Die Sprache der Dichtung, die wir im Alltagsleben gewöhnlich nicht verwenden. Wissenschaftliche und technische Kommunikationsweisen, die für den Austausch mit dem nächsten Menschen auch nicht viel hergeben. Vielleicht ist deshalb die sprachliche Partnerbeziehung ein solches Problem, weil wir sie nur an wenigen Menschen üben können und weil wir sie in der Schule nicht erlernen. Sie hat mit der Alltagssprache viel gemeinsam und wird ihr oft zum Verwechseln ähnlich sein. Dennoch kommt es in einer intimen, also engen und persönlichen Partnerbeziehung vor allem darauf an, dass die Sprache in der Lage ist, Gefühle auszudrücken. Das haben wir in unserem Kulturkreis fast alle nicht gelernt. Das beste Übungsfeld dafür wäre die Familie, vor allem die Beziehung des Kindes zu seiner Mutter und später auch zu seinem Vater. Nicht zufällig fallen Liebende darum auch in ihrer Wortwahl („Häschen", „Babylein", „Kindchen") in die frühkindlich-tätschelnde Tonart zurück. Das allein reicht aber nicht aus, wenn man einem Partner die ganze differenzierte Skala seiner Gefühle nahe bringen und sich selbst durch die Äußerung dieser Gefühle befreien und ihm öffnen will. Außer dass man sich schön, lieb und „klasse" findet oder dass die Natur, in der man sich aufhält, großartig, herrlich oder „dufte" ist, weiß man sich gewöhnlich nicht viel zu sagen. So kommt es zu Gefühlsstauungen und einem unbewussten Zustand der Unverstandenheit, der über die Beziehung einen Schatten leichter Trauer legt. Man hat das Gefühl, restlos könne man sich doch nicht verstehen, könne vor allem der andere einen nicht verstehen. Man müsse eigentlich mehr sagen, ohne zu wissen, was. So bleibt man stumm oder wählt andere Ausdrucksgesten der Zuneigung, z. B. stumme körperliche Annäherungen, die dann aber auch häufig missverstanden werden und die Isolation nur noch verstärken. In Wahrheit müsste man, um liebesfähig zu sein, seine Sprache unendlich verfeinern und entwickeln, um alles, was eben durch Herz oder Hirn geht, ausdrücken und dem anderen mitteilen zu können, vor allem die Gefühle. Die negativen, depressiven, mit Unlust verbundenen Gefühle, um sich zu erleichtern und vom Partner daraus befreien zu lassen, die positiven, Sympathie und Glück enthaltenden Gefühle, um sie ihm mitzuteilen und sie auch in ihm zu entzünden. Nur so kann auf die Dauer eine Beziehung glücklich bleiben oder erst glücklich werden, können der Zusammenhalt und das gegenseitige Verständnis wachsen und – falls sie sich stetig weiterentwickeln – auch die Grundlage für eine dauerhafte Gemeinsamkeit bilden. Um diese Fähigkeit zu pflegen, muss man viel lesen, an Gesprächen teilnehmen, üben, sich auszudrücken. Wer seinen Gefühlen nicht Ausdruck verleihen kann, bleibt innerlich allein und im Umgang mit dem anderen auf dem schmalen Raum zwischen Sex und Langeweile eingeengt.

(aus einem Aufklärungs- und Ratgeberbuch)

1 a) Fertigt einen Stichwortzettel an, auf dem ihr die wichtigsten Gedanken des Textes von Ulrich Beer in der richtigen Reihenfolge kurz zusammenfasst.

b) Referiert vor der Klasse den Inhalt des Textes unter Verwendung eures Stichwortzettels.

2 Nehmt Stellung zum Verhältnis von Liebe und Sprache, wie es in Beers Text dargestellt ist, und diskutiert eure Meinungen.

3 Ulrich Beer nennt unterschiedliche sprachliche Bereiche, z. B. die Alltagssprache oder die Sprache der Dichtung.
   a) Stellt diese und andere sprachliche Varianten in einem Schaubild zusammen und erläutert sie mit Beispielen.
   b) Was leisten die jeweiligen Sprachvarianten? Welche besonderen Verständigungsfunktionen haben sie?

Ausdrücke für Liebe und Verliebtsein

Ich bekomme weiche Knie, wenn du mich anblickst.

Mir klopfte das Herz bis zum Hals, als du gestern vor mir standest.

Ich spürte, wie eine riesige Kribbelwelle durch meinen Körper düste.

ICH SCHMELZE BEIM KLANG DEINER STIMME DAHIN.

Ich könnte seit gestern die ganze Welt umarmen.

Ich schwebe auf Wolke sieben.

1 Untersucht die Ausdrücke in sprachlicher Hinsicht.

2 Sammelt weitere Ausdrücke für Liebe und Verliebtsein und überprüft, ob sie sich einem der Beispiele zuordnen lassen oder ob sie auf andere Weise gebildet werden.

3 Sammelt Ausdrücke für andere Gefühle wie Wut, Enttäuschung, Stolz usw. und überprüft, ob sie auf ähnliche Weise gebildet werden wie die Gefühlsausdrücke für Liebe und Verliebtsein.

4 Häufig dienen Tagebucheintragungen dazu, starke Gefühle zu versprachlichen. Skizziert entsprechende Situationen und verfasst dazu eine Tagebuchnotiz.

„O holder Romeo!" – Die Sprache der Liebe früher und heute

William Shakespeare

Romeo und Julia (1598)

William Shakespeare (1564–1616) gilt als bedeutendster englischer Dichter. Er hatte einen großen Einfluss auf die Literatur in ganz Europa und ist auch im deutschsprachigen Raum der meistgespielte Dramatiker. Neben seinen berühmten Dramen (z. B. „Hamlet", „Othello", „Macbeth") verfasste er unter anderem Gedichte in Sonettform.

Schauplatz der Liebestragödie „Romeo und Julia" ist die italienische Stadt Verona. In ihren Mauern herrscht kein Friede, da die beiden Patrizierfamilien der Montagues und der Capulets eine erbitterte Fehde gegeneinander führen. Um Romeo, Montagues Sohn, der gerade Liebeskummer hat, abzulenken, überreden ihn einige Freunde, einen Ball im feindlichen Hause Capulet, mit Maske und Kostüm getarnt, aufzusuchen. Dort trifft Romeo auf Julia, Capulets Tochter, und die beiden verlieben sich ineinander. Nach dem Fest dringt Romeo in den Garten der Capulets ein und belauscht Julia, die auf einem Balkon steht und sich ihre Liebe zum Sohn des Familienfeindes eingesteht. Schließlich tritt Romeo aus seinem Versteck hervor und gibt sich zu erkennen.

Der nun folgende Dialog der Verliebten ist hier in zwei Versionen nebeneinander abgedruckt. Die erste Version ist eine alte Übersetzung von August Wilhelm Schlegel aus den Jahren 1843/44; die zweite Version ist eine zeitgenössische Übersetzung und ist dem Drehbuch des 1996 erschienenen „Romeo und Julia"-Films von Baz Luhrmann entnommen.

Erste Version	**Zweite Version**
JULIA:	JULIA:
Bist du nicht Romeo, ein Montague?	Du bist doch Romeo, ein Montague?
ROMEO:	ROMEO:
Nein, Holde; keines, wenn dir eins missfällt.	Von beiden keins, wenn eins dir nicht gefällt.
JULIA:	JULIA:
Wie kamst du her? O sag mir, und warum?	Wie bis du hergekommen und wozu?
Die Gartenmau'r ist hoch, schwer zu erklimmen;	Die Mauern sind doch hoch, schwer zu erklettern,
Die Stätt' ist Tod, bedenk nur, wer du bist,	Der Ort dein Tod – bedenkt man, wer du bist –,
Wenn einer meiner Vettern dich hier findet.	Wenn einer unsrer Leute dich hier findet.
ROMEO:	ROMEO:
Der Liebe leichte Schwingen trugen mich;	Beschwingt von Liebe flog ich einfach drüber,
Kein steinern Bollwerk kann der Liebe wehren;	Kein Hindernis aus Stein hält Liebe auf.
Und Liebe wagt, was irgend Liebe kann:	Was Liebe kann, das wagt die Liebe auch.
Drum hielten deine Vettern mich nicht auf.	Und deine Leute? Scher ich mich nicht drum.
JULIA:	JULIA:
Wenn sie dich sehn, sie werden dich ermorden.	Wenn sie dich finden, bringen sie dich um.

Erste Version

Romeo:
Vor ihnen hüllt mich Nacht in ihren Mantel.
Liebst du mich nicht, so lass sie nur mich finden,
Durch ihren Hass zu sterben, wär' mir besser,
Als ohne deine Liebe Lebensfrist.

Julia:
Du weißt, die Nacht verschleiert mein Gesicht,
Sonst färbte Mädchenröte meine Wangen
Um das, was du vorhin mich sagen hörtest.
Gern hielt' ich streng auf Sitte, möchte gern
Verleugnen, was ich sprach: doch weg mit Förmlichkeit
Sag, liebst du mich? Ich weiß, du wirst's bejahen,
Und will dem Worte traun; doch wenn du schwörst,
So kannst du treulos werden; wie sie sagen,
Lacht Jupiter des Meineids der Verliebten.
O holder Romeo! wenn du mich liebst:
Sag's ohne Falsch! Doch dächtest du, ich sei
Zu schnell besiegt, so will ich finster blicken,
Will widerspenstig sein und nein dir sagen,
So du dann werben willst: sonst nicht um alles.
Gewiss, mein Montague, ich bin zu herzlich;
Du könntest denken, ich sei leichten Sinns.
Doch glaube, Mann, ich werde treuer sein
Als sie, die fremd zu tun geschickter sind.
[…]
Nun gute Nacht! So süße Ruh' und Frieden,
Als mir im Busen wohnt, sei dir beschieden.
Romeo:
Ach, du verlässest mich so unbefriedigt?
Julia:
Was für Befriedigung begehrst du noch?
Romeo:
Gib deinen treuen Liebesschwur für meinen.
[…]
Julia:
Drei Worte, Romeo; dann gute Nacht!
Wenn deine Liebe, tugendsam gesinnt,
Vermählung wünscht, so lass mich morgen wissen
Durch jemand, den ich zu dir senden will,
Wo du und wann die Trauung willst vollziehn.
Dann leg ich dir mein ganzes Glück zu Füßen
Und folge durch die Welt dir als Gebieter. –

Zweite Version

Romeo:
Vor ihren Blicken hüll ich mich in Nacht,
Doch wenn du mich nicht liebst, solln sie mich finden.
Viel besser, sofort tot durch ihren Hass,
Als langsam sterben ohne deine Liebe.
Julia:
Du siehst, die Nacht maskiert mir das Gesicht,
Sonst würd ich schamrot vor Verlegenheit,
Weil du heut Nacht gehört hast, was ich sagte.
Gern, gern würd ich den Anstand wahrn, gern tun,
Als hätt ich nichts gesagt. Ach, kein Theater mehr!
Liebst du mich? Ich weiß, du sagst gleich ja;
Und ich will dir auch glauben. Doch wenn du
Nicht hältst, was du versprichst? O Romeo,
Wenn du mich liebst, dann sag es gradheraus.
Doch wenn du denkst, du kriegst mich zu schnell rum,
Dann zeig ich dir die kalte Schulter und sag Nein,
Wenn du mich fragst; sonst tät ich's nicht im Traum.
Ganz ehrlich, schöner Montague, ich lieb zu sehr,
Vielleicht scheint dir, ich wär zu leicht zu haben.
Doch glaub mir, ich bin ehrlicher als die,
Die einen aus Berechnung zappeln lassen.
[…]
Gut Nacht, gut Nacht. Und süße Ruh und Frieden
Sei deinem Herz wie meiner Brust beschieden.
Romeo:
So unbefriedigt lässt du mich hier stehn?
Julia:
Ja, wie befriedigt willst du heut Nacht gehn?
Romeo:
Mit einem Liebesschwur im Tausch für meinen.
[…]
Julia:
Nur eins noch, lieber Romeo, dann gut Nacht.
Wenn du es wirklich ernst meinst mit der Liebe,
Die Heirat willst, dann gib mir morgen Antwort
Durch jemand, den ich zu dir schicken werde,
Wo wir uns trauen lassen wolln und wann,
Dann leg ich dir mein Schicksal ganz zu Füßen
Und folg dir, meinem Mann, wohin du willst.

1 „O holder Romeo!" – Das ist nicht mehr die Sprache von heute.

a) Sucht weitere Textstellen heraus, in denen sich die alte und die neue Übersetzung deutlich unterscheiden.

b) Schreibt die Wörter und Ausdrücke aus der alten Übersetzung heraus, die in der neuen weggelassen oder ersetzt wurden.

c) Versucht Erklärungen für das Weglassen bzw. Ersetzen dieser Wörter und Ausdrücke zu finden.

Holde (Z. 2)/O holder Romeo (Z. 25)	Die Anrede mit „hold" wirkt im heutigen Sprachgebrauch veraltet; durch ihren häufigen Gebrauch z. B. auch in Kitsch-Romanen erscheint sie uns unecht, übertrieben pathetisch, gekünstelt.
...	...

2 a) Lest die zweite Übersetzung laut mit verteilten Rollen.

b) Überlegt, wo ihr euch mit der Redeweise der Figuren identifizieren könnt und an welchen Stellen ihr andere Wörter und Wendungen benutzen würdet.

c) Schreibt in Kleingruppen überarbeitete Prosafassungen des Dialogs, die eurem eigenen Sprachgebrauch entsprechen. Bedenkt dabei aber, dass die Aussagen des Textes erhalten bleiben müssen.

d) Lest die beiden hier abgedruckten Versionen und eure Überarbeitungen vor und vergleicht die Wirkungen.

3 Informiert euch in einem Schauspielführer oder einem Literaturlexikon, wie die Liebesgeschichte von Romeo und Julia weitergeht und wie sie endet.

9.3 Wir schreiben eine Gedichtinterpretation

Wenn man ein Gedicht liest, versucht man es zu verstehen. Das Verständnis eines Gedichts wird einerseits durch den Text bestimmt, andererseits aber auch durch das individuelle Bewusstsein der Leserinnen und Leser. Deren Stimmung sowie Lebens- und Leseerfahrungen spielen beim Verstehensvorgang eine wichtige Rolle und geben dem Textverständnis eine subjektive Prägung.
Interpretieren im engeren Sinne geht über den individuellen Lesevorgang hinaus und beginnt dort, wo man versucht, sein Textverständnis anderen mitzuteilen und sich über den Sinn eines Textes auszutauschen. Ziel ist es dabei, das eigene Textverständnis im Vergleich mit anderen zu überprüfen und dadurch zu erweitern, zu vertiefen und zu differenzieren.
Im Zuge dieses Verständigungsprozesses wird immer wieder Bezug auf den Text genommen, um das eigene Verständnis plausibel zu machen. Dabei wird auf verschiedene inhaltliche und formale Bestandteile des Textes hingewiesen, sodass alle Beteiligten neue Sinnaspekte entdecken.
Im Folgenden werden Hinweise und Hilfen dafür gegeben, wie man eine **schriftliche Interpretation** anfertigt. Dabei dient das Gedicht „Zwei“ von Gustav Falke als Leittext.

William Degouve de Nunques: Der schwarze Schwan (1896)

Gustav Falke

Zwei (1896)

Drüben du, mir deine weiße
Rose übers Wasser zeigend,
Hüben ich, dir meine dunkle
Sehnsüchtig entgegen neigend.

In dem breiten Strome, der uns
Scheidet, zittern unsre blassen
Schatten, die vergebens suchen,
Sich zu finden, sich zu fassen.

Und so stehn wir, unser Stammeln
Stirbt im Wind, im Wellenrauschen,
Und wir können nichts als unsre
Stummen Sehnsuchtswinke tauschen.

Leis, gespenstisch, zwischen unsern
Dunklen Ufern schwimmt ein wilder
Schwarzer Schwan, und seltsam schwanken
Unsre blassen Spiegelbilder.

1 Lest das Gedicht mehrmals sorgfältig durch und tauscht euch über euer erstes Textverständnis aus.

1. Schritt: Der Verstehensentwurf – das erste Textverständnis formulieren

Zur Anfertigung einer schriftlichen Interpretation ist es ratsam, das nach mehrmaligem Lesen gewonnene individuelle Textverständnis zu notieren. Dieses Verständnis ist Ansatz und Leitlinie für die nun folgende genaue Textuntersuchung. Als Einleitung zur Niederschrift des Erstverständnisses eignen sich z. B. folgende Formulierungen:

- *Ich verstehe das Gedicht als ...*
- *Für mich enthält das Gedicht folgende Aussage(n): ...*
- *Beim Lesen des Gedichts entsteht bei mir der Eindruck ...*

Folgende Notizen zum Erstverständnis von Gustav Falkes „Zwei" ergaben sich in einer 9. Klasse:

Ich verstehe das Gedicht als ein trauriges Liebesgedicht. Es geht um eine Sehnsucht, die nie gestillt werden kann, die Liebenden können nie zueinander gelangen. Eine schwarze, hoffnungslose Stimmung entsteht, das Handeln der Liebenden ist nutzlos. (Benedikt)

Ich verstehe das Gedicht als Kritik an den kalten und verkorksten Beziehungen in der modernen Gesellschaft. Es ist zwar ein starker Wunsch vorhanden, sich näher zu kommen, aber ein breiter Fluss, die Verhältnisse insgesamt, schirmt die Menschen gegeneinander ab und macht die Annäherung unmöglich. (Kirsten)

Für mich enthält das Gedicht folgende Aussage: Zwei Menschen haben Sehnsucht nacheinander, sie sind jedoch durch einen großen Fluss voneinander getrennt. Der Grund der Trennung, also der Fluss, könnte das Unverständnis anderer Menschen für die Liebe der zwei sein, zum Beispiel das der Eltern. Die beiden fühlen sich machtlos und dem schwarzen, wilden Schwan unterlegen. (Ines)

Für mich enthält das Gedicht folgende Aussagen: Zwei Menschen, die sich lieben, sind getrennt worden und wollen wieder zusammen, doch eine Person oder eine Sache hält sie davon ab. Den zweien bleibt nur der Blickkontakt. Ich denke, die Geschichte könnte in einem Gefängnis spielen. Die Person mit der weißen Rose ist ein Besucher, die Person mit der dunklen Rose ist ein Häftling. Der breite Strom, der sie scheidet, ist die dicke Gefängnismauer und der schwarze Schwan ist ein Gefängniswärter. (Mona)

Beim Lesen des Gedichts entsteht bei mir der Eindruck, dass es hier um ein Liebespaar geht, das sich aber nicht lieben darf. Sie versuchen zwar, sich zu finden, aber sie schaffen es nicht. Der Grund dafür ist der Fluss, der für Vorurteile, zum Beispiel Klassenunterschiede, stehen könnte. Der Schwan in der letzten Strophe ist eine Art Wächter. (Christian)

1 Vergleicht die hier formulierten Verstehensentwürfe auf Gemeinsamkeiten und Unterschiede hin.

2 Sucht euch den Verstehensentwurf aus, der eurem eigenen Textverständnis am nächsten kommt, und formuliert auf dieser Basis euren eigenen Verstehensentwurf.

2. Schritt: Die Textanalyse – die sprachlichen Elemente des Gedichts untersuchen

Der Sinn eines Textes baut sich aus mehreren Bestandteilen auf. Solche Bestandteile sind:

- die einzelnen inhaltlichen Aussagen,
- Aufbau und Zusammenhang dieser Aussagen,
- die Art und Weise ihrer Formulierung (z. B. direkt oder bildlich),
- die Verwendung bestimmter Wortfelder,
- Sprecher/in (lyrisches Ich) und Adressat/in,
- Stropheneinteilung, Reimschema, Versmaß (Metrum),
- der Titel des Gedichts.

Die einzelnen Bestandteile des Textes werden nun genauer untersucht. Dabei können Fragen folgender Art hilfreich sein:

- *Wie ist das Gedicht inhaltlich aufgebaut?*
- *Welche Formulierungen fallen auf, z. B. weil sie bildlich zu verstehen sind?*
- *Welche Stilmittel prägen das Gedicht, z. B. Wiederholungen, Wortschöpfungen usw.?*
- *Welche sinntragenden Wortfelder lassen sich in dem Gedicht erkennen?*
- ...

1 Listet weitere Untersuchungsaspekte auf, die für die Textanalyse wichtig sein könnten.

Um eine Textanalyse durchzuführen, erstellt man ein Bearbeitungsexemplar mit großen Zeilenabständen. Mit verschiedenfarbigen Textmarkern und Stiften geht es nun an eine Bearbeitung des Textes. Eine Schülerin hat Falkes Gedicht so bearbeitet:

Gustav Falke
Zwei

Drüben du, mir deine weiße — a
Rose übers Wasser zeigend, — b
Hüben ich, dir meine dunkle — c
Sehnsüchtig entgegen neigend. — b

In dem breiten Strome, der uns
Scheidet, zittern unsre blassen
Schatten, die vergebens suchen,
Sich zu finden, sich zu fassen.

Und so stehn wir, unser Stammeln
Stirbt im Wind, im Wellenrauschen,
Und wir können nichts als unsre
Stummen Sehnsuchtswinke tauschen.

Leis, gespenstisch, zwischen unsern
Dunklen Ufern schwimmt ein wilder
schwarzer Schwan, und seltsam schwanken
Unsre blassen Spiegelbilder.

Randnotizen: *Schlüsselwort* (→ Sehnsüchtig) · *Schlüsselwort* (→ Sehnsuchtswinke) · *Reim* (b c b)

Legende:
- *x́ x̌ Trochäus*
- *Bilder* (rot umrandet)
- *Gegensätze* (gelb markiert)
- *Steigerung des Wasser-Bildes* (blau markiert)
- *Adjektive: Hell-dunkel-Kontrast* (blau unterstrichen)
- *Verben: Unsicherheit* (grün doppelt unterstrichen)
- *Gegensatz wie oben* (gelb markiert)

2 Überprüft, ob in der Textbearbeitung alle wichtigen Untersuchungsaspekte berücksichtigt sind.

Nach der Textbearbeitung formuliert man wichtige Untersuchungsergebnisse. Dabei sind nicht alle Aspekte für das Verständnis des Textes gleich ergiebig.
Hier einige Notizen von Schülerinnen und Schülern zur Textanalyse:

Das Gedicht ist in vier Strophen zu je vier Versen aufgeteilt. Es hat also einen regelmäßigen formalen Aufbau. Auch das Reimschema ist ganz regelmäßig: Es reimen sich jeweils die zweite und die vierte Zeile jeder Strophe (a - b - c - b). Im Versaufbau wechseln betonte und unbetonte Silben regelmäßig ab, das Gedicht hat also ein festes Metrum. Es handelt sich hier um den Trochäus. Der Trochäus gibt den Versen einen fallenden Rhythmus, der gut zu der traurigen Stimmung des Gedichtes passt. Der Reim und die insgesamt regelmäßige Form wirken harmonisch und schön, allerdings ist die Harmonie nicht vollkommen, da zwei Verse in jeder Strophe keine Reimbindung haben. (Anita)

In dem Gedicht lässt sich eine Steigerung von der ersten zur letzten Strophe beobachten. Zuerst sind da zwei Personen, die durch ein Wasser getrennt sind und die eine Rose in der Hand halten, mit der sie ihre Liebe und Sehnsucht dem anderen gegenüber ausdrücken. In der zweiten Strophe ist das Wasser zu einem „breiten Strom" geworden. Der Zustand der Trennung wird auch dadurch deutlicher gemacht, dass die Personen zu bloßen Schatten verblasst sind, die im Wasser „zittern" und sich nicht einmal dort finden können. In der dritten Strophe wird der Strom mit Wind und Wellenrauschen in Zusammenhang gebracht, die jeden Versuch, einander mit der Stimme zu erreichen, vergeblich machen. In der vierten Strophe kommt eine gespenstische, bedrohliche Erscheinung dazu: „ein wilder schwarzer Schwan", der die Spiegelbilder im Wasser, die sich schon in der zweiten Strophe nicht finden und fassen konnten, nun auch noch „seltsam schwanken" lässt. (Jens)

Das ganze Gedicht ist stark von Bildern und Symbolen geprägt. Eigentlich ist das ganze Gedicht ein Bild, denn man kann sich nicht vorstellen,: dass hier eine wirkliche Begebenheit, etwas, das der Dichter selbst erlebt hätte, dargestellt wird. Zwei Personen stehen sich gegenüber, die durch das Symbol der Rose als Liebespaar zu verstehen sind, die durch ein Wasser, einen Strom, getrennt sind. Dieser Strom kann als Bild für irgendwelche Umstände stehen, die die beiden trennen, Personen oder gesellschaftliche Schranken. Ihre Liebe bleibt unerfüllt und sie können sich nur ihre Sehnsucht gegenseitig durch Zeichen deutlich machen. Nicht einmal sprechen können sie miteinander, wie in der dritten Strophe bildlich dargestellt wird. Der unheimliche schwarze Schwan ist kein allgemein verständliches Symbol wie die Rosen in der ersten Strophe. Er lässt die Spiegelbilder „schwanken", droht sie damit zu zerstören. Man kann hier an den Tod denken und den schwarzen Schwan als eine Art Todesboten verstehen. (Imke)

Der Sprecher, der im dritten Vers von sich selbst spricht (das lyrische Ich), wendet sich an einen Adressaten, an ein „du". Außer dass es sich offenbar um ein Liebespaar handelt, das sehnsüchtig seine Trennung überwinden will, erfahren wir nichts über die beiden Personen. Man kann nur sagen, dass es sich bei der Person mit der weißen Rose nach gängigen Vorstellungen wohl eher um eine Frau handelt und bei der Person mit der dunklen Rose um einen Mann. Dafür spricht auch, dass das Gedicht von einem Mann geschrieben wurde, der mit dem Ich des Gedichts (Person mit der dunklen Rose) eher gleichzusetzen ist als mit dem Du, wenn man auch bei solchen Gleichsetzungen von Autor und lyrischem Ich vorsichtig sein muss. (Horst)

Der Titel, der lediglich eine Zahl angibt, hat etwas Nüchtern-Sachliches. Er weist weniger darauf hin, dass es in dem Gedicht um ein Paar geht, als vielmehr darauf, dass es um zwei einzelne Menschen geht. Das Getrennt-Sein wird betont. Schließlich ist das Wort „zwei" auch ein wesentlicher Bestandteil des Wortes „Entzweiung". (Maximilian)

Das Gedicht wird von Gegensätzen beherrscht. Am Anfang stehen sich „Drüben du" – „Hüben ich" gegenüber sowie die weiße und die dunkle Rose. Der Gegensatz von Hell und Dunkel kehrt in der letzten Strophe wieder als Kontrast zwischen dem schwarzen Schwan und den blassen Spiegelbildern. Auch das laute Wellenrauschen in der dritten Strophe bildet mit dem leisen Gleiten des Schwans in der vierten Strophe einen Gegensatz. Auffallend ist im Gebrauch der Adjektive das Wortfeld dunkel (2x), schwarz – weiß, blass (2x) und das Fehlen aller anderen Farbadjektive. Auf dem Gebiet der Verben herrschen zaghafte, unsichere, nicht zielgerichtete Bewegungen wie zeigen, neigen, zittern, stehn, schwanken vor. Insgesamt wird so der Eindruck eines relativ unbewegten, kontrastreichen Schwarzweißbildes vermittelt, das an eine Tuschezeichnung mit schemenhaften Konturen (von den Personen erfährt man kaum etwas) denken lässt. Eine wichtige Wiederholung ist noch das Wort Sehnsucht, das in dem „Sehnsüchtig" der ersten Strophe und dem „Sehnsuchtswinke" der dritten Strophe steckt. (Laura)

3 Notiert zu jeder der Analysenotizen, auf welche Untersuchungsaspekte jeweils eingegangen wird. Formuliert die Untersuchungsaspekte dabei als Fragen, auf die die jeweilige Notiz Antwort gibt.

4 Untersucht die Notizen daraufhin, ob sie für das Textverständnis wesentlich sind oder ob sie auch weniger ergiebige Anmerkungen enthalten. Welche Beobachtungen haltet ihr für falsch oder widersprüchlich?

3. Schritt: Die Endfassung der Interpretation – die Analyseergebnisse ordnen und sinnvoll verknüpfen

Um die endgültige Fassung der Interpretation vorzubereiten, überarbeitet man die Ergebnisse der Textanalyse: Man versucht, sie genauer zu fassen, erweitert sie oder schränkt sie ein. Schließlich werden die Notizen zu den Analyseergebnissen in einen plausiblen, zusammenhängenden Gedankengang gebracht. Ein Schüler beginnt seine Interpretation folgendermaßen:

<u>Interpretation zu Gustav Falkes Gedicht „Zwei"</u>

In Gustav Falkes Gedicht „Zwei" geht es um ein Liebespaar, das durch ein unüberwindliches Hindernis getrennt ist und nicht mehr zusammenkommen kann. Die beiden Personen empfinden eine starke Sehnsucht nacheinander, das Trennende ist aber so stark, dass sie sich weder berühren noch miteinander sprechen können. Ihnen bleiben nur zaghafte Gesten, „Sehnsuchtswinke", und sie werden für die Umwelt und für sich immer mehr zu Schatten, die am Ende ganz zu verschwinden scheinen, vom Tode bedroht. Das ganze Gedicht wird beherrscht von einer düsteren Atmosphäre, trotz seiner insgesamt harmonischen Form wirkt es traurig und melancholisch. Der Leser kommt sich vor, als betrachte er ein in Schwarzweißtönen gehaltenes, kontrastreiches Bild, in dem die Figuren Schemen bleiben. Sie scheinen sich in ihr Schicksal zu ergeben, sie kämpfen nicht dagegen an, verzweifeln nicht daran, sondern scheinen die Situation und die daraus entstehende Sehnsucht irgendwie als etwas Schönes zu empfinden.
Das vermittelt jedenfalls die insgesamt harmonisch wirkende, regelmäßige äußere Form des Gedichtes ...

1 Verfasst eine eigene Interpretation und benutzt dabei die Notizen zu den Analyseergebnissen, soweit sie euch überzeugend erscheinen.

2 Gustav Falke gehört zu den Dichtern des so genannten Jugendstils, einer Stilrichtung zwischen 1890 und 1910.

a) Informiert euch in einem Lexikon unter dem Stichwort „Jugendstil" über die Entstehungszeit des Gedichts.

b) Wie lassen sich die Informationen zum Zeithintergrund für eure Interpretation nutzen?

4. Schritt: Die eigene Stellungnahme als Abschluss der Interpretation

Eure Interpretation sollte zum Schluss durch eine kurze Stellungnahme abgerundet werden, eine Würdigung oder Kritik des Gedichts aus eurer ganz persönlichen Sicht. Dabei könnt ihr zum Vergleich auch auf andere Gedichte verweisen.

1 Vergleicht und diskutiert die folgenden Schlussformulierungen.

Mir hat das Gedicht von Gustav Falke inhaltlich wie auch stilistisch gut gefallen. Es schafft eine sehr dichte Atmosphäre und ist sehr gefühlvoll. Die Tragik einer unglücklichen Liebe wird überaus deutlich vermittelt. Dies geschieht nicht auf direkte Art und Weise, sondern durch eine bilderreiche Darstellung; besonders die Bilder des Stroms und des schwarzen Schwans haben mich angesprochen. (Michael)

Mir persönlich gefällt das Gedicht sehr gut. Es vermag die Sehnsucht und das „Schmachten" des lyrischen Ichs gut zu vermitteln. Was ich mich allerdings frage, ist, was wohl geschehen würde, wenn die Personen eines Tages tatsächlich doch zusammenkämen. Ob ihre Liebe dann wohl noch immer so innig wäre? Oder hat das Schmachten nicht lediglich die Funktion, genossen zu werden, und soll gar nicht aufhören? Diese Frage bleibt aber glücklicherweise unbeantwortet und der Leser muss sich selbst seine Gedanken darüber machen. (Kristin)

Mir hat das Gedicht nicht gefallen. Es ist ein typisches Liebesgedicht, das recht traditionelle Bilder verwendet und für mich keine echten Gefühle vermittelt. Alles wirkt so gekünstelt, fast kitschig. Weitaus gelungenere Bilder von der Liebe enthielten in meinen Augen die Gedichte „Die Liebenden" von Bertolt Brecht und „Zwei Segel" von C. F. Meyer. (Anke)

2 Verfasst einen Interpretationsschluss, der euren Eindruck von Falkes Gedicht zum Ausdruck bringt.

3 Überarbeitet die Endfassung eurer Gedichtinterpretation anhand der Checkliste auf S. 172/173.

4 Wählt eines der Gedichte auf S. 208–219 und bearbeitet es in den auf S. 230–234 angegebenen Schritten.

10 Max Frischs Theaterstück „Andorra“ – Eine Gesellschaft auf dem Prüfstand

10.1 Du sollst dir kein Bildnis machen

Der Dorfplatz von Andorra in der deutschen Erstaufführung, Düsseldorfer Schauspielhaus 1962

Max Frischs Theaterstück „Andorra“ wurde 1961 im Züricher Schauspielhaus uraufgeführt und errang einen der größten Erfolge des deutschsprachigen Theaters nach dem Zweiten Weltkrieg. In dem Programmheft der Züricher Uraufführung hat Max Frisch zur Entstehungsgeschichte von „Andorra“ selbst geschrieben:
„Sie [die Geschichte] ist erfunden, und ich erinnere mich in diesem Fall sogar, wann und wo sie mir eingefallen ist: im Café de la Terrasse, Zürich, vormittags. Geschrieben als Prosaskizze, veröffentlicht im Tagebuch 1946–1949, betitelt: ‚Der andorranische Jude‘.“

Max Frisch

Der andorranische Jude

In Andorra lebte ein junger Mann, den man für einen Juden hielt. Zu erzählen wäre die vermeintliche Geschichte seiner Herkunft, sein täglicher Umgang mit den Andorranern, die in ihm den Juden sehen: das fertige Bildnis, das ihn überall erwartet. Beispielsweise ihr Mißtrauen gegenüber seinem Gemüt, das ein Jude, wie auch die Andorraner wissen, nicht haben kann. Er wird auf die Schärfe seines Intellektes verwiesen, der sich eben dadurch schärft, notgedrungen. Oder sein Verhältnis zum Geld, das in Andorra auch eine große Rolle spielt: er wußte, er spürte, was alle wortlos dachten; er prüfte sich, ob es wirklich so war, daß er stets an das Geld denke, er prüfte sich, bis er entdeckte, daß es stimmte, es war so, in der Tat, er dachte stets an das Geld. Er gestand es; er stand dazu, und die

Andorraner blickten sich an, wortlos, fast ohne ein Zucken der Mundwinkel. Auch in Dingen des Vaterlandes wußte er genau, was sie dachten; sooft er das Wort in den Mund genommen, ließen sie es liegen wie eine Münze, die in den Schmutz gefallen ist. Denn der Jude, auch das wußten die Andorraner, hat Vaterländer, die er wählt, die er kauft, aber nicht ein Vaterland wie wir, nicht ein zugeborenes, und wiewohl er es meinte, wenn es um andorranische Belange ging, er redete in ein Schweigen hinein, wie in Watte. Später begriff er, daß es ihm offenbar an Takt fehlte, ja, man sagte es ihm einmal rundheraus, als er, verzagt über ihr Verhalten, geradezu leidenschaftlich wurde. Das Vaterland gehörte den andern, ein für allemal, und daß er es lieben könnte, wurde von ihm nicht erwartet, im Gegenteil, seine beharrlichen Versuche und Werbungen öffneten nur eine Kluft des Verdachtes; er buhlte um eine Gunst, um einen Vorteil, um eine Anbiederung, die man als Mittel zum Zweck empfand auch dann, wenn man selber keinen möglichen Zweck erkannte. So wiederum ging es, bis er eines Tages entdeckte, mit seinem rastlosen und alles zergliedernden Scharfsinn entdeckte, daß er das Vaterland wirklich nicht liebte, schon das bloße Wort nicht, das jedesmal, wenn er es brauchte, ins Peinliche führte. Offenbar hatten sie recht. Offenbar konnte er überhaupt nicht lieben, nicht im andorranischen Sinn; er hatte die Hitze der Leidenschaft, gewiß, dazu die Kälte seines Verstandes, und diesen empfand man als eine immer bereite Geheimwaffe seiner Rachsucht; es fehlte ihm das Gemüt, das Verbindende; es fehlte ihm, und das war unverkennbar, die Wärme des Vertrauens. Der Umgang mit ihm war anregend, ja, aber nicht angenehm, nicht gemütlich. Es gelang ihm nicht, zu sein wie alle andern, und nachdem er es umsonst versucht hatte, nicht aufzufallen, trug er sein Anderssein sogar mit einer Art von Trotz, von Stolz und lauernder Feindschaft dahinter, die er, da sie ihm selber nicht gemütlich war, hinwiederum mit einer geschäftigen Höflichkeit überzuckerte; noch wenn er sich verbeugte, war es eine Art von Vorwurf, als wäre die Umwelt daran schuld, daß er ein Jude ist –

Die meisten Andorraner taten ihm nichts.

Also auch nichts Gutes.

Auf der andern Seite gab es auch Andorraner eines freieren und fortschrittlichen Geistes, wie sie es nannten, eines Geistes, der sich der Menschlichkeit verpflichtet fühlte: sie achteten den Juden, wie sie betonten, gerade um seiner jüdischen Eigenschaften willen, Schärfe des Verstandes und so weiter. Sie standen zu ihm bis zu seinem Tode, der grausam gewesen ist, so grausam und ekelhaft, daß sich auch jene Andorraner entsetzten, die es nicht berührt hatte, daß schon das ganze Leben grausam war. Das heißt, sie beklagten ihn eigentlich nicht, oder ganz offen gesprochen: sie vermißten ihn nicht – sie empörten sich nur über jene, die ihn getötet hatten, und über die Art, wie das geschehen war, vor allem die Art.

Man redete lange davon.

Bis es sich eines Tages zeigt, was er selber nicht hat wissen können, der Verstorbene: daß er ein Findelkind gewesen, dessen Eltern man später entdeckt hat, ein Andorraner wie unsereiner –

Man redete nicht mehr davon.

Die Andorraner aber, sooft sie in den Spiegel blickten, sahen mit Entsetzen, daß sie selber die Züge des Judas tragen, jeder von ihnen.

Du sollst dir kein Bildnis machen, heißt es, von Gott. Es dürfte auch in diesem Sinne gelten: Gott als das Lebendige in jedem Menschen, das, was nicht erfaßbar ist. Es ist eine Versündigung, die wir, so wie sie an uns begangen wird, fast ohne Unterlaß wieder begehen –

Ausgenommen wenn wir lieben. R

1 Stellt die Eigenschaften zusammen, welche die Gruppen der Bewohner in Andorra dem jungen Mann zuschreiben.

2 a) Erklärt, warum der andorranische Jude diese ihm zugeschriebenen Eigenschaften annimmt.
b) Nennt Situationen, in denen ihr erlebt habt, dass jemand die Eigenschaften übernimmt, die andere ihm zuschreiben.

3 Durch die abschließende Verallgemeinerung (Z. 92–98) macht Frisch deutlich, dass die Geschichte vom „andorranischen Juden" für ihn Modellcharakter hat.
Diskutiert den nicht ganz einfachen Sachverhalt, dass ein „Bildnis" einerseits unerlässlich, andererseits aber problematisch ist.

4 Überlegt, welche Möglichkeiten die Prosaskizze bietet, daraus ein Theaterstück zu entwickeln.
Entwerft dazu
a) ein Personenverzeichnis,
b) eine Beschreibung des Bühnenbildes (eventuell Zeichnung),
c) eine Auflistung möglicher Szenentitel.

Max Frisch

Andorra (Erstes Bild)

Vor einem andorranischen Haus. Barblin weißelt[1] die schmale und hohe Mauer mit einem Pinsel an langem Stecken. Ein andorranischer Soldat, olivgrau, lehnt an der Mauer.

BARBLIN: Wenn du nicht die ganze Zeit auf meine Waden gaffst, dann kannst du ja sehn, was ich mache. Ich weißle. Weil morgen Sanktgeorgstag ist, falls du das vergessen hast. Ich weißle das Haus meines Vaters. Und was macht ihr Soldaten? Ihr lungert in allen Gassen herum, eure Daumen im Gurt, und schielt uns in die Bluse, wenn eine sich bückt.
Der Soldat lacht.
Ich bin verlobt.
SOLDAT: Verlobt!
BARBLIN: Lach nicht immer wie ein Michelin-Männchen.
SOLDAT: Hat er eine Hühnerbrust?
BARBLIN: Wieso?
SOLDAT: Daß du ihn nicht zeigen kannst.
BARBLIN: Laß mich in Ruh!
SOLDAT: Oder Plattfüße?
BARBLIN: Wieso soll er Plattfüße haben?
SOLDAT: Jedenfalls tanzt er nicht mit dir.
Barblin weißelt.
Vielleicht ein Engel!
Der Soldat lacht.
Daß ich ihn noch nie gesehen hab.
BARBLIN: Ich bin verlobt!
SOLDAT: Von Ringlein seh ich aber nichts.

Der Soldat und Barblin,
Düsseldorfer Schauspielhaus, Neuinszenierung 1984

BARBLIN: Ich bin verlobt,
Barblin taucht den Pinsel in den Eimer.
und überhaupt – dich mag ich nicht.
Im Vordergrund, rechts, steht ein Orchestrion[2]. Hier erscheinen – während Barblin weißelt – der Tischler, ein behäbiger Mann, und hinter ihm Andri als Küchenjunge.
TISCHLER: Wo ist mein Stock?
ANDRI: Hier, Herr Tischlermeister.
TISCHLER: Eine Plage, immer diese Trinkgelder, kaum hat man den Beutel eingesteckt –
Andri gibt den Stock und bekommt ein Trinkgeld, das er ins Orchestrion wirft, so daß Musik ertönt, während der Tischler vorn über die Szene spaziert, wo Barblin, da der Tischler nicht auszuweichen ge-

1 **weißeln:** mit weißer Tünche (Kalkfarbe) anstreichen

2 **Orchestrion:** Vorläufer der Musikbox

denkt, ihren Eimer wegnehmen muß. Andri trocknet einen Teller, indem er sich zur Musik bewegt, und verschwindet dann, die Musik mit ihm.

BARBLIN: Jetzt stehst du noch immer da?

SOLDAT: Ich hab Urlaub.

BARBLIN: Was willst du noch wissen?

SOLDAT: Wer dein Bräutigam sein soll.

Barblin weißelt.

Alle weißeln das Haus ihrer Väter, weil morgen Sanktgeorgstag ist, und der Kohlensack rennt in allen Gassen herum, weil morgen Sanktgeorgstag ist: Weißelt, ihr Jungfraun, weißelt das Haus eurer Väter, auf daß wir ein weißes Andorra haben, ihr Jungfraun, ein schneeweißes Andorra!

BARBLIN: Der Kohlensack – wer ist denn das wieder?

SOLDAT: Bist du eine Jungfrau?

Der Soldat lacht.

Also du magst mich nicht.

BARBLIN: Nein.

SOLDAT: Das hat schon manch eine gesagt, aber bekommen hab ich sie doch, wenn mir ihre Waden gefallen und ihr Haar.

Barblin streckt ihm die Zunge heraus.

Und ihre rote Zunge dazu!

Der Soldat nimmt sich eine Zigarette und blickt am Haus hinauf.

Wo hast du deine Kammer?

Auftritt ein Pater, der ein Fahrrad schiebt.

PATER: So gefällt es mir, Barblin, so gefällt es mir aber. Wir werden ein weißes Andorra haben, ihr Jungfraun, ein schneeweißes Andorra, wenn bloß kein Platzregen kommt über Nacht.

Der Soldat lacht.

Ist Vater nicht zu Hause?

SOLDAT: Wenn bloß kein Platzregen kommt über Nacht! Nämlich seine Kirche ist nicht so weiß, wie sie tut, das hat sich herausgestellt, nämlich seine Kirche ist auch nur aus Erde gemacht, und die Erde ist rot, und wenn ein Platzregen kommt, das saut euch jedesmal die Tünche herab, als hätte man eine Sau drauf geschlachtet, eure schneeweiße Tünche von eurer schneeweißen Kirche.

Der Soldat streckt die Hand nach Regen aus.

Wenn bloß kein Platzregen kommt über Nacht!

Der Soldat lacht und verzieht sich.

PATER: Was hat der hier zu suchen?

BARBLIN: Ist's wahr, Hochwürden, was die Leut sagen? Sie werden uns überfallen, die Schwarzen da drüben, weil sie neidisch sind auf unsre weißen Häuser. Eines Morgens, früh um vier, werden sie kommen mit tausend schwarzen Panzern, die kreuz und quer durch unsre Äcker rollen, und mit Fallschirmen wie graue Heuschrecken vom Himmel herab.

PATER: Wer sagt das?

BARBLIN: Peider, der Soldat.

Barblin taucht den Pinsel in den Eimer.

Vater ist nicht zu Haus.

PATER: Ich hätt es mir denken können.

Pause

Warum trinkt er soviel in letzter Zeit? Und dann beschimpft er alle Welt. Er vergißt, wer er ist. Warum redet er immer solches Zeug?

BARBLIN: Ich weiß nicht, was Vater in der Pinte redet.

PATER: Er sieht Gespenster. Haben sich hierzuland nicht alle entrüstet über die Schwarzen da drüben, als sie es trieben wie beim Kindermord zu Bethlehem, und Kleider gesammelt für die Flüchtlinge damals? Er sagt, wir sind nicht besser als die Schwarzen da drüben. Warum sagt er das die ganze Zeit? Die Leute nehmen es ihm übel, das wundert mich nicht. Ein Lehrer sollte nicht so reden. Und warum glaubt er jedes Gerücht, das in die Pinte kommt?

Pause

Kein Mensch verfolgt euren Andri –

Barblin hält inne und horcht.

– noch hat man eurem Andri kein Haar gekrümmt.

Barblin weißelt weiter.

Ich sehe, du nimmst es genau, du bist kein Kind mehr, du arbeitest wie ein erwachsenes Mädchen.

BARBLIN: Ich bin ja neunzehn.

PATER: Und noch nicht verlobt?

Barblin schweigt.

Ich hoffe, dieser Peider hat kein Glück bei dir.

BARBLIN: Nein.

PATER: Der hat schmutzige Augen.

Pause

Hat er dir Angst gemacht? Um wichtig zu tun. Warum sollen sie uns überfallen? Unsre Täler sind eng, unsre Äcker sind steinig und steil, unsre Oliven werden auch nicht saftiger als anderswo. Was sollen die wollen von uns? Wer unsern Roggen will, der muß ihn mit der Sichel holen und muß sich bücken Schritt vor Schritt. Andorra ist ein schönes Land, aber ein armes Land. Ein friedliches Land, ein schwaches Land – ein frommes Land, so wir Gott fürchten, und das tun wir, mein Kind, nicht wahr?

Barblin weißelt.

Nicht wahr?

BARBLIN: Und wenn sie trotzdem kommen?

Eine Versperglocke[3]*, kurz und monoton.*

PATER: Wir sehn uns morgen, Barblin, sag deinem Vater, Sankt Georg möchte ihn nicht betrunken sehn.

Der Pater steigt auf sein Rad.

Oder sag lieber nichts, sonst tobt er nur, aber hab acht auf ihn.

Der Pater fährt lautlos davon.

BARBLIN: Und wenn sie trotzdem kommen, Hochwürden?

Im Vordergrund rechts, beim Orchestrion, erscheint der Jemand, hinter ihm Andri als Küchenjunge.

JEMAND: Wo ist mein Hut?

ANDRI: Hier, mein Herr.

JEMAND: Ein schwüler Abend, ich glaub, es hängt ein Gewitter in der Luft ...

Andri gibt den Hut und bekommt ein Trinkgeld, das er ins Orchestrion wirft, aber er drückt noch nicht auf den Knopf, sondern pfeift nur und sucht auf dem Plattenwähler, während der Jemand vorn über die Szene geht, wo er stehenbleibt vor Barblin, die weißelt und nicht bemerkt hat, daß der Pater weggefahren ist.

BARBLIN: Ist's wahr, Hochwürden, was die Leut sagen? Sie sagen: Wenn einmal die Schwarzen kommen, dann wird jeder, der Jud ist, auf der Stelle geholt. Man bindet ihn an einen Pfahl, sagen sie, man schießt ihn ins Genick. Ist das wahr oder ist das ein Gerücht? Und wenn er eine Braut hat, die wird geschoren, sagen sie, wie ein räudiger Hund.

JEMAND: Was hältst denn du für Reden?

Barblin wendet sich und erschrickt.

JEMAND: Guten Abend.

BARBLIN: Guten Abend.

JEMAND: Ein schöner Abend heut.

Barblin nimmt den Eimer.

Aber schwül.

BARBLIN: Ja.

JEMAND: Es hängt etwas in der Luft.

BARBLIN: Was meinen Sie damit?

JEMAND: Ein Gewitter. Wie alles wartet auf Wind, das Laub und die Stores und der Staub. Dabei seh ich keine Wolke am Himmel, aber man spürt's. So eine heiße Stille. Die Mücken spüren's auch. So eine trockene und faule Stille. Ich glaub, es hängt ein Gewitter in der Luft, ein schweres Gewitter, dem Land tät's gut ...

Barblin geht ins Haus, der Jemand spaziert weiter, Andri läßt das Orchestrion tönen, die gleiche Platte wie zuvor, und verschwindet, einen Teller trocknend. Man sieht den Platz von Andorra. Der Tischler und der Lehrer sitzen vor der Pinte. Die Musik ist aus.

LEHRER: Nämlich es handelt sich um meinen Sohn.

TISCHLER: Ich sagte: 50 Pfund.

LEHRER: – um meinen Pflegesohn, meine ich.

Tischler, Jemand und Soldat, Düsseldorf 1984

3 **Vesperglocke:** Glockenläuten zur Abendandacht

TISCHLER: Ich sagte: 50 Pfund.

Der Tischler klopft mit einer Münze auf den Tisch.

Ich muß gehn.

Der Tischler klopft nochmals.

Wieso will er grad Tischler werden? Tischler werden, das ist nicht einfach, wenn's einer nicht im Blut hat. Und woher soll er's im Blut haben? Ich meine ja bloß. Warum nicht Makler? Zum Beispiel. Warum nicht geht er zur Börse? Ich meine ja bloß ...

LEHRER: Woher kommt dieser Pfahl?

TISCHLER: Ich weiß nicht, was Sie meinen.

LEHRER: Dort!

TISCHLER: Sie sind ja bleich.

LEHRER: Ich spreche von einem Pfahl!

TISCHLER: Ich seh keinen Pfahl.

LEHRER: Hier!

Der Tischler muß sich umdrehen.

Ist das ein Pfahl oder ist das kein Pfahl?

TISCHLER: Warum soll das kein Pfahl sein?

LEHRER: Der war gestern noch nicht.

Der Tischler lacht.

's ist nicht zum Lachen, Prader, Sie wissen genau, was ich meine.

TISCHLER: Sie sehen Gespenster.

LEHRER: Wozu ist dieser Pfahl?

Tischler klopft mit der Münze auf den Tisch.

Ich bin nicht betrunken. Ich sehe, was da ist, und ich sage, was ich sehe, und ihr alle seht es auch –

TISCHLER: Ich muß gehn.

Der Tischler wirft eine Münze auf den Tisch und erhebt sich.

Ich habe gesagt: 50 Pfund.

LEHRER: Das bleibt Ihr letztes Wort?

TISCHLER: Ich heiße Prader.

LEHRER: 50 Pfund?

TISCHLER: Ich feilsche nicht.

LEHRER: Sie sind ein feiner Mann, ich weiß ... Prader, das ist Wucher, 50 Pfund für eine Tischlerlehre, das ist Wucher. Das ist ein Witz, Prader, das wissen Sie ganz genau. Ich bin Lehrer, ich habe mein schlichtes Gehalt, ich habe kein Vermögen wie ein Tischlermeister – ich habe keine 50 Pfund, ganz rundheraus, ich hab sie nicht!

TISCHLER: Dann eben nicht.

LEHRER: Prader –

TISCHLER: Ich sagte: 50 Pfund.

Der Tischler geht.

LEHRER: Sie werden sich wundern, wenn ich die Wahrheit sage. Ich werde dieses Volk vor seinen Spiegel zwingen, sein Lachen wird ihm gefrieren.

Auftritt der Wirt.

WIRT: Was habt ihr gehabt?

LEHRER: Ich brauch einen Korn.

WIRT: Ärger?

LEHRER: 50 Pfund für eine Lehre!

WIRT: Ich hab's gehört.

LEHRER: – ich werde sie beschaffen.

Der Lehrer lacht.

Wenn's einer nicht im Blut hat!

Der Wirt wischt mit einem Lappen über die Tischlein.

Sie werden ihr eigenes Blut noch kennenlernen.

WIRT: Man soll sich nicht ärgern über die eigenen Landsleute, das geht auf die Nieren und ändert die Landsleute gar nicht. Natürlich ist's Wucher! Die Andorraner sind gemütliche Leut, aber wenn es ums Geld geht, das hab ich immer gesagt, dann sind sie wie der Jud.

Der Wirt will gehen.

LEHRER: Woher wißt ihr alle, wie der Jud ist?

WIRT: Can –

LEHRER: Woher eigentlich?

WIRT: – ich hab nichts gegen deinen Andri. Wofür hältst du mich? Sonst hätt ich ihn wohl nicht als Küchenjunge genommen. Warum siehst du mich so schief an? Ich hab Zeugen. Hab ich nicht bei jeder Gelegenheit gesagt, Andri ist eine Ausnahme?

LEHRER: Reden wir nicht davon!

WIRT: Eine regelrechte Ausnahme –

[...]

R

1 Vergleicht eure Überlegungen zur Dramatisierung der Prosaskizze „Der andorranische Jude“ (Aufgabe 4, Seite 237) mit der Umsetzung durch Max Frisch im ersten Bild.

2 Untersucht die Funktion des ersten Bilds. Achtet besonders auf die Darstellung des Kleinstaates Andorra, die Beziehungen der Personen untereinander und eventuelle Vorausdeutungen auf den Handlungsverlauf.

3 Barblin hält am Abend ihre Erlebnisse in einem **Tagebuch** fest. Schreibt diese Eintragung.

4 Der Lehrer kommt nach Hause und bespricht sich mit seiner Frau, die Andris wahre Herkunft nicht kennt. Verfasst einen **Dialog.**

5 a) Notiert die Empfindungen des Wirts in Form eines **Selbstgesprächs.**
b) Spielt den Szenenausschnitt, in dem der Wirt auftritt. Versucht dabei, die Gefühle der Figuren durch Gestik, Mimik und Sprechweise zum Ausdruck zu bringen.

6 Bei der Inszenierung im Züricher Schauspielhaus blieb lange strittig, ob der Pfahl als Bühnenrequisit auf der Bühne gezeigt werden sollte. Wie würdet ihr euch als Regisseur oder Regisseurin entscheiden? Schreibt dazu einen kommentierenden Beitrag für das **Programmheft.**

Zweites bis sechstes Bild – Inhaltsübersicht

Die Andorraner leben in Feindschaft mit ihren Nachbarn, den so genannten „Schwarzen“. Andri ist der Sohn des andorranischen Lehrers Can und einer Frau von den „Schwarzen“. Um dies zu vertuschen, hat der Lehrer behauptet, Andri sei ein jüdisches Kind, das er vor den judenfeindlichen „Schwarzen“ gerettet habe und nun als Pflegesohn großziehe.
Da Andri unbedingt einen angesehenen andorranischen Beruf erlernen und Tischler werden möchte, verkauft der Lehrer seinen Grund und Boden, damit er Andris Ausbildung bezahlen kann. Der Tischler aber will Andri nur als Verkäufer arbeiten lassen, um dessen „jüdische Geschäftstüchtigkeit“ auszunutzen. Er gibt den schludrig zusammengeleimten Stuhl eines anderen Gesellen als Andris Werkstück aus, um zu beweisen, dass der zur Tischlerei nicht taugt.
Vom Soldaten Peider und vom Amtsarzt wird Andri ganz unverhohlen judenfeindlich behandelt.
Nur Barblin hält zu Andri. Die beiden wollen heiraten, ohne zu ahnen, dass sie Halbgeschwister sind. Als der Lehrer die Zustimmung zur Hochzeit verweigert, glaubt Andri, dass ihn sogar sein Ziehvater wegen seiner jüdischen Herkunft ablehnt.
Eines Nachts sieht Andri den Soldaten Peider aus Barblins Schlafkammer kommen, in die dieser gewaltsam eingedrungen ist, und fühlt sich nun auch noch von Barblin verraten.

Max Frisch
Andorra (Siebtes Bild)

Sakristei[1], *der Pater und Andri.*
PATER: Andri, wir wollen sprechen miteinander. Deine Pflegemutter wünscht es. Sie macht sich große Sorge um dich … Nimm Platz!
Andri schweigt.
Nimm Platz, Andri!
Andri schweigt.
Du willst dich nicht setzen?
Andri schweigt.
Ich verstehe, du bist zum ersten Mal hier. Sozusagen. Ich erinnere mich: Einmal als euer Fußball hereingeflogen ist, sie haben dich geschickt, um ihn hinter dem Altar zu holen.

1 **Sakristei:** Nebenraum in der Kirche

Der Pater lacht.

ANDRI: Wovon, Hochwürden, sollen wir sprechen?

PATER: Nimm Platz!

Andri schweigt.

Also du willst dich nicht setzen.

Andri schweigt.

Nun gut.

ANDRI: Stimmt das, Hochwürden, daß ich anders bin als alle?

Pause

PATER: Andri, ich will dir etwas sagen.

ANDRI: – ich bin vorlaut, ich weiß.

PATER: Ich verstehe deine Not. Aber du sollst wissen, daß wir dich gern haben, Andri, so wie du bist. Hat dein Pflegevater nicht alles getan für dich? Ich höre, er hat Land verkauft, damit du Tischler wirst.

ANDRI: Ich werde aber nicht Tischler.

PATER: Wieso nicht?

ANDRI: Meinesgleichen denkt alleweil nur ans Geld, heißt es, und drum gehöre ich nicht in die Werkstatt, sagt der Tischler, sondern in den Verkauf. Ich werde Verkäufer, Hochwürden.

PATER: Nun gut.

ANDRI: Ich wollte aber Tischler werden.

PATER: Warum setzest du dich nicht?

ANDRI: Hochwürden irren sich, glaub ich. Niemand mag mich. Der Wirt sagt, ich bin vorlaut, und der Tischler findet das auch, glaub ich. Und der Doktor sagt, ich bin ehrgeizig, und meinesgleichen hat kein Gemüt.

PATER: Setz dich!

ANDRI: Stimmt das, Hochwürden, daß ich kein Gemüt habe?

PATER: Mag sein, Andri, du hast etwas Gehetztes.

ANDRI: Und Peider sagt, ich bin feig.

PATER: Wieso feig?

ANDRI: Weil ich Jud bin.

PATER: Was kümmerst du dich um Peider!

Andri schweigt.

Andri, ich will dir etwas sagen.

ANDRI: Man soll nicht immer an sich selbst denken, ich weiß. Aber ich kann nicht anders, Hochwürden, es ist so. Immer muß ich denken, ob's wahr ist, was die andern von mir sagen: daß ich nicht bin wie sie, nicht fröhlich, nicht gemütlich, nicht einfach so. Und Hochwürden finden ja auch, ich hab etwas Gehetztes. Ich versteh schon, daß niemand mich mag. Ich mag mich selbst nicht, wenn ich an mich selbst denke.

Der Pater erhebt sich.

Kann ich jetzt gehn?

PATER: Jetzt hör mich einmal an!

ANDRI: Was, Hochwürden, will man von mir?

PATER: Warum so mißtrauisch?

ANDRI: Alle legen ihre Hände auf meine Schulter.

PATER: Weißt du, Andri, was du bist?

Der Pater lacht.

Du weißt es nicht, drum sag ich es dir.

Andri starrt ihn an.

Ein Prachtskerl! In deiner Art. Ein Prachtskerl! Ich habe dich beobachtet, Andri, seit Jahr und Tag –

ANDRI: Beobachtet?

PATER: Freilich.

ANDRI: Warum beobachtet ihr mich alle?

PATER: Du gefällst mir, Andri, mehr als alle andern, ja, grad weil du anders bist als alle. Was schüttelst du den Kopf? Du bist gescheiter

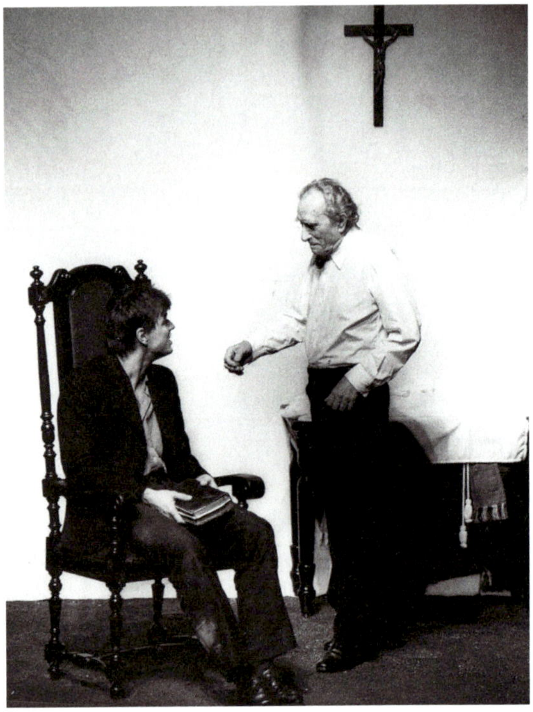

Andri und der Pater, Düsseldorf 1984

als sie. Jawohl! Das gefällt mir an dir, Andri, und ich bin froh, daß du gekommen bist und daß ich es dir einmal sagen kann.

ANDRI: Das ist nicht wahr.

PATER: Was ist nicht wahr?

ANDRI: Ich bin nicht anders. Ich will nicht anders sein. Und wenn er dreimal so kräftig ist wie ich, dieser Peider, ich hau ihn zusammen vor allen Leuten auf dem Platz, das hab ich mir geschworen –

PATER: Meinetwegen.

ANDRI: Das hab ich mir geschworen –

PATER: Ich mag ihn auch nicht.

ANDRI: Ich will mich nicht beliebt machen. Ich werde mich wehren. Ich bin nicht feig – und nicht gescheiter als die andern, Hochwürden, ich will nicht, daß Hochwürden das sagen.

PATER: Hörst du mich jetzt an?

ANDRI: Nein.

Andri entzieht sich.

Ich mag nicht immer eure Hände auf meinen Schultern ...

Pause

PATER: Du machst es einem wirklich nicht leicht.

Pause

Kurz und gut, deine Pflegemutter war hier. Mehr als vier Stunden. Die gute Frau ist ganz unglücklich. Du kommst nicht mehr zu Tisch, sagt sie, und bist verstockt. Sie sagt, du glaubst nicht, daß man dein Bestes will.

ANDRI: Alle wollen mein Bestes!

PATER: Warum lachst du?

ANDRI: Wenn er mein Bestes will, warum, Hochwürden, warum will er mir alles geben, aber nicht seine eigene Tochter?

PATER: Es ist sein väterliches Recht –

ANDRI: Warum aber? Warum? Weil ich Jud bin.

PATER: Schrei nicht!

Andri schweigt.

Kannst du nichts andres mehr denken in deinem Kopf? Ich habe dir gesagt, Andri, als Christ, daß ich dich liebe – aber eine Unart, das muß ich leider schon sagen, habt ihr alle: Was immer euch widerfährt in diesem Leben, alles und jedes bezieht ihr nur darauf, daß ihr Jud seid. Ihr macht es einem wirklich nicht leicht mit eurer Überempfindlichkeit.

Andri schweigt und wendet sich ab.

Du weinst ja.

Andri schluchzt, Zusammenbruch.

Was ist geschehen? Antworte mir. Was ist denn los? Ich frage dich, was geschehen ist. Andri! So rede doch. Andri? Du schlotterst ja. Was ist mit Barblin? Du hast ja den Verstand verloren. Wie soll ich helfen, wenn du nicht redest? So nimm dich doch zusammen. Andri! Hörst du? Andri! Du bist doch ein Mann. Du! Also ich weiß nicht.

ANDRI: – meine Barblin.

Andri läßt die Hände von seinem Gesicht fallen und starrt vor sich hin.

Sie kann mich nicht lieben, niemand kann's, ich selbst kann mich nicht lieben ...

Eintritt ein Kirchendiener mit einem Meßgewand.

Kann ich jetzt gehn?

Der Kirchendiener knöpft den Pater auf.

PATER: Du kannst trotzdem bleiben.

Der Kirchendiener kleidet den Pater zur Messe.

Du sagst es selbst. Wie sollen die andern uns lieben können, wenn wir uns selbst nicht lieben? Unser Herr sagt: Liebe deinen Nächsten wie dich selbst. Er sagt: Wie dich selbst. Wir müssen uns selbst annehmen, und das ist es, Andri, was du nicht tust. Warum willst du sein wie die andern? Du bist gescheiter als sie, glaub mir, du bist wacher. Wieso willst du's nicht wahrhaben? 's ist ein Funke in dir. Warum spielst du Fußball wie diese Blödiane alle und brüllst auf der Wiese herum, bloß um ein Andorraner zu sein? Sie mögen dich alle nicht, ich weiß. Ich weiß auch warum. 's ist ein Funke in dir. Du denkst. Warum soll's nicht auch Geschöpfe geben, die mehr Verstand haben als Gefühl? Ich sage: Gerade dafür bewundere ich euch. Was siehst du mich so an? 's ist ein Funke in euch. Denk an Einstein[2]! Und wie sie alle heißen. Spinoza[3]!

2 Der Physiker **Albert Einstein,** geboren 1879 in Ulm, Entdecker der Relativitätstheorie und Mitbegründer der Quantenmechanik, wanderte wegen seiner jüdischen Herkunft nach der Machtübernahme der Nationalsozialisten 1933 in die USA aus, wo er 1955 starb.

3 Der Philosoph **Baruch de Spinoza,** geboren 1632 in Amsterdam, gestorben 1677 in Den Haag, stammte aus einer von Portugal nach Holland eingewanderten jüdischen Familie.

ANDRI: Kann ich jetzt gehn?

PATER: Kein Mensch, Andri, kann aus seiner Haut heraus, kein Jud und kein Christ. Niemand. Gott will, daß wir sind, wie er uns geschaffen hat. Verstehst du mich? Und wenn sie sagen, der Jud ist feig, dann wisse: Du bist nicht feig, Andri, wenn du es annimmst, ein Jud zu sein. Im Gegenteil. Du bist nun einmal anders als wir. Hörst du mich? Ich sage: Du bist nicht feig. Bloß wenn du sein willst wie die Andorraner alle, dann bist du feig …

Eine Orgel setzt ein.

ANDRI: Kann ich jetzt gehn?

PATER: Denk darüber nach, Andri, was du selbst gesagt hast: Wie sollen die andern dich annehmen, wenn du dich selbst nicht annimmst?

ANDRI: Kann ich jetzt gehn …

PATER: Andri, hast du mich verstanden? [R]

[1] Erstellt ein **Standbild,** das das Verhältnis zwischen Andri und dem Pater zum Ausdruck bringt. Tipps dazu findet ihr auf S. 194. Probiert mehrere Varianten aus und vergleicht diese.

[2] Dreimal sagt Andri zum Pater: „Kann ich jetzt gehn?" Was geht dabei in ihm vor? Schreibt ein Selbstbild Andris, d. h. einen **inneren Monolog** in der Ich-Form.

[3] Der Pater wird nach Andris Tod von einer Journalistin/einem Journalisten aus einer Nachbarstadt **interviewt.**

a) Bereitet die kritischen Fragen der Journalistin/des Journalisten vor, indem ihr genau die Sprechweise und die Argumentation des Paters im siebten Bild untersucht.

b) Spielt das Interview.

Achtes und neuntes Bild – Inhaltsübersicht

Andris leibliche Mutter, die Senora, ist nach Andorra gekommen, um den Lehrer zur Rede zu stellen. Sie verlangt von ihm, dass er die Wahrheit über Andris Herkunft zugibt. Als eine der „Schwarzen" wird sie von den Andorranern mehr oder weniger offen angefeindet.
Sie muss mit ansehen, dass Andri von einigen jungen Andorranern zusammengeschlagen und -getreten wird, als er sich mit dem Soldaten Peider wegen Barblin streitet.
Der Lehrer weicht dem Gespräch mit seinem Sohn aus und bittet den Pater, Andri alles zu erklären.

Max Frisch

Andorra (Neuntes Bild)

[…]

PATER: Ich bin gekommen, um dich zu erlösen.

ANDRI: Ich höre.

PATER: Auch ich, Andri, habe nichts davon gewußt, als wir das letzte Mal miteinander redeten. Er habe ein Judenkind gerettet, so hieß es seit Jahr und Tag, eine christliche Tat, wieso sollte ich nicht dran glauben! Aber nun, Andri, ist deine Mutter gekommen –

ANDRI: Wer ist gekommen?

PATER: Die Senora.

Andri springt auf.

Andri – du bist kein Jud.

Schweigen

Du glaubst nicht, was ich dir sage?

ANDRI: Nein.

PATER: Also glaubst du, ich lüge?

ANDRI: Hochwürden, das fühlt man.

PATER: Was fühlt man?

ANDRI: Ob man Jud ist oder nicht.

Der Pater erhebt sich und nähert sich Andri.

Rühren Sie mich nicht an. Eure Hände! Ich will das nicht mehr.

PATER: Hörst du nicht, was ich dir sage?

Andri schweigt.

Du bist sein Sohn.

Andri lacht.

Andri, das ist die Wahrheit.

ANDRI: Wie viele Wahrheiten habt ihr?

Andri nimmt sich eine Zigarette, die er dann vergißt.

Das könnt ihr nicht machen mit mir …

PATER: Warum glaubst du uns nicht?

ANDRI: Euch habe ich ausgeglaubt.

PATER: Ich sage und schwöre beim Heil meiner Seele, Andri: Du bist sein Sohn, unser Sohn, und von Jud kann nicht die Rede sein.

ANDRI: 's war aber viel die Red davon …

Großer Lärm in der Gasse.

PATER: Was ist denn los?

Stille

ANDRI: Seit ich höre, hat man mir gesagt, ich sei anders, und ich habe geachtet drauf, ob es so ist, wie sie sagen. Und es ist so, Hochwürden: Ich bin anders. Man hat mir gesagt, wie meinesgleichen sich bewege, nämlich so und so, und ich bin vor den Spiegel getreten fast jeden Abend. Sie haben recht: Ich bewege mich so und so. Ich kann nicht anders. Und ich habe geachtet auch darauf, ob's wahr ist, daß ich alleweil denke ans Geld, wenn die Andorraner mich beobachten und denken, jetzt denke ich ans Geld, und sie haben abermals recht: Ich denke alleweil ans Geld. Es ist so. Und ich habe kein Gemüt, ich hab's versucht, aber vergeblich: Ich habe kein Gemüt, sondern Angst. Und man hat mir gesagt, meinesgleichen ist feig. Auch darauf habe ich geachtet. Viele sind feig, aber ich weiß es, wenn ich feig bin. Ich wollte es nicht wahrhaben, was sie mir sagten, aber es ist so. Sie haben mich mit Stiefeln getreten, und es ist so, wie sie sagen: Ich fühle nicht wie sie. Und ich habe keine Heimat. Hochwürden haben gesagt, man muß das annehmen, und ich hab's angenommen. Jetzt ist es an Euch, Hochwürden, Euren Jud anzunehmen.

PATER: Andri –

ANDRI: Jetzt, Hochwürden, spreche ich.

PATER: – du möchtest ein Jud sein?

ANDRI: Ich bin's. Lang habe ich nicht gewußt, was das ist. Jetzt weiß ich's.

Pater setzt sich hilflos.

Ich möchte nicht Vater noch Mutter haben, damit ihr Tod nicht über mich komme mit Schmerz und Verzweiflung und mein Tod nicht über sie. Und keine Schwester und keine Braut: Bald wird alles zerrissen, da hilft kein Schwur und nicht unsre Treue. Ich möchte, daß es bald geschehe. Ich bin alt. Meine Zuversicht ist ausgefallen, eine um die andere, wie Zähne. Ich habe gejauchzt, die Sonne schien grün in den Bäumen, ich habe meinen Namen in die Lüfte geworfen wie eine Mütze, die niemand gehört wenn nicht mir, und herunter fällt ein Stein, der mich tötet. Ich bin im Unrecht gewesen, anders als sie dachten, allezeit. Ich wollte recht haben und frohlocken. Die meine Feinde waren, hatten recht, auch wenn sie kein Recht dazu hatten, denn am Ende seiner Einsicht kann man sich selbst nicht recht geben. Ich brauche jetzt schon keine Feinde mehr, die Wahrheit reicht aus. Ich erschrecke, so oft ich noch hoffe. Das Hoffen ist mir nie bekommen. Ich erschrecke, wenn ich lache, und ich kann nicht weinen. Meine Trauer erhebt mich über euch alle, und so werde ich stürzen. Meine Augen sind groß von Schwermut, mein Blut weiß alles, und ich möchte tot sein. Aber mir graut vor dem Sterben. Es gibt keine Gnade –

PATER: Jetzt versündigst du dich.

ANDRI: Sehen Sie den alten Lehrer, wie der herunterkommt und war doch einmal ein junger Mann, sagt er, und ein großer Wille. Sehen Sie Barblin. Und alle, alle, nicht nur mich. Sehen Sie die Soldaten. Lauter Verdammte. Sehen Sie sich selbst. Sie wissen heut schon, was Sie tun werden, Hochwürden, wenn man mich holt vor Ihren guten Augen, und drum starren die mich so an, Ihre guten guten Augen. Sie werden beten. Für mich und für sich. Ihr Gebet hilft nicht einmal Ihnen, Sie werden trotzdem ein Verräter. Gnade ist ein ewiges Gerücht, die Sonne scheint grün in den Bäumen, auch wenn sie mich holen.

Eintritt der Lehrer, zerfetzt.

PATER: Was ist geschehen?!

Lehrer bricht zusammen.

So reden Sie doch!

LEHRER: Sie ist tot.

ANDRI: Die Senora –?

PATER: Wie ist das geschehen?

LEHRER: – ein Stein.

PATER: Wer hat ihn geworfen?

LEHRER: – Andri, sagen sie, der Wirt habe es mit eignen Augen gesehen.

Andri will davonlaufen, der Lehrer hält ihn fest.

Er war hier, Sie sind sein Zeuge.

1 a) Erstellt **Standbilder,** die das Ende des neuntes Bilds zum Ausdruck bringen (siehe auch S. 194).
b) Vergleicht eure Standbilder mit denen, die ihr zum siebten Bild erstellt habt (Aufgabe 1, S. 244), und überlegt, wie sich das Verhältnis zwischen Andri und dem Pater verändert hat.

2 Untersucht, durch welche **sprachlichen Mittel** Andris veränderte Selbsteinschätzung zum Ausdruck gebracht wird.

3 Welchen Aussagen Andris möchtet ihr widersprechen? Schreibt einen **szenischen Dialog,** in dem ihr an Stelle des Paters mit Andri diskutiert.

Zehntes bis zwölftes Bild – Inhaltsübersicht

Nach dem Mord an der Senora besetzen die „Schwarzen“ Andorra. Der Schuldige soll durch eine „Judenschau“ ermittelt werden.
Die Andorraner leisten keinen Widerstand, sondern unterstützen die Maßnahmen der Besatzer. Der Soldat Peider verhaftet Andri, der gegen den Rat Barblins und seines Vaters nicht geflohen ist.
Als der „Judenschauer“ Andri aus der Menge der Andorraner aussondert, widersprechen diese nicht. Andri wird von den Soldaten der „Schwarzen“ ermordet.
Daraufhin erhängt sich der Lehrer.
Barblin weißelt das Pflaster des Dorfplatzes. Die Andorraner halten sie deswegen für verrückt.

4 Max Frisch nannte das 9. Bild die „wichtigste Szene des Stückes“. Erklärt, inwiefern diese Szene als **Wendepunkt** des Stückes zu verstehen ist.

5 Nach dem Freitod von Andris Vater treffen sich die beteiligten Andorraner (Wirt, Tischler, Soldat, Pater, „Jemand“) im Wirtshaus, um über die vergangenen Ereignisse zu sprechen. Entwerft ein Gespräch.

6 Schreibt eine andere Schluss-Szene, in der z. B. Andri, der seinen Mördern bei der Judenschau entkommen ist, nach vielen Jahren als angesehener und wohlhabender Bürger eines fremden Staates wieder in das arme Andorra zurückkehrt.

Der Pater und Barblin, die den Dorfplatz weißelt, Düsseldorf 1962

10.2 Täuschung – Wahrheit – Wirklichkeit

1 a) Beschreibt die dargestellte Person und vergleicht eure Ergebnisse.
b) Auf welche Abbildung habt ihr eure Beschreibung gestützt?
Warum habt ihr die anderen Darstellungen verworfen?
c) Überlegt, ob eine der Darstellungen die Person wirklichkeitsgetreu zeigt.

Max Frisch

Du sollst dir kein Bildnis machen

[…] In gewissem Grad sind wir wirklich das Wesen, das die andern in uns hineinsehen, Freunde wie Feinde. Und umgekehrt! auch wir sind die Verfasser der andern; wir sind auf eine heimliche und unentrinnbare Weise verantwortlich für das Gesicht, das sie uns zeigen, verantwortlich nicht für ihre Anlage, aber für die Ausschöpfung dieser Anlage. Wir sind es, die dem Freunde, dessen Erstarrtsein uns bemüht[1], im Wege stehen, und zwar dadurch, daß unsere Meinung, er sei erstarrt, ein weiteres Glied in jener Kette ist, die ihn fesselt und langsam erwürgt. Wir wünschen ihm, daß er sich wandle, o ja, wir wünschen es ganzen Völkern! Aber darum sind wir noch lange nicht bereit, unsere Vorstellung von ihnen aufzugeben. Wir selber sind die letzten, die sie verwandeln. Wir halten uns für den Spiegel und ahnen nur selten, wie sehr der andere seinerseits eben der Spiegel unsres erstarrten Menschenbildes ist, unser Erzeugnis, unser Opfer –. R

1 **bemühen,** hier: Sorge bereiten

1 Gebt mit eigenen Worten wieder, was in diesem Textauszug mit dem Bild des Spiegels über das Verhältnis von Wahrnehmung und Wirklichkeit ausgesagt wird.

2 a) Benennt Beispiele oder Situationen, in denen eure Wahrnehmung durch Vorerwartungen bestimmt worden ist. Geht dabei von Situationen aus, in denen ihr *überrascht* oder *enttäuscht* worden seid.
b) In welchen Situationen habt auch ihr die Vorstellungen und Bilder, die jemand anderes *von euch* hatte, enttäuscht?

3 Der Titel von Frischs Text lautet „Du sollst dir kein Bildnis machen". Diskutiert in Gruppen, inwieweit ihr dieser Forderung zustimmen könnt. Ihr könnt dabei auf die Äußerungen einer 9. Klasse Bezug nehmen:

- Bilder muss man haben, man kann nicht jeden Menschen in jeder Situation neu beurteilen.
- Der andere ist für das Bild verantwortlich, das ich mir von ihm mache.
- Bilder sind hilfreich. Man sollte aber auch bereit sein, sie zu ändern.
- Ein positives Bild von einem anderen kann nichts schaden.

Max Frisch

Andorra (Zwischenszene)

[Auch die Figuren in Max Frischs „Andorra" entwerfen Bilder, z. B. vom „Juden" Andri. Sie nehmen die Wirklichkeit in einer besonderen Weise wahr. Alle halten Andri für einen Juden (was nicht stimmt) und schreiben ihm deshalb bestimmte positive oder negative Eigenschaften zu. Diese „Täuschung" geht auf eine Aussage des Lehrers zurück.]

Vordergrund

Der Lehrer und die Senora vor dem weißen Haus wie zu Anfang.

SENORA: Du hast gesagt, unser Sohn sei Jude.

LEHRER: *schweigt.*

SENORA: Warum hast du diese Lüge in die Welt gesetzt?

LEHRER: *schweigt.*

SENORA: Eines Tages kam ein andorranischer Krämer vorbei, der überhaupt viel redete. Um Andorra zu loben, erzählte er überall die rührende Geschichte von einem andorranischen Lehrer, der damals, zur Zeit der großen Morde, ein Judenkind gerettet habe, das er hege und pflege wie einen eignen Sohn. Ich schickte sofort einen Brief: Bist du dieser Lehrer? Ich forderte Antwort. Ich fragte: Weißt du, was du getan hast? Ich wartete auf Antwort. Sie kam nicht. Vielleicht hast du meinen Brief nie bekommen. Ich konnte nicht glauben, was ich befürchtete. Ich schrieb ein zweites Mal, ein drittes Mal. Ich wartete auf Antwort. So verging die Zeit ... Warum hast du diese Lüge in die Welt gesetzt?

LEHRER: Warum, warum, warum!

SENORA: Du hast mich gehaßt, weil ich feige war, als das Kind kam. Weil ich Angst hatte vor meinen Leuten. Als du an die Grenze kamst, sagtest du, es sei ein Judenkind, das du gerettet hast vor uns. Warum? Weil auch du feige warst, als du wieder nach Hause kamst. Weil auch du Angst hattest vor deinen Leuten.

Pause

War es nicht so?

Pause

Vielleicht wolltest du zeigen, daß ihr so ganz anders seid als wir. Weil du mich gehaßt hast. Aber sie sind hier nicht anders, du siehst es, nicht viel.

LEHRER: *schweigt.*

SENORA: Er sagte, er wolle nach Haus, und hat mich hierher gebracht; als er dein Haus sah, drehte er um und ging weg, ich weiß nicht wohin.

LEHRER: Ich werde es sagen, daß er mein Sohn ist, unser Sohn, ihr eignes Fleisch und Blut –

SENORA: Warum gehst du nicht?

LEHRER: Und wenn sie die Wahrheit nicht wollen?

Pause R

Der Lehrer und Andri, Züricher Schauspielhaus 1961

1 Ordnet die Szene in den Zusammenhang des Stückes ein.

2 Verfasst ein Selbstbild des Lehrers: Notiert seine Gedanken und Gefühle in der Ich-Form.

3 Spielt die Szene. Dabei kann der Text von zwei Schülerinnen und Schülern ausdrucksvoll gelesen werden, während zwei andere die Szene pantomimisch spielen.

4 Die Senora bezichtigt den Lehrer der Lüge.
a) Definiert möglichst präzise, was ihr unter Lüge versteht. Geht dabei von Alltagssituationen aus.
b) Haltet ihr den Vorwurf der Senora für gerechtfertigt?

Bühnenbild-Modell von Hans-Georg Schäfer, Düsseldorf 1984

Max Frisch

Andorra (Zwischenszenen)

[Die Behauptung des Lehrers, sein Sohn sei Jude, führt schließlich zum Tod Andris. Die beteiligten Figuren rechtfertigen sich vor den Zuschauerinnen und Zuschauern an der „Zeugenschranke".]

Vordergrund

Der Wirt, jetzt ohne die Wirteschürze, tritt an die Zeugenschranke.

WIRT: Ich gebe zu: Wir haben uns in dieser Geschichte alle getäuscht. Damals. Natürlich hab ich geglaubt, was alle geglaubt haben damals. Er selbst hat's geglaubt. Bis zuletzt. Ein Judenkind, das unser Lehrer gerettet habe vor den Schwarzen da drüben, so hat's immer geheißen, und wir fanden's großartig, daß der Lehrer sich sorgte wie um einen eigenen Sohn. Ich jedenfalls fand das großartig. Hab ich ihn vielleicht an den Pfahl gebracht? Niemand von uns hat wissen können, daß Andri wirklich sein eigner Sohn ist, der Sohn von unsrem Lehrer. Als er mein Küchenjunge war, hab ich ihn schlecht behandelt? Ich bin nicht schuld, daß es dann so gekommen ist. Das ist alles, was ich nach Jahr und Tag dazu sagen kann. Ich bin nicht schuld. R

Vordergrund

Der Tischler tritt an die Zeugenschranke.

TISCHLER: Ich gebe zu: Das mit den 50 Pfund für die Lehre, das war eben, weil ich ihn nicht in meiner Werkstatt wollte, und ich wußte ja, es wird nur Unannehmlichkeiten geben. Wieso wollte er nicht Verkäufer werden? Ich dachte, das würd ihm liegen. Niemand hat wissen können, daß er keiner ist. Ich kann nur sagen, daß ich es im Grund wohlmeinte mit ihm. Ich bin nicht schuld, daß es so gekommen ist später. R

Vordergrund

Der Soldat, jetzt in Zivil, tritt an die Zeugenschranke.

SOLDAT: Ich gebe zu: Ich hab ihn nicht leiden können. Ich habe ja nicht gewußt, daß er keiner ist, immer hat's geheißen, er sei einer. Übrigens glaub ich noch heut, daß er einer gewesen ist. Ich hab ihn nicht leiden können von Anfang an. Aber ich hab ihn nicht getötet. Ich habe nur meinen Dienst getan. Order ist Order. Wo kämen wir hin, wenn Befehle nicht ausgeführt werden! Ich war Soldat. R

1 „Wir haben uns in dieser Geschichte alle getäuscht." Nehmt Stellung zu dieser Aussage des Wirts.

2 Wie beurteilt ihr die Rechtfertigungsversuche der Andorraner an der Zeugenschranke?

Jeder von uns nimmt die Welt nicht unmittelbar, sondern durch einen Filter wahr:

Problematisch wird der Filter erst dann, wenn der Wahrnehmungsprozess erstarrt und das einmal gewonnene Weltbild keine Veränderungen mehr zulässt. Verallgemeinerungen werden dann zu **Vorurteilen,** Auswahlprozesse führen zu **Verdrängungen,** Deutungen können **Täuschungen** und **Verzerrungen** zur Folge haben.
Fehlerhafte Wahrnehmungen lassen sich häufig auf eine starre Unterscheidung zwischen **In-Group** und **Out-Group** zurückführen, die sich gegen mögliche Korrekturen durch Erfahrungen oder Argumente hartnäckig sperrt. Was der eigenen Sichtweise (In-Group) entspricht, wird um jeden Preis verteidigt, fremde Sichtweisen (Out-Group) werden negativ besetzt und abgewiesen. Dieser Prozess der Vorurteilsbildung dient in der Regel der Stabilisierung eines unsicheren und schwachen Selbstwertgefühls.

3 a) Sucht Beispiele für fehlerhafte Wahrnehmungen aus eigener Erfahrung wie auch aus dem Stück von Max Frisch und tragt sie in folgende Tabelle ein:

Gefährliche Fehlhaltungen bei der Wahrnehmung der Welt

	falsche Verallgemeinerungen (Vorurteile)	einseitige Auswahl (Verdrängung)	verzerrte Deutungen (Täuschung)
Beispiele aus „Andorra“	*Pater: ... der Jud ist feig (S. 244, Z. 183)* ...	*Pater: Du bist gescheiter als sie ... (S. 243, Z. 165/166)* ...	*Andri: Ich bewege mich so und so. Ich kann nicht anders. (S. 245, Z. 49/50)* ...
eigene Beispiele	...	...	...

b) Stellt eure Beispiele der Klasse vor und erläutert die begrifflichen Zuordnungen.

4 Spielt eine **Gerichtsszene,** die klärt, in welchem Maße die Beteiligten am Tode Andris (mit)schuldig sind. Ihr braucht dazu einen Staatsanwalt, der die Zeugen/Angeklagten befragt, und eine Richterin, die die Verhandlung leitet. Es könnte auch noch eine Verteidigerin auftreten.
Die Hälfte der Klasse sind Prozessbeobachter/innen, die andere Hälfte spielen die Geschworenen, die ein Urteil fällen müssen.
Denkt daran, dass Staatsanwalt und Verteidigerin im Kreuzverhör der Zeugen gerade sprachliche Formen von Vorurteilen, Verdrängungen und Täuschungen kritisch aufgreifen könnten.

5 a) Stellt euch vor, die Figuren sähen ihre Mitschuld an Andris Tod ein. Schreibt die Texte an der Zeugenschranke (S. 250) neu.
b) Überlegt gemeinsam, ob diese Veränderungen Einfluss auf euer Gerichtsurteil gehabt hätten.

6 Stellt euch vor, der Lehrer tritt ebenfalls an die Zeugenschranke. Schreibt seine Aussage nieder. Berücksichtigt dabei, dass auch die Wahrnehmung des Lehrers von der Welt teilweise verzerrt ist.

10.3 Soziale Konflikte im Alltag – Eigene Szenen verfassen

Loriot
Feierabend

Bürgerliches Wohnzimmer. Der Hausherr sitzt im Sessel, hat das Jackett ausgezogen, trägt Hausschuhe und döst vor sich hin. Hinter ihm ist die Tür zur Küche einen Spalt breit geöffnet. Dort geht die Hausfrau emsiger Hausarbeit nach. Ihre Absätze verursachen ein lebhaftes Geräusch auf dem Fliesenboden.

SIE: Hermann …
ER: Ja …
SIE: Was machst du da?
ER: Nichts …
SIE: Nichts? Wieso nichts?
ER: Ich mache nichts …
SIE: Gar nichts?
ER: Nein …
(Pause)
SIE: Überhaupt nichts?
ER: Nein … ich *sitze* hier …
SIE: Du *sitzt* da?
ER: Ja …
SIE: Aber irgendwas *machst* du doch?
ER: Nein …
(Pause)
SIE: *Denkst* du irgendwas?
ER: Nichts Besonderes …
SIE: Es könnte ja nicht schaden, wenn du mal etwas spazierengingest …
ER: Nein-nein …
SIE: Ich bringe dir deinen Mantel …
ER: Nein danke …
SIE: Aber es ist zu kalt ohne Mantel …
ER: Ich gehe ja nicht spazieren …
SIE: Aber eben wolltest du doch noch …
ER: Nein, *du* wolltest, daß ich spazierengehe …
SIE: Ich? *Mir* ist es doch völlig egal, ob *du spazieren*gehst …
ER: Gut …
SIE: Ich meine nur, es könnte dir nicht schaden, wenn du mal spazierengehen würdest …
ER: Nein, *schaden* könnte es nicht …
SIE: Also was willst du denn nun?
ER: Ich möchte hier sitzen …
SIE: Du kannst einen ja wahnsinnig machen!
ER: Ach …
SIE: Erst willst du spazierengehen … dann wieder nicht … dann soll ich deinen Mantel holen … dann wieder nicht … was denn nun?
ER: Ich möchte hier sitzen …
SIE: Und jetzt möchtest du plötzlich da sitzen …
ER: Gar nicht plötzlich … ich wollte immer nur hier sitzen … und mich entspannen …
SIE: Wenn du dich wirklich *entspannen* wolltest, würdest du nicht dauernd auf mich *einreden* …
ER: Ich sag ja nichts mehr …
(Pause)
SIE: Jetzt hättest du doch mal Zeit, irgendwas zu tun, was dir Spaß macht …
ER: Ja …
SIE: Liest du was?
ER: Im Moment nicht …
SIE: Dann lies doch mal was …
ER: Nachher, nachher vielleicht …
SIE: Hol dir doch die Illustrierten …
ER: Ich möchte erst noch etwas hier sitzen …
SIE: Soll *ich* sie dir holen?
ER: Nein-nein, vielen Dank …
SIE: Will der Herr sich auch noch bedienen lassen, was?
ER: Nein, wirklich nicht …
SIE: Ich renne den *ganzen Tag* hin und her … Du könntest doch wohl *einmal* aufstehen und dir die Illustrierten holen …
ER: Ich möchte jetzt nicht lesen …
SIE: Dann quengle doch nicht so rum …
ER: *(schweigt)*
SIE: Hermann!
ER: *(schweigt)*
SIE: Bist du taub?
ER: Nein-nein …
SIE: Du tust eben *nicht,* was dir Spaß macht … statt dessen *sitzt* du da!
ER: Ich sitze hier, *weil* es mir Spaß macht …
SIE: Sei doch nicht gleich so aggressiv!
ER: Ich bin doch nicht aggressiv …
SIE: Warum schreist du mich dann so an?
ER: *(schreit)* … Ich schreie dich nicht an!! R

1 Lest den Text mit verteilten Rollen.

2 Nennt einige Textstellen, an denen die Wahrnehmung der Wirklichkeit von Vorurteilen, Verdrängungen oder Täuschungen bestimmt ist.

3 Schreibt eine Parallelszene, in der die Frau ein Buch liest und ihr Mann mit folgenden Worten das Wohnzimmer betritt: „Was machst du da, Frieda?“

Paul Watzlawick

Die Geschichte mit dem Hammer

Ein Mann will ein Bild aufhängen. Den Nagel hat er, nicht aber den Hammer. Der Nachbar hat einen. Also beschließt unser Mann, hinüberzugehen und ihn auszuborgen. Doch da kommt ihm ein Zweifel: Was, wenn der Nachbar mir den Hammer nicht leihen will? Gestern schon grüßte er mich nur so flüchtig. Vielleicht war er in Eile. Aber vielleicht war die Eile nur vorgeschützt, und er hat etwas gegen mich. Und was? Ich habe ihm nichts angetan; der bildet sich da etwas ein. Wenn jemand von mir ein Werkzeug borgen wollte, *ich* gäbe es ihm sofort. Und warum er nicht? Wie kann man einem Mitmenschen einen so einfachen Gefallen abschlagen? Leute wie dieser Kerl vergiften einem das Leben. Und dann bildet er sich noch ein, ich sei auf ihn angewiesen. Bloß weil er einen Hammer hat. Jetzt reicht's mir wirklich. – Und so stürmt er hinüber, läutet, der Nachbar öffnet, doch noch bevor er „Guten Tag" sagen kann, schreit ihn unser Mann an: „Behalten Sie Ihren Hammer, Sie Rüpel!"

1 Schreibt die Geschichte weiter. Am Ende könnte der Mann, der den Hammer benötigt, mit seinem Freund telefonieren und ihm von seinem Erlebnis berichten.

2 Den Mechanismus, der im Text von Watzlawick wirksam ist, nennt man „Self-fullfilling prophecy" (sich selbst erfüllende Voraussage).

a) Erläutert anhand des Modells auf S. 251 den Zusammenhang zwischen subjektiver Vorstellung und Wirklichkeit in der „Geschichte mit dem Hammer".

b) Prüft, ob in Max Frischs Stück „Andorra" (S. 237–246) der Prozess der „Self-fullfilling prophecy" eine Rolle spielt.

3 a) Schreibt zu zweit kurze **Dialoge,** in denen Wahrnehmungsprobleme eine zentrale Rolle spielen. Mögliche Szenentitel könnten sein:

- Ich will doch nur dein Bestes!
- Das musste ja so kommen!
- Ich dachte, es gefällt dir.
- Du hast doch selber gesagt ...
- Das ist ja wieder typisch!
- ...

b) Spielt euch die Dialoge gegenseitig vor und sucht die gelungensten aus.

c) Überarbeitet diese Texte. Versucht dabei,
- Zuspitzungen (Übertreibungen, Pointen) bereits am Anfang der Texte vorzubereiten,
- überflüssige Textpassagen zu streichen,
- Running-Gags (Witze, die sich immer wiederholen) einzubauen,
- die Szenen, wenn es sich anbietet, um weitere Figuren zu ergänzen.

4 Eine 9. Klasse hat mit eigenen und fremden Szenen einen kleinen **Theaterabend** gestaltet. Die folgenden Tipps (S. 255/256) haben sie zusammen mit ihrem Lehrer für andere Theatergruppen in einem kleinen Faltblatt festgehalten. Lest die Tipps zunächst durch und überlegt dann, wie ihr vorgehen wollt.

Tipps zum Szenenschreiben

✎ Geht von den Szenen aus, die euch besonders gelungen erscheinen. Sie bilden das Grundgerüst, das ihr weiter ausgestalten könnt.

✎ Wenn ihr in Gruppen ein **Brainstorming** durchführt, werdet ihr schnell viele Ideen haben, von denen sich einige sicher zur Dramatisierung eignen.

✎ Vielleicht findet ihr ja ein Thema, das alle Szenen trägt und so ein **Motto** für euren Theaterabend sein könnte.

✎ Ihr könnt noch in der Bibliothek weitere Texte von Loriot oder anderen Autoren suchen und sie in eurem Sinne umgestalten.

✎ Eure Texte sollten eine gewisse Länge nicht unterschreiten. Erstens dauert es immer eine Zeit lang, bis man sich auf der Bühne warm gespielt hat. Und zweitens ist es für das Publikum angenehmer, wenn es sich etwas länger auf eine bestimmte Szene einlassen kann. Die einzelnen Szenen sollten nicht kürzer als **drei Minuten** sein.

✎ Gestaltet die Szenen beim Proben so, dass sie keinen großen Aufwand an Requisiten, Bühnenbild und Technik benötigen. Weniger ist hier mehr.

✎ Wenn viele von euch mitspielen, hat niemand zu viel Text zu lernen.

✎ Erstellt einen großzügig bemessenen **Fahrplan,** damit ihr nicht allzu sehr unter Termindruck geratet. Die Texte müssen ja auch noch auswendig gelernt und geprobt werden.

✎ Wer gerade nicht probt, kann trotzdem Sinnvolles tun: weitere Texte verfassen, soufflieren, beobachten und kritisieren, Texte abfragen, Requisiten und Kostüme besorgen, ein Plakat gestalten und vieles andere mehr.

Tipps für die Proben

✗ In **kleinen Gruppen** proben, sodass einige beobachten, einige soufflieren, andere spielen können.

✗ Wenn ihr die **Rollen wechselt,** zeigt sich nach und nach, wer für welche Rolle geeignet ist.

✗ **Protokollieren,** d.h. alles Wesentliche (Gänge, Requisiten, Textänderungen, Zeit) notieren, weil ihr es sonst vergesst.

✗ **Ausprobieren,** was die Figuren machen, die (zeitweise) keinen Text haben.
Erfindet unauffällige, aber überzeugende Tätigkeiten: z.B. einen Knopf annähen, ein Geschenk einpacken, einen Apfel teilen usw.

✗ **Requisiten** ausprobieren: Hut, Zeitung, Blumengießkanne, Kaffeetasse usw.

✗ Von Anfang an versuchen, ohne Text in der Hand zu spielen.

✗ **Deutliches Sprechen** ist wichtiger als lautes Schreien.

✗ Nach Möglichkeit zum Publikum sprechen.

✗ Auch mal nachmittags treffen, um die Texte zu üben!

Tipps

für die Aufführung

Schon früh

- den Aufführungstermin festlegen,
- Mitschüler, Eltern, Lehrer, Zeitungen, Schülerzeitung u. a. informieren,
- Plakate in der Schule, an Nachbarschulen und im Stadtteil kleben (etwa zwei Wochen vor der Aufführung).

Wenige Tage vor der Aufführung

solltet ihr Folgendes machen:

- Die endgültige **Reihenfolge** der Szenen muss festgelegt werden. Dabei solltet ihr nicht nur auf die thematischen Bezüge achten. Entscheidend ist, dass die Umbauten möglichst schnell gehen und dass keine Zeit mit Kostümwechsel verloren geht.
- Ein **Programmheft** oder -faltblatt kann erstellt werden. Denkt daran, alle aufzuführen, die an dem Projekt mitgewirkt haben.
- Die Übergänge zwischen Szenen müssen geprobt werden!
- Eine **technische Probe,** bei der nicht gespielt wird, wohl aber alle Bühnenbewegungen sowie alle Umbauten stattfinden, sollte drei oder vier Tage vor der Aufführung stattfinden. Hierbei können auch die Lichttechniker/innen testen, ob alles so funktioniert, wie ihr es euch überlegt habt.
- Eine **Generalprobe** geht zwar meistens schief, hilft aber, letzte grobe Fehler zu beseitigen. Generalprobe heißt: Die Aufführung wird exakt so durchgeführt wie bei der Premiere, also mit allen Kostümen, Requisiten usw. Unterbrechungen sollte es nicht geben, auch kein Publikum! Bester Termin für die Generalprobe ist der Tag vor der Aufführung zur gleichen Stunde, weil dann alle Umstände (Licht usw.) so sind wie am Premierentag selbst.
- **Applausordnung** (Reihenfolge bei der Verbeugung) festlegen und proben (sonst droht das Chaos am Ende)!

11 Schuld und Vergeltung – Eine Kriminalerzählung im Kontext des 19. Jahrhunderts

Das Gemurmel der Hieroglyphenhäupter in einer Narrenwelt
(Ein fiktiver Dialog zwischen Annette v. Droste-Hülshoff und Heinrich Heine. Die Klasse 9 c der Realschule Steinfurt gewann mit dieser Collage einen ersten Preis im Heinrich-HeineSchülerwettbewerb 1997.)

Dichter/innen und Maler/innen des neunzehnten Jahrhunderts entwickeln in ihren Werken zwei gegensätzliche Sichtweisen: Die Perspektive des **Romantikers** ist zuerst nach innen gerichtet, er registriert genau Empfindungen, Gefühle, Träume des eigenen Ichs. Der Romantiker projiziert das, was er in sich wahrnimmt, nach außen in die Natur und Umgebung, in das, wovon er erzählt. Die Sichtweise des **Realisten** ist hingegen zuerst nach außen gerichtet. Er beobachtet, zeichnet auf, was er sieht, hört. Daher kommt das Vor-Urteil, Romantiker seien Träumer, Realisten hingegen Menschen, die der Wirklichkeit wach gegenüberträten. – Natürlich sind diese Zuordnungen grobe Verallgemeinerungen. Sie berücksichtigen zum Beispiel nicht, dass viele Schriftsteller/innen die sie umgebende Welt nicht nur aufnehmen und registrieren, sondern dass sie für Leser/innen schreiben und mit ihrem Schreiben in deren Sicht eingreifen wollen. Neben der Schilderung innerer (seelischer) und äußerer (gesellschaftlicher) Wirklichkeit gibt es also auch Literatur, die Absichten verfolgt: aufklären will, kritisieren oder beruhigen, zum Nachfragen anregen oder mit dem Leben aussöhnen.
Im folgenden Kapitel geht es vor allem um erzählende Literatur. Das Erzählen ist eine zweite Erschaffung der Welt aus der Fantasie des Schriftstellers oder der Schriftstellerin. In der Romantik führt es in fantastische Welten, zurück in vergangene Zeiten, in Märchen, im Realismus hingegen oft in die alltägliche, nicht immer schöne Lebenswelt der Gegenwart.

1 Ihr lernt in diesem Kapitel der „spannenden Literaturgeschichte“ eine Reihe wichtiger Werke und bedeutender Persönlichkeiten kennen. Legt gemeinsam ein Album an, für das jede/r von euch eine Seite beisteuert. Ein Autorenblatt enthält jeweils ein Porträt, Lebensdaten, einige Werktitel, ein Gedicht oder eine Leseprobe und eine Kurzbiografie. Ihr könnt auch einen Autor oder eine Autorin zu zweit bearbeiten. Dann erhalten diese eine Doppelseite, über deren Gestaltung ihr euch einigen müsst.

11.1 Annette von Droste-Hülshoffs Novelle „Die Judenbuche“

Annette von Droste-Hülshoff (1797–1848) stammte aus einem westfälischen Adelsgeschlecht und führte ein sehr zurückgezogenes Leben. Ihre Novelle „Die Judenbuche“ aus dem Jahr 1842 trägt den Untertitel „Ein Sittengemälde aus dem gebirgichten Westfalen“ und gehört zu den meistgelesenen deutschen Erzählungen. Berühmt wurde die Dichterin aber vor allem durch ihre Lyrik, in der sie das Verhältnis des Ichs zur Natur, aber auch zu den Bedingungen ihrer Zeit und zu religiösen Fragen darstellt. Ein Gedicht von Annette von Droste-Hülshoff findet ihr auf S. 274, die folgenden Textauszüge stammen aus der „Judenbuche“.

Ein westfälisches Dorf im 18. Jahrhundert

Friedrich Mergel, geboren 1738, war der einzige Sohn eines so genannten Halbmeiers[1] oder Grundeigentümers geringerer Klasse im Dorfe B., das, so schlecht gebaut und rauchig es sein mag, doch das Auge jedes Reisenden fesselt durch die überaus malerische Schönheit seiner Lage in der grünen Waldschlucht eines bedeutenden und geschichtlich merkwürdigen Gebirges. Das Ländchen, dem es angehörte, war damals einer jener abgeschlossenen Erdwinkel ohne Fabriken und Handel, ohne Heerstraßen, wo noch ein fremdes Gesicht Aufsehen erregte und eine Reise von dreißig Meilen selbst den Vornehmeren zum Ulysses[2] seiner Gegend machte – kurz, ein Fleck, wie es deren sonst so viele in Deutschland gab, mit all den Mängeln und Tugenden, all der Originalität und Beschränktheit, wie sie nur in solchen Zuständen gedeihen. Unter höchst einfachen und häufig unzulänglichen Gesetzen waren die Begriffe der Einwohner von Recht und Unrecht einigermaßen in Verwirrung geraten, oder vielmehr, es hatte sich neben dem gesetzlichen ein zweites Recht gebildet, ein Recht der öffentlichen Meinung, der Gewohnheit und der durch Vernachlässigung entstandenen Verjährung. Die Gutsbesitzer, denen die niedere Gerichtsbarkeit zustand, straften und belohnten nach ihrer in den meisten Fällen redlichen Einsicht; der Untergebene tat, was ihm ausführbar und mit einem etwas weiten Gewissen verträglich schien, und nur dem Verlierenden fiel es zuweilen ein, in alten staubichten Urkunden nachzuschlagen. – Es ist schwer, jene Zeit unparteiisch ins Auge zu fassen; sie ist seit ihrem Verschwinden entweder hochmütig getadelt oder albern gelobt worden, da den, der sie erlebte, zu viel teure Erinnerungen blenden und der Spätergeborene sie nicht begreift. So viel darf man indessen behaupten, dass die Form schwächer, der Kern fester, Vergehen häufiger, Gewissenlosigkeit seltener waren. Denn wer nach seiner Überzeugung handelt, und sei sie noch so mangelhaft, kann nie ganz zu Grunde gehen, wogegen nichts seelentötender wirkt, als gegen das innere Rechtsgefühl das äußere Recht in Anspruch nehmen.

Ein Menschenschlag, unruhiger und unternehmender als alle seine Nachbarn, ließ in dem kleinen Staate, von dem wir reden, manches weit greller hervortreten als anderswo unter gleichen Umständen. Holz- und Jagdfrevel[3] waren an der Tagesordnung, und bei den häufig vorfallenden Schlägereien hatte sich jeder selbst seines zerschlagenen Kopfes zu trösten. Da

1 **Halbmeier:** Bauer, der dem Grundherrn Zins zu zahlen hat

2 **Ulysses:** Odysseus; hier sinngemäß für „weit gereister Mann“

3 **Holz- und Jagdfrevel:** Das Fällen von Bäumen und Jagen von Tieren war nicht erlaubt, da der Wald dem Landesherrn gehörte.

jedoch große und ergiebige Waldungen den Hauptreichtum des Landes ausmachten, ward allerdings scharf über die Forsten gewacht, aber weniger auf gesetzlichem Wege als in stets erneuten Versuchen, Gewalt und List mit gleichen Waffen zu überbieten.

Das Dorf B. galt für die hochmütigste, schlauste und kühnste Gemeinde des ganzen Fürstentums. Seine Lage inmitten tiefer und stolzer Waldeinsamkeit mochte schon früh den angeborenen Starrsinn der Gemüter nähren; die Nähe eines Flusses, der in die See mündete und bedeckte Fahrzeuge trug, groß genug, um Schiffbauholz bequem und sicher außer Land zu führen, trug sehr dazu bei, die natürliche Kühnheit der Holzfrevler zu ermutigen, und der Umstand, dass alles umher von Förstern wimmelte, konnte hier nur aufregend wirken, da bei den häufig vorkommenden Scharmützeln[4] der Vorteil meist auf Seiten der Bauern blieb. Dreißig, vierzig Wagen zogen zugleich aus in den schönen Mondnächten mit ungefähr doppelt so viel Mannschaft jedes Alters, vom halbwüchsigen Knaben bis zum siebzigjährigen Ortsvorsteher, der als erfahrener Leitbock den Zug mit gleich stolzem Bewusstsein anführte, als er seinen Sitz in der Gerichtsstube einnahm. Die Zurückgebliebenen horchten sorglos dem allmählichen Verhallen des Knarrens und Stoßens der Räder in den Hohlwegen und schliefen sacht weiter. Ein gelegentlicher Schuss, ein schwacher Schrei ließen wohl einmal eine junge Frau oder Braut auffahren; kein anderer achtete darauf. Beim ersten Morgengrau kehrte der Zug ebenso schweigend heim, die Gesichter glühend wie Erz, hier und dort einer mit verbundenem Kopf, was weiter nicht in Betracht kam, und nach ein paar Stunden war die Umgegend voll von dem Missgeschick eines oder mehrerer Forstbeamten, die aus dem Walde getragen wurden, zerschlagen, mit Schnupftabak geblendet und für einige Zeit unfähig, ihrem Berufe nachzukommen.

In diesen Umgebungen ward Friedrich Mergel geboren, in einem Hause, das durch die stolze Zugabe eines Rauchfangs und minder kleiner Glasscheiben die Ansprüche seines Erbauers so wie durch seine gegenwärtige Verkommenheit die kümmerlichen Umstände des jetzigen Besitzers bezeugte.

4 **Scharmützel:** kleinere Gefechte

1 a) Beschreibt die Lage des Dorfes, die umgebende Landschaft und die Atmosphäre des Ortes in eigenen Worten. Auf welche Stellen im Text könnt ihr euch dabei besonders beziehen?
b) Der Erzähler sieht eine Verbindung zwischen der Landschaft und den Einwohnern. Gebt auch diese Gedanken in eigenen Worten wieder und belegt eure Beobachtungen mit Textstellen.

2 In der Erzählung wird ein Gegensatz zwischen „innerem Rechtsgefühl" und „äußerem Recht" festgestellt. Versucht diesen Gegensatz zu klären.

3 Welche Besonderheiten des Dorfes und welche Eigenschaften der Bevölkerung könnten auf Konflikte und Verbrechen vorausdeuten?

Friedrich Mergel – Johannes Niemand: Zwei ungleiche Vettern

In Friedrich Mergels Elternhaus herrscht „viel Unordnung und böse Wirtschaft". Sein Vater ist ein Trinker und wird zu den „gänzlich verkommenen Subjekten" gezählt. Nachdem ihm seine erste Frau davongelaufen ist, heiratet er Margret Semmler, eine „brave und anständige Person". Aber auch sie macht er unglücklich, sodass Friedrich schon vor seiner Geburt „unter einem Herzen voll Gram" getragen wurde. Der Vater stirbt betrunken auf dem Nachhauseweg von einer Hochzeit im Wald, als Friedrich neun Jahre alt ist. Die Mutter will ihren Sohn in einer feindlichen und fremden Welt rechtschaffen erziehen. Ihre dumpfe Frömmig-

keit versperrt ihr jedoch den Zugang zu dem Jungen. Ihr Bruder Simon will sich um ihn kümmern. Er nimmt ihn mit zu sich. Spät am nächsten Abend kehrt Friedrich zurück zu seiner Mutter. Er ist nicht allein.

Am nächsten Abend saß Margret schon seit einer Stunde mit ihrem Rocken[1] vor der Tür und wartete auf ihren Knaben. Es war die erste Nacht, die sie zugebracht hatte, ohne den Atem ihres Kindes neben sich zu hören, und Friedrich kam noch immer nicht. Sie war ärgerlich und ängstlich und wusste, dass sie beides ohne Grund war. Die Uhr im Turm schlug sieben, das Vieh kehrte heim; er war noch immer nicht da, und sie musste aufstehen, um nach den Kühen zu schauen. Als sie wieder in die dunkle Küche trat, stand Friedrich am Herde; er hatte sich vornübergebeugt und wärmte die Hände an den Kohlen. Der Schein spielte auf seinen Zügen und gab ihnen ein widriges Ansehen von Magerkeit und ängstlichem Zucken. Margret blieb in der Tennentür[2] stehen, so seltsam verändert kam ihr das Kind vor.

„Friedrich, wie geht's dem Ohm[3]?" – Der Knabe murmelte einige unverständliche Worte und drängte sich dicht an die Feuermauer. – „Friedrich, hast du das Reden verlernt? Junge, tu das Maul auf! du weißt ja doch, dass ich auf dem rechten Ohr nicht gut höre." – Das Kind erhob seine Stimme und geriet dermaßen ins Stammeln, dass Margret es um nichts mehr begriff. – „Was sagst du? einen Gruß von Meister Semmler? wieder fort? wohin? die Kühe sind schon zu Hause. Verfluchter Junge, ich kann dich nicht verstehen. Wart, ich muss einmal sehen, ob du keine Zunge im Munde hast!" – Sie trat heftig einige Schritte vor. Das Kind sah zu ihr auf, mit dem Jammerblick eines armen, halbwüchsigen Hundes, der Schildwacht stehen lernt, und begann in der Angst mit den Füßen zu stampfen und den Rücken an der Feuermauer zu reiben.

Margret stand still; ihre Blicke wurden ängstlich. Der Knabe erschien ihr wie zusammengeschrumpft, auch seine Kleider waren nicht dieselben, nein, das war ihr Kind nicht! und dennoch – „Friedrich, Friedrich!", rief sie.

In der Schlafkammer klappte eine Schranktür, und der Gerufene trat hervor, in der einen Hand eine so genannte Holzschenvioline, d.h. einen alten Holzschuh, mit drei bis vier zerschabten Geigensaiten überspannt, in der andern einen Bogen, ganz des Instruments würdig. So ging er gerade auf sein verkümmertes Spiegelbild zu, seinerseits mit einer Haltung bewusster Würde und Selbstständigkeit, die in diesem Augenblicke den Unterschied zwischen beiden sonst merkwürdig ähnlichen Knaben stark hervortreten ließ.

„Da, Johannes!", sagte er und reichte ihm mit einer Gönnermiene das Kunstwerk; „da ist die Violine, die ich dir versprochen habe. Mein Spielen ist vorbei, ich muss jetzt Geld verdienen." – Johannes warf noch einmal einen scheuen Blick auf Margret, streckte dann langsam seine Hand aus, bis er das Dargebotene fest ergriffen hatte, und brachte es wie verstohlen unter die Flügel seines armseligen Jäckchens.

Margret stand ganz still und ließ die Kinder gewähren.

Ihre Gedanken hatten eine andere, sehr ernste Richtung genommen, und sie blickte mit unruhigem Auge von einem auf den andern. Der fremde Knabe hatte sich wieder über die Kohlen gebeugt mit einem Ausdruck augenblicklichen Wohlbehagens, der an Albernheit grenzte, während in Friedrichs Zügen der Wechsel eines offenbar mehr selbstischen[4] als gutmütigen Mitgefühls spielte und sein Auge in fast glasartiger Klarheit zum ersten Male bestimmt den Ausdruck jenes ungebändigten Ehrgeizes und Hanges zum Großtun zeigte, der nachher als so starkes Motiv seiner meisten Handlungen hervortrat.

1 **Rocken:** der Stab, um den das Spinngarn gewickelt wird
2 **Tenne:** großer Raum in einemBauernhaus
3 **Ohm:** Onkel
4 **selbstisch:** egoistisch

4 Wie erscheint der fremde Junge (Johannes), wie der eigene (Friedrich) in der Sicht der Mutter?

5 Wie erlebt Friedrich, wie Johannes die Szene? Erzählt den Vorgang aus deren Perspektive.

Friedrich Mergels Geltungsbedürfnis – eine Charakter- und Sozialstudie

Friedrich wächst nun die meiste Zeit bei seinem Onkel Simon auf, der allerdings nicht nur ehrbare Geschäfte zu betreiben scheint. Friedrich muss sogar vermuten, dass sein Onkel in den nie aufgeklärten Mord am Oberförster Brandis verwickelt ist, der von Holzräubern erschlagen wurde.

Wer zweifelt daran, dass Simon alles tat, seinen Adoptivsohn dieselben Wege zu leiten, die er selber ging? Und in Friedrich lagen Eigenschaften, die dies nur zu sehr erleichterten: Leichtsinn, Erregbarkeit und vor allem ein grenzenloser Hochmut, der nicht immer den Schein verschmähte und dann alles daransetzte, durch Wahrmachung des Usurpierten[1] möglicher Beschämung zu entgehen. Seine Natur war nicht unedel, aber er gewöhnte sich, die innere Schande der äußern vorzuziehen. Man darf nur sagen, er gewöhnte sich an zu prunken, während seine Mutter darbte.

Diese unglückliche Wendung seines Charakters war indessen das Werk mehrerer Jahre, in denen man bemerkte, dass Margret immer stiller über ihren Sohn ward und allmählich in einen Zustand der Verkommenheit versank, den man früher bei ihr für unmöglich gehalten hätte. Sie wurde scheu, saumselig, sogar unordentlich, und manche meinten, ihr Kopf habe gelitten. Friedrich ward desto lauter; er versäumte keine Kirchweih oder Hochzeit, und da ein sehr empfindliches Ehrgefühl ihn die geheime Missbilligung mancher nicht übersehen ließ, war er gleichsam immer unter Waffen, der öffentlichen Meinung nicht sowohl Trotz zu bieten als sie den Weg zu leiten, der ihm gefiel. Er war äußerlich ordentlich, nüchtern, anscheinend treuherzig, aber listig, prahlerisch und oft roh, ein Mensch, an dem niemand Freude haben konnte, am wenigsten seine Mutter, und der dennoch durch seine gefürchtete Kühnheit und noch mehr gefürchtete Tücke ein gewisses Übergewicht im Dorfe erlangt hatte, das umso mehr anerkannt wurde, je mehr man sich bewusst war, ihn nicht zu kennen und nicht berechnen zu können, wessen er am Ende fähig sei. Nur *ein* Bursch im Dorfe, Wilm Hülsmeyer, wagte im Bewusstsein seiner Kraft und guter Verhältnisse ihm die Spitze zu bieten; und da er gewandter in Worten war als Friedrich und immer, wenn der Stachel saß, einen Scherz daraus zu machen wusste, so war dies der Einzige, mit dem Friedrich ungern zusammentraf. [...]

Eines Tages findet im Dorf eine große Hochzeit statt.

Es war sieben Uhr abends und alles in vollem Gange; Jubel und Gelächter an allen Enden, die niedern Stuben zum Ersticken angefüllt mit blauen, roten und gelben Gestalten, gleich Pfandställen, in denen eine zu große Herde eingepfercht ist. Auf der Tenne ward getanzt, das heißt, wer zwei Fuß Raum erobert hatte, drehte sich darauf immer rundum und suchte durch Jauchzen zu ersetzen, was an Bewegung fehlte. Das Orchester war glänzend, die erste Geige als anerkannte Künstlerin prädominierend[2], die zweite und eine große Bassviole mit drei Saiten von Dilettanten ad libitum[3] gestrichen; Branntwein und Kaffee im Überfluss, alle Gäste von Schweiß triefend; kurz, es war ein köstliches

1 **usurpieren:** sich etwas anmaßen

2 **prädominierend:** vorherrschend
3 **ad libitum:** nach Belieben

Fest. Friedrich stolzierte umher wie ein Hahn, im neuen himmelblauen Rock, und machte sein Recht als erster Elegant[4] geltend. Als auch die Gutsherrschaft anlangte, saß er gerade hinter der Bassgeige und strich die tiefste Saite mit großer Kraft und vielem Anstand.

„Johannes!", rief er gebieterisch, und heran trat sein Schützling von dem Tanzplatze, wo er auch seine ungelenken Beine zu schlenkern und eins zu jauchzen versucht hatte. Friedrich reichte ihm den Bogen, gab durch eine stolze Kopfbewegung seinen Willen zu erkennen und trat zu den Tanzenden. „Nun lustig, Musikanten: den Papen van Istrup!" – Der beliebte Tanz ward gespielt, und Friedrich machte Sätze vor den Augen seiner Herrschaft, dass die Kühe an der Tenne die Hörner zurückzogen und Kettengeklirr und Gebrumm an ihren Ständern herlief. Fußhoch über die andern tauchte sein blonder Kopf auf und nieder, wie ein Hecht, der sich im Wasser überschlägt; an allen Enden schrien Mädchen auf, denen er zum Zeichen der Huldigung mit einer raschen Kopfbewegung sein langes Flachshaar ins Gesicht schleuderte.

„Jetzt ist es gut!", sagte er endlich und trat schweißtriefend an den Kredenztisch[5]; „die gnädigen Herrschaften sollen leben und alle die hochadeligen Prinzen und Prinzessinnen, und wer's nicht mittrinkt, den will ich an die Ohren schlagen, dass er die Engel singen hört!" – Ein lautes Vivat[6] beantwortete den galanten Toast[7]. – Friedrich machte einen Bückling. – „Nichts für ungut, gnädige Herrschaften; wir sind nur ungelehrte Bauersleute!" – In diesem Augenblick erhob sich ein Getümmel am Ende der Tenne, Geschrei, Schelten, Gelächter, alles durcheinander. „Butterdieb, Butterdieb!", riefen ein paar Kinder, und heran drängte sich, oder vielmehr ward geschoben, Johannes Niemand, den Kopf zwischen die Schultern ziehend und mit aller Macht nach dem Ausgange strebend. – „Was ist's? Was habt ihr mit unserem Johannes?", rief Friedrich gebieterisch.

„Das sollt Ihr früh genug gewahr werden", keuchte ein altes Weib mit der Küchenschürze und einem Wischhader[8] in der Hand. – Schande! Johannes, der arme Teufel, dem zu Hause das Schlechteste gut genug sein musste, hatte versucht, sich ein halbes Pfündchen Butter für die kommende Dürre zu sichern, und ohne daran zu denken, dass er es, sauber in sein Schnupftuch gewickelt, in der Tasche geborgen, war er ans Küchenfeuer getreten, und nun rann das Fett schmählich die Rockschöße entlang. – Allgemeiner Aufruhr; die Mädchen sprangen zurück, aus Furcht, sich zu beschmutzen, oder stießen den Delinquenten[9] vorwärts. Andere machten Platz, sowohl aus Mitleid als Vorsicht. Aber Friedrich trat vor: „Lumpenhund!", rief er; ein paar derbe Maulschellen trafen den geduldigen Schützling, dann stieß er ihn an die Tür und gab ihm einen tüchtigen Fußtritt mit auf den Weg.

Er kehrte niedergeschlagen zurück; seine Würde war verletzt, das allgemeine Gelächter schnitt ihm durch die Seele, ob er sich gleich durch einen tapfern Juchheschrei wieder in den Gang zu bringen suchte – es wollte nicht mehr recht gehen. Er war im Begriff, sich wieder hinter die Bassviole zu flüchten; doch zuvor noch ein Knalleffekt: Er zog eine silberne Ta-

4 **Elegant:** ein übertrieben modisch gekleideter Mann
5 **Kredenztisch:** Schanktisch
6 **Vivat:** Lebehoch
7 **Toast:** Trinkspruch
8 **Wischhader:** Putzlappen
9 **Delinquent:** jemand, der straffällig geworden ist

schenuhr hervor, zu jener Zeit ein seltener und kostbarer Schmuck. „Es ist bald zehn", sagte er. „Jetzt den Brautmenuett[10]! ich will Musik machen."
„Eine prächtige Uhr!", sagte der Schweinehirt und schob sein Gesicht in ehrfurchtsvoller Neugier vor. – „Was hat sie gekostet?", rief Wilm Hülsmeyer, Friedrichs Nebenbuhler. – „Willst du sie bezahlen?", fragte Friedrich. – „Hast *du* sie bezahlt?", antwortete Wilm. Friedrich warf einen stolzen Blick auf ihn und griff in schweigender Majestät zum Fidelbogen. – „Nun, nun", sagte Hülsmeyer, „dergleichen hat man schon erlebt. Du weißt wohl, der Franz Ebel hatte auch eine schöne Uhr, bis der Jude Aaron sie ihm wieder abnahm." Friedrich antwortete nicht, sondern winkte stolz der ersten Violine, und sie begannen aus Leibeskräften zu streichen.
Die Gutsherrschaft war indessen in die Kammer getreten, wo der Braut von den Nachbarfrauen das Zeichen ihres neuen Standes, die weiße Stirnbinde, umgelegt wurde. Das junge Blut weinte sehr, teils, weil es die Sitte so wollte, teils aus wahrer Beklemmung. Sie sollte einem verworrenen Haushalt vorstehen, unter den Augen eines mürrischen alten Mannes, den sie noch obendrein lieben sollte. Er stand neben ihr, durchaus nicht wie der Bräutigam des Hohen Liedes, der „in die Kammer tritt wie die Morgensonne". – „Du hast nun genug geweint", sagte er verdrießlich; „bedenk, du bist es nicht, die mich glücklich macht, ich mache dich glücklich!" – Sie sah demütig zu ihm auf und schien zu fühlen, dass er Recht habe. – Das Geschäft war beendigt; die junge Frau hatte ihrem Manne zugetrunken, junge Spaßvögel hatten durch den Dreifuß[11] geschaut, ob die Binde gerade sitze, und man drängte sich wieder der Tenne zu, von wo unauslöschliches Gelächter und Lärm herüberschallte. Friedrich war nicht mehr dort. Eine große, unerträgliche Schmach hatte ihn getroffen, da der Jude Aaron, ein Schlächter und gelegentlicher Althändler aus dem nächsten Städtchen, plötzlich erschienen war und nach einem kurzen, unbefriedigenden Zwiegespräch ihn laut vor allen Leuten um den Betrag von zehn Talern für eine schon um Ostern gelieferte Uhr gemahnt hatte. Friedrich war wie vernichtet fortgegangen und der Jude ihm gefolgt, immer schreiend: „O weh mir! warum hab ich nicht gehört auf vernünftige Leute! Haben sie mir nicht hundertmal gesagt, Ihr hättet all Eu'r Gut am Leibe und kein Brot im Schranke!" – Die Tenne tobte von Gelächter; manche hatten sich auf den Hof nachgedrängt. – „Packt den Juden! wiegt ihn gegen ein Schwein!", riefen einige; andere waren ernst geworden. – „Der Friedrich sah so blass aus wie ein Tuch", sagte eine alte Frau, und die Menge teilte sich, wie der Wagen des Gutsherrn in den Hof lenkte.

10 **Menuett:** französischer Tanz

11 **Dreifuß:** Gestell zum Aufsetzen von Kesseln und Töpfen

6 a) Beschreibt Friedrich Mergels Verhalten auf dem Fest. Stützt eure Aussagen mit Hilfe von Textstellen.
b) Wie ist in dieser Szene das Verhältnis zwischen Juden und westfälischer Bevölkerung beschrieben?
c) Untersucht die Darstellung des Brautpaars (Z. 151–166). Welche Einstellung des Erzählers zum Verhältnis von Mann und Frau im 18. Jahrhundert lässt sich erkennen?

7 Friedrich berichtet seiner Mutter von den Vorfällen auf dem Fest. Schreibt einen szenischen Dialog.

Die Judenbuche – das Zeichen, die Schrift

Drei Tage nach der Hochzeit wird der Jude Aaron erschlagen im Wald aufgefunden. Der Verdacht fällt auf Friedrich Mergel. Mergel und Johannes fliehen. Dadurch machen sie sich umso mehr verdächtig.

Die Juden der Umgegend hatten großen Anteil gezeigt. Das Haus der Witwe ward nie leer von Jammernden und Ratenden. Seit Menschengedenken waren nicht so viel Juden beisammen in L. gesehen worden. Durch den Mord ihres

Glaubensgenossen aufs Äußerste erbittert, hatten sie weder Mühe noch Geld gespart, dem Täter auf die Spur zu kommen. Man weiß sogar, dass einer derselben, gemeinhin der Wucherjoel genannt, einem seiner Kunden, der ihm mehrere Hunderte schuldete und den er für einen besonders listigen Kerl hielt, Erlass der ganzen Summe angeboten hatte, falls er ihm zur Verhaftung des Mergel verhelfen wolle; denn der Glaube war allgemein unter den Juden, dass der Täter nur mit guter Beihilfe entwischt und wahrscheinlich noch in der Umgegend sei. Als dennoch alles nichts half und die gerichtliche Verhandlung für beendet erklärt worden war, erschien am nächsten Morgen eine Anzahl der angesehensten Israeliten im Schlosse, um dem gnädigen Herrn einen Handel anzutragen. Der Gegenstand war die Buche, unter der Aarons Stab gefunden und wo der Mord wahrscheinlich verübt worden war. – „Wollt ihr sie fällen? so mitten im vollen Laube?“, fragte der Gutsherr. – „Nein, Ihro Gnaden, sie muss stehen bleiben im Winter und Sommer, solange ein Span daran ist.“ – „Aber wenn ich nun den Wald hauen lasse, so schadet es dem jungen Aufschlag.“ – „Wollen wir sie doch nicht um gewöhnlichen Preis.“ – Sie boten 200 Taler. Der Handel ward geschlossen und allen Förstern streng eingeschärft, die Judenbuche auf keine Weise zu schädigen. Darauf sah man an einem Abende wohl gegen sechzig Juden, ihren Rabbiner an der Spitze, in das Brederholz ziehen, alle schweigend und mit gesenkten Augen. Sie blieben über eine Stunde im Walde und kehrten dann ebenso ernst und feierlich zurück, durch das Dorf B. bis in das Zellerfeld, wo sie sich zerstreuten und jeder seines Weges ging. Am nächsten Morgen stand an der Buche mit dem Beil eingehauen:

יפנץ נך באשו אתה עשית די

אם תעמור במקום חזח

Und wo war Friedrich? Ohne Zweifel fort, weit genug, um die kurzen Arme einer so schwachen Polizei nicht mehr fürchten zu dürfen. Er war bald verschollen, vergessen. Ohm Simon redete selten von ihm, und dann schlecht; die Judenfrau tröstete sich am Ende und nahm einen andern Mann. Nur die arme Margret blieb ungetröstet.

8 Beschreibt das Verhalten der Judengemeinde. Wie suchen die Juden sich Recht zu verschaffen?

9 Welche Bedeutung könnten die Buche und die Inschrift für die Juden und für die Bevölkerung des Dorfes haben?

Treibt es den Täter an den Ort der Tat zurück?

Achtundzwanzig Jahre sind vergangen. Einer der Flüchtlinge, den es in die türkische Sklaverei verschlagen hatte, kehrt ins Dorf zurück, eine „armselige Figur! mit schiefem Halse, gekrümmtem Rücken, die ganze Gestalt gebrochen und kraftlos“. Der Heimgekehrte gibt sich als Johannes Niemand zu erkennen. Er bezieht ein Kämmerchen bei einer Witwe im Dorfe, schnitzt Holzlöffel und macht Botengänge für den Gutsherrn, der ihn mit Kleidung ausstattet. Eines Abends kommt er nicht nach Hause. Alle machen sich große Sorgen um den „armseligen Krüppel“ und suchen nach ihm. Vergeblich! – Vierzehn Tage später geht der junge Oberförster Brandis über eine Waldlichtung.

Rings umher kein Baum außer der Judenbuche. Dahin strebte er denn auch aus allen Kräften und ließ sich todmatt auf das beschattete Moos darunter nieder. Die Kühle zog so angenehm durch seine Glieder, dass er die Augen schloss. „Schändliche Pilze!“, murmelte er halb im Schlaf. Es gibt nämlich in jener Gegend eine Art sehr saftiger Pilze, die nur ein paar Tage stehen, dann einfallen und einen unerträglichen Geruch verbreiten. Brandis glaubte solche un-

angenehmen Nachbarn zu spüren, er wandte sich ein paarmal hin und her, mochte aber doch nicht aufstehen; sein Hund sprang unterdessen umher, kratzte am Stamm der Buche und bellte hinauf. – „Was hast du da, Bello? eine Katze?", murmelte Brandis. Er öffnete die Wimper halb, und die Judenschrift fiel ihm ins Auge, sehr ausgewachsen, aber doch noch ganz kenntlich. Er schloss die Augen wieder; der Hund fuhr fort zu bellen und legte endlich seinem Herrn die kalte Schnauze ans Gesicht. – „Lass mich in Ruh'! was hast du denn?" Hiebei sah Brandis, wie er so auf dem Rücken lag, in die Höhe, sprang dann mit einem Satze auf und wie besessen ins Gestrüpp hinein. Totenbleich kam er auf dem Schlosse an: In der Judenbuche hänge ein Mensch; er habe die Beine gerade über seinem Gesichte hängen sehen. – „Und du hast ihn nicht abgeschnitten, Esel?", rief der Baron. – „Herr", keuchte Brandis, „wenn Euer Gnaden da gewesen wären, so wüssten Sie wohl, dass der Mensch nicht mehr lebt. Ich glaubte anfangs, es seien die Pilze." Dennoch trieb der Gutsherr zur größten Eile und zog selbst mit hinaus.
Sie waren unter der Buche angelangt. „Ich sehe nichts", sagte Herr von S. – „Hierher müssen Sie treten, hierher, an diese Stelle!" – Wirklich, dem war so: Der Gutsherr erkannte seine eigenen abgetragenen Schuhe. – „Gott, es ist Johannes! – Setzt die Leiter an! – so – nun herunter! – sacht, sacht! lasst ihn nicht fallen! – Lieber Himmel, die Würmer sind schon daran! Macht dennoch die Schlinge auf und die Halsbinde." – Eine breite Narbe ward sichtbar; der Gutsherr fuhr zurück. – „Mein Gott!", sagte er; er beugte sich wieder über die Leiche, betrachtete die Narbe mit großer Aufmerksamkeit und schwieg eine Weile in tiefer Erschütterung. Dann wandte er sich zu den Förstern: „Es ist nicht recht, dass der Unschuldige für den Schuldigen leide; sagt es nur allen Leuten: Der da" – er deutete auf den Toten – „war Friedrich Mergel." – Die Leiche ward auf dem Schindanger[1] verscharrt.
Dies hat sich nach allen Hauptumständen wirklich so begeben im September des Jahrs 1789. – Die hebräische Schrift an dem Baume heißt: „Wenn du dich diesem Orte nahest, so wird es dir ergehen, wie du mir getan hast."

1 **Schindanger:** Platz zum Verscharren von Tierkadavern

10 Untersucht, welche Rolle der Gutsherr am Ende der Novelle spielt.

11 a) Rekonstruiert so weit wie möglich die „Schuld" des Friedrich Mergel.
b) Überlegt, ob das Leben, das Mergel nach seiner Flucht führt, etwas mit Strafe, seine Rückkehr etwas mit schlechtem Gewissen zu tun haben könnte.

12 Stellt euch vor, Friedrich Mergel wäre nicht geflohen, sondern es wäre zu einer **Gerichtsverhandlung** gekommen. Spielt diese Verhandlung, in der versucht wird, den Kriminalfall zu lösen:
- Wie lautet die Anklage?
- Wen wollt ihr als Zeugen laden? Welche Fragen könnt ihr den Beteiligten stellen?
- Welche Argumente zur Entlastung können die Verteidiger anführen?
- Zu welchem Urteil kommt ihr als Richter/innen?

Die Quelle für Annette von Droste-Hülshoffs „Judenbuche" (Auszug)

Der Novelle, die sich auch als Kriminalerzählung lesen lässt, liegt eine wahre Begebenheit zu Grunde. Annette von Droste-Hülshoffs Onkel August von Haxthausen zeichnete sie nach Gerichtsakten auf und veröffentlichte sie 1818 unter dem Titel „Geschichte eines Algierer-Sklaven" in einer Zeitschrift.

Der Bauernvogt von Ovenhausen hatte im Herbst 1782 einen Knecht, Hermann Winkelhannes, mit dem er wohl zufrieden war. Dieser hatte bei dem Schutzjuden[1] Pinnes Tuch

1 **Schutzjude:** ortsansässiger Jude, der durch den Kauf eines Schutzbriefs des Landesherrn zeitlich begrenzte Untertanenrechte erhalten hat

für eine Jacke angenommen, und als er wohl schon einige Zeit damit umhergegangen und der Jude ihn nun an die Bezahlung mahnt, so leugnet er, verdrießlich, einen so hohen Preis ausgemacht zu haben. Nach manchem Hin- und Herreden sagt er zuletzt: „Du verstogte Schinnerteven[2] von Jaudea, du wust mi man bedreigen, eh ek di den halven Daler in den Rachen smite, well ek mi leiver den kleinen Finger med den Tännen afbiten, un wann de mi noch mal kümmst, so schla ik di de Jacken so vull, dat du Dage dines Levens an mi gedenken sast."
Dem Juden blieb also nichts anderes übrig, als ihn zu verklagen. Dem Knecht rieten manche Bauern, da es gegen einen Juden ging, es darauf ankommen zu lassen. Sein eigener Brotherr hatte gesagt: „Ei, wat wust du denn dat bethalen, ek schlöge ja leiber dem Jauden vörm Kopp, dat dei den Himmel vor'n Dudelsack anseihe, et is ja man 'n Jaude!"
Da der Jude sich auf sein Auftragsbuch berief und unbescholten war, wurde ihm der volle Kaufpreis zugesprochen. Leute, die die Treppe heraufgingen, als Hermann von der Gerichtsstube herunterkam, wollen gehört haben, dass er gesagt: „Tös, ek will di kalt maken."
Es war Abend geworden, als der Förster Schmidts, quer übers Feld aufs Dorf zugehend, den Hermann nach dem Heilgen-Geist-Holz zugehen sieht und, glaubend, er wolle noch spät Holz stehlen, ihm behutsam auf dem Fuße nachfolgt. Aber er sieht ihn nur einen Knüppel abschneiden. Danach begegnet ihm der Jude Pinnes, der ihn für seine Pfeife um etwas Feuer bittet, welches man auch keinem Juden abschlagen darf. „Ja", sagte der Förster, ihm das Feuer auf die Pfeife legend, „wenn du noch na Huse must, so mak, dat du vor der Dunkelheit durch et Holt kommst, de Nacht meint et nich gut med den Menschen."
Zwei Tage drauf kommt die Frau des Juden ins Dorf, schreiend und heulend, ihr Mann läge oben erschlagen im Heilgen-Geist-Holze. Unter Schluchzen gibt sie dem Gericht an, als sie durchs Holz gekommen, sei auf einem Fleck viel Blut gelegen und eine Spur davon habe ins nahe Gebüsch gewiesen, da habe ihr Mann gelegen und sei tot. Man brachte ihn auf einer Tragebahre ins Dorf. Kaum hundert Schritt von der Leiche auf dem Wege nach Ovenhausen fand der Förster Schmidts rechts am Graben den blutigen Knüppel, der seine Gedanken auf Hermann leitete.
Da gab das Gericht Befehl, Hermann zu arretieren[3]. Sein Vater sagte, sein Sohn sei schon seit voriger Nacht fort, er wisse nicht, wohin. Der Jude lag indes auf der Totenbahre und seine Wunden öffneten sich nicht mehr, um bei der Vorführung des Mörders zu bluten. Da kamen die Verwandten und Glaubensgenossen, ihn zum ehrlichen Begräbnis abzuholen, und während der Rabbiner ihn in den Sarg legen lässt, stehen sein Bruder und ein paar Juden beim Drosten[4] und bitten um die Erlaubnis, in den Baum, unter dem ihr Bruder erschlagen, ihr Zeichen einschneiden zu dürfen. „Nu, mer wollen allen Schaden ersetzen, verkaufen Se uns den Baum." – „Ach was, schreibt dran, was ihr Lust habt, das tut dem Baum weiter nichts. Aber was wollt ihr denn dreinschneiden, dürft ihr das nicht sagen?" – „Da ist unser Rabbiner, der soll da unsere hebräischen Zeichen neinschneiden, dass der Mörder, den unser Gott finden werd, keines rechten Daudes sterben soll."

2 **Schinnerteven:** Schimpfwort für missliebige Fremde

3 **arretieren:** festnehmen
4 **Droste:** Verwaltungsbeamter

1 Der Bericht enthält den „historischen Kern" der Novelle. Welches sind die „Anreicherungen", die der historische Fall bei Droste-Hülshoff erfährt?

2 a) Stellt euch vor, Annette von Droste-Hülshoff hätte mit ihrem Onkel über dessen „Geschichte eines Algierer-Sklaven" gesprochen. Was hätte sie ihn fragen können?
b) Entwerft ein zweites Gespräch, das nach dem Erscheinen der Novelle stattfindet. Nun hat der Onkel Fragen.

Zeittafel des 19. Jahrhunderts

Allgemeine Geschichte

1815	Wiener Kongress; Beginn der Restauration
1817	Wartburgfest der deutschen Burschenschaften
1819	Ermordung des Dichters August Friedrich von Kotzebue; Karlsbader Beschlüsse (u. a. Pressezensur, „Demagogenverfolgung“)
1830	Julirevolution in Paris
1832	Hambacher Fest

1844	Weberaufstand in Schlesien; Hunger in den Städten; Missernten
1848	Revolutionäre Unruhen in ganz Europa; Zusammentritt der deutschen Nationalversammlung in der Frankfurter Paulskirche
ab 1848	verstärkte Auswanderung nach Nordamerika; Fortschritte der Industrialisierung
1870/71	Deutsch-Französischer Krieg
1878	Bismarck: Sozialistengesetz (Verbot der Sozialdemokratie)

Literaturgeschichte

Romantik (ca. 1797–1840)

1812/15	Jacob und Wilhelm Grimm: *Kinder- und Hausmärchen*
1820	E. T. A. Hoffmann: *Das Fräulein von Scuderi*
1826	Joseph von Eichendorff: *Aus dem Leben eines Taugenichts*
1837	Joseph von Eichendorff: *Gedichte*

Biedermeier (ca. 1820–1850) und Vormärz (ca. 1830–1848)

1838	Eduard Mörike: *Gedichte*
1840	Heinrich Heine: *Der Rabbi von Bacherach* (entstanden ab 1824)
1842	Annette von Droste-Hülshoff: *Die Judenbuche*
1844	Annette von Droste-Hülshoff: *Gedichte*
1844	Heinrich Heine: *Neue Gedichte*

Poetischer Realismus (ca. 1850–1890)

1851	Theodor Fontane: *Gedichte*
1852	Theodor Storm: *Gedichte*
1856	Gottfried Keller: *Die Leute von Seldwyla*
1885	Theodor Fontane: *Unterm Birnbaum*
1888	Theodor Storm: *Der Schimmelreiter*

1 In der Zeittafel sind einige wichtige historische Daten und die literarischen Werke, die ihr in diesem Kapitel kennen lernt, aufgeführt. Informiert euch in Geschichtsbüchern und Literaturlexika genauer über die angegebenen Namen und Ereignisse. Fügt vor allem ein, was ihr über die Lebensbedingungen der Menschen in Erfahrung bringen könnt.

2 Erstellt arbeitsteilig eine chronologisch angeordnete Wandzeitung. Gestaltet die Zeitung mit ergänzenden Informationen und Bildmaterialien.

11.2 Menschen in ihrer natürlichen Lebensumwelt – Romantische und realistische Erzählanfänge

Wer eine Geschichte zu erzählen hat, muss seine Leserinnen und Leser so in das Geschehen einführen, dass sie es sich lebhaft vorstellen können. Es gibt dazu grundsätzlich zwei Möglichkeiten: Der Erzähler schildert einleitend den Wirklichkeitsausschnitt, auf den er sich beziehen will, und führt dann die handelnden Personen ein. Oder er springt mitten in das Geschehen, steht gleichsam an der Seite seiner Helden und lässt seine Leser/innen an deren unmittelbarer Wahrnehmung teilhaben.

Joseph von Eichendorff

Aus dem Leben eines Taugenichts
(1826)

In Joseph von Eichendorff (1788–1857) sah man den Dichter volkstümlicher Lieder und Erzählungen, in denen Mensch und Natur in Harmonie leben. Aber Eichendorff ist kein Heimatdichter deutscher Landschaften. Was ihn stärker beschäftigte, war die Sehnsucht nach verloren gegangener Kindheit, Natürlichkeit, Geschichte und die Unsicherheit der erlebten Gegenwart der napoleonischen Zeit. In der Novelle „Aus dem Leben eines Taugenichts" entwirft Eichendorff eine fast märchenhafte Welt in Deutschland und Italien. Aus Fernweh flieht der Held aus der Arbeitswelt der bürgerlichen Gesellschaft. Er erwandert sich als Geige spielender Vagabund das Glück eines „ewigen Sonntags im Gemüte".

Erstes Kapitel

Das Rad an meines Vaters Mühle brauste und rauschte schon wieder recht lustig, der Schnee tröpfelte emsig vom Dache, die Sperlinge zwitscherten und tummelten sich dazwischen; ich saß auf der Türschwelle und wischte mir den Schlaf aus den Augen; mir war so recht wohl in dem warmen Sonnenscheine. Da trat der Vater aus dem Hause; er hatte schon seit Tagesanbruch in der Mühle rumort und die Schlafmütze schief auf dem Kopfe, der sagte zu mir: „Du Taugenichts! da sonnst du dich schon wieder und dehnst und reckst dir die Knochen müde und lässt mich alle Arbeit allein tun. Ich kann dich hier nicht länger füttern. Der Frühling ist vor der Tür, geh auch einmal hinaus in die Welt und erwirb dir selber dein Brot." – „Nun", sagte ich, „wenn ich ein Taugenichts bin, so ist's gut, so will ich in die Welt gehn und mein Glück machen." Und eigentlich war mir das recht lieb, denn es war mir kurz vorher selber eingefallen, auf Reisen zu gehn, da ich die Goldammer, welche im Herbst und Winter immer betrübt an unserm Fenster sang: „Bauer, miet mich, Bauer, miet mich!", nun in der schönen Frühlingszeit wieder ganz stolz und lustig vom Baume rufen hörte: „Bauer, behalt deinen Dienst!" – Ich ging also in das Haus hinein und holte meine Geige, die ich recht artig spielte, von der Wand, mein Vater gab mir noch einige Groschen Geld mit auf den Weg, und so schlenderte ich durch das lange Dorf hinaus. Ich hatte recht meine heimliche Freude, als ich da alle meine alten Bekannten und Kameraden rechts und links, wie gestern und vorgestern und immerdar, zur Arbeit hinausziehen, graben und pflügen sah, während ich so in die freie Welt hinausstrich. Ich rief den armen Leuten nach allen Seiten recht stolz und zufrieden Adjes zu, aber es kümmerte sich eben keiner sehr darum. Mir war es wie ein ewiger Sonntag im Gemüte. Und als ich endlich ins freie Feld hinauskam, da nahm ich meine liebe Geige vor und spielte und sang, auf der Landstraße fortgehend:

„Wem Gott will rechte Gunst erweisen,
Den schickt er in die weite Welt,
Dem will er seine Wunder weisen
In Berg und Wald und Strom und Feld.

Die Trägen, die zu Hause liegen,
Erquicket nicht das Morgenrot,
Sie wissen nur vom Kinderwiegen,
Von Sorgen, Last und Not um Brot.

Die Bächlein von den Bergen springen,
Die Lerchen schwirren hoch vor Lust,
Was sollt' ich nicht mit ihnen singen
Aus voller Kehl' und frischer Brust?

Den lieben Gott lass ich nur walten;
Der Bächlein, Lerchen, Wald und Feld
Und Erd' und Himmel will erhalten,
Hat auch mein' Sach' aufs Best' bestellt!"

1 a) Beschreibt, wie der Erzähler dieses Textes die Welt sieht.
b) Verfasst einen Text, der lediglich das äußere Handlungsgerüst wiedergibt. Vergleicht ihn mit Eichendorffs Version und beschreibt die unterschiedlichen Wirkungen.

2 Schildert den Aufbruch des jungen Müllers aus der Sicht seines Vaters.

3 Könnt ihr schon aus diesem Novellenanfang Gründe dafür entdecken, dass der Autor seinen Helden einen „Taugenichts" nennt?

Gottfried Keller

Die Leute von Seldwyla (1856/74)

Gottfried Keller (1819–1890) fehlte es von Anfang an an bürgerlicher „Normalität". Er war klein, nahezu verwachsen, blieb Junggeselle, fühlte sich abhängig von Mutter und Schwester. Auch sein später literarischer Ruhm über die Grenzen seiner Schweizer Heimat hinaus änderte daran grundsätzlich nichts. Seine Ausbildung als Landschaftsmaler – er studierte in Zürich und München Malerei – musste er aus Geldmangel abbrechen. Nach der Gründung des Schweizer Bundesstaates (1847) ermöglichte ihm ein Stipendium einen Studienaufenthalt in Heidelberg und Berlin. Hier schrieb er den autobiografischen Entwicklungsroman „Der grüne Heinrich" und den Novellenzyklus „Die Leute von Seldwyla". Eine der bedeutendsten Novellen daraus ist „Romeo und Julia auf dem Dorfe". In der Vorrede der Novellensammlung (S. 270/271) stellt der Erzähler den Ort Seldwyla vor.

Seldwyla bedeutet nach der älteren Sprache einen wonnigen und sonnigen Ort, und so ist auch in der Tat die kleine Stadt dieses Namens gelegen irgendwo in der Schweiz. Sie steckt noch in den gleichen alten Ringmauern und Türmen wie vor dreihundert Jahren und ist also immer das gleiche Nest; die ursprüngliche tiefe Absicht dieser Anlage wird durch den Umstand erhärtet, dass die Gründer der Stadt dieselbe eine gute halbe Stunde von einem schiffbaren Flusse angepflanzt, zum deutlichen Zeichen, dass nichts daraus werden solle. Aber schön ist sie gelegen, mitten in grünen Bergen, die nach der Mittagseite zu offen sind, sodass wohl die Sonne hereinkam, aber kein raues Lüftchen. Deswegen gedeiht auch ein ziemlich guter Wein rings um die alte Stadtmauer, während höher hinauf an den Bergen unabsehbare Waldungen sich hinziehen, welche das Vermögen der Stadt ausmachen; denn dies ist das Wahrzeichen und sonderbare Schicksal derselben, dass die Gemeinde reich ist und die Bürgerschaft arm, und zwar so, dass kein Mensch zu Seldwyla etwas hat und niemand weiß, wovon sie seit Jahrhunderten eigentlich leben. Und sie leben sehr lustig und guter Dinge, halten die Gemütlichkeit für ihre besondere Kunst, und wenn sie irgendwo hinkommen, wo man anderes Holz brennt, so kritisieren sie zuerst die dortige Gemütlichkeit und meinen, ihnen tue es doch niemand zuvor in dieser Hantierung.

Der Kern und der Glanz des Volkes besteht aus den jungen Leuten von etwa zwanzig bis fünf-, sechsunddreißig Jahren, und diese sind es, welche den Ton angeben, die Stange halten und die Herrlichkeit von Seldwyla darstellen. Denn während dieses Alters üben sie das Geschäft, das Handwerk, den Vorteil oder was sie sonst gelernt haben, das heißt, sie lassen, solange es geht, fremde Leute für sich arbeiten und benutzen ihre Profession zur Betreibung eines trefflichen Schuldenverkehres, der eben die Grundlage der Macht, Herrlichkeit und Gemütlichkeit der Herren von Seldwyla bildet und mit einer ausgezeichneten Gegenseitigkeit und Verständnisinnigkeit gewahrt wird; aber wohlgemerkt, nur unter dieser Aristokratie der Jugend.

[...]

Holz haben alle Bürger die Fülle und die Gemeinde verkauft jährlich noch einen guten Teil, woraus die große Armut unterstützt und genährt wird, und so steht das alte Städtchen in unveränderlichem Kreislauf der Dinge bis heute. Aber immer sind sie im Ganzen zufrieden und munter, und wenn je ein Schatten ihre Seele trübt, wenn etwa eine allzu hartnäckige Geldklemme über der Stadt weilt, so vertreiben sie sich die Zeit und ermuntern sich durch ihre große politische Beweglichkeit, welche ein weiterer Charakterzug der Seldwyler ist. Sie sind nämlich leidenschaftliche Parteileute, Verfassungsrevisoren und Antragsteller, und wenn sie eine recht verrückte Motion[1] ausgeheckt haben und durch ihr Großratsmitglied stellen lassen oder wenn der Ruf nach Verfassungsänderung in Seldwyla ausgeht, so weiß man im Lande, dass im Augenblicke dort kein Geld zirkuliert. Dabei lieben sie die Abwechselung der Meinungen und Grundsätze und sind stets den Tag darauf, nachdem eine Regierung gewählt ist, in der Opposition gegen dieselbe. Ist es ein radikales Regiment, so scharen sie sich, um es zu ärgern, um den konservativen frömmlichen Stadtpfarrer, den sie noch gestern gehänselt, und machen ihm den Hof, indem sie sich mit verstellter Begeisterung in seine Kirche drängen, seine Predigten preisen und mit großem Geräusch seine gedruckten Traktätchen und Berichte der Baseler Missionsgesellschaft umherbieten, natürlich ohne ihm einen Pfennig beizusteuern. Ist aber ein Regiment am Ruder, welches nur halbwegs konservativ aussieht, stracks drängen sie sich um die Schullehrer der Stadt, und der Pfarrer hat genug an den Glaser zu zahlen für eingeworfene Scheiben. Besteht hingegen die Regierung aus liberalen Juristen, die viel auf die Form halten, und aus häklichen[2] Geldmännern, so laufen sie flugs dem nächstwohnenden Sozialisten zu und ärgern die Regierung, indem sie denselben in den Rat wählen mit dem Feldgeschrei: Es sei nun genug des politischen Formenwesens und die materiellen Interessen seien es, welche allein das Volk noch kümmern könnten. Heute wollen sie das Veto haben und sogar die unmittelbarste Selbstregierung mit permanenter Volksver-

1 **Motion:** Antrag im Parlament
2 **häklich:** besonnen, vorsichtig

sammlung, wozu freilich die Seldwyler am meisten Zeit hätten, morgen stellen sie sich übermüdet und blasiert in öffentlichen Dingen und lassen ein halbes Dutzend alte Stillständer, die vor dreißig Jahren falliert und sich seither stillschweigend rehabilitiert haben[3], die Wahlen besorgen.

3 **alte Stillständer ... rehabilitiert haben:** Geschäftsleute, die einmal Pleite gegangen, aber inzwischen wieder zu Geld gekommen sind

1 Wie wirkt die Beschreibung Seldwylas auf euch? Begründet eure Meinung anhand von Textstellen.

2 Vergleicht Annette von Droste-Hülshoffs Beschreibung des Dorfs in Westfalen (S. 258/259) mit Kellers Beschreibung Seldwylas. Legt eine Tabelle an und tragt ein, was jeweils an Wissenswertem über Land und Leute mitgeteilt wird.

Theodor Storm

Der Schimmelreiter (1888)

Theodor Storm (1817–1888) begann als Lyriker, Stimmungen und Empfindungen in Sprache zu „übersetzen". Er bezeichnet deshalb seine Gedichte, von denen ihr eines auf S. 273 findet, als „Erlebnis-" oder „Gelegenheitsgedichte". Seine Themen – eingekleidet in Naturbilder der norddeutschen Landschaft – sind Liebe, Tod, Vergänglichkeit und Begrenztheit der Lebensmöglichkeiten des Einzelnen. Die Zurückgezogenheit des Husumer Amtsrichters – selten verließ er seine Heimat – kennzeichnet auch viele Figuren seiner Erzählungen.
Storms letzte und erfolgreichste Novelle ist „Der Schimmelreiter". In eine doppelte Rahmenerzählung eingebettet wird von Hauke Haien berichtet, der zum Deichgrafen aufsteigt, eine neue Bauweise für Deiche durchsetzt, schließlich aber an der See und den starrsinnigen Küstenbewohnern scheitert. Er kommt mit seinem Schimmel in den Fluten des Deichbruchs um und „spukt" nun.

Es war im dritten Jahrzehnt unseres Jahrhunderts, an einem Oktobernachmittag – so begann der damalige Erzähler –, als ich bei starkem Unwetter auf einem nordfriesischen Deich entlangritt. Zur Linken hatte ich jetzt schon seit über einer Stunde die öde, bereits von allem Vieh geleerte Marsch[1], zur Rechten, und zwar in unbehaglichster Nähe, das Wattenmeer[2] der Nordsee; zwar sollte man vom Deiche aus auf Halligen[3] und Inseln sehen können; aber ich sah nichts als die gelbgrauen Wellen, die unaufhörlich wie mit Wutgebrüll an den Deich hinaufschlugen und mitunter mich und das Pferd mit schmutzigem Schaum bespritzten; dahinter wüste Dämmerung, die Himmel und Erde nicht unterscheiden ließ; denn auch der halbe Mond, der jetzt in der Höhe stand, war meist von treibendem Wolkendunkel überzogen. Es war eiskalt; meine verklommenen Hände konnten kaum den Zügel halten, und ich verdachte es

1 **die Marsch:** eingedeichtes Ackerland
2 **Wattenmeer:** der bei Ebbe trockenlaufende Teil der Nordsee
3 **Hallig:** kleine Nordseeinsel

nicht den Krähen und Möwen, die sich fortwährend krächzend und gackernd vom Sturm ins Land hineintreiben ließen. Die Nachtdämmerung hatte begonnen, und schon konnte ich nicht mehr mit Sicherheit die Hufen meines Pferdes erkennen; keine Menschenseele war mir begegnet, ich hörte nichts als das Geschrei der Vögel, wenn sie mich oder meine treue Stute fast mit den langen Flügeln streiften, und das Toben von Wind und Wasser. Ich leugne nicht, ich wünschte mich mitunter in sicheres Quartier.

Das Wetter dauerte jetzt in den dritten Tag, und ich hatte mich schon über Gebühr von einem mir besonders lieben Verwandten auf seinem Hofe halten lassen, den er in einer der nördlicheren Harden[4] besaß. Heute aber ging es nicht länger; ich hatte Geschäfte in der Stadt, die auch jetzt wohl noch ein paar Stunden weit nach Süden vor mir lag, und trotz aller Überredungskünste des Vetters und seiner lieben Frau, trotz der schönen selbst gezogenen Perinette- und Grand-Richard-Äpfel, die noch zu probieren waren, am Nachmittag war ich davongeritten. „Wart nur, bis du ans Meer kommst“, hatte er noch an seiner Haustür mir nachgerufen; „du kehrst noch wieder um; dein Zimmer wird dir vorbehalten!“

Und wirklich, einen Augenblick, als eine schwarze Wolkenschicht es pechfinster um mich machte und gleichzeitig die heulenden Böen mich samt meiner Stute vom Deich herabzudrängen suchten, fuhr es mir wohl durch den Kopf: ‚Sei kein Narr! Kehr um und setz dich zu deinen Freunden ins warme Nest.‘ Dann aber fiel's mir ein, der Weg zurück war wohl noch länger als der nach meinem Reiseziel; und so trabte ich weiter, den Kragen meines Mantels um die Ohren ziehend.

Jetzt aber kam auf dem Deiche etwas gegen mich heran; ich hörte nichts; aber immer deutlicher, wenn der halbe Mond ein karges Licht herabließ, glaubte ich eine dunkle Gestalt zu erkennen, und bald, da sie näher kam, sah ich es, sie saß auf einem Pferde, einem hochbeinigen hageren Schimmel; ein dunkler Mantel flatterte um ihre Schultern, und im Vorbeifliegen sahen mich zwei brennende Augen aus einem bleichen Antlitz an.

Wer war das? Was wollte der? – Und jetzt fiel mir bei, ich hatte keinen Hufschlag, kein Keuchen des Pferdes vernommen; und Ross und Reiter waren doch hart an mir vorbeigefahren!

In Gedanken darüber ritt ich weiter, aber ich hatte nicht lange Zeit zum Denken, schon fuhr es von rückwärts wieder an mir vorbei; mir war, als streifte mich der fliegende Mantel, und die Erscheinung war, wie das erste Mal, lautlos an mir vorübergestoben. Dann sah ich sie fern und ferner vor mir; dann war's, als säh ich plötzlich ihren Schatten an der Binnenseite des Deiches hinuntergehen.

4 **Harde:** Bezirk

1 Wie versucht der Erzähler der Novelle, den Wahrheitsgehalt des von ihm Berichteten glaubhaft zu machen?

2 Vergleicht die Stimmung, die den Reiter auf dem Deich überfällt, mit der, die in Annette von Droste-Hülshoffs Novelle die Einheimischen im Wald empfinden. Beachtet vor allem die Reaktion der Menschen auf Spuk und Unheimliches:

Es ist gewöhnlich in jenen Gegenden, den Verunglückten die Ruhe im Grabe abzusprechen. Der alte Mergel [Friedrichs Vater] war das Gespenst des Brederholzes geworden; einen Betrunkenen führte er als Irrlicht bei einem Haar in den Zellerkolk [ein Wasserloch]; die Hirtenknaben, wenn sie nachts bei ihren Feuern kauerten und die Eulen in den Gründen schrien, hörten zuweilen in abgebrochenen Tönen ganz deutlich dazwischen sein „Hör mal an, feins Liseken“, und ein unprivilegierter [unrechtmäßiger] Holzhauer, der unter der breiten Eiche eingeschlafen und dem es darüber Nacht geworden war, hatte beim Erwachen sein geschwollenes blaues Gesicht durch die Zweige lauschen sehen.

11.3 Unheimliche Natur: Vier Gedichte im Vergleich

Eine zentrale Frage im 19. Jahrhundert lautet: Ist die Natur durch den Menschen erforschbar und beherrschbar, weil sie nach Gesetzen verläuft, oder ist sie dem Menschen ähnlich: nicht vorhersehbar, manchmal freundlich, manchmal feindlich, unheimlich?

Joseph von Eichendorff

Zwielicht (1812)

Dämmrung will die Flügel spreiten,
Schaurig rühren sich die Bäume,
Wolken ziehn wie schwere Träume –
Was will dieses Graun bedeuten?

Hast ein Reh du lieb vor andern,
Lass es nicht alleine grasen,
Jäger ziehn im Wald und blasen,
Stimmen hin und wieder wandern.

Hast du einen Freund hienieden,
Trau ihm nicht zu dieser Stunde,
Freundlich wohl mit Aug und Munde,
Sinnt er Krieg im tück'schen Frieden.

Was heut müde gehet unter,
Hebt sich morgen neugeboren.
Manches bleibt in Nacht verloren –
Hüte dich, bleib wach und munter!

Theodor Storm

Über die Heide (1875)

Über die Heide hallet mein Schritt;
Dumpf aus der Erde wandert es mit.

Herbst ist gekommen, Frühling ist weit –
Gab es denn einmal selige Zeit?

Brauende Nebel geisten umher;
Schwarz ist das Kraut und der Himmel so leer.

Wär ich hier nur nicht gegangen im Mai!
Leben und Liebe – wie flog es vorbei!

Eduard Mörike

Die Geister am Mummelsee (1829)

Vom Berge was kommt dort um Mitternacht spät
Mit Fackeln so prächtig herunter?
Ob das wohl zum Tanze, zum Feste noch geht?
Mir klingen die Lieder so munter.
        O nein!
So sage, was mag es wohl sein?

Das, was du da siehest, ist Totengeleit,
Und was du da hörest, sind Klagen.
Dem König, dem Zauberer, gilt es zu Leid,
Sie bringen ihn wieder getragen.
        O weh!
So sind es die Geister vom See!

Sie schweben herunter ins Mummelseetal –
Sie haben den See schon betreten –
Sie rühren und netzen den Fuß nicht einmal –
Sie schwirren in leisen Gebeten –
        O schau,
Am Sarge die glänzende Frau!

Jetzt öffnet der See das grün spiegelnde Tor;
Gib Acht, nun tauchen sie nieder!
Es schwankt eine lebende Treppe hervor,
Und – drunten schon summen die Lieder.
        Hörst du?
Sie singen ihn unten zur Ruh'.

Die Wasser, wie lieblich sie brennen und glühn!
Sie spielen in grünendem Feuer;
Es geisten die Nebel am Ufer dahin,
Zum Meere verzieht sich der Weiher –
        Nur still!
Ob dort sich nichts rühren will?

Es zuckt in der Mitten – o Himmel! ach hilf!
Nun kommen sie wieder, sie kommen!
Es orgelt im Rohr und es klirret im Schilf;
Nur hurtig, die Flucht nur genommen!
        Davon!
Sie wittern, sie haschen mich schon!

Annette von Droste-Hülshoff

Feuer (1844)

Die Nacht, der Hammerschmied

Dunkel! All Dunkel schwer!
Wie Riesen schreiten Wolken her –
Über Gras und Laub
Wirbelt's wie schwarzer Staub;
Hier und dort ein grauer Stamm,
Am Horizont des Berges Kamm
Hält die gespenstige Wacht,
Sonst alles Nacht – Nacht – nur Nacht.

Was blitzt dort auf? – ein roter Stern –
Nun scheint es nah, nun wieder fern;
Schau! wie es zuckt und zuckt und schweift,
Wie's ringelnd gleich der Schlange pfeift.
Nun am Gemäuer klimmt es auf,
Unwillig wirft's die Asch' hinauf,
Und wirbelnd überm Dach hervor
Die Funkensäule steigt empor.
Und dort der Mann im ruß'gen Kleid,
– Sein Angesicht ist bleich und kalt,
Ein Bild der listigen Gewalt –
Wie er die Flamme dämpft und facht
Und hält den Eisenblock bereit!
Den soll ihm die gefangne Macht,
Die wilde hart bezähmte Glut
Zermalmen gleich in ihrer Wut.

Schau, wie das Feuer sich zersplittert!
Wie's tückisch an der Kohle knittert!
Lang aus die rote Kralle streckt
Und nach dem Kerkermeister reckt!
Wie's vor verhaltnem Grimme zittert:

„O hätt' ich dich, o könnte ich
Mit meinen Klauen fassen dich!
Ich lehrte dich den Unterschied
Von dir zu Elementes Zier,
An deinem morschen, staub'gen Glied,
Du ruchlos Menschentier!"

1 a) Welche Stimmung kommt in den Gedichten von Eichendorff, Storm, Mörike (S. 273) und Droste-Hülshoff jeweils zum Ausdruck?
b) Setzt eure Textdeutungen in einen wirkungsvollen Vortrag um.

2 a) Wie ist das Verhältnis von Mensch und Natur in den vier Gedichten gesehen?
b) Legt eine tabellarische Übersicht an, in der ihr weitere sinnvolle Vergleichsaspekte zwischen den Gedichten aufführt. Stellt die Ergebnisse vor und erörtert Unterschiede und Gemeinsamkeiten.

11.4 Das Bild des Juden in Erzähltexten des 19. Jahrhunderts

Jacob und Wilhelm Grimm

Der Jude im Dorn (1815)

Die Gebrüder Grimm kannten mehrere mündlich überlieferte Quellen des folgenden Märchens. In einigen Fassungen wird ein Mönch von einem Knecht zum Tanz in den Dornen gezwungen. Die Gebrüder entschieden sich aber für eine Variante, in der ein Jude Opfer des Scherzes wird.

[…] Da sprach das Männchen: „Weil ich dein gutes Herz sehe, so gewähre ich dir drei Wünsche, für jeden Heller einen, die sollen dir in Erfüllung gehen." – „Aha", sprach der Knecht, „du bist einer, der blau pfeifen kann. Wohlan, wenn's doch sein soll, so wünsche ich mir erstlich ein Vogelrohr, das alles trifft, wonach ich ziele; zweitens eine Fidel, wenn ich darauf streiche, so muss alles tanzen, was den Klang hört; und drittens, wenn ich an jemand eine Bitte tue, so darf er sie nicht abschlagen." – „Das sollst du alles haben", sprach das Männchen, griff in den Busch, und, denk einer, da lag schon Fidel und Vogelrohr in Bereitschaft, als wenn sie bestellt wären. Er gab sie dem Knecht und sprach: „Was du dir immer erbitten wirst, kein Mensch auf der Welt soll dir's abschlagen."

„Herz, was begehrst du nun?", sprach der Knecht zu sich selber und zog lustig weiter. Bald darauf begegnete er einem Juden mit einem langen Ziegenbart, der stand und horchte auf den Gesang eines Vogels, der hoch oben in der Spitze eines Baumes saß. „Gottes Wunder!", rief er aus. „So ein kleines Tier hat so eine grausam mächtige Stimme! Wenn's doch mein wäre! Wer ihm doch Salz auf den Schwanz streuen könnte!" – „Wenn's weiter nichts ist", sprach der Knecht, „der Vogel soll bald herunter sein", legte an und traf aufs Haar, und der Vogel fiel herab in die Dornhecken. „Geh, Spitzbub", sagte er zum Juden, „und hol dir den Vogel heraus." – „Mein", sprach der Jude, „lass der Herr den Bub weg, so kommt ein Hund gelaufen; ich will mir den Vogel auflesen, weil Ihr ihn doch einmal getroffen habt", legte sich auf die Erde und fing an, sich in den Busch hineinzuarbeiten. Wie er nun mitten in dem Dorn steckte, plagte der Mutwille den guten Knecht, dass er seine Fidel abnahm und anfing zu geigen. Gleich fing auch der Jude an, die Beine zu heben und in die Höhe zu springen; und je mehr der Knecht strich, desto besser ging der Tanz. Aber die Dörner zerrissen ihm den schäbigen Rock, kämmten ihm den Ziegenbart und stachen und zwickten ihn am ganzen Leib. „Mein", rief der Jude, „was soll mir das Geigen! Lass der Herr das Geigen, ich begehre nicht zu tanzen." Aber der Knecht hörte nicht darauf und dachte: „Du hast die Leute genug geschunden, nun soll dir's die Dornhecke nicht besser machen", und fing von neuem an zu geigen, dass der Jude immer höher aufspringen musste und die Fetzen von seinem Rock an den Stacheln hängen blieben. „Au weih geschrien!", rief der Jude. „Geb ich doch dem Herrn, was Er verlangt, wenn Er nur das Geigen lässt, einen ganzen Beutel mit Gold." – „Wenn du so spendabel bist", sprach der Knecht, „so will ich wohl mit meiner Musik aufhören, aber das muss ich dir nachrühmen, du machst deinen Tanz noch mit, dass es eine Art hat", nahm darauf den Beutel und ging seiner Wege.

Der Jude blieb stehen und sah ihm nach und war still, bis der Knecht weit weg und ihm ganz aus den Augen war, dann schrie er aus Leibeskräften: „Du miserabler Musikant, du Bierfiedler: Wart, wenn ich dich allein erwische! Ich will dich jagen, dass du die Schuhsohlen verlieren sollst: Du Lump, steck einen Groschen ins Maul, dass du sechs Heller wert bist", und schimpfte weiter, was er nur losbringen konnte. Und als er sich damit etwas zugute getan und Luft gemacht hatte, lief er in die Stadt zum Richter. „Herr Richter, au weih geschrien! Seht, wie mich auf offener Landstraße ein gottloser Mensch beraubt und übel zugerichtet hat: Ein Stein auf dem Erdboden möcht sich erbarmen. Die Kleider zerfetzt! Der Leib zerstochen und zerkratzt! Mein bisschen Armut samt dem Beutel genommen! Lauter Dukaten, ein Stück schöner als das andere: Um Gottes willen, lasst den Menschen ins Gefängnis werfen." [...]

Heinrich Heine

Der Rabbi von Bacherach (1840)

Heinrich Heine (1797–1856), in Düsseldorf geboren, hat zeit seines Lebens, das er seit 1830 im „Pariser Exil" verbrachte, die Beziehung zwischen Deutschland und Frankreich sowie die Situation der Juden in Europa zu seinen wichtigsten Themen gemacht. Berühmt wurde er durch die Sammlung „Buch der Lieder" („Ich weiß nicht, was soll es bedeuten ..."). In seinen Gedichten, Reiseerzählungen und journalistischen Arbeiten geht es natürlich auch um ironische und satirische Blicke auf

unglückliche Liebe und Politik. – Am „Rabbi von Bacherach“ arbeitete Heine in zwei unterschiedlichen Phasen: zuerst (1825) als Romantiker, der dem Thema „der deutsche Rhein“ das Thema „die Deutschen und die deutschen Juden“ hinzufügte; dann als politischer Autor des Vormärz, der die Frage der Judenemanzipation und Judendiskriminierung satirisch kommentierte. Heine selbst war jüdischer Herkunft und ließ sich 1825 taufen.

Die große Judenverfolgung begann mit den Kreuzzügen und wütete am grimmigsten um die Mitte des vierzehnten Jahrhunderts, am Ende der großen Pest, die, wie jedes andre öffentliche Unglück, durch die Juden entstanden sein sollte, indem man behauptete, sie hätten den Zorn Gottes herabgeflucht und mit Hülfe der Aussätzigen die Brunnen vergiftet. Der gereizte Pöbel, besonders die Horden der Flagellanten, halb nackte Männer und Weiber, die zur Buße sich selbst geißelnd und ein tolles Marienlied singend die Rheingegend und das übrige Süddeutschland durchzogen, ermordeten damals viele tausend Juden oder marterten sie oder tauften sie gewaltsam. Eine andre Beschuldigung, die ihnen schon in früherer Zeit, das ganze Mittelalter hindurch bis Anfang des vorigen Jahrhunderts, viel Blut und Angst kostete, das war das läppische, in Chroniken und Legenden bis zum Ekel oft wiederholte Märchen: dass die Juden geweihte Hostien stählen, die sie mit Messern durchstächen, bis das Blut herausfließe, und dass sie an ihrem Passahfeste Christenkinder schlachteten, um das Blut derselben bei ihrem nächtlichen Gottesdienste zu gebrauchen. Die Juden, hinlänglich verhasst wegen ihres Glaubens, ihres Reichtums und ihrer Schuldbücher, waren an jenem Festtage ganz in den Händen ihrer Feinde, die ihr Verderben nur gar zu leicht bewirken konnten, wenn sie das Gerücht eines solchen Kindermords verbreiteten, vielleicht gar einen blutigen Kinderleichnam in das verfemte Haus eines Juden heimlich hineinschwärzten und dort nächtlich die betende Judenfamilie überfielen; wo alsdann gemordet, geplündert und getauft wurde, und große Wunder geschahen durch das vorgefundne tote Kind, welches die Kirche am Ende gar kanonisierte. Sankt Werner ist ein solcher Heiliger, und ihm zu Ehren ward zu Oberwesel jene prächtige Abtei gestiftet, die jetzt am Rhein eine der schönsten Ruinen bildet und mit der gotischen Herrlichkeit ihrer langen spitzbögigen Fenster, stolz emporschießender Pfeiler und Steinschnitzeleien uns so sehr entzückt, wenn wir an einem heiter grünen Sommertage vorbeifahren und ihren Ursprung nicht kennen. Zu Ehren dieses Heiligen wurden am Rhein noch drei andre große Kirchen errichtet und unzählige Juden getötet oder misshandelt. Dies geschah im Jahr 1287, und auch zu Bacherach, wo eine von diesen Sankt-Werners-Kirchen gebaut wurde, erging damals über die Juden viel Drangsal und Elend. Doch zwei Jahrhunderte seitdem blieben sie verschont von solchen Anfällen der Volkswut, obgleich sie noch immer hinlänglich angefeindet und bedroht wurden.

Je mehr aber der Hass sie von außen bedrängte, desto inniger und traulicher wurde das häusliche Zusammenleben, desto tiefer wurzelte die Frömmigkeit und Gottesfurcht der Juden von Bacherach. Ein Muster gottgefälligen Wandels war der dortige Rabbiner, genannt Rabbi Abraham, ein noch jugendlicher Mann, der aber weit und breit wegen seiner Gelahrtheit berühmt war. Er war geboren in dieser Stadt, und sein Vater, der dort ebenfalls Rabbiner gewesen, hatte ihm in seinem letzten Willen befohlen, sich

demselben Amt zu widmen und Bacherach nie zu verlassen, es seie denn wegen Lebensgefahr. [...]

Diese Lebensgefahr ergibt sich schnell. Bei der Feier des Passahfests kommen zwei unbekannte Gäste in das Haus des Rabbi. Seine Frau beobachtet, wie er mitten in der Rede erbleicht. Unter einem Vorwand führt er sie aus dem Raum und nötigt sie zur sofortigen Flucht. Sie verlassen das Haus und werfen einen letzten Blick auf die Stadt, die sie verlassen.

Der Rabbi, des Sprechens ohnmächtig, bewegte mehrmals lautlos die Lippen, und endlich rief er: „Siehst du den Engel des Todes? Dort unten schwebt er über Bacherach! Wir aber sind seinem Schwerte entronnen. Gelobt sei der Herr!“ Und mit einer Stimme, die noch vor innerem Entsetzen bebte, erzählte er: wie er wohlgemut die Agade[1] hinsingend und angelehnt saß und zufällig unter den Tisch schaute, habe er dort, zu seinen Füßen, den blutigen Leichnam eines Kindes erblickt. „Da merkte ich“ – setzte der Rabbi hinzu –, „dass unsre zwei späte Gäste nicht von der Gemeinde Israels waren, sondern von der Versammlung der Gottlosen, die sich beraten hatten, jenen Leichnam heimlich in unser Haus zu schaffen, um uns des Kindesmordes zu beschuldigen und das Volk aufzureizen, uns zu plündern und zu ermorden. Ich durfte nicht merken lassen, dass ich das Werk der Finsternis durchschaut; ich hätte dadurch nur mein Verderben beschleunigt, und nur die List hat uns beide gerettet. Gelobt sei der Herr! Ängstige dich nicht, schöne Sara; auch unsre Freunde und Verwandte werden gerettet sein. Nur nach meinem Blute lechzten die Ruchlosen; ich bin ihnen entronnen und sie begnügen sich mit meinem Silber und Golde. Komm mit mir, schöne Sara, nach einem anderen Lande, wir wollen das Unglück hinter uns lassen, und damit uns das Unglück nicht verfolge, habe ich ihm das Letzte meiner Habe, das silberne Becken, zur Versöhnung hingeworfen. Der Gott unserer Väter wird uns nicht verlassen. – Komm herab, du bist müde; dort unten steht bei seinem Kahne der stille Wilhelm; er fährt uns den Rhein hinauf.“

Lautlos und wie mit gebrochenen Gliedern war die schöne Sara in die Arme des Rabbi hingesunken, und langsam trug er sie hinab nach dem Ufer. Hier stand der stille Wilhelm, ein taubstummer, aber bildschöner Knabe, der zum Unterhalt seiner alten Pflegemutter, einer Nachbarin des Rabbi, den Fischfang trieb und hier seinen Kahn angelegt hatte. Es war aber, als erriete er schon gleich die Absicht des Rabbi, ja es schien, als habe er eben auf ihn gewartet, um seine geschlossenen Lippen zog sich das lieblichste Mitleid, bedeutungstief ruhten seine großen blauen Augen auf der schönen Sara, und sorgsam trug er sie in den Kahn.

1 **Agade** (= Haggada): hebräische Schriftdeutung des Alten Testaments

1 Was erfährt man aus den Texten der Brüder Grimm (S. 274/275) und Heinrich Heines über die Lebensbedingungen der Juden in Deutschland?

2 Vergleicht, wie Heinrich Heine, die Brüder Grimm und Annette von Droste-Hülshoff (S. 261–265) das Thema „Juden in Deutschland“ behandeln.

3 Informiert euch über die Situation der Juden im Mittelalter und im 19. Jahrhundert.

11.5 Kriminalerzählungen: Projekt Buchvorstellungen

Das Projekt „Kriminalerzählungen vorstellen" könnt ihr so organisieren:

- Je eine Gruppe von euch wählt eine der nachstehenden **Erzählungen** aus (S. 278–282), besorgt sich den vollständigen Text und liest ihn.
- Dann sammelt ihr aus einem literarischen Lexikon oder einer Literaturgeschichte Informationen zum **Autor** und stellt sie auf einer Folie oder einem Poster als „Chronik" dar.
- Die **Handlung** der Erzählung wird in eine Folge von Szenen zerlegt, von denen jedes Mitglied der Gruppe eine untersucht und mit Hilfe eines Schaubildes vorstellt.
  Das Schaubild erfasst eine Szene, in der die handelnden Personen und die zwischen ihnen bestehenden Beziehungen deutlich werden. Eine Grafik der **Figurenkonstellation** erleichtert die Darstellung von Vor- und Nachgeschichte der Szene.
- Schließlich konzentriert sich die Gruppe auf den hier abgedruckten **Textauszug** und erörtert die dazu gestellten Fragen.

E. T. A. Hoffmann

Das Fräulein von Scuderi (1820)

E. T. A. Hoffmann (1776–1822), in Königsberg geboren, Jurist, Musiker, Zeichner, führte ein bewegtes Doppelleben als Künstler und Beamter. Schon als Gerichtsreferendar wurde er strafversetzt, weil er als Karikaturist Kollegen verspottet hatte. Seine Märchen („Der goldene Topf") und Erzählungen („Die Serapionsbrüder", darin „Das Fräulein von Scuderi") konfrontieren fantastische Erzählwelten mit dem spießbürgerlichen Alltag.
Die Kriminalerzählung „Das Fräulein von Scuderi" spielt im Paris Ludwigs XIV. und handelt von den Verbrechen des Goldschmieds Cardillac, der die von ihm kunstvoll hergestellten Geschmeide um jeden Preis wieder in seinen Besitz bringen will. Er erklärt selbst seine Leidenschaft so:

Von meiner Mutter erzählte man mir eine wunderliche Geschichte. Als *die* mit mir im ersten Monat schwanger ging, schaute sie mit andern Weibern einem glänzenden Hoffest zu, das in Trianon gegeben wurde. Da fiel ihr Blick auf einen Kavalier in spanischer Kleidung mit einer blitzenden Juwelenkette um den Hals, von der sie die Augen gar nicht mehr abwenden konnte. Ihr ganzes Wesen war Begierde nach den funkelnden Steinen, die ihr ein überirdisches Gut dünkten. Derselbe Kavalier hatte vor mehreren Jahren, als meine Mutter noch nicht verheiratet, ihrer Tugend nachgestellt, war aber mit Abscheu zurückgewiesen worden. Meine Mutter erkannte ihn wieder, aber jetzt war es ihr, als sei er im Glanz der strahlenden Diamanten ein Wesen höherer Art, der Inbegriff aller Schönheit. Der Kavalier bemerkte die sehnsuchtsvollen, feurigen Blicke meiner Mutter. Er glaubte jetzt glücklicher zu sein als vormals. Er wusste sich ihr zu nähern, noch mehr, sie von ihren Bekannten fort an einen einsamen Ort zu locken. Dort schloss er sie brünstig in seine Arme, meine Mutter fasste nach der schönen Kette, aber in demselben Augenblick sank er nieder und riss meine Mutter mit sich zu Boden. Sei es, dass ihn der Schlag plötzlich getroffen, oder aus einer andern Ursache; genug, er war tot. Vergebens war das Mühen meiner Mutter, sich den im Todeskrampf erstarrten Armen des Leichnams zu entwinden. Die hohlen Augen, deren Sehkraft erloschen, auf sie gerichtet, wälzte der Tote sich mit ihr auf dem Boden. Ihr gellendes Hülfsgeschrei drang endlich bis zu in der Ferne Vorübergehenden, die herbeieilten und sie retteten aus den Armen des grausigen Liebhabers. Das Entsetzen warf meine Mutter auf ein schweres Krankenlager. Man gab sie, mich verloren, doch sie gesundete, und die Entbindung war glücklicher, als man je hatte hoffen können. Aber die Schrecken jenes fürchterlichen Augenblicks hatten *mich* getroffen. Mein böser Stern war aufgegangen und hatte den Funken hinabgeschossen, der in mir eine der seltsamsten und verderblichsten Leidenschaften entzündet. Schon in der frühesten Kindheit gingen mir glänzende Diamanten, goldenes Geschmeide über alles. Man hielt das für gewöhnliche kindische Neigung. Aber es zeigte sich anders, denn als Knabe stahl ich Gold und Juwelen, wo ich sie habhaft werden konnte. Wie der geübteste Kenner unterschied ich aus Instinkt unechtes Geschmeide von echtem. Nur dieses lockte mich, unechtes sowie geprägtes Gold ließ ich unbeachtet liegen. Den grausamsten Züchtigungen des Vaters musste die angeborne Begierde weichen. Um nur mit Gold und edlen Steinen hantieren zu können, wandte ich mich zur Goldschmiedsprofession. Ich arbeitete mit Leidenschaft und wurde bald der erste Meister dieser Art. Nun begann eine Periode, in der der angeborne Trieb, so lange niedergedrückt, mit Gewalt empordrang und mit Macht wuchs, alles um sich her wegzehrend. Sowie ich ein Geschmeide gefertigt und abgeliefert, fiel ich in Unruhe, in eine Trostlosigkeit, die mir Schlaf, Gesundheit – Lebensmut raubte. – Wie ein Gespenst stand Tag und Nacht die Person, für die ich gearbeitet, mir vor Augen, geschmückt mit meinem Geschmeide, und eine Stimme raunte mir in die Ohren: ‚Es ist ja dein – es ist ja dein – nimm es doch – was sollen die Diamanten dem Toten!‘ – Da legt' ich mich endlich auf Diebeskünste. Ich hatte Zutritt in den Häusern der Großen, ich nützte schnell jede Gelegenheit, kein Schloss widerstand meinem Geschick, und bald war der Schmuck, den ich gearbeitet, wieder in meinen Händen. – Aber nun vertrieb selbst das nicht meine Unruhe. Jene unheimliche Stimme ließ sich dennoch vernehmen und höhnte mich und rief: ‚Ho ho, dein Geschmeide trägt ein Toter!‘ – Selbst wusste ich nicht, wie es kam, dass ich einen unaussprechlichen Hass auf die warf, denen ich Schmuck gefertigt. Ja! im tiefsten Innern regte sich eine Mordlust gegen sie, vor der ich selbst erbebte. –

Tipps für die Arbeit der Gruppe

1 Stellt die Handlung auf einem Poster in einzelnen Stationen dar. Achtet besonders darauf, dass die Zeitumstände (Paris unter der Herrschaft des Sonnenkönigs, die Methoden des Polizeipräsidenten) und die Aufdeckung der Verbrechen (des Falls des mörderischen Goldschmieds Cardillac) richtig eingetragen werden.

2 Wie sind Liebes- und Verbrechenshandlung miteinander verbunden? Welche Rolle spielt das Fräulein von Scuderi bei der Aufdeckung des Verbrechens und bei der Verhinderung eines Justizirrtums?

3 Der romantische Künstler ist offenbar von Geburt zu seiner Leidenschaft für den schönen Schmuck verdammt. Arbeitet heraus, wie Wahnsinn und Verbrechen mit der Arbeit des Künstlers zusammentreffen.

Weitere Kriminalfälle in Werken E. T. A. Hoffmanns:
„Die Elixiere des Teufels“ (Roman)
„Der Sandmann“ (Erzählung)

Theodor Fontane

Unterm Birnbaum (1885)

Theodor Fontane (1819–1898) veröffentlichte mit 59 Jahren seinen ersten Roman. Zuvor hatte er sich bereits als Balladendichter, Journalist und Reiseschriftsteller einen Namen gemacht. Sein realistischer Blick auf die preußisch-wilhelminische Gesellschaft, seine kritische Behandlung von Tabuthemen wie Sexualität und Standesmoral („Irrungen, Wirrungen", „Effi Briest") schufen ihm Bewunderer und Feinde.
Seine Kriminalerzählungen verfasste er, um Geld zu verdienen. „Unterm Birnbaum" ist eine der bekanntesten. Darin gerät der Dorfwirt Abel Hradscheck in Verdacht, einen Gläubiger ermordet zu haben. In einer stürmischen Nacht wird er von seiner Nachbarin beobachtet.

Er war in sichtlicher Erregung und sah gespannt nach ihrem Hause hinüber. Und dann war's ihr doch wieder, als ob er wolle, *dass* man ihn sähe. Denn wozu sonst das Licht, in dessen Flackerschein er dastand? Er hielt es immer noch vor sich, es mit der Hand schützend, und schien zu schwanken, wohin damit. Endlich aber musst' er eine geborgene Stelle gefunden haben, denn das Licht selbst war weg und statt seiner nur noch ein Schein da, viel zu schwach, um den nach wie vor in der Türöffnung liegenden dunklen Gegenstand erkennen zu lassen. Was war es? Eine Truhe? Nein. Dazu war es nicht lang genug. Oder ein Korb, eine Kiste? Nein, auch das nicht.
„Wat he man hett?", murmelte sie vor sich hin.
Aber ehe sie sich, aus ihren Mutmaßungen heraus, ihre Frage noch beantworten konnte, sah sie, wie der ihr auf Minuten aus dem Auge gekommene Hradscheck von der Tür in den Garten trat und mit einem Spaten in der Hand rasch auf den Birnbaum zuschritt. Hier grub er eifrig und mit sichtlicher Hast und musste schon ein gut Teil Erde herausgeworfen haben, als er mit einem Male das Graben aufgab und sich aufs Neue nach allen Seiten hin um-

sah. Aber auch jetzt wieder (so wenigstens schien es ihr) mehr in Spannung als in Angst und Sorge.
„Wat he man hett?", wiederholte sie.
Dann sah sie, dass er das Loch rasch wieder zuschüttete. Noch einen Augenblick und die Gartentür schloss sich, und alles war wieder dunkel.
„Hm", brummte die Jeschke. „Dat's joa binoah, as ob he een abmurkst het'. Na, so dull wahrd et joa woll nich sinn ... Nei, nei, denn wihr dat Licht nich. Awers ick tru em nich. Un ehr tru ick ook nich."
Und damit ging sie wieder bis an ihr Bett und kletterte hinein.
Aber ein rechter Schlaf wollte ihr nicht mehr kommen, und in ihrem halb wachen Zustande sah sie beständig das Flimmern im Kellerloch und dann den Lichtschein, der in den Garten fiel, und dann wieder Hradscheck, wie er unter dem Baume stand und grub.

Tipps für die Arbeit der Gruppe

1 Aus welcher Perspektive wird die Szene erzählt?

2 Was bedeutet hier, dass die Beobachterin Dialekt spricht?

3 Wie beurteilt der Erzähler das, was er zu berichten hat?

Edgar Allan Poe

Der Doppelmord in der Rue Morgue (1841)

Edgar Allan Poe (1809–1849) gilt als Meister der fantastischen Literatur und als „Erfinder" der Kriminalerzählung. Von E.T.A. Hoffmann, der als „Gespenster-Hoffmann" auch in Frankreich und England berühmt geworden war, übernahm er die Atmosphäre des Unheimlichen und der psychischen Unberechenbarkeit von Menschen.
Die Erzählung „Der Doppelmord in der Rue Morgue" spielt in Paris. Im Zentrum steht der Amateurdetektiv Auguste Dupin, der auf Grund seiner Beobachtungsgabe, seines Einfühlungsvermögens und seiner analytischen Fähigkeiten logisch rekonstruiert, wie das Geschehen sich so und nicht anders ereignen konnte.

William Bird, Schneider, erklärt, dass er unter den Leuten war, die in das Haus eindrangen. Ist Engländer. Lebt seit zwei Jahren in Paris. Hörte die zankenden Stimmen. Behauptet, die raue Stimme war die eines Franzosen. Verstand mehrere Worte, hatte sie aber zum Teil wieder vergessen. Hörte deutlich ‚sacré' und ‚mon Dieu'. Vernahm gleichzeitig ein Geräusch, ähnlich einem Ringen – eine Balgerei und ein Gescharre. Die gellende Stimme war überlaut, lauter als die raue. Weiß sicher, dass es nicht die Stimme eines Engländers war. Eher klang sie wie Deutsch. Kann eine Frauenstimme gewesen sein. Zeuge versteht nicht Deutsch. Vier von den oben angeführten Zeugen werden nochmals aufgerufen und sagen aus, dass die Tür des Zimmers, in dem die Leiche der Tochter gelegen habe, von innen verschlossen gewesen war. Alles war totenstill, als sie eintraten – kein Stöhnen, nicht das kleinste Geräusch irgendwelcher Art war zu hören –

niemand zu sehen. Die Fenster im Hinter- wie im Vorderzimmer waren geschlossen und fest verriegelt. Es waren keine Flügel-, sondern Schiebefenster. Die Tür, die die beiden Zimmer miteinander verbindet, war zu, aber nicht abgeschlossen. Die vom Vorderzimmer nach dem Flur führende Tür war ebenfalls von innen abgeschlossen. Der Schlüssel stak auch hier, wie in den anderen. Ein kleineres Zimmer im selben Stockwerk, nach vorne hinaus gelegen, war geöffnet. Dieses Zimmer war mit alten Betten, Kisten und Kasten voll gepackt. Jeder Fleck des ganzen Hauses wurde aufs Sorgfältigste durchsucht. Jeder Schornstein mit Fegern durchforscht. Das Haus hatte vier Stockwerke und darüber eine Mansarde. Eine auf dem Dach angebrachte Falltür war fest vernagelt und seit Jahren nicht mehr geöffnet worden. Die Zeit, die zwischen dem Gezänk und dem Erbrechen der Zimmertür verstrich, wird von den Zeugen widersprechend angegeben; einige glauben, es seien drei, andere, es seien fünf Minuten gewesen. Die Tür war schwer zu öffnen.

Alfonso Garcio, Leichenbestatter, bezeugt, dass er in der Rue Morgue wohne. Ist Spanier von Geburt, war ebenfalls mit den Übrigen im Hause. Ging nicht mit die Treppe hinauf. Hat schwache Nerven und fürchtete die Folgen der Aufregung. Hörte die zankenden Stimmen. Die raue war die eines Franzosen. Konnte keine einzelnen Worte unterscheiden. Die gellende Stimme gehörte bestimmt einem Engländer. Versteht die englische Sprache nicht; schließt nur aus dem Akzent.

Alberto Montani, Konditor, erklärt, dass er sich unter den Ersten befand, die die Treppe hinaufrannten. Hörte die Stimme. Die raue Stimme sprach französisch; konnte mehrere Worte verstehen. Es klang, als ob der Sprecher jemandem heftige Vorwürfe mache. Konnte von dem anderen – mit der gellenden Stimme – kein Wort verstehen. Dieser sprach gleich schnell und ungleichmäßig. Glaubt, dass es ein Russe gewesen sein könnte. Bestätigt im Übrigen die Aussagen der anderen. Zeuge ist Italiener und hat in seinem Leben noch nie mit einem Russen gesprochen.

Nach einem weiteren Aufruf erklären mehrere Zeugen, dass die Schornsteine des vierten Stockwerkes viel zu eng waren, um ein menschliches Wesen durchzuschleusen. Mit den Fegern, es sind damit zylinderartig geformte Bürsten gemeint, wie sie die Schornsteinfeger benützen, wurde jeder Rauchabzug im ganzen Hause untersucht. Ein zweiter Flur oder Ausgang, durch den irgendjemand hätte entkommen können, während die Menschen die Treppen hinaufdrängten, ist nicht vorhanden. Die Leiche der Tochter von Madame L. war so fest in den Kamin eingekeilt, dass sie erst hervorgezogen werden konnte, nachdem vier bis fünf Männer gleichzeitig anfassten.

Weitere Kriminalfälle in Erzählungen Edgar Allan Poes:
„Der schwarze Kater“
„Der Goldkäfer“
„Der entwendete Brief“
„Wassergrube und Pendel“
„Die Scheintoten“
„Der Untergang des Hauses Usher“

Tipps für die Arbeit der Gruppe

1 a) Sammelt aus dem Text alle auffälligen Informationen, die für den Hergang des Verbrechens von Bedeutung sein und zu seiner Aufdeckung führen könnten.
b) Prüft die Zeugenaussagen aus der Sicht eines logisch kombinierenden, vorurteilsfreien Detektivs.
c) Wie würdet ihr als erfahrene Fernsehzuschauer versuchen, den Fall zu lösen?

2 Geht, nachdem ihr die Geschichte ganz gelesen habt, den Gedankengang des Detektivs rückwärts. Wann muss ihm der entscheidende Einfall gekommen sein?

12 Die Macht der Medien – Zum Umgang mit dem Fernsehen

12.1 Quoten, Trailer, Sensationen – Wie Fernsehsender Zuschauer einfangen wollen

Mal sehen, was die anderen bringen

1 Das Fernsehangebot ist in den letzten Jahren gewaltig angewachsen. Berichtet über eure Erfahrungen:
   a) Wie viele Fernsehsender könnt ihr zu Hause empfangen?
   b) Wie oft wechselt ihr an einem normalen Fernsehtag zu einem anderen Programm?
   c) Welche Bedeutung hat für euch das so genannte Zappen (häufiges Hinundherschalten zwischen mehreren Programmen, um die gerade interessanteste Sendung zu sehen oder um mehrere Sendungen gleichzeitig zu verfolgen)?

2 Schreibt ein Gespräch auf, in dem sich mehrere Familienmitglieder darüber streiten, welches Programm eingeschaltet werden soll, und in dem sie öfters zwischen mehreren Sendungen hin und her schalten.

Das tägliche Quotenrennen

Spitzenzuschauerzahlen vom Mittwoch

ARD/ZDF:
1. Tagesschau/19.59 Uhr (ARD) 5,30 Millionen;
2. Vorsicht, Falle! (ZDF) 4,69; 3. Heute (ZDF) 4,39;
4. Mrs Harris (ARD)/Küstenwache (ZDF) je 4,22

Private:
1. Live ran, Fußball: Elfmeterschießen/23.15 Uhr (SAT.1) 14,36; 2. Live ran, Verlängerung/22.37 Uhr (SAT.1) 13,83; 3. Live ran, Mailand – Schalke/20.40 Uhr (SAT.1) 13,56; 4. Live ran, Vorberichte/20.14 Uhr (SAT.1) 7,78; 5. Live ran, Nachberichte/23.30 Uhr (SAT.1) 6,75

Spitzenzuschauerzahlen vom Dienstag

ARD/ZDF:
1. Tagesschau/19.59 Uhr (ARD) 6,01 Millionen;
2. Happy Birthday (ARD) 4,72; 3. Heute (ZDF) 4,28;
4. Loriot (ARD) 3,93; 5. Sketchup (ARD) 3,79

Private:
1. Der Serienkiller (SAT.1) 5,94; 2. Gute Zeiten, schlechte Zeiten (RTL) 4,62; 3. Explosiv (RTL) 4,38; 4. RTL aktuell (RTL) 4,08; 5. Kommissar Schimpanski/21.13 Uhr (RTL) 3,37

Quotendeutsch

Einschaltquote: Zahl der Haushalte, die eine Sendung eingeschaltet hatte. Hochrechnung aus dem Fernsehverhalten von 4 400 Haushalten in Prozent und Millionen

Sehbeteiligung: Zahl der Zuschauer einer Sendung

Marktanteil: Anteil eines Programms oder einer Sendung im Verhältnis zur Gesamtnutzung (Angabe in Prozent)

Werbeblockreichweite: Zahl der Personen, die sich Werbeblocks angesehen haben

Tausenderkontaktpreis: Die entscheidende Währung für Werber und Sender. Der Sender setzt einen Grundpreis für einen 30-Sekunden-Spot fest, der pro 1 000 Fernsehzuschauer bezahlt werden muss.

Zielgruppe: Gliedert die Zuschauer nach Alter, Geschlecht, Einkommen, Beruf und Bildung, Familienstand etc. Besonders interessiert man sich für die unter 50-Jährigen, die als finanzstark und konsumfreudig gelten.

Wie werden eigentlich die Einschaltquoten ermittelt?

ARD und ZDF sowie die überregionalen Privatsender RTL, SAT.1, PRO 7 und DSF (Deutsches Sportfernsehen) haben sich in der „Arbeitsgemeinschaft Fernsehforschung“ (AGF) zusammengeschlossen. Im Auftrag dieser Arbeitsgemeinschaft untersucht seit 1985 die private „Gesellschaft für Konsumforschung“ (GfK) das Fernsehverhalten der Deutschen und errechnet daraus eine Vielzahl von auswertbaren Daten. Diese Daten werden den Sendern zur Verfügung gestellt, aber auch an andere Interessierte (andere Sender, Werbeagenturen, Verlage, Landesmedienanstalten etc.) gegeben.

Rund 32 Millionen Fernsehhaushalte bilden die Grundlage für die Arbeit der Fernsehforschung. Aus diesen 32 Millionen Haushalten wurden 4 400 Haushalte ausgewählt, ca. $^3/_4$ in den alten, ca. $^1/_4$ in den neuen Bundesländern.
Die gesammelten Daten geben Aufschluss darüber,

wer / wann / wie lange / was

im Fernsehen gesehen hat. Die wichtigsten Punkte bei der Quotenermittlung sind unter anderem:

- Wie viele Haushalte haben eine bestimmte Sendung gesehen?
- Wie viele Personen haben insgesamt zugeschaut?
- In welchem Alter waren die Zuschauer, wobei in der Regel unterschieden wird nach unter 14 und über 14 Jahre?
- Welche Berufsgruppen haben eine Sendung gesehen?

1 Beschreibt in eigenen Worten, wie die Einschaltquoten von Fernsehzuschauern ermittelt werden.

2 a) Gebt verschiedene Gründe an, warum eine hohe Quote für Fernsehsender wichtig sein könnte.
b) Warum hat eine hohe Quote für kommerzielle Sender eine besondere Bedeutung?

3 Sammelt aktuelle Quotenaufstellungen in Tageszeitungen oder Fernsehzeitschriften und prüft, ob ihr eine ähnliche Zuschauerverteilung vermutet hättet.

4 Definiert weitere wichtige Begriffe aus der Medien-Fachsprache. Konzentriert euch dabei auf Wörter, die verwendet werden, wenn der Kampf der Fernsehanstalten um Zuschauer beschrieben wird:

- Prime Time
- Quotenkönig
- (guter) Programmplatz
- Sponsor
- ...

Zuschauer/innen einfangen und anbinden

1 Besonders private Fernsehsender, die sich nur durch Werbung finanzieren, müssen Zuschauer und Zuschauerinnen „einfangen", sie für den eigenen Sender gewinnen, um sie dann möglichst lange nicht mehr loszulassen.
Mit welchen Mitteln versuchen sie das?
Setzt die folgende Liste fort.

„TV-Kleber"

Wie können Fernsehsender ihre Zuschauerinnen und Zuschauer davon abhalten, noch während einer Sendung, nach einer Sendung oder am folgenden Tag zu einem anderen Programmangebot zu wechseln?

- *in die Werbeblocks Gewinnspiele einfügen, deren Siegerinnen und Sieger erst ganz am Ende des Werbeblocks oder erst später bekannt gegeben werden*
- *am Ende einer Serien-Sendung einen spektakulären Fall ungeklärt lassen, sodass der Zuschauer wissen will, wie es weitergeht*
- *keine Sekunde Pause zwischen den einzelnen Sendungen lassen*
- *...*

2 a) Nehmt mit dem Videorekorder Teile von Sendungen auf, die eurer Meinung nach deutlich erkennen lassen, dass Zuschauer/innen damit an das laufende Programm oder an den Sender „angebunden" werden sollen.
b) Führt euch die Aufnahmen wechselseitig vor und ergänzt eure Liste der „TV-Kleber".

3 Diskutiert, welche „TV-Kleber" besonders wirksam sind.

4 a) Lest die drei folgenden Texte von Jauch, Heinlein und Festerling. Entwerft zu jedem Text eine Übersicht der folgenden Art:

> *Sendeanstalt(en), um die es geht: ...*
> *Sendung(en), um die es geht: ...*
> *Mittel der Zuschaueranbindung, die der Autor festgestellt hat:*
> *...*

b) Fallen euch beim Lesen der Texte weitere Beispiele ein, wie Fernsehsender Zuschauer/innen einfangen und an sich binden wollen? Notiert eure Erkenntnisse in eurer Liste der „TV-Kleber".

Tod – live aus Sarajevo

(Interview der Wochenzeitung „Die Zeit" mit Günther Jauch)

ZEIT: Herr Jauch, Sead ist tot. Warum? Ein sechzehnjähriger Junge, der hakenschlagend durch Sarajevo rennt, kann manchem Auge entgehen. Ein Kamerateam, das sich an seine Fersen heftet, lenkt die Blicke auf sich. Fühlen Sie sich mitverantwortlich für den Tod des Jungen?

GÜNTHER JAUCH: Nein. „Stern-TV" hat den Auftrag nicht erteilt. Dieser Film ist eine französische Produktion, von einem französischen Kameramann gemacht. Sie wurde in Paris bearbeitet und kam auf den Markt.

ZEIT: Und Sie haben sie gekauft.

JAUCH: Wir haben sie gekauft ...

ZEIT: Für welchen Preis?

JAUCH: Für einen völlig normalen Preis.

ZEIT: Keine Gefahrenzulage?

JAUCH: Nein. Wir sind nur diejenigen, die den Film als Erste in Deutschland veröffentlicht haben, und falls jetzt irgendwelche Heuchler kommen und ein garstig Lied anstimmen wollen, wir wissen aus Paris, wer den Film auch haben wollte: Premiere, ZDF „Studio 1", SAT 1.

ZEIT: Fühlen Sie sich verantwortlich?

JAUCH: Nur, wenn der Kameramann in einem sicheren Haus gesessen wäre und aus dem Fenster geguckt und gesagt hätte, lauf doch da mal hin und her. Das war aber nicht der Fall. Sondern der Kameramann hatte ihn ja tatsächlich begleitet, angefangen vom Aufstehen morgens früh über den Abschied von den Eltern, das Treffen mit Freunden bis hin zum Unterstand der Soldaten. Die Kugel hätte auch ihn treffen können.

ZEIT: Für Sie ist es eine Rechtfertigung, dass er auch sich selber gefährdet hat?

JAUCH: Ich hätte den Film nicht gesendet, wenn er das vom sicheren Balkon runter gefilmt hätte. Es sind Details, die dazu hätten führen können, dass ich den Beitrag nicht gesendet hätte.

ZEIT: Welche Details?

JAUCH: Zum Beispiel, wenn er auf voyeuristische[1] Art diesen Tod gefilmt hätte nach dem Motto: „Das schreckliche Ende". Also: Über den toten Körper noch mal rübergezoomt[2] oder danach zu den aufgelösten Eltern gegangen wäre, womöglich gefilmt hätte, wie ihnen die Nachricht überbracht wird. Oder wenn die Sterbeszene vereinzelt im Angebot gewesen wäre: „Wir bieten an: 1 Minute 30 Sekunden – Tod eines Sechzehnjährigen in Sarajevo." Das hätte ich niemals gesendet.

ZEIT: Gab es diese Szenen im Band?

JAUCH: Nein. Es gab eine Auflage vom Kameramann, dass keine Szene vereinzelt gesendet werden durfte. Das führte dazu, dass die Zuschauer diesen Jungen zehn Minuten lang kennen lernen. Wir sehen ihn in seinem Alltag, und wenn er uns dann so nahe gebracht ist – stirbt er. Der Schrecken ent-

1 **voyeuristisch:** lustvoll zuschauend
2 **zoomen:** etwas mit der Kamera „näher heranholen", d. h. vergrößern

steht im Kopf des Zuschauers, nicht durch die Bilder. Die sind vergleichsweise unspektakulär. Sie sind lange nicht so grausam wie das, was Sie in den Nachrichten sehen: vergewaltigte Frauen, Kinder mit durchschnittenen Kehlen, das flimmert jeden Tag über den Bildschirm und geht doch nicht so nahe wie der Tod in diesem Film.

ZEIT: Es ist der erste Tod, der so direkt in einem Nachrichtenmagazin gezeigt wurde. Einige Leute werden sagen: Toll geil, hier wird echt gestorben, und ziehen sich das als Kick rein.

JAUCH: Ich habe alles getan, um das nicht entstehen zu lassen. Ich kann natürlich nicht verhindern, dass jemand dasitzt und sich diese eine Minute im Videorekorder vor und zurück anschaut.

ZEIT: Sie hätten nach dem Schuss ausblenden können. [...]

1 a) Wie hättet ihr entschieden? Hättet ihr als verantwortliche/r Redakteur/in nach dem Schuss ausgeblendet oder nicht?
b) Wie beurteilt ihr die Tatsache, dass das Fernsehen immer öfter beim Sterben anderer Menschen dabei ist und Millionen von Zuschauern zusehen lässt?

2 Gibt es (spektakuläre) Vorgänge, die eurer Meinung nach von Fernsehsendern nicht gesendet werden sollten? Stellt eine Liste solcher Vorgänge zusammen und schickt sie an TV-Anstalten.

Peter Heinlein

Ear-Catching – Musik als Köder für Seifenopern

Heiße Rhythmen sollen bei jungen Zuschauern das Interesse an den Seifenopern der ARD wecken. Da die Daily Soaps „Marienhof“ und „Verbotene Liebe“ jetzt voll auf die bei der Werbewirtschaft begehrteste, weil konsumfreudigste Zielgruppe setzen, wurden ihnen in Zusammenarbeit mit der Plattenindustrie die jeweils aktuellsten Popsongs verpasst.

„Ear-Catching“ heißt neudeutsch dieser Trick, Zielgruppen mit Musik zu ködern. Bavaria-Produzent Michael von Mosner: „Das beginnt mit dem Titelsong und setzt sich so weit fort, dass jede der tragenden Figuren – wie bei Richard Wagner – ein musikalisches Leitmotiv hat.“ So wird etwa die Liebesgeschichte zwischen Charlotte und dem Gemüsehändler mit Melodien von WETWETWET begleitet. Von Mosner: „Die Plattenindustrie versorgt uns mit den frischesten Titeln. Derzeit ist Joe Cocker ziemlich angesagt.“

WDR-Mann Axel Beyer, der designierte ZDF-Unterhaltungs-Chef: „Untersuchungen haben ergeben, dass die jeweilige Musikfarbe ein entscheidender Faktor für die Akzeptanz gerade der täglichen Serien ist.“ Auch der Werbeeffekt ist gewollt. Jedes Mal, wenn im Radio der Titel „Forbidden Love“ gespielt wird, erinnert sich der Hörer an die Serie „Verbotene Liebe“. Die Öffentlich-Rechtlichen machen es damit wieder einmal den Privaten nach. Vorreiter war RTL mit „Gute Zeiten, schlechte Zeiten“. Die Tonträger mit den Melodien aus dieser Serie verkauften sich wie frische Semmeln. Auch Soundtracks von „Beverly Hills 90210“, „Drei zum Verlieben“ oder „Unsere Schule ist die beste“ liegen gut im Rennen. So wäscht eine Hand die andere: Musik macht Serien attraktiv, und die Plattenindustrie hat ihre Werbung.

1 Stellt die fremdsprachlichen Fachbegriffe des Artikels zusammen und klärt ihre Bedeutung.

2 Untersucht die musikalische Untermalung aktueller Serien.

Arnd Festerling

Die gar wundersame Wandlung vom Langweiler zum Fußballhit

„Der Junge hat Gold in den Beinen." Werner Hansch ist's, der dies krakeelt, während des Versuchs, ein Spiel der Fußball-Bundesliga zu reportieren. Das Spiel ist eine miese Partie zweier maroder Teams aus dem Westen, es endet unentschieden und torlos. Zu sehen gibt es, das kann selbst der gepeppte SAT-1-Bericht nicht verheimlichen, zu sehen gibt es wenig. Aber wohl doch den Jungen mit dem Gold in den Beinen? Der hat gerade den Ball mit kraftvollem Spannstoß am Tor vorbeibefördert und wird nun prompt von Hansch zum Riesentalent und künftigen Starspieler stilisiert. Außerdem erfahren wir, weil sich das bei der Fußballshow „ran" so gehört, vor dem Spiel in aller Ausführlichkeit, warum beide Teams gewinnen wollen, und hinterher, warum sie es nicht getan haben. Selbstverständlich darf auch der Junge mit dem Gold und so weiter noch sagen, dass er durchaus gerne ein Tor geschossen hätte.

Das ganze Theater ist bei SAT 1, und inzwischen allgemein in der von diesem Sender wesentlich geprägten Fußball-Berichterstattung, Pflicht und hat auch Methode. Das Spiel, die Sendung und damit die Werbeblöcke sollen schließlich gesehen werden, denn Fußball im Fernsehen hat seinen Preis. Und der Fußball bezahlt auch einen hohen Preis für das Geld, das er bekommt: Er muss sich mediengerecht präsentieren. Dazu gehört, dass der noch immer so genannte Spieltag inzwischen aus Gründen der Vervielfältigung von Sportsendungen sich in der Regel von Freitag bis Sonntag erstreckt, manchmal auch den Dienstag, Mittwoch oder Donnerstag einschließt. Dazu gehört, dass bei der Hatz nach Sensationen (selten) und Sensatiönchen (häufig) Spieler und Trainer immer und überall von Kameras und Mikrofonen verfolgt werden, dass sie gegeneinander ausgespielt oder im Studio zu Unterhaltungskaspern degradiert werden. Ganz wesentlich auch gehört dazu, dass der Fußball im Fernsehen immer weniger dem Fußball auf dem Rasen ähnelt.

Sicher, weiland[1] die konkurrenzlose alte „Sportschau" hat die 90 Minuten eines Fußballspiels auch auf deren 3 bis 4 zusammengefasst, kürzer noch als der Trendsetter „ran" heute. Aber vielleicht eben, weil sie konkurrenzlos war, konnte

1 **weiland,** altertümlich für: ehemals, früher

Grüße aus der Bundesliga: SAT-1-Sportchef Beckmann.

sie es sich leisten, journalistisch zu arbeiten. Das soll in diesem Fall heißen, nach bestem Vermögen zu berichten, wie ein Fußballspiel war: ob gut, ob schlecht, ob spannend, aber eben auch ob langweilig. Und das, was war, das, was die Reporter sahen, das wurde dem Zuschauer auch berichtet: „Dieses Spiel können wir Ihnen nicht länger zeigen, es ist nichts passiert; besser als so, wie Sie es hier sehen, war das Spiel eben nicht." Wer mehr *action* wollte, der konnte ja umschalten und Daktari gucken. [...]

Erst Reinhold Beckmann gelang es, dieses Prinzip der Fußballberichterstattung grundlegend zu ändern. Zeitgleich mit den Bundesligarechten hatte SAT 1 seinen neuen Sportchef bei Premiere weggekauft: „ran" ist Beckmanns Kind, er hat die Fußballshow realisiert – und seine Firma produziert sie auch –, in der der Fußball immer mehr zum Instrument und nicht zum Gegenstand der Show wird; in der der Journalismus, wie ihn die Altvorderen von ARD-„Sportschau" und ZDF-„Sportstudio" verstanden haben, schlicht keinen Platz mehr hat.

„ran" kann sich schlechte Spiele nicht leisten, denn es will gute Ware verkaufen. Nur deswegen stammeln so viele Reporter in scheinbarer Erregung Worte der Bewunderung ins Mikrofon, ganz gleich, was auf dem Rasen passiert. Nur deswegen werden mit der Slomo oder gar Superslomo – früher prosaisch Zeitlupe genannt –, wenn's denn sonst nichts zu berichten gibt, irgendwelche mehr oder weniger beliebigen Szenen halbdutzendfach wiederholt. Immer unter dem Vorwand, zu informieren und aufzuklären. Das aber führt letztlich nur dazu, dass ein jedes Spiel ungeachtet seiner Qualität reduziert wird auf Spektakuläres. Dieses Vorgehen wird desto zweifelhafter, je mehr das wahrhaftig Spektakuläre einer Partie abgeht: Torszenen und, selbstverständlich, Tore. Da müssen dann eben allerlei Randerscheinungen herhalten, ob auf oder neben dem Feld. Oder eben besagter Junge mit dem Gold in den Beinen, der innerhalb von neunzig Minuten immerhin als Einziger den Ball einmal so in Richtung des gegnerischen Tores getreten hat, dass der Trainer nicht gleich vor Entsetzen von der Bank gefallen ist. Auch weil, natürlich, eine Kamera auf ihn gerichtet war. Wer nun glaubt, dass solches nur auf einige wenige schlechte Spiele zutrifft, der darf sich nicht darüber täuschen, dass es in jeder Bundesligasaison Dutzende und Aberdutzende restlos öder Spiele gibt. Aber ein jedes will übertragen sein. Der große Rest ist schlicht mittelmäßig; gut jenseits des Fanblicks auf das Ergebnis sind nur wenige. Im Fernsehen aber, und bei „ran" zumal, geraten sie allesamt zu ausführlich berichtenswerten Sportereignissen. Dass sie dies im „ran"-Sinne auch sind, muss wöchentlich und täglich der Reporter vor Ort nachweisen, und dafür muss er im Falle publizistischer Not auch sorgen, so gut es das Filmmaterial eben hergibt.

Im Ergebnis wird der Fußball verfälscht, wird das Spiel als eines voller Höhepunkte dargestellt, als rasantes und aktionsreiches Spektakel. Da nimmt es nicht wunder, dass mancher Zuschauer sich verdutzt die Augen reibt, wenn er die eben im Stadion verfolgte Partie in der TV-Zusammenfassung kaum wiedererkennt. Und da bleibt es auch nicht aus, dass Menschen, die selten ins Stadion gehen, von ihren diesbezüglich erfahreneren Nachbarn hören müssen, dass der maue Kick da unten auf dem Platz eine durchaus überdurchschnittliche Partie ist. Und es wird passieren, dass selbst bessere Spiele, die in voller Länge im Fernsehen übertragen werden, von den Zuschauern nicht mehr als solche erkannt und anerkannt werden, weil sie schlicht zu wenig Höhepunkte haben im Vergleich zur schönen, bunten Fußballwelt von „ran".

1 a) Fasst die Meinung, die Arnd Festerling über die Sendung „ran" vertritt, in einer **These** zusammen.
b) Mit welchen **Argumenten** stützt Festerling seine These?
c) Untersucht die **sprachlichen Mittel,** mit denen der Autor seine Bewertung der Fußballsendung zum Ausdruck bringt.

2 Tauscht eure Erfahrungen mit der Sportberichterstattung im kommerziellen Fernsehen aus und diskutiert, ob Festerlings Darstellung zutreffend ist.

Sender und Sendungen

1 Informiert euch in Lexika, im Internet oder aus anderen Quellen über die folgenden Typen von **Fernsehsendern.**

Free-TV		Pay-TV
öffentlich-rechtliche Sender	private (kommerzielle) Sender	
…	…	…

2 Ordnet diesen Typen einzelne Sender zu, die ihr kennt.

„Kein Grundrecht auf Live-Sport"

SAT-1-Justiziar: Auch Schutzrechte nicht nötig

Saarbrücken (AP/dpa). Der Markt wird es schon richten. Trotz der Explosion der Sportrechtekosten – die Fußball-WM-Turniere 2002 und 2006 wurden für 3,4 Milliarden Mark an die Kirch/Sporis-Gruppe verkauft – lehnt der Deutsche Fußball-Bund (DFB) eine Schutzliste der Europäischen Union für Spitzensportereignisse ab, die ohne Extra-Gebühr im TV gezeigt werden müssen. „Der Wettbewerb bleibt trotz dieser EU-Richtlinie bestehen. Wir haben eine blühende TV-Landschaft, es wird nichts umkippen", erklärte DFB-Direktor Wilfried Straub bei den 5. Saarbrücker Medientagen.

„Es gibt keine Notwendigkeit für Schutzrechte. Es gibt aber auch kein Grundrecht des TV-Zuschauers auf Live-Erlebnisse", erklärten unisono SAT-1-Justiziar Peter Lück und Ufa-Geschäftsführer Bernd Bauer. Die Ufa hat vom DFB die Pay-TV-Rechte für die Bundesliga bis 1998 erworben. Für 75 Millionen Mark darf Premiere pro Runde zwei Spiele live und verschlüsselt zeigen. Der Nachfolgevertrag ist hart umkämpft. Im Gespräch sind mindestens 200 Millionen Mark.

„Pay-TV wird sich im großen Stil nur durchsetzen, wenn man dem Free-TV exklusive Sportrechte entziehen kann. Deshalb brauchen wir die EU-Fernsehrichtlinie, um diese Versuche im

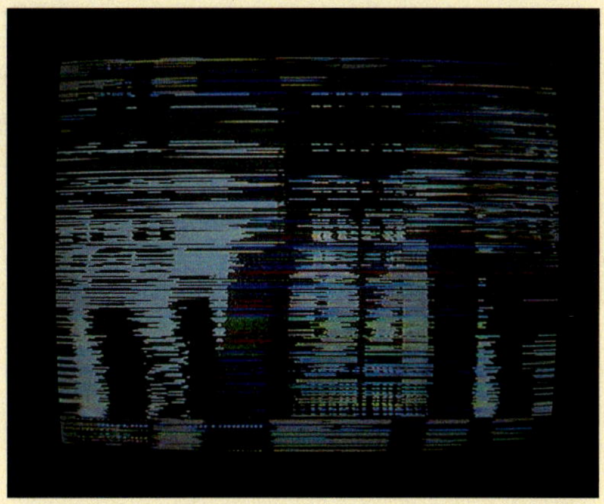

Ansatz zu verhindern. Sonst können bald nur zahlungskräftige Bürger die großen Ereignisse live sehen", erklärte Dieter Dörr, Direktor des Instituts für Europäisches Medienrecht (EMR), in Saarbrücken.

Auch Albert Scharf, Intendant des Bayerischen Rundfunks, kritisierte die Sportvermarktung im Fernsehen. Er warnte vor einer Reduzierung der Sportübertragungen auf Fußball, Tennis und Formel 1. Entschieden wandte sich Scharf dagegen, sportliche Großereignisse dem Pay-TV zu überlassen. Das würde die Zerstückelung der Gesellschaft noch beschleunigen.

3 Klärt mit Hilfe des Artikels „Kein Grundrecht auf Live-Sport", wie Pay-TV-Sender Zuschauer an sich binden wollen und welche Interessenkonflikte zwischen den verschiedenen Sendertypen sich daraus ergeben.

4 Sammelt mit Hilfe der folgenden Tabelle **Fernsehsendungen,** die ihr kennt. Berücksichtigt dabei verschiedene Sender.

Informationsmagazine	*„Seifenopern"*	*Sportsendungen*	...
...	...	...	

5 Verschafft euch einen Überblick darüber, welche der aufgelisteten Sendungen von euch häufiger und welche nur ab und zu eingeschaltet werden.

6 Untersucht die Typen von Sendungen arbeitsteilig.
a) Welche Zuschauergruppen werden jeweils angesprochen?
b) Entwickelt Test-Kriterien für die Typen von Fernsehsendungen. Berücksichtigt dabei die wichtigsten Elemente der Sendungen:

Informationsmagazine	*„Seifenopern"*	*Sportsendungen*	...
Wichtigkeit der Themen: ...	*Ausstrahlung der Darsteller/innen: ....*	*Anteil der Live-Berichte: ...*	
... der Themen: ...	*... der Darsteller/innen: ...*	*Anteil von ...: ...*	
...	*... der Handlung: ...*	*Kompetenz der Moderatorin/des Moderators: ...*	
...	...	...	

c) Führt den Test durch und wertet eure Ergebnisse aus.

12.2 Medienkritik – Sachtexte lesen und verstehen

Dieter Deul

TV-Trailer sollen Zuschauer zur Folgesendung rüberziehen

Ein kunterbunter Wecker tobt über den Bildschirm. Dann die agile Actrice[1] Whoopi Goldberg. Über Filmszenen schlängeln sich farbige Schlagworte. „Schrill". „Chaotisch". Und kurz, in nur 15 Sekunden, soll dieser SAT-1-Trailer das richtige Publikum für die neue Filmreihe ausmachen. Ganz anders der Spot zum „Talk im Turm". Mahlers elegische[2] zweite Sinfonie untermalt Bilder des afrikanischen Hunger- und Kriegselends. Mit extra langsamer Sprache, Blümchentapete und Goldrähmchen ist auch die Reklame für Conny Froboess zielgruppengerecht stilisiert.

In der TV-Steinzeit fielen solche Aktivitäten noch unter den verwaltungsmäßigen Begriff „Programmhinweise". Ansagerin Mady Riehl saß neben einem Stück blauer Pappe mit aufgeklebter Sendezeit. Ein Monitor zeigte die Lieblingsszenen des betreuenden Redakteurs in voller Länge. In der Ära von Videoclips und Dutzenden hart konkurrierender Sender hat sich der „Fernsehtrailer On-Air" jedoch längst zur eigenständigen Kunst- und Kommerzform entwickelt, inklusive eigener Festivals, wie in Köln. Das Geschäft boomt. 1994 gehen knapp 25 000 TV-Trailer für rund 100 Millionen Euro auf Sendung. Tendenz: steigend.

Alle Stationen haben ihre Trailer-Teams. Allein bei SAT 1 sorgen zehn Redakteure so täglich 40 Minuten lang für volles Programm. Die Eigenwerbung erfüllt dabei gleich mehrere strategische Ziele. Zunächst will man jene 57 Prozent der Zuschauer ködern, die noch eine Stunde vorher nicht wissen, was sie sehen möchten. Damit die „richtigen" Leute einschalten, muss der Trailer möglichst präzise den Ton und den Inhalt der Sendung vermitteln – und sei es mit computergrafischen Gags, wie Roger Willemsen, der auf dem Stuhl durch virtuelle Räume wirbelt; Plagiat[3] eines Tonic-Water-Spots.

Doch nicht nur das Einschalten will man fördern – auch das Um- und Abschalten muss partout verhindert werden. Noch vor dem Ende eines langen Abspanns hat sich die Hälfte der Zuschauer bereits in alle TV-Kanäle verstreut. Deshalb sollen sie von einer Sendung zur nächsten „fließend rübergezogen werden", sagt ZDF-Trailerredakteur Olaf Steenfadt. Die „Zuschauerbindung an den Schnittstellen" bedeutet, dass etwa bei Vorabendserien statt Standbildern Szenen der nächsten Folge erscheinen.

Auch das ZDF zeigt täglich 12 bis 20 Trailer, die mit kessen Sprüchen („Abschalten können Sie woanders") und cleverer Ästhetik das ZDF als Markenartikel mit neuem Anstrich präsentieren. Image-Transfer heißt das im PR-Jargon. Beispiel „Frontal". Am Anfang war die Frage: Was macht die Sendung unverwechselbar? Fazit einer hausinternen Projektgruppe von Redakteuren, Technikern und Grafikern: Das Duo Hauser/Kienzle und die moderne Bildsprache. „Werte wie ‚investigativ', ‚journalistisch', ‚informativ', ‚glaubwürdig' sind abstrakt, unverbindlich und austauschbar, da alle Magazine so sein wollen bzw. dieses von sich behaupten", heißt es im Arbeitspapier der Gruppe. „Zweck des Trailers ist es vor allem, Aufmerksamkeit zu erzeugen, Appetit zu machen und den Produktnamen zu befördern." So schwitzten Hauser/Kienzle als gegeneinander Rudernde im Thermalbad für den Spruch: „Ausgewogenheit ist eine Frage des Trainings."

Solche Clips kosten pro Minute zwischen 2500 und 8000 Euro, erklärt der SAT-1-Trailerchef Nikolaus Geretshauser. Der Aufwand reicht von der simplen Suche nach Bildmaterial und Botschaften bis hin zum extra Drehtermin – etwa in der Kulisse von „Fall für 2", wo Rainer Hunold sich entspannt in eine Pilcher-Verfilmung einklinkt. Wichtige Beiträge werden schon einen Monat vorher beworben, sagt Geretshauser. Erst nach der dritten Ausstrah-

1 **agile Actrice:** lebhafte Schauspielerin
2 **elegisch:** wehmütig
3 **Plagiat:** (unrechtmäßige) Nachahmung

lung grüben sich Trailer ins Bewusstsein ein. Zwei Drittel der SAT-1-Spots sind deshalb Wiederholungen.

So unbegrenzt sich die hektische Welt der Promotion präsentiert – auch hier gibt es Grenzen. So darf für Filme, die erst ab 16 oder 18 Jahren freigegeben sind, tagsüber nur mit Standbildern geworben werden. Für Geretshauser kein Problem. Spannung entsteht für ihn nicht, „wenn einer abgeknallt wird“, sondern durch gute Bild-Montagen. Tabu sind auch Trailer für „Käse“ – so SAT-1-Mann Gerhard Kehry über die Sexfilmchen. Die haben eh ihr unverdrossenes Stammpublikum. Selbstkritik zeigt auch ZDF-Trailerchef Joachim Krischer. Noch mal würde er nicht während eines Fußballspiels am Nachmittag für „XY ungelöst“ werben, weil da Kinder mit zuschauen.

Auch ästhetisch ist Beruhigung in Sicht. Während hierzulande noch die Experimentierwut zu hektischen, mit optischer Majonäse aus dem Grafikcomputer übergossenen Trailern führt, machte Krischer in den USA bereits einen Trend zu langsameren, erzählerischen Formen aus. Was das alles letztlich bringt, weiß indes niemand genau – auch wenn SAT-1-Mann Geretshauser nach einem von einer Frau gemachten „Mann-o-Mann“-Trailer eine Million Zuschauer mehr sah. Klar ist nur eines: „Ob ‚Rama‘ oder ‚Frontal‘ – von den optischen Gesetzen der Werbung her ist das relativ schnell gleich“, resümiert ZDF-Redakteur Steenfadt.

1 Stellt **Fachbegriffe** zusammen, die der Autor verwendet, und definiert sie. Nutzt dabei Lexika.

Ein „Trailer“ ist eine Filmart, ...
Ein „Clip“ ist ...
„Promotion“ ...
...

2 Untersucht, wie der Autor seinen Artikel beginnt. Welche **Wirkung** erzielt er mit dieser Eröffnung des Textes?

3 a) Markiert auf einer Kopie des Textes die unterschiedlichen **Elemente der Argumentation** in verschiedenen Farben:
- Thesen
- Argumente („weil …“; „denn …“)
- Beispiele
- unterstützende Zitate

b) Stellt die Hauptthesen des Textes schriftlich in ihrem gedanklichen Zusammenhang dar. Dabei könnt ihr die Argumente, Beispiele und Zitate unerwähnt lassen.

Horst Heidtmann

Cliff Hanger und sonstige Serien-Tricks

Das Serienangebot der bundesdeutschen Fernsehsender boomt. Durch Serien lassen sich preisgünstig Programmplätze füllen und Zuschauer aller Altersgruppen an bestimmte Sender binden. Haben sich in den 1980er-Jahren die privaten Fernsehanbieter noch auf durchschnittlich vier Stunden täglicher Serienfolgen beschränkt, so erreichen 1995 Serienfolgen (inklusive Werbeunterbrechungen und Wiederholungen am gleichen Tag) bei den Privaten Anteile von 10 Stunden (RTL plus), von 13 (RTL 2) oder gar über 18 Stunden (beim Kabelkanal) an einem durchschnittlichen Wochentag (Montag, 2. 1. 1994).

Die öffentlich-rechtlichen Fernsehanstalten passen sich diesem Trend an und versuchen durch ein ebenfalls kontinuierlich wachsendes Serienangebot die kommerziellen mit deren eigenen Mitteln zu schlagen. […]

Serielles Erzählen ist kein Phänomen der audiovisuellen Medien, sondern findet sich in der Literatur z.B. spätestens im Zusammenhang mit der Kommerzialisierung des Buchmarktes im 18. Jahrhundert. Die Serienform ist bei jungen wie bei älteren Zuschauern beliebt, weil sie den Rezeptionsaufwand[1] reduziert, weil sie nicht verunsichert, sondern Erwartungen bestätigt, ein Gefühl der Geborgenheit im Kreise vertrauter (geliebter) Serienfiguren vermitteln kann. Eine Serienfolge muss also zwangsläufig Versatzstücke, Bilder, Stereotypen aufnehmen, die dem Zuschauer aus vorangegangenen Serienfolgen (oder überhaupt früheren Medienproduktionen) bekannt sind. Die bekannten Versatzstücke müssen aber verändert, variiert, neu arrangiert werden. Diese Mischung von Altem und Neuem macht den Reiz einer Serie aus, sie liefert bei Gelingen eine entscheidende Erfolgsgrundlage. […]

Anders als für ein in sich abgeschlossenes Werk ist es beim seriellen Erzählen erforderlich, den Rezipienten[2] möglichst so eng zu binden, dass er auch die Fortsetzung rezipieren (kaufen) will, auf den Fortgang also gespannt ist. In der eher traditionellen Form einer Serie setzt sich eine Handlung Folge für Folge kontinuierlich fort, baut in jeder Fortsetzung Spannung auf, lässt Spannungshöhepunkten Phasen des Spannungsabbaus folgen. Das Interesse des Zuschauers muss dabei an ein übergreifendes Grundthema, an einen etliche Folgen umfassenden, am Ende einen Abschluss erfahrenden Serienzyklus gebunden werden. Nicht nur in Filmserials der 1930er- und 40er-Jahre war es zudem üblich, auf einem Spannungshöhepunkt, im Verlauf einer eskalierenden dramatischen Situation, die Serienfolge abzubrechen. Ein „Cliff Hanger" (ein Verfolgter hängt an der Klippe und droht abzustürzen) verweist die Zuschauer auf die nächste Fortsetzung, um so ihr Interesse zu binden. Die meisten Fernsehserien verzichten jedoch schon länger auf solche Cliff Hanger, da die Zuschauer, nicht nur bei Action- oder Kinderserien, auf eine in sich geschlossene Episode Wert legen. Die populären Soap Operas und Familienserien, deutscher wie amerikanischer Provenienz[3], suchen heute meist den Serienzusammenhang durch eine „Drei-Episoden-Struktur" herzustellen: In einer Serienfolge werden drei verschiedene Handlungsepisoden nach- und nebeneinander dargeboten, wobei die erste Episode bereits in der vorangegangenen Folge begonnen wurde und jetzt ihre Auflösung, einen Abschluss erfährt. Die zweite Episode beginnt parallel zur noch laufenden ersten und wird noch in der gleichen Folge zu einem Ende geführt. Die dritte Episode beginnt mit der Einführung, dem Aufbau einer dramatischen Situation, diese Episode wird dann aber erst in der nächsten Serienfortsetzung beendet. […]

Die Spezifik des Erzählens beruht in dieser Serie also weniger auf kurzen, schnellen Schnitten als vielmehr auf der Zerstückelung in sehr kurze inhaltliche Einheiten sowie der außerordentlich raschen Abfolge von Spannungshöhepunkten. Wenn man den Serienstoff nicht von vornherein als inakzeptabel und bodenlos schlecht ablehnt, sondern sich von ihm unterhalten lassen will, dann bekommt man eine Art Hochspannungsdramaturgie geboten, die die Wahrnehmung der inhaltlichen Banalität sicherlich erschwert.

„Gute Zeiten, schlechte Zeiten" sowie vergleichbar inszenierte Soap Operas und Sitcoms[4] bieten mit dieser Dramaturgie für ältere Kinder und Jugendliche eine Bestätigung der Rezeptionsgewohnheiten, die in den vorangegangenen Jahren vor allem durch Animationsserien geprägt worden sind. Die billig und in Massen produzierten Zeichentrickfilme (ob Action oder Komik) bieten den kleinsten Zuschauern ununterbrochen inhaltliche Stereotypen. Banalitäten, die ebenfalls in allerkleinste, nahezu stilisierte Handlungselemente aufgelöst werden, deren Spannung in hohem Maße auf formalen Mitteln beruht, die also ebenso eine derartige Hochspannungsdramaturgie benötigen, damit die Schlichtheit von Machart und Inhalt nicht wahrgenommen wird.

1 **Rezeption:** Aufnehmen und Verstehen (eines Textes/einer Sendung)
2 **Rezipient:** Leser/in, Zuschauer/in
3 **Provenienz:** Herkunft
4 **Sitcom:** Situationskomödie

Auch in „Gute Zeiten, schlechte Zeiten" treten für die Rezipienten der Inhalt und die Abfolge der Handlung hinter die formalen Elemente zurück. Es reicht aus, dass ständig Spannung aufgebaut wird, dass scheinbar ständig etwas passiert und dass die vertrauten Akteure irgendwie agieren. Die Details sind aber austauschbar, die Reihenfolge ist beliebig. Es ist letztlich egal, mit wem Peter und Heiko gerade Probleme haben, wen Tina, Julia, Denise gerade lieben. Und ebenso egal ist, ob sich Elke erst vor dem unheimlichen Mörder verstecken muss oder ob Frau Mainhart zuerst ihren Sohn wiederfindet. Der hohe Grad von Beliebigkeit bei der Abfolge von Sequenzen und Episoden soll dem Zuschauer ermöglichen, an jeder beliebigen Stelle der Serie in die Handlung ein- oder auszusteigen, beliebig Folgen auszulassen, ohne dass dies Schwierigkeiten für das Verständnis des Serienzusammenhanges mit sich brächte. Erleichtert wird dies zudem durch einen hohen Anteil von Redundanzen[5]. Die wichtigsten Ereignisse (Todesfälle, Bomben), Konfliktstoffe (Ehebruch, unerwiderte Liebe) werden in den Dialogen aufeinander folgender Sequenzen wiederholt und variiert.

5 **Redundanz:** Information, die auf verschiedene Weise mehrfach präsentiert wird

1 Gebt in einem Satz das **Thema** dieses Textes an.

2 Verschafft euch mit Hilfe eines **Schaubildes** einen Überblick über die Teilaspekte des Themas, die der Autor anschneidet:

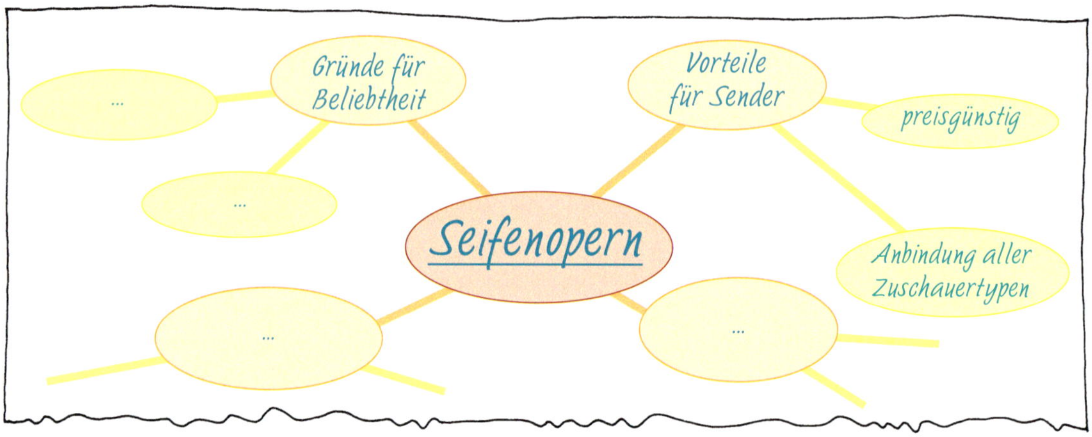

3 Der Text ist in Abschnitte unterteilt. Nutzt diese Gliederung, um den Text gedanklich zu erschließen: Entwerft zu jedem Abschnitt eine treffende Überschrift.

4 Besonders im Schlussteil bewertet der Autor die Seifenopern.
a) Stimmt ihr mit den Positionen des Autors überein? Begründet eure Ansichten.
b) Gibt es Wertungsgesichtspunkte, die man ergänzen könnte?
c) Verfasst eine **Stellungnahme** zu Seifenopern, in der ihr
   - zunächst unabhängig von eurer eigenen Meinung alle Pro- und Kontra-Argumente in eine sinnvolle Reihenfolge bringt und
   - am Schluss eine persönliche Wertung abgebt.

5 a) Vergleicht die beiden Texte von Heidtmann und Deul (S. 293/294) in Hinblick auf Wortwahl und Satzbau.
b) Deuls Text ist in einer Tageszeitung erschienen, Heidtmanns Text in einer Fachzeitschrift. Denkt über Zusammenhänge zwischen den Erscheinungsorten und der sprachlichen Gestaltung nach.

Karl R. Popper

Gegen den Missbrauch der Television

Ebenso sehr, wie das Fernsehen derzeit eine Kraft für das Schlechte ist, könnte es eine Kraft für das Gute sein. Allerdings, dies ist wenig wahrscheinlich. Der Grund liegt darin, dass es außerordentlich schwierig ist, überhaupt eine kulturelle Kraft für das Gute zu werden. Schlichter gesagt: Es ist einfacher, Leute zu finden, die täglich zwanzig Stunden durchschnittlichen oder schlechten Stoff produzieren als eine oder zwei Stunden gute Qualität. Umso schwerer ist es, Programme zu gestalten, die zwanzig Stunden pro Tag ebenso attraktiv wie qualitativ hoch stehend sind. Je mehr Fernsehstationen und Programme zugelassen werden, desto schwieriger ist es, Profis zu gewinnen, die sowohl interessante als auch wertvolle Sendungen produzieren können.

Diese dem Fernsehmedium innewohnende Schwierigkeit ist die Quelle des Verfalls. Das Niveau ist gesunken, weil die Fernsehsender immer häufiger minderwertigen und bloß sensationellen Stoff produzieren müssen, um das Publikum an sich zu binden. Aber sensationeller Stoff ist schwerlich auch guter Stoff.

Ebenso gravierend ist für mich ein anderer Aspekt: Es gibt zu viele konkurrierende Fernsehsender. Warum stehen sie im Wettbewerb? Natürlich um möglichst viele Zuschauer zu locken, was sicher kein erzieherisches Ziel darstellt. Diese Sender wetteifern nicht darum, wer die besseren Programme mit soliderer moralischer Qualität herstellt, und sie konkurrieren wohl auch nicht um Programme, die den Kindern eine Ethik[1] des Lebens vermitteln.

Was sollen wir also tun?

Ein Rückblick auf die Geschichte des Fernsehens zeigt, dass es in den ersten Jahren seiner Entstehung durchaus qualitativ anspruchsvoll war. Es gab gute Filme und interessante Themen – auch deshalb, weil es in der Gründerzeit kaum Wettbewerb gab und die Nachfrage klein war. Folglich war auch die Auswahl bei den Produktionen sorgfältiger.

Es ist aufschlussreich, wie Fernsehverantwortliche heute das Problem ihres Mediums sehen. Vor wenigen Jahren traf ich in Deutschland einen Fernsehdirektor, der zusammen mit seinen Mitarbeitern einen meiner Vorträge besuchte. Namen will ich lieber nicht nennen. Dieser Direktor vertrat eine Reihe grässlicher Thesen, die er natürlich allesamt für richtig hielt. So war er tatsächlich der Meinung, dass man den „Leuten das bieten müsse, was die Leute sehen wollen". Als ob man anhand von Einschaltquoten die Wünsche der Menschen feststellen könnte!

Was man aus Einschaltquoten herauslesen kann, sind doch bestenfalls Präferenzen[2] bei der Auswahl unter den angebotenen Produkten. Darum können wir anhand dieser Zahlen gar nicht wissen, was wir anbieten sollten oder müssten – auch der Chef dieser Fernsehanstalt kann nicht wissen, was das Publikum auswählen würde, wenn es andere Angebote gäbe. Freilich glaubte er fest daran, dass eine mögliche Wahl nur im Rahmen dessen getroffen werden könne, was real angeboten wird. Eine Alternative sah er nicht. Die Diskussion mit ihm war wirklich unglaublich. Am Ende meinte er gar, seine Auffassung sei durch die „Prinzipien der Demokratie gestützt"; er fühlte sich verpflichtet, die Richtung einzuschlagen, die er für demokratisch hielt und die zu begreifen er fähig war: die seiner Ansicht nach „populärste".

Es gibt allerdings keine demokratischen Prinzipien, welche die These dieses Fernsehdirektors rechtfertigen: das Qualitätsniveau des Programmangebots immer tiefer anzusetzen, „weil die Leute es so wollen". So gesehen müssten wir allesamt zum Teufel gehen.

Dabei war es doch immer das erklärte Ziel der Demokratie, das Bildungsniveau zu heben. Insofern stehen die Ideen dieses Herrn in keiner Weise im Einklang mit der alten Idee der Demokratie: Erhöhung des allgemeinen Bildungsniveaus und immer bessere Chancen für alle. Stattdessen hat das populistische[3] Prinzip zur Folge, dass man dem Publikum immer schlechtere Sendungen anbietet, die dann nur deshalb

1 **Ethik:** Sittenlehre

2 **Präferenz:** Vorrang, Vorliebe

3 **populistisch:** auf die Zustimmung der Massen zielend

akzeptiert werden, weil man sie mit Pfeffer, Gewürzen und Geschmacksverstärkern, sprich Gewalt, Sex und Sensationen, anreichert. Je intensiver man diese Mittel anwendet, desto mehr werden die Menschen dazu erzogen, nach immer stärkeren Dosierungen zu verlangen.

Dies ist auch die primitivste Methode, Publikumsreaktionen zu provozieren: Man sucht nicht mehr nach komplexen Lösungen; es reicht schon, eine Dose Pfeffer zu nehmen und diesen in die Programme zu streuen. Dann mag unser Fernsehdirektor glauben, sein Problem sei gelöst. Genau so läuft es, seit es Fernsehen gibt. Immer stärkere Gewürze auf das Essen, weil das Essen schlecht ist. Mit immer mehr Salz und Pfeffer wird versucht, Ungenießbares schmackhaft zu machen.

1 Haltet nach dem ersten aufmerksamen Lesen in einem **Schaubild** fest, welche Aspekte des Themas „Fernsehen“ Popper anspricht.

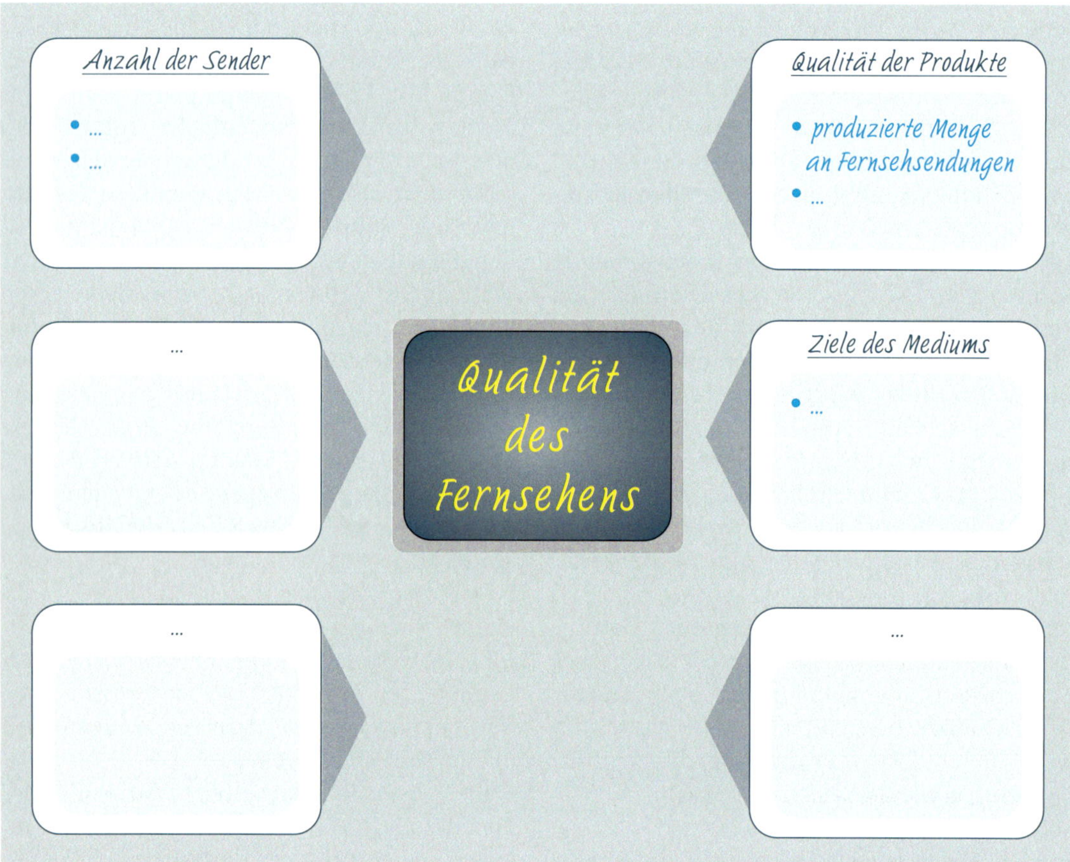

2 Nutzt das Schaubild, um die Gedanken Poppers in eigenen Worten neu zu formulieren. Schreibt euren Text, möglichst ohne die Formulierungen Poppers noch einmal nachzulesen.

3 „Immer stärkere Gewürze auf das Essen, weil das Essen schlecht ist.“ Mit dieser Metapher fällt Popper sein Urteil über das Fernsehen.
Setzt euch in einer **Erörterung** mit dieser Position auseinander. Schreibt zunächst Pro- und Kontra-Argumente sowie Beispiele in einem sinnvollen Zusammenhang auf. Begründet am Schluss, warum ihr euch der Meinung Poppers (nicht) anschließt. (Tipps zum Aufbau eurer Erörterung findet ihr auf S. 44/45.)

12.3 Fernseh-Kabarett

Satirische Szenen entwickeln

1 a) Entwerft im Anschluss an den Text „Die gar wundersame Wandlung vom Langweiler zum Fußballhit" (S. 289/290) eine Szene für ein Kabarett:
Zu sehen sind zwei Fußballberichterstatter mit je einem Mikrofon vor dem Mund. Beide sitzen auf der Tribüne und kommentieren eine Szene aus einem langweiligen Fußballspiel. Der eine schildert die Szene nüchtern, wie sie ist. Der andere macht einen Fußball-„Krimi" daraus.
Entwerft die Szene so, dass zunächst der nüchterne Kommentator etwas sagt und dann der dramatisierende. „Schaltet" dann mehrmals zwischen den beiden „Sendern" hin und her. Wenn ihr umschaltet, „erstarrt" der Kommentator, dessen Programm gerade abgestellt worden ist. Verwendet in euren Szenen aktuelle Namen von Vereinen und Spielern.
b) Führt euch wechselseitig eure Vorschläge vor und stellt anschließend die besten Ideen aus allen Vorführungen zu einer gemeinsamen Szene zusammen.

2 Schreibt eine weitere satirische Kabarett-Szene im Anschluss an den Text „Ear-Catching – Musik als Köder für Seifenopern" (S. 288):
In einem Sender findet eine Redaktionskonferenz für eine Seifenoper statt. Daran nehmen teil:
- der/die Produktionsleiter/in;
- der/die Skriptschreiber/in für die nächsten Folgen;
- ein Schauspieler und eine Schauspielerin, die in der Serie Hauptrollen spielen;
- eine Vertreterin einer Plattenfirma, die neue Musiktitel unterbringen will;
- ein Vertreter einer Modefirma, die mit der Serie einen neuen Modetrend durchsetzen will;
- Vertreterinnen und Vertreter einer Bank, einer Firma für Tiefkühlkost, eines Sportartikelherstellers usw., deren Angebote in der Sendung kurz zu sehen sein sollen.

Überlegt, wer in der Konferenz viel und wer vermutlich wenig zu sagen haben wird. Eure Satire könnt ihr unter anderem mit Hilfe von Übertreibungen wirkungsvoll gestalten.

Ideenbörse: Kabarett-Texte von Schülerinnen und Schülern

Schülerinnen und Schüler einer Klasse 9 haben die folgenden Textentwürfe geschrieben.

BUNDESLIGASPIEL

(Zwei verschiedene Typen von Reportern auf der Bühne oder vor der Kamera. Spotlight jeweils auf einen von ihnen; manchmal mitten im Satz Wechsel auf den anderen.)

Meine sehr geehrten Damen und Herren, ich heiße Sie herzlich willkommen zu unserer Live-Übertragung aus dem Dortmunder Westfalenstadion! Heute ...

... das von uns allen erwartete Megaspiel zwischen den beiden Spitzenvereinen, dem Champions-League-Gewinner *(doppelt so laut:)* Borussia Dortmund und dem amtierenden deutschen Meister *(zunehmende Lautstärke:)*, Rekordmeister Bayern München. Und jetzt geht's endlich los. Doch zunächst eine kurze Werbepause. Bitte bleiben Sie dran!

Anstoß ... der Ball geht zu Sammer ...

... und da geht Matthäus dazwischen, Matthäus am Ball ...

... Lothar Matthäus spielt zu ...

... was für ein Pass von Matthäus zu Elber, der tanzt Kohler aus und ... *(nach der kurzen Pause lauter:)* und ... *(brüllend:)* er schießt ...

... Abstoß.

... *(jedes Wort einzeln betonend:)* Was für eine brenzlige Situation! ...

... Klos zu Sammer, Möller, passt zu Ricken, könnte schießen ...

... oh, da waren die Bayern nicht ganz auf der Höhe, er passt zu Reuter ... ooooch, der hätte doch schießen können, Reuter zurück, ein genialer Einfall von Chappi. Was für ein Doppelpass!! Und ein Traum ...

... ins linke Eck, Tor für Dortmund in der 35. Minute. Weiter geht's ...

... sensationell, der Chappi, ein Riesenfußballer!!! Da hat die Abwehr geschlafen. Anstoß. Schöne Kombination der Bayern. Man sieht *(mit zusammengepressten Lippen:)*, sie geben sich nicht auf ...

... weite Flanke in den Strafraum, von Strunz ...

... Rizzitelli steht bereit, und wie ein Adler hebt er ab ...

... zu niedrig gesprungen, der Ball geht ins Aus ...

... Schiedsrichter Heynemann pfeift diese grandiose erste Halbzeit ab. Wir haben Ihnen nicht zu viel versprochen, gleich geht's mit der Analyse vom Fachmann, dem Kaiser, Franz Beckenbauer, weiter, aber nur bei C.T.1!!!

– *(kumpelhaft:)* Was sagen Sie zum Spiel, Franz?
– Ja, mei, des ist wahrlich a Spitzaspiel!
– Woran liegt's, dass die Bayern zurückliegen?
– Tja, die Abwehr steht guat, des war a Glückstor!
– Wie geht's weiter?
– Da schaun mer mal, ge!

(Catalin Gagiu/Torsten Müller)

REDAKTIONSKONFERENZ (1)

(Eine neue Folge einer täglichen Seifenoper soll produziert werden.)

Produktionsleiterin (PL): Guten Abend, liebe Kollegen und Kolleginnen, wir haben jetzt genau eine halbe Stunde Zeit, um die nächste Sendung zu gestalten. Also ... Vorschläge!

Skriptschreiber (S): Äh ... also ... ich.

Schauspieler (SP): Ich finde, wir sollten etwas über meine Biografie drehen.

Vertreter einer Modefirma/Sponsor (M): Ja, das wäre echt tuffisch. Dazu habe ich ein echt süßes Outfit. Wirklich Zucker.

S: Äh, um zurück zum Skript zu ko...

Repräsentant des niederrheinischen Bauernverbandes/ebenfalls Sponsor (B): Dabee könnt er ja uch minne Erpel ärte (hochdeutsch: meine Kartoffeln essen).

S: Äh, bitte, können wir ...

PL: Ruhe, der Scriptschreiber hat etwas zu sagen.

S: Danke, Herr ... äh ... In der ersten Szene kö... (Tür fliegt auf.)

Repräsentantin einer Plattenfirma, die Musik zur Serie liefert (P), (reißt die Tür auf): Hi, sorry, dass ich zu spät bin. Ich hatte gerade eine funky Aufnahme mit den coolen Hamsterkillern. Hab 'ne krasse Idee für 'ne echt trendy Kultfolge.

B: Oder der muss Erpelschlat ärte (hochdeutsch: Kartoffelsalat essen).

PL: Ruuuhe, jetzt! Ich habe mir vor der Besprechung das Skript durchgelesen. Für diese Folge bräuchten wir einige Kartoffelprodukte ...

B: Jo.

PL: ... Jeanshosen und Seidenhemden. Die Sponsoren wünschen ...

M: Zucker.

PL: ... Musik von den Bee Gees und den Schürzenjägern.

P: Cool.

...

(Timo Brauwers/Christina Krause/Simone Münten/Sarah Simons)

REDAKTIONSKONFERENZ (2)

(Vorbereitung einer Seifenoper-Folge)

1 Redaktionsleiter: hektisch, gestresst, steht unter Zeitdruck
2 Skriptschreiber: Romantiker, spricht langsam gutes Deutsch, kommt nicht zur Sache, eigenwillig
3 Schauspieler: arrogant, unfreundlich, hat Allüren
4 Schauspielerin: einfältig, ahnungslos
5 Vertreter der Plattenfirma: trendbewusst, durchgedreht, engl. Akzent
6 Vertreter Modefirma: überdreht, franz. Akzent, höflich
7 Vertreter Bierfirma: bayerisch-bäuerisch, kumpelhaft

1: (verzweifelt) Ruhe! Ich möchte endlich anfangen, wir haben nicht den ganzen Tag Zeit. Also bitte!
3: Mensch, er hat Recht, ich hab noch 'n Friseurtermin! Danach muss ich zur Pediküre, ins Sonnenstudio und zum Tennis!
1: Wir sind also vollzählig, dann kann ich ja anfan...
4: (kommt hereingeflogen, fällt ihm ins Wort) Oh, tut mir ... ich hab den Wecker falsch gestellt, tut mir echt Leid!
6: Mais madame (gibt ihr einen Handkuss)! Ça ne fait rien! Das macht doch nichts.
7: (tippt mit dem Ellbogen 5 an) Wers'n des? Schaut aba guat aus!
8: Man, that's doch die Jenny, die sieht very good aus!
7: Tag, Madl. Setz di her da. I will dia was sagn.
4: Nee, tut mir Leid, das hab ich nicht verstanden. Ich setz mich mal lieber hin, sonst wird der Heri sauer!
1: Du sollst mich doch nicht so nennen. (verzweifelt) Können wir anfangen?
4: Tut mir Leid ... (sagt diesen Satz bei allen passenden und unpassenden Gelegenheiten)
1: (schlägt sich mit der Hand an den Kopf) Also, es geht um die Jubiläumssendung, und deshalb müssen wir einiges mit dem Skript klä...
5: (fällt ihm ins Wort) Yo, but wir müssen über die Mucke talken ...
6: ... die Kleidung der Schauspieler, monsieur ...
7: ... Ja, und was'n mit mei Geld ...
2: Heribert, dann würde ich doch sagen, dass wir die Handlung in eine Kneipe verlegen.
5: Great (zeigt 2 den Daumen), da könnten wir die Werbeaufnahme für die Jubiläumsplatte auch machen.
1: Sehr gut, das spart Geld und Zeit, weil wir's an einem Tag drehen können. Hast du 'ne Idee, wie das ablaufen soll, Tommy?
2: Wir lassen die Hauptrollen, Jenny und Günther ...
3: (verbessert schnell) ... nein, ich heiße Gunter, ohne „h".
2: ... ja genau, jedenfalls meine ich zu glauben, es wäre vorteilhaft, falls sich die beiden in einer der Folgen vor der Jubliäumssendung verbal in eine große Auseinandersetzung verwickeln ...
4: ... häh?? ... was meint denn der??? ... (1 schlägt sich die Hand an die Stirn) ... Oh, tut mir Leid ...
2: ... also, was ich sagen wollte ...
7: (fällt ein) ... was hott 'n des mit dera Jubiläumssendung am Huat??? Mit dera Kneip nochamma, ... des Bier muss von mia komma, un oina von denä muss unsa Liad summa oddr singa, des kenne mer doch olle, gell? (singt:) „Des Pferdinga Weißbia, des is oine Pracht, lalala..."

(Catalin Gagiu/Torsten Müller)

1 Lest oder spielt euch die Szenen mit verteilten Rollen vor.

a) Welche Szene hat euch am meisten überzeugt? Begründet eure Ansicht.

b) Welche Stellen sind eurer Meinung nach besonders aussagekräftig?

2 Überprüft, welche Gestaltungsideen die Schüler/innen in ihren Texten verwendet haben. Nutzt dabei die folgende Liste und vervollständigt sie:

Satirische Mittel
- *übertreiben*
- *untertreiben*
- *(sprachlich) aus der Rolle fallen*
- *typische Floskeln und Redensarten häufen*
- *harte Kontraste herstellen (ganz verschiedene Figurentypen aufeinander prallen lassen)*
- *...*

3 a) Welche der Ideen könnten bei einer Überarbeitung eurer eigenen Szenen wirkungsvoll eingesetzt werden? Nutzt bei der Überarbeitung auch die Checkliste auf S. 172/173.

b) Ihr könnt unter anderem das folgende sprachliche Muster nutzen, um eine der beteiligten Figuren zu karikieren:

„Hör mal, gestern Abend, im Konzert, ich plötzlich so: glotz!, seh da Christian. Ich so hingegangen, ihn angetickt, er so: Schreck!, sich umgedreht ... Ich so: Hi, Chris! Er so: äöh? Ich so: lach, er so: grübel ... ich ihm's schließlich gesagt, von wegen damals und so. Er so: total fertig ...“

Wir parodieren Fernsehsendungen

Parodie: ... literarisches Werk, das in satirischer, kritischer oder polemischer Absicht ein vorhandenes, bei den Adressaten der Parodie als bekannt vorausgesetztes Werk oder Teile davon unter Beibehaltung kennzeichnender Formmerkmale, aber mit gegenteiliger Absicht nachahmt. Der durch das so entstandene Auseinanderfallen von Form und Aussageanspruch gewonnene Reiz des Komischen ist dabei umso wirkungsvoller, je größer die Fallhöhe von der Vorlage zur Parodie ist.

1 Überlegt, welche bekannte Fernsehsendung oder Sendereihe man parodieren könnte.

2 Gibt es typische Vorgänge in ausgewählten Fernsehsendungen, die ihr gerne durch den Kakao ziehen würdet?
Haltet eure Ideen auf Karteikarten fest und sortiert sie an einer Pinnwand.

3 Entwickelt Schritt für Schritt und arbeitsteilig parodistische Szenen:
- Legt zunächst Figuren, die ihr parodieren wollt, und ihre Eigenschaften fest.
- Einige von euch fertigen Listen mit Ausdrucksweisen und Phrasen an, die typisch für diese Figuren sein könnten. Lest dazu evtl. Fachzeitschriften, Szene-Blätter usw. oder hört in entsprechende Spartenprogramme des Fernsehens hinein.
- Einige von euch entwickeln mit Hilfe der Phrasen-Listen in improvisierendem Spiel vor der Klasse einen Dialog. Dieser kann evtl. aufgenommen werden.
- Andere notieren die besten Ideen aus den Improvisationen laufend. Dabei sind Tonbandprotokolle hilfreich.
- Aus diesen Ideen werden Texte für Kabarett- oder Filmszenen zusammengestellt.

4 Überlegt zunächst einen „roten Faden" für eure Szenen. Die einzelnen Szenen können zwar ihr Eigengewicht behalten, für den Zuschauer hat die Aufführung aber einen besonderen Reiz, wenn sich etwas Gemeinsames durch alle Szenen hindurchzieht.

5 Stehen Gesamtkonzept und alle Einzelszenen und Szenenfolgen fest, müsst ihr euch entscheiden, ob ihr eure Ideen in einem **Kabarett** präsentieren oder in einem **Videofilm** zeigen wollt.

6 Studiert die Szenen gründlich ein und bereitet gleichzeitig euren Auftritt vor. Jede/r übernimmt dabei eine der folgenden Aufgaben:

Für euer **Kabarett-Projekt** braucht ihr

* ein Redaktionsteam, das für die Überarbeitung der Texte zuständig ist (siehe Checkliste auf S. 172/173);
* Darstellerinnen und Darsteller;
* Regisseure und Regisseurinnen, die sich laufend Gedanken darüber machen, wie die Szenen noch wirkungsvoller gestaltet werden könnten durch
  - Kürzung oder Erweiterung des Manuskripts,
  - eine andere Vortragsweise der Darsteller/innen,
  - eine andere Raumaufteilung für die Darsteller/innen,
  - eine veränderte Kulisse,
  - zusätzliche Requisiten;
* Maskenbildner/innen, die sich Kleidung und Schminke für die Darsteller/innen überlegen, alle nötigen Materialien besorgen und die Darsteller/innen für den Auftritt „zurechtmachen";
* Beleuchter/innen, die Drehplätze (Film) oder die Bühne (Kabarett) je nach Bedarf auf verschiedene Weise ausleuchten;
* Kameraleute und Cutter/innen (falls ihr einen Film dreht);
* ein Werbeteam, das für einen öffentlichen Auftritt oder eine Vorführung des Films
  - Info-Blätter entwickelt,
  - Plakate gestaltet,
  - evtl. die lokale Presse informiert;
* ein kleines Organisationsteam, das alle anderen anfallenden Organisationsaufgaben (Terminabklärungen, Kopien usw.) übernimmt.

Die Maskenbildner/innen und das Werbeteam können im Kunstunterricht anfragen, ob eine Zusammenarbeit mit diesem Fach möglich ist. Bei der Vorbereitung der Öffentlichkeitsarbeit könnt ihr auch mit dem Fach Politik kooperieren.

1 Sprechen und Schreiben

1.1 Mündlicher und schriftlicher Sprachgebrauch

Mündlicher und schriftlicher Sprachgebrauch unterscheiden sich vor allem im Hinblick auf **Satzbau, Tempus** und **Ausdrucksmöglichkeiten:** Der Satzbau ist im **mündlichen Sprachgebrauch** in der Regel einfacher, häufiger werden Sätze unterbrochen, wenn der Sprecher merkt, dass sein Gegenüber verstanden hat, was er sagen will. Der Hörer reagiert unmittelbar auf das Gehörte, sodass der Sprecher merkt, wo etwas unklar geblieben ist und wo er noch genauer erklären muss. Der Sprecher hat überdies die Möglichkeit, mit Gesten, Gesichtsausdruck und Betonung seine Informationen zu begleiten. Die Vergangenheit wird im mündlichen Sprachgebrauch häufiger durch die Verwendung des **Perfekts** ausgedrückt.

Im **schriftlichen Sprachgebrauch** kommt es vor allem auf den exakten und eindeutigen Ausdruck an, da der Leser nicht unmittelbar nachfragen kann, wenn ihm etwas unklar bleibt. Die Sätze sind meist komplexer, grammatisch korrekter und müssen logisch widerspruchsfrei aufgebaut sein. Die Vergangenheit wird in der Regel durch das **Präteritum** ausgedrückt.

1.2 Diskutieren, Argumentieren/Erörtern, Appellieren

▶ S. 35–58

In **Diskussionen,** in denen **gegensätzliche Interessen** vertreten werden, bemühen sich beide Seiten darum, den Gang des Gesprächs zu bestimmen. Dabei entwickeln sie unterschiedliche Formen der **Beeinflussung.** Man kann zwischen zwei Vorgehensweisen unterscheiden, die sich oft überschneiden:
Man kann versuchen, die anderen zu **überzeugen,** indem man sich an ihre Vernunft wendet und Argumente anführt, z. B. Fakten oder anerkannte Verhaltensregeln. Beim **Überreden** dagegen wendet man sich eher an das Gefühl der anderen, man spricht z. B. ihr Mitleid an oder versucht sie zu vertrösten.

Zur Vorbereitung von Diskussionen sollte man die vorher zusammengetragenen Informationen aufbereiten, z. B. durch Karteikartensammlungen oder Schaubilder. Das ist besonders bei Diskussionsformen nützlich, die nach bestimmten Regeln ablaufen, wie z. B. die **Podiumsdiskussion.** ▶ S. 53–57

Will man jemand besonders dringlich beeinflussen, dann nennt man das **Appellieren.** Appelliert wird zum Beispiel in Reden, auf Plakaten oder in der Werbung (siehe S. 326).

Beim **Argumentieren** versuchst du, deine Meinung überzeugend zu begründen. Du stellst eine **These** auf, d. h. eine Aussage, die etwas behauptet, empfiehlt, bewertet oder beurteilt. Deine Thesen versuchst du durch **Argumente** (Begründungen) zu stützen und durch **Beispiele,** Belege oder Zitate zu veranschaulichen. Argumente können sein: Verweise auf Fakten (Tatsachen), Grundsätze oder Expertenmeinungen. ▶ S. 38–40

	Behauptung	**Bewertung**	**Empfehlung**	**Urteil**
These	Manche Deutschen sind arrogant.	Hakan ist der beste Sportler der Schule.	Achim ist der richtige Nachhilfelehrer für dich.	Es ist schlecht, einen Menschen auf Grund seiner Hautfarbe zu diskriminieren.
Argument	Einige halten sich für besser als die anderen. (Fakt)	Das sieht Herr Reuter, unser Sportlehrer, auch so. (Expertenmeinung)	Er kann gut erklären. (Fakt)	Alle Menschen haben die gleiche Würde. (Grundsatz)
Beispiel/ Beleg/ Zitat	Gestern hat in unserer Bäckerei die Verkäuferin eine Afrikanerin von oben herab behandelt. (Beispiel)	Noch gestern sagte er: „Nimm dir ein Beispiel an Hakan, der ist der Beste.“ (Zitat)	Ina hat beim Üben mit Achim sofort verstanden, was ihr in drei Mathematikstunden unklar geblieben ist. (Beispiel)	Das kann man auch in der Menschenrechtserklärung der UNO nachlesen. (Beleg)

Die Qualität der Argumente entscheidet darüber, ob eine These überzeugend wirkt. Zum Beispiel muss man sich vor falschen Verallgemeinerungen von einem Einzelfall auf alle denkbaren Fälle hüten.
Ein Argument muss **partnerbezogen** sein, d. h., du musst dir überlegen, wem gegenüber und mit welcher Absicht du deinen Standpunkt vertrittst. Die Eignung und die Überzeugungskraft eines Arguments kann man prüfen, wenn man sich direkt fragt: Was spricht dagegen? Dann kann man Gegenargumente gleich in die eigene Argumentation einbeziehen und entkräften.
Argumente sind weniger wirksam, wenn sie unverbunden aufgeführt werden. Man sollte sie deshalb in eine **sinnvolle Reihenfolge** bringen und außerdem einleuchtend verknüpfen.

▶ S. 42–45

Die **schriftliche Form einer Argumentation,** in der du die Gründe für eine These und deren Gegengründe abwägst und dir so eine selbstständige Meinung zu bestimmten Problemen bildest, nennt man **Erörterung.** Durch schlüssiges Argumentieren sollst du dein Urteil überzeugend begründen. Beim Erörtern gilt grundsätzlich das grobe Gliederungsschema, wie du es bereits von anderen Aufsatzformen her kennst: Einleitung – Hauptteil – Schluss. In der **Einleitung** wird die Bedeutsamkeit oder Aktualität einer Problemstellung dargelegt. Der **Hauptteil** enthält den Argumentationsgang, in dem das Für und Wider einer These erörtert wird. Dabei kann man zunächst alle Pro-Argumente mit Beispielen für die eigene These anführen und danach die Gegenthese mit den Kontra-Argumenten abhandeln. Man kann aber auch abwechselnd Pro- und Kontra-Argumente nennen; aus der Entkräftung eines Gegenarguments ergibt sich dann jeweils ein neues Argument für die eigene These (s. Schaubild auf S. 45). Wichtig ist die Reihenfolge der Argumente: Die wirksamsten solltest du am Anfang oder am Ende der Argumentationskette platzieren.
Der **Schluss** der Erörterung enthält die zusammenfassende Abwägung und Entscheidung.

1.3 Beschreiben, Erklären, Informieren

Wenn man etwas **beschreibt** (Personen, Bilder, Gegenstände), kommt es auf die **Genauigkeit** der Beobachtung und der Darstellung an. Jemand, der das Beschriebene nicht kennt, muss es sich vorstellen oder erkennen können.
Die **Reihenfolge,** in der man die Hauptmerkmale und die Einzelheiten beschreibt, sollte durchdacht sein (bei Bildern z. B. zuerst vom Gesamteindruck oder auch vom Hauptmotiv sprechen und dann Details erwähnen). Einzelne Bereiche sollten zusammenhängend beschrieben werden (bei Personen z. B. nicht zuerst über die Haarfarbe, dann über die Schuhgröße, dann wieder über die Haarlänge schreiben).
Treffende Adjektive (z. B. Wangen: eingefallen, blass, pausbäckig, gerötet, faltig) und Vergleiche („wendig wie eine Gazelle") sorgen für **Anschaulichkeit.** Bei der Wortwahl sollte auch darauf geachtet werden, dass die Verben „haben" und „sein" nicht zu oft verwendet werden.
Zweck und Adressat (z. B. Fahndung, Erinnerung, Porträt) entscheiden, welche Angaben zu einer **Person** gemacht werden und welcher Schreibstil jeweils angemessen ist (z. B. nüchtern, sachlich, ausführlich, ausschmückend, gefühlvoll). Wenn eine Person beschrieben wird, fließt immer auch die Sichtweise des Beschreibenden mit ein. Seine Beziehung zu der Person entscheidet, wie diese dargestellt wird.
Bei **Vorgangsbeschreibungen** ist es wichtig, die einzelnen Schritte in der richtigen Reihenfolge, genau und vollständig, aber auch knapp und sachlich nicht nur zu beschreiben, sondern auch zu **erklären.** Die Verwendung von Fachbegriffen ist dabei meist sinnvoll. Tempus ist das **Präsens,** weil es hier das Immer-wieder oder das Zu-jeder-Zeit ausdrückt. Man muss sich den Vorgang vorstellen und ihn unter Umständen selbst wiederholen können (z. B. Bastelanleitung, Regeln im Sport, Rezepte).
Funktionsweisen eines **Gegenstandes** müssen verständlich, detailgenau und vollständig erklärt werden (Gebrauchsanweisung, Anleitungstext, Spielerklärung).

1.4 Referate verfassen und halten

▶ S. 61–65

Erarbeitung der Informationen

1. Leitfragen erstellen
Wonach willst du suchen, was interessiert am Thema besonders, worüber muss informiert werden?

2. Informationen sammeln und auswerten in Bibliotheken, Fachzeitschriften, durch eigene Recherchen, im Internet usw.
Beim Auswerten wendest du die üblichen Text-

bearbeitungsmethoden an: Kerninformationen markieren, am Rand zusammenfassen, Zitate exzerpieren (wörtlich herausschreiben), Informationen mit eigenen Worten zusammenfassend wiedergeben.

3. Gliederung erstellen („roter Faden")
Die Informationen, die zum Vortrag kommen sollen, ordnest du nach sachlichen Gesichtspunkten an; unter Umständen musst du Vorwissen oder Interesse der Zuhörer/innen mit bedenken.

4. Einleitung und Schluss gestalten
Einleitung und Schluss bilden den Rahmen des Referates. Die Einleitung muss das Interesse der Zuhörer wecken, dazu kann sie z. B.
- einen typischen Gegenstand für das Thema zeigen und beschreiben,
- eine überraschende statistische Aussage über das Thema machen,
- eine persönliche Bemerkung des Referenten über seine Einstellung zu dem vorgestellten Thema anbringen,
- eine Bemerkung über vermutete Reaktionen der Zuschauer machen,
- einen Fachbegriff bekannter oder unbekannter Art aus dem Themenbereich erwähnen und erklären.

Der Schluss sollte die zentralen Informationen noch einmal wiederholen und mit einer abschließenden Bemerkung an die Einleitung anknüpfen.
Ein Beispiel:
Einleitung zum Thema „Der Beruf des Schornsteinfegers": Ein Bild des „Kehrbesens" wird gezeigt und als typisches Instrument vermutet. – Schluss: „Den Kehrbesen, der für die Vorstellung vom Schornsteinfeger so typisch erscheint, sehen wir also fast nicht mehr, dafür umso mehr Messgeräte zur Kontrolle moderner Gasheizungen. Die Technik ist auch an diesem alten Beruf nicht spurlos vorübergegangen."

Präsentation vorbereiten

▶ S. 65–66

1. Vortragskarten erstellen
Referate sollen frei vorgetragen werden. Die ausformulierte Fassung kann dabei eher hinderlich sein. Besser ist eine Zusammenstellung der wichtigsten Stichworte auf Karteikarten. Dabei sollte man auf eine große, gut lesbare Schrift achten. Verschiedene farbige Markierungen verhelfen zu einer schnellen Orientierung (Zitate, Kernwörter, Anschauungsmaterial).

2. Anschauungsmaterialien auswählen
Informationen, die nur gehört werden, werden wesentlich schlechter behalten als solche, die gehört und gesehen werden. Daher solltest du genau überlegen, an welchen Stellen du Bilder, Schaubilder an der Tafel oder auf dem Tageslichtprojektor, Hör- oder Filmbeispiele einfügen willst. Achte aber darauf, dass diese Medien unterstützenden Charakter behalten: Ein Film ist kein Referat.

Tipps für freies Vortragen

Für den **Redner:**
- Schachtelsätze vermeiden,
- Pausen einlegen,
- Wiederholungen einfügen,
- Redetempo und Lautstärke wechseln,
- Blickkontakt mit den Zuhörern halten,
- durch Körpersprache das Gesagte unterstreichen (Haltung, Gestik, Mimik beachten).

Für die **Zuhörer:** aktiv zuhören, d. h.
- den Blickkontakt mit dem Sprecher halten,
- dem Gesagten nonverbal zustimmen,
- emotional mitgehen,
- den Vortrag nicht durch voreilige Fragen unterbrechen.

1.5 Schreiben über Texte

Inhaltsangabe

Die Inhaltsangabe ist unter anderem ein wichtiger Bestandteil von Aufsätzen über literarische Texte. In ihr vergewissert sich die Leserin/der Leser über die **wesentlichen Aussagen** des Textes. Inhaltsangaben begegnen darüber hinaus in vielfältigen Verwendungszusammenhängen:
- als Klappentext eines Jugendbuches,
- als einleitende Information einer Buchbesprechung (Rezension),
- als Vorstellung eines Buchs im Rundfunk usw.

Der **Einleitungssatz** der Inhaltsangabe gibt zur schnellen Orientierung einen Überblick über den ganzen Text und enthält Angaben zu Titel, Autor, Textart sowie Thema/geistigem Gehalt des Textes. Der Hauptteil der Inhaltsangabe gibt die **wesentlichen Erzählschritte/Gedanken** des Textes **in eigenen Worten** (weitgehender Verzicht auf Zitate) wieder. Im Sinne eines sachlichen Berichtsstils wird die indirekte der direkten Rede vorgezogen.
Das Tempus der Inhaltsangabe ist das **Präsens,** bei Vorzeitigkeit das **Perfekt.**

Charakterisierung
In einer Charakterisierung werden wichtige **Eigenschaften** einer **literarischen Figur** zusammengestellt. Man sollte nur solche Eigenschaften benennen, die eine Figur vermutlich auf Dauer auszeichnen, nicht aber Verhaltensweisen, die durch eine besondere Situation bedingt sind.

Schriftliches Erörtern: siehe S. 306
Literarische Texte untersuchen: siehe S. 320–323
Sachtexte erschließen: siehe S. 325–326

1.6 Berichten und Protokollieren

Wie über ein Geschehen **berichtet** wird, hängt vom **Adressaten** und vom **Zweck** ab.
Texte, die z. B. Polizei, Feuerwehr, Gericht oder auch Versicherungen zur Rekonstruktion eines Geschehens dienen, müssen knapp und präzise darüber informieren. Solche Texte werden **sachlich** abgefasst, das heißt, sie enthalten keine unwichtigen, ablenkenden Informationen, keine Gefühle und Wertungen.
Texte, die aus einer persönlichen Perspektive einem Bekannten (z. B. Freund/Freundin) oder Unbekannten (z. B. Zeitungsleserin/Zeitungsleser) von einem Geschehen berichten, dürfen durchaus auch Gedanken, Gefühle sowie spannungssteigernde Ausdrücke und Wertungen enthalten. Dabei gehen berichtende, erzählende und beschreibende Passagen häufig fließend ineinander über.

Zur Verwendung der Berichtform in den Medien (z. B. Zeitungsbericht): siehe S. 325

Eine Form des Berichtens ist das **Protokollieren.** ▶ S. 57–58
Willst du über den genauen Verlauf z. B. eines naturwissenschaftlichen Experiments berichten, musst du ein **Verlaufsprotokoll** anfertigen, konzentrierst du dich eher auf die Ergebnisse z. B. einer Diskussion, schreibst du ein **Ergebnisprotokoll.** Hierfür gibt es eine feste äußere Form: Protokollkopf (Titel der Veranstaltung, Datum, Uhrzeit, Ort, Anwesende, Protokollant, Thema), Gliederung des Hauptteils in Tagesordnungspunkte (TOP 1, TOP 2 ...), Datum und Unterschrift (s. S. 58). Tempus des Protokolls ist das Präsens, die einzelnen Beiträge werden in der indirekten Rede wiedergegeben (Konjunktiv!). Diese Form eignet sich auch für Stundenprotokolle.

1.7 Erzählen, Schildern, kreatives Schreiben

Erzählen
Wenn man schriftlich oder mündlich erzählen will, ist es wichtig, sich einen **Erzählaufbau** zu überlegen. Zuerst einmal kann man Ideen sammeln und sie ungeordnet aufzeichnen, dann aber sollte man sich eine Reihenfolge überlegen, in der man den Erzählstoff darbieten will:
- Was könnte als **Einleitung** dienen, mit der man die Leser/innen oder Hörer/innen in die Geschichte einführt? Oder soll die Geschichte unvermittelt beginnen, sollen die Leser/innen oder Hörer/innen direkt in eine Szene versetzt werden, in der sie sich dann allmählich zurechtfinden?
- Wie soll der **Hauptteil** aufgebaut werden: Was soll der **Höhepunkt** der Geschichte sein und wie soll die **Spannung** bis dahin entwickelt werden?
- Soll die Geschichte einen abgerundeten **Schluss** haben oder unvermittelt abbrechen und damit offen enden?

Geht es darum, einen **Erzählkern auszugestalten,** sollte man auf Folgendes achten: Man wählt eine Erzählperspektive aus, die den Leser/innen oder Hörer/innen das Geschehen nahe bringt, z. B. einen Ich-Erzähler, der das Geschehen miterlebt (hat). Man lässt die Atmosphäre einer Geschichte durch genaue, anschauliche Schilderungen, in denen man möglichst viele Sinneseindrücke wiedergibt und intensivierende Wiederholungen verwendet, deutlich werden. Man lässt von den Figuren durch genaue Darstellung ihres Äußeren und Inneren (Gedanken, Gefühle) sowie durch Rückblenden auf ihre Vorgeschichte ein lebendiges Bild entstehen. Man verwendet Spannung erzeugende Stilmittel wie zum Beispiel die Verwendung von Pronomen, bevor das zugehörige Nomen genannt wird, oder lenkt die Aufmerksamkeit der Leser/innen durch Wiederholungen auf bestimmte Leitmotive.

Schildern
Wenn man schildert (abgeleitet von „Schilderer“ = Maler), versucht man mit Worten zu „malen“, mit Sprache ein stimmungshaltiges Bild zu entwerfen. Adjektive, Vergleiche und vor allem treffende Verben machen den geschilderten

Sachverhalt besonders anschaulich. Im Unterschied zum eher nüchternen Beschreiben will das Schildern Leserinnen und Lesern etwas eindringlich nahe bringen, sie in eine Handlung oder eine Situation „hineinziehen". Dabei wird in besonderer Weise die Fantasie angeregt.

S. 87–108 **Kreatives Schreiben**

Automatisches Schreiben ist ein Verfahren, fließend Assoziationen aufzuschreiben. Ohne den Stift abzusetzen und über das Geschriebene nachzudenken, wird ca. zehn Minuten durchgeschrieben. So kann man an Unbewusstes, Rätselhaftes, Zufälliges gelangen. Wenn die Gedanken nicht mehr fließen, wird die Schreibbewegung durch Kringel auf dem Papier fortgesetzt, bis aus den Kringeln wieder Wörter werden. Satzbau, Zeichensetzung und Rechtschreibung sind beim Schreibprozess zunächst nebensächlich; der Text kann später überarbeitet werden (siehe unten).

Erzählstrukturen verändern: Mit den vorgegebenen Elementen eines Textes kann man experimentieren, indem man
- die Reihenfolge der Handlungsschritte ändert,
- eine Handlung vom Ende her erzählt,
- eines der Grundelemente Personen, Ort, Zeit, Handlung unerwartet durch ein fantastisches Element ersetzt.

Zeilen umbrechen: Zunächst werden in einem Text alle entbehrlichen Füllwörter gestrichen. Von dem ursprünglichen Text soll nur wenig Wortmaterial übrig bleiben. Nun wird die erste Zeile auf ein neues Blatt geschrieben. Sie sollte nur aus einigen Wörtern bestehen und ein Schlüsselwort enthalten. Nun folgt darunter die nächste Zeile ... Schließlich kann man mit weiteren sprachlichen Umstellungen experimentieren: Weglassen, Umstellen, Ergänzen von Wörtern.

Den Stil eines Textes verändern: Durch Variation des Stils kann man ein und dasselbe Erlebnis in unterschiedlicher Form darstellen. Je nach beabsichtigter Wirkung verändert man z. B. Erzählperspektive, Wortwahl, Satzbau oder Tempusgebrauch. Dabei kann man
- einzelne Episoden aus einer veränderten Sicht erzählen oder
- den Text in eine andere Textsorte umwandeln (Bericht, Krimi, Dialog, Gedicht ...).

Vorgeschichten und Dialoge zu Bildsituationen entwickeln: Eine im Bild dargestellte Situation könnte eine Vorgeschichte haben, aus der sich eine Erzählung entwickeln lässt. Dazu sollte jeder Bildfigur zunächst ein Name gegeben werden. Dann notiert man, was die Figuren denken könnten, und lässt sie schließlich miteinander in ein Gespräch über ihre Situation treten.

Eine Bildsituation in einen Handlungsablauf wandeln: Für jeden Gegenstand oder jede Figur eines Bildes kann man sich mögliche zurückliegende oder noch bevorstehende Ereignisse ausdenken und diese schließlich in Verbindung miteinander bringen. Dazu kann man zunächst einen Bogen Transparentpapier über ein Bild legen und darauf alle Elemente des Bildes an der Stelle, an der sie durchscheinen, mit einem kurzen Kommentar bezeichnen. Aus dem Wortmaterial werden dann Sätze entwickelt und schließlich verknüpft man die Ereignisbereiche zu einer Handlung.

Gleichzeitiges Malen und Schreiben: Das Malen kann zu Ideen für das Schreiben führen und umgekehrt kann der Text wieder Einfälle für das Bild anregen: Eine Bildfigur wird malerisch ergänzt, wobei man z. B. die Fotokopie eines Bildes auf ein Blatt Zeichenpapier klebt und es in die eigene Bildgestaltung integriert. Gleichzeitig zum Malprozess wird zu dem Bild eine Geschichte entwickelt, indem man z. B. eine Episode aus dem Leben der Figur erzählt. Dabei malt und schreibt man immer abwechselnd.

1.8 Texte überarbeiten

S. 91–93 Beim Überarbeiten eines Textes ist die Distanz so notwendig wie das Abstandnehmen beim Malen. Schwächen sind oft erst aus der Leserperspektive erkennbar. Deshalb solltet ihr Kleingruppen bilden, in denen ihr eure Texte austauscht und gemeinsam die Textüberarbeitung durchführt:
- Jede/r markiert durch Kreise u. Ziffern im fremden Text, wozu sie/er etwas bemerken möchte.
- Am Rand oder auf einem anderen Blatt werden nun zur entsprechenden Stelle unter den Ziffern Fragen, Ergänzungen, Kommentare geschrieben.
- Anschließend erhält jede/r die Notizen der anderen zum eigenen Text und kann auswählen, welche Vorschläge sie/er bei der Überarbeitung berücksichtigt.

▶ S. 168–173

Die Überarbeitung erfolgt am besten in mehreren Schritten. Wenn man den Text mit Abstand liest oder ihn anderen nochmals zum Gegenlesen gibt, zeigt sich meistens, dass eine weitere Überarbeitung nötig ist, um das angestrebte Schreibziel zu erreichen.
Bei der Überarbeitung sind mehrere Bereiche zu berücksichtigen, in denen Fehler oder Schwächen eines Textes liegen können. Eine **Checkliste,** in der die wichtigsten Überarbeitungsgesichtspunkte aufgeführt sind, findet ihr auf S. 172/173.

Bei einem Text, der Schwächen im Aufbau und in der Genauigkeit der gedanklichen Verknüpfung aufweist, ist ein Vorgehen, bei dem die Fehler Zeile für Zeile bearbeitet werden, nicht sinnvoll. Denn oft muss man ganze Abschnitte umstellen, Passagen weglassen, Sätze neu formulieren, andere Begriffe wählen usw., sodass manche Einzelfehler aus der ursprünglichen Fassung „von selbst" wegfallen. Darum sollte man zunächst den Text ganz lesen und dann die **Textüberarbeitung planen.**

2 Nachdenken über Sprache, Grammatik und Rechtschreibung

2.1 Kommunikation und Sprachfunktionen

▶ S. 133–136

Für die Abläufe menschlicher **Kommunikation** wurden verschiedene Modelle entwickelt. Stark vereinfacht übermittelt ein **Sender** bestimmte **Signale** an einen **Empfänger** (s. Schaubild auf S. 135). Handelt es sich bei diesen Signalen um sprachliche Zeichen, so haben diese grundsätzlich drei **Sprachfunktionen:** eine darstellende, eine appellative und eine expressive Funktion. In der Regel überwiegt, je nach Kontext, eine dieser drei Funktionen. Indizien, welche der Sprachfunktionen jeweils stärker akzentuiert wird, können unter anderem die Wortwahl und der Satzbau sein:

1. **Information** (= darstellende Funktion): Gegenstände, Personen, Vorgänge, Sachverhalte werden dargestellt; z. B. durch: Aussagesätze, Adverbiale, Adjektive, Zahlen, Daten, Fakten, Beschreibungen, Berichte, Fragen und Antworten usw.
2. **Aufforderung** (= appellative Funktion): Es wird zum Handeln, Denken, Mitmachen aufgefordert; z. B. durch: Imperative, Anredepronomen, Ausrufezeichen, elliptische (verkürzte) Sätze, Slogans, Sprüche, rhetorische Mittel usw.
3. **Ausdruck** (= expressive Funktion): Gefühle, Hoffnungen, Proteste werden ausgedrückt; z. B. durch: Ausrufe, Ich-Aussagen („ich fühle"), Wertungswörter/Gradadjektive („hervorragend", „toll"), Einzelwörter und elliptische Sätze, Bekenntnisse usw.

In komplexeren Texten gibt es meist eine vorherrschende Funktion, auch wenn sie noch andere Funktionen zugleich zeigen: Ein Bericht ist z. B. von der darstellenden Funktion geprägt, auch wenn Aufforderungen oder Expressionen vorkommen.

2.2 Sprachvarianten

▶ S. 24, 26

Hochsprache und Sprachvarianten
In einer Sprachgemeinschaft werden neben der Standard- oder Hochsprache unterschiedliche Sprachvarianten verwendet. Die **Hochsprache** (auch: **Standardsprache)** ist die allgemein verbindliche Form einer Sprache, wie sie in der Öffentlichkeit – vor allem in den Medien – gebraucht wird. Der alltägliche mündliche Sprachgebrauch **(Umgangssprache)** orientiert sich an der Hochsprache (Standardsprache), wendet deren Regeln und Normen aber nicht streng an. Typisch für die Umgangssprache sind kurze und einfache, aber auch unvollständige Sätze. Regionale Sprachvarianten bezeichnet man als **Dialekt** oder Mundart. Zu den deutschen Dialekten zählen u. a. das Kölsch, die hessisch-fränkischen Mundarten, das Bairische, das Sächsische sowie das Schwäbisch-Alemannische. Alterstypische Gruppensprachen und Szenejargons, Dialekte und Fachsprachen sowie die Standardsprache und Umgangssprache sind verschiedene **Sprachvarianten,** die sich beim aktuellen Sprechen je nach Sprecherin oder Sprecher überlagern und mischen: „Also, wenn ich ins ‚Trend' gehe, ziehe ich mir 'n paar Klamotten an, die müssen echt easy sein: pinkes Top und rote Hose. Ich will ja nich, dass alle so stinkig glupschen. Im Bio-Kurs hab ich aber meist meinen Schlabberpulli an, weil da muss ich ja nicht gerade auffallen."

2.3 Wort und Bedeutung

Umgang mit Begriffen

Begriffe dienen der Erfassung und Ordnung der Wirklichkeit. Sie stehen zueinander in einem Über- und Unterordnungsverhältnis **(Begriffspyramide)**.
Oberbegriffe dienen als Sammel- und Ordnungsbegriffe, z. B. „Werkzeug", „Tier" ...
Unterbegriffe verhalten sich zu ihnen wie konkrete Beispiele („Hammer", „Zange"; „Hund", „Katze").
Man kann Begriffe über ihre einzelnen **Merkmale** (äußere Merkmale, Funktionsmerkmale) gegeneinander abgrenzen, z. B. Sitzmöbel mit Lehne: „Stuhl", ohne Lehne: „Hocker". Oberbegriffe haben einen größeren **Begriffsumfang,** d. h. weniger spezifizierende Merkmale.

Mehrdeutigkeit von Wörtern

Viele Wörter haben doppelte oder auch dreifache Bedeutung. Derartige „Teekesselchen" **(Homonyme)** lösen sich immer durch den Zusammenhang auf, in dem die Begriffe verwendet werden: „Konzertflügel" – „Vogelflügel" – „Flügel einer Armee".
Wörter haben neben ihren Inhalten auch ihre Gebrauchsgeschichte. Die im Wörterbuch aufgeführten Inhalte eines Worts sind seine **denotative Bedeutung.** Die mit den Wörtern zugleich erinnerten Erfahrungen, Empfindungen, Assoziationen sind seine Mitbedeutungen oder die **konnotativen Bedeutungen.** Die konnotativen Bedeutungen können allen Sprechern/Sprecherinnen einer Sprache geläufig sein oder auch nur einzelnen Menschen.

Der Gebrauch von Gefühls-Begriffen

▶ S. 109–113

Bezeichnungen für Gefühle sind keine genau definierten Begriffe. Das liegt daran, dass man schon bei den Emotionen selbst oft nicht exakt angeben kann, wie sie entstehen, ob sie lange andauern oder spontan entstehen und vergehen. Dass man sich dennoch über Empfindungen verständigen kann, liegt an unserer Fähigkeit, der beobachtbaren **Körpersprache** (Mimik, Gestik usw.) und den benutzten Begriffen in bestimmten Situationen **(Rahmen)** nachvollziehbare „Inhalte" (Erfahrungen, Erinnerungen an ähnliche Situationen) zuzuordnen.
Psychologen und Sprachwissenschaftler haben Begriffsordnungen entworfen, die vorwiegend als **Begriffsfelder** beschrieben werden. Alle Begriffe, die den gleichen Bereich der Wirklichkeit abdecken, z. B. alle Begriffe für „Freude" oder „Zorn", bilden ein Feld. Innerhalb der Felder sind die Begriffe durch Gegensätze („Freude – Trauer") und Ähnlichkeiten („Freude – Jubel") aufeinander bezogen. Inhaltsähnliche Begriffe **(Synonyme)** zeichnen sich durch ein gemeinsames Bedeutungsmerkmal aus; wird dieses Merkmal ins Gegenteil verkehrt, entstehen die entsprechenden Gegenbegriffe **(Antonyme)**.
Die Begriffe eines Felds können zu einem **Begriffsnetz** geordnet werden, indem man die Beziehungen eines Kernbegriffs zu seinen Synonymen angibt.
In unserer Alltagssprache verwenden wir häufig **Paraphrasen** (Umschreibungen) an Stelle von Begriffen, indem wir z. B. unsere Körperreaktionen beschreiben: „Mir hüpft das Herz."

Bildlicher Sprachgebrauch

Eine **Metapher** bringt zwei Vorstellungen aus zwei verschiedenen Bereichen zusammen.

„Die Fußballmannschaft blühte in der zweiten Halbzeit auf."	aufblühen	„Eine Blume blüht auf."
Bereich: Sport **(Bildempfänger)** Die Spieler erstarken, sind wieder frisch, voller Kraft, erscheinen neu, bringen neue Stimmung.	**Übertragung** neu, frisch erscheinen	Bereich: Natur **(Bildspender)** Die Blumen erblühen, strahlen in frischen Farben, Frühling und Sommer, neue Kraft, saftiges Grün, positive Gefühle der Betrachter.

Das Zusammenfügen der beiden Bereiche führt dazu, dass der Eindruck von der Art, wie die Fußballmannschaft in der zweiten Halbzeit spielt, mit vielen Assoziationen aufgeladen wird.

Eine besondere Form der Metapher ist die **Personifikation.** Ein Gegenstand oder ein Begriff wird vermenschlicht, z. B.: „Sie (= die Industriestadt) bürstet das Rauchhaar nach oben."

Bei einem **Vergleich** werden zwei verschiedene Vorstellungen durch „wie" miteinander verknüpft, z. B.: „Die Menschen sind wie grober bunter Sand."

2.4 Wortarten

Nomen (Substantiv): Eigennamen, Personen, Lebewesen, Dinge, Begriffe usw. werden durch Nomen (Substantive/Hauptwörter) bezeichnet: „Jutta", „Kind", „Ameise", „Stuhl", „Schönheit".
Jedes Nomen hat ein grammatisches Geschlecht **(Genus),** das man an seinem Artikel (Begleiter) erkennen kann: Ein Nomen ist entweder **Maskulinum** (männlich), z. B. „*der* Löffel", oder **Femininum** (weiblich), z. B. „*die* Gabel", oder **Neutrum** (sächlich), z. B. „*das* Messer".
Das grammatische Geschlecht muss mit dem natürlichen Geschlecht nicht übereinstimmen; so kann „*das* Kind" sowohl einen Jungen als auch ein Mädchen bezeichnen.
Nomen haben meist einen **Singular** (Einzahl): „*das* Kind"; häufig haben sie auch einen **Plural** (Mehrzahl): „*die* Kinder".
In Sätzen erscheinen Nomen immer in einem bestimmten **Kasus** (grammatischer Fall). Der Kasus ist meist am Artikel des Nomens zu erkennen und manchmal auch an der Endung des Nomens. Im Deutschen gibt es vier Kasus. Man kann den Kasus eines Nomens und seines Begleiters durch Fragen ermitteln:
Der **Nominativ** antwortet auf die Fragen „Wer ...?" oder „Was ...?": „*Wer* rettete den Jungen? – *Die Feuerwehrleute* retteten den Jungen." – „*Was* hat zuerst nicht funktioniert? – *Eine Drehleiter ...*"
Nach dem **Genitiv** fragt man „Wessen ...?": „*Wessen* Drehleiter funktionierte nicht? – Die Drehleiter *der Feuerwehrleute ...*"
Mit der Frage „Wem ...?" ermittelt man den **Dativ:** „*Wem* dankten die Eltern für die Rettung? – Die Eltern dankten *den Feuerwehrleuten ...*"
Den **Akkusativ** erhält man auf die Fragen „Wen ...?" oder „Was ...?": „*Wen* haben die Anwohner benachrichtigt? – *Die Feuerwehr...*" – „*Was* haben die Feuerwehrleute repariert? – Die Feuerwehrleute haben *die Drehleiter ...*"
Wenn man ein Nomen und seinen Artikel in einen Kasus setzt, nennt man das **deklinieren.**

Artikel (Begleiter) stehen in demselben Kasus wie die Nomen, die sie begleiten. Man unterscheidet die **bestimmten** Artikel „der, die, das" und die **unbestimmten** Artikel „ein, eine".

Adjektive (Eigenschaftswörter) dienen dazu, Personen, Dinge usw. genauer zu beschreiben. Man benutzt hierfür die Grundform des Adjektivs, den **Positiv,** z. B. „alt". Will man zwei Dinge oder Personen miteinander vergleichen, so braucht man den **Komparativ** des Adjektivs: „Melanie ist *älter* als Anne." Bei Vergleichen zwischen mehreren Dingen oder Personen kann man das Adjektiv noch weiter steigern und den **Superlativ** bilden: „Von den drei Schwestern ist Maria *am ältesten*." Man kann die meisten Adjektive steigern, aber es gibt Ausnahmen wie „einzig" oder „tot".
Steht ein Adjektiv als **Attribut** vor einem Nomen, stimmt es mit ihm in Kasus, Genus und Numerus überein („der *spannende* Film"). Als **adverbiale Bestimmungen** bleiben Adjektive unflektiert. („Der Reporter berichtete *spannend*.")

Pronomen (Stellvertreter) können an Stelle eines Nomens oder einer Wortgruppe mit Nomen gebraucht werden. Sie werden wie die Nomen dekliniert. Wörter wie „ich, du, er/sie/es" sind **Personalpronomen.** Wörter wie „meine, deine, seine" usw. heißen **Possessivpronomen** (besitzanzeigende Pronomen).
Das **Reflexivpronomen** (rückbezügliches Pronomen) bezieht sich meist auf das Subjekt des Satzes, z.B.: „Er beeilt *sich*."
Demonstrativpronomen (hinweisende Pronomen) sind Wörter wie „dieses" oder „jene", mit denen man auf etwas zeigt oder hinweist.
Indefinitpronomen (unbestimmte Pronomen) sind Wörter wie „etwas", „einige", „viel", mit denen man ungefähre Mengenangaben macht.
Interrogativpronomen wie „wer", „was", „welche/r" leiten Frage- und Ausrufesätze ein.
Relativpronomen wie „der", „die", „das" leiten Nebensätze (Relativsätze) ein.
Bei der Verwendung von Pronomen muss man besonders darauf achten, dass immer deutlich ist, worauf sich das Pronomen **bezieht.** Sonst kann es zu Missverständnissen kommen wie in den Sätzen: „Die Zoobesucher freuten sich über die Affen. *Sie* lausten sich gegenseitig."

Präpositionen sind Wörter wie „in", „auf", „nach", „vor". Sie drücken oft ein örtliches (*vor* dem Haus) oder zeitliches (*vor* einer Stunde) **Verhältnis** aus. Die Präposition steht vor einem Nomen (mit oder ohne Begleiter) oder einem Pronomen. Sie bestimmt den Kasus des nachfolgenden Worts oder der Wortgruppe *(auf dem Fahrrad; nach kurzer Zeit; bei ihm)*.

Konjunktionen sind nicht deklinierbare oder konjugierbare Wörter, die Sätze und Teile von Sätzen miteinander verknüpfen. Man unterscheidet

- **nebenordnende Konjunktionen,** z. B. „und", „oder", „aber". Sie verbinden Wörter, Wortgruppen und Sätze, die grammatisch gleichrangig nebeneinander stehen.
- **unterordnende Konjunktionen,** z. B. „weil", „da", „obwohl", „wenn", „als", „nachdem", „dass". Sie leiten eine bestimmte Gruppe von Nebensätzen ein und binden diese an einen übergeordneten Teilsatz (Hauptsatz).

Adverb, Plural: Adverbien (Umstandswort): eine Wortart, die man leicht mit dem Adjektiv verwechseln kann. Das Adverb ist aber im Gegensatz zum Adjektiv nicht flektierbar: „morgens", „abends", „probeweise", „heimwärts".

Verben (Tätigkeitswörter) geben an, was ist, was geschieht oder was jemand tut, z. B. „haben", „regnen", „gehen".
Wenn wir Verben in Sätzen verwenden, bilden wir aus dem **Infinitiv** (Grundform) des Verbs meist die **Personalform,** z. B.: „gehen – er geht". Setzt man Verben in die verschiedenen Personalformen, nennt man dies **konjugieren.**

Die Befehlsform des Verbs ist der **Imperativ.** Er kann an Einzelne oder an mehrere Personen gerichtet sein: „Geh(e)!" – „Geht!"

Verben sagen uns, *wann* das im Satz Mitgeteilte passiert. Sie lassen sich in verschiedene **Tempora** (Zeitformen) setzen:
Mit dem **Präsens** können wir ausdrücken, dass etwas in der Gegenwart geschieht: „Ich *lese* gerade." Im Präsens stehen auch solche Aussagen, die immer gelten, z. B.: „Ferien *machen* Spaß."
Mit dem **Futur** können wir auf Zukünftiges verweisen: „Ich *werde* ans Meer *fahren.*"
Häufig benutzen wir Zeitangaben, um die Zukunft anzuzeigen, die Verbform kann dann im Präsens bleiben, z. B.: „*Morgen fahre* ich ans Meer."
Vergangenes wird in mündlichen Erzählungen meist im **Perfekt** ausgedrückt („ich *habe gesehen*", „ich *bin gegangen*"), bei schriftlichen Erzählungen und Berichten steht meist das **Präteritum** („ich *ging*", „ich *sah*").
In beiden Fällen wird bei Vorzeitigkeit das **Plusquamperfekt** verwendet. Es handelt sich dabei um eine nur in Beziehung zu einem anderen Tempus zu gebrauchende Zeitform. Sie ist daher hauptsächlich in Satzgefügen (Haupt- und Nebensatz) zu finden. Beispiele: „Nachdem wir *gegessen hatten,* gingen wir spazieren." – „Wir *waren* gerade *eingeschlafen,* als das Gewitter losbrach." Das Plusquamperfekt wird gebildet aus dem Präteritum der Hilfsverben „haben" oder „sein" (ich hatte/ich war) und dem Partizip Perfekt des Vollverbs (gegessen/eingeschlafen).

Aktiv und Passiv sind zwei Verbformen, die man bei der Darstellung von Handlungen und Vorgängen unterscheidet.

Man kann die Aktiv- und Passivformen gleichermaßen in den verschiedenen Zeitstufen benutzen:

	Aktiv Handlungsverb („suchen") in der entsprechenden Tempusform	**Passiv** „werden" in der entsprechenden Tempusform + Partizip Perfekt des Handlungsverbs („suchen")
Präsens	„Sonja *sucht* das Heft."	„Das Heft *wird* (von Sonja) *gesucht.*"
Perfekt	„Sonja *hat* das Heft *gesucht.*"	„Das Heft *ist* (von Sonja) *gesucht worden.*"
Präteritum	„Sonja *suchte* das Heft."	„Das Heft *wurde* (von Sonja) *gesucht.*"
Funktion	Der Sprecher richtet den Blick auf die handelnden Personen und ihr Tun.	Der Blick wird auf den Vorgang gerichtet.

Der Modus des Verbs (Plural: die Modi):
Indikativ und Konjunktiv

Einfache Aussagen, z. B. eigene Tatsachenfeststellungen oder Meinungsäußerungen, werden im **Indikativ** verfasst. Zum Beispiel kann eine Politikerin über die Medien geäußert haben:

> Der Zeitungsbericht hat sehr übertrieben.

Diese Äußerung kann nun in verschiedenen Formen der **Redewiedergabe** in Medienberichten Eingang finden:

A) Die **direkte Rede** einer anderen Person kann durch die Form der **wörtlichen Rede** wiedergegeben werden:

> Die Politikerin sagte: „Der Zeitungsbericht hat sehr übertrieben."

B) Bei einem **Zitat** wird ein Teil der fremden Äußerung mit Anführungszeichen in den eigenen Satz eingebaut:

> Die Politikerin hielt den Zeitungsbericht für *„sehr übertrieben"*.

Der zitierte Teil muss dabei mit dem Originalsatz übereinstimmen.

C) In der **Paraphrase** fremder Rede, d. h. der freien, nicht wörtlichen Wiedergabe einer fremden Äußerung, macht man durch einen Zusatz wie „nach ihrer Meinung, nach seiner Auffassung …" die Redewiedergabe deutlich:

> Im Gespräch äußerte die Politikerin unmissverständlich, dass *die ihrer Meinung nach starken Übertreibungen in der Presse* nur durch das Sommerloch zu erklären seien.

D) Bei der **indirekten Rede** baut man die Aussagen oder Gedanken einer anderen Person in seinen eigenen Text ein. Dabei macht man deutlich, dass die Äußerung nicht von einem selbst stammt. In einem einleitenden Hauptsatz wird gesagt, wessen Äußerung wiedergegeben wird. Die Wiedergabe der Äußerung erfolgt dann in einem Inhaltssatz:

– entweder einem **dass-Satz:**

> Die Politikerin sagte, *dass* der Zeitungsbericht sehr übertrieben hat.

– oder einem uneingeleiteten Nebensatz im **Konjunktiv:**

> Die Politikerin sagte, der Zeitungsbericht *habe* sehr übertrieben.

Wenn Konjunktiv I nicht vom Indikativ Präsens zu unterscheiden ist, wählt man als Ersatz **Konjunktiv II:**

> Sie ergänzte, auch ihre Kollegen ~~*denken*~~ *dächten* nicht an weitere Maßnahmen.

Der Konjunktiv II „dächten" ist abgeleitet vom Präteritum Indikativ „sie dachten".
Wenn sich der Konjunktiv nicht vom Indikativ unterscheidet, wählt man die **Ersatzform „würde":**

> Sie sagte, ihre Kollegen ~~*machen*~~ ~~*machten*~~ *würden* kein Aufheben davon *machen.*

Der Gebrauch des **Tempus** in einem Gliedsatz mit indirekter Rede ist nur abhängig davon, ob das Gesagte vorzeitig, gleichzeitig oder nachzeitig ist. Der übergeordnete Satz kann in einem beliebigen Tempus stehen.

Die Politikerin sagt
(sagte, hat gesagt, wird sagen …),

Vorzeitigkeit:	vorher habe sie Wut gefühlt. = Konjunktiv I Perfekt
Gleichzeitigkeit:	jetzt fühle sie Erleichterung. = Konjunktiv I Präsens
Nachzeitigkeit:	später werde sie Belustigung fühlen. = Konjunktiv I Futur

Konjunktiv II in der Redewiedergabe kann auch benutzt werden, um **Zweifel oder Kritik** an der wiedergegebenen Äußerung einer anderen Person auszudrücken:

> Die Politikerin behauptete, der Zeitungsbericht *hätte* sehr übertrieben.

(Der Reporter sieht das nicht unbedingt auch so!)

Der Konjunktiv II kann außerdem eine Aussage als **unwirklich** (irreal), als nur vorgestellt kennzeichnen: „*Wär* ich eine Stadt, *spielten* auf meinen Straßen Kinder.“ Schließlich lässt sich mit dem Konjunktiv II ein **Wunsch** ausdrücken: „Ich *wollte*, morgen *wäre* hitzefrei!“

Modalverben

Mit **Modalverben** fügt man den *Vollverben* einen bestimmten Aspekt hinzu: Man sagt zusätzlich, ob man etwas darf, muss usw.: „Angler/innen **müssen** Vorschriften *beachten.*“

Funktionen der Modalverben		
können Möglichkeit Fähigkeit	*sollen* Regelung Auflage	*müssen* Gebot Zwang
dürfen Erlaubnis Möglichkeit	*wollen* Absicht Bereitschaft	*mögen* Wunsch Möglichkeit

2.5 Satzglieder

Ein Satz setzt sich aus verschiedenen **Satzgliedern** zusammen. Ob ein einzelnes Wort oder eine ganze Wortgruppe ein Satzglied bildet, erkennt man daran, dass man Satzglieder innerhalb eines Satzes umstellen kann, ohne den Sinn des Satzes zu verändern. Wir nennen dieses Verfahren **Umstellprobe**. Beispiel:

„ Die Feuerwehrleute | retteten | den Jungen. –
Den Jungen | retteten | die Feuerwehrleute. “

Der Kern des Satzes ist das **Prädikat.** Prädikate werden durch Verben gebildet. Es gibt einteilige Prädikate (z. B. „Sie *retteten* ihn.“) und zweiteilige Prädikate: „Sie *haben* ihn *gerettet.*“ Der Teil des Prädikats, der im Aussagesatz nach dem ersten Satzglied steht, ist die Personalform des Verbs: „Sie *haben* ihn gerettet.“

Um die weiteren Satzglieder im Aussagesatz zu bestimmen, stellen wir vom Prädikat ausgehend Fragen. Die erste Frage lautet: „Wer ...?“ oder „Was ...?“, die Antwort darauf ist das **Subjekt,** die wichtigste Ergänzung zum Prädikat: „*Wer* hat ihn gerettet? – *Sie* haben ihn gerettet.“ Subjekt und Prädikat sind eng miteinander verbunden. Sie stimmen in der Person (1., 2. oder 3. Person) und im Numerus (Singular oder Plural) überein.
Mit „Wen ...?“ oder „Was ...?“ erfragen wir das **Akkusativobjekt:** „*Wen* haben sie gerettet? – Sie haben *ihn* gerettet.“
Mit „Wem ...?“ fragen wir nach dem **Dativobjekt,** mit „Über was ...?“, „Auf was ...?“, „Für was ...?“ usw. nach dem **Präpositionalobjekt.**
Beispiel:

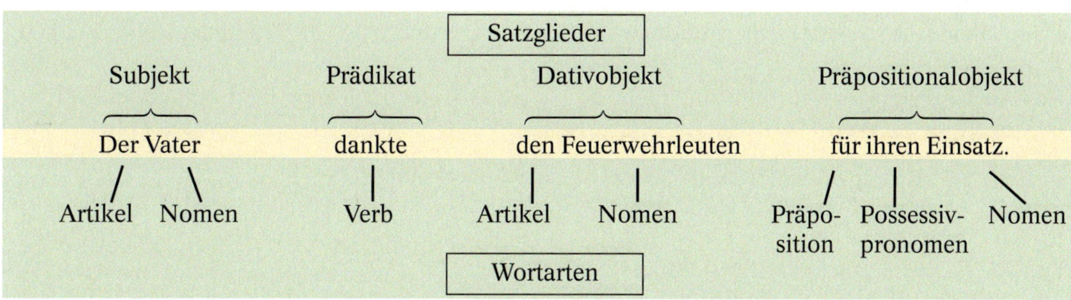

Das **Genitivobjekt** wird nur noch selten verwendet. Wir erfragen es mit „Wessen ...?“: „*Wessen* erinnerte er sich? – Er erinnerte sich *des Vorfalls.*“

Satzglieder, die man mit den Fragen „Wann ...?“, „Warum ...?“, „Wie ...?“ ermittelt, heißen **adverbiale Bestimmungen** oder auch Adverbialien (Singular: das Adverbiale). Sie geben die näheren Umstände eines Geschehens oder einer Handlung an (daher auch die Bezeichnung „Umstandsbestimmung“).

Man unterscheidet
- **adverbiale Bestimmungen der Zeit:** „Wann treffen wir uns? – Wir treffen uns *am Montag.*“
- **adverbiale Bestimmungen des Ortes:** „Wo ...? – Wir sehen uns *in der Schule.*“
- **adverbiale Bestimmungen des Grundes:** „Warum ...? – *Wegen des Regens* kamen wir nicht nach Hause.“
- **adverbiale Bestimmungen der Art und Weise:** „Wie ...?“ – Er folgte uns *neugierig.*“

Adverbiale Bestimmungen können gebildet sein
- aus einem Adjektiv:
  „Er lief *schnell* weg."
- aus einem Adverb:
  „Wir führen *morgens* unseren Hund aus."
- aus einer Nominalgruppe mit Präposition:
  „Wir sehen uns *am Abend*."

Attribute sind immer **Teil eines Satzglieds,** also keine selbstständigen Satzglieder. Sie stehen vor oder hinter ihren **Bezugswörtern** (z. B. Nomen) und bestimmen sie näher. Als Attribute kommen u. a. vor:
- Adjektive („*neue* Bücher") und adjektivisch gebrauchte Partizipien („*spielende* Kinder"),
- Pronomen („*unsere* Schule") und Zahlwörter („*drei* Äpfel"),
- Nomen im Genitiv („die Abfahrt *des Zuges*"),
- Nomen mit Präposition („ein Mann *mit Hut*"),
- Adverbien („die Häuser *dort*").

Eine Form des Attributs ist auch die **Apposition:** „Herr Schäfer, *unser Lehrer,* organisierte mit uns den Basar." Die Apposition ist in ihrem Kern stets ein Nomen („Lehrer"). Sie folgt dem Bezugswort („Herr Schäfer") und steht im gleichen Kasus wie das Bezugswort (hier: Nominativ).

2.6 Satzreihen und Satzgefüge

Die **Satzreihe** besteht aus selbstständigen Teilsätzen **(Hauptsätzen)**. Die Teilsätze werden manchmal nur durch Komma voneinander getrennt: „Das Plakat war fertig, es sollte sofort aufgehängt werden." Meist werden sie jedoch durch **nebenordnende Konjunktionen** miteinander verbunden: „Gutenberg war verschuldet, *doch* er arbeitete weiter an seiner Erfindung."

Ein **Satzgefüge** ist zusammengesetzt aus mindestens einem Hauptsatz und mindestens einem Nebensatz, der zumeist mit einer unterordnenden Konjunktion oder einem Relativpronomen eingeleitet wird. Nebensätze mit Konjunktion heißen **Gliedsätze.**

Satzgefüge:	**Hauptsatz**	**+ Gliedsatz**
Beispiel:	„Das Wasser wird blau,	*weil* ich Tinte hinzugefügt *habe.*"
Signale:	Komma ↑	Konjunktion ↑ – Personalform des Verbs am Satzende ↑

Die Stufenmodelle verdeutlichen, wo Hauptsatz (HS) und Gliedsatz (GS) im Satzgefüge stehen können:

„Das Wasser wird blau, weil Tinte hineinkam."

_____ HS _____,
Konjunktion __ GS __.

„Weil Tinte hineinkam, wird das Wasser blau."

Konjunktion __ GS __, _____ HS _____.

„Das Wachs, wenn es sehr erhitzt ist, schmilzt schnell dahin."

__ HS __,
Konjunktion __ GS __, _____ HS _____.

Gliedsätze können die Rolle eines Satzglieds übernehmen. Wenn sie für eine adverbiale Bestimmung stehen, heißen sie **Adverbialsätze:**

„*Nach dem Essen* gingen wir spazieren." (adverbiale Bestimmung)
↓
„*Nachdem wir gegessen hatten,* gingen wir spazieren." (Adverbialsatz)

Arten der Adverbialsätze
- **Temporalsätze** geben Zeitverhältnisse an. Wir fragen: „Wann …?" – „Seit wann …?" – „Wie lange …?"
  „*Während wir Kanu fuhren,* fing es an zu regnen."
  Konjunktionen: „als", „während", „nachdem" …

- **Konditionalsätze** geben eine Bedingung an. Wir fragen: „Unter welcher Bedingung ...?" – „Wann ...?"
  „*Wenn das Wasser blau ist*, kann man die Luftbläschen deutlich sehen."
  Konjunktionen: „wenn", „falls", „sofern"
- S. 39 **Konsekutivsätze** geben Folgen oder Wirkungen an. Wir fragen: „Mit welcher Folge ...?" – „Mit welcher Wirkung ...?"
  „Ich füge Tinte hinzu, *sodass das Wasser blau wird.*"
  Konjunktion: „sodass" (auch: „so ..., dass ...")
- S. 39 **Kausalsätze** geben den Grund oder die Ursache an. Wir fragen: „Aus welchem Grund ...?" – „Aus welcher Ursache ...?" – „Warum ...?"
  „Die Luftbläschen sind gut zu erkennen, *weil das Wasser blau gefärbt ist.*"
  Konjunktionen: „weil", „da"
- **Finalsätze** geben eine Absicht oder einen Zweck an. Wir fragen: „Mit welcher Absicht ...?" – „Zu welchem Zweck ...?" –
  „Man färbt das Wasser blau, *damit die Luftbläschen gut zu sehen sind.*"
  Konjunktion: „damit"
- **Konzessivsätze** drücken einen unzureichenden Gegengrund aus. – Wir fragen: „Trotz welcher Gegengründe...?"
  „Das Wasser färbt sich blau, *obwohl ich nur einen Tropfen Tinte hinzugefügt habe.*"
  Konjunktionen: „obwohl", „obgleich", „wenngleich", „wenn...auch"

Inhaltssätze

Inhaltssätze sind **Gliedsätze,** die den Inhalt dessen angeben, was man weiß, sagt, vermutet, hofft, wünscht; was klar oder unklar ist usw.:
„Judith behauptet (weiß, beweist ...), *dass sich heiße Luft ausdehnt.*"
Inhaltssätze sind Gliedsätze, die die Rolle von Subjekt oder Objekt in Sätzen übernehmen können. Sie heißen daher auch **Subjektsätze** oder **Objektsätze** und lassen sich wie Subjekt oder Objekt erfragen: „Ich hoffe, *dass dir das Buch gefällt.*" (Objektsatz) – „*Dass du mein Buch liest,* gefällt mir." (Subjektsatz)

Varianten der Inhaltssätze
- dass-Satz: „Ina sagt, *dass ihr das Buch gut gefällt.*"
- indirekter Fragesatz: „Ihre Freundin fragt schon, *wann sie es zu lesen bekommt.*"
- indirekter Fragesatz: „Ina weiß nicht, *ob sie rechtzeitig fertig wird.*"
- Infinitivsatz: „Ihre Freundin ist bereit (,) *den Termin zu verschieben.*"

2.7 Zeichensetzung

Grundregel zur Kommasetzung bei **Nebensätzen:** Kommas grenzen Nebensätze vom Hauptsatz ab.
- Hauptsatz + Nebensatz:
  „Das Buch wird weitergereicht, weil es sehr spannend ist."
- Nebensatz + Hauptsatz:
  „Wenn das Buch spannend ist, wird es von vielen gelesen."
- Hauptsatz + Nebensatz + Fortsetzung des Hauptsatzes:
  „Ein Buch, das spannend ist, wird von vielen gelesen."

Zusatzregel: Ineinander verschachtelte Nebensätze werden gegeneinander durch Kommas abgegrenzt: „Das Buch ist spannend, weil es von einer Expedition handelt, bei der ein fremdes Volk entdeckt wurde."

„dass" oder „das"? – Rechtschreib- und Kommatipp

Die **Konjunktion „dass"** leitet einen Nebensatz (Gliedsatz) ein. Deshalb wird der dass-Satz durch Komma vom Rest des Satzgefüges abgetrennt: „Ich vermute, *dass du das Buch schon gelesen hast.*"
Um den dass-Satz zu erkennen, prüft ihr:
- einleitendes Verb des Sprechens oder der sinnlichen und geistigen Wahrnehmung/Tätigkeit? → „vermuten"
- Fragen-Probe mit „Wer oder was ...?"/ „Wen oder was ...?": „(Wen oder) was vermute ich? → ..., dass du das Buch schon gelesen hast."

Das **Relativpronomen „das"** leitet einen Relativsatz ein, der sich auf ein Bezugswort bzw. Satzglied im Hauptsatz bezieht: „Das Buch, *das du mir geliehen hast,* fand ich langweilig."
Um den das-Satz zu erkennen, prüft ihr:
- Lässt sich das „das" durch „welches" ersetzen?
  → „*Das* Buch, *welches* du mir geliehen hast, ..."
- Gibt es ein Bezugswort im Hauptsatz?
  → „Das Buch, das du mir geliehen hast, ..."
- Fragen-Probe mit der „Was für ein ...?"-Frage: „Was für ein Buch? – Das Buch, das ich gelesen habe, ..."

Infinitivsätze – Kommatipp

Normalerweise müssen Infinitivsätze **nicht** durch ein Komma abgetrennt werden: „Sie hoffte *das Buch zum Geburtstag zu bekommen.*"
Ein Komma steht allerdings, wenn durch ein **hinweisendes Wort** auf den Infinitivsatz Bezug genommen wird: „Er rechnete *damit, das Buch geliehen zu bekommen.*"
Man **kann** Infinitivsätze auch durch ein Komma abtrennen, wenn man die Gliederung des Satzes deutlich machen oder Missverständnisse vermeiden will.
„Sie bat ihren Nachbarn (,) mit verletzenden Worten zurückhaltend zu sein."
„Sie bat ihren Nachbarn mit verletzenden Worten (,) zurückhaltend zu sein."

Partizipgruppen – Kommatipp

Obwohl Partizipgruppen kein Verb in der Personalform enthalten, können sie im Satz die Funktion von Gliedsätzen übernehmen. Man nennt sie darum auch **satzwertige Partizipien.**
Normalerweise müssen Partizipgruppen **nicht** durch Komma abgetrennt werden. **Kommas** stehen allerdings,

- wenn die Partizipgruppe am Satzende steht, z. B.: Keinen Bezug zum „Fax" hat das lateinische „fax", *die „Fackel" bezeichnend.*
- wenn durch hinweisende Wörter auf die Partizipgruppe Bezug genommen wird, z. B.: *So, vollends ausgeschrieben,* ist das „Fax" ein „Faksimile".

Partizipgruppen **können** durch **Komma** abgetrennt werden, wenn man die Gliederung des Satzes verdeutlichen will, z. B.: Das lateinische „fax" hat (,) *die Fackel bezeichnend (,)* keinen Bezug zum „Fax".

Durch **Kommas** abgetrennt werden auch:

- Teilsätze in der **Satzreihe** (Hauptsatz + Hauptsatz): „Wir betraten das Haus, es war nichts zu hören." – „Ich dachte lange nach, aber der Titel des Buches fiel mir nicht ein."
  Vor den Konjunktionen *und, oder, entweder … oder, sowohl … als auch, weder … noch* u. a. muss **kein Komma** stehen, man kann aber das Komma zur Verdeutlichung setzen: „Herr Müller fuhr mit seinem Fahrrad(,) und seine Tochter saß auf dem Rücksitz."
- Wörter und Wortgruppen in **Aufzählungen:** „Die Schüler tragen einen *bequemen, weiten* Umhang." – „Du wolltest doch früh *nach Hause kommen, Aufgaben machen, dann Tennis spielen.*"
  Kein Komma steht vor den Konjunktionen *und, oder, entweder … oder* u. a.: „Der Schüler hebt die Hand *entweder zum Gruß oder zur Entschuldigung.*"
- **Appositionen:** „Oskar, *der freundliche Polizist,* konnte den Fall schnell lösen."
- **Orts- und Zeitangaben:** „Köln, *den 10. September 1998*"
- **Nachgestellte Erläuterungen:** Sie werden oft mit Wörtern wie *nämlich, und zwar, vor allem, das heißt (d. h.), zum Beispiel (z. B.)* eingeleitet: „Das römische Schulrelief wurde in der Eifel ausgegraben, *und zwar* im Jahre 1884."
- **Anreden:** „*Heiko,* gib mir bitte das Buch bald zurück."

Anführungszeichen

▶ S. 166–16

Anführungszeichen stehen vor und hinter einer **wörtlich wiedergegebenen Äußerung;** z. B.: *Sokrates sagte: „Ich weiß, dass ich nichts weiß."*
Anführungszeichen stehen vor und hinter **zitierten Überschriften,** Titeln von Büchern, Filmen, Gedichten, Namen von Zeitungen u. Ä.; z. B.: *Die „Süddeutsche Zeitung" enthält jeden Tag auf der ersten Seite eine Glosse mit dem Titel „Streiflicht".*
Anführungszeichen dienen zur **Hervorhebung** einzelner Wortteile, Wörter oder Textteile (z. B. Sprichwörter, Fachwörter); z. B.: *Das Sprichwort „Geteiltes Leid ist halbes Leid" tröstet nicht immer.*
Eine Anführung innerhalb einer Anführung wird durch **halbe Anführungszeichen** deutlich gemacht; z. B.: *„Gehen wir doch ins Kino, heute läuft ‚Der Untergang der Titanic' zum letzten Mal."*
Treffen Punkt, Frage- und Ausrufungszeichen mit Anführungszeichen zusammen, so stehen sie vor dem Schlusszeichen, wenn sie zur wörtlich wiedergegebenen Äußerung oder angeführten Textstelle gehören; z. B.: *„Wie geht es dir?", sprach er sie an.* Aber: *Wer kennt das Theaterstück „Die Räuber"?*

Wörtliche Rede

Die wörtliche Rede in einer Geschichte steht in **Anführungszeichen.** Die Satzzeichen ändern sich, je nachdem, ob der Redebegleitsatz vor, inmitten oder nach der wörtlichen Rede steht:

- Zwischen einem einleitenden Redebegleitsatz und der wörtlichen Rede steht ein **Doppelpunkt:** *Oskar fragte den Motorradfahrer: „Warum sind Sie so schnell gefahren?"*
- Der eingeschobene Redebegleitsatz wird durch **Kommas** abgetrennt:
  „Ich gehe", sagt Oskar, „in das Musikgeschäft auf der anderen Straßenseite."

- Der nachgestellte Begleitsatz wird durch ein **Komma** von der wörtlichen Rede abgetrennt: *„Ich schreibe dir bald", sagte sie. – „Warum kommst du so spät?", fragte die Lehrerin. – „Halt! Stehen bleiben!", riefen die Polizisten.*

▶ S. 171

Richtiges Zitieren

Wenn man Teile eines Textes, den man untersucht, wörtlich übernimmt, stehen diese Zitate in **Anführungszeichen.**
Wird eine Textstelle nur teilweise übernommen, müssen die **Auslassungen** durch [...] kenntlich gemacht werden.
Nach den abschließenden Anführungszeichen gibt man in Klammern die **Zeile** an, in der das Zitat im Text zu finden ist. Der Schlusspunkt des Satzes steht erst nach der Zeilenangabe.

Der Apostroph

Auslassung von Buchstaben in Wörtern kennzeichnet man mit dem Apostroph.
Wenn Eigennamen, die im Nominativ mit dem s-Laut enden, im Genitiv stehen, lässt man beim Schreiben das Genitiv-s weg und setzt einen Apostroph, z. B. „Heinz' Geburtstag". Das gilt für Wörter, die am Ende mit -s, -ss, -ß, -tz, -z, -x oder -ce geschrieben werden.
Ist der Genitiv durch einen beigefügten Artikel, ein Possessivpronomen oder Ähnliches erkennbar, entfällt der Apostroph.

2.8 Rechtschreibung

Tipps zum Rechtschreiben

▶ S. 164–168

Das **Wörterbuch** – dein starker Helfer: Man kann nicht alles wissen, man muss nur wissen, wo es steht. Das gilt auch bei der Rechtschreibung. Jeder kann Fehler vermeiden, wenn er bei Zweifeln über die richtige Schreibweise im Rechtschreibwörterbuch nachsieht.
Schreibweisen ausprobieren: Um zu durchschauen, wie Wörter geschrieben werden, kannst du verschiedene Proben anwenden:

- das **Wort verlängern,** z. B.: „Glas – Gläser – des Glases – glasig", „heiß – heißer";
- ein **verwandtes Wort** suchen: „willst – wollen", „Baum – Bäume";
- ein zusammengesetztes Wort in seine **Bestandteile** zerlegen: „Sperrmüllplatz – Sperr + müll + platz".

Die **Silbentrennung:** Mehrsilbige Wörter trennt man nach Sprechsilben, die man bei langsamem, betontem Sprechen hören kann, z. B.: „o-ben", „Dumm-heit", „dum-mer-wei-se", „lis-tig". Faustregel für Zweifelsfälle: Von mehreren Konsonanten kommt nur der letzte auf die neue Zeile.

Groß- und Kleinschreibung

Nominalisierungen: Nominalisierungen sind Wörter, die im Satz als Nomen gebraucht werden, obwohl sie eigentlich anderen Wortarten angehören. Sie werden **großgeschrieben.** Man erkennt sie an den Nomen-Signalen, das sind z. B. der Artikel: „der Letzte";
(Artikel +) Adjektiv: „das einzig Richtige";
(Artikel +) Präposition: „im Nachhinein";
Pronomen: „jede/r Dritte".

Denominalisierungen: Wenn aus Nomen Wörter anderer Wortarten entstehen, nennt man diesen Vorgang Denominalisierung. Aus Nomen entstandene Wörter anderer Wortarten werden **kleingeschrieben.** Dazu gehören z.B. Adverbien: „anfangs", „rechtens", „morgens" (vgl. im folgenden Abschnitt: Tageszeiten und Wochentage), Präpositionen und Teile von präpositionalen Fügungen: „dank", „statt", „um ... willen"; unbestimmte Pronomen und Zahlwörter: „ein bisschen", „ein paar"; bestimmte Adjektive, wenn sie mit „sein", „bleiben" oder „werden" verbunden sind: „Mir wird angst und bange." „Ich bin es leid." „Er ist schuld daran." ▶ S. 164–165
Tageszeiten und Wochentage: Bezeichnungen für Tageszeiten werden **großgeschrieben,** wenn sie **Nomen** sind. Man erkennt das oft an den üblichen Nomen-Signalen (Artikel – zum Teil mit einer Präposition verschmolzen – oder Adjektivattribut): „am Sonntag", „zum nächsten Morgen". Bezeichnungen für Tageszeiten werden **kleingeschrieben,** wenn sie **Adverbien** sind: „sonntags". Tageszeitangaben kombinieren oft beide Wortarten – z. B. „gestern Abend".
Geografische Namen und Herkunftsbezeichnungen:

- Bei **Zusammensetzungen mit mehrteiligen Eigennamen** wird der Bindestrich gesetzt, z. B. „Rhein-Main-Gebiet", „Friedrich-Schiller-Straße". Dabei werden die Eigennamen wie alle Nomen großgeschrieben.
- In **mehrteiligen Eigennamen** mit Bestandteilen, die **keine Nomen** sind, schreibt man alle Wörter groß, mit Ausnahme von Artikeln und Präpositionen, z. B.: „Vereinigte Staaten von Amerika", „Freie und Hansestadt Hamburg", „Unter den Linden", „Kahler Asten".

- Herkunftsbezeichnungen mit **Ableitungen auf -er** schreibt man groß, z. B.: „Kölner Dom", „Berliner Bär", „Meißener Porzellan", „Heidelberger Schloss".
- Herkunftsbezeichnungen mit **Ableitungen auf -isch** gehören zur Wortart der Adjektive, deswegen schreibt man sie klein, z. B. „hessisches Fulda", „italienische Stadt", „indischer Tee".

▶ S. 174–176

Getrennt- und Zusammenschreibung

Wenn mehrere Wörter zu einem sprachlichen Ausdruck verbunden sind, schreibt man sie normalerweise **getrennt.** Das gilt für

- Wortgruppen mit dem Verb **„sein":** „froh sein";
- Wortgruppen aus **mehreren Verben:** „stehen lassen", „sitzen bleiben";
- die meisten Wortgruppen aus **Nomen und Verb:** „Klavier spielen", **Adjektiv und Verb:** „laut singen", **Adverb und Verb:** „vorwärts gehen".

Zusammen schreibt man unter anderem

- **untrennbare Verbzusammensetzungen,** bei denen die Reihenfolge der Bestandteile immer die gleiche ist: „durchqueren" → „Ich durchquere die Wüste." „wetteifern" → „Sie wetteiferten um den Pokal."
- Verbindungen von **Adjektiv und Verb,** in denen man das Adjektiv **nicht steigern** kann, z. B. „freisprechen", „festsetzen".

Fremdwörter sind aus fremden Sprachen übernommene Wörter. Meist erkennt man sie bereits an der Aussprache und an der Schreibung, denn sie gehorchen dabei den Regeln ihrer Herkunftssprache, z. B. „Snowboard", „Bulletin".
Vielfach haben sich beim Gebrauch im Deutschen gewisse Regelmäßigkeiten in der **Wortbildung** entwickelt, die es uns ermöglichen, sowohl die Herkunft der Wörter zu bestimmen als auch ihre Schreibung zu beherrschen, z. B. „reag*ieren*", „Explos*ion*" (aus dem Lateinischen); „*Th*eater", „A*th*let" (aus dem Griechischen) usw.
Manche **Fremdwörter aus dem Allgemeinwortschatz** werden **eingedeutscht,** d. h. in ihrer Schreibweise dem Deutschen angepasst. Die fremdsprachige Schreibung bleibt oft neben der eingedeutschten bestehen. Die häufigere der beiden Schreibungen gilt als Vorzugsvariante. Die Rechtschreibreform, die 1996 beschlossen wurde, hat die Tendenz zu Eindeutschungen verstärkt. Durch die **Doppelschreibungen** sollen die Fremdwörter ins Deutsche einbezogen und die Schreibung insgesamt erleichtert werden. Die Entscheidung, welche Variante gewählt wird, ist den Schreibenden überlassen. Weil es keine eindeutige Regelung gibt, für welche Fremdwörter eine eingedeutschte Schreibweise möglich ist, hilft in Zweifelsfällen nur der Blick ins Rechtschreibwörterbuch.
Fremdwörter aus Fachsprachen werden dagegen **nicht eingedeutscht** und behalten die typischen fremdsprachlichen Buchstabenguppen bei.

3 Umgang mit Texten

3.1 Erzählende Literatur

Grundbegriffe des Erzählens

Der Erzähler/Die Erzählerin: Bei allen Erzähltexten fragt man, *wer* erzählt: eine/r der an der Handlung Beteiligten oder ein außen stehender Berichterstatter/eine außen stehende Berichterstatterin. In jedem Fall ist der Erzähler nicht gleichzusetzen mit dem Autor. Ein erwachsener Autor kann zum Beispiel eine Geschichte von einem Kind, ein männlicher Autor von einer Frau erzählen lassen oder umgekehrt. Immer ist der Erzähler/die Erzählerin vom Autor erfunden und gehört zur Welt der Geschichte. Als Leser erfahren wir etwas über den Erzähler, wenn er nicht einfach nur das Geschehen berichtet, sondern in so genannten **Erzählerkommentaren** seine Meinung kundtut. Dabei wendet sich der Erzähler/die Erzählerin manchmal direkt an den Leser.

Zu unterscheiden sind **Ich-Erzählung** und **Er-/Sie-Erzählung**. In einer Ich-Erzählung ist der Erzähler/die Erzählerin selbst in das Geschehen verwickelt. Er/Sie schildert die Ereignisse aus seiner/ihrer Sicht **(Perspektive).** Was andere Figuren in der Geschichte denken oder fühlen, kann der Ich-Erzähler nur vermuten. In der Er-/Sie-Erzählung haben wir es mit einem über dem Geschehen stehenden Erzähler zu tun, der alles zu wissen scheint (allwissender Erzähler), der sich aber auch unwissend stellen kann, um den Leser zum Beispiel Zusammenhänge ahnen zu lassen. Er beobachtet die Figuren von außen **(Außensicht),** kann sich aber auch jederzeit in ihr Inneres versetzen und ihre Gedanken bzw. Gefühle schildern **(Innensicht).** Er führt den Leser durch das Geschehen und wechselt beliebig Ort und Zeit. Die Er-/Sie-Perspektive kann aber auch grundsätzlich an eine der handelnden Figuren gebunden sein, man spricht in diesem Fall von einer **personalen** Erzählperspektive.

Textarten

▶ S. 177–191 **Erzählung:** Sammelbegriff für unterschiedliche Kurzformen des Erzählens, die nicht näher durch bestimmte Kunstregeln festgelegt sind. Im Unterschied zum Roman ist die Erzählung knapper und überschaubarer, da nur von einem zentralen Ereignis die Rede ist.

Kurzgeschichte: Der Name Kurzgeschichte ist eine Übersetzung des amerikanischen Begriffs „Short Story". Die ersten deutschen Kurzgeschichten entstanden nach dem Zweiten Weltkrieg und behandelten Themen der Kriegs- und Nachkriegszeit. Später behandelt die Kurzgeschichte entscheidende Situationen im alltäglichen Leben. Die wichtigsten Merkmale der Kurzgeschichte sind: Kürze, Konzentration auf einen Ausschnitt des Geschehens, Perspektivenwechsel, unvermittelter Anfang und offener Schluss, Alltagssprache und Mehrdeutigkeit.

▶ S. 258–266 **Novelle:** von italienisch novella = Neuigkeit. Eine relativ kurze, in straffer Form erzählte dramatische („unerhörte") Begebenheit, die einen deutlichen Wirklichkeitsbezug hat.

▶ S. 192–205 **Roman:** Romane sind Prosatexte größeren Umfangs, in denen meist vielschichtige Lebenszusammenhänge dargestellt werden. Um zahlreiche Figuren ranken sich Haupt- und Nebenhandlungen. Der Roman ist heute die vorherrschende literarische Gattung.

Es gibt vielfältige Formen des Romans. Die besondere Form des **Jugendromans** versucht in Problemstellung, Inhalt, Stoff und erzählerischer Gestaltung den Interessen jugendlicher Leser und Leserinnen gerecht zu werden.

Parabel: Die Parabel hat lehrhaften Charakter und enthält meist eine allgemeine Erkenntnis oder Lebensweisheit, die durch Übertragung des dargestellten, konkreten Ereignisses in einen anderen Vorstellungsbereich erschlossen werden kann. ▶ S. 169

Satire: Spottdichtung, die Kritik an menschlichen Schwächen oder gesellschaftlichen Missständen übt. Dabei orientiert sich der Satiriker an bestimmten Werten und Maßstäben (Normen) und bedient sich einer indirekten Darstellungsform, oft durch das Mittel der Ironie. Die Satire ist keine spezielle Textart, sie ist in allen literarischen Gattungen möglich. ▶ S. 68–69, 188–190

Erzählende Texte erschließen

▶ S. 177–205

Jedes Lesen einer **Erzählung** oder eines **Romans** ist im Grunde genommen eine Deutung, da sich der/die Lesende beim Lesen ein Verständnis des Textes bildet. Interpretieren im engeren Sinne heißt aber, das eigene, subjektive Verständnis zu formulieren, um es anderen mitzuteilen und es ihnen damit zu ermöglichen, es mit ihrem jeweiligen Textverständnis zu vergleichen. Um nun das eigene Verständnis abzusichern und plausibel zu machen, untersucht man Bestandteile des Textes, die für das Verstehen von grundlegender Bedeutung sind. Eine Übersicht mit den wichtigsten Aspekten zur Interpretation erzählender Texte findet ihr auf S. 191.

3.2 Gedichte

Merkmale der Form

▶ S. 207–219

Gedichte bestehen zumeist aus **Versen.** Als Vers bezeichnet man die Zeile eines Gedichts, deren Länge nicht wie in einem Prosatext von Zufälligkeiten wie dem Papierformat und der Schriftgröße abhängig ist, sondern deren Länge bewusst vom Autor bestimmt wird. Häufig – besonders in älteren Gedichten – haben alle Verse eines Gedichts annähernd dieselbe Länge, d. h., die Anzahl der Silben bleibt in jeder Zeile nahezu gleich.
Bilden mehrere Verse einen Abschnitt in einem Gedicht, der durch einen Absatz von den folgenden Versen getrennt wird, spricht man von einer **Strophe.**
In manchen Gedichten werden die einzelnen Verse durch einen **Endreim** miteinander verbunden. Zwei Wörter reimen sich, wenn sie vom letzten betonten Vokal an gleich klingen („erhellend" – „schwellend"). Für die Bindung der Verse durch einen Endreim gibt es verschiedene Schemata, wobei man die sich reimenden Verse mit demselben Buchstaben kennzeichnet. Danach bedeutet: aa = **Paarreim** (wie in E. Frieds „Leilied", S. 219), abab = **Kreuzreim** (wie in C. F. Meyers „Zwei Segel", S. 216), abba = **umarmender Reim.**
Vom Endreim zu unterscheiden ist der **Binnenreim,** bei dem sich zwei Wörter innerhalb ein und desselben Verses reimen.
Vom Sprechrhythmus her sind die Verse eines Gedichts häufig nach einem **Metrum,** auch **Versmaß**

genannt, gegliedert. Es geht dabei darum, dass die Abfolge der betonten und unbetonten Silben einem bestimmten Schema folgt. Wechseln betonte und unbetonte Silben unmittelbar einander ab, spricht man von einem **alternierenden** Metrum. Folgt einer betonten Silbe immer eine unbetonte (x́ x, z. B.: Díchter), nennt man das Versmaß in Anlehnung an die antike Metrik **Trochäus,** beim umgekehrten Wechsel (x x́, z. B.: Gedícht) **Jambus.** Daneben gibt es noch zwei weitere Versmaße, bei denen eine betonte Silbe mit jeweils zwei unbetonten wechselt: x́ x x = **Daktylus,** x x x́ = **Anapäst.** Reim und Metrum sind Klangmittel, kommen also beim Hören eines gesprochenen Gedichts erst richtig zur Geltung. Manche modernen Dichter verzichten auf diese traditionellen Klangmittel und schreiben Verse ohne Reimbindung und durchgehendes Metrum (s. die Gedichte von M. L. Kaschnitz und D. Scherf, S. 218).

Sprecher/in und Adressat/in

Wie zu jedem Erzähltext ein/e Erzähler/in gehört, so gehört zu jedem Gedicht **ein/e Sprecher/in,** der/die nicht gleichzusetzen ist mit dem Autor/der Autorin. Oft stellt sich diese/r Sprecher/in als ein Ich (das so genannte **lyrische Ich**) vor, das seine Beobachtungen, Reflexionen und Gefühle so mitteilt, dass die Leser/innen sie mitempfinden können. Der/die Sprecher/in kann aber auch in einem „Wir" aufgehen, das in dem Gedicht spricht, oder in dem Text gar nicht direkt greifbar werden, also gar nicht von sich selbst sprechen, sondern etwas beobachten, beschreiben oder über etwas nachdenken. In manchen Gedichten wendet sich der/die Sprecher/in direkt an ein Du, zum Beispiel in einigen Liebesgedichten; es gibt hier also eine/n in den Text einbezogene/n **Adressatin/Adressaten.**

Die Sprache des Gedichts

Die Sprache der Gedichte wird oft in besonderem Maße von ihrer Bildlichkeit geprägt. Bildliches Sprechen ist uneigentliches, übertragenes Sprechen (s. S. 311/312). Solche sprachlichen Bilder, auch Metaphern genannt, sind in besonderer Weise dazu geeignet, Gefühle und Stimmungen auszudrücken oder eine bestimmte Atmosphäre spürbar werden zu lassen. So werden zum Beispiel häufig Bilder aus dem Bereich der Natur benutzt, um Liebe, Freude, Angst, Einsamkeit usw., die das lyrische Ich empfindet, anschaulich und für den Leser miterlebbar darzustellen.

▶ S. 229–234

Die Gedichtinterpretation

Interpretieren heißt, das eigene Textverständnis anderen mündlich oder schriftlich mitzuteilen, um es im Vergleich mit anderen Textverständnissen zu erweitern und zu differenzieren. Dabei wird immer wieder Bezug auf den Text genommen, und zwar auf inhaltliche und formale Bestandteile, um das eigene Textverständnis zu prüfen. Bei einer ausführlichen schriftlichen Interpretation sind folgende **Arbeitsschritte** ratsam:

1. Nach mehrmaligem Lesen des Gedichts das eigene Textverständnis in wenigen Sätzen als eine Art **Verstehensentwurf** formulieren („Ich verstehe das Gedicht als …").
2. Den inhaltlichen Aufbau und die sprachliche Form des Gedichts unter Berücksichtigung des Entstehungshintergrunds genau untersuchen **(Textanalyse)**, wobei der Text mit verschiedenfarbigen Textmarkern und Stiften bearbeitet wird.
3. Die Analyseergebnisse ordnen und verknüpfen, mit dem Verstehensentwurf vergleichen, um diesen eventuell zu korrigieren, und davon ausgehend die **Endfassung** der Interpretation niederschreiben.
4. Eine eigene **Stellungnahme** anfügen, wobei auch auf den Vergleich mit anderen Gedichten zurückgegriffen werden kann.

Leitfragen zur Analyse eines Gedichttextes

Fragen zu **Sprecher/in und Adressat/in**
- In welcher Form tritt der Sprecher/die Sprecherin auf (lyrisches Ich/Wir, nicht direkt im Text greifbar)?
- Was erfährt der Leser über den Sprecher/die Sprecherin?
- Gibt es eine/n in den Text einbezogene/n Adressatin/Adressaten?
- In welchem Verhältnis stehen Sprecher/in und Adressat/in zueinander?

Fragen zum **inhaltlichen Aufbau**
- Um welches Thema geht es in dem Gedicht?
- Wie ist das Gedicht inhaltlich aufgebaut?
- Welche Erwartungen erweckt die Überschrift und wie verhalten sich Überschrift und Gedichttext zueinander?

Fragen zum **formalen Aufbau**
- In wie viele Strophen ist das Gedicht eingeteilt? Sind die Strophen gleich gebaut?
- Ist das Gedicht gereimt? Welches Reimschema lässt sich entdecken?
- Liegt dem Sprechrhythmus des Gedichts ein durchgehendes Metrum zu Grunde?
- In welcher Beziehung steht die lyrische Form zum Inhalt?
- Lässt sich das Gedicht einer bestimmten Textsorte zuordnen (Sonett, Ballade, Lied usw.)?

Fragen zur **sprachlichen Gestaltung**
- Welche sprachlichen Bilder (Metaphern) enthält das Gedicht? Aus welchen Bereichen stammen diese Bilder?
- Welche Vergleiche enthält das Gedicht? Aus welchen Bereichen stammen diese Vergleiche?
- Welche Wortfelder im Bereich der Substantive, Adjektive und Verben beherrschen den Text?
- Gibt es Wörter oder Wortwiederholungen, die eine besondere, den Text erschließende Bedeutung haben (Schlüsselwörter)?
- Welche sonstigen Stilmittel prägen das Gedicht?

Fragen zum **Entstehungshintergrund**
- Lässt sich ein Zusammenhang zwischen Gedichttext und zeitgeschichtlichen Ereignissen und/oder kulturellen Erscheinungen erkennen?
- Ist die Biografie des Autors/der Autorin offensichtlich wichtig für das Verständnis des Gedichts?

3.3 Drama/Theater

▶ S. 235–246 Das **Drama** ist neben erzählender Literatur und Lyrik eine der drei Grundformen der Dichtung. Dramentexte sind in Dialogform verfasst und in der Regel für eine Theateraufführung vorgesehen. Wichtige Aspekte, die man beim Verstehen und Erschließen eines Dramas zu berücksichtigen hat, sind
- die Gestaltung der **Exposition** (Einführung), in der die Hauptfiguren vorgestellt werden, in der in Ort, Zeit und Atmosphäre des Stücks eingeführt wird und in der sich die Konflikte anbahnen, die die Handlung des Stücks vorantreiben;
- die **Figuren** und ihre Konstellation: ihre Gedanken, Gefühle und Eigenschaften; ihre offensichtlichen und verborgenen Absichten und Handlungsmotive; typische Tätigkeiten und Verhaltensweisen; Herkunft, Stand und Vorgeschichte; die äußeren Lebensumstände; Einstellungen und prägende Erfahrungen; die Beziehung zu anderen Personen;
- die **Konflikte,** ihre Entwicklung und Lösung.

Da Dramen nicht für das bloße Lesen geschrieben sind, sondern für eine Aufführung im Theater, sollte man bei der Lektüre und Interpretation eines Dramas den Aspekt der **Inszenierung** stets berücksichtigen.

Die **klassische Form** des Dramas, die schon seit der Antike überliefert ist, weist einen strengen Aufbau in Akte und Szenen auf. Max Frisch übernimmt wesentliche Gestaltungsprinzipien des klassischen Theaters (z. B. Exposition, Spannungsbogen, Wendepunkte), nähert sich mit „Andorra" aber der Form des **epischen Theaters** an, das im Wesentlichen von Bertolt Brecht geprägt wurde. Hier sind die Szenen einzelne aneinander gefügte Bilder, wobei die Handlung dadurch unterbrochen wird, dass einzelne Figuren aus der Handlung heraustreten und ihr Verhalten kommentieren. Der Zuschauer wird dadurch in die Rolle eines kritischen Betrachters versetzt.

Szene: kurzer, abgeschlossener Teil eines Theaterstücks. Eine Szene endet, wenn Schauspieler auf- oder abtreten oder wenn das Licht ausgeht. In „Andorra" heißen die Szenen **Bilder.**

Standbild: besondere Form der pantomimischen Darstellung. Gefühle, Beziehungen zwischen Figuren werden allein durch **Gestik** (Haltung und Bewegung des Körpers) und **Mimik** (Gesichtsausdruck) zum Ausdruck gebracht. Beim Standbild sind die Figuren wie auf einem Foto erstarrt. ▶ S. 194

3.4 Literatur im 19. Jahrhundert

▶ S. 257–282 Die Literatur des 19. Jahrhunderts ist eine bürgerliche Literatur. Deren charakteristisches Merkmal ist die Beziehung zur Lebenswirklichkeit. Sie ist **romantisch,** wenn sie dem Alltag die Welt der Fantasie entgegenstellt und dieser den Vorrang einräumt. Sie ist **realistisch,** wenn sie sich auf Nachahmung und Verarbeitung der Wirklichkeit einlässt und sie kritisch oder harmonisierend abbildet. Besonders die Erzählliteratur des 19. Jahrhunderts, wie z. B. die Märchen der Romantik und die Novellen und Romane des Realismus, besitzen die genannten Kennzeichen. In der Lyrik geht es sowohl in der Romantik als auch im Realismus um die Aussprache der Erfahrungen von Individuen. Die Schreibweisen der Romantik, des Vormärz und des Realismus sind gegensätzlich. Die romantische Erzählung achtet – wie das romantische Gedicht – auf die „Innenwelt" der Gefühle und Bestrebungen, die realistische blickt eher nach außen, auf Mensch und Gesellschaft.

Wichtige Autoren dieser Zeit sind Ernst Theodor Amadeus Hoffmann, Joseph von Eichendorff und der frühe Heinrich Heine (als Romantiker), Theodor Storm, Gottfried Keller und Theodor Fontane (als Realisten). Zwischen Romantik und Realismus schiebt sich – als Zeitraum vor und nach der bürgerlichen Revolution von 1848 – die kritische und politische Literatur des Vormärz und die beschauliche des Biedermeier. Zum Vormärz gehören die späteren Werke Heinrich Heines und zum Biedermeier die Werke Annette von Droste-Hülshoffs.
Sowohl Romantiker wie E. T. A. Hoffmann als auch Realisten wie Storm und Fontane interessierten sich für **Kriminalfälle.** Sie bearbeiteten sie indes sehr unterschiedlich. E. T. A. Hoffmann liebte das Schaurige und Unheimliche an ihnen, Eigenschaften, die auch in Gedichten und Erzählungen von Annette von Droste-Hülshoff eine wichtige Rolle spielen, die Edgar Allan Poe später aufgriff und die bis in die Gegenwart (Hitchcock) von Bedeutung sind. Storm und Fontane geht es dagegen um die Charakteristik der Menschen durch die Lebensumwelt. Die Figur des Detektivs, der alles aufdeckt, stammt aus der Tradition Hoffmanns (Fräulein von Scuderi) und Poes (Dupin).
Eins der zentralen Probleme des Jahrhunderts ist das der jüdischen Deutschen als einer Minderheit. Seit dem Mittelalter sind Juden immer wieder verfolgt worden. Mit Napoleons „Code Civil" war ihre rechtliche Gleichstellung erreicht worden, nach dessen Sturz wurde die „Emanzipation der Juden" häufig zurückgenommen.

3.5 Medien/Zeitungstexte/Werbung

Film und Fernsehen

Medien (Einzahl: Medium) sind Mittel zur Weitergabe von Informationen. Wichtige Medien sind z. B. Bücher, Zeitungen und Zeitschriften, Hörfunk, Film, Fernsehen und seit neuestem
▶ S. 203–204
auch der Computer. Ein **Film** hat (auch bei **Fernsehproduktionen**) als Textgrundlage das **Drehbuch.** Im Drehbuch werden sowohl der gesprochene Text als auch die Bilder und Kameraeinstellungen festgelegt. Den Bildausschnitt, den die Kamera zeigt, nennt man **Einstellungsgröße.**
Je kleiner der Bildausschnitt ist, desto näher scheint der Betrachter am Geschehen zu sein. Man unterscheidet (von nah nach weit): *Detail, Groß, Nah, Américaine, Halbnah, Halbtotale, Totale und Weit/Panorama.*
Man spricht von **Erzählperspektive,** wenn man die Sichtweise meint, aus der ein Text geschrieben ist. Als **Kameraperspektive** bezeichnet man den Standpunkt und Blickwinkel der Kamera im Film: „Froschperspektive" (= Kamera von unten), „Vogelperspektive" (= Kamera von oben) oder „Normalsicht" (in Augenhöhe).

▶ S. 283–298

Fernsehen und Zuschauerbindung

Fernsehsender haben vielerlei Verfahren entwickelt, Zuschauer/innen an sich zu binden, damit diese möglichst nicht zu anderen Programmen wechseln. Der Hintergrund ist, dass die Sendeanstalten, und zwar insbesondere die kommerziellen, das Ziel verfolgen, eine hohe **Einschaltquote** zu erzielen; denn über den Tausenderkontaktpreis (den Preis, den Werbekunden für jeweils 1000 Zuschauer/innen bezahlen), berechnen sich Werbeeinnahmen der Sender. Für die Zuschauer/innen bedeutet dies, dass sie mit sensationell aufgemachten Angeboten, dramatisierenden Präsentationsformen, populären Zugaben aus dem Medienverbund (**Ear-Catching** mit aktuellen Musiktiteln usw.), aber auch mit einer Vielzahl von **Trailern** in die Programme gelockt und dort festgehalten werden sollen.
Zuschauer/innen können heute zwischen dem **Free-TV** und dem **Pay-TV** wählen. Beim Pay-TV muss jeweils für einzelne Programme, Pakete von Sendungen (z. B. Fußballspiele, Filme) oder einzelne Sendungen bezahlt werden. Der Zugang zu diesen Angeboten erfolgt über einen Decoder. Der Bereich des Free-TV setzt sich aus den **öffentlich-rechtlichen** Sendeanstalten und den **kommerziellen** Sendern, den so genannten „Privaten", zusammen. Die öffentlich-rechtlichen Anstalten finanzieren sich zum größten Teil über Gebühren und zu einem geringeren Teil über Werbeeinnahmen; die kommerziellen Sender sind vollständig von Werbeeinnahmen abhängig. Über die Fernsehgebühren, die staatlich festgesetzt werden, finanziert der Staat die öffentlich-rechtlichen Fernsehsender, aber auch andere Leistungen in der Mediengesellschaft (z. B. das öffentlich-rechtliche Rundfunkangebot). Die Anbieter von Fernsehprogrammen arbeiten zunehmend mit Sponsoren zusammen, die Teile von Sendungen oder ganze Sendungen finanzieren und die bei der Ausstrahlung von Filmen, Fußballspielen usw.

erwähnt werden. Durch Sponsorenfinanzierung und Schleichwerbung (Werbung, die als solche nicht klar markiert ist) werden die Grenzen zwischen Programmverantwortlichen und Finanziers fließend.
Weit verbreitet sind inzwischen serielle Spielfilmprogramme, so genannte **Seifenopern.** In den USA wurden die „Soap Operas" ursprünglich von Waschpulver- und Seifenfirmen in Auftrag gegeben, um die Zuschauer/innen für ihre Werbekampagnen zu interessieren.
Um Zuschauer/innen an Serien zu binden, arbeiten die Produzenten oft mit dem Mittel des **Cliff Hanger** (dramatisches Ereignis am Ende einer Folge, das beim Zuschauer die Spannung auf den Fortgang in der nächsten Folge erhöht) und mit der **Drei-Episoden-Struktur,** mit deren Hilfe die einzelnen Folgen einer Serie eng verzahnt werden können.

▶ S. 142–150

Zeitung/Magazin

Zeitungen und Magazine werden von verschiedenen Redaktionsteams zusammengestellt. Diese halten Redaktionskonferenzen ab, bei denen je nach **Adressaten** (diejenigen, an die sich die Zeitung bzw. das Magazin wenden soll) die **Themen** und die **Textsorten** (z. B. Nachricht, Reportage, Interview, Kommentar) festgelegt werden.

Zeitungsmeldungen berichten über Ereignisse. Zu unterscheiden sind Nachricht und Kommentar.
Nachricht: Der Nachrichtenstil ist geprägt durch die Beschränkung auf Fakten und Vorgänge sowie das Bemühen um Objektivität, mit dem man den Tatsachen unvoreingenommen und unparteiisch gerecht werden will. Nachrichten sind meist im **Lead-Stil** (lead = engl. Spitzenstellung) aufgebaut: die wichtigsten Informationen stehen am Textanfang, ehe eine zusammenhängende Darstellung mit Details folgt.
Kommentar: Der Meinungsstil zeigt die Perspektive des Kommentators, eine subjektive Sicht und Wertung der Fakten, Problematisierung der Vorgänge, Vermittlung von Hintergründen und Zusammenhängen.

▶ S. 160

Glossen sind Kurzkommentare in witziger, oft auch polemischer Form.

Reportagen informieren in besonders lebendiger und anschaulicher Weise über Ereignisse; dabei kann auch das persönliche Erleben des Reporters/der Reporterin deutlich werden. Reportagen versuchen Atmosphäre einzufangen und führen mitten in ein Geschehen. Leserinnen und Leser sollen gedanklich und emotional in das Geschilderte hineingezogen werden.
Jede Reportage bietet
- die Darstellung eines **Erlebnisses** (z. B. des Besuchs einer Veranstaltung),
- **Hintergrundinformationen** (hier stellt der Reporter sein gesammeltes Wissen leserfreundlich dar) und
- einen **Kommentar** (das heißt, der Reporter äußert seine Einschätzung der Veranstaltung).

Diese drei Bereiche sind bei längeren Reportagen häufig vermischt.

Leserbriefe nehmen in der Regel auf vorangegangene Presseartikel Bezug.
Regeln für das **Verfassen von Leserbriefen:** klarer Bezug, klares Ziel, klarer Standpunkt, gute Argumente, kurzer Text, Briefform, überarbeitete Schreibmaschinen- oder Computerfassung.

Aufbau der Titelseite einer Tageszeitung: ▶ S. 146
- Zeitungskopf (Titel der Zeitung, politische Selbsteinstufung, Erscheinungsort, Datum, Preis, Ausgaben-Nr.)
- Blickfang (meist ein Foto links oben, weil wir von links nach rechts und von oben nach unten lesen und die Seite zweimal gefaltet ausliegt)
- Aufmacher (die aktuelle Hauptnachricht)
- Spitzenmeldung (auch „Eckenbrüller", aufregende Einzelmeldung)
- Kurzmeldungen
- Inhaltsleiste mit Anreißermeldungen (nur in einem Satz)
- Querverweise (bei Kurz- oder Anreißermeldungen zum Verweis in das Innere der Zeitung)
- Spartenbox (Themen aus den verschiedenen Sparten/ Ressorts der Zeitung: Politik, Wirtschaft, Kultur, Sport, Lokales, Aus aller Welt usw.)

Informationsmodule: Eine Neuerung in der aktuellen Presse ist die Art der Aufteilung von Themen. Die Leser werden nicht mit langen Berichten konfrontiert, in die sie nur schwer einsteigen, vielmehr wird ein komplexer Sachverhalt auf verschiedene Texte, Grafiken und Bilder aufgeteilt, auf Informationsbausteine oder -module. So kann man an einer Stelle einsteigen und – bei Interesse – an anderer Stelle weiterlesen. Leser werden dadurch zugleich in der Eigenaktivität beim Lesen gefordert. Visualisierungen sind Anreiz und Merkhilfe zugleich. ▶ S. 147–149

▶ S. 143–150, 293–298

Sachtexte erschließen

Sachtexte unterscheiden sich von literarischen Texten dadurch, dass sie vorwiegend informierenden Charakter haben, wie z. B. die Texte in einer Zeitung/einem Magazin.

Leitfragen zur Erschließung von Sachtexten:
Fragen zum **Inhalt und Aufbau:**
- Welche unbekannten Wörter müssen mit Hilfe eines Lexikons geklärt werden?
- Welche Schlüsselwörter sollten markiert werden?
- In welche Sinnabschnitte lässt sich der Text gliedern?
- Mit welchen Überschriften kann man den Inhalt der Abschnitte zusammenfassen?
- Wie lässt sich die Textstruktur in einem Schaubild verdeutlichen?

Fragen zur **Sprache:**
- Welcher Wortschatz prägt den Text (z. B. Fachwortschatz, Umgangssprache ...)?
- Welche Art von Sätzen überwiegt (z. B. Reihung einfacher Hauptsätze oder Satzgefüge mit bestimmten Nebensatzarten)?

Fragen zur **grafischen Gestaltung:**
- Illustrieren die Abbildungen nur oder erklären sie genauer, was der Text nicht darstellt?
- Wäre eine andere Art von Abbildung sinnvoll?

▶ S. 151–156

Werbung

Werbung im Kommunikationsmodell:

Sender →	**Werbemedium** →	**Werbebotschaft** →	**Empfänger**
Auftraggeber/Firma, Hersteller, Werbeagentur, Grafiker/Texter/ Designer	Inserat, Plakat, Werbespot, Flugblatt	Produktinformation, Image einer Firma, Erfüllung eines Bedarfs oder anderer Sehnsüchte (z. B. ein bestimmter Lebensstil), Kaufappell	Käufer, Konsument, Passant, TV-Zuschauer, „Zielgruppe“

Werbeinhalte: 1. Produkt, Konsumgegenstand; 2. Dienstleistung; 3. Politik; 4. Verhalten, Bewusstsein
Aufbau einer Werbeanzeige: 1. Blickfang (Eyecatcher); 2. Überschrift (Headline); 3. Fließtext; 4. Slogan
Nach der AIDA-Regel erfolgt die **Wirkung** der Werbung in bestimmten Schritten:
1. Attention = Aufmerksamkeit beim Konsumenten erregen, z. B. durch den Blickfang;
2. Interest = vorhandene Interessen ansprechen, z. B. im Slogan;
3. Desire = Begierde, Kaufwunsch auslösen;
4. Action = Handeln (z. B. Kauf) erwirken.

Die **Sprache** der Werbung bevorzugt auffällige Formulierungen wie Wortschöpfungen, rhetorische Mittel, grammatische Varianten der Sprachhandlung „Auffordern“ (s. Übersicht auf S. 155).
Im Mittelpunkt steht die Lenkung der Konsumenten mit dem Mechanismus der **Konnotationen.** Das Denotat ist die sachliche, allgemeine, lexikalische Bedeutung eines Wortes; als Konnotate sind all die Vorstellungen anzusehen, die die Menschen mit einem Wort spontan oder auf Grund der gesellschaftlichen Konvention und Tradition verbinden. Beispiel:

„Palmolive“

Denotat: Seife,
produziert mit Pflanzenfett
Konnotat: Palmen = Strand, Karibik, Sonne, Urlaub;
Olive = südländisches Flair

Über die Konnotation wird also mit der genannten Seife neben der Reinigungskraft die Lust an Wasser, Freizeit, Reisen, Ferne, Liebe, Träumen angesprochen. – Die Produkte werden durch optische oder verbale Reize mit geheimen Wünschen, Leitbildern, positiven Vorstellungen belegt. Die Werbung suggeriert, dass mit dem Kauf des Produktes auch die konnotierten Wünsche und Bedürfnisse in Erfüllung gehen.
Konnotativ ausgelöst werden auch neue „Warenmythen“, z. B. der Cowboy-Mythos (das Reiten durch die Wildnis Nordamerikas in Verbindung mit Marlboro-Zigaretten) oder der Casanova-Mythos (die unwiderstehliche Wirkung verschiedener Marken-Jeans auf das andere Geschlecht).

HEINE, HEINRICH (1797–1856)
115 Geständnisse
114 Prinzessin Ilse
275 Der Rabbi von Bacherach
aus: Sämtliche Schriften in 12 Bänden. Hg. v. Klaus Briegleb. Hanser, München 1976, Bd. 11, S. 445 f.; Bd. 3 (Die Harzreise), S. 158–160; Bd. 1, S. 462 f./470

HEINLEIN, PETER
288 Ear-Catching – Musik als Köder für Seifenopern
aus: Rheinische Post, 11. 2. 1995

HEIDTMANN, HORST
294 Cliff Hanger und sonstige Serientricks
aus: Neue Formen seriellen Erzählens für junge Zuschauer. In: Beiträge Jugendliteratur und Medien 1/1995, S. 43–52

HOFFMANN, ERNST THEODOR AMADEUS (1776–1822)
278 Das Fräulein von Scuderi
aus: Werke. Bd. 2. Insel, Frankfurt/M., S. 480 f.

HORSTKEMPER, MARIANNE
52 „Warum nicht gleich eine Schule für Blauäugige und eine für Braunäugige?“
aus: Pädagogik 9/1994, S. 7 ff.

HUSTER, GABRIELE
33 „Ich habe Mick gesehen“
aus: Heiß und Kalt. Die Jahre 1945–1969. Hg. v. Eckhard Siepmann. Elefanten Press, Berlin 1988, S. 543

HUTTEN, KATRINE VON
212 Die Liebe liebt das Wandern
aus: Aber besoffen bin ich von dir. Liebesgedichte. Hg. v. Jan Hans. Rowohlt, Reinbek 1979, S. 134

JAEGER, BERND
213 Ehepaar
aus: Hart an der Grenze. Gedichte. Robinson, Frankfurt/M. 1980, S. 11

KAHLAU, HEINZ (* 1931)
212 Ich liebe dich
aus: Du. Liebesgedichte. Aufbau, Berlin/Weimar, 2. Aufl. 1987, S. 5–7

KASCHNITZ, MARIE LUISE (1901–1974)
218 Einer von zweien (1)
117 Lange Schatten (2)
aus: Gesammelte Werke. Bd. 5. Hg. v. Christian Büttrich u. Norbert Miller. Insel, Frankfurt/M. 1985 (1); Lange Schatten. Claassen, Hildesheim 1960 (2)

KAZANTZAKIS, NIKOS (1883–1957)
168 Die Blinden
aus: Griechische Passion. Übers. v. Werner Kerbs. Herbig, Berlin 1957

KELLER, GOTTFRIED (1819–1890)
269 Die Leute von Seldwyla
aus: Sämtliche Werke. Hg. v. Clemens Heselhaus. Hanser, München 1957

KUNERT, GÜNTER (* 1929)
219 Unterwegs mit M.
aus: Warnung vor Spiegeln. Gedichte. Hanser, München 1970

KUNZE, REINER (* 1933)
67 Clown, Maurer oder Dichter
aus: Die wunderbaren Jahre. Fischer, Frankfurt/M. 1976

LORIOT (* 1923)
252 Feierabend
aus: Loriots dramatische Werke. Diogenes, Zürich 1981, S. 120–124

LUSTHANSA
141 Traumspray
aus: Peter Kreuzer: Das Graffiti-Lexikon. Heyne, München 1986, S. 207

MAGORIAN, MICHELLE
48 Altes Land, neue Welt
aus: Altes Land, neue Welt. Übers. v. Cornelia Krutz-Arnold. Arena, Würzburg 1997, S. 282 f. © Sauerländer Verlag, Aarau

MERTENS, WILLI
160 Der Woofer-Wahnsinn
aus: Kölner Stadt-Anzeiger, 23. 5. 1996

MEYER, CONRAD FERDINAND (1825–1898)
216 Zwei Segel
aus: Sämtliche Gedichte. Hg. v. Sjaak Onderlinden. Reclam, Stuttgart 1978, S. 119 f.

MÖRIKE, EDUARD (1804–1875)
273 Die Geister am Mummelsee
aus: Sämtliche Werke. Bd. 1. Hg. v. J. Perfahl. Winkler, München 1967

OVID (43 V. CHR. – CA. 17 N. CHR.)
101 Metamorphosen
aus: Metamorphosen. Hg. u. übers. v. Hermann Breitenbach. Artemis, Zürich, 2. Aufl. 1964, S. 1055, 33–37

PLENZDORF, ULRICH (* 1934)
22 Die neuen Leiden des jungen W.
aus: Die neuen Leiden des jungen W. Suhrkamp, Frankfurt/M. 1976, S. 26 ff.

POE, EDGAR ALLAN (1809–1849)
281 Der Doppelmord in der Rue Morgue
aus: Erzählungen. Übers. v. Ruth u. Konrad Haemmerling. Paul Schlösser, Stuttgart o. J.

POPPER, KARL RAIMUND (1902–1994)
297 Gegen den Missbrauch der Television
aus: Die Macht des Fernsehens. Gegen den Missbrauch der Television. Frankfurter Rundschau, 5. 11. 1994

QUENEAU, RAYMOND (1903–1976)
19 Stilübungen
aus: Stilübungen. Übers. v. Ludwig Harig u. Eugen Helmlé. Suhrkamp, Frankfurt/M. 1990, S. 7, 62 f., 27, 131, 8

RANSMAYR, CHRISTOPH (* 1954)
102 Die letzte Welt
aus: Die letzte Welt. Fischer TB, Frankfurt/M. 1991, S. 168–170

RHEINGOLD
140 Graffitis
aus: Peter Kreuzer: Das Graffiti-Lexikon. Heyne, München 1986, S. 206

RIEGGER-LEDER, HEDE
28 Lebenserinnerungen
aus: G. Ziemer/H. Wolf: Wandervogel und Freideutsche Jugend. Voggenreiter, Bad Godesberg 1961, S. 352–357

SAUER, STEFAN
42 Ach du dickes Ei!
aus: Kölner Stadt-Anzeiger 15. 7. 1997

SAWALLICH, SIEGHILD
32 Das Teenager-Krönungsfest
aus: Ihre Freundin 9/1959, S. 38 f.

SCHERF, DAGMAR
218 Gedanken einer Vierzigjährigen in der S-Bahn
aus: Aber besoffen bin ich von dir. Liebesgedichte. Hg. v. Jan Hans. Rowohlt, Reinbek 1979, S. 70 (Überarbeitete Fassung)

SHAKESPEARE, WILLIAM (1564–1616)
226 Romeo und Julia
aus: Romeo und Julia. Übers. v. August Wilhelm Schlegel. Hg. v. Dietrich Klose. Reclam, Stuttgart 1969, S. 31–33 (Erste Version); Das Buch zum Film. Fischer, Frankfurt/M. 1997, S. 96–100 (Zweite Version)

SOMMERFELT, AIMÉE (1892–1975)
46 Nennt mich nicht mehr Sofus!
aus: Nennt mich nicht mehr Sofus! Otto Maier, Ravensburg 1969, S. 44–48

STEFFEN, E.
70 Der Wettlauf ums Brot
aus: Die Rote Fahne. Berlin, 17. 1. 1926. Zit. nach: Entlassen ins Nichts. Reportagen über Arbeitslosigkeit 1918 bis heute. Hg. v. Friedrich G. Kürbisch. J. H. Dietz Nachf., Bonn 1983

STORM, THEODOR (1817–1888)
271 Der Schimmelreiter
273 Über die Heide
aus: Gesammelte Werke. Hg. v. Hans A. Neunzig. Nymphenburger Verlagsanstalt, München 1981, Bd. 6, S. 309–311; Bd. 1, S. 102

STRAUSS, BOTHO (* 1944)
17 Mädchen mit Zierkamm
aus: Niemand anders. Hanser, München 1987

THEOBALDY, JÜRGEN (*1944)
20 Sonntags Kino
aus: Sonntags Kino. Rotbuch, Berlin 1978, S. 11–15

WALTHER VON DER VOGELWEIDE (UM 1170 – UM 1230)
214 Under der linden
aus: Deutsche Gedichte des Mittelalters. Ausgew., übers. u. erl. v. Ulrich Müller u. Gerlinde Weiss. Reclam, Stuttgart 1993, S. 153

WATZLAWICK, PAUL
254 Die Geschichte mit dem Hammer
aus: Anleitung zum Unglücklichsein. Piper, 16. Aufl. München 1997, S. 37 ff.

WEINRICH, HARALD
176 Ein Vorschlag zur Güte
aus: Frankfurter Allgemeine Zeitung, 21. 2. 1997

WEISENBORN, GÜNTHER (1902–1969)
156 Ein gleichgültiger Mittwoch
aus: Außerdem. Deutsche Literatur minus Gruppe 47 = wie viel? Hg. v. Hans Dollinger. Scherz, München u. a. 1967, S. 94 f.

WELSH, RENATE (*1937)
179 Was geht's dich an?
aus: Stand up! Zivilcourage ist angesagt. Hg. v. Reiner Engelmann. Arena, Würzburg 1996, S. 40–50

WINKELMANN, ULRIKE
10 Pfadis, Lajus und Sozial-Hip-Hopper
aus: Die Zeit 35/1997, S. 11–13 (gekürzt)

WYSS, HEDI
36 Das rosarote Mädchenbuch
49 Das rosarote Mädchenbuch
aus: Das rosarote Mädchenbuch. Ermutigung zu einem neuen Bewusstsein. Fischer TB, Frankfurt/M. 1973, S. 34, 31/115

ZANGER, JAN DE (1932–1991)
192 Lex und Sandra
195 Angst und Gewalt: Wie soll man reagieren?
196 Eine Diskussion in der Klasse
200 Annäherung im Schwimmbad
201 Die heiße Spur führt zum Einkaufszentrum
aus: Dann eben mit Gewalt. Übers. v. Siegfried Mrotzek. Beltz, Weinheim 1995, S. 5–7, 59, 49–52, 26–28, 130–135

ZWERENZ, GERHARD (*1925)
188 Nicht alles gefallen lassen …
aus: Gesänge auf dem Markt. Goldmann, München 1979. © Gerhard Zwerenz

Unbekannte/ungenannte Autorinnen und Autoren

157 Die alten Römer wandern ins Innere
aus: Kölner Stadt-Anzeiger, 12. 6. 1997

220 Andrea
aus: Total verknallt. Ein Liebeslesebuch. Hg. v. Marion Bolte, Giesela Corves, Bärbel Maiwurm. Rowohlt, Reinbek 1984, S. 81

167 Anführungszeichen
aus: Duden. Bd. 1: Rechtschreibung. Dudenverlag, Mannheim u.a., 21. Aufl. 1996, S. 22 f.

165 Aus Substantiven …
aus: Duden. Bd. 1: Rechtschreibung. Dudenverlag, Mannheim u.a., 21. Aufl. 1996, S. 37

126 Angst/Angstentstehung
aus: Wolfgang Schmidbauer: Jugendlexikon Psychologie. Rowohlt, Reinbek 1976

205 Drei Jugendliche schlugen Fahrgast
aus: Kölner Stadt-Anzeiger, 23. 6. 1997

205 13-Jähriger gestand Mord an Achtjähriger
aus: Kölner Stadt-Anzeiger, 20. 6. 1997

213 Dû bist mîn …
aus: Deutsche Liebeslyrik. Hg. v. Hans Wagner. Reclam, Stuttgart 1982, S. 5

222 Der erste Liebesbrief
aus: Herzflattern. Oder: Ist das nun Liebe? Hg. v. Norgard Kohlhagen, Renate Boldt. Rowohlt, Reinbek 1996, S. 188 f.

144 Für die Zeitungsverlage …
nach: Hans-Jürgen Bucher: Zeitungsentwicklung und Leserinteressen. In: Der Deutschunterricht 3/1997, S. 66

164 Gebrauch/Konto/Balg/Denkansatz/dank
aus: Duden. Bd. 1: Rechtschreibung. Dudenverlag, Mannheim u.a., 21. Aufl. 1996

115 Gemüt
Günter Kempcke/Herbert Görner. In: Synonymenwörterbuch. Bibliographisches Institut, Leipzig 1984. © bei den Autoren

116 Gemüt/Gemütlichkeit
aus: A. J. Storfer: Wörter und ihre Schicksale. Bertelsmann, Gütersloh o. J., S. 153–156

140 Graffiti
nach: Peter Kreuzer: Das Graffiti-Lexikon. Heyne, München 1986, S. 128

158 „Im Falle der Wandparolen.../ Das Anbringen .../ Betrachtet man ..."
nach: Peter Kreuzer: Das Graffiti-Lexikon. Heyne, München 1986, S. 129 f.

16 Jugend – Markt
aus: Chance 2/1996

12 „Die Jugend von heute ist ..."/ „Die Erwachsenen sind ..."
aus: Zeitlupe 33. Hg. v. der Bundeszentrale für politische Bildung, Bonn 1996, S. 10 f.

205 Junge geschlagen und getreten
aus: Kölner Stadt-Anzeiger, 30. 8. 1997

291 „Kein Grundrecht auf Live-Sport"
aus: Westdeutsche Zeitung, 22. 5. 1997

52 Koedukation
nach: Großes modernes Lexikon in 12 Bänden. Bertelsmann, Gütersloh 1983

62 Landwirtschaftlich-technische/r Assistent/in
aus: Beruf aktuell. Hg. v. d. Bundesanstalt für Arbeit. Medialog, Mannheim1997, S. 287

52 Macker und Miezen
aus: DER SPIEGEL 19/1996, S. 112 ff.

37 Mode ist Kommunikation
aus: Zeitmagazin 13/1997, S. 60 f.

221 Nele
aus: Total verknallt. Ein Liebeslesebuch. Hg. v. Marion Bolte, Giesela Corves, Bärbel Maiwurm. Rowohlt, Reinbek 1984, S. 62 f.

14 Neues von der Erlebnisgesellschaft
aus: Chance 3/1996

197 Ohne die ausländischen Arbeiter gehen viele Lichter aus
aus: Kölner Stadt-Anzeiger, 21./22. 8. 1993

220 Olaf
aus: Liebe – was denn sonst?! Hg. v. Anne Bender u. Dagmar Kalinke. dtv, München 1994, S. 94 f.

303 Parodie
aus: Schülerduden. Die Literatur. Bibliographisches Institut, Mannheim u.a. 1980, S. 312 f.

265 Die Quelle für Annette von Droste-Hülshoffs „Judenbuche"
aus: Wünschelruthe. Ein Zeitblatt. 5.–19. 2. 1818

284 Quotendeutsch/Wie werden eigentlich die Einschaltquoten ermittelt?
aus: Zeitlupe 31. Hg. v. d. Bundeszentrale für politische Bildung, Bonn 1995, S. 12 f.

207 Romantisch/Vertrauen/ Neugier
aus: Herzflattern. Oder: Ist das nun Liebe? Hg. v. Norgard Kohlhagen/Renate Boldt. Rowohlt, Reinbek 1996, S. 239, 240, 242

24 Schau mir in die Augen, Kleiner
aus: Ich und Du. Hg. v. der Bundeszentrale für gesundheitliche Aufklärung 1995

157 Schnelle Teams gegen Graffitis
aus: Kölner Stadt-Anzeiger, 27. 8. 1997

221 Sibylle
aus: Herzflattern. Oder: Ist das nun Liebe? Hg. v. Norgard Kohlhagen, Renate Boldt. Rowohlt, Reinbek 1996, S. 75

205 Sieben Menschen bei Unfall verletzt
aus: Kölner Stadt-Anzeiger, 23. 6. 1997

143 Skater Tim will eine bessere Welt
aus: Kölner Stadt-Anzeiger, 25. 10. 1997

14 So oder so? – Zwei Lehrerinnen im Streitgespräch über Jugendliche
aus: Zeitlupe 33. Hg. v. der Bundeszentrale für politische Bildung, Bonn 1996

61 Spaß oder Geld?
nach: Berufe + Zukunft. Service für Abschlussklassen. Hg. v. Ministerium für Arbeit, Gesundheit und Soziales des Landes Nordrhein-Westfalen, Düsseldorf o. J., S. 28 f.

141 Sprayer muss nun amtlich sprühen
aus: Kölner Stadt-Anzeiger, 30. 10. 1997

222 Stefan
aus: Total verknallt. Ein Liebeslesebuch. Hg. v. Marion Bolte, Giesela Corves, Bärbel Maiwurm. Rowohlt, Reinbek 1984, S. 92

36 tatauieren/Mode
aus: Großes modernes Lexikon in 12 Bänden. Bertelsmann, Gütersloh 1983, S. 291, 123

287 Tod – live aus Sarajevo
aus: Die Zeit 10/1993

81 Training: Einstellungstest
nach: Erfolgreich bewerben – Ein praktischer Ratgeber für die Bewerbung um einen Ausbildungsplatz. Deutscher Sparkassenverlag GmbH, Stuttgart (Nr. 1–5, CD-ROM); F. Brenner/D. Dilger: Eignungstests mit Erfolg bestehen, Wiesbaden 1987 (Nr. 4); J. Hesse/ H. C. Schrader: Testtraining für Ausbildungsplatzsucher. Fischer Verlag, Frankfurt/M. 1988 (Nr. 6); JobBerater. Deutsche Bank AG (Nr. 7, Disketten)

10 „Vergesst alle Systeme": Die Jugend zerfällt
aus: DER SPIEGEL 33/1995, S. 154 f.

63 Versierte Techniker
aus: Wirtschaftswoche Spezial. Sonderheft „Abitur '98 Studium und Beruf" 1/1998

64 Die Vielfalt der LTA-Tätigkeit
aus: Blätter zur Berufskunde. Hg. v. d. Bundesanstalt für Arbeit. Heft 2-I G 10. Bertelsmann, Bielefeld 1995

199 Vorurteile
aus: Gegen die Ausländerfeindlichkeit in der Bundesrepublik Deutschland. Argumente gegen Vorurteile (Flugblatt von „terre des hommes"), Osnabrück 1989

198 Was ausländische Mitbürger zum wirtschaftlichen Erfolg beitragen
aus: Frankfurter Allgemeine Zeitung, 2. 12. 1992

76 Was ist wichtig bei einer Bewerbung? – Auskünfte aus Personalabteilungen
aus: Berufe + Zukunft. Service für Abschlussklassen. Hg. v. Ministerium für Arbeit, Gesundheit und Soziales des Landes Nordrhein-Westfalen, Düsseldorf o. J., S. 40 ff.

BILDQUELLENVERZEICHNIS

S. 9 unten links, unten Mitte, oben rechts, unten rechts, 22, 27 oben links, Mitte links, unten links, oben rechts, 122 unten, 168: Ullstein Bilderdienst, Berlin
S. 9 oben links, 27 Mitte rechts, 228, 258, 278: Interfoto, München
S. 9 Mitte: Gerd Kremer, Rüdesheim
S. 21: Museum Ludwig/Rheinisches Bildarchiv, Köln
S. 27 unten rechts, 28, 29, 31: Archiv der deutschen Jugendbewegung, Burg Ludwigstein
S. 33, 208: Keystone Pressedienst, Hamburg
S. 34: Süddeutscher Verlag Bilderdienst, München
S. 35, 38, 39, 59 oben links, 65, 66, 83, 109, 144, 223, 234, 247, 283 (Hintergrund), **291, 299:** Thomas Schulz, Hohen Neuendorf
S. 54: Pädagogische Beiträge Verlag, Hamburg
S. 59 oben Mitte, unten rechts, 146: dpa, Frankfurt/Main
S. 59 oben rechts, 147 oben links: Imke Pelz, Berlin
S. 59 unten links: Helga Lade Fotoagentur, Berlin
S. 59 unten Mitte: KNA, Frankfurt/Main
S. 60: Ministerium für Arbeit, Gesundheit und Soziales, Düsseldorf
S. 79: Nicole Ludwig, Hannover
S. 85: Jens Schacht, Düsseldorf
S. 87, 90: © Salvador Dalí, Fundación Gala-Salvador Dalí, VG Bild-Kunst, Bonn 1998
S. 88 links: Privatsammlung; **rechts:** Groninger Museum, Holland. © VG Bild-Kunst, Bonn 1998
S. 89, 94, 103, 213 links: © VG Bild-Kunst, Bonn 1998
S. 92: © VG Bild-Kunst, Bonn 1998; rechtes Foto: Giraudon, Paris
S. 95: © VG Bild-Kunst, Bonn 1998; Foto: Tate Gallery, London
S. 97: © 1998 Cordon Art B.V., Baarn, The Netherlands
S. 98: © Konrad Klapheck, Düsseldorf; **linkes Foto:** Walter Klein, Düsseldorf; **rechtes Foto:** Sprengel Museum, Hannover
S. 99: © Konrad Klapheck, Düsseldorf
S. 100: © Bernhard J. Blume, Köln
S. 101: Anthony d'Offay-Gallery, London
S. 104: © Karl Blossfeld-Archiv, Ann und Jürgen Wilde, VG Bild-Kunst, Bonn 1998
S. 110: © Succession Picasso, VG Bild-Kunst, Bonn 1998; linkes Foto: Artothek, Peissenberg

S. 117, 213 rechts, 214, 281: Archiv für Kunst und Geschichte, Berlin
S. 120: Karlheinz Fingerhut, Marbach
S. 121, 122 oben: © Succession Picasso/VG Bild-Kunst, Bonn 1998; Foto: Von-der-Heydt-Museum, Wuppertal/Peter Frese, Wuppertal
S. 125: © The Munch Museum/The Munch Ellingsen Group/VG Bild-Kunst, Bonn 1998; Foto: Artothek, Peissenberg
S. 126: Mit freundlicher Genehmigung der Deutschen Verlags-Anstalt, Stuttgart
S. 131: © 1984 by Rowohlt Verlag GmbH, Reinbek bei Hamburg; Foto: Wilfried Bauer, Hamburg
S. 132, 133, 134, 138/139 (Nr. 7, 9, 10, 12, 13, 14), **153/154** (Nr. 4, 5, 6, 8), **162:** Günther Einecke, Bergheim
S. 136: © 1997 Deutscher Taschenbuchverlag, München
S. 138 (Nr. 1): Klaus Appuhn, Stuttgart
S. 138/139 (Nr. 2, 5, 8, 11): Peter Kreuzer, München
S. 138 (Nr. 4): Hendrik Beckers, Kaltenkirchen
S. 138/139 (Nr. 3, 15): Stefan Czarske, München
S. 138 (Nr. 6): Martin Langer, Bielefeld
S. 147: Foto: Werner Gabriel, Düsseldorf; Grafiken: Rheinische Post/Bärbel Weiss, Düsseldorf
S. 149: Bulls Press, Frankfurt/Main
S. 152: Conrad Electronic, Hirschau
S. 153 (Nr. 2): Hanno Engler, Hamburg
S. 153 (Nr. 3): BROT FÜR DIE WELT, Stuttgart; Design Bruno Ensslen
S. 154 (Nr. 7): abold, München
S. 154 (Nr. 9): Volker Ernsting, Frankfurt/M.
S. 157: Christof Krackhardt, Köln
S. 159: Foto: Martin & Zielinske, Köln; Sprüche aus: Die Kölner Klagemauer für Frieden und Völkerverständigung. Hg. v. d. Heinrich-Böll-Stiftung. Horlemann-Verlag, Bad Honnef 1997
S. 161: Foto: Berufsgenossenschaftliches Institut, Sankt Augustin; Grafiken: © Focus Magazin
S. 164, 165: Die Wiedergabe der Screenshots erfolgt mit Genehmigung der Microsoft Corporation.
S. 207, 211: Dietrich Erlach, Düsseldorf
S. 209: Renate von Mangoldt/Literarisches Colloquium, Berlin
S. 226: Bildarchiv Preußischer Kulturbesitz, Berlin
S. 229: Collection Kröller-Müller Museum, Otterlo, The Netherlands
S. 235, 237, 239, 242, 246, 250: Dumont-Lindemann-Archiv, Theatermuseum Düsseldorf
S. 249: Stadtarchiv Zürich, VII.200. Schauspielhaus-Archiv
S. 252: © 1993 by Diogenes Verlag AG Zürich
S. 257: Karl Scheideler, Steinfurt
S. 268: Deutsches Eichendorff-Museum, Wangen/Allgäu
S. 269: Grafische Sammlung der Zentralbibliothek Zürich
S. 271: Theodor Storm Gesellschaft, Husum
S. 275: Süddeutscher Verlag Bilderdienst, München
S. 276, 277: Max Liebermann; © VG Bild-Kunst, Bonn 1998
S. 280 oben: Max Liebermann; Foto: Archiv für Kunst und Geschichte, Berlin; © VG Bild-Kunst, Bonn 1998
S. 282: Ullstein Verlag, Berlin
S. 283 (Vordergrund), **285:** Agentur für Werbung Kochlowski GmbH, Köln
S. 286: ARD Design; SAT 1; RTL
S. 289: Thorsten Baering, Hamburg
S. 292: TV Hören und Sehen, Hamburg

SACHREGISTER

Wertvolle Hinweise verdankt das Werk Christian Ernst (Berlin), Fritz L. Hofmann (Kaiserslautern), Gudrun Kaden (Hannover), Sabine Menzel (Fulda), Thomas Riedel (Speyer) und Ingrid von Tippelskirch (Saarbrücken).

Zu diesem Buch gibt es ein passendes Arbeitsheft (BN 603130) und das Orientierungswissen zum Nachschlagen (BN 603180).

Redaktion: Matthias Grupp
Illustrationen: Thomas Binder, Klaus Ensikat, Amelie Glienke, Klaus Müller
Lay-out, Handschriften: Katharina Wolff
Umschlaggestaltung: Katharina Wolff (Fotos: Thomas Schulz, Illustration: Barbara Schumann)
Technische Umsetzung: werkstatt für gebrauchsgrafik, Berlin

Dieses Werk berücksichtigt die Regeln der reformierten Rechtschreibung und Zeichensetzung.
Bei den mit [R] gekennzeichneten Texten haben die Rechteinhaber einer Anpassung widersprochen.

Cornelsen online http://www.cornelsen.de

1. Auflage Druck 10 9 8 7 Jahr 08 07 06 05

Alle Drucke dieser Auflage sind inhaltlich unverändert und können im Unterricht nebeneinander verwendet werden.

Druck: CS-Druck CornelsenStürtz, Berlin

ISBN 3-464-60312-1

Bestellnummer 603121

Gedruckt auf säurefreiem Papier, umweltschonend hergestellt aus chlorfrei gebleichten Faserstoffen.